헌법소송법

이부하

憲法訴訟法

pnc
publishing and culture
피앤씨미디어

Constitutional Litigation Act

Prof. Dr. Boo-Ha Lee

2025
The Republic of Korea

머 리 말

「헌법소송법」이라는 전문 학술서를 저술하게 되었습니다. 헌법학을 공부한 지 36년 만에 헌법 분야에 절차법인 헌법소송법을 내놓을 수 있게 되었습니다.

전문적인 내용이기 때문에 저자가 제대로 이해하지 못해 그릇되게 전달하지는 않을까 하는 걱정도 있습니다. 본 저서를 준비하면서 나름대로 연구하였지만, 부족한 부분도 많이 있을 것입니다. 이러한 부분은 미완성과 개방성으로 남겨두고 추후 계속하여 연구하여 점진적으로 보완해 나가도록 하겠습니다. 이 책의 특징은 헌법재판소 결정을 다수 반영하고 있다는 데 있습니다.

헌법의 역할은 국가권력을 제한하고 이를 통하여 기본권을 보장하는 데 있습니다. 우리나라 헌법이 헌법재판소에 헌법소원심판권과 위헌법률심판권을 준 것은 공권력에 의하여 기본권이 침해되는 경우 이를 구제하고 위헌적 법질서를 배제하여 헌법을 정점으로 하는 헌법질서의 통일성을 확보하려는데 있습니다. 헌법소송은 헌법에 명시되고 내재된 여러 가치를 실현하는 중요한 수단입니다.

개인적으로는 절차탁마(切磋琢磨)의 정신으로 학문을 배우고 연구함으로서 헌법학 발전과 국민의 기본권 보장에 미미하나마 도움이 되었으면 하는 바람입니다. 저에게 노력하는 자세를 견지하도록 채찍과 격려의 말씀을 해 주신 여러 학문적 스승들과 이 책의 출판을 위해 도와주신 피앤씨미디어 출판사에 감사의 말씀을 드립니다. 또한 학술서를 꼼꼼히 읽어 교정을 보아준 김윤희 변호사에게도 감사합니다.

2025년 여름에

우거(寓居)에서 저자 씀

CONTENTS

제 1 장 헌법재판의 기초

제 2 장 헌법재판의 연혁

제 3 장 헌법재판소의 지위와 조직

제 4 장 일반심판절차

제 8 장 권한쟁의심판

제 9 장 권리구제형 헌법소원심판

제1장

헌법재판의 기초

제 1 절 헌법재판의 의의

1928년 독일의 국법학자인 트리펠(Triepel)은 "헌법재판이란 헌법분쟁에 대한 재판이며, 헌법을 보호하기 위한 재판"이라고 정의하였다.[1] 또한 헌법재판을 "헌정생활에서 헌법에 관한 분쟁이 발생하는 경우, 유권적 기관에 의하여 이를 해결함으로써 헌법의 규범력을 유지하려는 헌법의 보장작용"이라 하기도 한다.[2] 그 밖에 "헌법분쟁의 해결을 위하여 헌법을 포함한 개개의 실정법에 규정되어 있는 소송 등을 포함한 재판"을 헌법재판이라 하기도 한다.[3]

여기서 '헌법재판'이란 "기본권 침해와 관련하여 소송이 발생하거나 헌법문제와 관련한 분쟁이 발생한 경우, 헌법규범을 기준으로 독립적 권한과 지위를 지닌 헌법기관(헌법재판소)이 입법, 행정, 사법 등 국가권력의 행위 및 그 결과가 헌법 규범에 위반되는지 여부를 심사하는 헌법을 인식하고 실현하는 작용"이라고 정의하고자 한다. 즉, 헌법재판은 헌법과 관련된 소송으로, 그 사

1) Heinrich Triepel, Wesen und Entwicklung der Staatsgerichtsbarkeit, VVDStRL 5 (1929), S. 5.
2) 권영성, 헌법학원론, 1096면; 김효전, "헌법재판소의 헌법상 지위와 권한", 고시계, 1987. 12, 60면.
3) 김상겸, "법과 정치관계에 있어서 헌법재판", 공법학연구 창간호, 1999, 132면 이하.

건이 헌법의 해석 및 적용에 의한 판단을 요하는 경우, 헌법을 기준으로 헌법재판소가 유권적인 판단을 내리는 재판을 의미한다.

헌법재판제도는 국민의 기본권을 보장하고 국가공권력이 헌법의 틀 안에서 행사되도록 함으로써 헌법의 실현을 위한 중요한 수단이 된다. 헌법재판제도는 협의(狹義)로는 사법(司法)기관에 의한 법률의 위헌심사를 다루는 '위헌법률심사제'[4]를 의미한다. 우리나라에는 구체적 규범통제제도로서 위헌법률심사제가 존재한다. 광의(廣義)로는 일반적·추상적인 의미에서 헌법문제에 관한 재판절차상의 해결제도를 말한다. 이에는 위헌법률심사뿐만 아니라, 명령·규칙심사, 정당해산심판, 탄핵심판, 권한쟁의심판, 선거소송심판, 헌법소원심판 등이 포함된다. 특히 헌법재판제도는 국가권력의 기본권 기속과 국가권력 행사의 절차적 정당성을 확보하기 위한 '기능적 권력분립'[5]의 한 장치로서 이해되어 권력분립 차원에서도 중요한 의미를 지닌다.

제2절 헌법재판의 본질(법적 성격)

헌법재판은 그 본질상 '사법작용'이라는 점에서 일반재판과 공통성을 지니고 있다. 일반재판은 분쟁 해결을 위해 법규정의 해석과 적용을 하는 반면, 헌법재판은 헌법규범을 해석하고 적용한다.

1. 사법작용설

헌법재판은 헌법규범에 대한 해석을 그 본질로 하는 사법적(司法的) 법인식작용인 만큼 다른 법해석작용과 마찬가지로 사법작용으로 보아야 한다는

4) 위헌법률심판에 관하여는 이부하, "위헌법률심판제청시 이유제시의무", 공법연구 제34집 제3호, 2006. 2, 273면 이하.

5) '기능적 권력분립'에 대한 평가는 이부하, "권력분립에서 기능법설에 대한 평가", 헌법학연구 제12권 제1호, 2006. 3, 450면 이하 참조.

사법작용설이 있다. 이 견해에서는 사법권을 헌법재판소와 법원이 나누어 갖고 있는 것으로 본다. 헌법재판을 법이론적 문제로서가 아니라 법제도적인 문제로 보는 견해이다.

2. 정치작용설

헌법재판은 헌법문제에 대한 분쟁을 전제로 하지만, 헌법문제에 관한 분쟁은 법적 분쟁이 아닌 정치적 분쟁이므로 이러한 해결방법은 사법작용이 아니라 정치작용일 수밖에 없다는 견해이다.

3. 입법작용설

헌법재판에 있어서 헌법해석은 일반법률의 해석과는 달리 헌법을 보충하고 그 내용을 형성하는 기능을 가지므로, 헌법재판은 일종의 입법작용이라는 입장이다. 또한 헌법재판소의 위헌결정에 의해 법률이 폐지되는 것은 소극적인 측면에서 입법작용의 성격을 가진다. 헌법재판소가 헌법재판을 통한 법해석을 통해 헌법이나 법률의 흠결을 보충하는 경우 입법작용적 성격을 지닌다.

4. 정치적 사법작용설

헌법은 정치성이 강한 법규범이므로 헌법재판도 정치형성적이라는 점과 사법작용이라는 이중적 성격을 지닌다. 헌법재판은 그 판결이나 결정의 내용을 국가가 강제로 집행하기가 어렵다는 점에서 순수한 사법작용이 아닌 정치적 사법작용이라고 보는 견해이다.

5. 제4의 국가작용설

헌법재판은 입법, 집행, 사법 등 모든 국가작용을 통제하는 기능을 가지므로, 사법작용도 입법작용도 아닌 '제4의 국가작용'으로 보아야 한다는 견해이다.

룈레케(Roellecke) 교수는 헌법재판권의 사법적 논증의 제약, 헌법재판소 자신의 결정에의 기속, 정치적 중립성, 집행권이라는 일반법원과의 차이를 지닌 4가지 특징적 징표를 제시하며, 헌법재판소를 "제4의 권력"으로 설명한다.[6)]

6. 소결

사법작용의 본질적 징표는 ① 재결이 사법적 절차에 따라 행해지고(불고불리의 원칙, 절차적 피동성), ② 재결이 결정적인 것이며, ③ 재결은 중립적인 기관에 의해 행해진다는 점에서 헌법재판도 일종의 사법작용(司法作用)이라 할 수 있다. 그러나 헌법재판은 전통적인 순수한 사법작용이 아니라 정치적 성격을 아울러 가지고 있다는 점에서 '정치적 사법작용'이라는 특징을 지닌다.

헌법재판이란 심판청구에 기하여 헌법분쟁 또는 헌법침해의 문제를 헌법규범을 기준으로 유권적으로 판단함으로써 헌법질서를 유지하고 헌법을 실현하는 국가작용으로서 헌법규범의 내용과 효력에 관한 최종적 유권해석작용이다.

제3절 헌법재판의 기능

헌법국가인 대한민국에서 헌법재판제도가 지니는 긍정적 기능과 부정적 기능이 있다.

1. 긍정적 기능

헌법재판은 헌법규범의 유권적인 해석을 통해 민주적 헌법을 유지하고 발전시킴으로써, 헌법에 내재하는 민주주의 이념을 실천하는 기능을 수행한다. 헌법에 대한 최종적인 유권해석기관이다.

6) G. Roellecke, Verfassungsgerichtsbarkeit, Gesetzgebung und politische Führung, Ein Cappenberger Gespräch, Köln 1980, S. 24 (34).

(1) 헌법질서 보호 기능

헌법재판은 헌법의 관점에서 국가의 의사형성과 정책을 조정하고 통제한다. 헌법재판은 헌법의 규범적 효력을 관철시킴으로써 국가의 최고규범으로서 헌법을 보호하는 기능을 갖는다. 한편 헌법재판은 자유민주주의 헌법질서를 위협하는 세력으로부터 헌법을 보호하는 기능을 한다. 따라서 위헌정당해산심판·탄핵심판·권한쟁의심판과 같은 제도들은 헌법재판제도에 속한다. 또한 입법권을 비롯한 통치권 행사의 절차적 정당성을 확보하는 중요한 수단으로 기능한다.

(2) 기본권 보장 기능

헌법재판은 권력의 균형과 권력의 통제 원리에 입각하여 개인의 자유와 권리를 보장하는 기능을 수행한다. 헌법재판은 국가권력의 기본권 기속성과 국가권력 행사의 절차적 정당성을 확보함으로써 국민의 자유와 권리를 보호하는 기능을 갖는다. 헌법소원제도는 국민의 기본권구제를 위한 대표적인 헌법재판제도이다. 헌법이 보장하는 기본권과 법률유보 및 기본권 제한입법의 한계조항 등은 헌법재판제도에 의해서 그 규범적 효력이 제대로 관철될 수 있을 때 비로소 그 실효성을 발휘할 수 있다. 따라서 헌법재판제도는 모든 국가적 권능의 정당성 근거인 동시에 국가권력의 최종 목적인 국민의 기본권 보장을 실질적으로 확보해 주는 제도라 할 수 있다.

(3) 권력통제 기능

헌법재판은 헌법의 규범적인 테두리를 벗어나려는 정치의 탈(脫)헌법적 경향에 대한 강력한 제동장치로서 기능한다. 동시에 헌법재판은 정치권력의 행사가 헌법질서와 조화될 수 있도록 감시하고 견제하는 권력통제기능을 한다. 따라서 헌법재판은 오늘날 권력분립원리의 현대적 실현형태로서 중요한 기능적 권력통제의 장치로 간주되고 있다. 즉, 헌법재판제도는 사회구조의 변화와 정당국가화에 따른 권력통합현상 때문에 고전적·구조적 권력분립원리가 제대로 구실을 못하고 있는 상황에서 새로운 권력통제의 장치로서 기능하는 것이다. 특히 소수자를 보호하는 헌법재판제도는 자유민주적 정치질서 내의 다수와 소수의 기능적인 상호견제의 장치로서 그 실효성을 가진다. 예를 들어, 정치적 소수(소수 야당 등)에게 권한쟁의심판의 청구권을 주는 것은 다수의 권력 행사에 대한 강력한 통제장치로서 작용한다.

(4) 소수자 보호 기능

헌법재판은 공권력 행사의 위헌성을 판단함으로써 다수(원내 다수당)의 전제와 횡포로부터 소수를 보호하는 기능을 수행한다. 다수의사와 소수의사는 단지 수적으로 많고 적음에 따른 부분의사일 따름이다. 따라서 진정한 전체로서의 국민 의사는 반드시 다수의사와 부분의사가 합쳐진 경우만을 의미한다. 그럼에도 불구하고 다수의사가 소수의사를 반영하지 아니한 상태에서 국민의 전체의사를 대변한다는 것은 문제가 있다. 이러한 점에서 소수의사를 존중하는 방향에서 다수의사가 반영된 법률에 대해 헌법이라는 잣대로 규범통제가 이루어진다.

(5) 정치적 평화유지 기능

헌법재판은 소수에게도 헌법재판의 제소권을 인정함으로써 대립된 정치세력간에 타협을 가능케 하고 정치적 평화유지의 기능을 수행한다. 헌법재판은 헌법질서를 이탈하여 걷잡을 수 없을 만큼 극단적일 수도 있는 정치세력들의 힘의 투쟁을 대신하여 헌법질서 내에서 평화적으로 헌법적 가치를 실현시키는 최후 보루(堡壘)로서 기능한다. 또한 국가가 위기에 봉착하거나 또는 저항권이 행사되기 전에 합헌적인 예방창구를 열어 주어 정치적 대립풍토를 순화시키는 촉매의 역할을 하며, 사회통합의 동기를 더욱더 활성화시켜 주는 기능을 한다. 특히 권한쟁의심판과 정당해산심판을 통해 헌법문제와 관련된 많은 정치적인 문제들이 해결될 수 있고, 자칫 '장외 정치'로 빠질 위험이 있는 정치적 사건들이 헌법재판에 의해 해결되어 정치적 평화를 가져오는 효과가 생긴다. 더욱이 정치적 소수세력에게 헌법재판을 통해 그들의 주장을 밝힐 수 있는 기회를 줌으로써 국가권력의 정당성 확보에도 기여하는 효과를 가져온다.

(6) 교육적 기능

헌법재판을 통한 유권적 결정은 정치·경제·사회·문화 등 모든 영역에서 합헌적 질서를 형성하는 기능을 한다. 따라서 헌법재판은 분쟁의 해결이라는 기능 외에, 국민과 국가기관 모두에게 헌법적 가치에 입각하여 행위하도록 유도하는 교육적·예방적 기능을 갖게 된다.

2. 부정적 기능

(1) 사법(司法)의 정치화

일반법원이 정치적 문제와 깊게 관련된 법률을 헌법재판소에 위헌법률 제청하는 경우에 '사법(司法)의 정치화'(politicization of the judiciary)를 초래할 수 있다. 정치적인 문제에 대해 헌법재판의 청구는 '정치의 사법화'(judicialization of politics)를 초래할 수 있다.

(2) 사회발전의 지연

보수적인 사법부의 활동으로 말미암아 사회발전이 지연될 수 있다. 미국의 경우, 1929년부터 1930년대 중반까지 경제 대공황기에 경제입법에 대한 미국 연방대법원의 일련의 위헌 판결로 인해 경제 발전에 지장을 초래하였다.

(3) 책임회피적 제도

정치적 문제를 정치영역에서 해결하지 않고 지나치게 헌법재판에 의존하는 경향이 있다. 독일의 경우, 헌법재판소에 가서 한번은 다투어지지 않으면 안된다는 경향으로 인해 실험적인 형태의 입법이 행해진 경우가 있었다. 지나친 헌법재판에의 의존은 입법자의 책임회피적인 자세를 초래한다.

제4절 헌법재판의 유형

1. 심판기관에 따른 분류 : 일반법원형, 헌법법원형, 정치기관형

(1) 일반법원형(미국) : 적용배제

미국 연방대법원은 미국 연방헌법에 명문규정이 없음에도 불구하고 Marbury v. Madison (1803) 사건에서 헌법해석을 통해 헌법에 반하는 법률을 무효화할 수 있는 권한을 스스로 지니게 되었다. 미국 연방헌법 제3조에 의해 연방대법원에 부여되는 사법권은 "제1심 재판권"과 "상고재판권"의 2가지 권한이 있다.

1) 제1심 재판권(고유재판권)

미국 연방의회는 대사나 영사 또는 주(州)가 한쪽 당사자가 되는 사건에 대한 제1심 재판권을 연방헌법 제3조에 의해 연방대법원에 부여하였다. 제1심 재판권 배분에 의하여 연방헌법 제3조에 규정된 사건들(cases)은 연방대법원에 소를 제기해야 한다는 의미이다. 미국 연방의회는 연방헌법 제3조에 규정된 이러한 사건들(cases) 이외에는 제1심 재판권을 연방대법원에 부여할 수 없다.

2) 상고재판권: 재판권을 부여하고 박탈할 수 있는 연방의회의 권한

미국 연방헌법 제3조 제2항에서는 연방사법권이 적용되는 모든 사건에 대해 연방대법원은 상고재판권을 가진다고 규정하고 있다. 그러나 이러한 상고재판권에는 예외가 있고, 연방의회가 제정한 법률에 좌지우지된다. 연방의회는 연방대법원에게 상고재판권을 부여하여야 한다. 그러나 연방의회는 연방대법원의 상고재판권으로부터 특정 권한을 박탈할 수도 있다. 연방의회가 연방대법원의 상고재판권을 부여하지 않는 것은 묵시적 예외로 간주되어진다. 연방의회의 재판권 박탈은 광범위할 수 있다.

가) 필수적 기능: 내재적 제한

미국 연방헌법 제3조 제2항은 연방의회에게 연방대법원의 상고재판권을 박탈할 수 있는 권한을 부여한 반면, 연방의회의 권한은 헌법적 한계에 종속되어진다. 연방대법원이 연방법의 통일성과 우월성을 유지하는 본질적인 역할 수행을 저해하는 연방의회가 제정한 연방법률은 권력분립원리를 침해할 수 있다고 헌법해석자들은 주장하고 있다.

나) 권리와 자유: 외재적 제한

미국 연방대법원의 사법심사권을 박탈하는 연방의회의 법률은 헌법상 보장된 권리와 자유(예를 들면, 수정헌법 제5조의 적법절차)를 침해할 수 있다. 몇몇 사건에서 특별한 사법적 구제제도의 박탈이 헌법상 권리(예를 들면, 학교비분리 명령을 실행하기 위한 버스통학조치)의 사법적 보호를 방해하고 그럼으로써 헌법상 보장된 권리를 침해한다고 판시하였다.

3) 재량 심사

가) 사건이송명령(Certiorari)

몇몇 소수의 예외적인 경우를 제외하고, 하급심 판결에 대해 미국 연방대법원에 의한 사법심사는 재량이 부여되어 있다. 패소한 당사자는 사건이송명령서를 연방대법원에 신청한다. 미국 연방대법원이 상소된 사건을 받아들일 때 내리는 명령을 사건이송명령(writ of certiorari)이라 한다. 현재 미국 연방대법원이 상고를 받아들일지를 선별하여 결정할 수 있으며, 상고를 원하는 당사자는 사건이송명령 신청을 작성하여 제출해야 한다. 9명의 연방대법관 중 최소 4인의 연방대법관이 그 사건에 대하여 심사할 것을 찬성하여야 사건이송명령이 내려진다(4인 원칙). 사건이송명령 신청의 기각은 본안에 관한 결정이 아니다.

나) 사법심사를 위한 근거

a) 연방대법원 규칙에는 사건이송명령이 단지 특별하고 중요한 이유로만 인정되고, 사건이송명령을 인정할 것인지 여부에 대한 결정을 통제하는 고려

적 성격이 있다고 규정하고 있다. 그러나 연방대법원 규칙에는 명확히 규정하고 있지는 않다.

b) 법원간 재판권 쟁송

사건이송명령은 다른 주(州) 대법원 간이나 주고등법원과 연방고등법원 간 쟁송이 있을 때 인정된다.

c) 새로운 연방문제

사건이송명령의 행사는 가끔 실제로 발생하는 새로운 연방문제이거나 중요한 연방문제가 하급심에서 잘못 결정될 수 있다는 사실을 보여준다.

(2) 헌법법원형(독일) : 적용배제와 법률의 효력상실

독일 연방헌법재판소는 다음과 같은 권한이 있다. **첫째,** 연방국가적 쟁송이다. 독일 연방헌법재판소는 연방과 주 사이 또는 주 상호간에 있어서 연방 및 주의 권리 및 의무에 관한 '견해 차이'를 대상으로 하는 헌법상의 쟁송을 심사한다.[7]

둘째, 추상적 규범통제제도이다. 독일 연방헌법재판소는 연방법이나 주법이 독일 기본법과 형식적 및 실질적으로 합치하는지 여부, 또는 주법이 그 밖의 연방법과 형식적 및 실질적으로 합치하는지 여부에 관하여 다툼이 있거나 의문이 있는 경우로서, 연방정부, 주정부 또는 연방의회 재적의원의 4분의 1이 제청한 사건을 결정할 권한을 가진다.[8]

셋째, 구체적 규범통제제도이다. 개별사건의 결정을 임무로 하는 모든 법원은 헌법 및 법률에 구속되기 때문에 개별사건을 다루는 법원이 유효 여부가 재판의 전제가 되는 법률을 위헌이라고 판단하는 경우에는 그 소송절차를 중지하고 주헌법의 침해가 문제될 때에는 헌법쟁송을 관할하는 주 헌법재판소에 심판을 제청하여야 하고, 기본법의 침해가 문제될 경우에는 연방헌법재판소에 심판을 제청하여야 한다. 이는 주법에 의한 기본법의 침해가 문제되거나

---

7) 독일 기본법 제93조 제1항 제1호, 기본법 제93조 제1항 제4호 등 참조.
8) 독일 기본법 제93조 제1항 제2호 참조.

주법률의 연방법률과의 불합치성이 문제되는 경우에도 적용된다.[9)]

넷째, 헌법소원(Verfassungsbeschwerde)심판이다. 독일 기본법에서는 공권력에 의해서 그 기본권 또는 헌법상 권리가 침해된 경우, 개개인은 연방헌법재판소에 헌법소원을 제기할 수 있다고 규정하고 있다. 이러한 헌법소원은 다른 법률에 권리구제수단이 존재하는 경우에는 그 권리구제수단을 모두 거친 후에야 헌법소원심판을 청구할 수 있다.[10)]

다섯째, 정당해산심판이다. 정당의 목적이나 그 당원의 행동을 기준으로 자유민주적 기본질서를 침해 또는 부인하거나 독일연방공화국의 존립을 위태롭게 하려고 하는 정당은 위헌이다.[11)] 정당의 위헌 여부에 대해서는 연방헌법재판소가 판단한다.[12)] 이 결정이 있으면 그 정당은 해산되고 소속의원을 의석을 상실, 더 나아가 정당의 재산을 몰수당하는 경우도 있다. 정당해산에 관한 제소권자는 연방의회, 연방참사원 및 연방정부이고, 그 정당조직이 있는 주에만 있는 경우는 주정부가 제소권을 가진다.[13)] 그밖에 독일 기본법은 연방대통령 탄핵,[14)] 법관 탄핵,[15)] 연방의회에 의한 선거심사에 대한 항고 등에 관한 권한,[16)] 기본권 실효 권한[17)]을 연방헌법재판소에 부여하고 있다.[18)]

(3) 정치기관형(프랑스 헌법재판소)

프랑스 헌법재판소는 헌법에 대한 최종적인 유권해석기관이다. **첫째**, 프랑스 헌법재판소는 헌법 제61조에 근거하여 조직법률과 보통법률, 그리고 의회규칙과 국민투표를 통한 법률에 대한 사전적 위헌심사권한을 가지고 있다. **둘째**, 국제조약에 대한 위헌심사권이 있다. **셋째**, 헌법 제60조에 근거하여 국

---

9) 독일 기본법 제100조 제1항 참조.
10) 독일 기본법 제93조 제1항 제4a호 참조.
11) 독일 기본법 제21조 제2항 참조.
12) 독일 기본법 제21조 제3항 참조.
13) 독일 기본법 제21조 제2항 제2문 참조.
14) 독일 기본법 제61조 참조.
15) 독일 기본법 제98조 제2항, 제5항 참조.
16) 독일 기본법 제41조 제2항 참조.
17) 독일 기본법 제18조 참조.
18) 이부하, 「인권보장을 위한 비교헌법론」, 법영사, 2014, 328면.

민투표에 대하여 적법성을 감독할 권한을 가지고 있다. **넷째**, 선거에 관한 것으로서, 헌법 제58조와 제59조에서 대통령선거, 국민의회의원선거, 상원의원선거에 관여할 권한이 있다. 대통령선거의 합법성을 감독하고 선거에 대한 이의를 심사하며 선거결과를 선언하다. 또한 국민의회의원선거와 상원의원선거의 적법성에 대하여 심사를 한다. **다섯째**, 대통령의 유고나 궐위에 대하여 이를 확인할 권한을 가지고 있다. 여섯째, 헌법 제37조 제2항과 제41조에 기한 법률사항과 법규명령사항의 구분에 관하여 심사할 권한이 있다.[19]

2. 심판방식에 따른 분류

(1) 법률 공포시점 전후

국회에서 법률안이 통과되어 효력을 발하기 전에 위헌심사가 이루어지는 규범통제를 '사전적(예방적) 규범통제'라 하고, 법률이 효력을 발휘된 후에 하는 규범통제를 '사후적 규범통제'라 한다.

(2) 사건성 기준

'구체적 규범통제제도'란 구체적 소송사건을 심판함에 있어 법률의 위헌여부가 문제되는 경우, 헌법재판소가 부수적 문제로서 또는 선결문제로서 적용법률의 합헌성을 심사하고, 헌법재판소가 위헌이라고 판단하면 그 법률은 일반적으로 효력을 상실하는 규범통제제도를 말한다.

반면, '추상적 규범통제제도'는 법률이 헌법에 위반되는지 여부가 구체적인 소송사건과 관계없이 일정한 국가기관에 의해 제청되면 헌법재판소가 추상적으로 법률의 위헌 여부를 심사하는 헌법재판제도를 말한다.

3. 우리나라의 경우

사법작용의 본질적 징표인 ① 재결이 사법적 절차에 따라 행해지고(불고

19) 전학선, "프랑스에서 헌법재판소의 헌법에 대한 위헌심사", 토지공법연구 제54집, 2011. 8, 464면.

불리의 원칙, 절차적 피동성), ② 재결이 결정적인 것이며, ③ 재결은 중립적인 기관에 의해 행해진다는 점에서 헌법재판은 일종의 사법작용이라 할 수 있다. 이러한 재결이라는 사법작용을 하는 헌법재판은 헌법재판소라는 법원이 하는 작용이다.

우리나라는 법률이 효력을 발휘된 이후에 하는 규범통제를 '사후적 규범통제제도'를 가지고 있으며, 구체적인 소송사건을 재판함에 있어서 그 소송사건에 적용될 법률의 위헌 여부를 선결문제로서 심사하는 제도인 '구체적 규범통제제도'를 채택하고 있다.

위헌법률심판 제청과 헌법재판소법 제68조 제2항에 의한 헌법소원심판 청구에 있어서 '재판의 전제성'을 요구하는 것은 구체적인 소송사건에 적용되는 법률의 위헌성이 문제되는 경우, 헌법재판소가 집중하여 그 법률의 위헌성을 심사하라는 취지이다. 위헌심사형 헌법소원심판제도와 위헌법률심판제도는 구체적인 소송사건에 적용되는 법률의 위헌 여부가 당해 소송사건의 재판의 전제가 된 경우에 헌법에 위반되는 법률 또는 법률조항을 제거하기 위한 '구체적 규범통제제도'이다.[20)]

제5절 헌법재판의 법적 성질과 기본원리와의 관계

1. 헌법재판의 법적 성질

헌법재판은 본질적으로 사법작용이라는 점에서 민사·형사 등 일반재판과 공통성을 가지고 있지만, 헌법재판은 특히 헌법문제에 관한 분쟁을 계기로 헌법의 의미와 내용을 확정하는 것(헌법규범의 해석)을 그 본래의 목적으로 삼는데 반하여, 일반재판은 구체적인 법적 분쟁의 해결을 위하여 법령을 적용하는 것(분쟁 해결을 위한 법규 적용)을 원칙으로 한다는 점에서 양자는 구별된다.

---

20) 이부하, "재판의 전제성에 관한 헌법재판소 결정에 대한 헌법적 고찰", 영남법학 제55호, 2022. 12, 180면.

그런데 헌법재판의 법적 성격에 관하여 학설이 나뉘고 있다. ① 헌법재판은 헌법규범에 대한 해석을 그 본질로 하는 사법적 법인식작용인 만큼 사법작용으로 보아야 한다는 사법작용설, ② 헌법재판의 대상이 되는 분쟁은 법적 분쟁이 아닌 정치적 분쟁이므로 그 해결방법은 사법작용이 아니라 정치적 작용일 수밖에 없다는 정치작용설, ③ 헌법재판에 있어서 헌법해석은 일반법률의 해석과는 달리 헌법을 보충하고 그 내용을 형성하는 기능을 가지므로 헌법재판은 일종의 입법작용이라는 입법작용설, ④ 헌법재판은 입법·집행·사법 등 모든 국가작용을 통제하는 기능을 가지므로 제4의 국가작용으로 보아야 한다는 제4의 국가작용설 등이 있다.[21)]

생각건대, 사법작용의 최소한의 개념적 징표를 ① 재결행위가 사법적 절차에 따라 행해지고, ② 재결이 결정적인 것이며, ③ 재결이 중립적 기관에 의하여 행해진다는 점 등에서 보면, 헌법재판도 일종의 사법작용이라 할 수 있다. 하지만 헌법재판은 순수한 사법작용이 아니라 정치적 성격을 아울러 가지고 있는 정치적 사법작용(司法作用)이라 할 수 있다. 그 이유는 헌법재판은 헌법이 정치성이 강한 법규범이므로 그 재판도 정치형성적이라는 점(정치형성적 재판성), 그 판결이나 결정의 내용을 국가가 강제로 집행하기 곤란하다는 점(비강제적 재판성) 등을 특성으로 하는 '정치적 사법작용'이라 할 수 있다.

2. 헌법재판과 기본원리와의 관계

헌법재판은 헌법규범을 적용하여 입법부나 집행부의 의사를 법적으로 통제하고 기속하는 기능을 가지는 것이므로, 헌법재판이 국민주권원리나 권력분립원리와 모순되는 것이 아닌가 하는 의문이 생길 수 있다.

(1) 헌법재판과 국민주권원리

국회는 주권자인 국민을 대표하는 국가기관인데, 국회가 제정한 법률을 심사한다는 것은 국민주권의 원리와 모순되는 것이 아닌가 하는 의문이 생긴

21) 허 영, 한국헌법론, 789~792면.

다. 그러나 국민주권원리에 있어서 입법권·집행권·사법권이 주권으로부터 유래한 권력인 것처럼, 헌법재판도 주권자인 국민의 이름으로 행사하고 헌법재판권이 국민의 의사가 반영된 헌법에서 근원한다는 점에서, 헌법재판은 국민주권원리와 모순되는 것은 아니다.

또한 국민의 의사와 법률의 관계이다. 종래 의회는 국민의 대표자로서 국민의 의사를 대변하고 또 그것이 법률의 형태로 표출되는 것으로 이해하였다. 그러나 국민의 의사로서의 법률에 대한 이해가 변화되기에 이르렀다. 국민 다수파의 의사가 법률이고, 소수파의 의사는 법률에 반영되지 않게 된다. 이러한 논리체계가 입법권 일원론과 다원론의 관계로 파악할 수 있다. 다원론은 헌법에서 위임하였다면, 가능하다는 것이다. 그러한 다수파의 의사를 통제한다는 것은 국민주권의 원리에 배치되는 것이 아니다.

(2) 헌법재판과 권력분립원리

특정 국가기관이 국회가 제정한 법률을 심사하여 무효로 할 수 있다면 그 기관은 사실상 입법기능을 행사하는 것이 되기 때문에, 헌법재판은 권력분립원리와 모순이 되는 것이 아니냐는 의문이 제기된다. 권력분립은 권력을 분열시키는데 목적이 있는 것이 아니라, 내용적으로 정의되는 국가과제에 기초하여 국가권력을 결합시키고 동시에 국가기관 간에 상이한 권한을 지니도록 하는 국가질서이다.[22] 또한 권력분립원리를 단순히 권력의 분리나 분할로 보지 않고, 권력 상호간의 억제와 균형 관계라는 관점에서 바라본다면, 헌법재판은 입법권 등 권력의 조정적·통제적 기능을 수행하는 것이므로 권력분립원리와 모순된다고는 볼 수 없다. 더욱이 권력분립의 목적이 궁극적으로 국민의 자유와 권리(기본권)를 보장하는 데 있으므로 입법 등에 대한 사법적 통제를 의미하는 헌법재판도 결국은 국민의 기본권 보장에 기여하는 국가작용이라는 점에서 권력분립원리와 모순되지 않는다.

22) 이부하, “권력분립원리의 재고찰”, 법학논고 제55집, 2016. 8, 9면.

(3) 헌법재판에 있어서의 사법소극주의와 사법적극주의

사법심사에 회부된 헌법사건을 판단하는 경우 헌법규범의 간결성·개방성·추상성 등 구조적 특성 때문에 그에 관한 판단이 곤란한 경우가 허다하다. 이러한 경우 헌법재판기관이 선택하여야 할 헌법해석의 방향과 태도가 문제된다. 이는 곧 사법심사 방식에 관한 문제라고 할 수 있다. 이 점에 관해 사법적극주의와 사법소극주의의 두 가지 헌법재판적 철학이 있다.

1) 사법소극주의

가) 사법소극주의의 의의

사법소극주의(사법적 자제[23]: Judicial passivism)란 입법부와 집행부의 의사결정은 그것이 국민의 법의식이나 정서에 근본적으로 배치되거나 기존의 판례에 명백하게 위반되는 것이 아니라면, 그것은 존중되어야 한다는 의미에서 사법부가 입법부의 가치판단에 대해 자제하는 것이 바람직하다고 인식하는 헌법재판적 철학이다.

입법자와 헌법재판소의 관계와 관련된 원리로서 "사법적 자제"가 자주 언급되는 원칙이다. 입법부와 사법부간에 단절된 영역을 보충하기 위해 사법심사시 헌법재판소의 사법소극적 요청을 위해 '정치적 문제'(political question)라는 미국법적 개념을 원용하기도 한다.

원래 사법적 자제 원리는 미국의 연방대법원 판례로부터 기원한다. 사법적 자제는 1936년 버틀러(Butler) 사건에서 미국 연방대법원의 스톤(Stone) 대법관의 설명으로부터 시작되었다고 볼 수 있다.

> "법률을 위헌으로 선언하는 법원의 권한은 2가지 중요한 결정원칙에 종속된다. 그 중 하나의 원칙은 법원은 법률제정권한이 있는지 여부만을 심사하여야지, 해당 법률이 합리적인지 여부를 심사하는 것은 아니다. 다른 하나의 원칙은 행정권과 입법권의 측면에서 국

---

23) 이부하, "헌법재판에 있어서 사법적 자제", 공법연구 제33집 제3호, 2005. 5, 253면 이하.

가권력의 위헌적인 행사에 대한 심사는 법관에 의한 제한사유(judicial restraint)가 되고, 법관으로 하여금 사려깊게 하는 유일한 방지책이며, 자제(self-restraint)를 위해 독자적인 의미를 지닌다."[24]

시간이 경과함에 따라 미국 연방대법원은 사법적 자제원리에 통합되는 원리들을 발전시켜 왔다. 그 후 미국 연방대법원은 법률이 재판의 전제가 되며 합헌적으로 판단될 수 없을 경우, 헌법을 기준으로 법률을 심사할 권한을 스스로 보유했다. 미국 연방대법원은 신중하게 법적 보호이익을 검토하고 "정치적 문제"(Political questions)의 경우는 관할권이 없다고 선언했다.[25]

입법부와 사법부, 특히 입법을 통제하는 헌법재판소간의 관계에 있어서 사법적 자제원리의 원용에 대해 거부적인 태도도 존재한다.[26] 그러한 견해와는 달리 입법부와 사법부간에 단절된 영역을 보충하기 위해 사법심사시 헌법재판소의 사법소극적 요청을 위해 '정치적 문제'(political question)라는 미국법적 개념을 원용하기도 한다.

나) 사법소극주의의 이론적 근거

입법자의 입법형성의 자유를 존중한다는 의미에서 사법적 자제는 주로 권력분립원리, 민주주의원리로부터 도출된다고 주장한다.[27]

① 국민에 의한 선거를 통하여 구성된 기관도 아니고 국민에게 직접 정치적 책임을 지는 기관도 아닌 헌법재판기관이 국민에 의한 선거로 직접 선출된 대표기관인 국회가 제정한 법률을 무효로 한다는 것은 비민주적이다(사법부 구성의 비민주성).

② 정치적·경제적 쟁점이라는 성격을 가지는 헌법문제에 관하여 정치나

---

24) United States v. Butler, 297 U.S. 1 (1936).

25) W. Haller, Supreme Court und Politik in den USA, Bern 1972, S. 140ff.

26) 김철용, "우리 헌법과 통치행위", 『법정』, 1964/6, 54면; Walter Dellinger, "The Legitimacy of Constitutional Change: Rethinking the Amendment Process", 97 Harvard Law Review, 1983, p.386, 397.

27) W.-R. Schenke, Der Umfang der bundesverfassungsgerichtlichen Überprüfung, NJW 1979, S. 1321 (1325); P. Wittig, Politische Rücksichten in der Rechtsprechung des Bundesverfassungsgericht?, Der Staat Bd. 8 (1969), S. 137(145f.); R. Zuck, Political-Question-Doktrin, Judicial-self-restraint und das Bundesverfassungsgericht, JZ, 1974, S. 364 (368).

경제 분야에 그다지 전문적 지식을 소유하지 못한 사법부가 입법이나 행정처분을 무효화한다는 것은 적절하지 못하다(사법부의 비전문성).

③ 사법부가 고도의 정치성을 띤 다른 국가기관의 행위에 개입함으로써 사법부의 정치화를 초래하게 되면 그 독립적 지위를 위협당할 우려가 있으므로, 사법부는 정치적 사건에 관한 판단을 자제 또는 회피하는 경향으로 나아가야 한다(고전적 권력분립론).

④ 입법부와 집행부의 행위에 대하여는 합헌성이 추정되어야 하므로 그에 관한 헌법재판은 바람직하지 않다(합헌성 추정의 원칙).

다) 사법소극주의의 한계

사법소극주의는 사법부가 헌법으로부터 부여받은 사법심사권을 포기하는 것이므로 이는 위헌이다. 정치적 중립성을 명분으로 고의로 심사 회피 내지 심사 거부는 그 자체가 어느 쪽의 정치적 입장을 대변하거나 기정사실화하는 것이 된다. 중립적 권력론 등을 명분으로 하는 사법소극주의에 대하여 정치적 법학자들은 가치중립적 판결이라는 것은 허구에 불과한 것으로 모든 판결에서 가치판단의 불가피성을 역설하고 있다.

2) 사법적극주의

가) 사법적극주의의 의의

사법적극주의(Judicial activism)란 사법부도 역사 발전과 진보적인 사회정책 형성에 기여하여야 하고, 이를 위해서는 선례에 지나치게 기속될 것이 아니라 헌법규범을 시대적 변화에 적응할 수 있도록 탄력적으로 해석함으로써 입법부나 집행부의 행위를 적극적으로 판단하는 것이 바람직하다고 인식하는 헌법재판적 철학을 말한다.

나) 사법적극주의의 이론적 근거

① 사법부의 구성은 비록 비민주적일지라도 사법심사는 원내 다수파의 횡포를 방지하는 역할을 하므로 사법부도 민주적 성격을 띠고 있다(사법심사의 민주성).

② 현대에 와서 입법부와 집행부의 강화 현상은 그에 대한 견제세력이 필요할 뿐만 아니라 헌법의 수호자로서 헌법재판기관의 기능적 적극성을 요구하고 있다(사법부의 헌법수호자 기능).

③ 사법부는 도덕적 원리를 객관적으로 담보하는 기능을 수행한다. 사법부는 역사적으로 헌법적 질서를 유지하고 수호하기 위한 양심적 역할을 담당해 왔으며, 오늘날에도 국민의 의사를 대변하고 있다(양심적 역할과 국민의사의 대변 역할).

다) 사법적극주의의 한계

최고법원은 최종적 법정일 뿐 결코 초실정법적 국가기관이 될 수 없다고 말한 미국 연방대법원의 프랭크퍼터(Frankfurter) 대법관의 경고에서 사법적극주의의 한계를 알 수 있다.

사법적극주의를 지나치게 강조할 경우, 사법부에 초입법적, 초헌법적 권한을 부여하게 되고 이는 권력분립원리에 반하게 된다.

3) 결 어

모든 권력은 그 권한을 유월하려는 경향을 가지기 마련이지만 사법부의 경우도 권력분립원리를 위반하는 월권행위는 용납될 수 없는 것이며, 그러한 월권적 행위에 대한 제어방법은 사법부의 자제뿐이다. 그러나 오늘날 입법부와 집행부의 밀착현상, 고도의 정당국가적 경향, 다수의 횡포 등으로 말미암아 입법과 법집행과정에서 노출되는 여러 문제점들은 사법부로 하여금 헌법질서의 수호와 국민의 기본권 보장이라는 역할을 적극적으로 수행할 것을 요구하고 있다.

제6절 헌법재판의 한계

1. 헌법의 우위

일반적 법률에 대한 헌법의 효력적 우위의 인정은 비로소 독일 기본법 하의 국가법학에서 확고한 지위를 차지하게 되었다.[28] 바이마르(Weimar) 헌법에서는 여전히 헌법은 개정곤란성을 통해 다른 법률과는 다르나, 각각의 법률과 다른 '하나의 법률'이라는 것이 지배적인 학설이었다.[29] 헌법재판이라는 규범통제제도 부재는 옐리네크(Jellinek)에게는 구 제국헌법에서 헌법의 우위 인정을 반대하는 중요한 논거였다.[30] 발(R. Wahl) 교수가 강조한 것처럼, 헌법의 우위는 헌법재판제도의 도입을 통해 상당히 중요하게 인식되었다.[31] 헌법 우위의 실제적 결과는 사법심사권에 의하여 자신의 재판에 전제가 되는 법률이 헌법에 합치되는지를 심사할 수 있게 되었다는 것이다.[32]

헌법의 우위는 모든 국가적 행위가 헌법과 모순되어서는 안된다는, 즉, 항상 헌법합치적으로 행동하며 헌법규정에 기속되어야 한다는 것을 의미한다.[33]

---

28) 헌법의 우위성에 대한 역사적 발전에 관하여는 U. Scheuner, Die Überlieferung der deutschen Staatsgerichtsbarkeit im 19. und 20. Jahrhundert, in: Festgabe BVerfG und GG I, 1976, S. 1 (40f.); ders., Die rechtliche Tragweite der Grundrechte in der deutschen Verfassungsentwicklung des 19. Jahrhunderts, in: ders., Staatstheorie und Staatsrecht, 1978, S. 633 (642f., 651, 653); R. Wahl, Der Vorrang der Verfassung, Der Staat 20 (1981), S. 485 (488ff.); Chr. Starck, Die Verfassungsauslegung, in: J. Isensee/P. Kirchhof, HdbStR VII, 1992, § 164 Rn. 9ff.; Hasso Hofmann, Zur Idee des Staatsgrundgesetzes, in: ders., Recht–Politik–Verfassung, 1986, S. 261 (286ff.).

29) 이에 관하여 H. Dreier, Grenzen demokratischer Freiheit im Verfassungsstaat, JZ 1994, S. 741 (742f.).

30) G. Jellinek, Gesetz und Verordnung, 1887 (Neudruck 1964), S. 263; G. Jellinek, System der subjektiven öffentlichen Rechte, 1919, S. 96; R. Wahl, Der Vorrang der Verfassung, Der Staat 20 (1981), S. 485 (498).

31) R. Wahl, Der Staat 20 (1981), S. 485ff.; ders., Der Vorrang der Verfassung und die Selbständigkeit des Gesetzesrechts, NVwZ 1984, S. 401 (401f.); F. Ossenbühl, Gesetz und Recht, in: J. Isensee/P. Kirchhof, HdbStR III, 1988, § 61, Rn. 26; Chr. Starck, Vorrang der Verfassung und Verfassungsgerichtsbarkeit, in: ders./Albrecht Weber (Hrsg.), Verfassungsgerichtsbarkeit in Westeuropa, Teilband I, 1986, S. 11ff.; H. H. Klein, Verfassungsgerichtsbarkeit und Verfassungsstruktur, in: FS für Franz Klein, 1994, S. 511 (512, 514).

32) J. Isensee, Verfassungsrecht als "politisches Recht", in: ders./P. Kirchhof, HdbStR VII, 1992, § 162 Rn. 39; W. Löwer, Zuständigkeiten und Verfahren des Bundesverfassungsgerichts, in: J. Isensee/P. Kirchhof, HdbStR II, 1987, § 56, Rn. 66.

33) K. Hesse, Verfassung und Verfassungsrecht, in: E. Benda/W. Maihofer/H.–J. Vogel (Hrsg.), HdbVerfR, 2. Aufl., 1994, S. 8 Rn. 14.

헌법의 우위는 헌법규정에서 일반법률에 대한 헌법의 기속성(Verbindlichkeit), 기준성(Maßgeblichkeit), 관철성(Durchsetzbarkeit)을 통해 더욱 명확하게 표현된다.[34] 헌법의 우위는 헌법이 국가권력을 조직하고, 체계화하고, 한계를 정하며 국가권력의 임무, 절차와 권한을 규율하는 상황에서 논리적 결과가 입증된다.[35]

윤곽규범으로서 헌법[36]을 이해함과 동시에 법률에 대한 헌법의 우위가 중요하게 인식되었다. 윤곽규범으로서 헌법의 이해는 헌법의 영역에서 인식하고, 의식적으로 헌법과 일반법률과의 거리를 유지하게 된다. 윤곽 관념은 항상 경계지워진 헌법과 내용이 풍부하고 선택가능한 일반법률 간의 차이를 강조한다.[37] 윤곽규범으로서 헌법의 이해는 헌법과 법률 간, 다시 말하면 그림과 윤곽 간의 명확한 차이를 나타내려고 노력한다. 윤곽은 윤곽에 채워지는 것의 부분이 아니고, 윤곽에 채워진 것은 윤곽의 특성을 받아들이지 않는다. 헌법의 일반법률에 대한 이러한 간격은 동시에 입법자의 결정 여지를 강조하게 되고 그럼으로써 권한 영역에서 형성권을 연방헌법재판소에서 입법자에게 이전하게 된다.[38]

특성을 가진 법, 법의 효력범위에서 다른 법을 제한하고 내용적으로 형성함에 있어서 윤곽을 형성하는 법(예를 들어, 헌법)이, 서열에 있어 이러한 윤곽에 채워지는 법(예를 들어, 법률) 보다 우선해야 한다.[39] 윤곽규범 관념은 헌법의 우위의 관념으로의 특별한 내적 친밀성이 있고, 엄격하고 규범 단계의 분리를 강조하는 헌법 우위의 효력을 받아들인다.[40] 그 때문에 윤곽규범 관념은

34) R. Wahl, Der Vorrang der Verfassung, Der Staat 20 (1981), S. 485f.

35) Chr. Starck, Vorrang der Verfassung und Verfassungsgerichtsbarkeit, in: ders./Albrecht Weber (Hrsg.), Verfassungsgerichtsbarkeit in Westeuropa, Teilband I, 1986, S. 24.

36) J. Isensee, Verfassungsrecht als 'politisches Recht', in: ders./P. Kirchhof, HdbStR VII, 1992, § 162 Rn. 43; P. Badura, in: J. Isensee/P. Kirchhof, HdbStR VII, 1992, § 163 Rn. 5 und 22; Chr. Gusy, Parlamentarischer Gesetzgeber und Bundesverfassungsgericht, 1998, S. 93ff.; Chr. Starck, Verfassungsgerichtsbarkeit und Fachgerichtsbarkeit, JZ 1996, S. 1033 (1039f.); W. Roth, Die Überprüfung fachgerichtlicher Urteile durch das BVerfG und die Entscheidung über die Annahme einer Verfassungsbeschwerde, AöR Bd. 121 (1996), S. 544 (570).

37) R. Wahl, Der Vorrang der Verfassung, Der Staat 20 (1981), S. 506f.; M. Brenner, Die neuartige Technizität des Verfassungsrechts und die Aufgabe der Verfassungsrechtsprechung, AöR 120 (1995), S. 248 (253).

38) R. Wahl, Der Vorrang der Verfassung, Der Staat 20 (1981), S. 507.

39) M. Ruffert, Vorrang der Verfassung und Eigenständigkeit der Privatrechts, 2001, S. 40.

40) R. Wahl, Der Vorrang der Verfassung, Der Staat 20 (1981), S. 507 f.

특별한 방법으로, 설치된 헌법재판권의 조력을 받아, 헌법과 법률의 분리를 가능한 한 정확히 실현하려는 것에 기반을 두었기에 헌법에 적합하게 된다.

2. 헌법재판의 심사기준으로서 성문헌법

헌법재판소의 결정은 헌법을 해석·적용함으로써 구체화한다. 헌법재판소는 헌법을 해석함에 있어서 그 내용을 확인할 뿐이다. 헌법재판의 심사기준은 원칙적으로 '성문헌법'이다.

헌법의 구체화 문제에 있어서 특별히 '불문헌법'이 중요하게 인식된다. 왜냐하면, 헌법의 구체화 문제는 불문헌법의 존재에 대한 인식에 영향을 미치기 때문이다. 헌법의 구체화를 위해서 그 이론적 기초로서 성문헌법으로부터 불문법의 영역으로 이전의 유혹이 자주 발생한다. 문제는 명확한 성문법 개념과 불명확한 불문법 개념 간을 구분하여 서열을 인정한다면,[41] 불명확한 불문법 개념과 기본적 헌법사항 및 헌법원칙 간의 경계가 불분명해지게 된다는 것이다. 따라서 헌법에 기초하는 헌법적 가치가 명확히 설명될 수 없기에 헌법의 개념은 불명확하게 될 수 있는 반면, 헌법의 유형화는 이를 보완하기 위해 장점으로 작용할 수 있다.[42] 따라서 헌법을 '형식적 헌법'과 '실질적 헌법'으로 유형화하는 것은 의미가 있다.

'실질적'이라는 연결점으로서 본질적 내용을 이해하려는 실질적 헌법의 입장에 의하면, 형식적 헌법은 제한된 규정을 지닐 수밖에 없으며,[43] 이는 헌법전(憲法典)의 불완전성으로 인하여 형식적 헌법과 실질적 헌법의 차이로부터 나온 필연적 결과이다.[44] 실질적 헌법과 형식적 헌법의 분리는 실질적 헌법이 확정된 규율영역에 의해서가 아니라, 실질적 기준을 통해 설명되어질 때, 또 다른 추가적인 의미가 있다.[45] 통설적 견해에 의하면, 실질적 헌법의 기준

41) D. C. Göldner, Verfassungsprinzip, 1969, S. 39.
42) Haverkate, Normtext－Begriff－Telos, 1996, S. 17.
43) G. Jellinek, Gesetz und Verfassung, 1964(1887), S. 263; P. Laband, Das Staatsrecht des Deutschen Reiches, Bd. 2, 1911, S. 39.
44) H. Krüger, Artikel: Verfassung, in: Handwörterbuch der Sozialwissenschaften, Bd. 11, 1961, S. 72 (80).
45) Dau－Lin Hsü, Formalistischer und anti－formalistischer Verfassungsbegriff, AöR 61 (1932), S. 27 (47).

은 결론적으로 법규범의 서열단계가 아닌, 내용(內容)에 관한 것이다. 실질적 의미의 헌법과 관련하여 내용상 헌법에 규율해야 할 필수적이고 기본적인 헌법사항이 있는가의 문제로 귀착된다.[46] 이에 관해 칼 슈미트(C. Schmitt)는 "헌법률에 앞서 존재하는 정치적 통일체의 종류와 형태에 대한 총합적 결정"에서 실질적 기준을 고안해냈다.[47] 그에 반하여 쉬 다우린(Hsü, Dau-Lin)은 이러한 실질적 기준을 내용적 가치인 "기본권과 권력분립"에서 제시하고 있다.[48] 여기서 실질적 의미의 헌법이 기본적인 헌법사항을 담고 있는 경우라고 이해한다면, 성문헌법뿐만 아니라 불문헌법인 관습헌법도 이에 포함된다. 따라서 관습헌법이 성립되려면 실질적 기준에 해당하는 헌법사항을 담고 있어야만 한다.

3. 헌법재판의 내재적 한계

사법적 기능을 통하여 다른 국가기관의 행위에 관여하는 헌법재판에는 그 사법적 기능에 필연적으로 수반되는 '내재적 한계'가 존재한다. 권력분립원리에 입각하여 사법부(헌법재판기관)는 기능적 한계가 존재한다. 국민의 직접적인 선출에 의해 구성된 국회나 대통령의 정치적 행위에 대해 헌법재판소가 위헌이라 판단하는 경우 민주주의원리에 반하는 것인지가 문제제기된다. 따라서 헌법재판소는 다른 국가기관의 행위를 통제하는 경우, 다른 국가기관의 기능까지 행사해서는 안 된다. 즉, 헌법재판소가 스스로 입법자가 되거나 행정부 대신 정치적 결정을 내려서는 안 된다.

헌법 자체가 자율성을 인정하고 있는 사항(국회의 자율권[49])은 헌법재판의 대상이 될 수 없다. 이러한 문제까지 헌법재판의 대상으로 한다면 헌법재판이 곧 정치적 판단이 됨은 물론 권력분립원리를 부정하는 것이 된다. 헌법

46) H. Heller, Staatslehre, 1934, S. 276 (헬러는 필수적인 헌법유보사항이 존재하지 않는다고 한다).

47) C. Schmitt, Verfassungslehre, 6. Aufl. (Unveränderter Nachdruck der 1928 erschienenen ersten Auflage), 1983, S. 20 ff., 21 f.

48) Dau-Lin Hsü, AöR 61(1932), S. 27 (48, 53).

49) 국회의 자율권이란 국회의 내부사항에 관하여 국회가 스스로 규율할 수 있는 권한을 말한다. 여기에 속하는 권한에는 의사규칙제정권(헌법 제64조), 의사진행에 관한 자율권, 내부경찰권, 내부조직권, 의원신분에 관한 권한, 집회·개회·휴회·폐회에 관한 권한 등이 주요한 것이다.

재판은 그것이 정치적 문제에 관한 재판일지라도 법적 판단이어야 한다는 것과 권력분립원리를 근본적으로 부정하지 아니하는 테두리 안에서 이루어져야 한다는 데에 내재적 한계가 있다.

제 2 장

헌법재판의 연혁

제 1 절 헌법재판의 기원

1. 미국 : Marbury v. Madison (1803)

(1) 사법심사제의 기원

미국의 제2대 대통령인 존 아담스(John Adams)는 자신의 주요한 정치적 라이벌인 토마스 제퍼슨(Thomas Jefferson)에 의해 1800년 재선에 실패하였다. 연방파의 존 아담스(John Adams)는 조금이라도 자신들의 세력을 만회할 목적으로 1801년 연방파의 후원으로 연방의회에서 2개의 법률(순회재판소법과 콜롬비아 특별구법)을 통과한 것이 문제가 되었다. 이 법률은 존 아담스(John Adams)가 법관들을 임명하는 것을 가능케 하였고 국무장관 마샬(Marshall)을 포함해 59명의 연방판사를 충성스러운 연방파 인사로 임명하여 사법부를 구성할 수 있게 하였다. 아담스는 대통령 임기만료 2주전에 국무장관인 마샬(Marshall)을 연방대법원장으로 임명하여 겸직하도록 함으로써 급진적이고 과격한 공화당을 견제할 보루로 삼을 수 있었다. 연방대법원장을 겸임하는 국무장관인 마샬

(Marshall)은 새로 임명된 법관들에게 임명장을 전달하는 역할을 담당하여야 했다. 그러나 신임 대통령 토마스 제퍼슨(Thomas Jefferson)이 취임하기 전날인 1801년 3월 3일 자정까지 새로 임명된 법관들에게 임명장을 전달하는 작업을 하였으나, 대통령 취임을 위한 마지막 준비와 시간의 압박 때문에 마샬(Marshall)은 임명장 17개를 교부하지 못했다. 마샬(Marshall)은 자신의 후임자로서 새 국무장관인 매디슨(James Madison)이 임명장 교부를 하도록 업무를 남겨두었다. 신임 대통령 제퍼슨(Th. Jefferson)과 매디슨(J. Madison)은 교부되지 않은 임명장을 발견했고, 제퍼슨(Th. Jefferson) 대통령은 "지명은 아담스(John Adams)에 의해 남발되고 난 후 임명되지 않고 있는 동안 무효화되었다. 어느 보고서에 의하면, 임명장은 직무실의 다른 휴지와 함께 처분되었다."고 하였다.[1]

미국 연방대법원을 비롯한 법원들이 법률에 대한 위헌심사권한을 가지게 된 것은 1803년 2월 24일 판결에 의해서다. 1800년 대통령선거에서 전 대통령 아담스에 속한 연방파(Federalist)가 공화파(Republican)인 제퍼슨에게 패하고, 연방파의 국무장관 마샬(Marshall)을 연방대법원장에 임명함과 동시에 아담스의 임기 만료에 즈음하여 다수의 연방파들을 대법관에 임명했는데, 그 중 몇 명은 제퍼슨이 대통령으로 취임할 때까지 임명장을 교부받지 못했고, 새로운 국무장관 메디슨(J. Madison)은 이들의 임명장 교부를 보류시켰다. 그 중 한 사람인 마버리(Marbury)가 매디슨을 피고로 임명장 교부를 강제하는 직무집행영장(writ of mandamus)의 발급을 요구하는 소송을 제기했다.

임명장을 받지 못한 윌리암 마버리(William Marbury)와 3명의 동료들[2]은 아담스 행정부의 법무장관이었던 찰스 리(Charles Lee)를 소송대리인으로 선임하였고, 리(Lee)는 법원조직법(Judiciary Act) 제13조에서 최고의 승산을 찾았다. 연방사법부를 구성하는 기본법률인 1789년 법원조직법 제13조는 직무집행영장, 즉, 공식적이고 강제적인 의무를 수행하도록 한 공직자 명령서 발부권에 관한 제1심관할권을 연방대법원에 부여하였다. 1803년 Marbury v. Madison 사건은 마샬(Marshall) 대법원장이 주재하는 연방대법원 관할까지 이르렀다. 마샬

1) Charls S. Hyneman, The Supreme Court on Trial (New York: Atherton Press, 1963), p.75.
2) Denis Ramsey, William Harper, Robert Townshend Hooe.

(Marshall)은 즉시 매디슨(Madison)에게 임명장이 왜 교부되지 않았는지 사유를 제시하도록 하였다. 이를 통해 대법원장 마샬(Marshall)은 마음대로 할 수 없는 선택의 기로에 직면하게 되었다. 제퍼슨(Thomas Jefferson)의 지시에 따라 행동한 매디슨(Madison)의 임명장 교부 거부에도 불구하고, 연방파의 최후의 보루이며 사법부의 수장인 마샬(Marshall) 대법원장이 임명장을 수여하는 직무집행영장을 발부한다 하더라도 제퍼슨(Th. Jefferson)이 무시해 버린다면 연방대법원은 무력해질 것이다. 반대로 임명장을 수여하기를 거부한다면 제퍼슨(Th. Jefferson)이 승리할 것이다. 어려운 선택에 직면한 마샬(Marshall)은 교묘하게 양자택일을 해야 했다. 이를 가리켜 인디아나 주(州) 상원의원 비버리지(Albert J. Beveridge)는 자신의 자서전에서 "헌법을 제정했을 때처럼 과감하고 계획에 있어서 쿠데타처럼 용감함"[3]으로 묘사했다. 마샬(Marshall) 대법원장은 제퍼슨(Th. Jefferson) 대통령을 자극하지 않으면서 사법부의 권위도 유지하는 제3의 대안을 발견하게 되었다. 마샬(Marshall)은 법원조직법 제13조가 연방헌법 제3조 제2항 제2절에 위반된다는 것을 발견하였던 것이다. 동 헌법조항에서는 대사·공사·영사가 관계된 사건에서는 연방대법원이 원심관할권을 가지지만, 이러한 사건 이외에는 상고심만이 인정되도록 규정하고 있었다. 마샬(Marshall)이 법원조직법 제13조를 위헌으로 선언할 수 있었던 이유는 연방대법원 관할권이 헌법개정에 의해서만 변경될 수 있는 것임에도, 연방의회가 연방대법원에 원심관할권을 부여하도록 법률에 규정했기 때문이다. 마샬(Marshall) 대법원장은 다음과 같이 설명했다.

> "헌법에 위반하는 법령은 무효이다. 법이 무엇인가를 선언하는 것이 사법부의 권한이자 의무이다. 특정한 사건에 법령을 적용하는 자는 필연적으로 그 법령을 해석하지 않으면 안된다. 헌법에 위반하는 법령은 무효이다. …… 다른 부는 물론 법원도 헌법에 기속된다".[4]

---

3) The Life of John Marshall (Boston: Houghton Mifflin Co., 1919), Vols. Ⅰ, p.323 and Vols.Ⅲ, p.142.
4) Marbury v. Madison, 1 Cranch 137 (1803).

원고(마버리(Marbury)와 3명의 동료)에 대한 임명행위는 상원의 승인, 대통령의 서명, 그리고 국무장관의 날인에 의해 이미 완료됐고 교부행위의 완료는 재량의 여지가 없는 단순한 사무적 절차에 불과하다고 판단하여, 원고는 직무집행영장을 발부를 요구할 법적 권리가 있다고 판시했다. 즉, 연방대법원은 원고인 마버리에게 일부패소와 일부승소를 내린 결과, 마버리와 3명의 동료에게는 실익이 없는 판결이 되었다.

중요한 것은 Marbury v. Madison 사건을 통해, 민주적 정당성이 희박한 연방대법원이 국민의 직접적인 민주적 정당성을 갖는 연방의회가 제정한 법률을 헌법에 반한다는 이유로 무효화시킬 특권이 허용된 것이다. 미국의 위헌법률심사제가 헌법상 명문규정이 없음에도 가능해졌고, 후에 제도화되고 발전되었음은 경이로운 일이다.

Marbury v. Madison 사건을 통해 이해할 수 있는 바는, 입법권과 사법권은 모두 헌법상 동등한 병렬적 지위를 가지고 있다. 위헌법률심사가 필요한 경우, 사법부는 독자적인 헌법상 권한으로 이를 행사할 수 있다. 헌법과 법률이 상충될 경우 헌법을 우선적으로 적용함이 타당하다는 것이다.

(2) 사법심사제의 이론적 근거

1) 헌법의 최고규범성 보장

헌법은 국가의 최고규범이기 때문에 법률이 헌법에 위반되면 그 효력이 부인되어야 한다. 그렇지 않으면 헌법의 최고규범성을 확보할 수 없기 때문이다.

2) 의회에 대한 불신

의회의 자의적인 입법으로부터 국민의 자유와 권리를 수호하기 위해 사법부는 헌법에 위반되는 법률의 효력을 부인해야 한다.

3) 권력분립원리

입법, 집행, 사법은 모두 국민에게서 유래하는 동격(同格)의 권력이고, 헌법에 구속된다. 입법권에 대한 사법권의 자기방어를 위해, 또한 입법권의 전단(專斷)으로부터 헌법을 수호하기 위해, 입법에 대한 사법심사제는 필요하다.

2. 독일의 헌법재판제도

독일 19세기의 헌법재판과 20세기 바이마르(Weimar) 시대의 헌법재판을 구분하여 고찰하기로 한다.

(1) 19세기의 헌법재판

독일 헌법재판의 역사는 중세의 제국재판소(Reichskammergericht)로 소급한다. 입헌주의가 보급되던 19세기에는 1815년 9월 독일은 신성동맹 체결시(러시아, 오스트리아, 프로이센 3군주)에 신성동맹재판소의 설치를 시도했었다. 신성동맹재판소는 신성동맹 구성국 간의 분쟁 및 신성동맹 헌법상 보장된 국민의 권리 침해에 관한 분쟁을 해결하기 위해 설치된 것이었다. 그러나 이는 신성동맹 구성국의 찬성을 얻지 못하였다. 신성동맹 구성국 중 일부는 이미 행정각료의 소추시 의회와 정부간의 분쟁에 대한 권한을 지니는 특별재판소를 설치하였다.

1849년 프랑크푸르트 헌법에서는 헌법재판에 관한 광범위한 권한을 지닌 제국(Reich)과 제국(Reich) 구성국 간의 헌법상 분쟁 및 제국헌법의 해석에 대한 의회와 정부 간 분쟁, 그리고 연방헌법의 해석에 대한 연방의회와 연방정부 간 분쟁 등을 규정하고 있었다. 이러한 권한을 지닌 제국재판소는 프랑크푸르트 헌법 자체가 시행되지 않음으로 인하여 실제로 설치되지 못하였다. 프랑크푸르트 헌법상 제국재판소에게는 규범통제의 권한이 부여되지 않았다.

1871년의 제국헌법(비스마르크 헌법)에서는 연방참사원이 개별 구성국가가 헌법적 분쟁시 심판할 기관을 갖추지 못한 경우 이러한 분쟁을 조정하거나 제국의 입법을 통해 분쟁을 해결할 권한을 지니고 있었다.[5)]

(2) 바이마르 공화국 시대의 헌법재판

바이마르 공화국의 국사재판소의 관할사항은 다음과 같다. **첫째**, 탄핵심

5) 송석윤, "1870/71년 독일통일과 연방제헌법", 법사학연구 제41호, 2010. 4, 201면.

판이다. 바이마르 헌법 제59조에 의거한 탄핵심판은 행정부 고위공무원(제국 대통령, 제국총리, 제국장관들)에 대해서 헌법과 법률을 위반한 경우, 직무를 박탈해달라고 제국의회가 헌법재판소에 제소하는 절차이다. **둘째**, 제국과 주들 간의 분쟁해결이다. 바이마르 헌법 제15조에 의하면 연방법을 주정부에서 집행하는 경우 주정부가 연방정부의 연방법 적용에 문제가 있어 이를 제거해 달라고 할 수 있다. 이 경우, 연방정부나 주정부가 의견이 다를 경우 국사재판소에 분쟁해결을 요청할 수 있다. **셋째**, 주(州)간 분쟁해결이다. 주간의 분쟁은 영토 경계에 관한 것이 대부분인데, 여러 주들을 걸쳐 흐르는 강이 존재하는 경우 이러한 분쟁이 발생한다. 바이마르 헌법 제18조에 의하면, 주의 영토변경이나 주의 신설의 경우에는 제국법률에 의하도록 하고, 주간에 합병이나 탈퇴의 경우 재산권의 분쟁이 발생하면 일방의 요청으로 국사재판소에 제소할 수 있다. **넷째**, 주 내부의 헌법분쟁 해결이다. 주 내부에 헌법분쟁을 해결할 기관이 없는 경우, 국사재판소가 이를 담당한다(바이마르 헌법 제19조). 이는 국사재판소가 주의 헌법재판소 기능을 담당한 것이다.[6]

제 2 절 우리나라 헌법재판제도의 역사

1. 제헌헌법

제헌헌법에서는 위헌법률심사기관으로서 '헌법위원회'를 두고 있었다(제81조). 이에 따라 국회는 1950. 2. 21. 법률 제100호로서 헌법위원회법을 제정하였다. 제헌헌법의 규정상 헌법위원회는 '제5장 법원' 편에 규정되어 있었다. 헌법위원회는 재판의 전제가 된 법률의 위헌 여부에 대한 결정권인 '위헌법률심사권'만 가지고 있었다. 위헌심사의 대상은 법률에 한정하고 있었고, 명령·규칙·처분의 심사는 법원이 담당하였다(제81조). 위헌심판제청권은 법원만 가

6) 명재진, "바이마르 헌법과 국사재판", 홍익법학 제17권 제2호, 2016. 6, 141-143면.

지고 있었고, 법원이 헌법위원회에 위헌 제청하기 위해서는 담당판사 또는 소송당사자의 신청에 의하여 판사 3인으로 구성되는 합의부의 결정으로 사건을 담당한 법원이 한다(헌법위원회법 제9조).

헌법위원회는 부통령을 위원장으로 하여 대법관 5인, 국회의원 5인으로 구성되었다. 헌법위원회 재판은 비공개로 이루어지며, 헌법위원회 위원 3분의 2 이상의 출석으로 의사가 진행되고 위원 3분의 2 이상의 찬성으로 위헌결정이 된다(제81조 제4항). 위헌결정의 효력은 문제가 된 법률조항이 장래적으로 무효가 되는 것이 원칙이나, 형벌법규는 소급하여 무효가 되었다.

헌법위원회는 1950년부터 업무를 시작하여 10여년간 운영되었지만 그 활동은 미미하여 6건의 위헌법률심판사건을 처리하는데 그쳤다. 그 중 농지개혁법 제18조 제1항 후단 및 제24조 제1항 후단, 비상사태하의 범죄처벌에 관한 특별조치령 제9조 제1항에 대하여는 위헌결정을 내렸다.

한편, 탄핵심판사건을 담당하기 위하여 제헌헌법 '제3장 국회' 편에서 별도의 '탄핵재판소'를 두었다. 탄핵재판소는 대통령, 부통령, 법관 등 특정한 고위공무원의 위법 및 위헌행위에 대하여 국회가 탄핵소추를 결의한 경우 탄핵재판을 하는 권한을 가진 헌법기관이었다(제47조). 부통령을 재판장으로 대법관 5인, 국회의원 5인으로 구성되며, 대통령과 부통령이 탄핵심판의 대상이 된 때에는 대법원장이 재판장의 직무를 행하도록 하였다. 탄핵결정은 심판관 3분의 2 이상의 찬성으로 이루어지며, 그 효력은 공직으로부터의 파면에 그치게 되었다(제47조 제3항 · 제4항).

2. 1960년 헌법(제2공화국 헌법)

1960년 제2공화국 헌법은 헌법위원회를 없애고, 헌법재판소 제도를 도입하였다. 헌법 제8장에서 독립된 '헌법재판소'를 설치하였다. 이에 따라 헌법재판소법이 제정되었다.[7)]

헌법재판소의 구성은 법관의 자격을 지닌 심판관 9인으로 구성되고, 대통

7) 헌법재판소법(1961. 4. 17. 법률 제601호).

령, 대법원, 참의원이 각각 3명씩 선출하며 임기는 6년이었다(동 헌법 제83조의 3, 제83조의4). 제2공화국 헌법상 헌법재판소는 순수한 사법기구로서의 성격을 가지며, 심판관은 정당에 가입하거나 정치에 관여하지 못하게 함으로써 정치적 중립성을 보장하였다.

구 헌법위원회와는 달리 헌법재판소를 상설적인 기구로 하였다. 헌법재판소는 법률의 위헌여부심판, 국가기관간의 권한쟁의심판, 정당해산심판, 탄핵재판, 대통령·대법원장·대법관의 선거소송심판 등을 관할한다고 규정하였다. 또한 헌법재판소는 법원에 계속 중인 사건에 관하여 법원 또는 당사자가 헌법에 관한 해석을 제청하였을 때 결정을 통하여 헌법을 최종적으로 해석하는 권한도 있었다.

그러나 1961. 4. 17. 헌법재판소법이 제정된지 1개월만에 헌법재판소가 구성되기도 전에 5·16 쿠데타로 인해 헌법재판소 설립조차 되지 못하였다.

3. 1962년 헌법(제3공화국 헌법)

제2공화국 헌법상 헌법재판소 제도를 폐지하고, 1962년 제3공화국 헌법은 헌법재판에 속하는 사항 중 위헌법률심사, 정당해산심판, 선거소송 등은 '대법원'이, 탄핵심판은 '탄핵심판위원회'가 담당하게 하고, 권한쟁의심판제도는 두지 않았다. 탄핵심판위원회는 제3공화국 헌법 국회 편에서 규정하였는데, 대법원장을 위원장으로 하고 대법원판사 3인과 국회의원 5인의 위원으로 구성하되, 다만 대법원장을 탄핵심판할 경우에는 국회의장이 위원장이 되도록 하였다(동 헌법 제62조).

대법원은 국가배상법 제2조 제1항 단서와 법원조직법 제59조 제1항에 대해 '위헌'판결을 선고하였다. 그리고 군형법 제47조와 국가배상법 제3조, 반공법 제4조 제1항, 형법상의 사형제도, 강간죄의 객체를 여자에 한정하는 규정 등에 대해서는 합헌 판단을 하였다.

4. 1972년 헌법(유신헌법)

1972년 제4공화국 헌법은 헌법재판을 담당하는 기관으로 '헌법위원회'를 두었다(동 헌법 제8장). 헌법위원회는 9인의 위원으로 구성하며 대통령이 임명하는데, 3인은 국회에서 선출하는 자를, 3인은 대법원장이 지명하는 자를 임명하도록 되어 있었다. 헌법위원회 위원의 자격은 법률로 정하도록 하였고(헌법 제110조 제4항) 헌법위원회 위원장은 위원 중에서 대통령이 임명하였다(헌법 제109조 제4항). 헌법위원회 위원은 정당에 가입하거나 정치에 관여할 수 없도록 규정하였다(헌법 제110조 제2항). 헌법위원회의 정치적 중립성을 확보하도록 하고, 헌법위원회 위원은 탄핵 또는 형벌에 의하지 않고서는 파면되지 않도록 하였다(헌법 제110조 제3항).

제4공화국 헌법에 의하면, 헌법위원회는 위헌법률심판, 탄핵심판, 정당해산심판을 관할하고 있었으나, 헌법위원회법에서 대법원에 송부하지 않을 결정권을 부여하였는데(1973. 2. 16. 법률 제2530호 헌법위원회법 제15조) 실제로 위헌법률심판이 한 건도 행해지지 않았다.

5. 1980년 헌법(제5공화국 헌법)

제5공화국 헌법은 헌법위원회 제도를 그대로 계승하였다. 헌법위원회는 위헌법률심판, 탄핵심판, 정당해산심판을 관할하였다. 1980년 제5공화국 헌법에서는 법률이 헌법에 위반되는 여부가 재판의 전제가 된 경우에 <u>법원은 법률이 헌법에 위반되는 것으로 인정할 때에만</u> 헌법위원회에 제청하여 그 결정에 의하여 재판한다고 규정하였다(헌법 제108조 제1항). 또한 헌법위원회법(1982. 4. 2. 법률 제3551호) 제15조 제3항에서는 대법원이 위헌여부 제청에 대하여 대법원판사 전원의 3분의 2 이상으로 구성되는 합의체에서 당해 법률이 헌법에 위반되는 것으로 인정할 때에만 그 제청서를 헌법위원회에 송부하도록 함으로써, 위헌법률심사를 더욱 어렵게 만들었으며, 결국 1972년 헌법에서와 마찬가지로 위헌법률심판이 한 건도 이루어지지 않았다.

6. 1987년 헌법(제6공화국 헌법)

1987년 헌법은 헌법위원회에 의한 위헌법률심사제(여당측 원래 주장)와 대법원에 의한 위헌법률심사제(야당)를 절충하여 '헌법재판소'를 신설하는 방향으로 합의하였다.[8] 제6공화국 헌법은 헌법위원회 제도를 폐지하고, 헌법재판소 제도를 신설하였다(헌법 제107조 제1항, 제111조). 법원의 제청에 의한 위헌법률심판, 탄핵심판, 정당해산심판, 권한쟁의심판, 법률이 정하는 헌법소원심판을 헌법재판소가 관장하도록 하였다(헌법 제111조 제1항).

1988년 8월 5일 헌법재판소법이 제정되었고,[9] 1988년 9월 1일 헌법재판소법이 시행되었다(시행 1988. 9. 1. 법률 제4017호, 1988. 8. 5., 제정). 동시에 헌법재판관 9인이 임명되어 직무가 시작되었다. 과거 헌정사의 경험에 비추어 헌법위원회나 대법원에 헌법재판을 맡기는 것이 국민의 기본권 보호에 미흡하다는 판단 하에 헌법재판소를 설치하게 되었다.

8) 신우철, "헌정사연구(抄) – 건국헌법에서 현행헌법까지", 영남법학 제9권 제1호, 2002. 12, 64면.
9) 헌법재판소법(1988. 8. 5. 법률 제4017호).

제 3 장

헌법재판소의 지위와 조직

제 1 절 헌법재판소의 지위

헌법재판소는 헌법재판을 전담하기 위해 헌법 제6장에 의하여 설치·운영되는 헌법기관이다. 또한 헌법재판소는 그 기능에 상응하여 '헌법보장 기관'으로서의 지위, '기본권보장 기관'으로서의 지위, 헌법의 최종적 유권해석기관, '권력통제기관'으로서의 지위, '정치적 평화보장기관'으로서의 지위 등을 갖는다. 헌법재판소의 헌법상 지위는 헌법재판소의 기능과 불가분의 상관관계에 있다.

1. 헌법보장 기관

국가는 개인의 기본권보장을 위해 존재하며, 국가의 모든 조직과 활동은 기본권보장과 관련되어 있다. 이를 위해서 헌법의 최고규범성과 실효성 보장이 요구된다. 이는 헌법침해에 대하여 헌법의 규범력을 어떻게 보장할 것인가의 문제로 귀결된다. 이러한 헌법보장은 '협의'의 헌법보장(헌법보장)과 '광의'

의 헌법보장(국가보장)으로 구분할 수 있다.[1)] 헌법보장은 헌법의 영속성 내지 항구성을 부여하여 정치적·사회적 상황의 변화에 대해 탄력성을 갖게 함으로써 헌법규범의 안정성과 실효성을 확보하는 기능을 한다. 켈젠(H. Kelsen)은 헌법재판은 원칙적으로 규범의 법적합성 판단이라 보았다. 켈젠(H. Kelsen)은 대통령·의회·헌법재판소 모두가 헌법의 수호자라고 주장하였다.[2)]

헌법의 해석과 적용에 관한 최종적 유권해석기관으로서 헌법재판소는 헌법보장기관 중 하나이다.

2. 기본권보장 기관

기본권보장의 효율성을 위해 헌법재판제도는 필수적이다.[3)] 이는 입법자만으로는 기본권을 충실히 보장할 수 없기 때문이다.[4)] 효율적인 기본권보장을 위해 입법자 이외에 독립적인 다른 국가기관이 필요하지만,[5)] 입법자는 헌법을 적용하는데 중점을 두지 않고, 정치적으로 생각하고 행동하는데 관심이 더 많다.[6)] 기본권은 정치적 결정을 교정하는 역할을 한다. 입법자의 정치행위에 대한 한계설정은 국회 자체에 의해서가 아니라, 정치권력과는 독립적이며 국회 외부에 설치되며 헌법에만 의무를 지는 독립적인 국가기관에 의해 이루어져야 한다.[7)] 이러한 이유에서 통제기관의 독립성은 기본권의 효율적인 보장을 위한 중요한 조건이 된다.[8)]

기본권 침해 문제는 헌법재판권이 없는 정치제도 보다 헌법재판권이 존

1) 권형준, "헌법보장에 관한 연구", 공법연구 제30집 제5호, 87면 이하.
2) Heinrich Triepel/Hans Kelsen/Max Layer/Ernst von Hippel, Wesen und Entwicklung der Staatsgerichtsbarkeit. Überprüfung von Verwaltungsakten durch die ordentlichen Gerichte, VVDStRL 5 (1929).
3) Isensee, Grundrechte und Demokratie, Der Staat 20 (1981), S. 161 (161 f., 168).
4) v. Brünneck, Verfassungsgerichtsbarkeit in den westlichen Demokratien, 1992, S. 149.
5) Häußler, Der Konflikt zwischen Bundesverfassungsgericht und politischer Führung, 1994, S. 164.
6) Ossenbühl, Verfassungsgerichtsbarkeit und Gesetzgebung, in: Badura/Scholz (Hrsg.), Symposion für Peter Lerche, 1998, S. 75 (90).
7) Kelsen, Wesen und Entwicklung der Staatsgerichtsbarkeit, VVDStRL 5 (1929), S. 53; Simon, Verfassungsgerichtsbarkeit, in: Benda/Maihofer/Vogel (Hrsg.), Handbuch des Verfassungsrechts der Bundesrepublik Deutschland, 2. Aufl., 1994, § 134 Rn. 43; Voßkuhle, in: v. Mangoldt/Klein/Starck (Hrsg.), GG, Bd. 3, 6. Aufl., 2010, Art. 93 Rn. 17.
8) D. O. Burchardt, Grenzen verfassungsgerichtlicher Erkenntnis, 2004, S. 124.

재하는 정치제도에서 더욱 적절하게 다루어진다.[9] 위헌법률심판제도는 입법자가 엄청난 시간적 압박을 받기 때문에 입법자가 인식하지 못했던 법률상 기본권 문제를 밝혀내는데 그 장점이 있다.[10]

3. 헌법의 최종적 유권해석기관

국가의 헌법은 구체적인 해석을 필요로 한다. "헌법의 수호자[11]는 누구인가?" 라는 질문 또는 "헌법의 최종적인 해석자가 누구인가?" 라는 질문이 되어질 수 있다. 헌법이론상 '국민'이 헌법의 최종적인 해석자로 이해된다. 그러나 실제로는 국민의 위임을 받은 국가의 대표기관이 국민을 대신하여 헌법의 최종적인 해석권을 지니게 된다.[12]

우리나라 헌법에 최종적인 헌법 해석자가 누구인가에 관한 명확한 규정은 없지만, 독일 기본법 제92조, 제93조, 제100조에서는 헌법 해석권을 독일 연방헌법재판소에게 부여하고 있다. 독일에서 어떠한 국가기관도 연방헌법재판소 판결을 부정할 수 없다.[13] 독일 연방헌법재판소는 헌법해석에 관한 최종적인 권한을 지니고 있으며,[14] 헌법해석의 '수호자'로 기능하고 있다.[15]

4. 권력통제기관 (규범통제기관)

헌법재판소는 다른 국가기관이 헌법을 침해하는 경우 이에 대해 통제하는 권한을 지님으로써 최후의 헌법수호기관으로서 기능한다. 법제도적으로 헌

9) Grimm, Politik und Recht, in: FS Benda, 1995, S. 91 (101).

10) Benda, Der soziale Rechtsstaat, in: ders./Maihofer/Vogel (Hrsg.), Handbuch des Verfassungsrechts der Bundesrepublik Deutschland, 2. Aufl., 1994, § 17 Rn. 39.

11) 헌법재판소가 최종적인 유권해석기관이라는 견해로는, 전학선, "프랑스에서의 헌법의 수호", 헌법학연구 제14권 제3호, 2008. 9, 201면. 정치적 다수로부터 독립되어 있는 사법기관이어야 된다는 견해로는 강승식, "헌법국가에서의 최종적 헌법해석권", 공법연구 제33집 제3호, 2005. 5, 65면.

12) W. Steffani, Verfassungsgerichtsbarkeit und demokratischer Entscheidungsprozess, in: Häberle (Hrsg.), Verfassungsgerichtsbarkeit, 1976, S. 374 (383).

13) H. H. Klein, Verfassungsgerichtsbarkeit und Gesetzgebung, in: Badura/Scholz (Hrsg.), Symposion für Peter Lerche, 1998, S. 49 (55).

14) M. Jestaedt, Verfassungsgerichtspositivismus, in: FS Isensee, 2002, S. 183.

15) O. Lepsius, Die maßstabsetzende Gewalt, in: Schönberger/Jestaedt/Lepsius/Möllers (Hrsg.), Das entgrenzte Gericht, 2011, S. 159 (162).

법에 의해 정당성을 부여받고 있는 헌법재판소는 간접적인 인(人)적 민주적 정당성을 갖는다. 실질적·내용적 민주적 정당성의 측면에서 볼 때, 헌법재판소에게 법규범에 대한 규범통제권을 부여하고 있는 민주적 책임성은 헌법재판권을 위한 민주적 정당성의 원천이다.[16)]

헌법재판소는 규범통제기관으로서, 헌법의 해석 및 적용을 통해 법률의 위헌 여부를 심사하고, 헌법의 수호 역할을 수행한다. 구체적으로, 법률에 대한 위헌심사권, 대통령령, 총리령, 부령 등 법규명령이 별도의 집행행위를 매개하지 않고 직접적으로 기본권을 침해하는 경우 헌법소원심판권 등이 있다.

제2절 헌법재판소의 민주적 정당성

1. 헌법재판소의 민주적 정당성 문제

헌법재판소의 규범통제는 개인의 주관적 소송을 넘어 법규범 폐지의 효력을 지니기 때문에 헌법재판소의 민주적 정당성 문제는 더욱 첨예화된다. 헌법재판소에 의한 법규범에 대한 위헌결정은 '법규적 효력'[17)]을 지니며, 위헌결정에 따라 해당 법률의 효력은 상실되고, 소송 당사자나 국가기관 이외의 일반 사인에게도 그 효력이 미치며, 일반 국민은 헌법재판소가 위헌으로 선언한 법규범이 적용되지 않는 것을 수인해야 하고, 위헌으로 선언한 법규범에는 더 이상 법적 기속을 받지 않게 된다.[18)]

헌법재판소는 위헌법률심판에 있어서 헌법 제37조 제2항의 '비례성 원칙'[19)]에 의거하여 '비교형량'의 심사를 하고 있다. 입법자의 입법은 다양한 관

16) A. Tschentscher, Demokratische Legitimation der dritten Gewalt, 2006, S. 161.
17) 헌재 1992. 12. 24. 92헌가8, 판례집 4, 853, 887; 헌재 2012. 12. 27. 2012헌바60, 판례집 24-2하, 529, 535-536.
18) 헌재 2012. 12. 27. 2012헌바60, 판례집 24-2하, 529, 535-536.
19) 비례성 원칙에 관하여는 이부하, "비례성원칙과 과소보호금지원칙", 「헌법학연구」 제13권 제2호, 2007. 6, 275면 이하.

점들을 고려하여 헌법적으로 입증될 수 없는 '가치'에 근거하고 있다. 국회는 다양하게 표출된 기본권 해석들 중에서 하나를 선택할 수 있는 권한을 지닌 국가기관이기 때문에,[20] 어떠한 이유에서 헌법재판소의 '비교형량' 심사가 입법자의 '법률'보다 우선시되는지에 대해 근본적인 의문이 제기된다.[21] 따라서 유일하게 '헌법'만이 헌법재판소의 규범통제권을 위한 민주적 정당성의 근거를 제공한다.

2. 헌법재판권의 민주적 정당성의 헌법적 근거

헌법재판소의 법률의 위헌성에 대한 최종적 판단권을 정당화하기 위해서는 민주적 정당성에 대한 근본적 고찰이 필요하다. 국회가 제정한 법률이 헌법에 위반되는지 여부에 대한 헌법재판소의 판단권은 입법결과를 통제하는 교정적 역할을 수행한다.[22]

(1) 소수자 보호의 과제

소수자 보호[23]라는 과제는 일정 정도 헌법재판권을 정당화한다.[24] 언제나 소수자 보호가 필요한 것은 아니지만, 특히 다수가 될 수 있는 기회가 없는 소수자의 보호는 필요하다. 정치 시스템 외부에 있거나 정치과정에서 이해관계가 전혀 표출되지 않는 단체에게도 소수자 보호는 유효하다.[25]

---

20) B. Schlink, Der Grundsatz der Verhältnismäßigkeit, in: FS BVerfG, Bd. 2, 2001, S. 445 (461)

21) K. Hesse, Verfassungsrechtsprechung im geschichtlichen Wandel, JZ 1995, S. 265 (272)

22) N. Petersen, Verhältnismäßigkeit als Rationalitätskontrolle, 2015, S. 32 ff.

23) '소수자 보호'에 관하여는 박정원, "소수자보호의 이상과 현실", 법과 정책연구 제7권 제2호, 2007. 12, 589면 이하; 박정원, "법의 목적론적 해석과 소수자보호의 법리 전개 – 국제법의 관점에서 –", 법학논총 제40권 제3호, 2016. 9, 197면 이하; 김명수, "소수자보호와 차별금지법", 홍익법학 제15권 제3호, 2014. 9, 165면 이하; 이준일, "헌법과 소수자 보호", 안암법학 제43호, 2014. 1, 1면 이하; 이우영, "대의제민주주의에서 소수자 보호의 헌법적 의의와 구조", 서울대학교 법학 제46권 제3호, 2007. 9, 162면 이하.

24) Kelsen, Wesen und Entwicklung der Staatsgerichtsbarkeit, VVDStRL 5 (1929), S. 30 (81); Häberle, Grundprobleme der Verfassungsgerichtsbarkeit, in: ders. (Hrsg.), Verfassungsgerichtsbarkeit, 1976, S. 1 (29).

25) Häberle, Das Mehrheitsprinzip als Strukturelement der freiheitlichdemokratischen Grundordnung, JZ 1977, S. 241 (242); U. Volkmann, Bausteine zu einer demokratischen Theorie der Verfassungsgerichtsbarkeit, in: FS Bryde, 2013, S. 119 (125).

헌법재판권의 민주적 정당성과 관련하여, 소수자 개념이 문제가 있다는 견해가 있다.[26] 다수의 구성원뿐만 아니라 소수의 구성원에게도 기본권을 부여하고 헌법재판소가 다수자와 소수자 양 구성원의 기본권을 인정한 후, 소수자를 기본권 주체와 동일화하는 것은 잘못이라는 것이다. 기본권 주체와 소수자는 그 보호대상이 다르다고 보면, 어디서 소수자 보호의 정당성을 찾을 수 있는지에 대한 의문이 제기된다.[27] 소수자가 특별히 보호 필요성이 있다는 사실이 소수자를 헌법적으로 보호해야 하는 정당성을 부여하지는 않는다. 오히려 소수집단의 구성원이 헌법상 보장된 기본권을 가지고 있기 때문에 헌법상 소수자 보호가 인정된다.[28]

(2) 민주주의 보호의 과제

민주주의의 기본적 전제조건은 정치 공동체의 모든 구성원이 자유롭고 평등하게 정치과정에 참여할 수 있는 동등한 기회가 부여되어야 한다는 것이다.[29] 헌법재판소의 과제[30]는 정치과정과 그 기능적 조건을 보호하고,[31] 민주주의의 기능 장애를 제거하는 일이다.[32] 민주주의 과정 그 자체에서 이러한 기능적 조건을 마련해 주지 않는다면, 민주주의 보호의 과제는 사법(司法)기관이 담당해야 할 것이다.[33]

헌법에 국가기관의 정당성을 제도적으로 규정하게 되면, 민주적 정당성이

---

26) Gary S. Schaal, Integration durch Verfassung und Verfassungsrechtsprechung?, 2000, S. 187; Chr. Gusy, Das Mehrheitsprinzip im demokratischen Staat, AöR 106 (1981), S. 329 (342): 구지(Gusy) 교수는 "다수자와 소수자는 분리된 인적 집단으로서 대치관계에 있지 않다. 오히려 각 개인은 다른 상이한 집단과 공유하는 이해관계에 대해 다양한 생각을 가지고 있다."

27) Möllers, Legalität, Legitimität und Legitimation des Bundesverfassungsgerichts, S. 281 (342 f.).

28) K. Stern, Verfassungsgerichtsbarkeit zwischenRecht und Politik, 1980, S. 16; J. Isensee, Bundesverfassungsgericht – quo vadis?, JZ 1996, S. 1085 (1092).

29) John Hart Ely, Democracy and Distrust, Cambridge (Mass.) 1980, S. 105 ff. 조한상, "헌법상 민주주의의 실현구조", 법학논총 제32집 제1호, 2012. 4, 123–124면.

30) 이와 관련하여 김종서, "민주주의적 관점에서 본 헌법재판제도 – 미국의 논의를 중심으로 –", 민주법학 제54호, 2014. 3, 317면 이하.

31) Brun–Otto Bryde, Der Beitrag des Bundesverfassungsgerichts zur Demokratisierung der Bundesrepublik, in: van Ooyen/Möllers (Hrsg.), Das Bundesverfassungsgericht im politischen System, 2006, S. 325 ff.

32) v. Komorowski/Bechtel, Gesetzgebungsoder Justizstaat?, PVS, Sonderheft 36 (2006), S. 282 (299).

33) v. Brünneck, Verfassungsgerichtsbarkeit in den westlichen Demokratien, 1992, S. 136.

부여된다는 '제도적 · 기능적' 민주적 정당성과 관련하여, 민주주의의 수호[34]는 헌법재판소의 판결을 통해 실현되고 있으며, 헌법재판은 사법(司法)행위의 일단면으로서 정당화될 수 있다.[35] 대의제에서 국민에 의해 선출된 국회의원들은 선거권자의 의사에 기속되지 않으며, 헌법재판소에게 정치에 대한 책임을 전가할 수도 없다.[36]

(3) 이성(理性)에 근거

헌법재판소는 기본권의 유권적 해석자로서 역할을 수행하기 때문에, 민주적 정당성을 부여받는다는 것이다.[37] 하버마스(Habermas)는 헌법과 헌법재판의 법적 논거가 제시되지 않을 때, 숙의(熟議) 민주주의(Deliberative Democracy) 형성에 있어서 '이성'(理性)에 근거하기 때문에 헌법재판권의 민주적 정당성이 있다고 주장한다.[38]

알렉시(R. Alexy) 교수는 '논증적 대표'라는 주제어로 새롭게 이론구성을 하였다.[39] 숙의 민주주의 모델에 기초하여, 국민과 주권 간의 연결은 선거와 투표에 의해서 뿐만 아니라, '논증'에 의해 이루어진다. '논증'과 '대표'의 결합은 헌법재판권이 정의와 진리에 근접하는 과정으로 이해될 때 정당화된다. 알렉시(R. Alexy) 교수의 '합리적 대화이론'에 의하면,[40] 나쁘거나 덜 좋은 논증으로 구별될 수 있는데 '좋은' 헌법적 논증이면서 '올바른' 헌법적 논증을 할 때, 헌법재판적 논증은 국민을 대표하게 된다.[41]

---

34) 이에 관하여는 윤정인 · 김선택, "헌법재판소는 민주주의의 수호자인가", 공법학연구 제16권 제1호, 2015. 2, 135면 이하.

35) Möllers, Legalität, Legitimität und Legitimation des Bundesverfassungsgerichts, S. 281 (335 f.).

36) Abromeit, Volkssouveränität, Parlamentssouveränität, Verfassungssouveränität, PVS 36 (1995), S. 49 (61); Schönberger, Anmerkungen zu Karlsruhe, in: ders./Jestaedt/Lepsius/Möllers (Hrsg.), Das entgrenzte Gericht, 2011, S. 9 (45).

37) Benda, Bundesverfassungsgericht und Gesetzgeber im dritten Jahrzehnt des Grundgesetzes, DÖV 1979, S. 465 (467).

38) Habermas, Faktizität und Geltung, 1992, S. 292 ff.

39) 알렉시(R. Alexy)의 '대화이론'에 관하여는 양천수, "현대 사회에서 '처분불가능성'의 새로운 논증 가능성", 법학논총 제25권 제3호, 2013. 2, 35면 이하; 이부하, "원칙이론에 의한 헌법재판적 형량 – 알렉시(Alexy) 교수의 원칙이론에 대한 비판을 겸하여 –", 법학논고 제46집, 2014. 5, 37면 이하.

40) Alexy, Theorie der juristischen Argumentation, 1983.

41) Alexy, Grundrechte, Demokratie und Repräsentation, Der Staat 54 (2015), S. 210 ff.

'대화이론'이 헌법재판절차와 양립가능한지의 근본적인 문제[42] 이외에도, "민주주의의 적절한 개념[...]은 논증과 이성이 포함되어야 한다."[43]는 알렉시(R. Alexy) 교수의 주장은 설득력이 떨어진다. 의회 민주주의는 자발적인 요소이며, 입법상 빈번한 타협의 성격으로 인해 내재적으로 모순적 요소를 가지고 있다.[44] 실제 입법행위는 합리적이고 이성적이지 않으며, 이성에 의하는 것이 아니라 국회의원 자신의 생각에 의해 이익 중심적으로 정치과정에서 이루어진다.[45]

알렉시(R. Alexy) 교수가 주장하는 헌법재판권의 구상에 필수적인 '이성에 근거한 신뢰'[46]는 현실적이지 않음을 알 수 있다. 헌법재판소 결정이 실망스러운 결과를 나타내는 경우가 있음을 헌법재판의 역사를 통해 보게 된다. 이러한 헌법재판소 결정을 접할 때마다, 헌법재판권의 이상형(理想型)은 불투명해진다.[47] 헌법재판소의 결정들을 분석해 보면, 헌법재판이 이성(理性)에 근거하고 있다는 생각은 거의 지지를 받지 못하고 있다.

(4) 사회공동체 통합의 과제

헌법재판권의 민주적 정당성 논거로서 '헌법애국주의'(Verfassungs-patriotismus)의 슬로건을 기치(旗幟)로 하여 독일 연방헌법재판소는 사회공동체의 '기본적 합의'(Grundkonsens)에 있다고 한다.[48] 다원적 민주주의에서 헌법재판권은 민주주의에 있어서 포기할 수 없는 헌법의 사회공동체 통합의 과제를

---

42) Grimm, Verfassungsgerichtsbarkeit – Funktion und Funktionsgrenzen im demokratischen Staat, in: Hoffmann–Riem (Hrsg.), Sozialwissenschaften im Studium des Rechts, Bd. 2, 1977, S. 83 (106).
43) Alexy, Grundrechte, Demokratie und Repräsentation, Der Staat 54 (2015), S. 210.
44) BVerfGE 121, 317 (175). Bryde 헌법재판관의 반대의견.
45) Isensee, Die Rationalität des Staates und die Irrationalität des Menschen, AöR 140 (2015), S. 169 (183); Jestaedt, Demokratieprinzip und Kondominialverwaltung, 1993, S. 592.
46) Alexy, Grundrechte, Demokratie und Repräsentation, Der Staat 54 (2015), S. 212.
47) Kloepfer, Die Grundrechte des Grundgesetzes: Erfolge, Schwächen, Zukunftsaufgaben, in: FS Wahl, 2011, S. 339 (342).
48) Simon, Verfassungsgerichtsbarkeit, in: Benda/Maihofer/Vogel (Hrsg.), Handbuch des Verfassungsrechts der Bundesrepublik Deutschland, 2. Aufl., 1994, § 134 Rn. 42; Kreuter–Kirchhof, Verfassungsgerichtsbarkeit im Dienst der Verfassung, in: Isensee/Kirchhof (Hrsg.), HStR, Bd. 14, 3. Aufl., 2014, § 272 Rn. 7; Laufer, Verfassungsgerichtsbarkeit und politischer Prozeß, 1968, S. 19; Benda (Fn. 66), S. 470; Scheuner, Verfassungsgerichtsbarkeit und Gesetzgebung, DÖV 1980, S. 473 (479 f.).

수행하고 있다.[49)]

사회공동체가 그 존속을 위해 제도를 통해 형성해야 할 특정한 '기본적 합의'가 필요하다는 견해에 대해, 현대 민주주의와 다원주의가 양립할 수 있는지의 문제가 제기된다.[50)] 다원적 민주주의 사회에서는 정치적, 사회적, 경제적, 문화적 '합의'에 대한 지향이 희박하고,[51)] 오히려 다수결 원칙[52)]의 도움을 받아 정치적 갈등을 해결함으로써 '집단적인 민주적 정체성'을 이끌어내고 있다.[53)] 실무에서도, 헌법재판소의 결정이 '기본적 합의'를 확립한다는 생각은 계속적으로 깨지고 있다.

헌법재판권에 의해 사회공동체 통합이 가능한지 여부[54)]에 대한 해답은 없지만,[55)] 장기적 관점에서 보면 헌법재판소 결정이 사회공동체 통합을 수행해 온 것은 사실이다.[56)] 그러나 헌법재판소의 결정이 최종적으로 명확한 해결책을 제시하지 못하는 경우가 있었고, 종종 헌법재판소의 결정으로 인해 새로운 분쟁이 유발된 것도 사실이다.[57)] 헌법재판권에 의한 사회공동체의 통합은 사회 문화적인 맥락에 크게 좌우된다.[58)] 다원적이고 분화된 민주주의 사회에서 헌법재판소의 최종 결정에 의해 사회 전체가 통합될 수 있다고 생각되지 않는다.[59)]

---

49) Häberle, Die offene Gesellschaft der Verfassungsinterpreten, JZ 1975, S. 297 (303); Stern, Verfassungsgerichtsbarkeit zwischen Recht und Politik, 1980, S. 33 f.

50) Möllers, Legalität, Legitimität und Legitimation des Bundesverfassungsgerichts, S. 301; Haltern, Verfassungsgerichtsbarkeit, Demokratie und Misstrauen, 1998, S. 229.

51) U. Haltern, Integration als Mythos, JöR 45 (1997), S. 31 (85); Möllers, Demokratie –Zumutungen und Versprechen, 2008, Rn. 37.

52) 다수결원칙에 대하여는 J. Krüper, Das Glück der größten Zahl Zum Mehrheitsprinzip als Funktionsregel im Verfassungsstaat, ZJS 5/2009, S. 477 ff.

53) Dubiel, Metamorphosen der Zivilgesellschaft II – Das ethische Minimum der Demokratie, in: ders. (Hrsg.), Ungewißheit und Politik, 1994, S. 106 (114 f.).

54) 이에 관하여 방승주, "사회통합과 헌법재판", 저스티스 제134-2호, 2013. 2, 352면 이하; 이부하, "사회통합과 헌법", 세계헌법연구 제16권 제3호, 2010. 8, 1면 이하.

55) Chr. Walter, Hüter oder Wandler der Verfassung?, AöR 125 (2000), S. 517 (546).

56) U. Herbert, Integration der jungen Republik durch Verfassungsrecht?, in: Stolleis (Hrsg.), Das Bonner Grundgesetz, 2006, S. 85 (101).

57) Guggenberger, Zwischen Konsens und Konflikt: Das Bundesverfassungsgericht und die Zukunftsfähigkeit der Gesellschaft, in: ders./Würtenberger (Hrsg.), Hüter der Verfassung oder Lenker der Politik?, 1998, S. 227.

58) Gary S. Schaal, Integration durch Verfassung und Verfassungsrechtsprechung?, ÖZP, 30 (2001), S. 230.

59) U. Haltern, Integration als Mythos, JöR 45 (1997), S. 31 (84).

(5) 기본권 보호의 임무

기본권 보호의 효율성을 위해 헌법재판제도가 필수적이라고 보는 입장이다.[60] 이러한 견해의 중심에는 입법자 자체적으로 기본권을 충실히 보장할 수 없다고 생각하기 때문이다.[61] 효율적인 기본권 보장을 위해 입법자 이외에 독립적인 다른 국가기관이 필요하지만,[62] 입법자는 헌법을 적용하는데 중점을 두지 않고, 정치적으로 생각하고 행동하는데 관심이 더 많다.[63] 기본권은 정치적 결정을 교정하는 역할을 한다. 입법자의 정치행위에 대한 한계설정은 국회 자체에 의해서가 아니라, 정치권력과는 독립적이며 국회 외부에 설치되며 헌법에만 의무를 지는 독립적인 국가기관에 의해서 이루어져야 한다.[64] 이러한 이유에서 통제기관의 독립성은 기본권의 효율적인 보장을 위한 중요한 조건이 된다.[65]

기본권 침해 문제는 헌법재판권이 없는 정치제도 보다 헌법재판권이 존재하는 정치제도에서 더욱 적절하게 다루어진다.[66] 위헌법률심판제도는 입법자가 엄청난 시간적 압박을 받기 때문에 입법자가 인식하지 못했던 법률상 기본권 문제를 밝혀내는데 그 장점이 있다.[67]

그러나 이러한 기본권 보호의 임무가 민주적 정당성의 근거라는 생각은 두 가지 중요한 비판이 가능하다. 하나의 비판은, 기본권 '제한적' 국회와 기본권 '보호적' 헌법재판권의 단면적 대립으로 이론구성하는 것은 이 문제의 본질을 빗나가게 한다. 오히려 국회는 민주적인 입법절차에서 기본권을 형성하는

60) Isensee, Grundrechte und Demokratie, Der Staat 20 (1981), S. 161 (161 f., 168).

61) v. Brünneck, Verfassungsgerichtsbarkeit in den westlichen Demokratien, 1992, S. 149.

62) Häußler, Der Konflikt zwischen Bundesverfassungsgericht und politischer Führung, 1994, S. 164.

63) Ossenbühl, Verfassungsgerichtsbarkeit und Gesetzgebung, in: Badura/Scholz (Hrsg.), Symposion für Peter Lerche, 1998, S. 75 (90).

64) Kelsen, Wesen und Entwicklung der Staatsgerichtsbarkeit, VVDStRL 5 (1929), S. 53; Simon, Verfassungsgerichtsbarkeit, in: Benda/Maihofer/Vogel (Hrsg.), Handbuch des Verfassungsrechts der Bundesrepublik Deutschland, 2. Aufl., 1994, § 134 Rn. 43; Voßkuhle, in: v. Mangoldt/Klein/Starck (Hrsg.), GG, Bd. 3, 6. Aufl., 2010, Art. 93 Rn. 17.

65) D. O. Burchardt, Grenzen verfassungsgerichtlicher Erkenntnis, 2004, S. 124.

66) Grimm, Politik und Recht, in: FS Benda, 1995, S. 91 (101).

67) Benda, Der soziale Rechtsstaat, in: ders./Maihofer/Vogel (Hrsg.), Handbuch des Verfassungsrechts der Bundesrepublik Deutschland, 2. Aufl., 1994, § 17 Rn. 39.

입법에 기여함으로써 입법권의 한계를 설정할 뿐만 아니라, 입법절차의 구조화에도 기여함으로써 기본권을 보호하고 있다.[68] 또한 국회의 심의는 일반적으로 기본권 문제를 다루는 법적 절차보다 깊게 숙고하는 과정을 거친다.[69] 입법자는 법적 문제를 배후에 놓고, 도덕적·정치적 문제까지 포괄적이고 직접적으로 고찰할 수 있다. 뿐만 아니라, 입법절차는 사회적 갈등을 해결하는데 필요한 투명성과 참여의 기회[70] 및 타협 가능성[71]을 지니고 있다.

다른 하나의 비판은, 헌법재판제도가 없는 정치제도에 비해 헌법재판제도가 있는 정치제도에서 기본권 주체가 상향된 기본권 보호수준을 향유한다는 기본권 보호의 효율성 문제에 이론이 제기된다. 기본권 보호의 효율성은 양면성을 지니고 있다. 왜냐하면, 기본권 문제는 헌법소원심판 청구인의 기본권에만 관련되어 있지 않기 때문이다. 청구인의 기본권은 대부분 다른 상대방의 기본권과 대응하고 있다. 기본권 주체의 구체적인 이익에 관한 문제가 아니라, 다양한 개인의 법적 지위에 대한 이익균형에 관한 것이라면, 기본권 보호의 상승은 다른 측면에서 다른 기본권 주체의 기본권 보호수준의 저하를 의미한다. 따라서 헌법재판권이 기본권 보호수준의 단순한 상승이 아니라 비교형량 과정에서 공익 발견에 있다면, 헌법재판권이 높은 기본권 보호수준을 확보한다는 사고는 민주적 정당성의 논거로서 설득력을 잃는다.[72]

(6) 소결

헌법재판소의 법률의 위헌성 여부에 대한 최종적 판단권은 민주적 정당성 문제 해결에 한계가 있음을 보여준다. 물론 실질적·내용적 민주적 정당성은 민주주의 절차의 유지라는 헌법재판소의 과제로부터 또한 기본권 보호의

68) Lepsius, Chancen und Grenzen des Grundsatzes der Verhältnismäßigkeit, in: Jestaedt/Lepsius (Hrsg.), Verhältnismäßigkeit, 2015, S. 1 (39).

69) Tomkins, Our Republican Constitution, Oxford 2005, S. 27 ff.; Waldron, Judges as Moral Reasoners, International Journal of Constitutional Law 7 (2009), S. 2 (24).

70) Grimm, Verfassungsgerichtsbarkeit – Funktion und Funktionsgrenzen im demokratischen Staat, in: Hoffmann-Riem (Hrsg.), Sozialwissenschaften im Studium des Rechts, Bd. 2, 1977, S. 83 (106).

71) Möllers, Gewaltengliederung, 2005, S. 156.

72) Schuppert, Funktionell-rechtliche Grenzen der Verfassungsinterpretation, 1980, S. 26 ff.

효율성이라는 장점으로부터 도출할 수 있다. 결국 헌법에 의해 정당성을 부여받고 있는 헌법재판소는 간접적인 인(人)적 민주적 정당성을 갖는다.

제3절 헌법재판소의 관장사항과 조직

1. 관장사항(헌법 제111조 제1항)

헌법 제111조 제1항 및 헌법재판소법 제2조에 의하면 헌법재판소는 다음의 5가지 사항을 관장한다.

① 법원의 제청에 의한 법률의 위헌여부 심판
② 탄핵의 심판
③ 정당의 해산 심판
④ 국가기관 상호간, 국가기관과 지방자치단체간 및 지방자치단체 상호간의 권한쟁의에 관한 심판
⑤ 법률이 정하는 헌법소원의 심판

(1) 위헌법률심판

위헌법률심판이란 헌법재판소가 국회가 제정한 법률이 헌법에 위반되는가 여부를 심사하고, 그 법률이 헌법에 위반되는 것으로 인정되는 경우에 그 효력을 상실하게 하거나 그 적용을 거부하도록 하는 제도를 말한다.

현행 헌법상의 위헌법률심판제도는 구체적 사건에 있어서 법률의 위헌여부가 '재판의 전제'가 되는 경우에 이루어지는 사후적·구체적인 규범통제를 그 내용으로 하는 것으로서 법률에 대한 '위헌제청권'과 '위헌결정권'을 분리해서, 전자(前者)는 일반법원이, 후자(後者)는 헌법재판소가 이를 담당하고 있다(헌법 제107조 제1항, 제111조 제1항 제1호). 이는 주로 유럽국가들의 헌법재판제도에서 일반적으로 나타나는 유형으로서 헌법의 특성, 민주주의의 관점, 권력

분립의 관점, 법적 안정성의 관점, 전문성의 관점 등을 그 이론적인 근거로 하고 있다.

(2) 탄핵심판

대통령·국무총리·국무위원·행정각부의 장·헌법재판소 재판관·법관·중앙선거관리위원회 위원·감사원장·감사위원 기타 법률이 정하는 공무원이 그 직무집행에 있어서 헌법이나 법률을 위배한 때에는 국회는 탄핵의 소추를 의결할 수 있다. 이와 같이 탄핵심판은 대통령을 비롯한 고위직 공직자를 대상으로 그 법적인 책임을 특히 헌법이 정하는 특별한 소추절차에 따라 책임을 추궁함으로써 헌법을 보호하는 제도이다. 현행 헌법은 탄핵심판에 관하여 그 소추기관과 심판기관을 나누어 국회에게는 탄핵'소추권'을, 헌법재판소에는 탄핵'심판권'을 맡기고 있다(헌법 제65조, 제111조 제1항 제2호).

(3) 정당해산심판

정당의 목적이나 활동이 민주적 기본질서에 위배될 때에는 정부는 헌법재판소에 그 해산을 제소할 수 있고 정당은 헌법재판소의 결정에 의하여 해산된다(헌법 제8조 제4항, 제111조 제1항 제3호). 이와 같이 위헌정당의 해산심판제도는 자유민주주의의 적(敵)으로부터 자유민주주의를 수호하면서, 동시에 정당의 강제해산은 오직 헌법재판소의 결정에 의해서만 가능하도록 하려는 것이 그 취지이다. 정부가 헌법재판소에 정당해산심판을 청구하려면 국무회의의 심의를 거쳐야 한다(헌재법 제55조).

(4) 권한쟁의심판

현행 헌법은 '국가기관 상호간, 국가기관과 지방자치단체간 및 지방자치단체 상호간의 권한쟁의에 관한 심판'을 헌법재판소의 관할사항으로 하고 있다(헌법 제111조 제1항 제4호). 우리 헌정사상 1960년 헌법에 이어 두 번째로 권한쟁의제도를 채택하고 있으나, 1960년 헌법의 권한쟁의제도가 국가기관간의 권한쟁의심판만을 그 내용으로 했던 것과 달리, 현행 헌법상의 권한쟁의심판제도는 그 심판사항을 국가기관과 지방자치단체간 및 지방자치단체 상호간의 권한쟁의로까지 확대하고 있다.

(5) 헌법소원심판

현행 헌법은 '법률이 정하는 헌법소원에 관한 심판'을 헌법재판소에 맡김으로써(헌법 제111조 제1항 제5호) 제9차 개헌에서 실질적으로 헌법소원제도를 채택했다. 헌법소원제도는 공권력의 남용, 악용으로부터 헌법상 보장된 국민의 기본권을 보호하는 헌법재판제도이기 때문에 통치권의 기본권 기속성을 실현시킬 수 있는 가장 실효성 있는 권력통제장치에 속한다.

현행 헌법재판소법상의 헌법소원제도는 공권력의 행사 또는 불행사로 인하여 헌법상 보장된 기본권을 침해받은 자가 제기하는 권리구제형 헌법소원(헌재법 제68조 제1항에 의한 헌법소원)과 법률이 헌법에 위반되는 여부가 재판의 전제가 되어 법원에 위헌법률심판제청신청을 하였으나 기각된 자가 헌법재판소에 제기하는 규범통제형(위헌심사형) 헌법소원(헌재법 제68조 제2항에 의한 헌법소원)으로 나뉘어 규율하고 있다.

2. 헌법재판소의 조직

헌법재판소는 대통령이 임명하는 법관의 자격을 가진 9인의 재판관으로 구성되는바, 그 중 3인은 국회에서 선출하는 자를, 3인은 대법원장이 지명하는 자를 임명한다.

(1) 헌법재판소장

헌법재판소장은 국회의 동의를 얻어 재판관 중에서 대통령이 임명한다(헌법 제111조 제4항, 헌재법 제12조 제2항). 헌법재판소장은 헌법재판소를 대표하고, 헌법재판소의 사무를 총괄하며, 소속 공무원을 지휘·감독한다(헌재법 제12조 제3항).

헌법재판소장이 일시적인 사고로 인하여 직무를 수행할 수 없을 때에는 재판관 중 임명일자 순으로 그 권한을 대행한다. 다만, 임명일자가 같을 때에는 연장자 순으로 대행한다. 헌법재판소장이 궐위(闕位)되거나 1개월 이상 사고로 인하여 직무를 수행할 수 없을 때에는 재판관 중 재판관회의에서 선출된 사람이 그 권한을 대행한다. 다만, 그 권한대행자가 선출될 때까지는 재판관 중 임명일자 순으로 권한을 대행한다. 위 단서의 권한대행자는 궐위(闕位)되거나 1개월 이상 사고로 인하여 직무를 수행할 수 없는 사유가 생긴 날부터 7일 이내에 권한대행자를 선출하기 위한 재판관회의를 소집하여야 한다. 권한대행자는 재판관 전원의 3분의 2를 초과하는 인원의 출석과 출석인원 과반수의 찬성으로 선출한다. 다만, 1차 투표결과 피선자(被選者)가 없을 때에는 최고득표자와 차점자에 대하여 결선투표를 하여 그 중 다수득표자를 피선자로 하되, 다수득표자가 2명 이상일 때에는 연장자를 피선자로 한다(헌재법 제12조의2). 헌법재판소장의 대우와 보수는 대법원장의 예에 의한다(헌재법 제15조).

(2) 헌법재판소 재판관

헌법재판소는 법관의 자격을 가진 9인의 재판관으로 구성하며, 재판관은 대통령이 임명한다(헌법 제111조 제2항, 헌재법 제6조 제1항). 대통령은 위 재판관 중 3인은 국회에서 선출하는 자를, 3인은 대법원장이 지명하는 자를 임명한다(헌법 제111조 제3항, 헌재법 제6조 제2항). 헌법재판소 재판관은 다음 각 1의 어느 하나에 해당하는 직(職)에 15년 이상 있던 40세 이상인 사람 중에서 임명한다. ① 판사, 검사, 변호사, ② 변호사 자격이 있는 사람으로서 국가기관, 국영·공영 기업체, 「공공기관의 운영에 관한 법률」 제4조에 따른 공공기관 또는 그 밖의 법인에서 법률에 관한 사무에 종사한 사람, ③ 변호사 자격이 있는 사람으로서 공인된 대학의 법률학 조교수 이상의 직에 있던 사람이다.

국회법 제46조 제2항에 의하여 국회의 동의를 요구하는 헌법재판소장이나 국회에서 선출하는 재판관의 경우에는 국회에서 인사청문회를 거쳐야 하나, 나머지 재판관은 이러한 절차를 거치지 않는다. 따라서 헌법재판소 재판관의 임명과 그 동의절차에 있어서 상당한 민주적 정당성의 취약성을 지니고 있다.

재판관의 임기가 만료되거나 임기중 재판관이 결원된 때에는 임기만료 또는 결원된 날로부터 30일 이내에 후임자를 임명하여야 한다. 다만, 국회에서 선출한 재판관이 국회의 폐회 또는 휴회중에 그 임기가 만료되거나 결원이 된 때에는 국회는 다음 국회가 개시된 후 30일 이내에 후임자를 선출하여야 한다(헌재법 제6조 제3항).

재판관의 임기는 6년으로 하며, 연임할 수 있다(헌법 제112조 제1항, 헌재법 제7조 제1항). 재판관의 정년은 70세이다(헌재법 제7조 제2항). 재판관은 탄핵 또는 금고 이상의 형의 선고에 의하지 아니하고는 그 의사에 반하여 해임되지 아니한다(헌법 제112조 제3항, 헌재법 제8조). 재판관의 대우와 보수는 대법관의 예에 의한다(헌재법 제15조).

(3) 재판관회의

재판관회의는 재판관 전원으로 구성하며, 헌법재판소장이 의장이 된다. 재판관회의는 재판관 전원의 3분의 2를 초과하는 인원의 출석과 출석인원 과반수의 찬성으로 의결한다. 의장은 의결에서 표결권을 가진다(헌재법 제16조).

다음 각 1의 사항은 재판관회의의 의결을 거쳐야 한다. ① 헌법재판소규칙의 제정과 개정, 제10조의2에 따른 입법 의견의 제출에 관한 사항, ② 예산요구, 예비금 지출과 결산에 관한 사항, ③ 사무처장, 사무차장, 헌법재판연구원장, 헌법연구관 및 3급 이상 공무원의 임면(任免)에 관한 사항, ④ 특히 중요하다고 인정되는 사항으로서 헌법재판소장이 재판관회의에 부치는 사항이다(헌재법 제16조 제4항).

의안은 보고안건과 의결안건으로 구분하여 사무처장이 재판관회의 개최 전날까지 의사일정표와 함께 각 재판관에게 배포한다. 다만, 긴급한 사항에 대해서는 그러하지 아니하다(헌법재판소 재판관회의 규칙 제4조). 보고사항이나 의결사항으로서 경미한 사항은 서면으로 의결할 수 있다(동 규칙 제5조), '비밀' 표시의 안건에 대하여는 헌법재판소장의 승인 없이 이를 발표하지 못한다(동 규칙 제6조).

재판관회의의 간사는 헌법재판소사무처 기획조정실장이 된다. 재판관회의의 간사는 재판관회의록(동 규칙 제5조의 규정에 의한 서면의결을 한 때에는 재판관회의결의록)을 작성하고 서명날인하여야 한다(동 규칙 제7조, 제8조 제1항). 헌법재판소장은 위 회의록 또는 결의록을 확인하고 서명날인한다(동 규칙 제8조 제2항).

(4) 사무처

헌법재판소의 행정사무를 처리하기 위하여 헌법재판소에 사무처를 둔다(헌재법 제17조 제1항). 사무처장은 헌법재판소장의 지휘를 받아 사무처의 사무를 관장하며, 소속공무원을 지휘·감독한다(헌재법 제17조 제3항). 사무처장은 국회 또는 국무회의에 출석하여 헌법재판소의 행정에 관하여 발언할 수 있다(헌재법 제17조 제4항). 사무차장은 사무처장을 보좌하며, 사무처장이 사고로 인하여 직무를 수행할 수 없을 때에는 그 직무를 대행한다(헌재법 제17조 제6항).

헌법재판소의 사무기구(이하 "사무기구"라 한다)로서 헌법재판소사무처(이하 "사무처"라 한다), 헌법연구관 및 헌법연구관보, 헌법재판연구원(이하 "연구원"이라 한다), 헌법재판소장 비서실 및 헌법재판소 재판관 비서관을 둔다(헌법재판소 사무기구에 관한 규칙 제2조). 사무처에 기획조정실·심판지원실 및 행정관리국을 두며, 사무차장 밑에 공보관 및 도서총괄심의관을 둔다(헌법재판소 사무기구에 관한 규칙 제7조).

기획조정실에 실장을 두며, 그 밑에 기획재정국 및 국제협력국을 둔다. 기획재정국에 국장을 두며, 그 밑에 재정기획과·평가감사과 및 법제과를 둔다. 국제협력국에 국장을 두며, 그 밑에 국제과 및 AACC지원과를 둔다(헌법재판소 사무기구에 관한 규칙 제9조). 심판지원실에 실장을 두며, 그 밑에 심판지원총괄과·심판민원과·심판사무과 및 심판정보국을 둔다. 심판정보국에 국장을 두며, 그 밑에 자료편찬과·정보화기획과 및 정보보호과를 둔다(헌법재판소 사무기구에 관한 규칙 제10조). 행정관리국에 국장을 두며, 그 밑에 총무과·인사과 및 청사관리과를 둔다(헌법재판소 사무기구에 관한 규칙 제11조).

1) 심판지원총괄과

심판지원총괄과는 다음 사항을 분장한다.

① 심판관련 국회업무 총괄
② 심판관련 법령 제·개정 등 제도개선
③ 심판업무 지원체계의 개선·조정
④ 헌법재판실무제요 편찬 및 발간
⑤ 헌법재판소 결정의 사후관리
⑥ 헌법재판소 기록물의 보존 및 관리업무
⑦ 행정심판제도의 운영
⑧ 헌법재판소 및 헌법재판소공무원에 대한 소송
⑨ 헌법재판소 상설전시관 운영
⑩ 그 밖에 실 내의 다른 과의 직무에 속하지 아니하는 사항

2) 심판민원과

심판민원과는 다음 사항을 분장한다.

① 심판사건 및 문건의 접수
② 공탁 및 심판비용에 관한 업무
③ 민원사무 처리
④ 방청객 안내 및 심판정의 안전 관리
⑤ 정보공개제도의 운영
⑥ 심판기록의 열람·복사
⑦ 심판사건에 관한 각종 증명원 발급
⑧개인정보 열람

3) 심판사무과

심판사무과는 심판사건에 관한 다음 사무를 분장한다.

① 심판사건의 배당 보조

② 심판사건에 관한 서류의 작성·보관
③ 심판사건 송달에 관한 사항
④ 심판사건 통계업무
⑤ 헌법연구관으로부터 위임받은 사실관계 확인을 위한 현황 파악, 사진 촬영 등의 기초조사

4) 자료편찬과

자료편찬과는 다음 사무를 분장한다.

① 국·영문 판례의 편찬 및 발간
② 헌법재판소공보의 편찬 및 발간
③ 헌법재판소결정해설집 등 헌법재판 관련 자료의 편찬 및 발간
④ 국내외 자료 교류 및 협력
⑤ 헌법재판소 발간물의 관리·배포 및 보급
⑥ 헌법논총의 공모 및 발간
⑦ 그 밖에 국 내의 다른 과의 직무에 속하지 아니하는 사항

5) 정보화기획과

정보화기획과는 다음 사무를 분장한다.

① 정보화 업무의 총괄 및 조정
② 전자헌법재판 구현을 위한 심판업무 정보화
③ 행정업무 및 홈페이지 등 각종 정보시스템 구축·개발 및 운영
④ 정보화 업무의 대외협력
⑤ 헌법재판정보화 예산총괄 및 계약
⑥ 정보화 법령 및 제도 개선
⑦ 정보화심의위원회 운영
⑧ 그 밖에 정보화에 관한 사항

6) 정보보호과

정보보호과는 다음 사무를 분장한다.

① 정보보호 및 개인정보보호 기본계획 수립·시행
② 정보보호 및 개인정보보호 등의 법령·제도의 개선
③ 침해사고 대응 및 관제 운영 등 사이버안전센터 운영
④ 정보보호시스템 구축 및 운영
⑤ 데이터센터, 재해복구센터 및 정보통신망의 구축·운영
⑥ 행정업무용 정보자원의 보급 및 운영
⑦ 정보보호위원회 운영
⑧ 그 밖에 정보보호에 관한 사항

(5) 헌법연구관 등

헌법재판소에는 헌법재판소규칙으로 정하는 수의 특정직국가공무원인 헌법연구관을 둔다(헌재법 제19조 제1항, 제2항). 헌법연구관은 헌법재판소장의 명을 받아 사건의 심리 및 심판에 관한 조사·연구에 종사한다(헌재법 제19조 제3항). 헌법연구관의 임기는 10년으로 하며, 연임할 수 있고, 정년은 60세로 한다(헌재법 제19조 제7항). 사무차장은 헌법연구관의 직을 겸할 수 있다(헌재법 제19조 제10항).

헌법연구관을 신규임용하는 경우에는 3년의 기간 헌법연구관보로 임용하여 근무하게 한 후 그 근무성적을 참작하여 헌법연구관으로 임용한다(헌재법 제19조의2 제1항). 헌법연구관보는 별정직국가공무원으로 하고, 헌법재판소장이 재판관회의의 의결을 거쳐 임용한다(헌재법 제19조의2 제2항, 제3항).

헌법재판소장은 다른 국가기관에 대하여 그 소속공무원을 헌법연구관으로 근무하게 하기 위하여 헌법재판소에의 파견근무를 요청할 수 있다(헌재법 제19조 제6항). 그밖에 헌법재판소 전문임기제공무원은 헌법재판을 위한 조사·연구나 특수분야에 대한 전문적 지식이나 기술 등이 요구되는 직위의 업무를 수행하기 위하여 채용되는 임기제공무원을 말한다(헌법재판소 공무원 규칙 제4조의3 제3항).

제 4 장

일반심판절차

헌법재판소법은 헌법재판의 심판절차에서 일반적으로 적용되는 일반심판절차와 개별적으로 적용되는 특별심판절차로 구분하여 규정하고 있다. 특별심판절차에는 위헌법률심판절차, 탄핵심판절차, 정당해산심판절차, 권한쟁의심판절차, 헌법소원심판절차로 나뉘어진다.

일반심판절차에는 기본적으로 「헌법재판소법」과 「헌법재판소 심판 규칙」이 적용된다. 특별한 규정이 없는 경우에는 민사소송에 관한 법령을 준용하고, 탄핵심판은 형사소송에 관한 법령이 준용되고, 권한쟁의심판과 헌법소원심판의 경우에는 행정소송법이 준용된다(헌재법 제40조 제1항). 형사소송에 관한 법령 또는 「행정소송법」이 민사소송에 관한 법령에 저촉될 때에는 민사소송에 관한 법령은 준용하지 아니한다(헌재법 제40조 제2항).

제 1 절 재판부의 구성과 심판정족수

1. 전원재판부

(1) 구성

헌법재판소법에 특별한 규정이 있는 경우가 아니면 심판은 재판관 전원으로 구성되는 재판부에서 관장하며, 전원재판부의 재판장은 헌법재판소장이 된다(헌재법 제22조).

(2) 심판정족수

헌법재판소는 9인의 재판관으로 구성되는 전원재판부에서 재판관 7인 이상의 출석으로 사건을 심리하며(헌재법 제23조 제1항), 재판부는 종국심리에 관여한 재판관의 과반수의 찬성으로 사건에 관한 결정을 한다. 위헌결정·탄핵결정·정당해산결정 및 헌법소원의 인용결정, 그리고 종전에 헌법재판소가 판시한 헌법 또는 법률의 해석·적용에 관한 의견을 변경하는 경우에는 재판관 6인 이상의 찬성이 있어야 한다(헌법 제113조 제1항, 헌재법 제23조 제2항). 이와 같은 경우에 다른 일반정족수보다 가중하여 재판관 6인 이상의 찬성을 요구하도록 규정한 것은 헌법재판의 인용결정의 중요성으로 인해 사회에 미치는 파급효와 법적 안정성을 고려한 것이다.

재판관 5인의 위헌의견이 있었으나 법률의 위헌결정을 위한 심판정족수에는 이르지 못하여 합헌결정된 사례가 있다.[1] 외국의 입법례를 보면, 독일의 경우 과반수를 원칙으로 하되(가부동수인 경우에는 기본법 또는 기타 연방법에 위반하는 것으로 확인할 수 없다) 기본권의 실효, 정당의 위헌여부, 대통령과 법관의 탄핵결정에 있어서는 재판부 소속 재판관 3분의 2 이상으로 규정하고 있다(독일 연방헌법재판소법 제15조 제3항). 한편 오스트리아, 스페인의 경우는 과반수로 규정하고 있다. 미국 연방대법원의 경우는 9인 중 6인 이상의 출석으로

1) 헌재 1999. 7. 22. 98헌가3, 판례집 11-2, 1.

사건을 심리하고(28 U.S.C. §1, Court Rule §4), 그 중 과반수로 결정한다.

2. 헌법소원심판에서 사전심사

헌법재판소는 남소의 폐해를 방지하기 위해 공탁금 납부명령제와 지정재판부에 의한 사전심사제를 규정하고 있다(헌재법 제37조 제2항). 헌법재판소장은 재판관 3인으로 구성되는 지정재판부에서 헌법소원심판의 사전심사를 담당케 할 수 있다(헌재법 제72조).

사전심사의 내용으로는 심판청구의 각하와 심판회부결정이 있다. 지정재판부는 보충성의 원칙을 지키지 않았거나, 청구기간을 도과하거나 대리인 선임없이 청구되거나 심판청구가 부적법하고 흠결을 보정할 수 없는 경우에는 지정재판부 재판관 전원의 일치된 의견에 의하여 각하한다(헌재법 제72조 제3항). 지정재판부가 심판청구를 각하하지 않는 경우에는 결정으로 헌법소원을 재판부의 심판에 회부하여야 한다(헌재법 제72조 제4항).

각하하거나 심판회부결정을 한 때에는 그 결정일로부터 14일 이내에 청구인 등에게 그 사실을 통지해야 한다(헌재법 제73조 제1항).

3. 지정재판부

(1) 구성

헌법재판소장은 헌법소원심판사건에 있어서 헌법재판소의 부담을 경감하기 위해 재판관 3인으로 구성되는 지정재판부를 두어 사전심사를 담당하게 할 수 있다(헌재법 제72조 제1항). 지정재판부는 소속 재판관 전원의 일치된 의견으로 헌법소원심판청구를 각하할 수 있다(헌재법 제72조 제3항).

이에 따른 「지정재판부의 구성과 운영에 관한 규칙」에 의하면 헌법재판소에는 제1지정재판부, 제2지정재판부 및 제3지정재판부를 두고, 각 지정재판부는 재판관 3인으로 구성한다(동 규칙 제2조). 각 지정재판부의 구성원은 재판관회의의 의결을 거쳐 헌법재판소장이 별표와 같이 가열, 나열 및 다열로 편성한다. 다만, 재판관 3인 이상의 궐위 또는 사고로 재판관회의의 의결을 거칠 수 없는 경우에는 헌법재판소장이 재판관들과 협의하여 편성할 수 있다(동 규칙 제3조).

지정재판부의 재판관이 일시 궐위되거나 직무를 수행할 수 없을 때에는 제1지정재판부는 제2지정재판부의, 제2지정재판부는 제3지정재판부의, 제3지정재판부는 제1지정재판부의 같은 열에 속하는 재판관이 그 직무를 대행한다. 다만, 같은 열에 속하는 재판관이 대행할 수 없을 경우에는 바로 뒷열의 재판관이 대행하되, 다열의 재판관의 경우에는 가열의 재판관이 대행한다(동 규칙 제5조).

(2) 재판장

각 지정재판부의 재판장은 주심재판관 바로 앞열의 재판관으로 하되, 가열의 재판관이 주심재판관이 된 경우에는 다열의 재판관이 재판장이 된다. 다만, 제1지정재판부의 재판장은 헌법재판소장이 된다(동 규칙 제4조).

(3) 지정재판부의 결정

1) 심판청구 각하결정

지정재판부는 재판관 전원이 일치된 의견으로 다음의 경우는 심판청구를 각하할 수 있다(헌재법 제72조 제3항). ① 다른 법률에 의한 구제절차가 있는 경우 그 절차를 모두 거치지 않거나 또는 법원의 재판에 대하여 헌법소원의 심판이 청구된 경우, ② 청구기간이 경과된 경우, ③ 대리인의 선임없이 청구된 경우, ④ 심판의 청구가 부적법하고 그 흠결을 보정할 수 없는 경우이다.

2) 심판회부 결정

지정재판부는 전원의 일치된 의견으로 각하결정을 하지 아니하는 경우에는 결정으로 헌법소원을 재판부의 심판에 회부하여야 한다. 헌법소원심판이 청구된 후 30일이 경과할 때까지 각하결정이 없는 때에는 심판에 회부하는 결정("심판회부결정")이 있는 것으로 본다.

4. 심판정족수

(1) 심리정족수

헌법재판소 재판부는 재판관 7명 이상의 출석으로 사건을 심리한다(헌재법 제23조 제1항).

(2) 결정정족수

1) 상대다수정족수(과반수 찬성)

재판부는 종국심리에 관여한 재판관 과반수의 찬성으로 심판사건에 관한 결정을 한다(헌재법 제23조 제2항).

2) 절대다수정족수(6명 이상의 찬성)

재판부는 다음에 해당하는 경우에는 재판관 6명 이상의 찬성이 있어야 한다(헌재법 제23조 제2항). ① 법률의 위헌결정, 탄핵의 결정, 정당해산의 결정, 헌법소원에 관한 인용결정(認容決定)을 하는 경우, ② 종전에 헌법재판소가 판시한 헌법 또는 법률의 해석 적용에 관한 의견을 변경하는 경우

제 2 절 심판의 청구와 사건의 심리

1. 심판의 청구

(1) 심판청구의 방식

헌법재판소에의 심판청구는 심판사항별로 정하여진 청구서를 헌법재판소에 제출함으로써 한다. 다만, 위헌법률심판에 있어서는 법원의 제청서, 탄핵심판에 있어서는 국회의 소추의결서의 정본으로 이에 갈음한다(헌재법 제26조 제1항). 청구서에는 필요한 증거서류 또는 참고자료를 첨부할 수 있다(동조 제2항).

(2) 청구서의 송달

헌법재판소가 청구서를 접수한 때에는 지체없이 그 등본을 피청구기관 또는 피청구인에게 송달하여야 한다(헌재법 제27조 제1항). 위헌법률심판의 제청이 있은 때에는 법무부장관 및 당해 소송사건의 당사자에게 그 제청서의 등본을 송달한다(헌재법 제27조 제2항).

(3) 심판청구의 보정

재판장은 심판청구가 부적법하나 보정할 수 있다고 인정하는 경우에는 상당한 기간을 정하여 보정을 요구하여야 한다(헌재법 제28조 제1항). 이에 의한 보정이 있는 때에는 처음부터 적법한 심판청구가 있은 것으로 본다(헌재법 제28조 제3항).

(4) 답변서의 제출

청구서 또는 보정서면의 송달을 받은 피청구인은 헌법재판소에 답변서를 제출할 수 있으며, 답변서에는 심판청구의 취지와 이유에 대응하는 답변을 기재하여야 한다(헌재법 제29조).

2. 심판청구의 취하[2)]

(1) 심판청구 취하의 의의

심판청구의 취하란 청구인이 헌법재판소에 대하여 한 심판청구의 전부 또는 일부를 철회하는 의사표시를 말한다. 청구인은 헌법재판소의 결정선고시까지 청구를 취하할 수 있다.

(2) 심판청구 취하의 효과

심판청구가 취하되면, 처음부터 소송 계속이 없었던 것이 되어, 원칙적으로 소송이 종료되고, 헌법재판소의 소송은 더 이상 진행될 수 없다. 그러나 심

2) 성중탁, 헌법재판법 강의, 경북대학교 출판부, 2023, 90−91면.

판청구의 취하가 있었음에도 심판을 하여야 할 공익이 존재하는 경우에는 민사소송법상 처분권주의를 적용하여 헌법재판소는 절차를 종료하여야 하는지 아니면 처분권주의를 배제하여 절차를 계속 진행할 수 있는지에 관하여 견해가 나뉜다.

1) 종료설

심판청구가 취하되면 민사소송법에서 정하는 소의 취하에 관한 규정이 준용되어 심판절차가 종료된다고 본다. 심판절차의 개시와 종료에 있어서 처분권주의를 관철하여, 심판절차가 청구인의 신청에 의하여 개시되고 있는 이상 그 절차를 종료할 것인지의 문제도 청구인에게 부여해야 한다는 것이다.

2) 절차 계속 진행설

헌법재판소는 헌법소원심판절차와 권한쟁의심판절차에서 심판청구의 취하가 있는 경우, 소 취하에 관한 민사소송법이 준용되어 당해 헌법소송이 종료된다고 판시하였다.

또한 "헌법소원심판청구의 취하는 청구인이 제기한 심판청구를 철회하여 심판절차의 계속을 소멸시키는 청구인의 헌법재판소에 대한 소송행위이고 소송행위는 일반 사법상의 행위와는 달리 내심의 의사보다 그 표시를 기준으로 하여 그 효력 유무를 판정할 수밖에 없는 것인바, 청구인의 주장대로 청구인이 피청구인의 기망에 의하여 이 사건 헌법소원심판청구를 취하하였다고 가정하더라도 이를 무효라 할 수도 없고, 청구인이 이를 임의로 취소할 수도 없다."고 판시하였다.[3)]

3. 심리의 방식

(1) 구두변론과 서면심리

헌재법 제30조에 의하면 탄핵심판·정당해산심판·권한쟁의심판은 구두변

3) 헌재 2005. 2. 15. 2004헌마911, 공보 103, 544.

론에 의하고, 위헌법률심판과 헌법소원심판은 서면심리에 의하되 재판부가 필요하다고 인정하는 경우에는 변론을 열 수 있는 것으로 규정하고 있다. 구두변론주의 내지는 구술주의에 의할 경우, 구두진술로부터 받는 선명한 인상과 즉각적인 반문에 의하여 진상파악·모순발견이 쉽고, 여기에 증거조사를 집중시켜 신속·적정한 재판을 할 수 있다. 또 당사자는 변론의 진행상황을 알 수 있다. 그러나 헌법재판소에 청구되는 사건의 대부분을 차지하는 위헌법률심판과 헌법소원심판의 경우 구두변론의 필요성이 있는 사건도 없지는 않으나 모든 사건을 구두변론을 거치도록 한다면 재판부의 업무가 가중되는 불편함이 있으므로 현행법은 서면심리를 원칙으로 하고 전문지식을 가진 참고인의 진술을 청취하기 위한 경우 등 필요시 구두변론을 열 수 있는 것으로 규정하였다.

(2) 의견서의 제출

헌법재판소법은 위헌법률심판과 헌법소원심판절차에서 의견서제출제도를 규정하고 있다. 즉 위헌법률심판사건이 접수되거나 헌법재판소법 제68조 제2항의 규정에 의한 헌법소원이 재판부에 심판회부된 경우에 당해 소송사건의 당사자 및 법무부장관은 헌법재판소에 법률의 위헌 여부에 대한 의견서를 제출할 수 있고(헌재법 제44조, 제74조 제2항), 헌법재판소법 제68조 제1항의 규정에 의한 헌법소원의 경우에도 그 심판에 이해관계가 있는 국가기관 또는 공공단체와 법무부장관은 헌법재판소에 그 심판에 관한 의견서를 제출할 수 있다(헌재법 제74조 제1항). 실무상으로는 이해관계기관에게도 위헌제청서등본, 심판회부통지서 등을 송부함과 동시에 의견서 제출의 기회를 부여하고 있다.

여기에서 어느 기관이 이해관계기관에 해당하는가는 구체적 사건에 따라 개별적으로 판단하여야 할 것이나, 일반적으로는 법령에 대한 위헌여부 심판사건의 경우는 당해 법령 시행의 주무관청과 당해 법령이 처분의 전제가 된 경우 처분청의 감독관청도 이해관계인으로 보고 있다. 그리고 공권력행사 주체의 최상급 관청도 이해관계인으로 보아 의견서 제출의 기회를 부여하고 있다.

(3) 증거조사, 자료제출요구 등

헌법소원심판을 포함한 헌법재판은 헌법을 보호하고 국민의 기본권을 보장하는 역할을 한다. 그런데 일반적인 법원의 민·형사재판과는 달리 헌법규범의 해석과 이로 인한 객관적인 헌법질서의 보장을 위한 기능이 헌법재판에서는 중요한 의미를 가진다.

특히 헌법재판은 일반법원에서의 재판과는 달리 헌법재판기관, 즉 헌법재판소의 직권에 의한 심리가 요구되는 정도가 크다고 볼 것이고 또한 바람직한 경우가 더 많다고 할 것이다. 그러므로 당사자의 변론이나 주장은 헌법재판소의 직권탐지를 촉구하고 보완하는 것에 그치며, 당사자가 주장하지 않은 사실도 직권으로 수집하여 재판의 기초로 삼아야 한다.

재판부는 사건의 심리를 위하여 필요하다고 인정하는 경우에는 당사자의 신청 또는 직권에 의하여 다음의 증거조사를 할 수 있다(헌재법 제31조 제1항).

① 당사자 본인 또는 증인을 신문하는 일

② 당사자 또는 관계인이 소지하는 문서·장부·물건 기타 증거자료의 제출을 요구하고 이를 영치하는 일

③ 특별한 학식과 경험을 가진 자에게 감정을 명하는 일

④ 필요한 물건·사람·장소 기타 사물의 성상 또는 상황을 검증하는 일

이때 재판장은 필요하다고 인정할 경우에는 재판관 중 1인을 지정하여 위와 같은 증거조사를 하게 할 수 있는데(헌재법 제31조 제2항), 이와 같이 지정된 재판관을 법원의 수명법관(민사소송법 제139조 제1항)과 같이 실무상 수명재판관이라고 부른다. 헌법재판소법 제31조는 지정재판부의 심리에 준용되므로(헌재법 제72조 제5항) 지정재판부에서도 위 증거조사를 할 수 있고 지정재판부 재판장은 수명재판관을 지정하여 그로 하여금 증거조사를 하게 할 수 있다.

한편, 재판부는 결정으로 다른 국가기관 또는 공공단체의 기관에 대하여 심판에 필요한 사실을 조회하거나, 기록의 송부나 자료의 제출을 요구할 수 있다. 다만, 재판·소추 또는 범죄수사가 진행중인 사건의 기록에 대하여는 송부를 요구할 수 없다(헌재법 제32조).

(4) 심판의 장소 및 공개

심판의 변론과 종국결정의 선고는 심판정에서 행한다. 다만, 헌법재판소장이 필요하다고 인정하는 경우에는 심판정 외의 장소에서 이를 할 수 있다(헌재법 제33조). 지정재판부의 결정이나 신청사건의 결정은 심판정에서 선고하는 방법에 의하지 아니하고 결정문(정본)을 송달하여 고지한다.

심판의 변론과 결정의 선고는 공개한다. 다만, 서면심리와 평의(評議)는 공개하지 아니한다(헌재법 제34조). 또한 국가의 안전보장, 안녕질서 또는 선량한 풍속을 해할 염려가 있는 때에는 결정으로 변론을 공개하지 아니할 수 있다(법원조직법 제57조 제1항 단서).

제3절 재판관의 제척·기피·회피제도

1. 제 척

(1) 의의

제척(除斥)이라 함은 재판관이 구체적인 사건에 관하여 법률이 정하는 특수한 관계가 있는 경우에 법률상 당연히 그 사건에 관한 직무집행으로부터 제외되는 제도를 말한다.

제척의 사유는 다음과 같다(헌재법 제24조 제1항).

① 재판관이 당사자이거나 당사자의 배우자 또는 배우자이었던 경우(제1호)

② 재판관과 당사자간에 친족·호주·가족의 관계가 있거나 이러한 관계가 있었던 경우(제2호)

③ 재판관이 사건에 관하여 증언이나 감정을 할 경우(제3호)

④ 재판관이 사건에 관하여 당사자의 대리인이 되거나 되었던 경우(제4호)

⑤ 기타 재판관이 헌법재판소 외에서 직무상 또는 직업상의 이유로 사건

에 관여하였던 경우(제5호)

(2) 절차

제척의 원인이 있는 때에는 헌법재판소는 직권 또는 당사자의 신청에 의하여 제척의 결정을 한다(헌재법 제24조 제2항). 재판부의 재판관에 대한 제척은 사전심사 단계에서는(헌법소원의 경우) 해당 지정재판부에, 전원재판부에 회부된 경우에는 전원재판부에, 수명재판관에 대한 제척은 그 재판관에게 이유를 밝혀 신청하여야 하며, 제척하는 이유와 소명방법은 신청한 날부터 3일 내에 서면으로 제출하여야 한다(헌재법 제24조 제6항, 민사소송법 제44조 제1항, 제2항).

제척신청을 할 수 있는 당사자는 후술할 헌법재판에서의 당사자 개념과 같다. 다만 보조참가인은 제외된다(기피신청의 경우도 같음). 일반 민사소송의 경우 대법원 판례는 보조참가인은 기피신청인 적격이 없다고 보는데, 이는 헌법소송의 경우도 같다고 할 것이다.

제척신청이 있을 경우에는 신청사건부에 등재하여 접수하며, 기록은 별도의 표지를 붙여 따로 만들되 본안사건기록에 첨철하여야 한다. 제척신청이 법정의 방식에 위배되거나 재판의 지연을 목적으로 하는 것이 분명한 경우에는 신청을 받은 재판부 또는 수명재판관은 결정으로 이를 각하한다(헌재법 제24조 제6항, 민사소송법 제45조 제1항).

제척신청이 있는 경우에는 그 신청에 대한 심판이 확정될 때까지 본안절차를 정지하여야 한다. 다만, 제척신청이 각하된 경우 또는 종국결정을 선고하거나 긴급을 필요로 하는 행위를 하는 경우에는 그러하지 아니하다(헌재법 제24조 제6항, 민사소송법 제48조).

제척을 당한 재판관은 그 제척신청이 전술과 같은 사유로 각하된 경우를 제외하고는 그 제척신청에 대한 의견서를 작성하여 제출하여야 한다(헌재법 제24조 제6항, 민사소송법 제45조 제2항).

제척신청에 대한 심판은 전원재판부에서 결정으로 한다(헌재법 제24조 제6항, 민사소송법 제46조 제1항). 헌법소원사건의 지정재판부 재판관에 대한 제척 또는 기피신청에 대한 결정도 전원재판부에서 하는 것이 헌법재판소의 실무이다. 이때 제척신청을 받은 재판관 자신은 이 심판에 관여하지 못하나 의견을 진술할 수는 있다(헌재법 제24조 제6항, 민사소송법 제46조 제2항).

그런데 한 사건에서 3인 이상의 재판관에게 제척사유가 있을 경우에는 재판부의 심판정족수(헌재법 제23조)와 관련하여 헌법재판소의 기능이 마비되는 문제가 생길 수 있으므로 입법적 해결이 필요하다고 하겠다.

2. 기 피

기피(忌避)라 함은 특정한 재판관에게 제척사유 이외에 심판의 공정을 기대하기 어려운 사정이 있는 경우에 당사자의 신청을 기다려 그 재판관을 직무집행으로부터 제외시키는 제도이다.

제척원인을 제외한 다른 사유로서 심판의 공정을 기대하기 어려운 사정이 기피의 사유에 해당한다(헌재법 제24조 제3항). 기피사유는 공정한 심판을 기대하기 어려운 객관적 사정만을 의미하며 당사자의 주관적인 의혹만으로는 기피사유에 해당하지 않는다고 할 것이다.

재판관에 대한 기피는 그 이유를 명시하여 신청하여야 하며 기피하는 이유와 소명방법은 신청한 날부터 3일 내에 서면으로 제출하여야 한다(헌재법 제24조 제6항, 민사소송법 제44조 제2항). 그러나, 만일 당사자가 변론기일에 출석하여 본안에 관한 진술을 한 때에는 신청권을 상실한다(헌재법 제24조 제3항 단서).

당사자는 동일한 사건에 대하여 2인 이상의 재판관을 기피할 수 없다(헌재법 제24조 제4항). 그 밖의 절차는 제척신청의 경우와 같다.

3. 회 피

회피(回避)라 함은 재판관이 스스로 전술한 제척 또는 기피의 사유가 있다고 인정하여 특정사건의 직무집행을 피하는 제도를 말한다(헌재법 제24조 제5항). 이 경우에는 별도의 심판을 요하지 않으나 재판장의 허가를 얻어야 한다.

그런데 재판관 7인 이상의 출석이 있어야 사건을 심리할 수 있으므로, 제척의 경우와 마찬가지로 한 사건에서 3인 이상의 재판관이 회피하는 경우에는 문제가 생길 수 있다. 따라서 제척사유가 있는 경우를 제외하고는 재판부를 구성할 수 없을 경우에는 회피는 허용되지 않는다고 볼 것이다.

주심재판관이 제척·기피되거나 또는 회피하는 경우 실무상으로는 사건을 재배당한다. 회피신청서는 별도로 '재배당신청부'에 철하여 보존하고, 사건기록에는 신청서의 사본을 철한다.

제4절 평 의

1. 평의 절차

실무상 사건을 평의에 회부하고자 하는 주심재판관은 관련사건에 관한 평의요청서를 작성하여 각 재판관에게 배포한다. 배포는 평의 전에 상당한 기간을 두고 행해진다. 재판장은 재판관들과 협의하여 평의일정을 확정한 후 평의일자와 평의안건 목록을 각 재판관에게 통지한다.

평의에서는 먼저 주심재판관이 사건에 대한 검토내용을 요약하여 발표하고 '평의'를 진행한 후, 최종적으로 표결하는 '평결'을 하게 된다. 평결에서는 우선 주심재판관이 의견을 내고, 그 다음은 후임 재판관부터 순차적으로 의견을 낸 후 재판장이 마지막으로 의견을 내는 것이 관례로 되어 있다.

특정사안에 대해서 평결이 이루어지면 그 결과에 따라 주심재판관이 다수의견을 기초로 결정문 초안을 작성하는 것이 통례이다. 주심재판관이 소수의견을 낼 경우에는 다수의견의 재판관 중에서 결정문 초안 작성자가 지정된다. 어떤 재판관이 결정주문이나 결정이유에 대해서 다수의견과는 다른 소수의견을 제출하고자 하는 경우에는 이를 재판부에 알리며, 이 경우 다수의견의 결정문 초안은 결정선고 이전에 시간적 여유를 두고 소수의견 작성자에게 제공된다. 결정문 초안이 재판부에 제출되면 그에 대한 검토과정을 거쳐서 최종적인 결정문 원안이 확정된다.

재판에 관여한 재판관이 자신의 의견을 변경하고자 하는 경우에는 누구나 결정선고 이전까지 재평의를 요청할 수 있다.

2. 합의방식

재판의 평의에 있어서 그 합의방식에는 '쟁점별 합의방식'과 '주문별 합의방식'이 있다.

(1) 쟁점별 합의방식

쟁점별 합의방식은 적법요건판단, 본안판단, 인용주문의 유형결정 각 심사단계별로 재판관 전원이 표결을 하고, 해당 심사단계 안에서도 당해 사건에서 문제가 된다고 판단한 개별 쟁점별로 재판관 전원이 표결하는 방식을 말한다. '순차표결방식'이라고도 한다.

(2) 주문별 합의방식

주문별 합의방식은 적법요건이나 본안판단을 개개 쟁점별로 표결하지 않고 결론에 초점을 맞추어 전체적으로 표결하여 주문을 결정하는 방식을 말한다.[4] 각하의견을 낸 재판관은 본안판단에 참여하지 못하게 된다. '동시표결방식'이라고도 한다.

(3) 평가

우리나라 헌법재판소는 원칙적으로 '주문별 합의방식'에 입각하고 있어, 적법요건과 본안판단을 분리하여 표결하지 않고 전체적으로 표결하여 결론을 도출하는 방식을 취하고 있다. 반면, 독일의 경우는, 주문별 합의방식을 택한 탄핵심판 등과 같은 특별한 경우를 제외하고 적법요건과 본안판단에 대하여 각각 분리하여 별도로 표결하고 있다. 즉, 적법요건에 대하여 표결한 후, 그에 대하여 부적법하다는 의견을 제시한 재판관도 본안 사항에 대한 표결에도 다

4) 헌재 1994. 6. 30. 92헌바23

시 참여하는 방식이다.

주문별 합의방식은 첫째, 각하의견을 개진한 재판관이 본안판단에 참여하지 못하는 문제점, 둘째, 위헌 이유가 달라도 위헌의견을 낸 재판관의 수를 단순 합산하여 위헌정족수를 충족시키면 침해된 기본권을 특정하는 곤란함과 결정이유를 무엇으로 할지 곤란해지는 문제점, 셋째, 위헌주문의 유형에 대하여 견해가 일치하지 않는 경우, 관여 재판관 과반수가 찬성하는 위헌의견이 주문으로 선고되지 않을 수 있는 문제점이 발생한다.[5] 헌법재판소법에 합의방식을 명시적으로 규정하는 것이 건설적인 방안이 될 것이다. 쟁점별 합의방식을 도입할 경우, 쟁점들을 순차적으로 표결하여야 한다는 규정과 모든 쟁점에 관여 재판관 전원이 표결해야 한다는 규정을 신설할 수 있다.

헌법재판소법에 합의방식을 명시적으로 규정하는 것이 건설적인 방안이 될 것이다. 쟁점별 합의방식을 도입할 경우, 쟁점들을 순차적으로 표결하여야 한다는 규정과 모든 쟁점에 관여 재판관 전원이 표결을 해야 한다는 규정을 신설할 수 있다.

3. 여러 의견이 대립되는 경우의 주문결정

(1) 주문의 선택

평의 결과 관여 재판관이 위헌, 헌법불합치, 한정위헌(또는 한정합헌), 합헌 등으로 다양한 의견이 개진되어 의결정족수를 충족시킬 수 없는 경우에 주문을 어떻게 결정할 것인가가 문제된다. 이러한 경우 해결방법에 대하여 헌법재판소법은 직접적으로는 아무런 규정을 두고 있지 않다. 다만, 헌법재판소법 제40조 제1항은 “헌법재판소의 심판절차에 관하여는 이 법에 특별한 규정이 있는 경우를 제외하고는 민사소송에 관한 법령의 규정을 준용한다. 이 경우 탄핵심판의 경우에는 형사소송에 관한 법령을, 권한쟁의심판 및 헌법소원심판의 경우에는 행정소송법을 함께 준용한다.”고 규정하고 있으므로 법원조직법 제66조 소정의 ‘합의에 관한 규정’을 준용할 수 있다.

5) 공진성, “헌법재판 합의방식의 개선방안”, 헌법학연구 제17권 제2호, 2011. 6, 135면.

법원조직법 제66조 제2항의 규정에 의하면, '수액'이나 '형량'에 관하여 3설 이상이 나누어지고, 어느 견해도 그 자체로서는 과반수에 이르지 못한 경우에는 신청인(민사의 경우에는 원고, 형사의 경우에는 검사)에게 가장 유리한 견해를 가진 수에 순차로, 그 다음으로 유리한 견해를 가진 수를 더하여 과반수에 이르게 된 때의 견해를 그 합의체의 견해로 하도록 하고 있다.

이에 의하면, 예를 들어 평의결과 관여 재판관의 의견이 위헌 2인, 헌법불합치 2인, 한정합헌 2인, 합헌 3인으로 나누어진 경우, 청구인 등에게 가장 유리한 견해인 위헌의 견해를 가진 수(2인)에 순차로 유리한 견해의 수(헌법불합치 2인, 한정합헌 2인)를 더하여 '6인'에 이르게 된 때의 견해인 "한정합헌"의 견해에 따라 주문이 결정되어야 하는 결과가 된다.

헌법재판소는 관여재판관의 평의 결과가 단순합헌의견 3인, 한정합헌의견 5인, 전부위헌의견 1인의 비율로 나타난 위헌법률심판 사건에서, "한정합헌의견(5)은 질적인 일부위헌의견이기 때문에 전부위헌의견(1)도 일부위헌의견의 범위내에서는 한정합헌의 의견과 견해를 같이 한 것이라 할 것이므로 이를 합산하면 헌법재판소법 제23조 제2항 제1호 소정의 위헌결정 정족수에 도달하였다고 할 것이며, 그것이 주문의 의견이 되는 것"이라고 하여 한정합헌으로 결정하였고,[6] 다른 위헌법률심판 사건에서 단순위헌의견 5인, 헌법불합치의견 2인, 합헌의견 2인인 경우에, "단순위헌의견(5)이 다수의견이기는 하나 헌법재판소법 제23조 제2항 제1호에 규정된 '법률의 위헌결정'을 함에 필요한 심판정족수에 이르지 못하였으므로 헌법불합치의 결정을 선고하기로" 한다고 하였다.[7]

권한쟁의심판 사건에서 각하의견·기각의견·인용의견이 각 재판관 3인씩으로 나누어진 경우, 인용의견이 권한쟁의심판에서의 인용결정정족수에 이르지 못하여 기각 주문을 낸 사례가 있고,[8] 그밖에 헌법소원사건에서 인용의견이 5인이고 각하의견이 4인인 경우에 기각주문을 낸 사례도 있다.[9]

---

6) 헌재 1992. 2. 25. 89헌가104, 판례집 4, 64, 99.
7) 헌재 1997. 7. 16. 95헌가6등, 판례집 9-2, 1, 21.
8) 헌재 1997. 7. 16. 96헌라2, 판례집 9-2, 154, 175.
9) 헌재 2000. 2. 24. 97헌마13등, 판례집 12-1, 252.

(2) 결정문의 기재순서

주문에 관하여 여러 의견이 있을 경우 결정문에서의 기재순서는 헌법재판소의 법정의견(주문을 이끌어낸 의견)을 먼저 쓰는 것이 원칙이다.

예컨대, 평의결과 전부위헌의견 1인, 한정합헌의견 5인, 단순합헌의견 3인인 위헌법률심판사건에서는 법정의견인 한정합헌의견, 전부위헌의견, 단순합헌의견 순으로 기재하였고,[10] 평의결과 합헌의견 4인, 한정위헌의견 5인인 위헌법률심판사건에서는 법정의견인 합헌의견, 한정위헌의견 순으로 기재하였으며,[11] 각하의견이 2인, 기각의견이 4인, 인용의견이 3인인 권한쟁의심판사건에서는 법정의견인 기각의견을 먼저 기재하고, 이어서 인용의견과 각하의견의 순서로 기재하였다.[12]

그러나 단순위헌의견이 5인, 헌법불합치의견이 2인, 합헌의견이 2인인 위헌법률심판사건에서는 단순위헌의견, 헌법불합치의견을 차례로 소개하여 법정의견인 헌법불합치 주문을 이끌어낸 후, 반대의견인 합헌의견을 기재하였다.[13]

제5절 결정의 효력

헌법 제107조 제1항에 규정된 위헌법률심판이라는 구체적 규범통제제도에서 헌법재판소의 결정은 헌법재판소뿐만 아니라 담당법원도 기속한다. 반면, 당해 소송사건의 범위를 벗어난 영역에 관하여 헌법재판소 결정의 효력은 무엇인지에 대하여 명시적인 법규정이 없으므로 이는 법해석과 입법사항에 속한다.

헌법재판소의 결정은 헌법규범의 특성, 즉 개방성·불완전성·정치성·역

10) 헌재 1992. 2. 25. 89헌가104, 판례집 4, 64, 99-103.
11) 헌재 1996. 2. 16. 96헌가2등, 판례집 8-1, 51, 87, 94.
12) 헌재 2000. 2. 24. 99헌라1, 판례집 12-1, 115.
13) 헌재 1997. 7. 16. 95헌가6등, 판례집 9-2, 1, 9, 20-21.

사성 등으로 말미암아 재판의 형성적 성격이 상대적으로 강하게 나타난다. 또한 헌법재판소의 결정에는 일반재판에서와 같이 확정력이 인정되고, 객관적 법질서를 보호하는 헌법재판의 기능 때문에 다른 국가기관의 행위에는 인정되지 아니하는 특수한 효력으로서 모든 국가기관을 기속하는 기속력과 법규적 효력이 인정된다.

1. 확정력

확정력이란 헌법재판소 결정이 이미 있은 후에는 그 결정에 대하여 다투거나 그 판단내용을 번복하거나 변경할 수 없다는 것이다. 이러한 확정력은 법적 안정성 확보라는 법치국가원리에 근거한다.

헌법재판소 결정의 효력 가운데 확정력에 관한 명문의 규정은 없으나 헌법재판소법 제39조에서 "헌법재판소는 이미 심판을 거친 동일한 사건에 대하여는 다시 심판할 수 없다."는 '일사부재리'에 관한 규정을 두고 있다. 그리고 헌법재판소법 제40조 제1항에 의하면, 헌법재판소의 심판절차에 대하여 민사소송에 관한 법령을 준용하도록 규정하고 있어, 민사소송에서의 기판력 등의 확정력이 헌법재판소 결정에도 인정된다. 확정력에는 소송법상으로 불가변력, 불가쟁력(형식적 확정력) 및 기판력(실체적 확정력)이 있다.

(1) 불가변력(자기구속력)

헌법재판소는 동일한 사건에서 한번 결정을 선고하면 재판은 확정되고, 헌법재판소는 당해 절차에서 그 결정을 취소하거나 철회할 수 없으며 변경할 수 없다. 헌법재판소는 재판기관이기 때문에, 동일한 소송에서 헌법재판소 자신이 내린 결정에 스스로 구속되게 된다.

헌법재판소 스스로 자기구속력을 지닌다 하더라도, 헌법재판 결정의 경정이 필요하거나 헌법해석의 개방성으로 인하여 헌법재판소가 자신의 결정을 보완할 필요가 있을시 구속되지 아니할 수 있다. 결정서에 잘못된 계산이나 기재, 그밖에 이와 비슷한 잘못이 있음이 분명한 때에 헌법재판소는 직권 또는 당사자의 신청에 의하여 경정결정을 할 수 있다(헌재법 제40조, 민사소송법 제211조 제1항).

불가변력은 동일한 심판에서 헌법재판소 자신이 내린 결정에 직접 구속된다는 점에서 후행 심판과의 관계에서 문제되는 기판력과 구별된다.

(2) 불가쟁력 : 형식적 확정력

일반 소송법이론에 의하면, 재판이 통상의 불복신청에 의하여 더 이상 다툴 수 없게 된 것을 '형식적 확정'이라 하고, 확정재판의 불가쟁적 효력을 '형식적 확정력'이라 한다.

헌법재판소의 결정에 대하여는 더 이상 상급심이 존재하지 않기 때문에 당해 소송에서 헌법재판소와 소송당사자와 관계에서 청구인 등이 이미 선고된 헌법재판소의 결정에 대하여 불복신청이 원칙적으로 허용될 수 없다.[14] 헌법재판소 결정은 선고와 동시에 확정되어 누구도(법원이나 청구인 등) 더 이상 소송절차를 통하여 불복을 다툴 수 없다. 형식적 확정력인 불가쟁력은 법치국가원리와 법적 안정성에 근거한다.

(3) 기판력 : 실체적 확정력

기판력이라 함은 재판에 형식적 확정력이 발생하면 당사자는 확정된 당해 심판은 물론이고 후행 심판에서 동일한 사항에 대하여 다시 심판을 청구하지 못하고, 헌법재판소도 확정재판의 판단내용에 기속되는 것을 의미한다. 이를 '실체적 확정력'이라고도 한다. 기판력은 확정된 재판내용에 대해 당해 심판보다는 후행 심판에서 당사자와 헌법재판소를 기속한다는 측면에서, 헌법재판의 '반복청구금지'를 의미한다.

기판력의 객관적 범위는 결정의 주문에 한정한다(헌재법 제40조 제1항, 민사소송법 제216조 제1항). 기판력의 주관적 범위는 당사자(청구인, 피청구인), 그 승계인, 절차참가자에게 미친다(제40조 제1항, 민사소송법 제218조 제1항). 다만, 합헌결정의 기판력이 미치는지에 관하여 부정설(다수설)과 긍정설(소수설)이 있다.

---

14) 헌재 1994. 12. 29. 92헌아1, 판례집 6-2, 538, 541; 헌재 1994. 12. 29. 92헌아2, 판례집 6-2, 543, 547.

2. 기속력

(1) 의의 및 법적 근거

기속력은 헌법재판소의 위헌결정 또는 인용결정이 모든 국가기관과 지방자치단체 등을 구속하기 때문에 이들은 헌법재판소의 결정 취지를 존중하고 이에 반하는 행위를 하여서는 안 된다는 것이다. 헌법재판에서 기속력은 일반법원의 재판에서는 일반적으로 볼 수 없는 헌법소송상 특이한 효력이다.

헌법재판소법 제47조 제1항은 위헌법률심판의 기속력에 관하여 "법률의 위헌결정은 법원 기타 국가기관 및 지방자치단체를 기속한다."라고 규정하고 있고, 헌법재판소법 제67조 제1항에서는 "헌법재판소의 권한쟁의심판의 결정은 모든 국가기관과 지방자치단체를 기속한다."고 규정하고 있다. 헌법재판소법 제68조 제2항의 규범통제형 헌법소원에 대하여 헌법재판소법 제75조 제6항 역시 "제68조 제2항의 헌법소원을 인용할 경우에는 제45조 및 제47조의 규정을 준용"하도록 규정하고 있으며, 또한 헌법재판소법 제75조 제1항은 헌법소원과 관련하여 "헌법소원의 인용결정은 모든 국가기관과 지방자치단체를 기속한다."라고 규정함으로써 기속력에 대한 법적 근거를 명시하고 있다. 즉, 법률의 위헌결정, 권한쟁의심판결정, 헌법소원심판에서의 인용결정, 규범통제형 헌법소원심판에 기속력을 규정하고 있다.

기판력은 원칙적으로 당사자 사이에만 미치는 데 반하여 기속력은 모든 국가기관을 구속한다는 점에서 헌법재판의 기속력은 일반법원의 재판에서는 통상적으로 볼 수 없는 헌법소송상의 특이한 효력이다.

(2) 기속력의 내용

1) 결정준수의무

기속력에 따라 모든 국가기관은 헌법재판소의 구체적인 결정에 따라야 하며, 국가기관들이 장래에 어떤 처분을 할 때 헌법재판소의 결정을 존중하여야 한다.

2) 반복금지의무

기속력은 모든 국가기관이 헌법재판소의 결정에서 문제된 심판대상뿐만 아니라 동일한 사정하에서 동일한 이유에 근거한 동일내용의 공권력의 행사 또는 불행사를 금지한다(헌재법 제66조 제2항, 제75조 제4항).

(3) 국회(입법부)에도 기속력이 미치는지 여부

헌법재판소가 어떤 법률을 위헌으로 결정한 경우 그 위헌결정에 대하여 기속력이 국회에도 미친다는 긍정설(다수설)과 부정설(소수설)이 있다. 부정설은 입법자는 헌법에 기속되지, 법률에 기속되지 않기 때문에 헌법재판소의 최종적 헌법해석인 결정에 대하여 입법자인 국회가 도저히 납득되지 않거나 국민의 강력한 거부표현이 있을 시 헌법재판소 결정에 기속되지 않을 수 있다는 취지이다.

(4) 결정유형에 따른 기속력

1) 위헌결정

헌법재판소가 어떤 법률을 위헌으로 결정한 경우 그 위헌결정에 대하여 기속력이 부여된다(헌재법 제47조 제1항). 위헌으로 결정된 법률은 별도의 절차 없이 효력을 상실하기 때문에 그 법률에 근거한 어떤 행위도 할 수 없다.[15) 헌법재판소에서 이미 위헌결정이 선고된 법률조항에 대한 위헌법률심판제청은 부적법하고,[16) 위헌결정이 선고된 법률에 대한 헌법소원 심판청구는, 비록 위헌결정이 선고되기 이전에 심판청구된 것일지라도 더 이상 심판의 대상이 될 수 없으므로 부적법하다.[17)

2) 합헌결정

헌법재판소법 제47조 제1항(제75조 제6항)에 의하면, 법률의 위헌결정은

---

15) 헌재 1994. 8. 31. 91헌가1; 헌재 1994. 4. 28. 92헌마280.
16) 헌재 1994. 8. 31. 91헌가1, 판례집 6-2, 153, 161.
17) 헌재 1994. 4. 28. 92헌마280, 판례집 6-1, 443, 446.

법원 기타 국가기관 및 지방자치단체를 기속한다고 규정하고 있어서, 합헌결정에도 기속력이 인정되느냐에 대하여는 논란이 있을 수 있다.

헌법재판소는 이미 합헌으로 선언된 법령조항에 대하여 이를 달리 판단하여야 할 사정변경이 있다고 인정되지 아니한 경우 기속력을 인정하지 않고 다시 합헌결정을 하여 왔다.[18)]

3) 한정위헌·한정합헌결정

한정위헌·한정합헌 결정의 경우 모든 국가기관은 위헌으로 판단된 법률의 해석 및 적용례에 근거한 국가행위를 중지하고 헌법재판소가 합헌적으로 해석한 범위 내에서 행동해야 하는 의무를 부담한다.

헌법재판소는 이미 한정합헌결정을 한 법률조항에 대하여, 그와 같은 한정합헌결정을 한 후에 그 결정의 논리적 내지 현실적 근거가 된 사실에 근본적인 변화가 있었다고 할 수 없으며, 지금에 이르러 위와 달리 판단하여야 할 다른 사정변경이 있다고도 인정되지 아니한다는 이유로 다시 한정합헌결정을 하였다.[19)]

4) 헌법불합치결정

법률이 헌법과 합치되지 아니한다고 선언된 경우 입법자는 불합치결정의 내용에 따라 동 법률의 규율내용을 즉시 또는 설정된 기간 안에 위헌성이 제거된 법률로 개정하여야 한다.[20)] 행정관청과 법원은 원칙적으로 그들에게 계류된 절차를 개선입법이 있을 때까지 중지하여야 하고,[21)] 예외적으로 종래의 법적 상태보다 더욱 헌법질서에서 멀어지는 법적 상태의 발생을 방지하기 위하여 위헌법률의 잠정적용(불합치결정의 시점과 개정법률의 발효시점 사이의 기간)이 허용된다.[22)]

---

18) 헌재 1989. 9. 29. 89헌가86, 판례집 1, 284, 288; 헌재 2001. 7. 19. 2001헌바6, 판례집 13-2, 60, 65.

19) 헌재 1990. 4. 2. 89헌가113, 판례집 2, 49; 헌재 1992. 1. 28. 89헌가8, 판례집 4, 4, 14; 헌재 1997. 1. 16. 92헌바6등, 판례집 9-1, 1, 24.

20) 헌재 1989. 9. 8. 88헌가6, 판례집 1, 199, 262.

21) 헌재 1994. 7. 29. 92헌바49등, 판례집 6-2, 64, 121.

22) 헌재 1995. 9. 28. 92헌가11등, 판례집 7-2, 264, 268.

헌법불합치결정은 단순위헌으로 결정할 경우 초래될 법적 혼란이나 법적 공백이라는 부작용을 해소하기 위한 채택된 결정형식이다. 헌법불합치결정은 헌법재판소법 제47조 제1항에 정한 위헌결정의 일종으로서,[23] 심판대상이 된 법률조항이 실질적으로는 위헌이라 할지라도 그 법률조항에 대하여 단순위헌결정을 선고하지 아니하고 헌법에 합치하지 아니한다는 선언에 그침으로써 헌법재판소법 제47조 제2항 본문의 효력상실을 제한적으로 적용하는 변형위헌결정의 주문형식이다.

헌법불합치결정의 사유로는,

첫째, 불완전한 형태로 이루어진 법률조항에 대한 위헌여부의 다툼에서, 부진정 입법부작위에 대한 위헌확인을 헌법불합치로 결정한 경우이다. 다시 말해서 사건에서 핵심적으로 다투어진 사항이 기성의 입법에 반영되어야 하였음에도 그렇지 못해 다투어진 경우이다. 그로 인해 헌법상 보장된 기본권실현에 불완전한 입법상태가 초래된 것이다. 세부적인 내용으로는 ① 적법한 기본권침해에 대한 대상조치(代償措置)를 결여한 경우, ② 평등원칙으로 위헌논증을 한 경우, ③ 그 밖의 심판기준(예컨대 과잉금지원칙, 법적 청문권 침해)으로 위헌논증을 한 경우이다.

둘째, 평등원칙의 위반에 관한 경우이다. 법률이 평등원칙에 위반된 경우가 헌법재판소의 불합치결정을 정당화하는 대표적인 사유라고 할 수 있다. 세부적인 내용으로는 ① 같은 것을 다르게 규율한 경우와 ② 다른 것을 같게 규율한 경우로 크게 구분할 수 있다. 평등원칙은 원래 헌법불합치결정과 아주 친근한 심판기준이다.

셋째, 합헌부분과 위헌부분의 경계를 획정하기에 곤란한 경우이다. 자유권을 침해하는 법률이 위헌이라고 생각되면 무효선언을 통하여 자유권에 대한 침해를 제거함으로써 합헌성이 회복될 수 있고, 이 경우에는 평등원칙 위반의 경우와는 달리 헌법재판소가 결정을 내리는 과정에서 고려해야 할 입법자의 형성권은 존재하지 않음이 원칙이다. 그러나 그 경우에도 법률의 합헌부

23) 헌재 1989. 9. 8. 88헌가6, 판례집 1, 199, 261.

분과 위헌부분의 경계가 불분명하여 헌법재판소의 단순위헌결정으로는 적절하게 구분하여 대처하기가 어렵고, 다른 한편으로는 권력분립원리와 민주주의 원리의 관점에서 입법자에게 위헌적인 상태를 제거할 수 있는 여러 가지의 가능성을 인정할 수 있는 경우에는, 자유권의 침해에도 불구하고 예외적으로 입법자의 형성권이 헌법불합치결정을 정당화하는 근거가 될 수 있다.[24] 이는 두 가지로 유형화할 수 있다. ① 제도는 합헌이지만, 그 내용에 위헌성이 있는 경우이고, ② 원칙적으로 위헌이지만, 부분적으로는 합헌성이 있는 경우이다.

넷째, 입법형식의 잘못에 관한 경우이다. 여기에서는 포괄위임입법금지원칙, 명확성원칙 및 법률유보원칙 등과 관련해서 논의된다.[25]

(5) 기속력의 범위

1) 객관적 범위

결정'주문'은 심판대상에 관한 결정으로서, 결정주문에 기속력이 미친다는 데에는 이론이 없다. 위헌결정된 법률조항의 반복입법에 해당하는지 여부는 단지 위헌결정된 법률조항의 내용이 일부라도 내포되어 있는지 여부에 의하여 판단할 것이 아니라, 입법목적이나 입법동기, 입법당시의 시대적 배경 및 관련조항들의 체계 등을 종합하여 실질적 동일성이 있는지 여부에 따라 판단하여야 할 것이다.[26]

그러나 결정의 '중요한 이유'에 기속력이 미치는가에 관하여는 견해가 나뉘어 있다. 독일의 경우, 심판대상에 대한 헌법적 판단과 내용적으로 직접적인 관계가 없는 부수적 의견(obiter dictum)에 대하여는 기속력이 미치지 않는다는 것이 일치된 견해이다. 결정이유의 핵심적 내용을 이루는 헌법해석에 관한 판시에도 기속력을 인정할 것인가에 관하여는 긍정설과 부정설로 나뉘어 있다.

---

24) 헌재 2002. 5. 30, 2000헌마81, 판례집 제14권 1집, 528, 546-547.

25) 남복현, "헌법불합치결정의 원인별 유형화에 따른 결정주문의 사례검토", 한양법학 제29집, 2010. 2, 315면 이하.

26) 헌재 2010. 12. 28. 2008헌바89, 판례집 22-2하, 659, 668.

2) 주관적 범위

헌법재판소법 제47조 제1항, 제67조 제1항 및 제75조 제1항에 의하면 헌법재판소 결정의 기속력이 미치는 수범자의 범위는 "법원 기타 국가기관 및 지방자치단체"이다. 기속력은 법규적 효력과는 달리 대세적 효력은 없으며, 단지 공권력의 주체에 대하여만 효력을 갖는다. 이러한 관점에서 기속력은 기판력의 주관적 범위를 확장하고 있다고 볼 수 있다. 여기에서 공권력의 주체는 입법부·사법부·행정부 및 지방자치단체, 기타 공공단체를 모두 포함하며, 공무수탁사인(公務受託私人)도 포함한다.

3. 법규적 효력 : 일반적 구속력

법규적 효력은 법규범에 대한 헌법재판소의 위헌결정에 대하여 소송당사자를 수범인으로 하는 기판력의 주관적 범위뿐만 아니라 국가기관을 수범인으로 하는 기속력의 주관적 범위를 넘어서 일반 사인에게도 그 효력이 미치는 일반적 구속성을 가진다(대세적 효력). 따라서 국가기관과 마찬가지로 일반 국민은 헌법재판소가 위헌으로 선언한 법규범에 더 이상 구속을 받지 않는다. 법규적 효력의 객관적 범위는 결정주문에 한한다.

독일의 경우 독일 기본법 제94조 제2항에서 연방헌법재판소 판결의 법규적 효력에 대하여 연방법률에 위임하였고, 연방헌법재판소법 제31조 제2항은 추상적 규범통제, 구체적 규범통제, 법률에 대한 헌법소원, 연방법의 효력에 관한 사건에서 "연방헌법재판소의 재판은 법률로서의 효력을 가진다."고 규정하여 법규적 효력에 관해 규정하고 있다. 한편 동 조항은 그러한 사건의 경우 "연방 법무부장관이 재판주문을 법률관보에 공고하여야 한다."고 한다. 그런데 우리나라의 경우 헌법재판소 결정의 법규적 효력을 명문으로 직접 언급한 헌법규정이나 헌법재판소법의 규정은 없다.[27)]

그러나 헌법재판소법 제47조 제2항은 "위헌으로 결정된 법률 또는 법률

27) 헌재 1992. 12. 24. 92헌가8.

의 조항은 그 결정이 있는 날로부터 효력을 상실한다. 다만, 형벌에 관한 법률 또는 법률의 조항은 소급하여 그 효력을 상실한다."라고 규정하고 있으며, 헌법재판소법 제75조 제6항은 동조 제5항의 경우(헌법재판소법 제68조 제1항에 의한 일반적인 헌법소원을 인용하면서 부수적으로 공권력의 행사 또는 불행사의 근거 법률 또는 법률의 조항을 위헌선언하는 경우) 및 헌법재판소법 제68조 제2항의 헌법소원심판절차에서 법률 또는 법률의 조항이 위헌이라는 인용결정을 하는 경우에는 헌법재판소법 제47조 제2항을 준용하도록 규정하고 있으므로(헌법재판소법 제68조 제1항에 의한 법률소원을 인용하는 경우도 마찬가지로 준용될 것이다) 이들 조항을 법규적 효력의 근거로 볼 수 있다고 할 것이다.

4. 집행력

헌법재판소법은 헌법재판의 결정이 가지는 집행력에 대하여 규정하지 않고 있다. 다만, 정당해산심판에 있어서만 "정당의 해산을 명하는 헌법재판소의 결정은 중앙선거관리위원회가 「정당법」에 따라 집행한다"(헌재법 제60조)고 집행력을 규정하고 있다.

제 6 절 재심 허용 여부

1. 재심의 개념

'재심'이란 확정된 종국판결에 재심사유에 해당하는 중대한 사유가 있는 경우에 그 판결의 취소와 이미 종결되었던 사건의 재심판을 구하는 비상의 불복신청 방법이다. 판결이 확정되면 기판력이 발생하고 법적 안정성이 생긴다. 그러나 판결에 중대한 절차상의 하자·판결기초에 잘못이 있는 경우에는 재판의 정의와 적정성을 지킬 수 없을뿐더러 당사자의 권리구제라는 정의에도 반한다. 이를 위하여 마련한 제도가 재심제도이다.

2. 헌법재판소의 재심 허용 여부

(1) 헌법재판소 결정

헌법재판소의 결정은 일반법원의 재판에 비하여 재심을 허용하지 아니함으로써 얻을 수 있는 법적 안정성의 이익이 재심을 허용할 수 있는 구체적 타당성의 이익보다 상대적으로 높다고 할 수 있다. 그러므로 헌법재판소법 제68조 제1항에 의한 헌법소원 중 행정작용에 속하는 공권력 작용을 대상으로 하는 권리구제형 헌법소원절차에 있어서는, 사안의 성질상 헌법재판소의 결정에 대한 재심은 재판부의 구성이 위법한 경우 등 절차상 중대하고도 명백한 위법이 있어서 재심을 허용하지 아니하면 현저히 정의에 반하는 경우에 한하여 제한적으로 허용될 수 있다.[28] 헌법재판은 그 심판의 종류에 따라 그 절차의 내용과 결정의 효과가 한결 같지 아니하기 때문에 재심(再審)의 허용 여부 내지 허용 정도는 심판절차의 종류에 따라 개별적으로 판단되어야 한다.[29]

3. 재심 사유[30]

(1) 재판부 구성의 위법

"헌법재판소의 결정에 대한 재심은 재판부의 구성이 위법한 경우 등 절차상 중대하고도 명백한 위법이 있어서 재심을 허용하지 아니하면 현저히 정의에 반하는 경우에 한하여 제한적으로 허용될 수 있다."[31]

(2) 판단유탈

비록 헌법소원심판절차에서 직권주의가 적용되고 있는 것은 사실이지만,

---

28) 헌재 1995. 1. 20. 93헌아1, 판례집 7－1, 113, 121.
29) 헌재 1995. 1. 20. 93헌아1, 판례집 7－1, 113.
30) 성중탁, 헌법재판법 강의, 경북대학교 출판부, 2023, 155－156면.
31) 헌재 1995. 1. 20. 93헌아1, 판례집 7－1, 113, 121.

직권주의가 적용된다는 의미는 당사자가 주장하지 아니한 적법요건 및 기본권침해 여부에 관하여도 직권으로 판단할 수 있다는 것이지 당사자가 주장한 사항에 대하여 판단하지 않아도 된다는 의미는 아닐 뿐만 아니라, 직권주의가 적용된다고 하여 당사자의 주장에 대한 판단유탈이 원천적으로 방지되는 것도 아니므로 헌법소원심판절차에 직권주의가 적용된다고 하더라도 이는 "판단유탈"을 재심사유에서 배제할 만한 합당한 이유가 되지 못한다. 특히 민사소송법 제422조 제1항 제9호 소정의 "판단유탈"의 재심사유는 모든 판단유탈을 그 사유로 함에 있지 아니하고 판결에 영향을 미칠 중요한 사항에 대한 판단유탈만을 그 사유로 하고 있으므로 더욱 그러하다. 만약 이러한 "판단유탈"이 재심사유로 허용되지 않는다고 본다면 중대한 사항에 대한 판단을 유탈함으로써 결정에 영향을 미쳤다고 하더라도 이 잘못은 영원히 시정할 길이 없게 된다. 더욱이 헌법재판소법 제71조 제1항 제4호의 규정에 따르면 같은 법 제68조 제1항의 규정에 의한 헌법소원의 심판청구서에는 반드시 청구이유를 기재하도록 되어 있는데, 그 취지는 청구인의 청구이유에 대하여 유탈함이 없이 판단할 것을 요구함에 있다 할 것이다. 이와 같은 점들을 고려할 때, 공권력의 작용에 대한 권리구제형 헌법소원심판절차에 있어서 '헌법재판소의 결정에 영향을 미칠 중대한 사항에 관하여 판단을 유탈한 때'를 재심사유로 허용하는 것이 헌법재판의 성질에 반한다고 볼 수는 없다.

결국 민사소송법 제422조 제1항 제9호 소정의 "판단유탈"을 재심사유로 허용하는 것은 공권력의 작용을 대상으로 하는 권리구제형 헌법소원의 성질에 반한다고 할 수 없으므로 민사소송법 제422조 제1항 제9호를 준용하여 "판단유탈"도 재심사유로 허용되어야 한다고 하겠다.[32)]

(3) 중요한 사항에 관하여 판단을 누락한 때

민사소송법 제451조 제1항 제9호는 '판결에 영향을 미칠 중요한 사항'이라고 하여 누락된 판단 사항의 중요성을 요구하고 있다. 민사소송법은 헌법상

32) 헌재 2001. 9. 27. 2001헌아3, 판례집 13-2, 457, 461.

법치국가원리의 한 구성요소인 법적 안정성, 즉 사회질서의 유지와 분쟁의 일회적인 해결 및 동일한 분쟁의 반복금지에 의한 소송경제를 달성하기 위하여 확정된 종국판결의 주문에 대하여 기판력을 인정하여, 동일한 사항이 후에 다시 문제되는 경우 당사자가 그에 반하여 다투거나 법원이 그에 모순·저촉되는 판단을 하지 못하도록 하고 있다.[33] 나아가 민사소송법은 확정된 종국판결에 중대한 하자가 있는 예외적인 경우에 한하여 법적 안정성을 후퇴시키고 구체적 정의를 실현하기 위하여 확정된 종국판결이 갖는 기판력, 형성력, 집행력 등 판결의 효력의 배제를 주된 목적으로 하는 재심제도를 마련하고 있다.[34] 이러한 판결의 효력 및 재심제도의 입법취지 및 관련 규정의 내용에 비추어 보면, '판결에 영향을 미칠 중요한 사항'이라 함은 그 판단 여하에 따라 판결의 결론에 영향을 미치는 사항, 즉 당사자가 소송상 제출한 공격방어방법으로서 판결주문에 영향이 있는 것을 의미함을 알 수 있다.[35]

4. 재심절차

(1) 재심청구인

헌법재판의 종국결정 당사자인 청구인과 피청구인은 재심을 청구할 수 있다. 다만, 종국결정의 당사자가 아닌 제3자도 재심을 청구할 수 있는지가 문제된다.

헌법재판소는 "위헌법률심판의 제청은 법원이 헌법재판소에 대하여 하는 것이기 때문에 당해사건에서 법원으로 하여금 위헌법률심판을 제청하도록 신청을 한 사람 자신은 위헌법률심판사건의 당사자라고 할 수 없다. 원래 재심은 재판을 받은 당사자에게 이를 인정하는 특별한 불복절차이므로 청구인처럼 위헌법률심판이라는 재판의 당사자가 아닌 사람은 그 재판에 대하여 재심을 청구할 수 있는 지위 내지 적격을 갖지 못한다. 따라서 청구인의 이 사건

---

33) 헌재 2010. 11. 25. 2009헌바250 참조.
34) 대법원 2015. 10. 29. 선고 2014다13044 판결 참조.
35) 헌재 2016. 12. 29. 2016헌바43, 판례집 28-2하, 574, 579.

심판청구는 청구인적격을 결한 사람이 제기한 것이어서 부적법하고 그 흠결을 보정할 수 없는 경우에 해당하므로 이를 각하한다."고 판시하였다.[36]

(2) 재심 청구기간

헌법재판소의 심판절차에 관하여는 헌법재판소법에 특별한 규정이 있는 경우를 제외하고는 헌법재판의 성질에 반하지 아니하는 한도에서 민사소송에 관한 법령을 준용한다. 따라서 헌법재판에서의 재심기간은 민사소송에 관한 법령을 준용한다. 민사소송법 제456조에 따라 재심청구는 당사자가 결정이 확정된 후 재심의 사유를 안 날로부터 30일 내에 제기하여야 하고, 결정이 확정된 후 5년을 경과한 때에는 재심을 청구하지 못한다.

제 7 절 가처분

1. 가처분의 의의와 필요성

(1) 가처분의 의의

헌법재판에서 이루어지는 가처분은 결정의 실효성을 확보하기 위하여 본안결정 전의 법률관계에 대해 잠정적·임시적인 지위를 정하는 가구제(假救濟) 제도이다. 가처분은 본안사건이 장기화되는 동안 헌법위반적 상태를 시정하고, 청구인의 잠정적 권리를 보호하는 기능을 담당한다.[37] 즉, 가처분은 종국결정의 실효성을 확보하고, 잠정적인 권리보호를 위해 임시의 지위를 정하는 것을 주된 내용으로 하는 가구제(假救濟) 제도이다.

독일 연방헌법재판소법 제32조 제1항에서 "연방헌법재판소는 쟁송사건에 있어서, 중대한 손해의 방지, 급박한 폭력의 저지를 위하여 또는 공공복리를

36) 헌재 2004. 9. 23. 2003헌아61, 판례집 16-2상, 615, 617.
37) 김하열, 헌법소송법, 박영사, 2023, 166면.

위한 다른 중요한 이유에서 긴급한 필요가 있는 경우에는 가처분(einstweilige Anordnung)으로써 잠정적으로 결정할 수 있다."고 규정하여 모든 일반심판절차에 가처분이 가능하도록 규정하고 있다. 또한 미국의 경우 연방 민사소송규칙에서 가처분과 유사한 잠정명령(Temporary Restraining Order)과 예비적 금지명령(preliminary injunction) 등을 규정하고 있다.[38] 우리나라 헌법재판소법은 정당해산심판(헌재법 제57조)과 권한쟁의심판(헌재법 제65조)에서만 명문으로 가처분 절차를 두고 있다.

(2) 가처분의 특성

일반적으로 헌법재판에서의 가처분은 보전적 처분으로서 민사소송절차의 가처분과 마찬가지로 잠정성, 부수성, 긴급성, 밀행성, 만족성 등과 같은 성질을 가지는 것으로 이해된다. 특히, 가처분은 어디까지나 본안소송에 종속하는 부수적인 절차이므로, 본안소송을 통해 목적하는 바를 가처분을 통해 선취(先取)할 수는 없다.[39] 헌법재판에서의 가처분이 적법요건 등에 있어 민사집행법의 가처분이나 행정소송법의 집행정지의 요건과 완전히 일치하지는 않는 측면이 있다. 먼저 헌법재판에서의 가처분은 본안소송이 적법하고 계속된다는 전제 하에 민사집행법의 가처분과 다르다.[40] 또한 헌법재판소는 신청인의 신청목적에는 구속되지만 신청취지에는 구속되지 않으며(민사집행법 제305조), 실체적 사유로 공권력의 행사 또는 불행사의 현상이 유지될 때 회복하기 어려운 손해가 발생할 우려와 그 손해를 예방하기 위한 일정한 조치의 필요성, 가처분을 내려야 할 긴급한 필요성이 인정되어야 하고, "공공복리에 중대한 영향을 미칠 우려"가 있어야 한다는 점에서 행정소송법에서의 집행정지에서의 요건과 거의 같은 요건을 요구하고 있다.[41]

---

38) 조수혜, "헌법재판에서의 가처분에 대한 비교법적 연구", 미국헌법연구 제23권 제3호, 2012, 314면.
39) 정종섭, 헌법학원론, 박영사, 2022, 1599면.
40) 헌법재판소, 헌법재판실무제요, 2023, 94면.
41) 김민준, "헌법재판에서의 가처분의 실질 및 형성력의 문제", 법학연구 제66권 제1호, 2025. 2, 365면.

(3) 가처분의 필요성

가처분은 종국결정 이전에 회복하기 어려운 손해를 예방할 필요가 있어야 하고, 그 효력을 정지시켜야 할 긴급한 필요가 있는 경우여야 한다. 헌법재판은 사안의 성질에 따라서 종국결정에 이르기까지 상당한 시간이 필요한 경우가 많으므로, 잠정적인 권리보호수단을 두지 않는다면 종국결정이 선고되더라도 그 실효성을 기대할 수 없게 되어 심판청구 당사자나 헌법질서에 회복하기 어려운 불이익을 야기할 수 있다. 이러한 상황은 결국 헌법의 규범력을 약화시켜 헌정질서에 위해를 초래하게 하므로, 그러한 위험성을 사전에 예방하기 위하여 잠정적인 긴급조치로서 가처분의 필요성이 인정된다.[42]

종국결정이 있기까지 상당한 기간이 소요되는 헌법재판에 있어서는 그 기간 동안 상황의 변화로 인해 승소하더라도 소기의 목적을 달성할 수 없게 될 우려가 있다. 종국결정이 있기 전에 사실관계가 완결되어 더 이상 돌이킬 수 없는 단계에 이르면 심판청구의 당사자에게나 헌법질서에 회복하기 어려운 손해를 야기할 수 있다. 따라서 종국결정이 있기까지 잠정적으로 임시의 법적 관계를 정하는 가처분절차가 필요한 것이다. 또한 가처분제도는 긴급한 상황하에서 헌법질서에 응급조치를 취하는 역할을 하며, 본안심판시까지 정치적 충돌을 방지하거나 완화시킬 수 있는 완충지대를 제공하는 기능도 있다.

2. 현행법상 가처분의 허용 여부

일반소송절차 규정의 하나로 가처분을 규정하고 있는 독일 연방헌법재판소법(제32조)과 달리 우리 헌법재판소법은 정당해산심판(헌재법 제57조)과 권한쟁의심판(헌재법 제65조)에 대해서만 가처분에 관한 규정을 두고 있다.

(1) 헌법재판소법 제40조 제1항의 준용규정

헌법재판소법 제57조는 "헌법재판소는 정당해산심판의 청구를 받은 때에

42) 헌재 2014. 2. 27. 2014헌마7, 판례집 26-1상, 310, 318.

는 청구인의 신청 또는 직권으로 종국결정의 선고시까지 피청구인의 활동을 정지하는 결정을 할 수 있다."고 규정되어 있고, 헌법재판소법 제65조는 "헌법재판소는 권한쟁의심판의 청구를 받은 때에는 직권 또는 청구인의 신청에 의하여 종국결정의 선고시까지 심판대상이 된 피청구인의 처분의 효력을 정지하는 결정을 할 수 있다."라고 규정하고 있다.

헌법재판소법 제42조 제1항에서는 "법원이 법률의 위헌 여부 심판을 헌법재판소에 제청한 때에는 당해 소송사건의 재판은 헌법재판소의 위헌 여부의 결정이 있을 때까지 정지된다."고 규정하고 있다. 헌법재판소법 제50조에서는 "탄핵소추의 의결을 받은 사람은 헌법재판소의 심판이 있을 때까지 그 권한 행사가 정지된다."고 규정하고 있으나, 이 규정들은 사전적인 보전조치로서의 가처분과는 구별된다.

그런데 헌법소원 등 그 외의 심판절차에서는 가처분에 관한 명문의 규정이 없으므로, 이들 심판절차에서 가처분이 허용되는지에 대해 논란이 있다.

헌법재판소법 제40조 제1항에서는 "헌법재판소의 심판절차에 관하여는 이 법에 특별한 규정이 있는 경우를 제외하고는 헌법재판의 성질에 반하지 아니하는 한도에서 민사소송에 관한 법령을 준용한다. 이 경우 탄핵심판의 경우에는 형사소송에 관한 법령을 준용하고, 권한쟁의심판 및 헌법소원심판의 경우에는 「행정소송법」을 함께 준용한다."고 규정하고 있다. 다만, 행정소송법이 민사소송에 관한 법령과 저촉될 때에는 민사소송에 관한 법령은 준용하지 않도록 규정하고 있다.

헌법재판소법에서 규정하고 있는 준용(準用)은 어떤 규정이 유사한 점은 있으나 본질적으로 다른 사항을 그 규정에 약간의 수정을 하여 다른 대상에 적용하는 것을 말한다. 준용을 통해 입법자는 동일한 규정을 반복하지 않고 입법경제를 촉진할 수 있다.[43] 다른 법령을 준용하는 입법방식은 불완전한 법률을 보완하기 위한 보조수단으로서 다른 법률에 규정된 동일한 내용을 반복적으로 규정하는 것을 피할 수 있는 유용한 입법기술이다.[44]

---

43) 법제처, 법령입안·심사기준, 2023, 796면.
44) 헌재 2014. 2. 27. 2014헌마7, 판례집 26-1상, 310, 316.

헌법재판소법 제40조 제1항에서 규정하고 있는 '헌법재판의 성질에 반하지 않는' 경우란, 다른 절차법의 준용이 헌법재판의 고유한 성질을 훼손하지 않는 경우로 해석할 수 있고, 이는 헌법재판소가 당해 헌법재판이 갖는 고유의 성질·헌법재판과 일반재판의 목적 및 성격의 차이·준용 절차와 대상의 성격 등을 종합적으로 고려하여 구체적·개별적으로 판단할 수 있다.[45]

따라서 권한쟁의심판과 헌법소원심판의 경우에는 ① 행정소송법, ② 재판의 성질에 반하지 않는 범위 내에서의 민사소송에 관한 법령의 순으로 준용될 수 있고, 탄핵심판의 경우에는 ① 형사소송에 관한 법령, ② 형사소송에 저촉되지 않고 탄핵심판의 성질에 배치되지 않는 민사소송에 관한 법령의 순서로 준용될 수 있다.[46]

(2) 헌법재판에서의 가처분 유형

헌법재판소의 결정도 그 본질은 사법판결에 해당하므로, 각 본안심판과 가처분이 법률관계의 확인, 이행, 형성 중 어떠한 것을 목적하며 인용결정의 주문이 어떠한 형식으로 구성되어 있는지에 따라 민사소송법 내지 민사집행법에 따라 다시 그 성격을 확인, 이행, 형성(소송 또는 가처분)으로 분류할 수 있다.

가처분의 유형과 관련하여, 권한쟁의심판의 경우 행정처분에 대한 효력정지가처분(헌재법 제65조), 정당해산심판의 경우 피청구인인 정당에 대한 활동정지가처분(헌재법 제57조)이 있고, 명문의 규정은 없지만 권한쟁의의 경우 직무집행정지가처분이 가능할 수 있다. 탄핵심판의 경우 탄핵소추의 의결을 정지하는 가처분 및 피소추자의 업무를 정지하는 가처분을 고려해볼 수 있다.

헌법재판소법 제68조 제1항의 헌법소원의 경우 법령, 처분, 권력적 사실행위, 그 밖의 공권력 작용에 대해서는 효력 또는 집행정지가처분을, 재판 또는 심판절차에 대해서는 집행정지가처분을, 입법부작위의 경우 효력유지, 의

---

45) 헌재 2014. 2. 27. 2014헌마7, 판례집 26-1상, 310.

46) 김현철 외, "헌법소송의 특수성과 다른 소송법령 준용의 범위 및 한계에 관한 검토", 정책개발연구 제11권, 헌법재판소, 2019, 64면; 남복현, "헌법재판소법 제40조에 따른 준용", 국가법연구 제16권 제2호, 2020, 17-18면.

무이행 내지 확인가처분을, 헌법재판소법 제68조 제2항의 위헌소원과 위헌법률심판의 경우 각 효력정지 및 재판정지에 관한 가처분 등을 고려할 수 있다.[47]

(3) 소결

위헌임이 명백한 법률에 대하여 본안결정 전에 가처분으로 미리 그 효력을 정지시킬 필요성을 인정할 수 있는 것처럼 정당해산심판이나 권한쟁의심판 외에 헌법소원심판 등에 있어서도 가처분의 필요성은 그 실효성의 확보와 심판청구 당사자나 헌법질서에 회복하기 어려운 불이익 발생 방지를 위해 인정할 수 있을 것이다. 따라서 헌법재판소법상 규정이 있는 정당해산, 권한쟁의심판 외에 다른 심판절차에서도 가처분이 허용되어야 할 것이다.

헌법재판소는 사법시험령 제4조 제3항 효력정지 가처분신청사건의 결정에서 "헌법재판소법은 정당해산심판과 권한쟁의심판에 관해서만 가처분에 관한 규정(헌재법 제57조 및 제65조)을 두고 있을 뿐, 다른 헌법재판절차에 있어서도 가처분이 허용되는가에 관하여는 명문의 규정을 두고 있지 않다. 그러나 위 두 심판절차 이외에 헌법재판소법 제68조 제1항 헌법소원심판절차에 있어서도 가처분의 필요성은 있을 수 있고, 달리 가처분을 허용하지 아니할 상당한 이유를 찾아볼 수 없으므로 위 헌법소원심판청구사건에서도 가처분이 허용된다."고 하였다.[48]

3. 가처분신청

(1) 신청 또는 직권

이미 계속중이거나 장래 계속될 본안소송의 청구인적격이 있는 자는 가처분신청을 할 수 있다. 헌법재판소는 본안절차가 헌법재판소에 계속중인 경우에는 직권으로도 가처분을 명할 수 있다(헌재법 제57조, 제65조, 제40조, 행정소

47) 김민준, "헌법재판에서의 가처분의 실질 및 형성력의 문제", 법학연구 제66권 제1호, 2025. 2, 371면.
48) 헌재 2000. 12. 8. 2000헌사471, 판례집 12－2, 381, 384－385.

송법 제23조 제2항).

한편 가처분사건이 각하되거나 기각된 후에는 아무런 사정변경이 없음에도 동일한 사유로 가처분신청을 하는 것은 허용되지 아니한다.

(2) 신청방식과 신청기간

가처분의 신청취지와 신청이유를 기재한 가처분신청서를 작성하여 제출해야 한다. 신청서에는 필요한 증거서류 또는 참고자료를 첨부할 수 있다(헌재법 제26조 제2항).

가처분신청에 특별한 기간제한은 없으며 본안심판 청구가 허용되는 기간 내이거나 본안청구가 계속중인 이상 신청할 수 있다. 본안심판이 종결되었거나 본안심판절차가 충분하게 진행되어 본안결정을 내릴 수 있는 정도에 이른 시점에서의 가처분신청은 할 수 없다고 본다. 변호사 강제주의(헌재법 제25조 제3항)가 가처분절차에도 적용된다.

(3) 가처분신청사건의 접수 및 송달

가처분이 신청되면 별건의 가처분신청사건으로 접수하여(사건부호 '헌사') 특별사건부(가처분신청사건부)에 등재한다. 가처분신청사건 기록은 본안사건이 먼저 접수된 때에는 본안사건의 주심재판관에게 신속히 배당하여 본안소송사건 기록에 첨철한다. 헌법재판소가 청구서를 접수한 때에는 지체없이 그 등본을 피청구기관 또는 피청구인에게 송달하여야 한다고 규정하고 있는 헌법재판소법 제27조 제1항은 가처분에도 적용된다고 보아야 한다. 민사소송법상의 가처분과 달리 헌법재판의 가처분절차에 밀행성을 요구할 만한 뚜렷한 이유가 없기 때문이다.

4. 가처분의 적법요건

(1) 당사자

당사자능력이 있어야 하고, 본안인 헌법재판의 당사자적격이 있는 자만이 당사자가 될 수 있다. 다만 국무총리서리 임명행위의 효력정지 및 직무집행정지 가처분사건에서 보듯이 본안의 피청구인(대통령)과 가처분의 피신청인(자연인 김종필)이 같지 아니할 수도 있다.[49] 여기 신청권자에는 본안재판의 소송참가인은 포함되지만 심판절차에서 의견진술권만을 가진 이해관계인은 포함되지 아니한다.

(2) 본안심판과의 관계

먼저 가처분을 하기 위해서는 본안사건이 헌법재판소의 관할에 속하여야 한다. 그리고 가처분은 본안심판이 헌법재판소에 계속중일 때 신청할 수 있음이 원칙이지만 본안심판이 계속되기 전이라 하더라도 신청할 수 있다. 만일 본안심판 계속중에만 가처분을 신청할 수 있다고 한다면 가처분제도의 실효성을 감소시킬 우려가 있기 때문이다.

가처분의 요건은 헌법소원심판에서 다투어지는 '공권력 행사 또는 불행사'의 현상을 그대로 유지시킴으로 인하여 생길 회복하기 어려운 손해를 예방할 필요가 있어야 한다는 것과 그 효력을 정지시켜야 할 긴급한 필요가 있어야 한다는 것 등이 된다. 따라서 본안심판이 부적법하거나 이유없음이 명백하지 않는 한, 위와 같은 가처분의 요건을 갖춘 것으로 인정되면, 가처분을 인용한 뒤 종국결정에서 청구가 기각되었을 때 발생하게 될 불이익과 가처분을 기각한 뒤 청구가 인용되었을 때 발생하게 될 불이익을 비교형량하여 후자가 전자보다 큰 경우에, 가처분을 인용할 수 있다.[50] 즉, 본안심판이 부적법하거나 이유없는 경우에는 가처분을 인용할 수 없다.

헌법재판소는 "헌법재판소가 권한쟁의심판의 청구를 받았을 때에는 종국결정의 선고 시까지 심판대상이 된 피청구인의 처분의 효력을 정지하는 결정을 할 수 있다. 그런데 헌법재판소가 가처분신청의 본안사건에 대하여 종국결정을 선고하는 이상, 이 사건에서 가처분결정을 할 필요성이 인정된다고 보기 어렵다."고 판시하였다.[51]

---

49) 헌재 1998. 7. 14. 98헌사31.

50) 헌재 2000. 12. 8. 2000헌사471, 판례집 12-2, 381.

본안재판의 소송물의 범위를 초과하여 가처분을 신청하는 것은 허용되지 않는다.

(3) 권리보호이익

본안에 관한 결정이 적시에 선고될 수 있는 경우에는 권리보호이익이 인정되지 않는다(이는 가처분의 실체적 요건의 하나인 긴급성이 결여된 경우라고 볼 수도 있다). 또 본안심판사건이 법적으로 아직 성숙되지 아니하였거나 다른 방법으로 가처분의 신청목적을 달성할 수 있는 경우에도 마찬가지로 권리보호이익이 없다고 본다. 권리보호이익이 없더라도 사정변경이 있으면 권리보호이익이 다시 생길 수 있음은 물론이다.

5. 가처분의 실체적 요건

(1) 본안심판의 승소가능성

본안심판의 승소가능성은 원칙적으로 고려의 대상이 되지 않는다. 본안심판이 쉽게 해결되기 어려운 헌법적 문제를 내포하고 있는 경우가 많기 때문이다. 그러나 본안심판이 명백히 부적법하거나 명백히 이유없는 경우에는 가처분을 명할 수 없다.[52]

(2) 가처분 사유

행정소송법 제23조 제2항과 민사소송법 제714조를 고려해 볼 때 가처분 사유는 다음과 같다.

민사소송법이 인정하는 가처분에는 계쟁물에 관한 가처분(민사소송법 제714조 제1항)과 임시의 지위를 정하는 가처분(같은 법조 제2항)의 2가지가 있는데, 전자는 가압류와 마찬가지로 집행보전을 목적으로 하는 데 비하여, 후자는 권리관계에 대한 분쟁 때문에 현재 채권자가 겪고 있는 생활관계상의 위험

---

51) 헌재 2023. 3. 23. 2022헌사366, 판례집 35-1상, 882.
52) 헌재 1999. 3. 25. 98헌사98, 판례집 11-1, 264; 헌재 2000. 12. 8. 2000헌사471, 판례집 12-2, 381.

을 제거하거나 그 해결시까지 기다리게 되면 회복할 수 없는 손해가 생기는 것을 방지하기 위하여 임시로 잠정적인 법률상태를 형성하거나 그 사실적 실현을 꾀하는 것을 목적으로 한다.

임시의 지위를 정하는 가처분 중 실무상으로 가장 흔한 형태인 부작위의 가처분은 민사소송법 제719조 제2항에 근거를 두고 채무자에 대하여 부작위를 구하는 권리를 피보전권리로 하여 이와 동일 내용의 부작위의무를 채무자에게 지우는 것을 내용으로 하는바, 그 유형으로는, 채무자의 일정한 행위를 금지시킴으로써 채권자의 권리를 보호하려는 금지 또는 단순한 부작위의 가처분, 채권자나 제3자의 행위에 착안점을 두어 채무자가 여기에 간섭하지 않도록 하는 수인의무를 지움으로써 그 권리를 보호하려는 방해금지의 가처분, 채무자가 이루려는 법률상 절차의 진행을 정지함으로써 권리를 보호하려는 절차정지의 가처분 등이 있고, 본건에 있어서 문제가 되는 가처분은 바로 금지 또는 단순한 부작위의 가처분이라고 할 수 있다.[53)]

(3) 가처분 인용 요건

헌법재판소법 제40조 제1항이 준용하는 행정소송법 제23조 제2항의 집행정지규정과 민사집행법 제300조의 가처분규정에 따를 때, 본안심판이 부적법하거나 이유 없음이 명백하지 않고, 헌법소원심판에서 문제된 '공권력 행사 또는 불행사'를 그대로 유지할 경우 발생할 회복하기 어려운 손해를 예방할 필요와 그 효력을 정지시켜야 할 긴급한 필요가 있으며, 가처분을 인용한 뒤 종국결정에서 청구가 기각되었을 때 발생하게 될 불이익과 가처분을 기각한 뒤 청구가 인용되었을 때 발생하게 될 불이익을 비교형량 하여 후자의 불이익이 전자의 불이익보다 클 경우 가처분을 인용할 수 있다.[54)]

1) 중대한 불이익의 방지

여기서 중대한 불이익은 침해행위가 위헌으로 판명될 경우 발생하게 될

53) 헌재 2001. 8. 30. 2000헌바36, 판례집 13－2, 229, 232.

54) 헌재 1999. 3. 25. 98헌사98; 헌재 2000. 12. 8. 2000헌사471; 헌재 2018. 4. 6. 2018헌사242등, 판례집 30－1상, 509, 513.

회복하기 어려운 현저한 손해 또는 회복 가능하지만 중대한 손해를 포함한다. 급박한 위험을 막기 위한 사유(민사집행법 제300조 제2항 단서)는 회복하기 어려운 현저한 손해의 한 내용으로 볼 수 있다.

2) 긴급성의 존재

가처분신청은 본안심판결정이 중대한 손실을 방지하기에 적절한 시간 내에 내려질 것을 기대할 수 없을 때에만 인용될 수 있다. 즉, 가처분으로 규율하고자 하는 현상이 이미 발생하였거나 시간적으로 매우 근접해 있음을 요한다.

3) 헌법재판소 결정례

헌법재판소는 권한쟁의심판의 가처분 요건으로서, "피청구기관의 처분등이나 그 집행 또는 절차의 속행으로 인하여 생길 회복하기 어려운 손해를 예방할 필요가 있거나 기타 공공복리상의 중대한 사유가 있어야 하고 그 처분의 효력을 정지시켜야 할 긴급한 필요가 있는 경우"라고 판시하였다.[55]

헌법소원심판의 가처분 요건으로, "헌법소원심판에서 다투어지는 '공권력의 행사 또는 불행사'의 현상을 그대로 유지시킴으로 인하여 생길 회복하기 어려운 손해를 예방할 필요가 있어야 하고 그 효력을 정지시켜야 할 긴급한 필요가 있어야 한다."라고 판시하였다.[56]

(4) 가처분의 필요성 : 이익형량

가처분결정을 위해서는 가처분신청을 인용할 경우 후에 본안심판이 기각되었을 때 발생하게 될 불이익과, 가처분신청을 기각할 경우 후에 본안심판이 인용되었을 때 발생하게 될 불이익을 형량하여 그 불이익이 적은 쪽을 선택하여야 한다(독일 연방헌법재판소 판례상 인정되는 소위 이중가설이론[Doppelhypothese]).

가처분결정은 어디까지나 잠정적이고 예외적인 조치이기 때문에 이익형량에 있어 가처분사유를 엄격하고 제한적으로 해석·적용하여야 할 것이다. 특히 법규범의 효력을 정지시키거나 헌법재판소가 통치기능의 영역으로 개입

55) 헌재 1999. 3. 25. 98헌사98, 판례집 11-1, 264, 270.
56) 헌재 2000. 12. 8. 2000헌사471, 판례집 12-2, 381, 385.

하게 되는 경우 가처분결정은 더욱 더 신중하여야 할 것이다. 또한 이익형량을 함에 있어서는 단지 청구인의 이해관계만이 아니라 문제가 될 수 있는 모든 이해관계를 고려해야 한다.

헌법재판소는 공원내의 골프연습장 설치와 관련하여 피신청인이 한 공원구역외의 진입도로에 관한 지정·인가처분이 신청인의 권한을 침해하였다고 주장하며 그 권한침해 확인과 처분의 무효확인을 구하는 권한쟁의심판의 직접처분효력정지가처분신청사건에서, 가처분결정을 하였다가 신청인에게 불리한 본안결정을 하였을 경우 처분 상대방에게는 공사지연으로 인한 손해가 발생하고 또 골프연습장을 이용하려는 잠재적 수요자의 불평이 예상된다는 점 외에 다른 불이익이 없는 반면, 가처분신청을 기각하였다가 신청인의 청구를 인용하는 종국결정을 하였을 경우 피청구인의 직접처분에 따른 처분 상대방의 공사진행으로 교통불편을 초래하고 공공용지를 훼손함과 동시에 이의 원상회복을 위한 비용이 소요되는 등의 불이익이 생기게 되므로, 종국결정에서 청구가 기각되었을 경우의 불이익과 가처분신청을 기각한 뒤 청구가 인용되었을 때의 불이익을 비교형량할 때 가처분을 인용함이 상당하다고 결정하였다.[57]

사법시험 제1차 시험에 4회 이상 응시한 자에 대하여 일정한 응시자격제한을 규정하고 있는 사법시험령 제4조 제3항의 효력정지가처분신청사건에서, 동 법률조항이 효력을 유지하면 신청인들은 곧 실시될 차회 사법시험에 응시할 수 없어 합격기회를 봉쇄당하는 돌이킬 수 없는 손해를 입게 되어 이를 정지시켜야 할 긴급한 필요가 인정되는 반면, 효력정지로 인한 불이익은 별다른 것이 없다고 하여 그 가처분을 인용하는 결정을 하였다.[58]

한편, 군사법원법에 따라 재판을 받는 미결수용자의 면회 횟수를 주 2회로 정하고 있는 군행형법시행령 제43조 제2항에 대한 효력정지가처분 사건에서는, 동 미결수용자들의 면회의 권리를 행형법시행령의 적용을 받아 매일 1회 면회할 수 있는 피구속자와 비교하여 합리적인 이유 없이 차별한다면, 군행형법시행령의 적용을 받는 자들은 이로 인하여 인간으로서의 행복추구권이

57) 헌재 1999. 3. 25. 98헌사98, 판례집 11-1, 264, 271-272.
58) 헌재 2000. 12. 8. 2000헌사471, 판례집 12-2, 381, 385-386.

나 피고인으로서의 방어권 행사에 회복하기 어려운 손상을 입게 되는 반면, 위 규정에 대한 가처분신청이 인용된다 하여 공공복리에 중대한 영향을 미칠 우려는 없다고 보아 가처분을 인용하였다.[59)]

6. 가처분심판의 절차

(1) 구두변론의 여부

가처분결정은 구두변론 없이도 할 수 있다. 탄핵의 심판, 정당해산의 심판 및 권한쟁의의 심판은 구두변론에 의하도록 규정하고 있는 법 제30조 제1항은 가처분의 신속성, 잠정성 등에 비추어 가처분절차에는 적용되지 않는다. 특별히 긴급을 요하는 경우에는 당사자나 기타 이해관계인의 의견진술 기회도 주지 아니하고 바로 결정하여도 무방할 것이다.

(2) 증거조사 및 자료제출요구

재판부는 가처분심판의 심리를 위하여 필요하다고 인정하는 경우에는 당사자의 신청 또는 직권에 의하여 증거조사를 할 수 있다(헌재법 제31조 제1항). 또한 재판부는 결정으로 다른 국가기관 또는 공공단체의 기관에 대하여 심판에 필요한 사실을 조회하거나, 기록의 송부나 자료의 제출을 요구할 수 있다(헌재법 제32조).

(3) 심판정족수

가처분 신청에 대하여도 재판관 7인 이상의 출석으로 사건을 심리하고, 종국심리에 관여한 재판관 과반수의 찬성으로 결정을 한다(헌재법 제23조 제1항, 제2항).

헌법소원심판사건에서 지정재판부가 가처분결정을 할 수 있는지가 문제된다. 지정재판부는 헌법소원심판사건에서 3인의 재판관의 일치된 의견으로 각하결정만을 할 수 있을 뿐이므로(헌재법 제72조 제3항) 가처분 기각결정 내지

59) 헌재 2002. 4. 25. 2002헌사129, 공보 68, 107.

인용결정은 할 수 없다고 보는 견해도 있으나(다만 민사소송상 실무는 보전처분에는 실체적 확정력이 없기 때문에 각하와 기각을 엄격히 구별하지 아니하고 가처분신청을 각하하는 대신에 기각하는 예가 대부분이다), 지정재판부가 가처분신청을 이유없다고 기각한 사례가 있다.[60]

7. 가처분결정

(1) 가처분결정의 내용

헌법재판소는 가처분신청의 목적을 달성함에 필요한 처분을 할 수 있다(헌재법 제40조, 민사집행법 제305조). 헌재의 법적 상태를 규율하는 가처분뿐만 아니라 새로운 법적 상태를 형성하는 가처분도 허용된다. 사안에 따라 구체적인 내용이 달라지겠지만 '적극행위' 가처분과 '소극행위' 가처분으로 나누어 볼 수 있는데, 적극행위 가처분으로는 예를 들어 입학허가명령(독일 연방헌법재판소의 결정례)을 들 수 있고, 소극행위 가처분으로는 효력발생 내지 행위금지의 가처분, 방해금지의 가처분, 절차정지의 가처분 등을 들 수 있다.

헌법재판소는 청구인의 신청목적에는 구속되지만 청구인의 신청취지에는 구속되지 않는다(민사집행법 제305조 참조).

(2) 가처분결정의 형식

가처분신청이 적법하고 이유가 있을 때에는 인용결정하고, 부적법하거나 이유가 없을 때에는 기각결정한다(민사집행법 제301조, 제281조 참조). 가처분결정에도 이유를 기재하여야 한다(헌재법 제36조 제2항 제4호).

가처분의 본질은 본안재판시까지 현상을 유지하거나 잠정적으로 임시의 지위를 정하는 데에 있으므로 가처분결정에는 원칙적으로 "종국결정 선고시까지"라는 문구가 들어가야 할 것이다. 이러한 경우 본안재판에 대한 결정이 있으면 가처분결정은 당연히 실효된다.

---

60) 헌재 1997. 12. 16. 97헌사189; 헌재 1997. 12. 23. 97헌사200.

(3) 가처분결정의 효력

1) 확정력

가처분결정에 대해 확정력을 부인하는 견해도 있으나 이를 긍정하는 것이 타당하다.

2) 형성력

가처분결정이 선고되면 피청구인에 의한 별도의 행위를 필요로 하지 아니하고도 본안결정이 있을 때까지 가처분결정의 내용대로 법률관계를 형성하는 효력을 가진다.

3) 기속력

가처분결정은 당해사건에 관하여 당사자인 피청구인을 기속한다. 따라서 피청구인은 동일한 내용의 새로운 처분을 할 수 없다. 또한 가처분은 모든 국가기관을 기속하며 주문에 달리 정함이 없는 한 본안사건에 대한 결정이 있을 때까지 기속력을 가진다.

8. 가처분결정 이후의 절차

가처분에 관한 결정이 선고되면 사무관 등은 지체없이 결정서 정본을 작성하여 이를 당사자에게 송달하여야 한다(헌재법 제36조 제4항 참조). 가처분결정은 관보에 게재함으로써 이를 공시한다(헌재법 제36조 제5항).

가처분 인용결정후 본안사건 결정전 가처분사유가 소멸되었다고 인정될 경우에는 민사집행법 제301조, 제288조 제1항(소위 사정변경에 의한 보전처분취소), 제307조(특별사정에 의한 가처분취소), 행정소송법 제24조 제1항을 유추적용하여 당사자의 신청이나 직권으로 가처분을 취소할 수 있다고 볼 것이다.

가처분결정에 "종국결정의 선고시까지"라는 문구가 들어 있지 아니한 경우 본안을 기각할 때에는 가처분결정도 직권으로 취소하여야 할 것이다.

제 5 장

위헌법률심판

제 1 절 위헌법률심판의 특징

1. 개 요

위헌법률심판이란 구체적 사건에서 법률의 위헌 여부가 '재판의 전제'가 되는 경우에 헌법재판소가 국회가 제정한 법률이 헌법에 위반되는가의 여부를 심사하고, 그 법률이 헌법에 위반되는 것으로 판단하는 경우에 그 법률의 효력을 상실하게 하거나 그 적용을 거부하도록 하는 구체적 규범통제제도를 말한다. 법률에 대한 위헌 '제청권'은 일반법원이 가지며, 법률에 대한 위헌 '결정권'은 헌법재판소가 지니는 구조로 되어 있다. 현행 헌법상 위헌법률심판 제도는 구체적 사건에서 법률의 위헌 여부가 '재판의 전제'가 되는 경우에 법원이 위헌법률심판 제청을 하고 헌법재판소가 위헌법률심판을 하는 사후적·구체적인 규범통제제도이다. 헌법재판소가 위헌으로 결정한 법률 또는 법률조항은 일반적으로 효력을 상실한다.

2. 사법권의 분장

(1) 헌법재판소와 대법원 간 관계

헌법은 제101조 제1항에서 "사법권은 법관으로 구성된 법원에 속한다."라고 규정하여 법원에 포괄적인 사법권을 부여하고 있다. 따라서, 헌법 기타 법령에 특별한 규정이 없는 한 법원은 사법권 전반을 행사한다. 한편, 헌법은 제111조에서 헌법재판소가 특별히 관장할 심판사항을 규정하고 있으므로 법원은 헌법재판소의 심판사항에 대하여는 사법권을 행사할 수 없다는 제한을 받게 된다.

> 헌법 제107조 제1항은 "법률이 헌법에 위반되는 여부가 재판의 전제가 된 경우에는 법원은 헌법재판소에 제청하여 그 심판에 의하여 판단한다."고 규정하고, 제2항은 "명령·규칙 또는 처분이 헌법이나 법률에 위반되는 여부가 재판의 전제가 된 경우에는 대법원은 이를 최종적으로 심사할 권한을 가진다."고 규정하여 구체적 규범통제절차에서의 법률에 대한 위헌심사권과 명령·규칙·처분에 대한 위헌심사권을 분리하여 각각 헌법재판소와 대법원에 귀속시킴으로써 헌법의 수호 및 기본권의 보호가 오로지 헌법재판소만의 과제가 아니라 헌법재판소와 법원의 공동과제라는 것을 밝히고 있다.[1)]

(2) 헌법상 위헌법률심판제도에서 양 기관의 관계

현행헌법은 법률에 대한 위헌 '제청권'은 일반법원이 담당하며, 위헌 '결정권'은 헌법재판소가 담당하는 구조로 되어 있다. 이에 따라, 헌법재판소의 위헌법률심판권은 법원의 법률해석권을 제한하게 되고, 그러한 범위에서 법원의 법률해석권은 일정한 제약을 받게 된다. 헌법은 제107조 제1항에서 이를 구체화하여 "법률이 헌법에 위반되는 여부가 재판의 전제가 된 경우에는 법원

---

1) 헌재 1997. 12. 24. 96헌마172·173 (병합).

은 헌법재판소에 제청하여 그 심판에 의하여 재판한다."라고 규정하여, 법원이 해석하여 적용할 법률조항이 헌법에 위반되는지 여부에 관하여는 법원 스스로 판단할 수 없도록 정하고 있다.

법원의 법률해석권은 법률조항에 대한 '위헌심판권'이 제외되어 있는 법률해석권을 의미하게 된다. 법원은 구체적인 사건에서 법률을 해석하여 적용함에 있어서 첫째, 법률조항이 헌법에 위반되지 아니하도록 해석하여 적용하여야 하며, 둘째, 법문에 따라 법률을 해석하여 일정한 법률조항을 적용하려고 할 때, 그 법률조항이 위헌이라고 의심되는 경우에는 재판절차를 정지하고 그러한 해석으로 인하여 도출된 법률조항이 헌법에 합치하는지의 여부를 먼저 헌법재판소에 심판 제청한 뒤, 헌법재판소의 결정에 따라 재판을 하여야 한다. 헌법재판소가 일단 특정한 법률조항에 대하여 위헌이라고 선언한 경우에는, 헌법재판소법 제47조에 따라 당해 법률조항이 법률로서의 효력을 상실하고, 법원은 헌법재판소의 위헌결정에 기속되어 위헌선언된 법률조항을 구체적인 사건에서 적용할 수 없게 된다.

3. 구체적 규범통제

구체적 규범통제란 구체적 소송사건을 심판함에 있어 법률의 위헌 여부가 문제되는 경우, 부수적으로 또는 선결문제로서 적용법률의 합헌성을 심사하고, 헌법재판소가 위헌이라고 판단하면 그 법률은 일반적으로 효력을 상실하는 규범통제제도를 말한다. 즉, 위헌으로 결정된 법률 또는 법률조항은 일반적으로 효력을 상실하고 그 법률이 폐지된 것과 같은 효과를 낳는다(헌재법 제47조).

법원이 위헌법률심판을 제청하거나 위헌형 헌법소원심판을 청구할 때 재판의 전제성을 요구하는 것은 구체적 규범통제제도의 특성 때문이다. 헌법 제107조 제1항에 의하면, 헌법재판소는 법률의 위헌 여부가 재판(裁判)의 전제(前提)가 된 경우에 법률의 위헌심사권을 지니고 있다. 즉, 특정 법률 또는 법률조항의 위헌 여부가 구체적인 소송사건의 선결문제(先決問題)가 되는 경우,

헌법재판소는 그 법률조항이 위헌인지 여부를 심사하게 된다. 헌법재판소는 법률의 위헌 심사를 함에 있어서 헌법해석을 통해 헌법의 규범력을 발휘하게 된다.[2] 우리 헌법에서는 법률의 효력에 관한 심사권을 헌법재판소에 집중시킴으로써 '법적 안정성'과 '법적 통일성'을 유지하고자 하고 있다.

위헌법률심판 제청과 헌법재판소법 제68조 제2항에 의한 헌법소원심판(이하 '위헌심사형 헌법소원심판'이라 한다) 청구에 있어서 헌법과 헌법재판소법에서 '재판의 전제성'을 요구하는 것은 구체적인 소송사건에 적용되는 법률의 위헌성이 문제되는 경우, 헌법재판소가 집중하여 그 법률의 위헌성을 심사하라는 취지다. 위헌심사형 헌법소원심판제도와 위헌법률심판제도는 구체적인 소송사건에 적용되는 법률의 위헌 여부가 당해 소송사건의 '재판의 전제'가 된 경우에 헌법에 위반되는 법률 또는 법률조항을 제거하기 위한 구체적 규범통제제도이다.[3]

제2절 위헌법률심판의 내용

1. 위헌법률심판 제청

(1) 위헌법률심판 제청의 유형

위헌제청은 (a) 당사자의 위헌제청신청에 따른 법원의 위헌제청과 (b) 법원의 직권에 의한 위헌제청이 있다. 법률이 헌법에 위반되는지 여부가 재판의 전제가 되는 경우, 당사자는 법원에 위헌법률심판을 제청해 줄 것을 신청할 수 있다(헌재법 제41조 제1항: '제청신청'). 당해 소송의 당사자는 법원에 대하여 위헌 여부의 제청신청을 할 수 있을 뿐이지, 당사자가 직접 헌법재판소에 위

2) 표명환, "입법통제에 있어서 헌법재판의 기능적 한계", 유럽헌법연구 제32호, 2020. 4, 315면.
3) 박경철, "헌법재판소법 제68조 제2항의 헌법소원제도에 관한 헌법적 검토", 강원법학 제45권, 2015. 6, 274면 이하.

헌법률심판 청구를 할 수 없다. 제청신청이 기각당한 경우, "법률의 위헌 여부 심판의 제청신청이 기각된 때에 그 당사자는 당해 사건의 소송절차에서 동일한 사유를 이유로 다시 위헌 여부 심판의 제청을 신청할 수 없다."고 규정하고 있다(헌재법 제68조 제2항 후문). 여기서 '당해 사건의 소송절차'란 "헌법재판소법 제68조 제2항은 법률의 위헌여부심판의 제청신청이 기각된 때에는 그 신청을 한 당사자는 헌법재판소에 헌법소원심판을 청구할 수 있으나, 다만 이 경우 그 당사자는 당해 사건의 소송절차에서 동일한 사유를 이유로 다시 위헌여부심판의 제청을 신청할 수 없다고 규정하고 있는바, 이 때 당해 사건의 소송절차란 당해 사건의 상소심 소송절차를 포함한다 할 것이다."[4)]

(2) 제청 결정의 판단

위헌제청신청을 받은 당해 법원은 위헌주장된 법률의 위헌여부가 당해 소송의 재판의 전제가 되고 심판대상조항의 합헌성에 대하여 '합리적 의심'이 있는 때에 결정의 형식으로 위헌심판제청을 결정한다.[5)] 그 밖에 당해 법원은 직권으로도 위헌심판제청을 결정할 수 있다. 그리고 이들 두 경우 모두 대법원 외의 법원이 위헌제청결정을 한 때에는 대법원을 거치도록 되어 있기 때문에(헌재법 제41조 제5항), 당해 법원은 위헌제청결정서 정본을 법원행정처장에게 법원장 또는 지원장 명의로 송부하게 된다. 이 경우 대법원은 각급법원의 위헌법률심판제청을 심사할 권한을 가지고 있지 않다. 그리하여 법원행정처장은 이 위헌제청결정서 정본을 그대로 헌법재판소에 송부하게 되고 이로써 위헌법률심판의 제청이 이루어지게 된다(헌재법 제26조 제1항 단서). 헌법재판소법 제41조 제4항은 "위헌여부심판의 제청에 관한 결정에 대하여는 항고할 수 없다."라고 규정하고 있으므로 위헌제청신청을 기각하는 결정에 대하여 는 항고나 재항고를 할 수 없다. 뿐만 아니라 재판의 전제가 되는 어떤 법률이 위헌인지의 여부는 재판을 담당한 법원이 직권으로 심리하여야 하는 것이어서 당사

4) 헌재 2007. 7. 26. 2006헌바40, 판례집 19-2, 86.
5) 헌재 1993. 12. 23. 93헌가2, 판례집 5-2, 578, 592; 헌재 2014. 4. 24. 2011헌바56, 판례집 26-1상, 672, 679.

자가 그 본안사건에 대하여 상소를 제기한 때에는 그 법률이 위헌인지 여부는 상소심이 독자적으로 심리판단하여야 하는 것이므로, 위헌제청신청 기각결정은 본안에 대한 종국재판과 함께 상소심의 심판을 받는 중간적 재판의 성질을 갖는 것으로서 '특별항고의 대상이 되는 불복을 신청할 수 없는 결정'에도 해당되지 않는다.[6]

위헌법률심판의 제청은 원칙적으로 법원에 계속중인 구체적 사건의 심리가 충분히 진행되어 그 사건의 재판에서 적용할 법률의 윤곽이 밝혀지고 그 위헌 여부에 따라 그 재판의 결과에 영향을 미칠 가능성이 보이는 단계에서 제청하여야 한다. 그렇지 않으면 경우에 따라서는 사후에 위헌법률심판의 제청이 불필요한 것으로 밝혀질 수도 있기 때문이다. 한편 대법원은, 과세처분의 취소소송에서 청구가 기각된 확정판결의 기판력은 다시 그 과세처분의 무효확인을 구하는 소송에도 미치므로, 과세처분의 무효확인청구가 기판력에 저촉되는 경우에는 당사자의 주장이 없더라도 직권으로 이를 심리판단하여 청구를 기각하여야 하고, 그 과세처분의 근거 법조항이 위헌인지 여부는 재판의 전제가 될 수 없으므로 위헌제청이 있더라도 이를 기각하여야 한다고 판시한 바 있다.[7]

한편, 법원이 위헌제청신청을 기각한 때에는 그 신청을 한 당사자는 헌법재판소에 헌법소원심판을 청구할 수 있다. 이 경우 그 당사자는 당해 사건의 소송절차에서 동일한 사유를 이유로 다시 위헌여부심판의 제청을 신청할 수 없다(헌재법 제68조 제2항).

(3) 위헌법률심판 제청의 효과

법원의 위헌법률심판 제청은 법원이 법률의 위헌법률심판을 헌법재판소에 제청한 때 당해 소송사건의 재판은 헌법재판소의 위헌 여부의 결정이 있을 때까지 정지된다(헌재법 제42조 제1항 본문). 왜냐하면 법원이 그 법률에 대한 위헌의 합리적 의심이 있는 상황에서 그 법률을 적용하여 재판을 할 수 없기 때문

6) 대법원 1993. 8. 25.자 93그34 결정, 공1993, 2728.
7) 대법원 1993. 4. 27. 선고 92누9777 판결, 공1993, 1609.

이다. 정지되는 기간은 제청 결정을 한 때로부터 헌법재판소의 위헌 여부 결정서 정본이 제청법원에 송달된 때까지이다. 다만, 법원이 긴급하다고 인정하는 경우에는 종국재판 외의 소송절차를 진행할 수 있다(헌재법 제42조 제1항 단서).

(4) 당해사건의 재판 정지

법원이 위헌법률심판을 제청한 때에는 당해 소송사건의 재판은 헌법재판소의 위헌 여부의 결정이 있을 때까지 정지된다. 다만, 법원이 긴급하다고 인정하는 경우에는 종국재판 외의 소송절차를 진행할 수 있다(헌재법 제42조 제1항). 그리고 위의 재판정지기간은 형사소송절차에서의 구속기간(형사소송법 제92조 제1항·제2항, 군사법원법 제132조 제1항·제2항)과 민사소송절차에서의 종국판결 선고기간(민사소송법 제199조)에 이를 산입하지 아니한다(헌재법 제42조 제2항). 이 경우 재판정지기간의 기산점은 법원이 위헌제청 결정을 한 때, 그 만료점은 헌법재판소의 위헌여부결정서 정본이 위헌제청법원에 송달된 때로 본다고 대법원은 해석하고 있다.

2. 위헌제청서에 기재사항

법원의 제청서에는 다음의 사항이 기재되어야 한다(헌재법 제43조).

① 제청법원의 표시
② 사건 및 당사자의 표시
③ 위헌이라고 해석되는 법률 또는 법률의 조항
④ 위헌이라고 해석되는 이유
⑤ 그 밖에 필요한 사항

헌법재판소 심판 규칙 제54조에 의하면, 제청서에는 헌법재판소법 제43조의 기재사항 외에 '당해사건이 형사사건인 경우 피고인의 구속여부 및 그 기간'(제1호)과 '당해사건이 행정사건인 경우 행정처분의 집행정지 여부'(제2호)를 기재하여야 한다. 그 밖에 제청서에는 필요한 증거서류 또는 참고자료를 첨부할 수 있다(헌재법 제26조 제2항).

3. 위헌법률심판절차

(1) 사건의 접수

위헌제청서가 송달되면 접수공무원은 이를 접수하고, 접수서류에 표지를 붙여 사건기록을 편성하며, 사건번호와 사건명을 부여하고, 위헌법률심판사건부에 이를 기장하여 사건을 등록한다.

(2) 위헌제청서의 송달과 의견서 제출

위헌법률심판의 제청이 있은 때에는 법무부장관 및 당해 소송사건의 당사자에게 그 제청서의 등본을 송달한다(헌재법 제27조 제2항). 그리고 당해 소송사건의 당사자 및 법무부장관은 헌법재판소에 법률의 위헌여부에 대한 의견서를 제출할 수 있다(헌재법 제44조). 실무상으로는 기타의 이해관계인에게도 위헌제청서 등본을 송부함과 동시에 의견서 제출의 기회를 부여하고 있다.

(3) 자료제출요구

재판부는 결정으로 다른 국가기관 또는 공공단체의 기관에 대하여 심판에 필요한 사실을 조회하거나, 기록의 송부나 자료의 제출을 요구할 수 있다(헌재법 제32조 본문). 위헌법률심판의 경우 재판의 전제성 여부 및 위헌 여부의 판단을 위하여 당해 사건의 구체적 내용을 알아야 할 경우가 있으므로 필요한 경우 참여사무관은 재판부의 명에 의해 제청법원에 대하여 당해 사건기록의 인증등본을 송부해 주도록 촉탁하여야 한다.

(4) 위헌 제청의 철회

법원이 법률에 대해 헌법재판소에 위헌법률심판 제청을 하면, 제청 결정이 가지는 자기구속력 때문에 법원은 자신이 한 제청을 원칙적으로 철회할 수 없다. 따라서 당사자가 제청신청을 취소한 경우에도 법원은 제청을 철회할 수 없다.

위헌 제청 후 헌법재판소가 다른 사건에서 당해 법률이나 법률조항을 위헌이라고 결정하거나 그 법률이 폐지되는 등의 사유로 위헌 제청의 사유가 소멸한 경우에는 위헌제청법원은 위헌제청결정을 취소하고 그 취소결정 정본을 헌법재판소에 송부함으로써 위헌법률심판의 제청을 철회할 수 있다. 이러한 제청의 철회에 대해 헌법재판소는 별다른 재판없이 위헌심판절차가 종료된 것으로 처리한다.

한 사건에서 심판대상조항에 대하여 위헌제청신청을 하였으나 그 후 당해사건 공판기일에 위 신청을 철회하였고, 이에 따라 위헌제청신청은 취하로 종국되었다. “청구인의 위헌제청신청에 대한 당해법원의 기각결정이 없었으므로 이 사건 심판청구는 그 심판청구의 요건을 갖추지 못하여 부적법하다.”고 하였다.[8)]

4. 위헌법률심판의 제청권자: 법원

법률이 헌법에 위반되는 여부가 재판의 전제가 된 때에는 당해 사건을 담당하는 법원은 직권 또는 당사자의 신청에 의한 결정으로 헌법재판소에 위헌여부의 심판을 제청한다(헌법 제107조 제1항, 헌재법 제41조 제1항). 그에 따라 헌법재판소법 제41조 제1항이 정하는 요건이 있는 경우에는 법원은 그 법률을 헌법재판소에 위헌제청해야 할 의무가 있으며, 헌법재판소는 제청된 법률의 위헌 여부에 대한 판단을 내려야 한다.

‘법원’만이 법률의 위헌여부에 대하여 헌법재판소에 위헌제청할 수 있다. 법원은 “직권 또는 당사자의 신청에 의한 결정”으로 위헌제청할 수 있다. 즉, 위헌법률심판은 구체적 사건에서 법률의 위헌 여부가 재판의 전제가 되어 법원의 제청이 있는 경우에 한하여 할 수 있고, 개인의 제소 또는 심판청구만으로는 위헌법률심판을 할 수 없다.[9)]

당해 소송의 당사자는 당해법원에 대하여 위헌제청의 신청을 할 수 있을 뿐이며, 직접 헌법재판소에 위헌심판을 청구할 수는 없다. 당해법원에 위헌심

8) 헌재 2017. 4. 4. 2017헌바161, 1, 2.
9) 헌재 1994. 6. 30. 94헌아5, 판례집 6－1, 714, 716.

판제청을 신청할 수 있는 '당사자'에 당해 소송의 보조참가인이 포함되는지 여부에 의문이 있다. 헌법재판소는 "규범통제절차인 헌법재판소법 제41조 제1항에 의한 위헌법률심판 사건에서 민사소송과 유사한 대립당사자 개념을 상정하기 어려운 점 등에 비추어보면, 보조참가를 규정하고 있는 민사소송법 제71조는 위헌법률심판의 성질상 준용하기 어렵다. 그렇다면 이 사건 보조참가신청인의 보조참가 신청은 위헌법률심판의 성질에 반하여 준용되지 아니하는 민사소송법 제71조에 근거한 것으로서 허용되지 아니한다."고 판시하였다.[10)]

당사자의 위헌제청신청을 기각하는 결정에 대하여 당사자는 항고할 수 없으며(헌재법 제41조 제4항), 다만, 헌법재판소법 제68조 제2항에 의한 규범통제형 헌법소원을 헌법재판소에 청구할 수 있을 따름이다. 헌법재판소법은 당해 법원의 '기각결정'에 대하여 항고할 수 없는 것으로 하여 위헌제청신청에 대한 당해 법원의 각하결정에 대하여는 직접 언급하고 있지 않으나, 각하결정에 대하여도 항고할 수 없다고 해석할 수 있다.

제청권자인 "법원"의 개념과 관련하여 몇 가지 문제가 제기된다. 먼저 수소법원은 물론 집행법원도 제청권한이 있으며, 비송사건 담당법관의 경우에도 재판사건과 마찬가지로 제청권이 있다. 그리고 민사 조정위원회(민사조정법 제8조 이하) 및 가사 조정위원회(가사소송법 제49조 이하)는 사법적 분쟁해결절차의 한 종류로서 법관이 아닌 조정위원이 참여하기는 하나 법관이 주도하는 이상 법원으로서의 성격을 잃지 않기 때문에, 제청권이 있는 법원으로 보아야 한다. 우리 헌법상 특별법원으로 예외적으로 인정된 군사법원(헌법 제110조 제1항)에는 제청권이 있다(헌재법 제41조 제1항).

한편, 제청권자로의 법원은 사법행정상의 관청으로서의 법원이 아니라 개개의 소송사건에 관하여 재판권을 행사하는 재판기관으로서의 법원을 말한다. 따라서 단독판사 관할사건의 경우에 당해소송의 담당법관 개인이 여기서 말하는 '법원'으로서 제청권이 있으며, 합의부 관할사건의 경우에 있어서는 합의부가 원칙적으로 제청권 있는 '법원'이지만, 예외적으로 소송법상 문제의 재판

10) 헌재 2020. 3. 26. 2016헌가17등, 판례집 32-1상, 128; 헌재 2024. 1. 25. 2021헌가14, 공보 328, 164.

을 단독으로 할 수 있도록 하고 있는 경우에는 그 재판을 할 수 있는 권한이 있는 법관 개인도 '법원'에 해당한다.

5. 제청하는 것은 '법률'일 것

헌법 제107조 제1항, 제111조 제1항 제1호 및 헌법재판소법 제41조 제1항에 의하여 위헌법률심판절차의 대상이 되는 규범은 '법률'이어야 한다. 여기서 '법률'은 원칙적으로 '형식적 의미의 법률'을 의미한다. 또한 이와 동등한 효력을 가지는 국회의 동의를 받은 조약(헌법 제60조)[11] 및 긴급명령·긴급재정경제명령[12]도 포함된다. 여기서 법률은 반드시 현행 헌법 하에서 제정되거나 개정된 법률만을 의미하는 것이 아니므로, 현재 구체적 사건과 관련하여 적용되는 우리나라 법률이면 가능하다.[13] 또한 국회가 제정한 법률이 아니라 비정상적인 입법기관에 의하여 제정된 법률도 포함된다.

(1) 개별 헌법규정

헌법 제111조 제1항 1호 및 헌법재판소법 제41조 제1항에 의거하여 보면 헌법의 개별 규정 자체는 대상이 아니다. 그러나 헌법제정권력과 헌법개정권력을 준별하고 헌법의 개별규정 상호간의 효력의 차이를 인정하는 전제하에서 헌법제정규범에 위반한 헌법개정에 의한 규정, 상위의 헌법규정에 위배되는 하위의 헌법규정은 위헌으로 위헌심사의 대상이 된다는 견해가 있다.[14]

헌법재판소는 "헌법 및 헌법재판소법의 규정상 위헌심사의 대상이 되는

---

11) 조약이 위헌법률심사의 대상이 되는가 여부에 관하여는 최광률, "위헌법률심판의 제청절차", 법조, 1989. 7, 65면 이하; 한병채, "헌법재판의 대상과 특별심판절차(상)", 헌법논총 제2집, 53면 이하; 이시윤, "헌법재판에 관한 관견(Ⅰ)", 헌법논총 제1집, 71~72면 참조.

12) 헌재 1996. 2. 29. 93헌마186 결정은 "긴급재정경제명령은 법률의 효력을 갖는 것이므로 마땅히 헌법에 기속되어야 할 것이다"라고 판시하였다.

13) 이시윤, 전게논문, 72면; 최광률, 전게논문, 69면; 대법원 1960. 2. 5 고지1959행상110 결정은 "위헌심사의 대상이 되는 법률은 헌법공포 이후에 제정·시행된 법률은 물론 그 이전에 제정·시행된 법령이라도 소위 입법사항을 규정한 법령이면 이를 포함한다고 해석할 것이므로 군정법령의 위헌여부에 관한 심사는 법원의 권한이 아니라 헌법위원회의 권한"이라고 판시하였다.

14) 김철수, 헌법학개론, 박영사, 15면; 한병채, 전게논문, 52면; 정연주, "헌법규범에 대한 위헌심사, 공법연구 19집, 127면 등이 긍정설에 해당한다.

법률은 국회의 의결을 거친 이른바 형식적 의미의 법률을 의미하고, 헌법의 개별규정 자체는 헌법소원에 의한 위헌심사의 대상이 아니므로, 헌법의 개별규정을 대상으로 한 헌법소원심판청구는 부적법하다."[15] 또한 "이념적·논리적으로는 헌법규범 상호간의 우열을 인정할 수 있다 하더라도 그러한 규범 상호간의 우열이 헌법의 어느 특정규정이 다른 규정의 효력을 전면적으로 부인할 수 있을 정도의 개별적 헌법규정 상호간에 효력상의 차등을 의미하는 것이라고 볼 수 없으므로, 헌법의 개별규정에 대한 위헌심사는 허용될 수 없다."고 판시했다.[16]

헌법재판소는 헌법 제29조 제2항과 관련하여 "헌법 제111조 제1항 제1호 및 헌법재판소법 제41조 제1항은 위헌법률심판의 대상에 관하여, 헌법 제111조 제1항 제5호 및 헌법재판소법 제68조 제2항, 제41조 제1항은 헌법소원심판의 대상에 관하여 '법률'임을 명문으로 규정하고 있으며, 여기서 위헌심사의 대상이 되는 법률이 국회의 의결을 거친 이른바 '형식적 의미의 법률'을 의미하는 것임에 틀림없다. 따라서 형식적 의미의 법률과 동일한 효력을 갖는 조약 등은 포함되지만 헌법의 개별규정 자체는 그 대상이 아님이 명백하다."고 판시하였다.[17]

생각건대, 국민의 자유와 권리를 침해하는 이른바 헌법률 또는 개별적 헌법규정이 존재할 경우, 이를 헌법소원심사나 위헌심사의 대상으로 삼는 것은 헌법재판소법의 해석 범위를 일탈하는 것으로 보이며, 이 경우에는 헌법개정의 방법으로 해결하는 것이 적절해 보인다.

(2) 폐지된 법률 또는 개정된 법률

법률의 시적 효력 범위 문제와 관련하여 폐지된 법률이 위헌여부심판의 대상이 될 수 있느냐가 문제가 된다.

"노동관계법개정법은 제청법원이 이 사건 위헌법률 심판을 제청할 당시

15) 헌재 2007. 11. 29. 2007헌바30, 공보 134, 1335.
16) 헌재 2001. 2. 22. 2000헌바38, 판례집 13-1, 289; 헌재 2018. 5. 31. 2013헌바22등, 공보 260, 835.
17) 헌재 1996. 6. 13. 94헌바20, 판례집 8-1, 475, 482; 헌재 1995. 12. 28. 95헌바3, 판례집 7-2, 841, 846; 헌재 2001. 2. 22. 2000헌바38, 판례집 13-1, 289, 294.

에는 아직 시행되지 아니한 법률이었고 이 결정 당시에는 이미 폐지되어 효력이 상실된 법률인 것이다. 위헌법률심판은 최고규범인 헌법의 해석을 통하여 헌법에 위반되는 법률의 효력을 상실시키는 것이므로 이와같은 위헌법률심판 제도의 기능의 속성상 법률의 위헌여부 심판의 제청대상 법률은 당사자간에 구체적인 권리의무관계의 분쟁을 해결하는데 적용할 법률이어야 하고 특별한 사정이 없는 한 그 법률은 현재 시행중이거나 과거에 시행되었던 것이어야 하기 때문에 제청당시에 공포는 되었으나 시행되지 않았고 이 결정당시에는 이미 폐지되어 효력이 상실된 법률은 위헌여부심판의 대상법률에서 제외되는 것으로 해석함이 상당하다. 더욱이 노동관계법개정법은 당해사건 재판에 적용되는 법률이 아닐 뿐만 아니라 제청신청인의 영장기재 피의사실에 적힌 범행의 계기가 된 것에 불과한 것으로 동 개정법의 위헌여부는 피의사실기재 범행에 대하여 다른 내용의 재판을 하게 되는 관계에 있지도 아니함으로 재판의 전제가 되는 법률이라고 볼 수 없다고 하겠다."[18)]

법률은 원칙적으로 발효시부터 실효시까지 효력이 있고, 그 시행중에 발생한 사건에 적용되기 마련이므로 법률이 폐지된 경우라도 법원으로서는 법률에 대한 위헌여부 결정권이 없기에 위헌문제가 제기된 법률을 그대로 적용할 수밖에 없는 불합리한 결과가 생기게 된다.

우리나라 헌법재판소는 원칙적으로 개정 또는 폐지된 법률도 당해 사건에 대하여 효력이 미치는 경우에는 위헌법률심판의 대상이 될 수 있다고 한다.[19)] 그러나 예외적으로 형법 제1조 제2항[20)]의 적용을 받는 경우에는 신법이 적용되기에 구법은 대상이 되지 않는다.[21)]

폐지된 법률은 최소한 과거에 시행되었던 것이어야 하기 때문에 제청 당시에 공포는 되었으나 시행되지 않았고 헌법재판소 결정시에는 이미 폐지되

18) 헌재 1997. 9. 25. 97헌가5, 판례집 9-2, 344, 352.

19) 헌재 1989. 7. 14. 88헌가5·8, 89헌가44(병합); 헌재 1989. 12. 18. 89헌마32·33(병합); 헌재 1990. 6. 25. 89헌마107; 헌재 1994. 6. 30. 92헌가18.

20) 형법 제1조 제2항 "범죄후 법률의 변경에 의하여 그 행위가 범죄를 구성하지 아니하거나 형이 구법보다 경한 때에는 신법에 의한다."

21) 헌재 1989. 7. 14 선고 88헌가5·8, 89헌가44(병합).

어 효력이 상실된 법률은 위헌여부심판의 대상법률에서 제외되는 것으로 본다.[22]

(3) 위헌결정이 있었던 법률

헌법재판소가 이미 특정 법률조항을 헌법에 위반된다는 결정을 선고한 경우에, 그 법률조항을 다시 위헌법률심판 제청할 수 있는가의 문제이다. 이에 대해 헌법재판소는 "위헌결정선고를 받은 법률조항은 헌법재판소법 제47조 제2항에 의하여 위헌결정일로부터 효력이 상실되었고, 따라서 동일한 법률조항에 대한 심판청구는 심판의 이익이 없어 부적법하다."고 판시하여 원칙적으로 부정하고 한다.

그러나 헌법재판소가 이미 한정위헌(또는 한정합헌) 선언한 법률에 대하여는 법원은 다시 위헌법률심판 제청을 할 수 있다고 본다.[23] 왜냐하면 한정위헌결정도 위헌결정의 일종이기는 하지만 위헌선언된 법률조항의 효력이 전부 상실되는 것은 아니라 위헌선언된 당해 법률조항 가운데 위헌으로 선언되지 않은 나머지 부분은 여전히 합헌으로 남아있기 때문이다. 이 경우 이론적으로는 법원은 이미 위헌선언된 부분을 제외한 나머지 부분에 대하여만 제청하고, 이미 위헌선언된 부분에 대하여는 각하하는 것이 타당하다고 생각될 수 있다. 하지만 실제로는 하나의 법률조항을 위헌인 부분과 합헌인 부분으로 양적 분리하기가 곤란할 뿐 아니라, 한정합헌결정을 질적일부위헌으로 이해하는 헌법재판소의 입장에서 보면 분리심사는 곤란하다고 본다. 이미 한정위헌(한정합헌) 선언이 있은 법률조항에 대해 다시 위헌법률심판제청은 적법한 것이라고 본다. 헌법재판소도 이러한 경우 다시 심판하였다.[24]

---

22) 헌재 1997. 9. 25. 97헌가5, 판례집 9-2, 344, 352.

23) 합헌결정의 기속력을 인정하는 견해에 따르면 사정변경이 없는 한 한정위헌(또는 한정합헌)선언된 법률에 대하여는 다시 위헌제청을 할 수 없게 될 것이다.

24) 헌재 1990. 4. 2 선고 89헌가113 결정, 헌재 1990. 6. 25 선고 90헌가11 결정, 헌재 1992. 1. 28 선고 89헌가8 결정 이상은 구 국가보안법 제7조 제5항, 제1항의 위헌법률심사; 헌재 1994. 6. 30 선고 93헌바9 결정, 헌재 1995. 7. 21 선고 92헌바27(병합) 결정 이상은 구 상속세법 제7조 제1항의 위헌여부에 관한 헌법소원.

(4) 합헌 선언된 법률

헌법재판소의 합헌결정에 대하여도 기속력과 법규적 효력을 인정하는 견해[25)]는 "어떠한 법률에 대해 헌법재판소가 이미 합헌으로 결정하였다면 사정변경의 사유가 없는 한 법원은 헌법재판소의 합헌결정을 이유로 위헌심판 제청신청을 각하하여야 한다. …… 만약 법률의 합헌결정에 대해 기속력이나 법규적 효력을 인정하지 않는다면 법원은 당해 법률에 대해 재차 합헌판단을 하여 제청결정을 기각할 수밖에 없고 이에 대해 당사자는 헌법재판소법 제68조 제2항에 따른 헌법소원심판청구를 할 수 있게 되므로 불필요한 절차를 반복하게 되기 때문이다."라고 한다.

그러나 우리 헌법재판소법 제47조 제1항은 위헌결정의 기속력만을 규정하고 있을 뿐이고 독일의 연방헌법재판소법 제31조 제1항[26)]과 같은 기속력에 관한 규정이 없으므로, 일단 합헌결정이 된 법률에 대해서도 제청법원 이외에 다른 법원은 기판력이나 기속력 등의 제한없이 새로운 위헌심판제청을 하는 것이 가능하다.[27)] 실제로 헌법재판소는 이미 합헌 선언된 법률에 대하여 다시 합헌선언의 결정을 하였다.[28)]

(5) 긴급명령·긴급재정경제명령

형식적 의미의 법률은 아니나 법률과 같은 효력이 있는 대통령의 긴급명령·긴급재정경제명령은 위헌제청의 대상이 될 수 있다. 다만, 대통령의 긴급명령·긴급재정경제명령이 통치행위로서 사법적 심사가 가능한지는 판단해야 한다.

"'국가보위에 관한 특별조치법'은 초헌법적인 국가긴급권을 대통령에게

---

25) 남복현, "헌법재판소 결정의 효력에 관한 쟁점 및 해결방안", 헌법재판연구 제7권, 308면.
26) 독일 연방헌법재판소법 제31조 제1항 "연방헌법재판소의 재판은 연방과 주의 헌법기관 및 모든 법원과 행정기관을 기속한다".
27) 김지형, "헌법재판소결정의 기판력", 헌법논총 제3집, 315면; 이시윤, 전게논문, 77면.
28) 형법 제241조(간통죄)에 대한 헌재 1990. 9. 10. 89헌마82 (합헌)과 헌재 1993. 3. 11. 90헌가70 (합헌); 형법 제35조 제1항(누범 가중처벌)에 대한 헌재 1995. 2. 23. 93헌바43 (합헌)과 헌재 2011. 12. 29. 2011헌바284 (합헌).

부여하고 있다는 점에서 이는 헌법을 부정하고 파괴하는 반입헌주의, 반법치주의의 위헌법률이다."[29]

"유신헌법을 부정·반대·왜곡 또는 비방하거나, 유신헌법의 개정 또는 폐지를 주장·발의·제안 또는 청원하는 일체의 행위, 유언비어를 날조·유포하는 행위 등을 전면적으로 금지하고, 이를 위반하면 비상군법회의 등에서 재판하여 처벌하도록 하는 것을 주된 내용으로 한, 유신헌법 제53조에 근거하여 발령된 대통령긴급조치 제1호, 대통령긴급조치 제2호, '국가안전과 공공질서의 수호를 위한 대통령긴급조치'('긴급조치 제9호')는 최소한 법률과 동일한 효력을 가지기 때문에 긴급조치들의 위헌 여부 심사권한도 헌법재판소에 전속한다."[30]

구 국가보위에 관한 특별조치법(1971. 12. 27. 법률 제2312호로 제정되고, 1981. 12. 17. 법률 제3470호로 폐지되기 전의 것)은 "국가안보에 대한 중대한 위협이 제거 또는 소멸되었을 때에는 대통령은 지체 없이 비상사태선포를 해제하여야 한다."고 규정함으로써(제3조 제1항), 대통령의 판단에 의하여 자신이 선포한 국가비상사태가 소멸되었다고 인정될 경우에만 비상사태선포가 해제될 수 있음을 정하고 있을 뿐, 다른 민주적 사후통제 절차를 두고 있지 않다. 즉 특별조치법은 대통령이 국가비상사태를 선포하고 나서도 국회에 통고하거나 국회의 승인을 받아야 할 의무를 부과하지 않고 있으며, 다만 국회가 대통령에게 비상사태선포의 해제를 건의할 수는 있으나 이 경우에도 대통령은 특별한 사유가 있음을 이유로 이를 해제하지 아니할 수 있도록 규정하고 있을 뿐이다(제3조 제2항). 나아가 국가긴급권의 일시적·잠정적 성격을 고려할 때, 국가비상사태 해소 이후에는 바로 헌법이 예정하는 통상적인 절차로의 복귀가 요구됨에도 특별조치법에 따른 국가비상사태 선포는 약 10년에 이를 정도로 장기간 유지되었는데, 이는 특별조치법상 대통령의 국가비상사태 선포에 구속력 있는 사후통제 장치가 전무함으로 인하여 국가긴급권에 내재하는 시간적 한계마저 유명무실해진 상황을 방증한다. 그러므로 국가비상사태 선포의 해제를 규정한 특별조치법 제3조는 헌법이 정하고 있는 국회에 의한 사후통제 절

29) 헌재 1994. 6. 30. 92헌가18, 판례집 6-1, 557.
30) 헌재 2013. 3. 21. 2010헌바132등, 판례집 25-1, 180, 181.

차 및 국가긴급권에 내재하는 시간적 한계에 위반된다.[31]

(6) 조약

헌법재판소는 형식적 의미의 법률과 동일한 효력을 갖는 '조약'은 위헌법률심판의 대상에 포함된다고 하였다.

① 국제통화기금조약의 조항{국제통화기금협정 제9조(지위, 면제 및 특권) 제3항(사법절차의 면제) 및 제8항(직원 및 피용자의 면제와 특권), 전문기구의특권과면제에관한협약 제4절, 제19절(a)}은 각 국회의 동의를 얻어 체결된 것으로서, 헌법 제6조 제1항에 따라 국내법적, 법률적 효력을 가지는 바, 가입국의 재판권 면제에 관한 것이므로 성질상 국내에 바로 적용될 수 있는 법규범으로서 위헌법률심판의 대상이 된다.[32]

② '대한민국과 아메리카합중국간의 상호방위조약 제4조에 의한 시설과 구역 및 대한민국에서의 합중국군대의 지위에 관한 협정'(1967. 2. 9. 조약 제232호)은 그 명칭이 "협정"으로 되어 있어 국회의 관여없이 체결되는 행정협정처럼 보이기도 하나, 우리나라의 입장에서 볼 때에는 외국군대의 지위에 관한 것이고, 국가에게 재정적 부담을 지우는 내용과 근로자의 지위, 미군에 대한 형사재판권, 민사청구권 등 입법사항을 포함하고 있으므로 국회의 동의를 요하는 조약으로 취급되어야 한다고 보고 위헌제청의 대상으로 인정하였다.[33]

③ 1947. 8. 15.부터 협정 서명일까지 타방체약국에 거주한 일이 있는 사람의 재산 등에 영향을 미치지 않도록 한 '대한민국과 일본국 간의 재산 및 청구권에 관한 문제의 해결과 경제협력에 관한 협정'(1965. 12. 18. 조약 제172호, 이하 '한일청구권협정'이라 한다) 제2조 제2항 (a)호가 '대일항쟁기 강제동원 피해조사 및 국외강제동원 희생자 등 지원에 관한 특별법'(2010. 3. 22. 법률 제10143호로 제정된 것, 이하 '국외강제동원자지원법'이라 한다)에 따른 위로금 지급 신청에 대한 기각 처분의 취소를 구하는 당해사건은 국외강제동원자지원법상 위

31) 헌재 2015. 3. 26. 2014헌가5, 판례집 27-1상, 226, 231.
32) 헌재 2001. 9. 27. 2000헌바20, 판례집 13-2, 322.
33) 헌재 1999. 4. 29. 97헌가14, 판례집 11-1, 273, 282.

로금 지급 신청에 대한 기각처분의 취소를 구하는 것인데, 한일청구권협정 제2조 제2항 (a)호는 당해 사건에서 다투어지는 처분의 근거조항이 아니어서 당해 사건에 적용되는 법률조항이라고 보기 어려우므로 재판의 전제성이 인정되지 아니한다.[34]

(7) 입법부작위의 경우

광의의 입법부작위[35] 가운데 입법자가 헌법의 명문상 또는 헌법 해석상 입법의무가 있는 어떤 사항에 관하여 전혀 입법을 하지 아니한 이른바 '진정입법부작위'의 경우에는 구체적 사건에 적용할 법률 자체가 존재하지 않으므로 입법부작위를 대상으로 하는 헌법소원의 제기가 문제될 뿐 위헌법률심판의 문제는 생기지 아니한다. 그러나 입법자가 어떤 입법사항에 관하여 입법은 하였으나 그 법률의 내용·범위 등이 특정한 경우에 대해서만 적용됨으로써 결국 당해 사항을 불완전·불충분 또는 불공정하게 규정한 이른바 '부진정입법부작위'의 경우에는 그 해석상 규율되지 아니한 내용이나 범위에서는 당해 법률조항이 적용되지 않는다는 내용의 입법을 한 것으로 보아야 할 것이므로 그 규정은 위헌법률심판의 대상이 된다.

위헌법률심판제도는 국회가 제정한 법률이 헌법에 위반되는지 여부를 심사하는 것이므로, 진정입법부작위는 위헌제청의 대상이 될 수 없다.[36] "이른바 입법부작위로 인한 위헌청구를 위헌의 이유로 덧붙이고 있다. 그러나 헌법재판소법 제41조에 의한 법원의 위헌제청에 의한 위헌법률심판이나 헌법재판소법 제68조 제2항에 따른 헌법소원은 법률이나 법률조항이 헌법에 위반되는지 여부를 적극적으로 다투는 제도이므로 법률의 부존재, 즉 입법부작위를 그 심판의 대상으로 하는 것은 그 자체로서 허용될 수 없다.[37] 따라서 제청법원

34) 헌재 2015. 12. 23. 2011헌바55, 판례집 27-2하, 447.
35) 진정입법부작위와 부진정입법부작위의 개념에 관하여는 헌재 1996. 10. 31 선고 94헌마108 결정 등.
36) 제청법원은 토지수용의 경우에 가압류가 소멸함에도 그에 대한 보상 방법과 절차를 전혀 규정하지 않아 가압류 채권자의 재산권을 침해하고 있다는 이른바 입법부작위를 위헌의 이유로 덧붙이고 있으나, 헌법재판소법 제41조에 의한 법원의 위헌제청은 법률이나 법률조항이 헌법에 위반되는지 여부를 적극적으로 다투는 제도이므로 법률의 부존재, 즉 입법부작위를 그 심판의 대상으로 하는 것은 그 자체로서 허용될 수 없다(헌재 2007. 12. 27. 2005헌가9, 판례집 19-2, 676, 677).
37) 헌재 2000. 1. 27. 98헌바12, 공보 42 136, 140; 헌재 2004. 9. 7. 2004헌바63.

이 제기한 위 입법부작위는 위헌법률심판의 대상으로 삼을 수 없으므로 이 부분 제청 역시 부적법하다."[38]

다만, 법률이 불완전·불충분하게 제정된 이른바 '부진정입법부작위'는 입법부작위로 다툴 것이 아니라 불완전한 법률조항 자체를 대상으로 위헌제청할 수 있다.[39] "소위 부진정입법부작위의 경우에 해당하고, 이러한 경우 그 법률조항에 대하여 위헌 또는 헌법불합치결정이 선고되고 그 결정의 취지에 따라 당해 법률조항이 개정된다면 당해사건의 결과에 영향을 미칠 가능성도 인정된다.[40] 만약 이 사건 법률조항들이 개정되어 피고인의 청구에 의하여 또는 법원의 직권에 의하여 당해 형사재판 중에 치료감호가 선고될 수 있다면, 하나의 재판절차에서 형사유무죄에 대한 판단과 치료감호 인용 여부에 대한 판단이 함께 이루어질 것이고, 이는 당해사건 재판의 주문이 달라지거나 적어도 그 내용과 효력에 관한 법률적 의미가 달라지는 것으로 볼 수 있을 것이다. 따라서 이 사건 법률조항들은 당해사건과 관련하여 재판의 전제성이 인정된다."[41]

(8) 관습법

헌법재판소는 "관습법은 사회의 거듭된 관행으로 생성된 사회생활규범이 사회의 법적 확신과 인식에 따라 법적 규범으로 승인되고 강행되기에 이르러 법원(法源)으로 기능하게 된 것이다. 법원(法院)은 여러 차례 심판대상인 분재청구권에 관한 관습이 우리 사회에서 관습법으로 성립하여 존재하고 있음을 확인하고 상속 등에 관한 재판규범으로 적용하여 왔다.[42] 그런데 이 사건 관습법은 민법 시행 이전에 상속 등을 규율하는 법률이 없는 상황에서 절가된 가(家)의 재산분배에 관하여 적용된 규범으로서, 비록 <u>형식적 의미의 법률은 아니지만 실질적으로는 법률과 같은 효력을 갖는다</u>."고 판시하고 있다.[43]

---

38) 헌재 2007. 12. 27. 2005헌가9, 판례집 19-2, 676, 684.
39) 헌재 2024. 7. 18. 2022헌가6, 공보 334, 1217, 1219.
40) 헌재 2003. 12. 18. 2002헌바14; 헌재 2011. 6. 30. 2009헌바430.
41) 헌재 2021. 1. 28. 2019헌가24등, 판례집 33-1, 1, 7.
42) 대법원 1979. 2. 27. 선고 78다1979, 1980 판결; 대법원 1990. 8. 14. 선고 89다카25394 판결; 대법원 2012. 3. 15. 선고 2010다53952 판결 등.
43) 헌재 2016. 4. 28. 2013헌바396등, 판례집 28-1상, 603.

(9) 명령·규칙·조례

명령·규칙은 헌법재판소에 위헌법률심판의 대상이 아니다. 명령·규칙 또는 처분이 헌법이나 법률에 위반되는 여부가 재판의 전제가 된 경우에는 대법원은 이를 최종적으로 심사할 권한을 가진다(헌법 제107조 제2항).

조례는 위헌법률심판의 대상이 되지 않는다. 조례의 위헌 여부는 법원이 스스로 판단할 수 있다. 지방자치단체의 조례가 헌법재판소법 제68조 제2항에 의한 헌법소원의 대상이 될 수 있는지 여부와 관련하여, 헌법재판소는 "헌법재판소법 제68조 제2항에 의한 헌법소원의 대상은 당해 사건의 재판의 전제가 되는 '법률'인 것이므로 지방자치단체의 조례는 그 대상이 될 수 없다."고 판단하였다.[44]

6. 재판의 전제성

(1) 구체적 규범통제절차로서의 특징

우리나라 헌법 제107조에서는 "법률이 헌법에 위반되는 여부가 재판의 전제가 된 경우에는 법원은 헌법재판소에 제청하여 그 심판에 의하여 재판한다."(제1항)고 규정하고 있고, "명령·규칙 또는 처분이 헌법이나 법률에 위반되는 여부가 재판의 전제가 된 경우에는 대법원은 이를 최종적으로 심사할 권한을 가진다."(제2항)고 규정하고 있다. 여기서 법률이든 명령이든 최종적 심사권을 가지는 규범통제기관의 차이는 있으나, 양자 모두 '재판의 전제'를 필요로 한다는 공통점이 있다. 재판의 전제성은 이른바 추상적 규범통제제도를 운영하는 국가에서는 존재하지 않는 문제이며, 구체적 규범통제제도를 둔 국가 중에서도 위헌법률심판 제청기관과 심판기관이 이원화되어 있는 국가에서 특별히 나타나는 문제이다.

우리나라 헌법은 제107조 제1항과 헌법 제111조 제1항 제1호, 헌법재판소법 제41조 제1항에 따른 위헌법률심판과 헌법 제107조 제2항과 헌법 제111조

---

44) 헌재 1998. 10. 15. 96헌바77, 판례집 10-2, 573.

제1항 제5호, 헌법재판소법 제68조 제2항[45]에 따른 헌법소원심판이 행해지기 위해서는 '재판의 전제성'이 필요하다. 위헌법률심판제청이 적법하기 위해서는 문제된 법률의 위헌여부가 재판의 전제가 되어야 하는 재판의 전제성을 갖추어야 한다. 즉, 법원이 구체적인 사건을 재판할 때 위헌여부가 문제된 법률이 재판의 전제가 된 경우에만 제청이 허용된다는 의미이다.

(2) 재판의 전제성의 개념

헌법 제107조 제1항은 법률이 헌법에 위반되는 여부가 '재판의 전제'가 된 경우에 법원은 헌법재판소에 제청하도록 규정하고 있다.

1) '재판'의 의미

위헌법률심판에서 구체적 소송사건에서 법률의 위헌 여부가 문제되는 경우, 헌법재판소에 심판을 청구하기 위해서는 재판의 전제가 되어야 한다. 재판의 전제성에서 말하는 '재판'이란 인적·물적으로 독립된 법원이 헌법과 법률이 정한 절차에 따라 구체적 분쟁이나 위법 여부를 법규범을 기준으로 유권적으로 판단하는 작용을 말한다.[46] 다시 말하면, '재판'이란 해당 법적 심급에서 소송사건을 종결하거나 소송사건을 위해 독자적인 의미를 지니는 법원의 판단작용이라 정의할 수 있다.[47]

재판의 전제성에서 의미하는 '재판'(裁判)이란 원칙적으로 그 형식 여하와 본안에 관한 재판이거나 소송절차에 관한 것이거나를 불문하고, '판결'과 '결정' 그리고 '명령'이 여기에 포함된다. 여기서 재판은 심급을 종국적으로 종결시키는 '종국재판'뿐만 아니라 '중간재판'도 이에 포함된다.[48]

---

45) 헌법재판소법 제68조 제2항에 의한 헌법소원에 대해서는 헌법소원대상에서 재판을 제외한 제68조 제1항의 예외인 헌법소원이라는 견해와 그 형식은 헌법소원이지만 실질은 위헌법률심판이라는 견해가 나뉘고 있으나, 헌법재판소(헌재 1997. 11. 27 선고 96헌바60)는 후자의 입장을 취하고 있다("헌법재판소법 제68조 제2항에 규정된 헌법소원심판은 그 본질이 위헌법률심판과 다를 바 없다").

46) 헌법재판소, 헌법재판실무제요, 제2개정판, 2015, 133면.

47) 이부하, "헌법 제107조 1항에 있어서 재판의 전제성의 존재요건", 공법연구 제33집 제1호, 2004. 11, 431면.

48) 헌재 1994. 2. 24. 91헌가3, 판례집 6-1, 21, 30; 헌재 2011. 12. 29. 2010헌바459, 판례집 23-2하, 708, 711.

법원의 절차 전부 또는 소송상 독자적인 절차 일부에서 최종적이거나 잠정적으로 종결짓는 법원의 행위는 재판에 해당할 수 있다.[49] 여기에서 중요한 것은 법원이 행하는 재판의 형식이 아니라, '법관의 판단작용'이 내려져야 한다는 사실이다.[50] 법원이 그 어떤 재판을 해야 하고, 이 때 그 재판이 법률의 유·무효 여부에 의해 좌우되는 것으로 족하다. 여기에서의 '재판'은 모든 판결과 결정 및 명령을 의미하며 또한 특별한 규정에 따라 판결에 갈음하는 것도 이때의 재판에 포함될 수 있다.

여기서 말하는 '재판'은 재판의 형식이나 절차의 유형에 좌우되는 것은 아니다.[51] 즉, ① 판결, 결정 또는 명령, ② 심리 및 판결절차 또는 집행절차, ③ 소송절차 또는 비송절차, ④ 본안전절차 또는 본안절차,[52] ⑤ 종국판결 또는 중간판결,[53] 일부판결이나 전부판결 또는 잔부판결,[54] 소송판결 또는 본안판결 등 그 형식을 불문한다. 결국 법원에 의해 행해지는 어떠한 조치도 전적으로 재판의 개념으로부터 배제될 수 없다.[55]

그러므로 이의신청에 대한 재판, 압류명령·보정명령,[56] 형의 집행명령,

---

49) Maunz/Dürig/Herzog/Scholz, GG Kommentar, Art.100, Rn. 32.

50) 이에 관해 헌법재판소(헌재 1993. 12. 23 선고 93헌가2)는 "법원의 보석허가결정에 대한 검사의 항고에 대하여 원심법원이 이유없다고 인정할 경우에 의견서를 첨부하여 항고법원에 송부하도록 한 형소법 제408조 2항에 의하여 원심법원이 항고의 전부 또는 일부가 이유없다고 인정한 것도 법관의 판단작용을 거친다는 뜻에서 실질에 있어 재판이라고 할 것이고 그 의견서는 실질에 있어 그 이유의 기재"라고 본다.

51) 우리 헌법재판소는 민사소송법 제368조의 2의 위헌법률심판사건(헌재 1994. 2. 24. 선고 91헌가3)에서 "헌법재판소법 제41조 제1항에서 말하는 재판이라 함은 원칙적으로 그 형식 여하와 본안에 관한 재판이거나 소송절차에 관한 것이거나를 불문하며, 판결과 결정 그리고 명령이 여기에 포함된다"라고 판시한다.

52) 박승호, "위헌법률심판에서의 재판의 전제성", 안암법학, 제3집, 1995, 123면.

53) 헌재 1996. 12. 26 선고 94헌바1 결정; 헌재 1994. 2. 24 선고 91헌가3 결정에서는 "재판이라 함은 판결·결정·명령 등 형식여하와 본안에 관한 재판이거나 소송절차에 관한 재판이거나를 불문하며, 심급을 종국적으로 종결시키는 종국재판뿐만 아니라 중간재판도 포함되므로, 법원이 행하는 증거채부결정도 법원의 의사결정으로서 재판에 해당된다고 할 것이다"라고 판시하였다.

54) 잔부판결(Schlußurteil)이란 일부판결을 한 후 나머지 부분에 대하여 심리를 행하고 내리는 판결로서 결말판결이라고도 한다(정동윤, 민사소송법, 법문사, 1993, 571면).

55) Maunz/Schmidt–Bleibtreu/Klein/Ulsamer, Bundesverfassungsgerichtsgesetz, 1992, Art. 80, S. 159 f.

56) 헌재 1994. 2. 24. 선고 91헌가3 결정에서 "민사소송법 제368조의 2에 의하여 제청법원 또는 그 재판장이 하고자 하는 '인지첩부를 명하는 보정명령'은 당해 소송사건의 본안에 관한 판결주문에 직접 관련된 것이 아니라고 하여도 헌법 제107조 제1항과 헌법재판소법 제41조 제1항에 규정된 재판에 해당한다"라고 하고 있다. 유사판례로는 헌재 1994. 2. 24 선고 93헌바10 결정; 헌재 1996. 8. 29 선고 93헌바63 등(병합) 결정; 헌재 1996. 10. 4 선고 95헌가1 등(병합) 결정; 헌재 1997. 6. 26

법관기피재판, 등기부에의 등재, 구속적부심사, 구속·압수·수색영장 발부,[57] 증거채부결정[58] 등도 여기서 의미하는 재판에 해당한다.

2) 재판의 '전제성'의 의미

재판의 "전제가 된다."는 것은 법원이 구체적 소송사건의 재판을 하기 위해서는 당해 법률의 위헌여부가 먼저 결정되지 않으면 안되는 선결문제(Vorfrage)가 되는 것을 의미한다. 이렇게 원고와 피고 간의 구체적 사건이 이미 존재하고 있을 때에 하는 위헌법률심판을 '구체적 규범통제'[59]라고 한다. 이러한 재판의 전제성은 헌법재판소의 위헌법률심판 절차의 적법요건이다. 따라서 법률의 위헌여부심판 '제청시'부터 '심판시'까지 존속함이 원칙이다.[60]

재판의 전제성은 당해 소송을 담당하는 법원에 계속 중인 사건에서 당해 소송사건의 재판에 적용되는 법률의 위헌 여부가 당해 소송사건 재판의 '선결문제'가 된다는 의미이다.[61]

(3) 재판의 전제성의 요건

헌법재판소는 재판의 전제성에 관하여 여러 결정에서 그 의미를 구체적으로 밝히고 있다. 즉, "재판의 전제성이라 함은 원칙적으로 ① 구체적인 소송사건이 **법원에 계속 중**이거나 **계속되어 있어야**[62] 하고, ② 위헌여부심판에 **제청된 법률이 당해 소송사건의 재판과 관련하여 적용되는 것**이어야 하며, ③ 그 제청

선고 97헌바4 결정.

57) 헌재 1993. 3. 11. 선고 90헌가70 결정에서는 "헌법재판소법 제41조 제1항의 '재판'에는 종국판결 뿐만 아니라 형사소송법 제201조에 의한 지방법원 판사의 영장발부여부에 관한 재판도 포함된다"라고 하고 있다. 헌재 1996. 2. 16 선고 96헌가2 등(병합); 헌재 1997. 6. 26 선고 97헌바4 결정.

58) 헌재 1996. 12. 26 선고 94헌바1 결정에서는 "형소법 제295조에 의하여 법원이 행하는 증거채부결정도 당해소송사건을 종국적으로 종결시키는 재판은 아니라고 하더라도, 그 자체가 법원의 의사결정으로서 재판에 해당된다고 할 것이다"라고 판시하였다.

59) 우리 헌법재판소는 국세기본법 제35조 제1항 제3호 규정의 위헌법률심판사건(헌재 1990. 9. 3 선고 89헌가95)에서 우리나라가 구체적 규범통제를 취하고 있음을 밝히고 있다. 헌재는 이 결정에서 국세기본법 제35조 제1항 제3호와 마찬가지로 국세의 우선징수권을 규정한 다른 규정(국세기본법 제35조 제2항과 제42조 제1항, 지방세법 제31조 제1항 단서 및 제2항 제3호 등)과의 불합리한 차별이 생기는 것은 헌법 제111조 제1항 제1호와 헌법재판소법 제41조 제1항, 제45조 본문이 법률의 위헌여부심판에 있어서 구체적 규범통제절차를 채택하고 있는데서 비롯되는 부득이한 현상이라고 한다.

60) 헌재 1993. 12. 23 선고 93헌가2; 헌재 1993. 5. 13 선고 92헌가10.

61) BVerfGE 7, 171 (173); 79, 240 (243); 90, 145 (166); 97, 49 (60); 104, 74 (82); 106, 275 (296).

62) 헌재 1994. 4. 28. 선고 91헌바15 결정; 헌재 1993. 5. 13. 선고 92헌가10 결정.

된 **법률이 헌법에 위반되는 여부에 따라** 당해 소송사건을 담당하는 **법원이 다른 내용의 재판**을 하게 되는 경우를 말한다.[63]

여기서 **다른 내용의 재판**을 하게 되는 경우라 함은 ㉠ 원칙적으로 법원이 심리중인 당해 사건의 재판의 결론이나 주문에 어떠한 영향을 주는 경우뿐만 아니라, ㉡ 제청된 법률의 위헌여부가 비록 주문 자체에는 영향을 주지 않는다고 하더라도 재판의 결론을 이끌어 내는 이유를 달리하는데 관계되어 있거나[64] ㉢ 재판의 내용과 효력에 관한 법률적 의미가 달라지는 경우를 포함한다.[65]

예외적으로 제청된 또는 청구된 법률조항이 재판을 담당하는 법원의 사건 재판에 직접 적용되지 않더라도 그 법률조항의 위헌 여부에 따라 당해 소송사건의 재판에 직접 적용되는 법률조항의 위헌 여부가 결정되거나 당해 재판의 결과를 좌우하는 경우 등 양 법규범 간에 내적 관련이 있는 경우에는 간접적으로 적용되는 법률규정에 대해서도 재판의 전제성을 인정하고 있다.[66]

1) 구체적 소송사건이 법원에 계속되어 있었거나 계속 중이어야 함

가) 원 칙

우리나라 헌법은 구체적 규범통제를 취하고 있기 때문에 재판의 대상이 되는 구체적 사건이 법원에 계속 중임을 요구하고 있다. 이러한 "구체적 사건이 법원에 계속 중이어야 한다."는 의미는 위헌법률심판사건(헌재법 제41조 제1항)에서는 법원의 위헌법률 제청시는 물론 헌법재판소의 심판시까지 구체적

63) 헌재 2021. 2. 25. 2013헌가13등, 공보 293, 361, 363; 헌재 2021. 5. 27. 2019헌바332, 판례집 33-1, 555, 560.

64) 이에 반하여 대법원은 최근 판례에서 "판결주문이 달라질 경우에만 재판의 전제성이 있다"고 하여 재판의 전제성을 좁게 해석하고 있다(대판 1997. 2. 11, 96부7).

65) 헌재 1989. 7. 14 선고 88헌가5·8, 89헌가44(병합); 헌재 1989. 12. 18 선고 89헌마32, 33; 헌재 1992. 12. 24 선고 92헌가8; 헌재 1993. 5. 13 선고 92헌가10, 91헌바7, 92헌바50(병합); 헌재 1993. 7. 29 선고 90헌바35; 헌재 1993. 7. 29 선고 92헌바34; 헌재 1993. 7. 29 선고 92헌바48; 헌재 1993. 11. 25 선고 90헌바47 내지 58(병합); 헌재 1993. 11. 25 선고 92헌바39; 헌재 1993. 12. 23 선고 93헌가2; 헌재 1994. 6. 30 선고 92헌가18; 헌재 1994. 12. 29 선고 92헌바22; 헌재 1995. 2. 23 선고 93헌바43; 헌재 1995. 11. 30 선고 94헌가2; 헌재 1996. 10. 4 선고 96헌가6; 헌재 1996. 11. 28 선고 96헌가13; 헌재 1996. 12. 26 선고 94헌바1; 헌재 1997. 9. 25 선고 97헌가4; 헌재 1997. 10. 30 선고 95헌바7; 헌재 1997. 11. 27 선고 96헌바60 등; 헌재 2002. 11. 28. 2001헌가28, 판례집 14-2, 584, 590; 헌재 2007. 7. 26. 2006헌가4, 판례집 19-2, 1, 7; 헌재 2016. 3. 31. 2015헌가8, 공보 234, 540, 541.

66) 헌재 2021. 5. 27. 2019헌바332, 판례집 33-1, 555, 560.

사건이 법원에 계속중이어야 한다는 의미이다.[67)]

구체적인 소송사건이 법원에 계속 중인 경우라야 재판의 전제성이 충족될 수 있다. 위헌법률심판제청이 적법하기 위해서는 구체적인 사건 즉, 당해 사건이 법원에 계속되어 있었거나 계속 중이어서 적용할 법률이 헌법에 위반되는지 여부가 재판의 전제로 되어야 한다.[68)] 그런데 당해 사건은 이미 소 취하로 종결되어 소가 처음부터 법원에 계속되지 아니한 것으로 되었으므로, 이 사건 법률조항이 헌법에 위반되는지 여부는 당해 사건 재판의 전제가 되지 못한다.[69)]

나) 예 외

(ㄱ) 재판계속 전의 경우

재판이 계속되기도 전에 위헌법률심사 제청이나 제청신청을 하는 경우는 일반적으로 상정하기 어렵고, 만일 위헌법률심판 제청이나 제청신청이 있더라도 이는 부적법 각하해야 한다.

그러나 특히 법원이 직권에 의하여 절차가 개시되고 그 직후 절차가 종료되는 중간적 재판의 경우에는 법원이 직권으로 위헌법률심판 제청을 하지 않는 이상, 당사자로서는 재판절차의 개시시점을 사전에 알기 어려워 적기에 위헌법률심판 제청신청을 하는 것이 사실상 불가능하거나 권리구제의 실효성이 떨어진다는 문제가 있다. 이러한 문제로 인하여 절차의 개시 전에 위헌법률심판 제청신청을 하는 경우가 있을 수 있다. 예를 들어 법원의 직권에 의한 영장발부재판과 같은 경우, 그 개시시점을 법원 외부에서는 알 수가 없음에 반하여 일단 영장이 발부되면 사실상 이를 다투기가 어렵기 때문에 영장발부 여부의 재판이 시작되기 전에 미리 청구할 필요가 있다.[70)]

---

67) 헌재 1993. 12. 23 선고 93헌가2; 헌재 1993. 5. 13 선고 92헌가10. 이에 대해 위헌형 헌법소원사건(헌법재판소법 제68조 제2항)에서는 위헌제청신청시에 구체적 사건이 법원에 계속중이어야 한다는 의미라고 보는 견해가 있다(김주현, "재판의 전제성에 관한 고찰", 헌법논총 제8집, 111면).

68) 헌재 2004. 10. 28. 2004헌가2; 헌재 2012. 7. 26. 2011헌가40.

69) 헌재 2012. 11. 29. 2012헌가14, 1, 3; 헌재 2014. 6. 26. 2013헌가16, 1, 3; 헌재 2016. 7. 28. 2015헌가34, 1, 4; 헌재 2022. 11. 24. 2021헌가12, 1, 4.

70) 구속영장의 발부에 대한 구제절차로서는 구속적부심청구(형소법 제214조의 2), 보석청구(형소법 제94조), 영장발부재판에 대한 항고(형소법 제403조), 준항고(형소법 제416조)를 들 수 있는데, 재판

일반적으로 헌법재판소의 심판에 소요되는 기간을 고려하여 보면 대부분의 직권재판의 경우 헌법재판소의 심리중에 재판 계속 여부가 확정될 것이므로, 헌법재판소의 심리중 실제로 재판이 계속된 경우에는 하자의 치유문제로 해결하면 되고, 재판 계속이 없는 것으로 확정된 경우에는 이를 부적법한 것으로 각하하면 될 것이다. 다만, 예외적으로 직권재판절차의 준비행위로부터 실제 직권재판에까지 장기간이 걸리는 경우(예를 들면 형사재판에 있어 피고인에 대한 공시송달에 의하여 절차를 진행하기로 하는 결정의 경우)에는 논의의 실익이 있다. 직권에 의한 재판계속 전에 위헌법률심판을 제청할 수 있도록 하는 것이 제청신청을 하는 청구인의 기본권 보장의 입장에서 적절하고, 이 경우에도 헌법재판소의 결정 당시의 사실관계에 비추어 앞으로 직권에 의한 영장발부 여부의 재판이 현실적으로 계속될 것이 충분히 예상되는 경우에는 그 적법성을 인정하는 것이 타당하다고 본다.[71)]

(ㄴ) 재판계속 종료 후의 경우

위헌법률심판 사건(헌법재판소법 제42조 제1항)은 헌법재판소의 위헌여부의 결정이 있을 때까지 당해 소송사건의 재판은 원칙적으로 정지되고 종국재판은 할 수 없도록 규정하고 있으므로, 헌법재판소의 결정이 있기 전까지는 소송계속이 종료되는 경우는 없어야 된다. 그러나 예외적으로 소송절차가 정지되지 않는 경우[72)]도 있을 수 있고, 공소 취소나 소 취하에 의하여 소송계속이 종료되는 경우도 있다.[73)]

계속중 구속된 경우 구속적부심사청구는 할 수 없고, 법원의 직권에 의한 구속의 경우 보석청구나 항고, 준항고가 받아들여질 가능성은 사실상 없으며, 항고·준항고에 재판의 집행을 정지하는 효력도 없기 때문에 일단 구속이 된 피고인이 구제절차를 밟고 그 재판 진행중 위헌심판제청신청을 한다고 하더라도 헌법재판소의 결정이 있기까지는 기간동안 장기간 구속되어 있을 수밖에 없으므로 미리 헌법심판을 구하지 않는 한 권리구제의 목적을 이를 수 없다(김주현, 전게논문, 113면 각주13 참조).

71) 헌재 1998. 7. 16. 97헌바22, 판례집 10-2, 218, 228.

72) 헌재 1993. 12. 23 선고 93헌가2 결정의 경우 법원으로서는 헌법재판소의 결정이 있을 때까지 '검사의 즉시항고에 대한 원심법원의 의견표시'(재판)를 정지하여야 할 것임에도 의견서를 작성하여 항고법원으로 기록을 송부하였기 때문에 헌법재판소의 결정전에 재판이 종료되는 사태가 발생했다.

73) 헌재 2012. 11. 29. 2012헌가14, 1, 2; 헌재 2014. 6. 26. 2013헌가16, 1, 2; 헌재 2022. 11. 24. 2021헌가12, 1, 2.

2) 법률의 '위헌 여부'가 문제될 것

가) 법률의 형식적 하자의 경우

법률의 위헌으로 인한 적용거부가 문제되는 경우, 위헌인 사유가 법률의 내용 등 실체법적 측면에 있든, 법률 제정·공포의 절차 등 형식적인 측면에 있든 모두 위헌법률심판의 대상이 된다.

나) 위헌성의 정도

우리나라 제5공화국 헌법 제108조 제1항은 "법률이 헌법에 위반되는 여부가 재판의 전제가 된 경우에 법원은 법률이 헌법에 위반되는 것으로 인정할 때에는 헌법위원회에 제청하여 그 결정에 의하여 재판한다"고 규정하여 법원이 법률의 위헌을 인정할 때에만 제청하였기에 법원의 위헌여부 판단권을 인정하였다.

그러나 현행 헌법 제107조 제1항은 "법률이 헌법에 위반되는 여부가 재판의 전제가 된 경우에는 법원은 헌법재판소에 제청하여 그 심판에 의하여 재판한다."고 규정하여 제5공화국 헌법에서 "법률이 헌법에 위반되는 것으로 인정할 때"라는 규정을 삭제하여, 법원에게 위헌여부 판단권이 있는지 여부 및 위헌성의 정도가 어디까지 이르러야 제청이 적법한지에 대해 견해가 대립한다.

이에 관해 ① 법원은 당사자의 위헌제청신청의 방식이 부적법한 경우 등을 제외하고는 제청하여야 한다는 견해,[74] ② 위헌이라는 의심만 있으면 제청하여야 한다는 견해,[75] ③ 위헌성이 명백하고도 현저하여 위헌의 확신이 있는 경우에만 제청하여야 한다는 견해[76] 등이 있다.

---

74) 이시윤, 전게논문, 74면; 권영성, "헌법재판의 현황과 과제", 인권과 정의, 1992. 2, 20면 이하.

75) 박승호, 전게논문, 121면; 정종섭, "위헌법률심판에 있어서 헌법재판소와 일반법원의 헌법해석", 헌법논총 제1집, 347~348면.; 오스트리아에서는 제청권이 있는 법원의 의심(Bedenken)으로 족하고, 특히 이탈리아에서는 제청신청한 법률에 대한 위헌성의 의문이 명백히 이유없는 것이 아니라는 정도면 족하다. 이탈리아의 경우에는 추상적 규범통제제도를 인정하고 있지 않은 입법론상의 문제를 구체적 규범통제제도를 통해 보완하기 위한 의도에서 위와 같이 해석한다고 한다(이시윤, 전게논문, 76면).

76) 독일 연방헌법재판소가 취하는 견해이다. 즉, 독일 연방헌법재판소의 판례는 어떠한 법률의 합헌성에 대한 법원의 의심이나 단순한 의문은 추상적 규범통제절차에서와는 달리 충분하지 않고, 이에서 나아가 위헌임을 확신하여야 한다고 한다(BVerfGE 1. 184; 2. 406; 3, 357; 4, 214; 7, 29; 16, 82; 16, 188). 따라서 독일에서는 제청법원은 위헌확신의 구체적 이유 및 그 논리적 전개를 논증해야 한다. 독일의 경우 확신설을 취하는 이유는 재판에 대한 헌법소원이 허용되는 것과 관련하여 이해할

헌법재판소는 합헌판단권에 관하여 "법원은 재판과정에서 어떤 법률의 위헌여부가 문제된 때에는 그 법률이 재판의 전제가 되는지 여부에 대한 판단은 할 수 있어도 스스로 합헌판단을 하여 위헌제청신청을 기각할 수는 없다."고 판시하였다.[77] 위헌성의 정도에 관하여는 "헌법 제107조 제1항과 헌법재판소법 제41조(위헌여부심판의 제청), 제43조(제청서의 기재사항) 등의 각 규정의 취지는 법원은 문제되는 법률조항이 담당법관 스스로의 법적 견해에 의하여 단순한 의심을 넘어선 합리적인 의심이 있으면 위헌여부심판을 제청하라는 취지이다."라고 하여 '합리적 의심설'을 취하고 있다.[78] 따라서 법원이나 청구인이 당해 법률조항이 위헌으로 의심되는 이유를 합리적으로 설시할 수 없다면 그 제청이나 청구는 부적합한 것으로 될 것이다.[79]

3) 위헌 여부가 문제되는 법률(조항)이 당해 소송사건의 재판에 적용되는 것이어야 함

위헌법률심판의 대상은 재판의 전제가 되는 '법률'이지, '대통령령'은 해당하지 않는다.[80] 위헌법률심판의 대상이 되는 '법률'은 형식적 의미의 법률과 이러한 법률과 동일한 효력을 갖는 법규범들이 포함된다.[81] 일정한 법규범이 위헌법률심판의 대상이 되는 '법률'인지 여부는 그 형식이나 명칭을 기준으로 하는 것이 아니라 그 법규범의 효력을 기준으로 한다.

재판의 전제성이 인정되기 위해서는 위헌성이 문제되는 법률이나 법률조항이 당해 소송사건의 재판에 적용되는지가 중요하다.

① "청구인들은 이 사건 헌법소원심판을 청구한 후 당해 사건의 항소심에서 소를 취하하여 당해 사건이 종결되었으므로, 이 사건 법률조항은 당해 사

필요가 있다(정종섭, 전게논문, 339면 이하).

77) 헌재 1993. 7. 29. 90헌바35 "헌법재판소법 제41조 제1항은 …합헌판단권의 인정여부와는 직접 관계가 없는 조항이며, 헌법재판소법 제68조 제2항 …역시 법원의 합헌판단권을 인정하는 근거가 된다고 볼 수 없다"고 판시하였다.

78) 헌재 1993. 12. 23. 93헌가2.

79) "심판대상조항의 합헌성에 대하여 합리적 의심이 가능하였다고 볼 수도 없으므로"(헌재 2014. 4. 24. 2011헌바56, 판례집 26-1상, 672, 679).

80) 헌재 2007. 4. 26. 2005헌바51, 판례집 19-1, 444, 452-453.

81) 손인혁, "형벌조항에 대한 위헌결정의 소급효 제한 - 헌재 2016. 4. 28. 2015헌바216 결정 -", 법조 제66권 제1호, 2017. 1, 467면.

건에 적용될 여지가 없게 되었고, 따라서 청구인들의 이 사건 심판청구는 재판의 전제성을 갖추지 못한 것이어서 부적법하다."[82]고 판시하고 있다. 즉, 당해 사건의 항소심에서 소 취하로 사건이 종결되면 그 법률조항을 당해 소송사건의 재판에 적용할 여지가 없다는 것이다.

② 취소소송에 있어서 취소의 대상이 되는 처분의 기초적 사유는 특별한 사정이 없는 한 처분청의 주장 및 이를 뒷받침하는 자료에 의하여 결정된다고 할 것인데, 당해 사건에서 처분청은 이 사건 과세처분의 과세대상이 이 사건 토지에 대한 별도의 실질적 소유권 취득행위라고 주장하고 있고 취득세재조사내역서와 취득세부과분내역서의 각 기재도 이와 배치되지 않으므로 이 사건 과세처분은 이 사건 토지의 '새로운 취득'에 관한 것이라고 봄이 타당하다. 그렇다면 이 사건 토지에 대하여 신탁과 무관한 새로운 취득행위가 존재하는 것인지, 만약 새로운 취득행위가 있다면 여기에 대한 취득세 부과가 가능한지 여부 등에 의하여 이 사건 과세처분의 적법성 여부가 결정될 것이고, 이는 모두 취득세에 관한 지방세법상의 일반조항의 해석에 의하여 해결될 문제로 보인다. 따라서 신탁취득에 관하여 적용되는 구 지방세법 제110조 제1호 단서 규정은 당해 사건의 재판에 적용되는 법률조항이라고 할 수 없으므로, 재판의 전제성이 없고 이 사건 위헌법률심판청구는 부적법하다.[83]

4) 법원이 '다른 내용의 재판을 하게 되는 경우'이어야 함

법원이 '다른 내용의 재판을 하게 되는 경우'는 원칙적으로 "제청법원이 심리중인 당해 사건의 재판의 결론이나 주문에 어떠한 영향을 주는 것뿐만이 아니라, 문제된 법률의 위헌 여부가 비록 재판의 주문 자체에는 아무런 영향을 주지 않는다고 하더라도 재판의 결론을 이끌어내는 이유를 달리 하는데 관련되어 있거나 또는 재판의 내용과 효력에 관한 법률적 의미가 전혀 달라지는 경우를 뜻한다."[84] 여기서 '재판의 주문이 달라지는 경우'란 "그 법률이 위헌

82) 헌재 2011. 11. 24. 2010헌바412, 공보 제182호, 1841, 1843.
83) 헌재 2006. 5. 25. 2005헌가22, 공보 116, 765.
84) 헌재 2016. 3. 31. 2015헌가8, 공보 234, 540, 541; 헌재 2021. 2. 25. 2013헌가13등, 공보 293, 361, 363; '다른 내용의 재판을 하게 되는 경우'란 원칙적으로 제청법원이 심리중인 당해 사건의 재판의

일 때는 합헌일 때와 다른 판단을 할 수밖에 없는 경우"를 말한다.[85]

제청법원들은 제청신청인들이 진정한 양심에 따른 예비군 훈련 거부자에 해당하는지 여부를 심리하고 이를 바탕으로 '정당한 사유'의 존부를 가려 유·무죄 판결을 하면 되므로, 이 사건 위헌법률심판제청은 '심판대상조항이 헌법에 위반되는지 여부에 따라 당해 사건을 담당하는 법원이 다른 내용의 재판을 하게 되는 경우'에 해당한다고 볼 수 없다.[86]

법률에 대한 위헌제청이 적법하기 위해서는 법원에 계속중인 구체적인 사건에 적용할 법률이 헌법에 위반되는 여부가 재판의 전제로 되어야 한다. 당해사건을 담당하는 법원이 당해 법률의 위헌 여부와 관계없이 각하를 하여야 할 사건이라면 당해 법률이 헌법에 위반되는지의 여부에 따라 당해 사건을 담당하는 법원이 다른 내용의 재판을 하게 되는 경우라고 할 수 없으므로 재판의 전제성이 인정될 수 없다.[87]

가) 당해 사건의 법원이 제청하지 않은 법조항이 제청한 법조항과 내용적으로 불가분적인 결합이 되어 있어 판결의 주문이 달라질 가능성이 있는 경우

이 사건에서 법원이 직접 적용한 법조항은 신용협동조합법 제27조의2 제2항과 제3항이다. 그런데 신용협동조합법 제27조의2 제2항은 신용협동조합법상 허용되는 선거운동에 관하여 규정하면서 제3항에서는 제2항 선거운동의 기간에 관하여, 제4항에서는 제2항 선거운동의 구체적인 방법에 관하여 각 정관에 위임하고 있다. 법조문 구조를 살펴볼 때 제2항과 제3항이 결합되어 구체적으로 선거운동 기간이 정해지고, 제2항과 제4항이 결합되어 구체적으로 선거운동 방법이 정해지게 된다. 따라서 제2항, 제3항, 제4항은 모두 선거운동에 관한 기간과 방법에 있어 불가분적으로 결합되어 있다고 볼 수 있으므로,

---

결론이나 주문에 어떠한 영향을 주는 것뿐만이 아니라, 문제된 법률의 위헌 여부가 비록 재판의 주문 자체에는 아무런 영향을 주지 않는다고 하더라도 재판의 결론을 이끌어내는 이유를 달리 하는데 관련되어 있거나 또는 재판의 내용과 효력에 관한 법률적 의미가 전혀 달라지는 경우를 뜻한다(헌재 2007. 7. 26. 2006헌가4, 판례집 19-2, 1, 7).

85) 헌재 1993. 5. 13. 90헌바22 등, 판례집 5-1, 253, 261.

86) 헌재 2021. 2. 25. 2013헌가13등, 공보 293, 361, 364.

87) 헌재 2003. 10. 30. 2002헌가24, 판례집 15-2하, 1.

신용협동조합법 제27조의2 제2항, 제3항, 제4항이 헌법에 위반되는지 여부에 따라 당해 사건에서 청구인의 범죄행위 인정 여부 및 판결의 주문이 달라질 가능성이 있다.[88]

나) 재판의 주문 또는 재판의 내용과 효력에 관한 법률적 의미가 달라지지 않는 경우

재판의 전제가 된다는 것은 그 위헌 여부에 따라 재판의 주문 또는 재판의 내용과 효력에 관한 법률적 의미가 상이해지는 경우를 의미한다.[89] 여기서 말하는 '재판의 내용과 효력에 관한 법률적 의미가 달라지는 경우'[90]란 "판결주문의 형식적 내용이 달라지는 것은 아니라 하더라도 그 '판결의 실질적 효력'에 차이가 있게 되는 것"이라고 판시하고 있다.[91] 다만, 여기서 말하는 판결의 실질적 효력에 있어서 차이가 있게 되는 경우가 어떠한 경우인지 설명이 필요하다.

① 구 '주식회사의 외부감사에 관한 법률' 제21조(이 사건 법률조항들)는 2009. 2. 3. 법률 제9408호로 면책조항이 추가되는 형태로 개정되었으나, 그 부칙 제12조는 개정법 시행 전의 범죄행위에 대한 벌칙의 적용은 종전의 규정에 따른다는 취지의 경과규정을 두고 있어서, 이 사건 법률조항들은 당해 사건에 적용된다. 또한 제청신청인에 대한 처벌의 근거규정인 이 사건 법률조항들이 위헌으로 선언되면 당해 사건 재판의 주문이 달라질 것이므로, 이 사건 법률조항들은 당해 사건 재판의 전제성이 인정된다.[92]

② "직원(퇴직한 자를 포함한다)이 사건당사자로서 직무상의 비밀에 속한 사항을 진술하고자 할 때에는 미리 원장의 허가를 받아야 한다."는 국가정보원직원법 제17조 제2항("이 사건 법률조항")에서 국가정보원장이 그 직원등의

88) 헌재 2020. 6. 25. 2018헌바278, 판례집 32-1하, 427, 432.
89) 헌재 2015. 7. 30. 2014헌바420등, 1, 3; 헌재 2018. 4. 26. 2017헌바88, 판례집 30-1상, 612, 621.
90) 소수의 결정에서 "재판의 내용이나 효력 중 어느 하나라도 그에 관한 법률적 의미가 전혀 달라지는 경우에 해당하므로 재판의 전제성이 있다."고 판단한 바 있다(헌재 1992. 12. 24. 92헌가8, 판례집 4, 853, 865; 헌재 2007. 12. 27. 2006헌바73, 공보 제135호, 91).
91) 헌재 2001. 10. 25. 2000헌바5, 판례집 13-2, 469, 476.
92) 헌재 2012. 11. 29. 2012헌가15, 공보 194, 1811, 1813.

소송상 진술의 허가여부를 결정함에 있어서 공익상 필요성 여부 등에 관한 아무런 제한요건을 정하고 있지 아니함으로 인하여 국가정보원장의 재량으로 동 허가여부에 대한 판단을 할 수 있도록 하고 있다. 이 사건에서 헌법재판소는 "재판의 주문에는 영향을 주지 않는다고 하더라도 적어도 이유를 달리하게 하거나 재판의 내용과 효력에 관한 법률적 의미가 달라지게 된다."고 하여 이 사건 법률조항의 위헌 여부는 재판의 전제성이 있다고 판시하였다.[93] 그러나 구체적인 판시내용을 살펴보면, "원고들의 진술내용의 차이에 따라 재판의 결론이나 주문에 직접 영향을 줄 수 있음은 물론이고 가사 주문에는 영향을 주지 않는다고 하더라도 적어도 이유를 달리하게 하거나 재판의 내용과 효력에 관한 법률적 의미가 달라지게 된다."고 판시하고 있다.[94] 원고들의 진술내용에 따라 재판의 주문 내지 재판의 내용과 효력에 관한 법률적 의미가 상이하게 되는 경우라서 재판의 전제성이 인정된다고 판단한 것이다. 중요한 것은 이 사건에서 재판의 전제성을 인정하기 위해 재판의 내용과 효력에 관한 법률적 의미가 어떻게 달라지는지를 설시했어야 했다.

헌법재판소는 수십 번 재판의 전제성과 관련하여 "재판의 내용과 효력에 관한 법률적 의미가 달라지는 경우"를 재판의 전제성 요건으로 설시하고 있다. 여기서 재판의 내용과 효력에 관한 '법률적'(gesetzlich) 의미가 달라진다고 보기 보다는 '법적'(rechtlich) 의미가 달라진다고 보아야 한다. 왜냐하면, 해당 법률의 문언은 변화가 없는데, 당해 사건을 담당하는 법원이 재판에서 법률의 해석과 적용으로 재판의 내용과 효력의 의미, 즉 법적(法的) 의미를 달리 판단하는 경우이기 때문이다.

(4) 재판의 전제성의 예외

헌법이 위헌법률심판제도를 마련한 것은 헌법에 위반되는 법률을 실효(失效)시켜 헌법의 최고규범력을 보장하기 위한 것이지, 구체적인 분쟁 해결이나 개인의 권리구제를 위한 제도는 아니다.[95] 이러한 제도의 취지에 따르면, "'법

93) 헌재 2002. 11. 28. 2001헌가28, 판례집 14-2, 584, 591.
94) 헌재 2002. 11. 28. 2001헌가28, 판례집 14-2, 584, 591.

률이 헌법에 위반되는 여부가 재판의 전제로 된 경우'(헌법 제107조 제1항)라 함은 어느 법률이 구체적인 사건의 재판에 적용되고 그 법률의 위헌 여부에 따라 논리적·추상적으로 재판의 의미와 내용이 달라질 가능성이 있다고 인정되는 경우를 말한다. 이와 같은 재판의 전제성이 있으면 헌법에서 정하는 위헌법률심판을 개시하기 위한 요건은 충족되는 것이다. 더 나아가 그 위헌법률심판이 제청신청인이나 헌법소원 청구인을 유리하게 하거나 재심의 기회를 주는 경우라야 비로소 위헌법률심판을 개시할 수 있다고 해석하면, 위헌법률심판제도의 본질을 왜곡시켜 객관적인 규범통제보다도 주관적인 권리보호에 치중하는 제도로 변질시키게 될 것이다."고 판시하고 있다.[96] 이러한 입장은 헌법재판소가 재판의 전제성 요건을 완화하여 재판의 전제성의 범위를 넓게 확장하겠다는 취지로 해석된다.

재판의 전제성 요건을 엄격하게 제한하게 되면, 법률에 대한 규범통제 기능은 그만큼 축소되고, 헌법에 반하는 법률을 통제하지 못하고 방치하게 되는 경우가 커지게 된다는 의미이다. 헌법재판소는 법률에 대한 규범통제의 범위를 지나치게 제한하는 것은 위헌적인 법률을 실효시켜 헌법의 최고규범력을 보장하려는 헌법의 기본정신에 부합되지 않게 된다고 판시하고 있다.[97]

헌법재판소가 설시하고 있는 재판의 전제성의 예외로는 **첫째**, 직접 적용되는 법률조항과 간접 적용되는 법률조항 사이에 내적 관련이 있는 경우, **둘째**, 재심을 청구할 수 있는 경우, **셋째**, 객관적인 헌법질서의 수호·유지와 관련 당사자의 권리구제를 위해 심판의 필요성이 있는 경우이다.

1) 직접 적용되는 법률조항과 간접 적용되는 법률조항 사이에 내적 관련이 인정되는 경우

당해 사건의 재판에 직접 적용되지 않는 법률조항이라 하더라도, 그 법률조

95) 헌재 2009. 4. 30. 2006헌바29, 판례집 21－1하, 49, 60; 헌재 2009. 3. 26. 2006헌바57, 판례집 21－1상, 372, 378.
96) 헌재 2009. 5. 28. 2006헌바109등, 판례집 21－1하, 545, 568(재판관 조대현, 재판관 김종대의 반대의견); 헌재 2010. 2. 25. 2008헌바159, 판례집 22－1상, 247, 248(재판관 조대현의 반대의견).
97) 헌재 2009. 4. 30. 2006헌바29, 판례집 21－1하, 49, 60.

항이 헌법에 위반되는지 여부에 따라 당해 사건의 재판에 직접 적용되는 법률조항이 헌법에 위반되는지 여부가 결정되거나 그 의미가 달라짐으로써 당해 사건 재판에 영향을 미치는 경우 등 양 규범 사이에 내적 관련이 인정되는 경우에는 간접적으로 적용되는 법률조항에 대해서도 재판의 전제성이 충족될 수 있다.[98)]

① "당해 사건의 재판에 직접 적용되는 법률조항은 개인회생절차 개시신청의 기각사유로 '개인회생절차에 의함이 채권자 일반의 이익에 적합하지 아니한 때'를 정하고 있는 채무자 회생 및 파산에 관한 법률 제595조 제6호인데, 대법원은 이 사건 법률조항인 채무자 회생 및 파산에 관한 법률 제625조 제2항 제4호에 해당하여 면책의 대상이 되지 않는 채무가 있는 경우에도 동법 제595조 제6호에 해당될 수 있는 것으로 해석하였다. 이 사건 법률조항인 채무자 회생 및 파산에 관한 법률 제625조 제2항 제4호는 당해 사건의 재판에 간접적으로 적용되고, 당해 사건에 직접 적용되는 법률조항인 동법 제595조 제6호와 내적 관련이 있으므로, 재판의 전제성이 충족될 수 있다."고 판시하였다.[99)]

② 법률조항이 당해 사건의 재판에 간접 적용되더라도, 그 위헌여부에 따라 당해 사건의 재판에 직접 적용되는 법률조항의 위헌여부가 결정되거나, 당해 재판의 결과가 좌우되는 경우 등 양 규범 사이에 내적 관련이 인정된다면 재판의 전제성을 인정할 수 있다. 심판대상조항은 거래소가 상장규정에 증권의 상장폐지기준 및 상장폐지에 관한 사항을 포함하도록 한 근거조항이고, 당해 사건의 소송물인 상장폐지결정의 직접적인 근거조항은 아니나 간접적으로 적용되는 근거조항이다. 거래소의 상장규정은 투자자보호 및 시장건전성 유지라는 '자본시장과 금융투자업에 관한 법률'의 목적에 벗어나지 않도록 유의해야 하므로, 심판대상조항의 위헌 여부에 따라 상장폐지결정이 무효가 될 수 있으므로, 심판대상조항은 당해사건과 관련하여 재판의 전제성 요건을 충족한다.[100)]

---

98) 헌재 2001. 10. 25. 2000헌바5, 공보 62, 1035, 1037; 헌재 2002. 3. 28. 2001헌바18, 공보 67, 293, 296; 헌재 2021. 5. 27. 2019헌바332, 판례집 33-1, 555; Burkiczak/Dollinger/Schorkopf, BVerfGG, 2. Auflage, 2021, § 80 Rn. 58; Ulsamer, in: Maunz/Schmidt-Bleibtreu/Klein/Bethge, BVerfGG, 2016, § 80 Rn. 217, 243. 이를 '간접적인 재판의 전제성'이라 한다.

99) 헌재 2011. 10. 25. 2009헌바234, 판례집 23-2상, 774, 782.

100) 헌재 2021. 5. 27. 2019헌바332, 판례집 33-1, 555.

2) 재심을 청구할 수 있는 경우

당해 사건이 이미 확정되었지만, 이 경우에 당해 사건에 적용되는 법률이 위헌으로 결정되었다면 확정된 판결에 대하여 당사자는 재심 청구가 가능하다.[101] 따라서 당해 소송사건이 이미 확정되었다고 하더라도 심판대상조항에 대해서는 재심 청구가 가능하므로 재판의 전제성이 인정된다.[102] 즉, 당해 소송사건이 이미 확정되었지만, 심판대상조항이 위헌 결정이 될 경우, 재심을 통해 법원이 다른 내용의 재판을 하게 되는 경우에 해당하므로, 재판의 전제성이 인정된다는 것이다.

이와 관련하여, 재심의 청구를 받은 법원은 재심의 심판에 들어가기 전에 먼저 재심의 청구가 이유 있는지 여부를 가려 이를 기각하거나 재심개시의 결정을 하여야 하고, 재심개시의 결정이 확정된 뒤에 비로소 법원은 재심대상인 사건에 대하여 다시 심판을 하게 되는 등 형사소송법은 재심의 절차를 "재심의 청구에 대한 심판"과 "본안사건에 대한 심판"이라는 두 단계 절차로 구별하고 있으므로, 당해 재심사건에서 아직 재심개시결정이 확정된 바 없는 이 사건의 경우 위헌법률심판제청이 적법하기 위해서는 이 사건 법률조항의 위헌 여부가 "본안사건에 대한 심판"에 앞서 "재심의 청구에 대한 심판"의 전제가 되어야 한다.[103] "당해 사건이 재심사건인 경우, 심판대상조항이 '재심청구 자체의 적법 여부에 대한 재판'에 적용되는 법률조항이 아니라 '본안 사건에 대한 재판'에 적용될 법률조항이라면 '재심청구가 적법하고' '재심의 사유가 인정되는 경우에' 한하여 재판의 전제성이 인정될 수 있다. 심판대상조항이 '본안 사건에 대한 재판'에 적용될 법률조항인 경우 당해 사건의 재심청구가 부적법하거나 재심사유가 인정되지 않으면 본안판단에 나아갈 수가 없고, 이 경우 심판대상조항은 본안재판에 적용될 수 없으므로 그 위헌 여부가 당해 사건 재판의 주문을 달라지게 하거나 재판의 내용이나 효력에 관한 법률적 의미가 달라지게 하는데 아무런 영향을 미치지 못하기 때문이다."[104] 즉, 유죄 확정판

101) 헌법재판소법 제75조 제7항.

102) 헌재 2020. 6. 25. 2018헌바278, 판례집 32-1하, 427, 432.

103) 헌재 2010. 11. 25. 2010헌가22, 공보 170, 2023; 헌재 2016. 3. 31. 2015헌가36, 공보 234, 544.

결의 근거법률이 위헌이라는 사유로 재심을 청구한 경우에는 해당 근거법률이 아직 위헌 결정이 내려진 바 없는 경우에는 재심사유에 해당되지 않는다.

이와 동일한 취지에서 “확정된 유죄판결에서 처벌의 근거가 된 법률조항은 ‘재심의 청구에 대한 심판’, 즉 재심의 개시 여부를 결정하는 재판에서는 재판의 전제성이 인정되지 않고, 재심의 개시결정 이후의 ‘본안사건에 대한 심판’에 있어서만 재판의 전제성이 인정됨이 원칙이다. 다만 재심대상사건의 재판절차에서 그 처벌조항의 위헌성을 다툴 수 없는 규범적 장애가 있는 특수한 상황인 경우에는 예외적으로 재판의 전제성이 인정된다.”[105]

그러나 재심개시결정이 확정되면 법원으로서는 비록 재심사유가 없었다 하더라도 그 사건에 대해 다시 심판하여야 하며 이후 재심개시결정의 효력은 상소심에서도 이를 다툴 수 없다. 따라서 이 사건 법률조항의 위헌여부가 재판의 전제가 된 이상 법원의 위헌심판제청은 적법하다.[106]

“헌법재판소법 제75조 제7항은 ‘제68조 제2항의 규정에 의한 헌법소원이 인용된 경우에 당해 헌법소원과 관련된 소송사건이 이미 확정된 때에는 당사자는 재심을 청구할 수 있다’고 규정하면서 같은 조 제8항에서 위 조항에 의한 재심에 있어 형사사건에 대하여는 형사소송법의 규정을 준용하도록 하고 있다. 한편, 형사소송법 제420조, 제421조는 ‘유죄의 확정판결에 대하여 그 선고를 받은 자의 이익을 위하여’, ‘항소 또는 상고기각판결에 대하여는 그 선고를 받은 자의 이익을 위하여’ 재심을 청구할 수 있다고 각 규정하고 있다. 따라서 당해사건인 형사사건에서 무죄의 확정판결을 받은 때에는 처벌조항의 위헌확인을 구하는 헌법소원이 인용되더라도 재심을 청구할 수 없고, 청구인에 대한 무죄판결은 종국적으로 다툴 수 없게 되므로 더 이상 재판의 전제성이 인정되지 아니하는 것으로 보아야 할 것이다.”[107] 즉, 당해 사건인 형사사건에서 청구인이 무죄의 확정판결을 선고받은 경우 해당 적용법조에 대한 재판의 전제성은 인정되지 않는다는 것이다.

---

104) 헌재 2007. 12. 27. 2006헌바73, 공보 135, 91.
105) 헌재 2018. 3. 29. 2016헌바99, 판례집 30-1상, 381.
106) 헌재 2000. 1. 27. 98헌가9, 판례집 12-1, 1.
107) 헌재 2008. 7. 31. 2004헌바28, 판례집 20-2상, 80.

3) 객관적인 헌법질서의 수호·유지를 위해 헌법적 해명이 필요한 경우

심판대상 법률조항에 재판의 전제성이 없음에도 불구하고 객관적인 헌법질서의 수호·유지를 위하여 헌법적 해명이 필요한 중요한 의미를 지니는 경우 예외적으로 재판의 전제성을 인정하고 있다.[108]

① "제청법원의 위헌심판 제청 당시 당해사건 원고는 제18대 국회의원으로서 이 사건 법률조항의 적용대상이었고 그 위헌 여부에 따라 당해사건 판결의 주문이 달라질 여지가 있었으나, 2012. 5. 29. 국회의원 임기가 만료되어 더 이상 이 사건 법률조항의 적용을 받지 않게 되었으므로, 이 사건 법률조항은 현재 재판의 전제성을 잃었다고 볼 수도 있다. 그러나 헌법재판소는 재판의 전제성이 없는 경우에도 헌법적 해명이 긴요히 필요하거나 당해 조항으로 인한 기본권 침해가 반복될 우려가 있는 경우에는 헌법질서의 수호자로서의 사명을 다하기 위하여 예외적으로 본안판단에 나아갈 수 있는바,[109] 이 사건에서 문제되는 주식백지신탁제도의 위헌 여부는 최근 우리사회에서 강조되고 있는 국회의원을 포함한 고위공직자의 직무공정성 내지 염결성과 그 재산권 보호의 헌법적 요구가 첨예하게 대립하는 중대한 헌법적 문제라는 점, 최근 제19대 국회가 개원하면서 동일한 분쟁이 다시 발생할 가능성이 높다는 점 등을 감안할 때 그 헌법적 해명의 필요성 등을 인정하여 본안 판단에 나아가기로 한다."[110]

② "통합도산법의 시행까지 상당기간이 남았고 그 시행일 이전에 파산절차가 개시된 경우에는 기존 파산법의 적용을 받게 된다. 이 사건 법률조항으로 인한 기본권 침해 사례는 반복하여 나타날 위험성이 있다. 비록 당해 사건이 부적법하게 되어 재판의 전제성을 인정할 수 없다고 하더라도, 파산선고 후 연체료 청구권을 재단채권으로 취급하는 것이 헌법적으로 용인되는가 하는 문제는 당해 사건 당사자에게만 국한된 것이 아니고 이 사건 법률조항으로 인한 기본권 침해가 반복될 위험성이 매우 크므로, '객관적인 헌법질서의 유지·수호를 위

108) 헌재 2006. 11. 30. 2005헌바55, 판례집 18-2, 479, 485.
109) 헌재 1993. 12. 23. 93헌가2, 판례집 5-2, 578, 591.
110) 헌재 2012. 8. 23. 2010헌가65, 판례집 24-2상, 369, 380-381.

하여 그 헌법적 해명이 필요한 중요한 의미를 지니고 있다.'"고 판시하였다.[111] 즉, 당해 사건이 부적법하게 되어 재판의 전제성을 인정할 수 없는 경우라도 헌법적 해명이 필요한 중요한 의미를 가지는 경우에는 예외적으로 재판의 전제성을 인정하고 있다.

③ 형의 집행 및 수용자의 처우에 관한 법률 제104조 제1항 중 마약류사범에 관한 부분의 위헌 여부는 이 사건 심판청구 당시에는 재판의 전제가 되었으나, 심판청구 이후 당해 사건에서 위 조항에 근거한 이 사건 도서반입신청거부처분의 취소를 구할 소의 이익이 결여되어 더 이상 재판의 전제가 되지 아니하나, 형의 집행 및 수용자의 처우에 관한 법률 제104조 제1항 중 마약류사범에 관한 부분에 의한 '마약류사범에 대한 다른 처우' 문제는 모든 마약류사범인 수용자들에게 이해관계가 있고, 이로 인한 기본권의 침해가 반복될 위험성이 있으므로, 이에 대한 헌법적 해명의 필요성이 인정되어 본안판단에 나아가기로 한다.[112]

④ 청구인에 대하여 징역형이 확정되고 미결구금일수가 전부 산입되어 청구인으로서는 구속적부심에 대한 재심을 청구할 실익이 없게 되었으므로 재판의 전제성이 없다. 그러나 구속적부심사에서 이 사건 심판대상조항의 위헌성 다툼은 반복될 소지가 있어 헌법적 해명이 필요하고, 구속적부심 재판이 단기간에 종결되는 점에 비추어 헌법소원의 가능성을 실질적으로 보장할 필요가 있으므로 심판청구의 이익이 인정된다.[113]

(5) 재판의 전제성에 대한 판단권

1) 원 칙(제청법원의 법적 견해가 기준)

재판의 전제성에 관하여는 제청법원의 사실 평가와 법적 견해가 기준이 된다.[114] 위헌법률심판에서 헌법에 위반되는지 여부가 문제되는 법률이 재판의 전제성을 갖추고 있는지 여부는 헌법재판소가 독자적인 판단을 하기보다

111) 헌재 2005. 12. 22. 2003헌가8, 판례집 17-2, 577, 605.
112) 헌재 2013. 7. 25. 2012헌바63, 판례집 25-2상, 150, 151.
113) 헌재 2010. 11. 25. 2009헌바8, 판례집 22-2하, 358.
114) BVerfGE 2, 181 (190 f.); BVerfGE 81, 40 (49).

는 되도록 이에 관한 법원의 법률적인 견해를 존중해야 하는 것을 원칙으로 삼고 있다.[115] 왜냐하면 문제되는 법률의 위헌 여부가 재판의 전제성이 있느냐 없느냐는 구체적인 소송사건 기록에 대한 검토 없이 법률의 위헌성 여부만 판단하는 헌법재판소보다는 기록을 가지고 있고 사실을 조사하여 법률을 적용하는 법원의 의견을 존중하는 것이 더 적합하다.[116] 또한 헌법재판소가 위헌 여부의 본안판단 보다 형식적인 적법요건인 재판의 전제성 판단에 치중하여 이를 나름대로 철저히 규명하려고 하면 결과적으로 본안판단이 심히 지연될 것이기 때문이다.[117]

헌법재판소는 제청법원의 법적 견해를 존중해야 한다.[118] 이는 헌법재판소와 일반법원의 기능이 다르기 때문이다. 일반법원은 원심절차의 재판에 관하여 관할권이 있으며, 절차의 형성, 사실관계의 확정과 평가, 개별법의 해석 및 구체적인 사건에의 적용은 원칙적으로 일반법원의 권한이다. 구체적인 법적 분쟁에 대한 재판의 관하여는 관할권있는 법원의 법적 견해가 결정적인 것이다.

몇몇 헌법재판소 결정에서는 "법원이 위헌법률심판제청을 한 경우 위헌 여부가 문제되는 법률조항이 재판의 전제성 요건을 갖추었는지 여부는 되도록 제청법원의 견해를 존중하는 것이 원칙이다. 다만 재판의 전제성에 관한 제청법원의 견해가 명백히 유지될 수 없을 때에만 헌법재판소가 그 제청을 부적법하다 하여 각하할 수 있다."[119]

반면, 헌법재판소는 원심절차와는 관련을 맺고 있지 않다. 만약 재판의 전제성에 대한 판단이 원칙적으로 헌법재판소의 권한이라면 헌법재판소는 제청법원을 재판의 딜레마에 빠지게 할 것이다. 왜냐하면 제청법원은 헌법재판소가 제청이 부적법하다고 확정하는데 있어서 근거로 삼은 개별법의 해석에

115) 이에 관하여는 김현철, "헌법재판과 법률해석", 법학논총 제30집 제2호, 2010. 8, 329면.
116) 헌재 2000. 7. 20. 98헌바77, 공보 48, 665.
117) 헌재 2001. 11. 29. 99헌바15, 판례집 13-2, 586, 591.
118) 헌재 1993. 5. 13. 92헌가10, 91헌바7, 92헌바24, 92헌바50 (병합); 헌재 2003. 10. 30. 2002헌가24, 판례집 15-2하, 1, 12; 헌재 2010. 9. 30. 2008헌가3, 판례집 22-2상, 568, 575.
119) 헌재 2018. 6. 28. 2017헌가19, 공보 261, 1015, 1017; 헌재 2021. 1. 28. 2019헌가24등, 판례집 33-1, 1, 6.

구속받지 않기 때문이다. 헌법재판소가 일반법원의 법적 견해를 받아들이는 경우에는 문제는 해결된다. 그러나 이것이 헌법재판소가 제청법원의 모든 전제성의 주장을 받아들여야 한다는 것을 의미하지는 않는다. 이는 법원의 제청여부가 문제되는 법률의 해석이 아무런 제약도 받지 않고 행해져야 한다는 것을 의미하는 것이 아니라, 법원은 제청여부의 결정에 있어서 그 법적 상태 즉, 학설과 판례에서 전개된 법적 견해를 충분히 고찰해야 하고,[120] 심지어 법률의 연혁조차도 살펴보아야 한다.[121] 실제로 법원이 판단하기에 재판의 전제성이 있는 것으로 간주한 법률의 해석에 관하여 대법원의 판례 또는 중요한 학설과 견해를 달리하는 경우에 그러한 반론을 설득력있게 하지 못한다면 이 경우 제청이 적절하지 못하다는 것을 의미하게 된다.

2) 예 외(헌법재판소가 직권으로 판단)

다음의 2가지 경우에는 제청법원의 법적 관점을 받아들이지 않고 헌법재판소는 자신의 견해를 기준으로 재판의 전제성을 판단할 수 있다. 우리 헌법재판소는 "재판의 전제성에 관한 법률적 견해가 명백히 유지될 수 없을 때에만 헌법재판소는 이를 직권으로 조사할 수 있다."고 판시하고 있다.[122]

가) 제청법원의 견해가 명백히 유지될 수 없을 경우(Offensichtliche Unhaltbarkeit)

"제청법원의 법률적 견해가 '명백히 유지될 수 없을 경우'에는 제청된 법률의 전제성에 관하여 제청법원의 법적 견해에 의거할 수 없고 헌법재판소가 이를 부정할 수 있다."는 것이 독일 연방헌법재판소와 우리나라 헌법재판소의 확립된 판례이다.[123] 예외적으로 연방헌법재판소는 재판의 전제성에 관한 제청법원의 법률적 견해가 '명백히 유지될 수 없을 때'[124]에는 이를 직권으로 조

---

120) BVerfGE 47, 109 (114 f.); BVerfGE 65, 308 (361).

121) BVerfGE 77, 259 (262); BVerfGE 78, 201 (204).

122) 헌재 2003. 10. 30. 2002헌가24, 판례집 15-2하, 1, 12.

123) BVerfGE 2, 380 (389); 7, 171 (175); 13, 31 (35 f.); 72, 51 (60 ff.); 79, 245 (249); 81, 40 (49 ff). 최근에 이 결정유형은 "명백히 유지될 수 없거나 이해할 수 없는"(Offensichtlich unhaltbar)이라는 표현으로 확대되고 있다. 헌재 1996. 10. 4. 96헌가6, 판례집 8-2, 308, 321; 헌재 1999. 9. 16. 98헌가6, 판례집 11-2, 228, 235; 헌재 2007. 6. 28. 2006헌가14, 판례집 19-1, 783, 792.

124) '명백히 유지할 수 없을 때'(offensichtliche Unhaltbarkeit)는 독일 연방헌법재판소가 계속하여 판시해 온 사항이다(BVerfGE 81, 40 (49); 87, 114 (133); 93, 386 (395); 99, 300 (313); 102, 99 (112)).

사할 수 있다.

우리 헌법재판소도 "헌법재판소가 위헌법률심판을 함에 있어서 재판의 전제성 문제는 당해사건 법원의 의견을 되도록 존중하여 판단함이 마땅하고, 다만 그 전제성에 대한 법률적 견해가 명백히 유지될 수 없을 때에만 헌법재판소는 이를 직권으로 조사할 수 있다."고 판시하고 있다.[125] 헌법재판소가 직권으로 판단하여 재판의 전제성이 없다고 판단되면 그 제청을 부적법하다 하여 각하할 수 있다.[126]

① 민법 제1019조 제1항에서 정한 상속의 승인이나 포기는 일신전속권이기는 하나 재산상의 것으로서 당연히 상속의 대상이 되고, 민법 제1019조 제3항에서 정한 특별한정승인 역시 상속의 승인이나 포기와 그 법률적 성질을 같이한다고 할 것이다. 따라서 민법 제1019조 제3항에 의한 상속인(이하 '제1상속인'이라 한다)의 피상속인에 대한 특별한정승인권은 상속에 의하여 상속인의 상속인(이하 '제2상속인'이라 한다)에게 승계되는 것이므로, 제2상속인은 제1상속인이 피상속인의 상속채무가 상속재산을 초과하는 사실을 중대한 과실 없이 고려기간 내에 알지 못하고 그 기간 경과 후에 사망한 경우에는 피상속인의 상속에 대하여 제1상속인의 특별한정승인권을 승계하여 행사할 수 있다고 보는 것이 민법 제1019조 제3항에 대한 합당한 해석이라고 할 것이다. 그렇다면, 당해 사건에서 제2상속인인 제청신청인이 피상속인의 상속으로 발생한 상속채무에 대하여 제1상속인의 특별한정승인권을 승계하여 행사할 수 있는지 여부는 고려기간의 기산점에 관한 특칙에 불과한 민법 제1021조와는 관련 없이 민법 제1019조 제3항의 해석·적용에 의하여 해결될 문제이므로, 결국 심판대상조항인 민법 제1021조는 당해 사건에 적용되는 법률조항이 될 수 없어 재판의 전제성 요건을 갖추지 못하였다.[127]

Umbach/Clemens/Dollinger (Hrsg.), Bundesverfassungsgerichtsgesetz, 2005, § 86 Rn. 37.

125) 헌재 1997. 9. 25. 97헌가4, 판례집 9-2, 332, 336; 헌재 1999. 9. 16. 99헌가1, 판례집 11-2, 245, 252; 헌재 2012. 4. 24. 2011헌바92, 공보 187, 833, 836; 헌재 2014. 7. 1. 2014헌바255, 1, 2; 헌재 2021. 4. 29. 2017헌가25, 판례집 33-1, 378, 384.

126) 헌재 2010. 2. 25. 2008헌가23, 판례집 22-1상, 36, 53.

127) 헌재 2011. 8. 30. 2009헌가10, 판례집 23-2상, 214.

② 대법원은 금융관계법령을 포함한 수개의 죄를 저지른 경합범에 대하여 분리 심리하여 따로 선고를 하도록 규정한 심판대상조항의 적용대상을 '금융회사의 지배구조에 관한 법률' 제32조 제1항에서 정한 '적격성 심사대상'으로 한정하는 판결을 하였다. 그런데 당해사건의 피고인은 적격성 심사대상이 아니어서 심판대상조항은 당해사건에 적용되지 않는다. 따라서 이 사건 심판청구는 재판의 전제성이 없어 부적법하다.[128]

제청법원의 법적 견해가 명백히 유지될 수 없으므로 부적법하다는 판례가 제청문제가 된 원심절차의 대상과 실질적인 관련이 없거나, 또는 실제로 명백히 잘못된 제청법원의 평가를 기초로 하고 있는 예외적인 사건들에 한정되는 한, 이러한 판례는 사법실용주의적 측면에서 정당성을 가질 수 있다. 그러나 "명백히 유지될 수 없음"이라는 기준을 점점 더 포괄적으로 확대하여 사용한다면, 이는 헌법상 인정되는 헌법재판소와 일반법원 간의 기능적 업무분배를 의도적으로 변경시키는 것이 된다라는 비판이 가해질 수 있다. 헌법재판소는 사건해결에 도움이 되는 일반법원의 전문지식이나 폭넓은 경험도 없으면서 문제를 해결해야 하는 위험에 빠지게 되는 것이다.[129]

우리나라 헌법재판소가 재판의 전제성 요건을 완화할 것이 요청된다. 즉, "명백히 유지될 수 없음"이라는 기준을 가능한 한 엄격히 적용함으로써 재판의 전제성을 가능한 한 적극적으로 인정하고 위헌법률심판의 본안판단을 행하여 법원의 제청이 활발히 이루어지도록 해야 할 것이다.

나) 헌법적 선결문제의 경우

독일 연방헌법재판소는 재판의 전제성의 판단이 '헌법적 선결문제'에 의해 좌우되는 경우에는 제청법원의 법적 견해에 의거할 수 없다.[130] 그런데 이 경우에 헌법적 선결문제는 "주된 문제"(Hauptfrage)인 경우이다. 독일 연방헌법재판소는 "헌법적 선결문제에 대한 결론인 법원의 법적 견해들은 재판의 전제성을 판단함에 있어 연방헌법재판소에게 기준이 될 수 없다. 일차적으로 일반

128) 헌재 2019. 4. 11. 2017헌가34, 공보 271, 399.
129) BVerfGE 67, 26 (34 ff.).
130) BVerfGE 46, 268 (284); 48, 29 (38); 69, 150 (159 ff.).

법원에 의해 해석되어야 하는 개별법의 규정들과는 달리, 법원의 법적 견해는 전범위에서(in vollem Umfang) 독일 연방헌법재판소의 심사와 재판의 기초가 되는 것이다"[131]라고 하여 제청법원의 법적 견해가 기준이 되지 않는다고 하고 있다.

3) 평 가

헌법재판소는 재판의 전제성을 판단함에 있어서 예외적인 경우 제청법원의 법률적 견해가 명백히 유지될 수 없는 경우에 재판의 전제성 인정 여부를 직권으로 조사하여 새롭게 판단하고 있다. 구체적인 사건을 살펴보면, 제청법원의 법률적 견해에 대해 헌법재판소가 자신의 법적 견해로 대체한다기 보다는 제청법원이 당해 사건에 적용되는 법률조항을 잘못 파악한 경우에 헌법재판소가 재판의 전제성 인정 여부를 직권으로 조사하여 판단한 것이다. 즉, 제청법원의 법률적 견해 전체가 문제가 있어 헌법재판소가 이를 수용하기 어렵다고 보기 보다는 제청법원이 당해 사건에 적용되는 법률조항을 잘못 파악하여 제청한 경우이다.

재판의 전제성 판단은 법원의 법률적 견해를 존중해야 하는 것이 원칙이고, 재판의 전제성에 관한 제청법원의 법률적 견해가 명백히 유지될 수 없을 때에는 예외적으로 헌법재판소가 직권으로 조사할 수 있다는 것이다. 다만, 심사대상 법률조항이 당해 사건에 적용되는지 여부가 불분명한 경우에는 헌법재판소는 재판의 전제성을 인정하고 있다.[132]

이에 반해 헌법재판소는 "헌법재판소는 제청법원의 판단이나 법률적 견해에 구애받지 않고 재판의 전제성 요건을 충족하였는지 여부에 대하여 직권으로 심사할 권한과 의무를 가진다. 법원의 제청에 의한 위헌법률심판절차에 있어서 문제되는 법률 또는 법률조항이 재판의 전제성 요건을 갖추고 있는지의 여부는 되도록 제청법원의 이에 관한 법률적 견해를 존중해야 하겠지만,

131) BVerfGE 46, 268 (284); BVerfGE 69, 150.

132) 헌재 2003. 11. 27. 2003헌바39, 판례집 15-2하, 297, 305 (국가보훈처장은 행정청의 유족연금지급 거부처분이 행정소송의 대상이 되지 않는다고 주장하나, 이 사건에서 그렇게 단정하기 어려우므로 재판의 전제성이 인정된다).

재판의 전제성에 관한 제청법원의 법률적 견해가 명백히 유지될 수 없는 때에는 헌법재판소는 이를 직권으로 조사할 수 있으며, 그 결과 전제성이 없다고 판단된다면 얼마든지 그 위헌제청을 부적법한 것으로 각하할 수 있다."고 판시하고 있다.[133)]

헌법재판소는 원칙적으로 제청법원의 법률적 견해를 존중해야 하고, 예외적으로 재판의 전제성에 관한 법률적 견해가 명백히 유지될 수 없을 때에만 헌법재판소가 재판의 전제성 인정 여부를 다시 판단한다는 것이다. 실무적으로 제청법원이 당해 사건에 적용되는 법률조항을 잘못 파악한 경우 헌법재판소가 적용되는 법률조항을 정정하면 되는 것이기에 재판의 전제성 충족에 크게 영향을 미치지는 않는다고 보인다. 이러한 헌법재판소의 입장을 선해(善解)하면, 위헌법률심판이나 규범통제형 헌법소원심판의 적법요건(특히, 재판의 전제성) 완화를 통해 구체적 규범통제제도를 활성화하겠다는 의지로 보여진다.

7. 재판의 전제성의 범위 및 그 제한과 확장

제청법원이 재판의 전제성을 오판하였거나 제청법원이 제청한 재판의 전제성에 관하여 부정확한 경우(전제성을 너무 넓게 또는 너무 좁게 판단한 경우)에 헌법재판소가 부정확하게 판단한 제청을 헌법재판소 스스로 제청을 축소하거나 확장할 수 있는지가 문제된다. 독일 연방헌법재판소는 이러한 경우 스스로 제청한 것을 축소하거나 확장하고 있다. 우리나라 헌법재판소도 같은 입장이다.

(1) 제청의 축소

제청법원이 원심절차의 재판의 전제성이 있는 부분을 넘어서는 법적 문제를 제청한 경우로서 헌법재판소에 의해 축소가 행해진다.

1) 원심절차의 재판에 관하여 제청된 규정의 일부만이 문제됨에도 불구하고 제청법원이 법규정 전체를 제청한 경우 헌법재판소는 당해 법규정이 원심절차의 재판에 전제성이 있는 부분에만 제청을 한정하여 심사를 한다.[134)]

133) 헌재 2015. 12. 23. 2015헌가27, 판례집 27-2하, 419, 428.

2) 제청법원이 어느 법률의 여러 개의 규정을 제청하고 있지만, 제청법원의 헌법적 문제에 대한 설명은 단지 어느 일부 규정에 대해서만 행해지고 있는 경우와 어느 일부 규정은 원심절차에 적용될 수 없는 경우에도 축소가 행해진다.[135)]

3) 이와 같이 원심절차의 재판의 전제성이 있는 부분을 넘어서는 제청의 부분은 부적법한 것이 된다. 물론 제청 전체가 부적법하게 되지는 않는다.

(2) 제청의 확장

헌법재판소가 제청법원이 제청한 법적 문제를 넘어서 헌법재판소 스스로 필요하다고 생각되는 심판대상의 범위로까지 확장할 수 있다. 법률조항 중 당해사건의 재판에 적용되지 않는 내용이 있는 경우에도, 제청법원이 단일 조문 전체나 기타 관련부분을 위헌제청하고, 그 관련부분 등이 동일한 심사척도가 적용될 위헌심사 대상이고 밀접한 관련이 있어 그 내용을 분리하여 따로 판단하는 것이 적절하지 아니한 경우에는 법률조항 전체로 심판대상을 확장하여 판단할 수 있다.[136)] "당해사건 재판에 적용되는 법률조항은 새마을금고법 제85조 제3항 가운데 '제22조 제2항 제5호에 관한 부분' 중 '정관으로 정하는 기간 중에 회원의 호별로 방문' 부분이고, '정관으로 정하는 기간 중에 특정 장소에 모이게 하는 행위' 부분은 당해사건 재판에 적용되지 않으나, 위헌심사에 있어 동일한 심사척도가 적용되는 경우이므로, 제청법원이 제청한 법률조항 전부를 이 사건 심판대상으로 확정한다."[137)]

---

134) BVerfGE 3, 187 (195 f.); 3, 208 (211 f.); 5, 71 (75); 7, 129 (138); 13, 21 (26); 13, 31 (36); 15, 328 (330); 17, 155 (163); 18, 52 (58); 19, 177 (180); 36, 41 (44); 43, 291 (361); 66, 84 (92); 66, 248 (253 f.); 75, 246 (259 f.); 우리 헌법재판소 판례로는 헌재 1991. 5. 13. 선고 89헌가97, 1993. 9. 27. 선고 92헌가5, 1994. 6. 30. 선고 92헌가9, 1994. 7. 29. 선고 93헌가4, 6(병합) 결정 등.

135) BVerfGE 76, 130 (138); 우리 헌법재판소 판례로는 헌재 1993. 7. 29. 선고 90헌바35, 1994. 4. 28. 선고 91헌바15, 19(병합), 1995. 2. 23. 선고 93헌바29, 1995. 2. 23. 선고 93헌바43 결정 등.

136) 헌재 1995. 11. 30. 94헌가2; 헌재 1996. 11. 28. 96헌가13; 헌재 2003. 6. 26. 2001헌가17등; 헌재 2004. 6. 24. 2002헌가27.

137) 헌재 2019. 5. 30. 2018헌가12, 판례집 31-1, 594, 596.

제3절 위헌법률심판 결정의 유형

위헌법률심판에서 내려지는 종국결정의 유형으로는 각하결정과 본안에 관한 결정으로 합헌결정, 위헌결정 그리고 이른바 변형결정(한정합헌결정, 한정위헌결정, 헌법불합치결정)이 있다. 위헌결정과 변형결정에는 재판관 6인 이상의 찬성을 요한다.

1. 각하결정

위헌법률심판 제청이 헌법재판소법상 적법요건을 갖추지 못하면 부적법한 것이어서 각하결정을 한다. 즉, 심판의 대상성이나 재판의 전제성 등이 결여되면, 헌법재판소는 "이 사건 심판청구를 각하한다."라는 주문으로 결정한다.

2. 합헌결정

헌법재판소가 법률의 위헌 여부를 심리한 결과 위헌의견이 6인 이상이 되지 못하면 '합헌'이라고 선언한다. "법률은 헌법에 위반되지 아니한다."는 주문의 합헌결정을 선고한다. 만약 위헌의견이 6인 미만이 되면 합헌이 된다.

3. 위헌결정

(1) 위헌결정의 주문형식

헌법재판소가 법률의 위헌 여부를 심리한 결과 6인 이상의 재판관이 위헌이라고 판단하는 경우에, 위헌결정을 한다. "법률은 헌법에 위반된다."는 주문의 위헌결정을 선고한다.

헌법재판소법 제45조에 의하면, "헌법재판소는 제청된 법률 또는 법률 조항의 위헌 여부만을 결정한다. 다만, 법률조항의 위헌결정으로 인하여 해당 법률 전부를 시행할 수 없다고 인정될 때에는 그 전부에 대하여 위헌결정을 할 수 있다.” 따라서 원칙적으로 헌법재판소는 제청된 법률조항이 재판의 전제성이 있을 경우에 한하여 위헌선언할 수 있다. 즉, 심판대상이 된 법률조항이 위헌선언된 경우 나머지 법률조항은 그 효력을 유지하게 된다.

다만, 헌법재판소법 제45조 단서처럼, 법률조항의 위헌결정으로 인하여 해당 법률 전부를 시행할 수 없다고 인정될 때에는 그 전부에 대하여 위헌결정을 할 수 있다.

(2) 위헌결정의 소급효

헌법재판소법

제47조(위헌결정의 효력) (위헌결정의 효력) ① 법률의 위헌결정은 법원과 그 밖의 국가기관 및 지방자치단체를 기속(羈束)한다.

② 위헌으로 결정된 법률 또는 법률의 조항은 그 결정이 있는 날부터 효력을 상실한다.

③ 제2항에도 불구하고 형벌에 관한 법률 또는 법률의 조항은 소급하여 그 효력을 상실한다. 다만, 해당 법률 또는 법률의 조항에 대하여 종전에 합헌으로 결정한 사건이 있는 경우에는 그 결정이 있는 날의 다음 날로 소급하여 효력을 상실한다.

④ 제3항의 경우에 위헌으로 결정된 법률 또는 법률의 조항에 근거한 유죄의 확정판결에 대하여는 재심을 청구할 수 있다.

⑤ 제4항의 재심에 대하여는 「형사소송법」을 준용한다.

---

1) 위헌결정의 소급효에 관한 입법례

〈위헌결정의 효력발생 시기〉

구분	내 용
장래효	• 장래효란 위헌결정의 효력이 위헌결정시에 발생함을 의미한다.
소급효	• 소급효란 위헌결정의 효력이 위헌사유가 발생한 시점부터 발생함을 의미한다. 헌법재판소법 제47조에서 위헌결정된 형벌에 관한 법률조항은 소급효가 인정된다.

미래효	• 미래효란 미래의 일정 시점부터 위헌결정의 효력이 발생함을 의미한다.

가) 당연무효설

당연무효설은 위헌법률이 원래 무효라는 전통적인 입장에 기인하고 있다.[138] 즉, 위헌법률은 처음부터(ex tunc) 그리고 법상 당연히(ipso iure) 즉, 형성적 행위를 필요로 하지 않고 법적으로 무효가 된다.[139] 위헌법률은 헌법에 저촉되면 처음부터 그 효력이 없다. 이 경우 헌법재판소의 위헌결정은 확인판결로서 단지 선언적인 효력만을 지니게 된다.[140] 당연무효설에 의하면, 위헌법률은 당연히 효력이 없고 헌법재판소는 기속력을 가지고 단지 위헌법률이 무효임을 확인할 뿐이다.[141]

독일은 위헌결정에 소급효(ex tunc)를 원칙적으로 인정하면서 이를 부분적으로 제한하고 있다. 독일은 위헌인 법률은 위헌상태가 발생한 시점에 소급하여 법률상 당연히 효력을 가지지 아니한다는 전제하에 독일 연방헌법재판소법 제78조에서 위헌인 법률은 무효임을 규정하면서도, 연방헌법재판소법 제79조에서는 이러한 위헌선고의 소급효를 제한하여 형사판결의 경우에는 재심이 허용되지만 그 이외에 위헌무효인 법규에 바탕을 둔 더 이상의 취소할 수 없게 된 처분(확정된 재판이나 행정처분을 의미한다고 한다)에 대하여는 그 효력에 영향을 미치지 않고, 이러한 처분에 의하여 얻은 이득도 부당이득반환청구의 대상으로 할 수 없는 것으로 규정하고 있으며(이러한 소급효의 제한규정은 개별적 정의와 법적 안정성의 타협이라는 전제하에서 독일 연방헌법재판소는 합헌인 것으로 계속 판시하여 오고 있다), 한편 독일연방헌법재판소는 일찍부터 위헌선고의 소급효의 폐해를 막기 위하여 장래효 내지 미래효만 있는 헌법불합치선언을

138) G. Leibholz/R. Rupprecht, Bundesverfassungsgerichtsgesetz, Köln, 1968, Einleitung S. 5

139) A. Rinken, in: Alternativ-Kommentar, Bd. 3, Art. 94 Rn. 43; J. Ipsen, Rechtsfolgen der Verfassungswidrigkeit von Norm und Einzelakt, S. 72 ff.

140) Maunz, in: Maunz/Dürig/Herzog/Scholz, GG, Art. 100 Rn. 26; D. Heckmann, Geltungskraft und Geltungsverlust von Rechtsnormen, 1997, S. 49 ff.

141) Strehle, Rechtswirkungen verfassungsgerichtlicher Normenkontrollentscheidungen, S. 100; Chr. Böckenförde, Die sog. Nichtigkeit verfassungswidriger Gesetze, S. 35.

하여 왔고 그 후 이러한 불합치선언은 동법 제31조 제2항으로 반영되어 법제화되었다.

나) 파기무효설

파기무효설에 의하면, 위헌법률은 법상 당연히 무효가 되는 것이 아니고 단지 소급적으로 파기무효되는 것이다. 이 경우 헌법재판소의 위헌결정은 확정판결이 아니고 형성판결의 성격을 지닌다.[142] 헌법재판소의 위헌결정이 내려지면, 원칙적으로 소급적으로 즉, 당해 형벌조항이 제정된 시점 또는 개정된 시점까지 소급하여 효력을 상실한다.[143] 헌법재판소의 위헌결정이 소급효를 가진다는 것은 무효선언뿐만 아니라, 헌법불합치결정도 가능하다는 것을 의미한다. 우리 헌법 제107조 제1항[144]의 위헌법률심판에 있어서 법원의 위헌법률심판 제청권은 위헌법률이 당연히 무효가 아니라는 것을 전제로 한다. 또한 법원이 위헌법률심판제청시 헌법재판소법 제42조 제1항[145]에 의거하여 당해 소송사건의 재판이 헌법재판소의 위헌 여부의 결정이 있을 때까지 정지되는 것은 위헌법률을 제청시부터 법률로서 적용할 수 없는 적용무효이기 때문이다. 위헌 여부가 문제되는 법률에 대해 헌법재판소는 파기무효의 위헌결정을 하는 것이고, 헌법재판소의 위헌결정이 있을 때까지 그 법률의 적용을 정지하는 것이다.

다) 장래효설

오스트리아는 위헌결정에 장래효(ex nunc)를 원칙으로 하면서 부분적으로 소급효를 인정하는 입법례다. 오스트리아는 헌법 제140조 내지 제3항 내지 제4항에서 헌법재판소의 위헌선고는 위헌인 법률을 폐지하는 것으로 규정하는

142) B. J. Schneider, Die Funktion der Normenkontrolle und des richterlichen Prüfungsrechts, S. 47 Rn. 47; Chr. Böckenförde, Die sog. Nichtigkeit verfassungswidriger Gesetze, S. 64.

143) H. Bethge, in: Maunz/Schmidt-Bleibtreu/Klein/Bethge, BVerfGG, § 31 Rn. 142 ff.; J. Ipsen, Rechtsfolgen der Verfassungswidrigkeit von Norm und Einzelakt, S. 72; Maunz, in: Maunz/Dürig, GG, Art. 93 Rn. 34; Chr. Hillgruber/Chr. Goos, Verfassungsprozessrecht, 3. Aufl., 2011, Rn. 548.

144) 헌법 제107조 제1항 "법률이 헌법에 위반되는 여부가 재판의 전제가 된 경우에는 법원은 헌법재판소에 제청하여 그 심판에 의하여 재판한다."

145) 헌법재판소법 제42조(재판의 정지 등) ① 법원이 법률의 위헌 여부 심판을 헌법재판소에 제청한 때에는 당해 소송사건의 재판은 헌법재판소의 위헌 여부의 결정이 있을 때까지 정지된다.

한편, 동조 제5항에서는 헌법재판소의 판결에 의한 법률의 폐지는 그 판결의 공고일로부터 효력을 발생한다고 하여 장래효를 원칙으로 하고 이 점은 형벌에 관한 법규의 경우도 마찬가지인 것으로 하며, 다만 헌법재판소는 선고 후 1년의 범위내에서 위헌법규의 실효시기를 미래로 미룰 수 있도록 미래효(pro futuro)를 규정하고, 동조 제7항은 헌법재판소가 위헌결정에서 달리 정하지 않는 한 위헌결정 이전에 구성요건이 실현된 사안에 대하여는 당해사건을 제외하고는 그 법률이 계속 적용된다고 규정하고 있다.

라) 소결

당연무효설은 다음과 같은 여러 비판을 받을 수 있다. 첫째, 특정 법률이 존속하려면, 먼저 그 효력이 발생하고 나서 그 효력이 상실될 수 있다. 그런데 당연무효설에 의하면, 위헌법률은 처음부터 당연히 무효가 된다는 것인데,[146] 이러한 당연무효설에 의하면, 위헌법률은 당연히 무효이기에 소급효 내지 장래효와 무관하게 된다. 둘째, 특정 법률이 위헌이라는 것은 효력명령을 전제로 하여 일정한 법적 요건을 충족한 경우에 발생하는 문제이지, 법적 효과인 무효와 연결되는 것은 아니다.[147] 셋째, 위헌법률은 법상 당연히 무효라는 것은 하나의 의제일 뿐이며, 위헌결정의 주체를 도외시하고 위헌결정의 효력만을 논하는 것은 무리가 있다. 넷째, 당연무효인 법률은 위헌법률심판의 제청대상이 될 수 없다.[148]

그래서 독일 연방헌법재판소는 원칙적으로 당연무효설을 견지하고 있지만, 실무상 당연무효설의 완화를 통해 실제로는 파기무효설에 근접하고 있다. 위헌결정으로 인한 무효의 법적 효과는 법적 안정성을 위해 엄격히 제한하는 실무를 취하고 있다. 당연무효의 결과를 완화하기 위해 독일 연방헌법재판소는 적용중지를 지닌 소급효를 가진 헌법불합치결정도 내리고 있다.[149]

한편 파기무효설의 입장에서, 헌법재판소법 제47조 제2항의 '효력을 상실'

---

146) 허완중, "한국헌법에 따른 헌법재판소법 제47조 제2항의 해석", 「공법연구」 제37집 제4호, 2009. 6, 232면.

147) Chr. Böckenförde, Die sog. Nichtigkeit verfassungswidriger Gesetze, S. 22 f., S. 123.

148) H. Söhn, Anwendungspflicht oder Aussetzungspflicht bei festgestellter Verfassungswidrigkeit von Gesetzen?, 1974, S. 14.

149) BVerfGE 37, 217 (261); 55, 100 (110); 61, 319 (356); 73, 40 (101); 79, 245 (250).

한다는 의미는 특정한 법률규정이 처음부터 당연히 무효로 되는 것이 아니라, 헌법재판소의 형성판결에 의해 소급적으로 효력을 잃는다는 의미로 본다. 이는 대법원 판결과도 일맥상통하는 것이다.[150] 또한 헌법재판소는 형성판결로서 소급효를 지닌 위헌결정을 선고할 수 있는 권한을 지녔기 때문에 헌법불합치결정도 내릴 수 있는 권한도 지니고 있다. 파기무효설에 의할 경우, 법률의 효력 상실시점을 정함에 있어서 법률제정 당시까지의 소급효만을 주장하지 않고 법적 안정성을 해하지 않는 시점까지 소급효의 발생시점을 정할 수 있다.[151]

2) 학설

가) 원칙적 장래효·예외적 소급효설

우리나라 입법자는 비형벌법규에 대하여는 장래효를 취하는 입법을 하고, 다만, 법적 안정성 내지 신뢰보호원칙보다 구체적 타당성 내지 정의, 형평이 더 크면 예외적으로 소급효를 인정할 수 있다고 한다.

나) 원칙적 소급효·예외적 장래효설

위헌인 법률은 당연무효이므로 위헌상태가 발생한 시점에 소급하여 법률상 당연히 그 효력을 가지지 않는다고 한다. 따라서 위헌결정의 원칙적 장래효를 규정하고 있는 헌법재판소법 제47조 제2항은 위헌 또는 위헌이 아니더라도 형벌법규의 소급효 규정은 당연규정이 되고, 비형벌법규의 장래효 규정은 법적 안정성을 위한 예외규정으로 해석한다.

3) 비형벌법규에 대한 위헌결정의 소급효

가) 헌법재판소 결정

"헌법재판소법 제47조 제2항은 <u>비형벌법규에 대한 위헌결정의 장래효를 원칙으로 하고 있으나, 헌법재판소는 구체적 규범통제의 실효성을 보장할 필요가 있는 경우 또는 당사자의 권리구제를 위한 구체적 타당성의 요청이 현저</u>

---

150) "일반적으로 법률이 헌법에 위반된다는 사정은 헌법재판소의 위헌결정이 있기 전에는 객관적으로 명백한 것이라고 할 수는 없으므로, 특별한 사정이 없는 한 그러한 하자는 행정처분의 취소사유일 뿐 당연무효사유라고 할 수 없다"(대판 1994. 10. 28. 선고 92누9463; 대판 2009. 5. 14. 선고 2007두16202).

151) 정종섭, 「헌법소송법」, 박영사, 2010, 337면.

한 반면 소급효를 인정해도 법적 안정성을 침해할 우려가 없는 경우에는 소급효를 인정하는 것이 위 조항의 근본취지에 반하지 않는다고 하여, 위 조항의 합리적 해석을 통해 비형벌법규에 대한 위헌결정의 소급효를 인정할 수 있음을 밝혔다."[152]

"헌법재판소법 제47조 제2항은 비형벌법규에 대한 위헌결정의 장래효를 원칙으로 하면서 구체적 타당성이 강하게 요청되는 경우, 즉 앞서 헌법재판소와 대법원이 들고 있는 일정한 경우에는 해석을 통해 예외적으로 소급효를 인정하는 규정으로 이해할 수 있는데, 이는 입법자가 구체적 타당성 내지 정의의 요청과 법적 안정성 내지 신뢰보호의 요청을 종합적으로 고려하여 양자를 조화시키기 위해 입법형성권을 행사한 결과라고 볼 수 있으므로, 헌법재판소법 제47조 제2항을 준용하는 심판대상조항이 입법형성권의 한계를 일탈하였다고 보기 어렵다."[153]

"헌법재판소는 비형벌법규에 대한 위헌결정의 장래효 원칙을 정한 헌법재판소법 제47조 제2항과 관련하여, 당사자의 권리구제를 위한 구체적 타당성의 요청이 현저한 반면에 소급효를 인정하여도 법적 안정성을 침해할 우려가 없고 구법에 의하여 형성된 기득권자의 이득이 해쳐질 사안이 아닌 경우로서 소급효의 부인이 오히려 정의와 형평 등 헌법적 이념에 심히 배치되는 때에는 소급효를 인정할 수 있다는 해석론을 취하고, 이를 전제로 헌법재판소법 제47조 제2항의 합헌성을 인정하였다."[154]

나) 위헌결정의 소급효 인정 범위

① 비형벌법규에 대한 예외적인 위헌결정의 소급효 인정 범위

비형벌법규에 대한 위헌결정의 소급효은 (a) 헌법재판소에 법률의 위헌제청 결정을 한 당해 사건, (b) 위헌결정이 있기 전에 이와 동종의 위헌여부에 관하여 헌법재판소에 위헌법률심판 제청을 하였거나 법원에 위헌법률심판 제청신청을 한 경우의 동종사건, (c) 따로 위헌법률심판 제청신청을 아니하였지

152) 대법원 2005. 11. 10. 선고 2005두5628 판결 참조.
153) 헌재 2021. 11. 25. 2020헌바401 참조.
154) 헌재 2021. 12. 23. 2019헌바384, 1, 7-8.

만 당해 법률 또는 법률의 조항이 재판의 전제가 되어 법원에 계속 중인 병행사건, (d) 위헌결정 이후에 위와 같은 이유로 제소된 일반사건에 대하여는 위헌결정의 소급효가 미친다.

② 위헌결정의 소급효 제한

(a) 위헌결정 당시 법원의 판결이 이미 확정된 사건,[155] (b) 법적 안정성의 유지나 당사자의 신뢰보호를 위하여 불가피한 경우에는 위헌결정의 소급효를 제한할 수 있다.[156]

4) 형벌법규에 대한 위헌결정의 소급효

가) 원칙적으로 소급효를 가짐

헌법재판소법 제47조 제3항에 의하여, 형벌에 관한 법률 또는 법률의 조항이 헌법재판소에서 위헌결정이 나면, 소급하여 그 효력을 상실한다. 따라서 위헌결정 이전에 공소가 제기되어 법원에 계속 중인 사건에서 면소판결을 할 것이 아니라 무죄를 선고하여야 한다. 또한 법원의 판결 후 확정되기 이전에 헌법재판소의 위헌결정이 선고되면, 판결에 영향을 미친 헌법·법률 위반이 있는 경우에 해당하여 항소와 상고의 이유가 된다.[157] 위헌으로 결정된 법률 또는 법률의 조항에 근거하여 유죄의 확정판결이 난 경우에는 재심을 청구할 수 있다(헌재법 제47조 제4항).

나) 소급효의 제한

① 합헌결정이 있는 경우

헌법재판소법 제47조 제3항 단서가 신설되어, 해당 법률 또는 법률의 조항에 대하여 종전에 합헌으로 결정한 사건이 있는 경우에는 그 결정이 있는 날의 다음 날로 소급하여 효력을 상실한다.

"헌법재판소가 당대의 법 감정과 시대상황을 고려하여 합헌이라는 유권

155) 위헌선언된 법률조항의 적용을 받았던 다른 사건의 당사자도 이미 확정된 관련사건의 재심을 구할 수 있다.

156) 헌재 2021. 12. 23. 2019헌바384, 1, 7.

157) 형사소송법 제361조의5 및 제383조.

적 확인을 하였다면, 그러한 사실 자체에 대하여 법적 의미를 부여하고 그것을 존중할 필요가 있다. 헌법재판소가 특정 형벌법규에 대하여 과거에 합헌결정을 하였다는 것은, 적어도 그 당시에는 당해 행위를 처벌할 필요성에 대한 사회구성원의 합의가 유효하다는 것을 확인한 것이므로, 합헌결정이 있었던 시점 이전까지로 위헌결정의 소급효를 인정할 근거가 없다."[158)]

"해당 형벌조항이 성립될 당시에는 합헌적인 내용이었다고 하더라도 시대 상황이 변하게 되면 더 이상 효력을 유지하기 어렵거나 새로운 내용으로 변경되지 않으면 안 되는 경우가 발생할 수 있다. 그런데 합헌으로 평가되던 법률이 사후에 시대적 정의의 요청을 담아내지 못하게 되었다고 하여 그동안의 효력을 전부 부인해 버린다면, 법집행의 지속성과 안정성이 깨지고 국가형벌권에 대한 신뢰가 무너져 버릴 우려가 있다. 그러므로 심판대상조항은 현재의 상황에서는 위헌이더라도 과거의 어느 시점에서 합헌결정이 있었던 형벌조항에 대하여는 위헌결정의 소급효를 제한함으로써 그동안 쌓아 온 규범에 대한 사회적인 신뢰와 법적 안정성을 확보하는 것이 중요하다는 입법자의 결단에 따라 위헌결정의 소급효를 제한한 것이다."[159)]

② 형사절차법에서의 위헌결정의 소급효

헌법재판소는 "헌법재판소법 제47조 제3항의 위헌결정의 소급효가 인정되는 형벌에 관한 법률 또는 법률의 조항의 범위는 위헌으로 결정된 실체적인 형벌법규에 의하여 형의 선고를 받았을 때에 한정하여야 하고 위헌으로 결정된 법률이 형사소송절차에 관한 절차법적인 법률인 경우에는 동조항이 적용되지 않는다."고 판시하였다.[160)] 따라서 유죄판결이 확정된 사건에 대하여 형사소송법 등 절차법의 위헌을 이유로는 재심을 청구할 수 없다.

158) 헌재 2016. 4. 28. 2015헌바216, 판례집 28-1하, 30.
159) 헌재 2016. 4. 28. 2015헌바216, 판례집 28-1하, 30.
160) 헌재 1992. 12. 24. 92헌가8, 판례집 4, 853, 854.

4. 헌법불합치결정

헌법불합치결정은 비록 법률조항이 위헌성이 인정되더라도 헌법재판소가 위헌결정을 하는 경우, 입법자의 입법형성권을 침해할 우려가 있거나 또는 법적 공백 상태를 초래하거나 법 집행상의 혼란과 형평의 문제가 발생할 수 있는 경우, 예외적으로 위헌결정을 피하고 합헌적 법률을 입법할 때까지 일정기간 동안 위헌적인 법규정을 존속하게 하고 잠정적으로 적용하게 하거나 적용을 중지하는 결정 유형이다.

헌법재판소 재판관 5인이 '전부 헌법불합치' 의견이고 재판관 1인이 '일부 단순위헌, 일부 헌법불합치' 의견인 경우에 '헌법불합치' 주문을 낸 사례가 있다.[161] 단순위헌의견이 5인, 헌법불합치의견이 2인인 경우, '헌법불합치' 주문을 낸 사례가 있다.[162]

(1) 헌법불합치 결정을 선고하면서 계속 적용(잠정 적용)을 명한 사례

① 선거운동기간 중 어깨띠 등 표시물을 사용한 선거운동을 금지한 공직선거법 제68조 제2항 및 이에 위반한 경우 처벌하는 같은 법 제255조 제1항 제5호 중 '제68조 제2항'에 관한 부분의 위헌성은 표시물을 사용하는 선거운동의 제한 그 자체 있다기보다는, 선거에서의 기회균등이나 공정성을 해치는 것이 명백하다고 볼 수 없는 정치적 표현까지 모두 금지·처벌하는 것에 있고, 이와 관련하여 정치적 표현행위의 방법을 어느 정도로 허용할 것인지는 입법자가 논의를 거쳐 결정할 사항이라고 할 것이므로, 심판대상조항에 대하여 헌법불합치 결정을 선고하되, 2023. 7. 31.을 시한으로 입법자가 개정할 때까지 계속 적용을 명한다.[163]

② 소년범 중 형의 집행이 종료되거나 면제된 자에 한하여 자격에 관한

161) 헌재 2009. 7. 30. 2008헌가1등, 판례집 21-2상, 18; 헌재 2010. 7. 29. 2008헌가15, 판례집 22-2상, 16.
162) 헌재 2009. 9. 24. 2008헌가25, 판례집 21-2상, 427.
163) 헌재 2022. 7. 21. 2017헌가4, 판례집 34-2, 1.

법령의 적용에 있어 장래에 향하여 형의 선고를 받지 아니한 것으로 본다고 규정한 ‘구 소년법 제67조’는 평등원칙에 위반되므로 원칙적으로 위헌결정을 하여야 하나, 단순위헌결정을 할 경우 소년범의 자격에 관한 특례를 인정하는 근거마저 사라지게 되는 불합리한 결과가 발생하므로 헌법불합치결정을 선고하되, 계속적용을 명한다면 위헌선언의 효력이 당해사건에 미치지 못할 우려가 있으므로 그 적용을 중지한다. 다만 이 사건 현행법 조항에 대하여도 아래와 같은 이유로 계속적용을 명하는 헌법불합치결정을 선고하는바, 당해사건에서는 이 사건 현행법 조항이 개정될 때를 기다려 개정된 신법을 적용하여야 할 것이다. 한편, 현행 ‘소년법 제67조’는 일부 자구상의 표현만 다를 뿐 실질적 내용에 변함이 없고 위헌 여부에 관하여 이 사건 구법 조항과 결론을 같이 할 것이 명백하므로, 법질서의 정합성과 소송경제의 측면에서 심판대상에 포함하여 함께 판단한다. 그런데 이 사건 현행법 조항을 단순위헌으로 결정하여 당장 효력을 상실시킬 경우, 법적 공백으로 인하여 형의 집행이 종료되거나 면제된 소년범도 자격 제한을 받게 되는 불합리한 결과가 발생하므로 헌법불합치 결정을 선고하여 계속적용을 명하되, 입법자는 늦어도 2018. 12. 31.까지 개선입법을 이행하여야 한다.[164)]

③ 민법 제781조 제1항 본문 중 “자(子)는 부(父)의 성(姓)과 본(本)을 따르고” 부분의 위헌성은 부성주의의 원칙을 규정한 것 자체에 있는 것이 아니라 부성의 사용을 강제하는 것이 부당한 것으로 판단되는 경우에 대해서까지 부성주의의 예외를 규정하지 않고 있는 것에 있으므로 이 사건 법률조항에 대해 헌법불합치결정을 선고하되 이 사건 법률조항에 대한 개정 법률이 공포되어 2008. 1. 1. 그 시행이 예정되어 있으므로 2007. 12. 31.까지 이 사건 법률조항의 잠정적인 적용을 명함이 상당하다.[165)]

④ 농어촌등보건의료를위한특별조치법(‘1991년 개정 농어촌의료법’)이 시행되기 이전에 공중보건의사로 복무한 사람이 사립학교 교직원으로 임용된 경우 공중보건의사로 복무한 기간을 사립학교 교직원 재직기간에 산입하도록

164) 헌재 2018. 1. 25. 2017헌가7등, 판례집 30-1상, 1, 2.
165) 헌재 2005. 12. 22. 2003헌가5등, 판례집 17-2, 544, 545.

규정하지 않은 '사립학교교직원 연금법' 제31조 제2항('심판대상조항')의 위헌성은 1991년 개정 농어촌의료법이 시행되기 전에 공중보건의사로 복무한 사람의 복무기간을 사립학교 교직원 재직기간에 전혀 반영할 수 없다는 점에 있는데, 심판대상조항에 대하여 단순위헌결정을 하면 심판대상조항에 의하여 재직기간 산입이 가능한 사람들조차 더는 재직기간 산입을 할 수 없게 되는 법적 공백이 발생한다. 따라서 심판대상조항에 대하여 헌법불합치 결정을 선고하고, 2017. 6. 30.을 시한으로 입법자의 개선입법이 있을 때까지 계속 적용을 명하기로 한다.[166]

⑤ 소년에 대한 수사경력자료의 삭제와 보존기간에 대하여 규정하면서 법원에서 불처분결정된 소년부송치 사건에 대하여 규정하지 않은 구 '형의 실효 등에 관한 법률' 제8조의2 제1항 및 제3항(이하 '구법 조항'이라 한다), '형의 실효 등에 관한 법률' 제8조의2 제1항 및 제3항(이하 '현행법 조항'이라 하고, 구법 조항과 통칭하여 '심판대상조항'이라 한다)에 대하여 단순위헌결정을 하는 경우 수사경력자료의 삭제 및 소년에 대한 수사경력자료의 보존기간에 대한 근거 규정이 사라지게 되는 불합리한 결과가 발생하고, 심판대상조항의 위헌성을 제거하는 방식에 대하여는 입법자의 재량이 인정된다. 따라서 구법 조항에 대하여 헌법불합치 결정을 선고하되, 계속적용을 명한다면 위헌선언의 효력이 당해사건에 미치지 못할 우려가 있으므로 그 적용을 중지하고, 현행법 조항에 대하여는 헌법불합치 결정을 선고하되, 2023. 6. 30.을 시한으로 개선입법이 이루어질 때까지 계속 적용을 명한다.[167]

⑥ 일정기간 동안 선거에 영향을 미치게 하기 위한 광고물의 설치·진열·게시나 표시물의 착용을 금지하는 공직선거법 제90조 제1항 제1호 중 '그 밖의 광고물 설치·진열·게시'에 관한 부분, 같은 항 제2호 중 '그 밖의 표시물 착용'에 관한 부분 및 이에 위반한 경우 처벌하는 공직선거법 제256조 제3항 제1호 아목 중 '제90조 제1항 제1호의 그 밖의 광고물 설치·진열·게시, 같은 항 제2호의 그 밖의 표시물 착용'에 관한 부분(이하 '심판대상조항'이라 한다)의

166) 헌재 2016. 2. 25. 2015헌가15, 판례집 28-1상, 13, 14.
167) 헌재 2021. 6. 24. 2018헌가2, 판례집 33-1, 638, 639.

위헌성은 표시물을 사용하는 선거운동의 제한 그 자체 있다기보다는, 선거에서의 기회균등이나 공정성을 해치는 것이 명백하다고 볼 수 없는 정치적 표현까지 모두 금지·처벌하는 것에 있고, 이와 관련하여 정치적 표현행위의 방법을 어느 정도로 허용할 것인지는 입법자가 논의를 거쳐 결정할 사항이라고 할 것이므로, 심판대상조항에 대하여 헌법불합치 결정을 선고하되, 2023. 7. 31.을 시한으로 입법자가 개정할 때까지 계속 적용을 명한다.[168)]

⑦ 심판대상조항의 위헌성은 보호기간의 상한을 설정하지 아니하여 장기간 또는 무기한 보호가 가능하도록 한 점과 보호의 개시 또는 연장 단계에서 공정하고 중립적인 기관에 의한 통제가 이루어지지 않고, 당사자에게 의견제출의 기회가 부여되어 있지 않은 점에 있다. 이러한 상황에서 심판대상조항에 대하여 단순위헌결정을 선고하게 되면 강제퇴거명령의 집행을 위한 보호의 근거규정이 사라지게 되어 강제퇴거명령을 받은 사람의 신병을 확보할 수 없게 되는 용인하기 어려운 법적 공백이 발생할 우려가 있다. 또한 입법자는 보호기간의 상한을 어떻게 설정할 것인지, 보호의 개시나 연장 단계에서 인신구속의 타당성을 심사할 기관을 어떻게 구성할 것인지와 의견제출의 기회를 어떠한 형태로 보장할 것인지 등 절차 형성에 관하여 입법재량을 가진다. 따라서 심판대상조항에 대하여 헌법불합치결정을 선고하되, 2025. 5. 31.을 시한으로 개선입법이 있을 때까지 계속 적용을 명한다.[169)]

⑧ 65세 미만의 일정한 노인성 질병이 있는 사람의 장애인 활동지원급여 신청자격을 제한하는 '장애인활동 지원에 관한 법률' 제5조 제2호 본문 중 '노인장기요양보험법 제2조 제1호에 따른 노인 등' 가운데 '65세 미만의 자로서 치매·뇌혈관성질환 등 대통령령으로 정하는 노인성 질병을 가진 자'에 관한 부분(이하 '심판대상조항'이라 한다)을 단순위헌으로 선언하여 즉시 효력을 상실하게 할 경우, 중복급여로 인한 문제가 발생할 가능성이 있고, 활동지원급여와 장기요양급여의 구분체계에 법적 공백이 초래될 우려가 있다. 또한 사회보장수급권의 특성상, 어떠한 방식으로 심판대상조항의 위헌성을 제거할 것인지

168) 헌재 2022. 7. 21. 2017헌가1등, 공보 310, 927.
169) 헌재 2023. 3. 23. 2020헌가1등, 판례집 35-1상, 364, 366.

는 원칙적으로 입법자의 입법재량에 속한다. 따라서 심판대상조항에 대하여 헌법불합치결정을 선고하고, 입법자의 개선입법이 있을 때까지 잠정적용을 명하기로 한다.[170)]

⑨ 일정기간 동안 선거에 영향을 미치게 하기 위한 인쇄물 살포를 금지하는 공직선거법 제93조 제1항 본문 중 '인쇄물 살포'에 관한 부분 및 이에 위반한 경우 처벌하는 공직선거법 제255조 제2항 제5호 중 '제93조 제1항 본문의 인쇄물 살포'에 관한 부분(이하 '심판대상조항'이라 한다)의 위헌성은 선거에서의 기회균등이나 공정성을 해치는 것이 명백하다고 볼 수 없는 정치적 표현행위의 방법까지 모두 금지·처벌하는 것에 있고, 이와 관련하여 정치적 표현행위의 방법을 어느 정도로 허용할 것인지는 입법자가 논의를 거쳐 결정할 사항이라고 할 것이므로, 위 조항들에 대하여 헌법불합치 결정을 선고하되, 2024. 5. 31.을 시한으로 입법자가 개정할 때까지 계속 적용을 명한다.[171)]

(2) 헌법불합치결정을 선고하면서 적용중지를 명한 사례

① 헌법불합치결정에 따라 실질적인 혼인관계가 존재하지 아니한 기간을 제외하고 분할연금을 산정하도록 개정된 국민연금법 조항을 개정법 시행 후 최초로 분할연금 지급사유가 발생한 경우부터 적용하도록 하는 국민연금법 부칙 제2조(이하 '심판대상조항'이라 한다)의 위헌성은 신법 조항 시행 후 분할연금 지급사유가 발생한 경우에 신법 조항을 적용하는 것에 있는 것이 아니라, 종전 헌법불합치결정일 이후에 분할연금 지급 사유가 발생한 경우 신법 조항 시행일 이후에 이행기가 도래하는 분할연금 수급권에 대하여도 신법 조항을 적용하지 않은 것이 평등원칙에 위반된다는 데 있다. 입법자는 종전 헌법불합치결정일부터 신법 조항 시행 전날까지 분할연금 지급사유가 발생하였고 연금액 변경처분 등이 확정되지 않은 사람들에 대하여 적어도 이 결정일 현재 아직 이행기가 도래하지 아니한 분할연금 수급권에 대해서는 신법 조항의 적용범위에 포함시켜 위헌적인 상태를 제거할 의무가 있고, 구체적으로 신법 조

170) 헌재 2020. 12. 23. 2017헌가22등, 판례집 32-2, 574.
171) 헌재 2023. 3. 23. 2023헌가4, 공보 318, 551.

항 시행일 이후 이행기가 도래하는 분할연금 중 어느 범위까지 신법 조항을 적용할 것인지는 입법자가 분할연금 수급권자의 신뢰 보호나 법적 안정성을 고려하여 정할 필요가 있다. 그러므로 심판대상조항에 대하여 2025. 12. 31.을 시한으로 입법자가 개정할 때까지 적용 중지를 명하는 헌법불합치결정을 한다.[172)]

② 국회의장 공관의 경계 지점으로부터 100미터 이내의 장소에서의 옥외집회 또는 시위를 일률적으로 금지하고, 이를 위반한 집회·시위의 참가자를 처벌하는 구 '집회 및 시위에 관한 법률' 제11조 제2호 중 '국회의장 공관'에 관한 부분 및 제23조 제3호 중 제11조 제2호 가운데 '국회의장 공관'에 관한 부분(이하 '이 사건 구법조항'이라 한다), '집회 및 시위에 관한 법률' 제11조 제3호 중 '국회의장 공관'에 관한 부분 및 제23조 제3호 중 제11조 제3호 가운데 '국회의장 공관'에 관한 부분(이하 '이 사건 현행법조항'이라 하고, 이 사건 구법조항과 통틀어 '심판대상조항'이라 한다)과 관련하여, 국회의장 공관 인근의 옥외집회·시위 중 어떠한 형태의 것을 예외적으로 허용함으로써 집회의 자유를 필요최소한의 범위에서 제한할 것인지는 입법자의 판단에 맡기는 것이 바람직하다. 따라서 이 사건 구법조항에 대하여 헌법불합치결정을 선고하되, 위 조항은 이미 개정되어 향후 적용될 여지가 없으므로 그 적용을 중지한다.[173)]

③ 소년에 대한 수사경력자료의 삭제와 보존기간에 대하여 규정하면서 법원에서 불처분결정된 소년부송치 사건에 대하여 규정하지 않은 구 '형의 실효 등에 관한 법률' 제8조의2 제1항 및 제3항(이하 '구법 조항'이라 한다)에 대하여 단순위헌결정을 하는 경우 수사경력자료의 삭제 및 소년에 대한 수사경력자료의 보존기간에 대한 근거규정이 사라지게 되는 불합리한 결과가 발생하고, 심판대상조항의 위헌성을 제거하는 방식에 대하여는 입법자의 재량이 인정된다. 따라서 구법 조항에 대하여 헌법불합치 결정을 선고하되, 계속적용을 명한다면 위헌선언의 효력이 당해사건에 미치지 못할 우려가 있으므로 그 적용을 중지한다.[174)]

172) 헌재 2024. 5. 30. 2019헌가29, 판례집 36-1하, 1, 2.
173) 헌재 2023. 3. 23. 2021헌가1, 판례집 35-1상, 423, 424.

④ 구 공직선거법 제261조 제5항 제1호(이하 '이 사건 구법 조항'이라 한다) 및 공직선거법 제261조 제5항 제1호(이하 '이 사건 신법 조항'이라 한다)은 헌법에 위반되므로 원칙적으로 위헌결정을 하여야 할 것이나, 이 사건 심판대상조항의 위헌성은 과태료 제재 자체에서가 아니라 과태료의 기준 및 액수의 획일성, 과중성에서 비롯된 것인데, 이 사건 심판대상조항에 대하여 단순위헌결정을 선고하여 당장 그 효력을 상실시킬 경우에는 입법자가 위헌의 취지에 맞추어 이 사건 심판대상조항을 개정하게 될 때까지 법적 규제의 공백상태가 되어 법 집행상의 혼란과 형평의 문제가 발생할 수 있고, 위헌적인 조항들을 합헌적으로 조정하는 임무는 원칙적으로 입법자의 형성재량에 속하는 사항이라는 점 등을 고려하여 헌법불합치결정을 선고하되, 입법자가 개선 입법에 의하여 위헌성을 제거할 때까지 법원 기타 국가기관 및 지방자치단체는 이 사건 심판대상조항의 적용을 중지하고 위헌성이 제거된 개정조항을 기다려 이를 적용하도록 하는 것이 상당하다.[175]

174) 헌재 2021. 6. 24. 2018헌가2, 판례집 33－1, 638, 639.
175) 헌재 2009. 3. 26. 2007헌가22, 판례집 21－1상, 337, 338－339.

제 6 장

탄핵심판

제 1 절 탄핵심판제도의 의의와 연혁 및 법적 성질

1. 탄핵심판제도의 의의

탄핵심판제도는 고위직 공직자에 의한 헌법침해로부터 헌법을 보호하기 위한 헌법재판제도이다. 즉, 탄핵심판제도는 대통령을 비롯한 고위직 공직자를 대상으로 그 법적 책임을 헌법이 정하는 특별한 소추절차에 따라 추궁함으로써 헌법을 보호하는 제도이다. 일반사법절차에 따라 책임을 추궁하기 어렵거나 징계절차에 따라 징계하기도 곤란한 고위직 공직자나 헌법상 독립된 국가기관의 신분이 보장된 공직자가 헌법이나 법률을 위반할 때 법적인 책임추궁을 가능하게 하는 제도이다. 현행 헌법상 탄핵심판의 대상이 되는 공직자 중 국무총리·국무위원·행정각부의 장 등의 경우에는 국회에서 해임'의결'의 대상이 아니라 해임'건의'의 대상이 되므로 헌법재판소의 탄핵심판에 의해 그 법적 책임을 물을 수 있다는 점에서 탄핵심판제도는 실질적 의미를 지니고 있다.

2. 우리나라 탄핵심판제도의 연혁

우리나라 탄핵심판제도는 1948년 제헌헌법 이래로 계속되어 규정되어 온 헌법상 제도이다. 정치적 상황이나 헌법개정절차에 따라 탄핵대상, 소추기관, 심판기관은 변화되었지만, 탄핵사유는 동일하게 유지되었다.

현행 헌법에서는 탄핵소추기관과 탄핵심판기관을 구분하여, 탄핵소추권을 '국회'(헌법 제65조)에게, 탄핵심판권을 '헌법재판소'(헌법 제111조 제1항 제2호)에게 부여하고 있다.

우리 헌정사에서 탄핵사건으로는 1985년 10월 18일 신민당 소속 국회의원 102명이 발의한 당시의 대법원장(유태흥)에 대한 탄핵소추결의안이 발의되었고, 이 결의안은 1985년 10월 21일 국회 본회의에서 부결되었다. 한편, 1994년 12월 19일에는 당시 검찰총장(김도언)에 대한 탄핵소추안이 국회 본회의에서 부결되었다. 1998년 이후 검찰총장 및 대검차장에 대한 탄핵소추안이 여러 차례 발의되었다.

2004년 3월 12일 국회에서 노무현 대통령에 대한 탄핵소추 의결이 이루어졌고, 2004년 5월 14일 헌법재판소의 기각결정을 받게 되었다.[1] 2016년 12월 9일 국회에서 박근혜 대통령에 대한 탄핵소추 의결이 이루어졌고, 2017년 3월 10일 헌법재판소에서 탄핵심판 인용결정(파면 결정)이 내려졌다.[2]

2024년 12월 7일 윤석열 대통령 탄핵소추가 의결되었고 2024년 12월 27일 한덕수 대통령 권한대행 겸 국무총리의 탄핵소추도 의결되었다.[3] 2021년 이후로는 임성근 판사에 대한 탄핵소추안이 의결된 것을 비롯하여 2023년에는 이상민 행안부 장관, 안동완 검사, 손준성 검사, 이정섭 검사에 대한 탄핵소추안이 의결되었다. 이동관, 김홍일 방통위 위원장과 이상인 방통위 위원장 직무대행 겸 부위원장에 대한 탄핵소추안은 발의 직후 의결 이전에 해당 인사들의 자진사퇴가 있었다. 2024년 8월 2일 이진숙 방송통신위원장 탄핵소추가 의결되었고 2025년 1월 23일 헌법재판소는 이진숙 방송통신위원장 탄핵심판

1) 헌재 2004. 5. 14. 2004헌나1, 판례집 16-1, 609.
2) 헌재 2017. 3. 10. 2016헌나1, 판례집 29-1, 1.
3) https://www.bbc.com/korean/articles/cdd6q730mmgo

에서 기각결정을 하였다. 또한 2024년 12월 5일 최재해 감사원장에 대한 탄핵소추안이 가결되었고, 같은 날 이창수 서울중앙지검장 등 검사 3명에 대한 탄핵소추안이 국회 본회의를 통과했다. 4명의 검사에 대한 탄핵소추안은 법사위 조사가 진행 중이라는 점을 고려할 때, 2024년과 2025년 사이에 국회의 다수당 주도로 탄핵소추가 급증하였고, 발의에 그치지 아니하고 탄핵소추가 의결된 경우도 많아졌다.

2024년 12월 14일 국회에서 윤석열 대통령 탄핵소추안이 가결되었고, 2025년 4월 4일 헌법재판관 8인의 인용결정으로 윤석열 대통령은 파면되었다(헌법 제65조 제4항).[4)]

3. 탄핵심판의 법적 성격

탄핵심판은 고위공직자가 권한을 남용하여 헌법이나 법률을 위반하는 경우 그 권한을 박탈함으로써 헌법질서를 보호하는 헌법재판이다.[5)] 탄핵결정은 대상자를 공직으로부터 파면함에 그치고 형사상 책임을 면제하지 아니한다(헌법 제65조 제4항)는 점에서 탄핵심판절차는 형사절차나 일반 징계절차와는 그 성격을 달리한다.[6)]

탄핵심판제도는 1948년 제헌헌법 이래로 계속 존속되어 온 제도이다. 정치적 상황의 변화에 따라, 그리고 이에 따른 여러 차례의 헌법개정으로 말미암아 탄핵의 대상, 소추기관, 심판기관이 변천을 겪게 되었지만, 탄핵의 사유는 동일하게 유지되었다. 탄핵제도에 관한 규범으로는 헌법 제65조(국회의 탄핵소추권), 헌법 제111조 제1항 제3호(헌법재판소의 탄핵심판권)와 이를 구체화한 국회법 제130조 내지 134조(탄핵소추절차), 헌법재판소법 제48조 내지 제54조(탄핵심판절차)가 있다. 현행헌법은 탄핵심판에 관해서 소추기관과 심판기관을 나누어서 국회에게는 '소추권'을, 그리고 헌법재판소에는 그 '심판권' 을 부여하고 있다.

4) 헌재 2025. 4. 4. 2024헌나8.
5) 헌재 2004. 5. 14. 2004헌나1.
6) 헌재 2024. 8. 29. 2023헌나4, 공보 335, 1329, 1333.

탄핵은 일반적인 사법절차나 징계절차에 따라 소추 또는 징계하기 곤란한 행정부의 고위직 공무원과 법관 등을 의회가 소추하여 파면하는 절차로서, 고위직 공직자를 그 직에서 물러나게 하는데 그치는 것이 아니라, 탄핵을 통하여 훼손된 헌법질서를 복원시킴으로써 국가기능이 정상적으로 작동되도록 하는 헌법질서의 회복, 특히 법치주의의 수호를 목적으로 하고 있다.[7] 탄핵의 사유 또한 '직무집행에 있어서 헌법이나 법률을 위반한 때(헌법 제65조 제1항)로 국한되며, 최종적인 결정권이 독립된 사법기관인 헌법재판소에 있다. 즉, 탄핵을 통한 공직 박탈은 국회에 의한 탄핵소추절차와 헌법재판소에서의 탄핵심판절차를 통하여 단계적으로 구현되는데, 그 중 헌법재판소에 의한 탄핵심판절차는 '사법절차'에 의해 법적 책임을 물어 고위직 공직자를 파면하는 결정을 선고하는 '규범적 심판절차'이다.[8] 즉, 탄핵심판제도는 훼손된 헌법질서를 회복함으로써 법치주의를 수호하기 위한 제도이지 행정기관의 장이나 정부 부처가 업무를 제대로 이행하였는지, 그 업무처리는 적정했는지 판단하거나 평가하기 위한 제도가 아니다. 이러한 탄핵제도는 고위직 공직자에 대한 법적 책임을 추궁함으로써 고위직 공직자의 권력 행사에 있어서 헌법이나 법률 위반을 통해 발생할 수 있는 헌법 위반이나 위반의 위험을 제거하여 헌법질서를 수호하기 위한 것이다.[9]

제 2 절 탄핵의 대상 및 탄핵소추의 요건

1. 탄핵의 대상이 되는 공직자

현행 헌법 제65조 제1항과 헌법재판소법 제48조에 의하면, 탄핵의 대상이 되는 공무원은 대통령, 국무총리, 국무위원, 행정각부(行政各部)의 장, 헌법재

7) 헌재 2021. 10. 28. 2021헌나1, 판례집 33-2, 321, 341.
8) 헌재 2017. 3. 10. 2016헌나1, 판례집 29-1, 1, 8, 14, 46-48.
9) 박진우, "탄핵제도에 관한 입법론적 연구", 공법연구 제38집 제1호 제2권, 2009. 10, 90면.

판소 재판관, 법관, 중앙선거관리위원회 위원, 감사원장, 감사위원, 그 밖에 법률에서 정한 공무원이다.

헌법재판소 재판관이 탄핵대상이 되는 경우에는 재판관 3인 이상을 동시에 소추할 수 없다(헌재법 제23조 제1항, 제50조). '그 밖에 법률에서 정한 공무원'에 어떤 공무원이 속하는지에 관해 여러 견해가 있다. 현행법상 검찰청법 제37조의 검사의 신분보장 규정에 의거하여 검사를 탄핵대상으로 한다. 그 밖에 방송통신위원회 위원장,[10] 경찰청장, 각급 선거관리위원회 위원 등 탄핵제도의 취지를 생각할 때 일반사법절차에 의한 소추나 징계절차에 의한 징계처분이 곤란한 고위직 공무원이 여기에 속한다고 볼 수 있다.

2. 탄핵소추의 요건

헌법 제65조 제1항은 대통령 등의 탄핵소추대상자가 "그 직무집행에 있어서 헌법이나 법률을 위배한 때" 탄핵소추를 할 수 있다고 규정하고 있다. 이러한 헌법규정으로부터 '직무집행 관련성', 헌법과 법률의 위배시, 중대한 법위반성 이라는 탄핵의 3가지 요건을 도출할 수 있다.

(1) 직무집행 관련성

헌법에서는 탄핵소추사유를 '그 직무집행에 있어서 헌법이나 법률을 위배한 때'라고 명시하여 헌법재판소가 탄핵심판을 관장하게 함으로써 탄핵절차를 정치적 심판절차가 아닌 규범적 심판절차로 규정하고 있다. 여기서 '직무'란 법제상 소관 직무에 속하는 고유 업무와 사회통념상 이와 관련된 업무를 말하고, 법령에 근거한 행위뿐만 아니라 고위직 공직자의 지위에서 직무수행과 관련하여 행하는 모든 행위를 포괄하는 개념이다.[11] 헌법 제65조 제1항의 직무 '집행'이라 함은 법제상 소관 직무에 속하는 고유 업무와 사회통념상 이와 관

10) 방송통신위원회의 설치 및 운영에 관한 법률 제6조 제5항 "국회는 위원장이 그 직무를 집행하면서 헌법이나 법률을 위배한 때에는 탄핵의 소추를 의결할 수 있다."

11) 헌재 2017. 3. 10. 2016헌나1; 헌재 2023. 7. 25. 2023헌나1; 헌재 2024. 5. 30. 2023헌나2; 헌재 2024. 8. 29. 2023헌나4, 공보 335, 1329, 1335.

련된 업무를 근거로 구체적으로 외부에 표출되고 현실화되는 것을 말한다. 따라서 순수한 직무행위 그 자체만을 뜻하는 것은 아니고 직무행위의 외형을 갖춘 행위까지 포함되나, 직무집행과 관계가 없는 행위는 탄핵의 사유가 될 수 없다.[12]

헌법에서는 탄핵소추사유로 '직무집행 관련성'을 요구하고 있다. 따라서 헌법이나 법률 위반행위는 '재직 중'의 행위로 한정되고, 재직 전의 행위는 해당되지 않는다.[13] 여기서 직무상 행위는 '법령'에 근거한 행위로 볼 수 있다. 그러나 헌법재판소는 직무상의 행위를 법령에 국한하지 않고 조례, 행정관행에 의하여 그 지위의 성질상 수반되는 모든 행위를 의미하는 것으로 판시하고 있다.[14]

(2) '헌법이나 법률을 위배한 때'의 의미

헌법 제65조 제1항의 "대통령…이 그 직무집행에 있어서 헌법이나 법률에 위배한 때에는 국회는 탄핵의 소추를 의결할 수 있다."는 문언 중 '헌법'은 형식적 의미의 헌법뿐만 아니라 실질적 의미의 헌법을 포함한다. 헌법재판소는 헌법상 탄핵사유를 '헌법이나 법률에 위배한 때'로 규정하고 있는데, 여기서 '헌법'에는 "명문의 헌법규정뿐만 아니라 헌법재판소의 결정에 따라 형성되어 확립된 불문헌법도 포함되고, '법률'에는 형식적 의미의 법률과 이와 동등한 효력을 가지는 국제조약 및 일반적으로 승인된 국제법규 등이 포함된다."고 판시하고 있다.[15] 다만, 여기서 '법률'은 헌법적·정치적 중요성이 있는 법률만을 의미한다는 목적론적 축소해석을 해야 한다는 견해가 있다.[16] 탄핵심판절차는 헌법이나 법률을 위배한 때로 국한하여 법적 위반 여부만을 판단하는 것이므로, 정책결정상의 잘못이나 정치적 무능력 등 직무수행의 성실성 여부는 소추사유가 될 수 없기 때문에, 탄핵심판절차의 판단대상이 되지 않는다.[17]

---

12) 헌재 2024. 8. 29. 2023헌나4, 공보 335, 1329.
13) 허창환, "탄핵심판에 관한 연구", 공법연구 제51집 제4호, 2023. 6, 99면.
14) 헌재 2004. 5. 14. 2004헌나1, 판례집 16-1, 609, 633.
15) 헌재 2004. 5. 14. 2004헌나1, 판례집 16-1, 609, 633; 헌재 2017. 3. 10. 2016헌나1, 판례집 29-1, 1, 20-21.
16) 한수웅, "대통령에 대한 탄핵심판절차", 헌법학연구 제11권 제1호, 2005. 3, 489-490면.
17) 헌재 2017. 3. 10. 2016헌나1, 판례집 29-1, 1, 49.

헌법 제65조 제1항의 '헌법이나 법률에 위배한 때'란 고의뿐만 아니라 과실에 의한 행위도 포함된다는 것이 통설이다.[18] 헌법재판소의 결정에 의하면, 탄핵심판절차는 법적인 관점에서 단지 탄핵사유의 존부만을 판단하는 것이므로, 정치적 무능력이나 정책결정상의 잘못 등 직무수행의 성실성 여부는 그 자체로서 소추사유가 될 수 없어, 탄핵심판절차의 판단대상이 되지 않는다고 하였다.[19] 즉, 탄핵심판은 정치적·정책적 판단의 부당성을 다투는 것이 아니라, 법적인 판단을 하는 것이다. 또한 고위공직자의 직무 수행의 결과에 대한 책임을 묻는 것이 아니라는 것이다. 직무수행의 성실성은 추상적 판단에 의해서가 아니라, 헌법이나 법률에 따라 고위직 공직자에게 성실한 직무수행 의무가 구체적으로 부여되어 있는 경우, 그 의무 위반은 헌법 또는 법률 위반이 되어 탄핵사유를 구성하게 된다.[20]

(3) 법위반의 중대성

탄핵심판이 헌법의 수호와 유지를 그 본질로 하고 있다는 점에서, '법위반의 중대성'[21]이란 '헌법질서의 수호의 관점에서의 중대성'을 의미하는 것이다. 국회는 고위직 공직자의 직무행위가 헌법이나 법률을 위배한 때에는 직무행위의 위배가 경미한지 아니면 중대한지 관계없이 또한 직무행위의 위배가 고의성을 가지든 아니면 과실에 의한 것이든 관계없이 탄핵소추할 수 있다.[22] 국회의 탄핵소추에는 명확한 증거를 요하지 않고 다수결 원리에 의하여 재량으로 의결할 수 있다. 독일의 경우에 독일 기본법 제61조 제1항과 독일 연방헌법재판소법 제49조 제1항에서는 "기본법 또는 그 밖의 연방법률을 고의로 위반한 이유로 연방대통령을 탄핵소추할 수 있다."고 규정하고 있다.

---

18) 허 영, 『한국헌법론』, 박영사, 2023, 891면; 성낙인, 『헌법학』, 법문사, 2023, 505면; 정종섭, 『헌법학원론』, 박영사, 2019, 1067면.

19) 헌재 2004. 5. 14. 2004헌나1, 판례집 16-1, 609, 654; 헌재 2017. 3. 10. 2016헌나1, 판례집 29-1, 1, 49.

20) 헌재 2017. 3. 10. 2016헌나1, 판례집 29-1, 1, 49.

21) 여기서 '법위반의 중대성'은 미국 연방헌법의 탄핵사유 중 '중대한 범죄'에 해당한다는 견해가 있다(정영화, "대통령 탄핵, '중대한' 법위반", 미국헌법연구 제27권 제3호, 2016. 12, 245면).

22) 표명환, "현행법상의 탄핵관련 규정의 몇 가지 문제점과 개선 입법방향", 법제연구 제54호, 2018. 6, 14면.

법위반의 중대성과 관련하여 헌법재판소는 "'법위반이 중대한지' 또는 '파면이 정당화되는지'의 여부는 그 자체로서 인식될 수 없는 것이므로, '법위반이 어느 정도로 헌법질서에 부정적 영향이나 해악을 미치는지의 관점'과 '피청구인을 파면하는 경우 초래되는 효과'를 서로 형량하여 탄핵심판청구가 이유 있는지의 여부 즉, 파면 여부를 결정해야 한다."고 판시하고 있다.[23] "법위반이 어느 정도로 헌법질서에 부정적 영향이나 해악을 미치는지의 관점"은 "고위공직자의 법위반행위가 헌법질서에 미치는 부정적 영향이나 해악이 중대하여 침해된 헌법질서를 다시 회복하고 헌법을 수호할 수 없는 정도인지 여부이다."[24]

탄핵심판에 적용되는 법위반의 '중대성' 요건에서 '중대성'의 정도는 탄핵심판 피청구인이 헌법질서에서 차지하는 지위, 중요성, 권위, 국가에서 담당하는 역할 등을 고려하여 판단해야 한다.[25] 고위직 공직자를 탄핵하기 위해서는 고위직 공직자의 법 위반행위가 헌법질서에 미치는 부정적 영향과 해악이 중대하여 고위직 공직자를 파면함으로써 얻는 헌법 수호의 이익이 고위직 공직자 파면에 따르는 국가적 손실을 압도할 정도로 커야 한다.

제 3 절 국회의 탄핵소추

우리나라 헌법상 탄핵의 소추기관은 대의기관인 '국회'이다. 따라서 국회가 행하는 탄핵소추의 의결은 탄핵대상자에 대한 대의적 책임추궁의 의미도 함께 갖게 된다.

---

23) 헌재 2004. 5. 14. 2004헌나1, 판례집 16-1, 609, 615.
24) 헌재 2024. 5. 30. 2023헌나2, 판례집 36-1하, 37, 67.
25) 김진욱, "대통령 탄핵사유에 대한 소고", 법학논총 제44집, 2019. 5, 130면.

1. 탄핵소추의 발의

(1) 국회재적의원 3분의 1 이상 또는 과반수의 발의

탄핵소추는 국회재적의원 3분의 1 이상의 발의로 한다. 다만, 대통령에 대한 탄핵소추 발의만은 국회재적의원 과반수의 발의가 있어야 한다(헌법 제65조 제2항). 탄핵소추의 발의에는 피소추자의 성명·지위와 탄핵소추의 사유·증거 기타 조사상 참고가 될만한 자료를 제시하여야 한다(국회법 제130조 제3항). 탄핵소추의 발의가 있는 때에는 국회의장은 즉시 본회의에 보고하고 본회의는 의결로 법제사법위원회에 회부하여 조사하게 할 수 있다(국회법 제130조 제1항). 법제사법위원회가 탄핵소추의 발의를 회부받았을 때에는 지체없이 조사·보고하여야 하고 그 조사에 있어서는 '국정감사 및 조사에 관한 법률'이 규정하는 조사의 방법 및 조사상의 주의의무규정이 준용된다(국회법 제131조 제1항, 제2항). 조사를 받은 국가기관은 그 조사를 신속히 완료시키기 위하여 충분한 협조를 하여야 한다(국회법 제132조).

현행법은 탄핵사유의 시효에 관하여는 규정하고 있지 않으므로, 국회는 탄핵대상자가 공직에 있는 한 언제든지 탄핵소추를 발의할 수 있다. 그러나 이미 헌법재판소에서 탄핵심판을 받은 사건은 일사부재리(一事不再理) 원칙에 의하여(헌재법 제39조) 국회에서 다시 소추발의의 대상이 될 수 없다.

(2) 적법절차의 적용 여부

탄핵소추절차는 국회와 대통령이라는 헌법기관 사이의 문제이고, 국회의 탄핵소추의결에 따라 사인으로서 대통령 개인의 기본권이 침해되는 것이 아니다. 국가기관이 국민에 대하여 공권력을 행사할 때 준수하여야 하는 법원칙으로 형성된 적법절차의 원칙을 국가기관에 대하여 헌법을 수호하고자 하는 탄핵소추절차에 직접 적용할 수 없다.[26] 그 외 달리 탄핵소추절차와 관련하여 피소추인에게 의견진술의 기회를 부여할 것을 요청하는 명문의 규정도 없다.[27]

---

26) 헌재 2017. 3. 10. 2016헌나1, 1, 2.

2. 탄핵소추의 의결

(1) 국회재적의원 과반수 또는 3분의 2 이상 찬성

탄핵소추의 의결은 국회재적의원 과반수의 찬성이 있어야 한다. 다만 대통령에 대한 탄핵소추 의결만은 국회 재적의원 3분의 2 이상의 찬성이 있어야 한다(헌법 제65조 제2항). 국회 본회의가 조사를 위하여 법제사법위원회에 회부하기로 의결하지 아니한 때에는 본회의에 보고된 때로부터 24시간 이후 72시간 이내에 탄핵소추의 여부를 무기명투표로 표결한다. 이 기간 내에 표결하지 아니한 때에는 그 탄핵소추안은 폐기된 것으로 본다(국회법 제130조 제2항). 본회의의 탄핵소추의 의결은 피소추자의 성명·직위 및 탄핵소추의 사유를 표시한 문서(소추의결서)로 하여야 한다(국회법 제133조).

탄핵소추의 의결이 있는 때에는 국회의장은 지체없이 소추의결서의 정본을 소추위원인 법제사법위원장에게 송달하고 그 등본을 헌법재판소·피소추자와 그 소속기관의 장에게 송달한다(국회법 제134조 제1항).

(2) 대통령 권한대행에 대한 탄핵소추 의결정족수

국회는 2024년 12월 27일 한덕수 대통령 권한대행 겸 국무총리에 대한 탄핵소추안을 가결했으며, 헌정사상 처음으로 대통령 권한대행이 탄핵된 사례가 되었다. 한덕수 대통령 권한대행 탄핵소추안은 192명의 찬성으로 통과되었고, 이 과정에서 여당인 국민의힘은 표결에 불참했다. 이와 관련하여, 한덕수 국무총리 탄핵소추안 의결정족수에 대해 국민의힘은 '재적의원 3분의 2'(200석)을 주장하고 더불어민주당은 '재적의원 과반수'(151석)을 주장하였다. 국회 입법조사처는 더불어민주당 김한규 의원의 질의에 답변하는 방식으로 한덕수 대통령 권한대행 겸 국무총리에 대한 탄핵소추안 의결정족수는 151명이라고 밝혔다. 국회의장은 탄핵소추안 표결에 앞서 "이 안건은 국무총리 한덕수에 대한 탄핵소추안"이라며 "헌법 제65조 제2항에 따라 재적의원 과반수의 찬성으로 의결한다는 점을 말씀드린다"라고 설명했다.

---

27) 헌재 2004. 5. 14. 2004헌나1, 609, 610.

국무총리의 대통령 권한대행 수행 중 탄핵소추 정족수와 관련하여, 대통령 권한대행인 국무총리는 대통령 권한대행 직무 수행에 대해 정치적 책임을 지지만, 국무총리라는 직책에는 변함이 없다. 한덕수 국무총리는 헌법에 따라 대통령 권한을 대신하여 행사하는 국무총리이자 대통령 권한대행이지, 대통령은 아니니다. 이러한 입장에서 대통령 권한대행에 대한 탄핵소추 정족수 요건은 재적의원 과반수이다.

대통령은 공직선거를 통해 대통령으로서의 직을 취득함에 있어서 민주적 정당성을 획득하였고, 정치적 안정성 등을 고려하여 탄핵소추에 가중 정족수(재적의원 3분의 2)를 적용하는 것이다. 권한대행의 경우에는 대통령 사고의 경우 일시적으로, 대통령 궐위의 경우 후임 대통령 선출 전까지 임시로 대통령 직을 대행하는 것이지 대통령 신분을 획득한 것은 아니다.

헌법재판소는 "국무총리는 헌법 제86조에 따라 그 임명에 국회의 동의를 얻어 대통령이 임명하기는 하지만, 이는 국민으로부터 직접 선출된 대통령의 민주적 정당성과 비교하여 상당히 축소된 간접적인 민주적 정당성만을 보유하고 있으므로, 대통령 권한대행자로서 국무총리는 대통령과는 확연히 구분되는 지위에 있다. 또한 헌법 제71조가 규정하는 대통령 권한대행은 헌법과 법령상으로 대행자에게 미리 예정된 기능과 과업의 수행을 의미하는 것이지, '권한대행' 또는 '권한대행자'라는 공직이나 지위가 새로이 창설되는 것이라 볼 수 없다. 여기에 해당 공직의 박탈을 통하여 헌법을 수호하고자 하는 탄핵심판 제도의 취지를 종합하면, 대통령의 권한을 대행하는 국무총리에 대한 탄핵소추에는 본래의 신분상 지위에 따라 헌법 제65조 제2항 본문에 의한 의결정족수를 적용함이 타당하다. 이 사건 탄핵소추는 국무총리에 대한 탄핵소추 의결정족수인 국회재적의원 과반수의 찬성으로 의결되었으므로, 이를 근거로 한 이 사건 탄핵심판 청구는 적법하다."고 판단하였다.[28)]

28) 헌재 2025. 3. 24. 2024헌나9, 공보 342, 407.

3. 탄핵소추의 효과

국회에서 탄핵소추가 의결되어 소추의결서가 송달된 때에는 피소추자는 헌법재판소의 심판이 있을 때까지 그 권한행사가 정지된다(헌법 제65조 제3항, 헌재법 제50조, 국회법 제134조 제2항). 따라서 권한행사정지의 시점은 국회의 탄핵소추의결의 시점이 아니라 소추의결서가 피소추자에게 송달된 때이다. 그러나 권한행사정지의 효력이 종료하는 시점은 헌법재판소의 탄핵심판에 대한 종국결정의 송달시가 아니라 선고시로 보아야 할 것이다. 권한행사가 정지된 상태에서 임명권자는 피소추자의 사직원을 접수하거나 해임할 수 없다(국회법 제134조 제2항). 이에 위반한 사직원의 접수 또는 해임은 무효이다. 탄핵심판결정의 효과는 파면에 있는데 사직원의 접수 또는 해임은 파면의 법적 효과에 이르지 않기 때문이다.

4. 탄핵소추 의결로 인한 대통령 권한대행

대통령에 대한 탄핵소추가 의결되면, 대통령의 권한행사가 정지되고 대통령 권한대행이 직무를 수행한다.

(1) 대통령 권한대행의 사유

현행 헌법 제71조에는 "대통령이 궐위되거나 사고로 인하여 직무를 수행할 수 없을 때에는 국무총리, 법률이 정한 국무위원의 순서로 그 권한을 대행한다."고 규정되어 있다. 이 헌법조항에 의하면 국무총리가 제1순위 권한대행자이고, 그 다음으로 법률이 정한 국무위원의 순서로 권한대행자가 결정된다. 여기서 '법률이 정한 국무위원의 순서'란 「정부조직법」 제12조 제2항에 따라 의장(대통령)이 사고로 직무를 수행할 수 없는 경우에는 부의장인 국무총리가 그 직무를 대행하고, 의장과 부의장이 모두 사고로 직무를 수행할 수 없는 경우에는 기획재정부장관이 겸임하는 부총리, 교육부장관이 겸임하는 부총리 및 제26조 제1항에 규정된 순서에 따라 국무위원이 그 직무를 대행한다고 규정하고 있다. 그리고 정부조직법 제26조 제1항[29]에서 규정된 국무위원의 순서라고 해석할 수 있다. 다만, 대통령직을 정상적으로 수행할 수 없는 대통령 권한대행의 사유에 따라 '궐위'와 '사고'로 나누어 살펴볼 수 있다. 이는 대통령 권한대행의 기간과 그 직무범위 등과 관련하여 양자로 나눌 실익이 있기 때문이다.

1) 대통령의 궐위

대통령의 '궐위'(presidential vacancy)라 함은 대통령이 취임은 하였으나 현직 대통령이 대통령직에 있지 않은 모든 상태를 의미하는 것으로 헌법상의 대통령직에 대통령이 법적으로 존재하지 않는 경우이다. 구체적으로 현직 대통령이 사망한 경우, 대통령이 헌법재판소의 탄핵결정으로 인해 파면된 경우(헌법 제65조 제4항), 대통령이 판결 등 기타의 사유로 인해 자격을 상실한 경우, 대통령 취임 후 선거무효 또는 당선무효로 인해 자격을 상실한 경우, 사임한 경우 등 대통령직이 공석이 된 경우가 이에 해당한다.[30] 또한 헌법 제71조의 규정에 비추어 본다면, 궐위를 원래의 의미에 한정하는 것이 아니라 대통령직에 취임하기 전에 "대통령 당선자가 사망하거나 판결 기타의 사유로 자격을 상실한 때"를 포괄한다.[31] 그렇지만 이는 엄격한 의미에서 보면, 대통령직 자체에 대한 궐위가 현실적으로 발생한 경우가 아니므로 대통령 당선자의 '유고'라 할 수 있다. 그런데 대통령직에 취임한 후 현직 대통령이 사망한 경우에는 대통령의 사망을 확인한 보고서가 권한대행자에게 전달됨에 의하여 그 권한대행의 효과가 발생한다.[32]

2) 대통령의 사고

대통령의 '사고'라 함은 대통령이 재직 중임에도 불구하고 대통령이 직무

29) 「정부조직법」 제26조(행정각부) ① 대통령의 통할하에 다음의 행정각부를 둔다. 1. 기획재정부, 2. 교육부, 3. 과학기술정보통신부, 4. 외교부, 5. 통일부, 6. 법무부, 7. 국방부, 8. 행정안전부, 9. 국가보훈부, 10. 문화체육관광부, 11. 농림축산식품부, 12. 산업통상자원부, 13. 보건복지부, 14. 환경부, 15. 고용노동부, 16. 여성가족부, 17. 국토교통부, 18. 해양수산부, 19. 중소벤처기업부

30) 권영성, 「헌법학원론」, 법문사, 2010, 973면; 이승우, 「국가구조론」, 두남, 2008, 264면; 한수웅, 「헌법학」, 법문사, 1160면.

31) 성낙인, 「헌법학」, 법문사, 2011, 1053면.

32) 이승우, 「국가구조론」, 두남, 2008, 264면.

를 수행할 수 없는 경우이다. 즉, 현직 대통령이 대통령직에 재직하고 있으나 대통령의 권한을 행사하는 것이 불가능한 모든 상태를 의미한다. 예를 들면, 대통령의 재임 중 질병, 요양, 국회의 탄핵소추의결에 의해 대통령의 권한행사가 정지된 경우(헌법 제65조 제3항) 등으로 직무를 수행할 수 없는 경우가 이에 해당한다. 대통령의 장기간의 해외순방, 장기간의 해외여행 등을 사고에 포함시키고 있다.[33] 그러나 외국에 장기거주하더라도 대통령의 권한행사가 불가능한 것은 아니기 때문에, 이를 사고가 발생한 것으로 보기는 어렵다.

대통령의 권한대행의 사유에 해당하는 '사고로 인하여 직무를 수행할 수 없을 때'란 단순히 사고의 발생을 의미하는 것이 아니라 그로 인하여 대통령의 직무수행이 불가능한 것을 의미하므로, '사고의 발생'과 함께 '직무를 수행할 수 없는 상태의 발생'이라는 두 가지 요건이 충족되어야 한다.

3) 불분명한 경우

일반적인 궐위 또는 사고 사유가 발생하는 경우에는 헌법 규정에 따라 국무총리 권한대행 체제를 거쳐 보궐선거나 대통령의 직무복귀가 이루어진다. 그러나 사고, 질병, 요양 등에 따라 더 이상 대통령직을 수행할 수 없게 되는 상황에 이르게 되는 사태가 발생한 경우에는 후속절차에 대한 헌법 규정이 불명확하다. 예를 들면, 재임 중인 대통령 자신이 건강 상실상태로 인한 직무수행이 어려움을 인정하여 국무총리가 권한대행을 시작한 경우는 일반적인 '사고'에 해당한다. 그러나 대통령이 갑자기 합리적인 의사결정을 할 수 없을 정도의 혼수상태, 정신질환, 뇌사상태 등에 처한 경우에는 대통령이 대통령직 수행에 대한 자신의 의사표시를 하지 못하는 경우이기 때문에 이를 '궐위'로 보아 후임 대통령을 선출할 것인지 아니면 계속하여 국무총리 '권한대행' 체제로 운영할 것인지가 불분명하다. 이러한 경우 '사고'에 해당한다면, 이러한 사고 발생 여부에 대한 판단을 할 수 있는 객관적 제3자가 헌법에 지정되어 있어야 한다.

대통령에 대한 국회의 탄핵소추의결의 경우처럼 사고의 사유가 명백한

---

33) 권영성, 「헌법학원론」, 법문사, 2010, 974면; 한수웅, 「헌법학」, 법문사, 1160면.

경우를 제외하고는 권한대행의 필요성 여부는 제1차적으로 대통령 자신이 결정할 수 있다. 그러나 대통령이 정신장애나 장기간의 혼수상태 등으로 인해 권한대행 필요 여부를 결정할 수 없을 경우를 대비하여 사전적으로 법에 규정할 필요가 있다.[34] 이러한 경우 권한대행자나 사고 발생 여부에 '판단권자'를 법률이 아닌 헌법에 규정해야 할 필요가 있다. 현재로서는 헌법에 규정이 없기 때문에 '국회'가 그 결정권한을 지니는 것이 바람직하다. 현행 헌법상 권한대행자가 국무총리 및 국무위원이므로 국무회의에서 결정하는 것은 합리적이지 못하다.

(2) 대통령 권한대행의 직무범위

대통령이 궐위되거나 사고로 인하여 직무를 수행할 수 없을 때 대통령의 권한을 대행하는 자는 대통령의 권한을 행사함에 있어서 법적으로 아무런 제한을 받지 않으므로 대통령의 모든 권한을 행사할 수 있다. 그러나 국정 공백을 막기 위해 불가피하게 인정되는 권한대행제도의 특성상 권한행사가 현상유지에 그칠 수도 있고 현상변경일 수도 있어 대행하는 자의 직무범위에 대해서는 견해가 대립한다.

첫째, 그 원인이 무엇이든 권한대행자의 직무범위는 대통령의 직무와 같을 수는 없고 소극적이고 현상유지적인 권한행사로 제한되어야 한다는 견해,[35] 둘째, 원칙적으로는 대통령의 권한 전반에 걸치지만, 임시대리의 성질로 보아 다만 잠정적인 현상유지에만 국한되고, 정책의 전환, 인사 등과 같이 현상유지를 벗어나는 직무는 대행할 수 없다고 보는 견해,[36] 셋째, 대통령이 궐위된 경우와 사고로 인하여 직무를 수행할 수 없는 경우로 나누어 궐위의 경우에는 권한대행자는 대통령의 권한 전반에 걸쳐 직무를 대행하지만 사고의 경우에는 잠정적인 현상유지에 국한되고 기본정책의 전환이나 인사이동 등 현상유지를 벗어나는 직무는 대행할 수 없다고 보는 견해[37]가 있다. 다만, 인

---

34) 권영성, 「헌법학원론」, 법문사, 2010, 974면.
35) 허 영, 「한국헌법론」, 976면; 한수웅, 「헌법학」, 법문사, 2011, 1161면.
36) 김철수, 「헌법학개론」, 박영사, 2010, 1724면; 장영수, 「헌법학」, 홍문사, 2008, 1169면; 이부하, 「헌법학원론」, 신론사, 2008, 704면.

사가 현상유지에 해당되는지 아니면 현상변동에 해당하는지는 재고를 요한다.

프랑스 헌법에서는 제11조에서 규정하고 있는 대통령의 국민투표회부권과 제12조에서 규정하고 있는 하원 해산권은 권한대행이 행사할 수 없음을 제7조 제4항에서 명시하고 있다. 또한 프랑스 헌법 제7조 제11항에서 대통령의 궐위기간 동안 또는 대통령의 장애의 결정적 성격이 선언된 때부터 후임 대통령 선거까지의 기간 동안 헌법 제49조(불신임동의), 제50조(의회의 불신임에 따른 정부의 사직), 제89조(헌법개정)는 적용될 수 없다고 규정하고 있다.

어떠한 경우라도 대통령 권한대행은 일시적인 대행에 불과하므로 권한대행이 정상적인 대통령과 동일한 권한과 책임을 갖는다라고 보기는 어렵다. 다만 우리나라의 경우 프랑스 헌법에서와 같이 헌법에 구체적으로 직무범위를 규정하는 것도 고려해 봄직하다. 이 경우에도 대통령 권한대행자는 잠정적인 관리자에 불과하므로 현상유지적인 권한에 한정되어야 한다.

제 4 절 탄핵심판과 관련한 쟁점들

1. 적법절차의 적용 여부

(1) 사건의 개요

피청구인이 국회의 결정에 따라 대통령직에서 물러나겠다는 담화를 발표하였지만, 국회는 특별위원회를 구성하여 민간인에 의한 국정농단 의혹 사건에 대한 국정조사를 진행하였고 2016. 12. 1. 특별검사의 임명도 이루어졌다. 이어 국회는 우○호·박○원·노○찬 등 171명의 의원이 2016. 12. 3. 발의한 '대통령(박근혜)탄핵소추안'을 8일 본회의에 상정하였다. 2016. 12. 9. 피청구인에 대한 탄핵소추안이 제346회 국회(정기회) 제18차 본회의에서 재적의원 300

37) 권영성, 「헌법학원론」, 법문사, 2010, 974면.

인 중 234인의 찬성으로 가결되었고, 소추위원은 헌법재판소법 제49조 제2항에 따라 소추의결서 정본을 헌법재판소에 제출하여 피청구인에 대한 탄핵심판을 청구하였다.

(2) 결정요지

탄핵소추절차는 국회와 대통령이라는 헌법기관 간의 문제이고, 국회의 탄핵소추의결에 의해 사인으로서 대통령 개인의 기본권이 침해되는 것이 아니다. 국가기관이 국민에 대하여 공권력을 행사할 때 준수해야 하는 법원칙인 적법절차의 원칙을 탄핵소추절차에서 헌법을 수호해야 하는 국가기관에 직접 적용할 수 없다.[38] 탄핵소추절차와 관련하여서 피소추인에게 의견진술 기회를 부여하도록 하는 명문 규정도 없다[39]는 이유로, 피청구인에게 혐의사실을 정식으로 고지하지 않았고 의견제출 기회마저 부여하지 않았으므로 적법절차 원칙에 위반된다는 피청구인의 주장을 배척하였다.[40]

(3) 평가

적법절차원칙은 형사소송절차의 적법성 보장원리에서 출발하였지만, 오늘날에는 모든 국가작용, 즉 입법절차에서 적법성 보장원리이며 행정절차에서 적법성 보장원리로까지 발전한 것이다. 여기서 입법절차는 협의의 법률 제정절차만을 의미하는 것이 아니라 국회의 모든 의결절차를 의미하는 것이다.[41] 헌법재판소도 "적법절차원칙은 형사소송절차에 국한하지 않고 모든 국가작용에 대하여 적용된다."고 판시하고 있다.[42]

탄핵심판절차에서 공직자가 직무상 위법행위로 피청구인의 신분이 된 경우, 그 공직자는 국가기관의 담당자로서의 지위와 사인으로서의 지위, 즉 이중적 지위를 겸하고 있으므로, 탄핵대상자인 피청구인에게 혐의사실을 고지하

38) 헌재 2017. 3. 10. 2016헌나1, 1, 2.
39) 헌재 2004. 5. 14. 2004헌나1, 판례집 16-1, 609, 610.
40) 헌재 2004. 5. 14. 2004헌나1, 판례집 16-1, 609, 629-632.
41) 이승우, "대통령 노무현에 대한 탄핵심판결정의 평석", 헌법판례연구 제6권, 박영사, 2004, 269면.
42) 헌재 2018. 2. 22. 2017헌가29, 판례집 30-1상, 186, 201.

지 않고 의견제출의 기회도 부여하지 않았다면 적법절차원칙을 위반한 것으로 보아야 한다.[43]

2. 탄핵심판 계속 중 피청구인(판사)이 임기만료로 퇴직한 경우, 탄핵심판청구가 적법한지 여부

(1) 사건의 개요

이○○ 등 161명의 의원은, 피청구인이 2014. 2. 13.경부터 2016. 2. 10.경까지 서울중앙지방법원 형사수석부장판사로 재직 중 다른 법관의 재판에 관여했다는 이유로, 2021. 2. 1. '법관(임성근) 탄핵소추안'을 발의하였다. 국회는 2021. 2. 4. 국회 본회의에서 피청구인에 대한 탄핵소추안을 재적의원 300인 중 179인의 찬성으로 가결하였고, 동년 2. 4. 소추위원은 헌법재판소법 제49조 제2항에 따라 소추의결서 정본을 헌법재판소에 제출하여 피청구인에 대한 탄핵심판을 청구하였다. 한편, 피청구인(임성근)은 부산고등법원 부장판사로 재직 중 2021. 2. 28. 임기 만료로 2021. 3. 1. 퇴직하였다.[44]

(2) 결정요지

탄핵심판의 이익은 탄핵심판청구가 이유 있는 경우에 피청구인을 해당 공직에서 파면하는 결정의 선고 가능성을 상정하여 탄핵심판의 본안심리에 가서 본안심리를 할 이익을 말한다. 이는 본안판단에 들어가는 것이 탄핵심판절차의 목적에 기여할 수 있는지 여부 문제이다. 이를 통해 불필요한 탄핵심판절차 진행은 통제되고, 탄핵심판권 행사의 범위와 한계가 설정된다. 탄핵심판절차는 파면결정을 선고함으로써 헌법의 규범력을 확보하기 위한 수단이므로, 피청구인을 파면할 수 없다면 목적 달성이 불가능하여 심판이익은 소멸한다.[45]

---

43) 김하열, "탄핵심판에 관한 연구", 고려대학교 박사학위논문, 2005. 12, 162면.
44) 헌재 2021. 10. 28. 2021헌나1, 판례집 33-2, 321, 337.
45) 헌재 2021. 10. 28. 2021헌나1, 판례집 33-2, 321.

(3) 평가

탄핵심판절차 계속 중 피청구인이 임기 만료로 퇴직한 경우, 피청구인을 파면할 수 없기 때문에 탄핵심판청구가 부적법하다고 하여 각하결정을 하였다. 그러나 피청구인이 탄핵심판절차 계속 중 임기 만료로 퇴직하였더라도, 법관이 다른 법관의 재판에 관여한 행위는 장차 반복될 위험이 있고, 헌법재판소가 중대한 법률 위반인지 또는 법관의 독립성을 침해하는지 여부를 규명하는 헌법적 해명이 헌법질서의 수호・유지를 위하여 긴요한 사항이어서 헌법적으로 중요한 의미를 가지고 있는 경우이므로, 심판이익을 인정할 수 있다.[46] 더욱이 피청구인의 임기 만료 시기에 이루어진 위헌·위법행위에 대한 헌법적 심판제도인 탄핵심판제도를 통해 실효성 확보의 필요성이 크며, 피청구인의 행위가 헌법이나 법률의 중대한 위반인지를 규명하는 것이 헌법질서의 수호 관점에서 탄핵심판절차의 핵심적인 부분이라 할 수 있다.[47]

3. 대통령 권한대행에 대한 탄핵소추 의결정족수

(1) 사건개요

국회는 2024. 12. 14. 제419회 국회(임시회) 제4차 본회의에서 대통령 윤석열(이하 '대통령'이라 한다)에 대한 탄핵소추를 의결하였고, 이에 피청구인은 같은 날부터 대통령의 권한을 대행하였다. 박성준 등 170명의 국회의원은 2024. 12. 26. 피청구인이 대통령의 법률안 거부권 남용 행위를 조장·방치하고, 대통령 권한대행으로서 국회에서 선출한 헌법재판관 3인을 임명하지 않는 등 헌법과 법률을 위배하였다는 이유로 '국무총리(한덕수) 탄핵소추안'을 발의하였다.

국회는 2024. 12. 27. 제420회 국회(임시회) 제2차 본회의에서 피청구인에 대한 탄핵소추안을 총 투표수 192표 중 찬성 192표로 가결하였고, 소추위원은 2024. 12. 27. 헌법재판소법 제49조 제2항에 따라 소추의결서 정본을 헌법재판

46) 정연주, "헌법재판소의 법관탄핵 각하결정에 대한 비판적 고찰", 헌법재판연구 제9권 제1호, 2022. 6, 262면.

47) 헌재 2021. 10. 28. 2021헌나1, 판례집 33-2, 321, 329-330 (재판관 유남석, 재판관 이석태, 재판관 김기영의 인용의견).

소에 제출하여 이 사건 탄핵심판을 청구하였다.

국회는 2024년 12월 27일 한덕수 대통령 권한대행 겸 국무총리에 대한 탄핵소추안을 가결하여 헌법재판소에 탄핵심판을 청구하였다. 한덕수 대통령 권한대행 탄핵소추안은 192명의 찬성으로 통과되었고, 이 과정에서 여당인 국민의힘은 표결에 불참했다. 이와 관련하여, 한덕수 국무총리 탄핵소추안 의결정족수에 대해 국민의힘은 '재적의원 3분의 2'(200석)을 주장하고 더불어민주당은 '재적의원 과반수'(151석)을 주장하였다. 국회 입법조사처는 더불어민주당 김한규 의원의 질의에 답변하는 방식으로 한덕수 대통령 권한대행 겸 국무총리에 대한 탄핵소추안 의결정족수는 151명이라고 밝혔다. 국회의장은 탄핵소추안 표결에 앞서 "이 안건은 국무총리 한덕수에 대한 탄핵소추안이며 헌법 제65조 제2항에 따라 재적의원 과반수의 찬성으로 의결한다."고 설명했다.[48)]

(2) 결정요지

피청구인은 대통령이 일시적으로 직무를 수행할 수 없는 상황에서 예비적·보충적으로 대통령 직무를 대행하는 국무총리의 지위에 있는 자로서 대통령의 지위와 동일하다고 볼 수 없고, 탄핵심판은 해당 공직의 박탈 절차라는 점 등을 종합하여 보면, 피청구인에 대한 탄핵소추 의결에는 헌법 제65조 제2항 본문에 따라 피청구인의 본래 신분상 지위인 국무총리에 대한 탄핵소추 의결정족수를 적용함이 타당하다. 따라서 이 사건 탄핵소추는 국무총리에 대한 탄핵소추 의결정족수인 국회재적의원 과반수의 찬성으로 의결되어 적법하므로 피청구인의 위와 같은 주장은 이유 없다.

(3) 평가

첫째, 헌법 제65조 제2항 2문에서는 "대통령에 대한 탄핵소추는 국회재적의원 과반수의 발의와 국회재적의원 3분의 2 이상의 찬성이 있어야 한다."고 규정하여 대통령에 대한 탄핵소추 의결에 있어서 가중 의결정족수를 요구하고 있다. 대통령은 공직선거를 통해 직접 국민의 선출을 받아 대통령으로서의

48) https://www.hani.co.kr/arti/politics/politics_general/1174519.html

직을 취득하여 민주적 정당성을 획득하였고, 헌법상 국가원수인 동시에 행정부 수반으로서 대통령의 지위와 권한이 중요하며, 정치적 안정성을 확보하여야 하는 등을 고려하여 탄핵소추가 신중하게 행사되도록 하기 위해 헌법에서 탄핵소추 의결에 가중 의결정족수(재적의원 3분의 2)를 규정한 것이다.

둘째, 헌법 제71조가 대통령이 궐위나 사고로 그 직무를 수행할 수 없을 때, 대통령직의 '승계'가 아니라 '대행'이 이루어지도록 규정한 이유는 해당 공권력 담당자가 행사하는 권한의 크기는 민주적 정당성의 크기에 상응해야 한다고 이해되는 민주적 정당성의 원리에 기반한 것이다.[49)]

셋째, 대통령 권한대행에 대한 탄핵소추 의결정족수와 관련하여, 대통령 권한대행인 국무총리는 대통령 권한대행으로서 직무수행에 대해 정치적 책임을 지지만, 국무총리라는 직책에는 변함이 없다. 국무총리는 헌법에 따라 대통령 권한을 대신하여 행사(대행)하는 대통령 권한대행이지, 대통령이 되는 것은 아니다. 대통령 권한대행의 경우에는 대통령 사고의 경우 일시적으로, 대통령 궐위의 경우 후임 대통령 선출 전까지 임시로 대통령직을 대행하는 것이지 대통령 신분을 획득하는 것은 아니다. 이러한 입장에서 대통령 권한대행에 대한 탄핵소추 의결정족수는 국회 재적의원 과반수라 할 수 있다.

4. 방송통신위원회 의결정족수 위반 여부

(1) 사건개요

국회의 탄핵심판청구 사유를 살펴보면, 피청구인(이진숙 방통위 위원장)은 2024. 7. 31. 대통령에 의하여 방통위 위원장으로 임명되었는데, 피청구인은 임명된 당일에 회의를 소집하고 피청구인을 포함한 방통위 상임위원 2인이 참석한 가운데 공영방송 임원 후보자 선정과 임명 안건을 의결하였다. 이는 방통위가 상임위원 5인으로 구성되는 것을 전제로 재적위원 과반수의 찬성으로 의결하도록 규정된 「방송통신위원회의 설치 및 운영에 관한 법률」(이하 '방통위법'이라 한다)을 위반한 것이라는 주장이다.

49) 헌재 2025. 3. 24. 2024헌나9, 1, 8.

(2) 결정요지

피청구인이 2024. 7. 31. 방송통신위원회(이하 '방통위'라 한다) 제34차 전체회의에서 안건을 심의 및 의결(이하 '이 사건 심의·의결'이라 한다)한 것과 관련, ① 2인의 재적위원에 의하여 의결한 것, ② 방송문화진흥회(이하 '방문진'이라 한다) 임원 임명 안건에 대하여 회피하지 않은 것, ③ 자신에 대한 기피신청 의결에 참여하여 각하한 것 및 ④ 이 사건 심의·의결로써 한국방송공사 이사를 추천하고 및 방문진 이사를 임명한 것이 모두 헌법이나 법률을 위반하였는지 여부이다.

법규범의 해석은 어디까지나 그 문언에 비추어 가능한 범위 내에서 이루어져야 하므로, 방통위의 의결정족수를 '재적위원'의 과반수로 규정한 '방송통신위원회의 설치 및 운영에 관한 법률'(이하 '방통위법'이라 한다) 제13조 제2항으로부터 의결 시 위원 3인 이상의 재적 또는 위원 3인 이상의 의사정족수를 요구하는 법해석이 도출된다고 보기 어렵다. 따라서 피청구인이 2인의 재적위원에 의하여 의결한 것이 방통위법 제13조 제2항에 위반된다고 볼 수 없다.

(3) 평가

1) 권력분립원리 위반 여부

헌법상 대통령을 수반으로 하는 정부가 행정권을 부여받고 있고, 대통령은 국정을 운영할 권한과 책임이 있으므로, 대통령은 정부의 중요 정책을 담당하는 행정기관의 담당자들을 국정운영의 방향을 함께할 사람들로 임명하여 국정을 운영하게 된다. 따라서 합의제 행정기관인 방송통신위원회(이하 '방통위'라 한다)의 구성과 최종 의사결정과정은 대통령과 정부의 의사가 반영될 수 있도록 구성되어야 대통령이 정부의 행정권 행사에 대한 책임을 지는 헌법 구조이다. 현행 방통위법은 방통위 위원 5인 중 2인은 대통령이 지명하여 임명하고, 3인은 국회의 추천을 받아 임명하도록 하고 있다. 현행 방통위법이 '의사정족수'를 규정하지 않고 '의결정족수'만 재적위원 과반수로 규정한 것은 정파적 이해관계 등으로 인해 방통위 위원 간 합의가 이루어지지 않는 경우에도 방송·통신 기능이 유지될 수 있도록 임명된 위원들로 의결이 가능하도록 하고 있는 것이다.

국회의 다수의석을 차지한 야당이 방통위 위원 추천을 거부하거나 회피하여 국회 추천 3인이 임명되지 못하고 있는 상황에서 대통령이 임명한 위원 2인만으로도 방통위 운영이 가능하도록 설계되어 있다. 방통위법에 의하면, 방통위 위원 2인 이상 요구 또는 위원장 단독으로 회의를 소집할 수 있다고 규정하고 있다. 따라서 방통위 위원 2인의 안건 의결은 권력분립원리에 위반되지 않는다.

2) 위원회 의사정족수와 의결정족수 문제

「국가인권위원회법」 제13조 제2항에는 "상임위원회 및 소위원회의 회의는 구성위원 3명 이상의 출석과 3명 이상의 찬성으로 의결한다."고 규정하고 있다. 국가인권위원회 상임위원회는 11명의 인권위원으로 구성되어야 하고, 3명 이상이 출석하고 3명 이상의 찬성으로 의결한다.[50] 이에 반해 방통위법에는 위원회의 의사정족수를 규정하지 않고, 단지 의결정족수에 관하여 재적위원 과반수의 찬성이라고 규정하고 있다(방통위법 제13조 제2항).

방통위는 위원장 1인과 부위원장 1인을 포함한 5인 상임위원으로 구성하도록 규정하고 있다. 방통위법 제13조에서는 위원 2인 이상 요구 또는 위원장 단독으로 회의 소집을 할 수 있다고 규정하고 있고, 그 의결을 위해서는 재적위원 과반수 찬성을 요구하고 있다. 방통위 회의 운영에 관한 규칙 제4조도 동일한 취지로 규정하고 있다. 또한 방통위법은 국회법과 비슷하게 개회를 위한 의사정족수 규정을 따로 마련하고 있지 않다. 방통위법상 의사정족수는 별도로 규정하지 않았으므로 위원회 위원 2인만 있더라도 이들의 요구가 있다면 재적위원 2인의 요구에 따라 적법하게 회의를 소집하여 개의할 수 있다고 해석해야 한다.

현행 방통위법상 위원장을 포함한 상임위원 2인은 대통령이 지명하고 상임위원 3인은 국회의 추천으로 하되 대통령이 소속되거나 소속되었던 정당의

50) 이준일, "국가인권위원회의 구성과 운영 및 인권위원의 자격", 인권연구 제7권 제1호, 2024. 6, 86면.

교섭단체가 1인을 추천하며 그 외 교섭단체가 2인을 추천하도록 규정하고 있다. 대통령과 국회의 교섭단체라는 3자에 의하여 합의제 행정청을 구성하도록 규정되어 있으므로 헌법적 국가기관 간의 협의에 의한 기관 구성이라는 특성이 있다. 국회 몫으로 남겨진 상임위원 추천을 거부하고 있고 이로 인하여 국회에서 추천해야 할 위원 3인에 대한 공백이 발생하였다. 결국, 3인 상임위원의 공백은 국회의 극단적인 정치적인 대립의 결과였다.

방통위법 제13조 제1항에는 "위원 2인 이상 요구 또는 위원장이 단독으로 회의를 소집할 수 있다."고 규정하고 있고, 동조 제2항에는 "위원회의 회의는 재적위원 과반수의 찬성으로 의결한다."고 규정하고 있다. 여기서 '재적'(在籍)이란 '어떤 단체에 적을 두고 있는 것'이라는 사전적 의미를 가지므로, 방통위의 의결정족수를 규정한 방통위법 제13조 제2항의 '재적위원'은 문제되는 의결의 시점에 방통위에 적을 두고 있는 위원을 의미하는 것으로 해석하여야 한다.[51] 따라서 위원 5인 중 3인의 위원이 임명되지 아니한 상태로 2인만 임명되어 있는 상태이므로 재적위원은 2인이다. 현재 상임위원으로 명부에 등재된 자가 2인이라면 재적위원은 2인인 것이다. 따라서 2인의 방통위 위원으로 회의를 개최하는 경우에도 위원 간 서로 다른 의견의 교환이 가능하고, 이들이 토론을 통해 합의에 도달하는 경우에만 의결정족수를 충족하게 되므로, 재적위원 2인으로만 개최되는 회의에는 다수결의 원리가 작동되지 않는다고 단정할 수 없다.[52]

제5절 탄핵의 심판

탄핵심판은 고위공직자의 헌법이나 법률 위반행위로부터 헌법수호의 관점[53]에서 중대한 의미를 가진다.[54]

51) 헌재 2025. 1. 23. 2024헌나1, 1, 15–16.
52) 헌재 2025. 1. 23. 2024헌나1, 1, 16–17.

1. 탄핵심판의 개시 및 청구

탄핵심판은 국회법제사법위원장이 소추위원(청구인 자격)이 되어 소추의결서의 정본을 헌법재판소에 제출함으로써 개시된다(헌재법 제49조). 소추위원은 변호사를 대리인으로 선임하여 탄핵심판을 수행하게 할 수 있다. 소추의결서의 정본이 탄핵심판청구서로 갈음되는 것이다. 이때 필요한 증거서류 또는 참고자료를 첨부할 수 있다(헌재법 제26조).

현행법에는 소추의결서를 작성한 후 언제까지 헌법재판소에 제출하여야 하는가에 관한 명문의 규정이 없다. 그러나 권한행사 정지기간을 최소화하고 탄핵을 둘러싼 정치적 불안정을 신속히 해결하기 위하여 지체없이 제출해야 할 것이다.

국회법제사법위원장이 소추의결서 정본을 제출하면 헌법재판소의 접수공무원은 이를 접수하고 표지를 붙여 사건기록을 편성한다. 접수된 사건은 사건번호와 사건명이 부여된다. 사건번호는 연도구분, 사건부호 및 진행번호로 구성한다. 탄핵심판사건의 사건부호는 '헌나'이다.

헌법재판소가 소추의결서를 접수한 때에는 지체없이 그 등본을 피소추자에게 송달한다(헌재법 제27조). 송달을 받은 피소추자(피청구인자격)는 헌법재판소에 답변서를 제출할 수 있다(헌재법 제29조).

2. 탄핵심판의 절차

(1) 구두변론 및 증거조사

탄핵사건의 심판은 구두변론에 의한다(헌재법 제30조 제1항). 당사자는 소추위원인 국회법제사법위원장이 청구인이 되고 피소추자가 피청구인이 된다. 소추위원은 심판의 변론에 있어 피청구인을 신문할 수 있다(헌재법 제49조 제2

---

53) 최인화, "대통령 탄핵심판제도의 문제점과 개선방안", 서강법률논총 제7권 제1호, 2018. 2, 166면("헌법수호의무가 어떤 의무인지 불분명하며 추상적인 헌법수호의무가 어디서 도출되는지를 설명하지 않고 있다.").

54) 헌재 2024. 8. 29. 2023헌나4, 공보 335, 1329, 1342.

항). 재판부가 변론을 열 때에는 기일을 정하고 당사자와 관계인에게 출석을 요구하여야 한다(헌재법 제30조 제3항). 당사자가 변론기일에 출석하지 아니한 때에는 다시 기일을 정해야 한다. 다시 정한 기일에도 당사자가 출석하지 아니하면 그 출석없이 심리할 수 있다(헌재법 제52조 제1항, 제2항).

재판부는 탄핵심판의 심리를 위하여 필요하다고 인정하는 경우에는 당사자의 신청 또는 직권에 의하여 증거조사를 할 수 있다(헌재법 제31조). 또한 재판부는 다른 국가기관 또는 공공단체의 기관에 대하여 심판에 필요한 사실을 조회하거나, 기록의 송부나 자료의 제출을 요구할 수 있다(헌재법 제32조).

(2) 심판절차의 정지

피청구인에 대한 탄핵심판청구와 동일한 사유로 형사소송이 진행되고 있는 때에는 재판부는 심판절차를 정지할 수 있다(헌재법 제51조). 심판절차의 정지기간 및 재개시기 등에 관한 규정이 없으나 이것은 재판부의 재량사항으로 볼 수 있다.

탄핵심판절차에는 법에 특별한 규정이 있는 경우를 제외하고는 헌법재판의 성질에 반하지 아니하는 한도내에서 민사소송에 관한 규정과 형사소송에 관한 규정이 준용된다. 단, 형사소송에 관한 규정이 민사소송에 관한 규정과 저촉될 때에는 민사소송에 관한 규정은 준용되지 않는다(헌재법 제40조).

3. 탄핵심판 결정

(1) 탄핵결정과 주문형식

헌법재판소는 재판관 6인 이상의 찬성으로 탄핵의 결정을 할 수 있다(헌법 제113조 제1항, 헌재법 제23조 제2항 제1호). 헌법재판소는 대통령에 대한 탄핵심판을 하면서 대통령이 직무집행에 있어서 헌법이나 법률에 위반하였다고 판단하였으나, 그 판단에 대응한 '직무집행의 위헌·위법 확인' 주문을 별도로 내지 않았다. 탄핵심판청구가 이유있는 때에 헌법재판소는 피청구인을 당해 공직에서 '파면'하는 '파면결정'을 한다. 또는 탄핵심판청구가 이유 없을 때에 헌법재판소는 '기각결정'을 선고한다.

'직무집행에 있어서 헌법 또는 법률에 위반'한 점을 인정하면서도 그것이 '파면을 정당화할 정도의 중대성'이 있는지 여부를 판단하여 그 결론에 따라 하나의 주문으로서 '심판청구기각' 또는 '파면'의 결정을 선고한다.[55]

탄핵심판절차에서 심판대상을 확정하여 판단한 후 결론적으로 '심판청구기각 또는 파면' 중 하나의 주문을 낸 것은, "탄핵결정은 공직으로부터 파면함에 그친다."고 규정한 헌법 제65조 제4항과 '탄핵심판청구가 이유 있는 경우에는 피청구인을 해당 공직에서 파면하는' 단일한 결정을 선고하도록 정한 헌법재판소법 제53조 제1항 및 '탄핵의 결정을 하는 경우 재판관 6명 이상의 찬성'이 필요하다고 정한 헌법재판소법 제23조 제2항 제1호에 근거를 둔 것이다.[56]

(2) 탄핵결정의 효력

탄핵심판결정의 효력발생시점에 관하여는 명문의 규정이 없으나 탄핵심판에 관하여 별도의 이의절차가 있을 수 없으므로 결정선고시부터 발생한다고 보아야 할 것이다. 단심으로 이루어지는 탄핵심판은 결정선고시가 바로 결정확정시라고 할 것이다. 헌법재판소의 탄핵결정은 다음과 같은 효력을 지닌다.

1) 민·형사상 책임 면제되지 않음

피청구인은 탄핵결정의 선고에 의하여 그 공직에서 파면된다. 그러나 이에 의하여 민사상이나 형사상의 책임이 면제되는 것은 아니다(헌법 제65조, 헌재법 제54조 제1항).

2) 공직에서 파면 및 다른 공직에의 취임 제한

피청구인은 탄핵결정의 선고에 의하여 그 공직에서 파면된다. 또한 탄핵결정에 의하여 파면된 자는 탄핵결정의 선고를 받은 날로부터 5년이 경과하지

55) 헌재 2004. 5. 14. 2004헌나1, 판례집 16-1, 609, 620, 625, 657-659; 헌재 2017. 3. 10. 2016헌나1, 판례집 29-1, 1, 8, 14, 46-48.
56) 헌재 2021. 10. 28. 2021헌나1, 판례집 33-2, 321, 342.

아니하면 공무원이 될 수 없다(헌재법 제54조 제2항). 공직취임 제한 규정은 종전 1980년헌법 하에서의 헌법위원회법 제31조보다 기간과 범위 면에서 더욱 강화되었는데, 취임금지기간은 종전 3년에서 5년으로, 취임할 수 없는 공무원의 범위도 1980년헌법 제101조 제1항의 탄핵의 대상이 되는 공무원을 포함한 모든 공무원으로 확대되었다.

3) 대통령의 사면권 행사 제한

탄핵결정을 받은 자에 대하여는 대통령의 사면권 행사가 제한된다고 보아야 할 것이다. 이에 관하여는 학설의 다툼이 있으나, 사면법에도 사면 또는 복권의 대상자에 탄핵심판으로 파면된 자를 규정하지 않고 있다(사면법 제3조). 탄핵제도의 취지에 비추어 대통령의 사면은 허용되지 않는다고 할 것이다.

제 7 장

정당해산심판

제 1 절 총 설

1. 정당해산심판의 의의

헌법 제8조 제4항은 "정당의 목적이나 활동이 민주적 기본질서에 위배될 때에는 정부는 헌법재판소에 그 해산을 제소할 수 있고, 정당은 헌법재판소의 심판에 의하여 해산된다."라고 규정하고, 헌법 제111조 제1항은 정당의 해산심판을 헌법재판소가 관장한다고 규정하고 있다.

정당해산심판제도는 '방어적 민주주의'[1]에 입각하여 정당의 목적이나 활동이 민주적 기본질서에 위배될 때 헌법재판소의 심판을 통하여 위헌정당을

1) 본(Bonn) 기본법의 최대특징은 헌법을 "헌법의 적"(Verfassungsfeind)으로부터 방어하기 위해서 공권력만이 아니라 국민 개인에게 헌법상의 기본가치인 "자유민주적 기본질서"를 방위할 의무를 부과하고, 사법적(司法的) 보장에 의해 확보하려 하였다. 독일은 정당의 지위와 관련하여 독일 기본법 제21조에 정당결성의 자유에 관해서는 "방어적 민주주의"의 사상에 기초하고 있으며, 이를 위반시 정당해산제도(독일 기본법 제21조 제2항)가 있다. 또한 방어적 민주주의 사상은 개인의 기본권 남용에 의한 '기본권상실선언제도'(기본법 제18조)가 있다. 방어적 민주주의의 규범적 특징을 지배하는 중요한 기준은 '자유민주적 기본질서'이다.

해산하는 제도이다. 정당해산심판제도는 기본적으로 위헌정당을 해산한다는 면에서 헌법을 부정하고 파괴하려는 조직화된 헌법의 적들에 대하여 헌법을 보호하는 데 목적이 있으며, 다른 한편으로 위헌정당이라는 이유로 정당을 해산하고자 하는 경우에는 행정처분이나 다른 공권력의 작용으로써 할 수 없고 헌법재판소의 심판을 통해서만 이를 할 수 있게 함으로써 일반단체에 비하여 정당을 두텁게 보호하는 데 목적이 있다.

정당해산의 종류에는 헌법재판소의 정당해산심판에 의해 정당의 강제해산되는 경우(헌법 제111조 제1항 제3호)와 정당이 자신의 대의기관의 결의로써 자진해산하는 경우(정당법 제45조)이다.

2. 정당해산심판제도의 연혁

제1공화국 때 정당해산심판제도가 도입되기 이전인 1958년에 당시 정부의 공보실에 의해 진보당이 등록취소됨으로써 해산된 진보당 사건이 있었다. 진보당이 정부의 처분으로 해산되는 경험을 하고 나서 정당의 헌법적 보장을 위해 1960년 제2공화국 헌법에서 정당조항과 함께 정당해산심판제도가 도입되어, 헌법재판소의 판결에 의해서만 정당이 해산되도록 규정하였다. 제3공화국 헌법에서는 대법원에 의한 정당해산 조항을 두었으며, 제4·5공화국 헌법에서는 헌법위원회에 의한 정당해산 조항을 두었다. 제6공화국 헌법에서는 헌법재판소의 심판에 의하여만 해산되도록 규정하였다.

2014년 12월 '통합진보당'은 "폭력에 의하여 진보적 민주주의를 실현하고 이를 기초로 통일을 통하여 최종적으로 사회주의를 실현한다는 목적을 가지고 있다. 민중민주주의 변혁론에 따라 혁명을 추구하면서 북한의 입장을 옹호하고 대한민국의 정통성을 부정하고 있는데, 이러한 경향은 위와 같은 내란관련 사건에서 극명하게 드러났다."고 헌법재판소는 판시하였다. "피청구인의 위와 같은 진정한 목적이나 그에 기초한 활동은 우리 사회의 민주적 기본질서에 대해 실질적 해악을 끼칠 수 있는 구체적 위험성을 초래하였다고 판단되므로, 민주적 기본질서에 위배된다."고 판시하였다.[2)]

3. 정당해산심판의 법적 성격과 본질

정당해산심판제도는 헌법재판소의 심판을 통하여 정당을 해산하는 제도로서 강제해산의 일종이라고 할 수 있다. 헌법 제8조 제4항은 민주주의에 필수적인 기능을 하는 정당의 중요성을 인정하는 전제 아래, 그러한 정당이 오히려 민주주의를 파괴하는 도구로 활용되는 것을 방지하기 위해 정당해산제도를 두면서도 동시에 헌법재판에 의해서만 정당의 해산이 가능하도록 하고 있다. 즉, 정당해산제도는 정당에 대하여 일반 결사와 달리 엄격한 요건과 절차에 의해서만 해산되도록 한다는 '정당보호'라는 의미와 정당이 정당 활동의 자유라는 미명으로 헌법을 공격하여 파괴하는 것을 방지한다는 '헌법보호'라는 의미를 가진다. 따라서 정당해산제도는 정당 존립의 특권을 보장함(정당의 보호)과 동시에, 정당 활동의 자유에 관한 한계를 설정한다(헌법의 보호)는 이중적 성격을 가진다.[3)]

정당해산심판제도의 본질은 그 목적이나 활동이 민주적 기본질서에 위배되는 정당을 국민의 정치적 의사 형성과정에서 미리 배제함으로써 국민을 보호하고 헌법을 수호하기 위한 것이다. 어떠한 정당을 엄격한 요건 아래 위헌정당으로 판단하여 해산을 명하는 것은 헌법을 수호한다는 '방어적 민주주의' 관점에서 비롯되는 것이다.[4)]

제2절 정당해산심판의 청구

1. 정당해산심판 청구의 주체

헌법 제8조 제4항은 "정당의 목적이나 활동이 민주적 기본질서에 위배될

2) 헌재 2014. 12. 19. 2013헌다1, 판례집 26-2하, 1, 6.
3) 헌재 2014. 2. 27. 2014헌마7, 판례집 26-1상, 310, 315.
4) 헌재 2014. 12. 19. 2013헌다1, 판례집 26-2하, 1, 113.

때에는 정부는 헌법재판소에 그 해산을 제소할 수 있고, 정당은 헌법재판소의 심판에 의해 해산된다."고 규정한다. 헌법재판소법 제55조는 "정당의 목적이나 활동이 민주적 기본질서에 위배될 때에는 정부는 국무회의의 심의를 거쳐 헌법재판소에 정당해산심판을 청구할 수 있다."고 규정하고 있다.

(1) '정부'의 의미

정당해산심판은 정부가 주체가 되어 헌법재판소에 청구하는 것이다. 여기서 '정부'라 함은 대한민국이라는 국가를 의미하는 것이 아니라, 입법부·사법부와 대등한 지위에 있는 '행정부'를 의미한다. 정부는 정당의 목적이나 활동이 민주적 기본질서에 위배될 때 국무회의의 심의를 거쳐 헌법재판소에 그 해산을 청구할 수 있다(헌법재판소법 제55조). 정부의 정당해산의 제소는 국무회의의 필요적 심의사항이다(헌법 제89조 제14호). 정부가 헌법재판소에 정당해산심판을 청구하는 경우에는 헌법재판소법 제25조 제1항에 의거하여 법무부장관이 이를 대표한다.

정부의 심판청구권 행사가 기속행위이냐 재량행위이냐에 대해서 학설이 나누어지고 있다. 국무회의 규정 제5조 제1항에 의하면 국무회의에 제출되는 의안은 긴급한 의안이 아닌 한 차관회의의 심의를 거쳐야 한다고 규정하고 있으나, 의안의 긴급성에 관한 판단에는 원칙적으로 정부의 재량이 있다.

(2) 피청구인

정당해산심판절차에 있어서 피청구인은 헌법적 의미의 정당이다. 이른바 '등록중의 정당'은 여기의 정당에 해당하나, '창당준비위원회'는 창당의 준비기구에 불과하여 여기서 말하는 정당이라 보기 어렵다.

2. 심판청구의 절차

국무회의가 위헌정당해산심판의 청구를 의결하면 법무부장관이 정부를 대표하여 정당해산의 심판청구서를 헌법재판소에 제출해야 한다(헌재법 제25조

제1항). 심판청구서에는 해산을 요구하는 정당의 표시·청구의 이유를 명시하여야 한다(헌재법 제56조). 정당해산심판 청구서에는 정당해산의 제소에 관하여 국무회의의 심의를 거쳤음을 증명하는 서류를 붙여야 하고, 중앙당 등록대장 등본 등 피청구인이 정당해산심판의 대상이 되는 정당임을 증명할 수 있는 자료를 붙여야 한다. 정당해산심판에도 일사부재리의 원칙이 적용되기 때문에(헌재법 제39조), 헌법재판소가 정당해산 여부를 결정한 후에는 정부는 동일한 정당을 동일한 사유로 재차 제소할 수 없다.

청구사유가 존재하는 한 언제든지 심판청구가 가능하다. 정당해산심판절차에서 청구기간에 관한 법규정은 존재하지 않는다.

제3절 정당해산심판 청구절차

1. 사건의 접수 및 통지

법무부장관이 정당해산심판의 청구서를 제출하면 접수공무원은 이를 접수하여 접수서류에 표지를 붙여 사건기록을 편성한다. 접수된 사건에는 사건번호와 사건명이 부여된다. 사건번호는 연도구분, 사건부호 및 진행번호로 구성한다. 정당해산심판사건의 사건부호는 '헌다'이다.

헌법재판소가 정당해산심판의 청구를 받은 때에는 그 청구서의 등본을 피청구인(정당)에게 송달하여야 한다(헌재법 제27조). 송달받은 피청구인은 헌법재판소에 답변서를 제출할 수 있다(헌재법 제29조).

2. 가처분

(1) 가처분제도의 의의

헌법재판소는 정당해산심판의 청구를 받은 때에는 청구인의 신청 또는 직권으로 종국결정의 선고시까지 피청구인의 활동을 정지하는 가처분결정을 할 수 있다(헌재법 제57조). 헌법적대적인 정당이 헌법재판소의 종국결정이 있을 때까지 활동하도록 방치하는 것은 헌법질서에 중대한 위험을 야기할 수 있다. 이럴 경우 헌법재판소의 종국결정이 있을 때까지 피청구인 정당의 활동을 정지시킬 수 있는 제도가 가처분제도이다. 가처분 결정은 7명 이상의 재판관이 참여하여 과반수의 찬성으로 결정한다(헌재법 제23조). 가처분결정을 한 때에는 헌법재판소장은 그 사실을 국회와 중앙선거관리위원회에 통지하여야 한다(헌재법 제58조).

(2) 가처분의 실체적 요건

1) 심판청구의 인용가능성

피청구인 정당의 목적이나 활동이 민주적 기본질서에 위배되는지 여부는 강령 등의 문언적 의미 외에 그 도입경위, 현재 피청구인을 주도하고 있는 세력의 이에 대한 인식 및 이념적 지향점이 무엇인지를 살펴볼 필요가 있다. 또한 민주주의 원리를 훼손하는 것인지 여부와 민주적 기본질서에 대해 실질적 해악을 끼칠 수 있는 구체적 위험성을 초래하였는지 여부가 중요하다.

정당해산심판 청구가 명백히 부적법하거나 명백히 이유 없는 경우가 아닌 한 가처분결정을 할 수 있다.

2) 가처분을 정당화하는 사유

헌법소원심판에서 가처분의 실체적 요건과 관련하여 헌법재판소는 "헌법재판소법 제40조 제1항에 따라 준용되는 행정소송법 제23조 제2항의 집행정지규정과 민사소송법 제714조의 가처분규정에 비추어 볼 때, 이와 같은 가처분결정은 헌법소원심판에서 다투어지는 '공권력 행사 또는 불행사'의 현상을 그대로 유지시킴으로 인하여 생길 회복하기 어려운 손해를 예방할 필요가 있어야 하고 그 효력을 정지시켜야 할 긴급한 필요가 있어야 한다는 것 등이 그 요건이 된다."고 판시하고 있다.[5]

---

5) 헌재 2000. 12. 8. 2000헌사471, 판례집 12-2, 381, 385.

정당해산심판은 공권력의 행사로 인한 기본권 침해가 문제되는 것이 아니라 정당의 민주적 기본질서 위배 활동으로부터 헌법을 수호하는 것이다. 정당해산심판 청구와 관련하여 가처분이 정당화되려면, '회복하기 어려운 중대한 불이익의 방지'와 '긴급한 필요성' 요건이 충족되어야 한다.

3) 가처분의 필요성

헌법재판소법 제40조 제1항에 따라 준용되는 행정소송법 제23조 제2항의 집행정지규정과 민사소송법 제714조의 가처분규정에 의하면, 정당해산심판에서의 가처분은 가처분신청을 인용한 후에 정당해산심판이 기각되었을 때 발생하게 될 불이익과 가처분신청을 기각한 후에 정당해산심판이 인용되었을 때 발생하게 될 불이익(헌법질서의 수호)을 형량하여 판단해야 한다.

3. 정당해산심판의 심리

정당해산심판의 심리는 구두변론에 의한다(헌재법 제30조 제1항). 당사자로서의 대석구조는 정부가 청구인이 되고, 제소된 정당이 피청구인이 된다. 재판부가 변론을 열 때에는 기일을 정하여 당사자와 관계인을 소환하여야 한다(헌재법 제30조 제3항). 심판의 변론은 공개한다(헌재법 제34조 제1항). 재판부는 정당해산심판의 심리를 위하여 필요하다고 인정하는 경우에는 직권 또는 당사자의 신청에 의하여 증거조사를 할 수 있다(헌재법 제31조 제1항). 또한 재판부는 다른 국가기관 또는 공공단체의 기관에 대하여 심판에 필요한 사실을 조회하거나, 기록의 송부나 자료의 제출을 요구할 수 있다(헌재법 제32조). 정당해산심판의 심리에 관하여 법에 특별한 규정이 있는 경우를 제외하고는 헌법재판의 성질에 반하지 아니하는 한도 내에서 민사소송에 관한 법령의 규정이 준용된다(헌재법 제40조).

제4절 정당해산심판의 대상이 되는 정당

1. 등록중의 정당

정당해산심판의 대상이 되는 정당은 원칙적으로 정당법 제17조 및 제18조[6]의 요건을 구비하고 중앙당이 중앙선거관리위원회에 등록을 마친 정당이다. 정당법 제7조에 따라 중앙당창당준비위원회를 결성한 때에는 그 대표자는 중앙선거관리위원회에 신고하여야 한다. 정당법 제7조에 따른 신고가 있고 실질적으로 제17조 및 제18조의 요건을 구비한 후 등록절차만을 남겨 둔 이른바 '등록중의 정당'도 여기의 정당에 속한다.

2. 창당준비위원회

창당준비위원회의 정치적 결사의 주관적 목적과 객관적 사정을 갖춘다고 하더라도, 헌법상 정당으로 인정하기에는 충분한 실체를 갖고 있다고 보기 어려우므로 창당준비위원회는 창당의 준비기구에 불과하여 정당으로 보기 어렵다.

3. 정당의 방계조직

정당으로부터 법적으로 독립되어 있는 정당의 방계조직은 정당이 아닌 일반결사에 불과하기 때문에 정당해산심판의 대상이 아니다. 방계조직이 개별 법령에 의하여 등록 내지 허가 대상인 경우에는 행정처분의 대상이 된다.

---

6) 정당법 제17조(법정시·도당수) 정당은 5 이상의 시·도당을 가져야 한다. 제18조(시·도당의 법정당원수) ① 시·도당은 1천인 이상의 당원을 가져야 한다. ② 제1항의 규정에 의한 법정당원수에 해당하는 수의 당원은 당해 시·도당의 관할구역 안에 주소를 두어야 한다.

제5절 정당해산의 사유

1. 정당의 '목적이나 활동'의 의미

'정당의 목적'이란, 어떤 정당이 추구하는 정치적 방향이나 지향점 혹은 현실 속에서 구현하고자 하는 정치적 계획 등을 통칭한다. 이는 주로 정당의 공식적인 강령이나 당헌의 내용을 통해 드러나겠지만, 그밖에 정당대표나 주요 당직자 및 정당관계자(국회의원 등)의 공식적 발언, 정당의 기관지나 선전자료와 같은 간행물, 정당의 의사결정과정에서 일정한 영향력을 가지거나 정당의 이념으로부터 영향을 받은 당원들의 행위 등도 정당의 목적을 파악하는 데에 도움이 될 수 있다. 만약 정당의 진정한 목적이 숨겨진 상태라면 공식 강령은 이른바 허울이나 장식에 불과할 것이고, 이 경우에는 강령 이외의 자료를 통해 진정한 목적을 파악해야 한다.[7)]

'정당의 활동'이란, 정당 기관의 행위나 주요 정당관계자, 당원 등의 행위로서 그 정당에게 귀속시킬 수 있는 활동 일반을 의미한다. 여기에서는 정당에게 귀속시킬 수 있는 활동의 범위, 즉 정당과 관련한 활동 중 어느 범위까지를 그 정당의 활동으로 볼 수 있는지가 문제된다. 구체적으로 살펴보면, 당대표의 활동, 대의기구인 당대회와 중앙위원회의 활동, 집행기구인 최고위원회의 활동, 원내기구인 원내의원총회와 원내대표의 활동 등 정당 기관의 활동은 정당 자신의 활동이므로 원칙적으로 정당의 활동으로 볼 수 있고, 정당의 최고위원 등 주요 당직자의 공개된 정치 활동은 일반적으로 그 지위에 기하여 한 것으로 볼 수 있으므로 원칙적으로 정당에 귀속시킬 수 있을 것으로 보인다. 정당 소속의 국회의원 등은 비록 정당과 밀접한 관련성을 가지지만 헌법상으로는 정당의 대표자가 아닌 국민 전체의 대표자이므로 그들의 행위를 곧바로 정당의 활동으로 귀속시킬 수는 없겠으나, 가령 그들의 활동 중에서도 국민의 대표자 지위가 아니라 그 정당에 속한 유력한 정치인의 지위에서 행한

7) 2014. 12. 19. 2013헌다1

활동으로서 정당과 밀접하게 관련되어 있는 행위들은 정당의 활동이 될 수도 있을 것이다.[8)]

그 밖의 정당에 속한 개인이나 단체의 활동은 그러한 활동이 이루어진 구체적인 경위를 살펴서 그것을 정당의 활동으로 볼 수 있는 사정이 있는지를 판단해야 한다.[9)]

2. '민주적 기본질서'의 의미

정당해산심판제도가 수호하고자 하는 '민주적 기본질서'는 우리가 오늘날의 입헌적 민주주의 체제를 구성하고 운영하는 데에 필요한 가장 핵심적인 내용이나 요소를 의미하는 것으로서, 민주적이고 자율적인 정치적 절차를 통해 국민적 의사를 형성·실현하기 위한 요소, 즉 민주주의 원리에 입각한 요소들과 이러한 정치적 절차를 운영하고 보호하는 데에 필요한 기본적인 요소, 즉 법치주의 원리에 입각한 요소들 중에서 필요불가결한 부분이 중심이 되어야 한다. 이는 이것이 보장되지 않으면 우리의 입헌적 민주주의 체제가 유지될 수 없다고 평가되는 최소한의 내용이라 할 수 있다.

결국, 입헌적 민주주의의 원리, 민주사회에 있어서의 정당의 기능, 정당해산심판제도의 의의 등을 종합해 볼 때, 우리 헌법 제8조 제4항이 의미하는 '민주적 기본질서'는 개인의 자율적 이성을 신뢰하고 모든 정치적 견해들이 각각 상대적 진리성과 합리성을 지닌다고 전제하는 다원적 세계관에 입각한 것으로서, 모든 폭력적·자의적 지배를 배제하고, 다수를 존중하면서도 소수를 배려하는 민주적 의사결정과 자유·평등을 기본원리로 하여 구성되고 운영되는 정치적 질서를 말하며, 구체적으로는 국민주권의 원리, 기본적 인권의 존중, 권력분립제도, 복수정당제도 등이 현행 헌법상 주요한 요소라고 볼 수 있다.[10)]

8) 2014. 12. 19. 2013헌다1
9) 2014. 12. 19. 2013헌다1
10) 2014. 12. 19. 2013헌다1

3. 민주적 기본질서에 '위배'될 때의 의미

헌법 제8조 제4항은 정당해산심판의 사유를 "정당의 목적이나 활동이 민주적 기본질서에 위배될 때"로 규정하고 있는바, 이 "위배될 때"의 해석 여하에 따라서는 정당의 목적이나 활동이 민주적 기본질서에 단순히 저촉되는 때에도 그 정당이 해산될 수 있다고 볼 수도 있을 것이다. 그러나 이러한 해석에 의하면 극단적인 경우 정당의 목적이나 활동이 민주적 기본질서와 부합하지 않는 부분이 경미하게라도 존재하기만 한다면 해산을 면할 수 없다는 결론도 가능한데, 이는 민주주의 사회에서 정당이 차지하는 중요성에 비추어 볼 때 쉽게 납득하기 어려운 결론이다. 정당에 대한 해산결정은 민주주의 원리와 정당의 존립과 활동에 대한 중대한 제약이라는 점에서, 정당의 목적과 활동에 관련된 모든 사소한 위헌성까지도 문제 삼아 정당을 해산하는 것은 적절하지 않다.

특정 정당을 해산하는 결정은 해산되는 정당의 이념을 우리 사회의 정치적 공론의 장에서 영구적으로 추방시키는 것이므로, 이러한 결정은 오늘날 우리의 민주주의에서 정당이 차지하는 핵심적 역할에 비추어 볼 때 매우 극단적인 조치로 이해되어야 하고, 따라서 매우 제한된 상황 속에서만 활용되어야 한다.

헌법 제8조 제4항에서 말하는 '민주적 기본질서의 위배'란, 민주적 기본질서에 대한 단순한 위반이나 저촉을 의미하는 것이 아니라, 민주 사회의 불가결한 요소인 정당의 존립을 제약해야 할 만큼 <u>그 정당의 목적이나 활동이</u> 우리 사회의 민주적 기본질서에 대하여 <u>실질적인 해악을 끼칠 수 있는 구체적 위험성을 초래하는 경우</u>를 가리킨다.[11)]

4. 정당해산의 헌법적 정당화 사유로서 '비례원칙'의 준수

일반적으로 비례원칙은 우리 재판소가 법률이나 기타 공권력 행사의 위헌 여부를 판단할 때 사용하는 위헌심사 척도의 하나이다. 그러나 정당해산심판제도에서는 헌법재판소의 정당해산결정이 정당의 자유를 침해할 수 있는

---

11) 2014. 12. 19. 2013헌다1

국가권력에 해당하므로 헌법재판소가 정당해산결정을 내리기 위해서는 그 해산결정이 비례원칙에 부합하는지를 숙고해야 한다. 이 경우의 비례원칙 준수 여부는 그것이 통상적으로 기능하는 위헌심사의 척도가 아니라 헌법재판소의 정당해산결정이 충족해야 할 일종의 헌법적 요건 혹은 헌법적 정당화 사유에 해당한다. 이와 같이 강제적 정당해산은 우리 헌법상 핵심적인 정치적 기본권인 정당 활동의 자유에 대한 근본적 제한이므로 헌법재판소는 이에 관한 결정을 할 때 헌법 제37조 제2항이 규정하고 있는 비례원칙을 준수해야만 한다.[12]

따라서 헌법 제37조 제2항의 내용, 침익적 국가권력의 행사에 수반되는 법치국가적 한계, 나아가 정당해산심판제도의 최후수단적 성격이나 보충적 성격을 감안한다면, 헌법 제8조 제4항의 명문규정상 요건이 구비된 경우에도 해당 정당의 위헌적 문제성을 해결할 수 있는 다른 대안적 수단이 없고, 정당해산결정을 통하여 얻을 수 있는 사회적 이익이 정당해산결정으로 인해 초래되는 정당의 정당활동 자유 제한으로 인한 불이익과 민주주의 사회에 대한 중대한 제약이라는 사회적 불이익을 초과할 수 있을 정도로 큰 경우에 한하여 정당해산결정이 헌법적으로 정당화될 수 있다.[13]

제 6 절 정당해산심판의 결정과 그 효력

1. 정당해산심판의 결정과 주문형식

헌법재판소에서 정당해산의 결정을 할 때에는 재판관 6인 이상의 찬성이 있어야 한다(헌법 제113조 제1항, 헌재법 제23조 제2항 제1호). 정당해산심판청구가 이유있는 때에는 헌법재판소는 피청구정당의 해산을 명하는 결정을 선고한다(헌재법 제59조). 정당해산심판청구가 이유없을 때는 기각결정을 한다.

12) 2014. 12. 19. 2013헌다1
13) 2014. 12. 19. 2013헌다1

(1) 각하결정

각하결정은 정당해산심판 청구가 형식적·절차적 요건을 충족하지 못하였을 경우에 내리는 결정이다. 예를 들어, 정부의 제소가 절차적 요건을 갖추지 못한 경우에 하는 결정이다. 즉, 국무회의의 심의를 거치지 못하였거나 청구서에 국무총리나 관계 국무위원의 부서가 없는 경우 등이다. 주문의 형식은 "이 사건 청구를 각하한다."라고 표기한다. 해산 제소된 정당이 자진 해산한 경우에도 각하해서는 아니되고 심판을 계속 진행하여 본안에 대한 판단을 하여야 한다.

(2) 기각결정

정당해산심판에서 기각결정은 헌법재판소가 정당해산심판 청구가 이유 없을 때 하는 결정이다. 주문의 형식은 "이 사건 청구를 기각한다."라고 표기한다. 형식적·절차적 요건은 충족하였으나 피청구인 정당의 목적이나 활동이 민주적 기본질서에 반하지 않을 때 하는 결정이다. 기각결정에도 기판력이 있으므로 정부는 동일한 사유를 들어 다시 정당해산심판을 제기할 수 없다.

(3) 인용결정 (해산결정)

정당해산심판에서 인용결정은 피청구인 정당의 목적이나 활동이 민주적 기본질서에 위반됨이 인정되어 해산을 명하는 결정이다(헌재법 제59조). 해산결정을 할 때에는 재판관 6인 이상의 찬성이 있어야 한다. 정당해산결정의 소송법적 성격은 형성결정이므로 주문은 "피청구인 ○○○정당을 해산한다."라고 표기한다.

2. 해산결정의 효력

헌법재판소의 정당해산결정은 다음과 같은 효력을 지닌다.

(1) 정당해산의 창설적 효력

헌법재판소가 해산결정을 선고한 때에는 그 정당은 해산된다(헌재법 제59

조). 헌법재판소의 정당해산결정은 '창설적 효력'을 가진다. 즉, 이러한 정당해산의 효과는 헌법재판소의 해산결정 선고와 동시에 발생한다.

중앙선거관리위원회가 헌법재판소의 통지를 받고 정당법(제47조)에 따라 그 정당의 등록을 말소하고 이를 공고하여야 한다. 이러한 공고 행위는 단순한 선언적·확인적 효력밖에 갖지 못한다. 정당해산의 효력발생시점은 해산결정 선고시이다. 해산결정이 확정된 정당은 그 때부터 불법결사가 되기 때문에 행정청이 행정처분으로 그 정당의 존립과 활동을 금지할 수 있다. 정당의 조직의 일부를 구성하는 부분조직이나 정당의 부분으로서 특수한 과제를 담당하는 특별조직도 해산되는 정당과 운명을 같이한다.

헌법재판소의 해산결정에 의하여 해산된 정당의 잔여재산은 국고에 귀속한다(정당법 제48조 제2항).

(2) 대체정당의 창당 금지

정당이 헌법재판소의 결정으로 해산된 때에는 해산된 정당의 강령(또는 기본정책)과 동일하거나 유사한 목적을 가진 이른바 '대체정당'의 창당이 금지된다(정당법 제40조). 따라서 해산된 정당의 대표자 및 간부는 해산된 정당의 강령 또는 기본정책과 동일하거나 유사한 정당을 설립할 수 없다. 헌법재판소의 결정에 의하여 해산된 정당의 명칭과 같은 명칭은 정당의 명칭으로 다시 사용하지 못한다(정당법 제41조 제2항). 헌법재판소의 결정에 의하여 해산된 정당의 목적을 달성하기 위한 집회나 시위는 절대적인 집회금지 사유에 해당한다(집시법 제5조 제1항 제1호).

해산된 정당의 대체정당 내지 일반결사형태의 대체조직으로 확인될 경우 다시 헌법재판소의 위헌정당해산심판으로 해산되는 것은 아니다. 현행법상 대체정당인지를 판정하고 행정적 조치를 취하는 것은 중앙선거관리위원회의 권한이라 할 것이다.[14]

---

14) 김하열, 헌법소송법, 2023, 749면.

(3) 국회의원 신분의 유지 여부

헌법재판소의 정당해산결정에 따라 정당이 해산된 경우 해산된 정당에 소속되어 있던 국회의원의 자격은 어떻게 되느냐 하는 것이 문제가 된다.

"헌법재판소의 해산결정으로 정당이 해산되는 경우에 그 정당 소속 국회의원이 의원직을 상실하는지에 대하여 명문의 규정은 없으나, 정당해산심판제도의 본질은 민주적 기본질서에 위배되는 정당을 정치적 의사형성과정에서 배제함으로써 국민을 보호하는 데에 있는데 해산정당 소속 국회의원의 의원직을 상실시키지 않는 경우 정당해산결정의 실효성을 확보할 수 없게 되므로, 이러한 정당해산제도의 취지 등에 비추어 볼 때 헌법재판소의 정당해산결정이 있는 경우 그 정당 소속 국회의원의 의원직은 당선 방식을 불문하고 모두 상실되어야 한다."고 판시하였다.[15]

3. 결정서의 송달과 결정의 집행

(1) 결정서의 송달 및 통지

정당해산심판에서 종국결정이 선고되면, 헌법재판소는 지체없이 결정서 정본을 작성하여 당사자에게 송달하여야 한다(헌재법 제36조 제4항). 헌법재판소가 정당의 해산을 명하는 결정을 한 때에는, 그 결정서를 피청구인(정당) 외에 정부, 국회 및 중앙선거관리위원회에 송달해야 한다(헌재법 제58조 제2항). 아울러 헌법재판소가 심판청구를 각하 또는 기각하는 결정을 선고하여 심판이 종료한 때에도 헌법재판소장은 그 사실을 국회와 중앙선거관리위원회에 통지하여야 한다(헌재법 제58조 제1항).

(2) 결정의 집행

정당의 해산을 명하는 헌법재판소의 결정에 따라 중앙선거관리위원회는 정당법에 따라 집행한다(헌재법 제60조).

---

15) 헌재 2014. 12. 19. 2013헌다1

제 8 장

권한쟁의심판

제 1 절 권한쟁의심판제도의 의의와 기능

1. 권한쟁의심판제도의 의의

권한쟁의심판은 국가기관 상호간 또는 국가기관과 지방자치단체간 그리고 지방자치단체 상호간에 헌법과 법률에 의한 권한과 의무의 범위와 내용에 관하여 다툼이 있는 경우, 헌법소송을 통하여 이를 유권적으로 심판함으로써 국가기능의 수행을 원활히 하고, 국가기관 및 지방자치단체 상호간의 견제와 균형을 유지시켜 헌법이 정한 권능질서의 규범적 효력을 보호하기 위한 제도이다.[1] 청구인과 피청구인 상호간에 헌법 또는 법률에 의하여 부여받은 권한의 유무 또는 범위에 관하여 다툼이 있는 경우가 아니거나, 피청구인의 처분 또는 부작위가 헌법 또는 법률에 의하여 부여받은 청구인의 권한을 침해할 가능성이 없는 경우에 제기된 권한쟁의심판청구는 부적법하다.[2]

---

1) 헌재 2010. 12. 28. 2009헌라2, 612, 617; 헌재 2013. 12. 26. 2012헌라3등, 판례집 25-2하, 609, 616; 헌재 2014. 3. 27. 2012헌라4, 판례집 26-1상, 361, 366.

국가기관 또는 지방자치단체의 권한의 유무 또는 범위에 관해 다툼이 있는 경우, 당사자간 협상에 의해 해결되는 것이 바람직하다. 권한쟁의심판제도는 연혁적으로 정부와 의회 간의 다툼을 중립적 헌법수호자인 헌법재판소가 권력분립원리에 의거하여 해결하는 것에서부터 출발하였다. 최고 국가기관의 의견 차이로 다툼이 발생할 때 헌법해석을 통하여 분쟁을 해결함으로써 정치적 평화에 기여하고 정치적 통일을 확보하는데 제도적 의의가 있다.[3] 즉, 객관소송으로서 권한쟁의심판은 권한에 관한 분쟁을 종식시켜 헌법이 만든 권한질서를 유지하려는 것이다.[4] 권한쟁의심판은 국가권력을 각 국가기관에게 그의 기능에 합당하게 분배하여 귀속시키는 헌법상의 권력분립원리를 유지하기 위한 헌법재판으로, 국가권력을 상호 제한하고 통제하는 기능을 수행하는 동시에, 각 기관이 서로 각자에게 귀속된 기능을 이행함으로써 국가의 행위능력을 보장하고 일원적인 국가의사 형성을 가능하게 함으로써 객관적인 헌법의 보호와 유지를 주된 목적으로 한다.[5]

그럼에도 불구하고 헌법재판소법이 권한쟁의제도를 청구인과 피청구인 상호간 권한에 대한 다툼을 전제로 하는 대립적 쟁송절차로 형성하고 있는 것은 분쟁 당사자에게 주어진 권한을 스스로 방어하도록 함으로써 헌법상의 권력분립원리가 최선으로 유지될 수 있을 것으로 판단하기 때문이다. 즉, 권한쟁의심판의 당사자간 법적 관계의 주관화는 자신의 권한을 방어할 수 있는 기회를 부여함으로써 헌법상 권한질서 유지에 효율적으로 기여하고자 하는 것이지, 주관적 권리구제가 직접적 목적은 아니다.[6] 권한쟁의심판의 본안결정은 국가기관 또는 지방자치단체의 권한 행사가 헌법이나 법률에 위반되는지에 관한 판단이므로, 권한쟁의심판은 실질적으로 권한 행사의 합헌성 또는 적법성 통제기능을 한다.[7]

2) 헌재 1998. 6. 25. 94헌라1, 판례집 10-1, 739, 753-754; 헌재 2004. 9. 23. 2000헌라2, 판례집 16-2상, 404, 419-420; 헌재 2007. 7. 26. 2005헌라8, 판례집 19-2, 26, 34-35; 헌재 2010. 7. 29. 2010헌라1, 공보 166, 1351, 1354 등 참조.

3) 헌법재판실무제요 제2개정판, 396면.

4) 허완중, "헌법재판소는 권한쟁의심판의 당사자가 될 수 있는가?", 공법연구 제50집 제1호, 2021, 294면.

5) 한수웅 외, 주석 헌법재판소법, 817-818면.

6) 조성규, "지방자치권의 보장과 권한쟁의심판", 지방자치법연구 통권 제68호, 2020, 167면.

권한쟁의심판에 있어서 헌법재판소는 심판의 대상이 된 국가기관의 권한의 유무 또는 범위에 관하여 판단한다(헌법재판소법 제66조 제1항). 여기서 헌법재판소는 관련된 헌법 또는 법률을 해석하여 관련 국가기관에 권한이 존재하는지 여부와 그 권한의 범위를 확정하는데, 기본적으로 헌법재판소법 제66조 제1항에 따른 결정은 권한의 유무 또는 범위에 관한 '확인적 성격'을 지닌다.

2. 권한쟁의심판제도의 기능

권한쟁의심판제도는 연혁적으로 독일에서 정부와 의회간의 다툼을 중립적 헌법수호자인 헌법재판소가 권력분립제도의 취지에 따라 해결하는 장치를 의미하였다. 이러한 의미에서 권한쟁의제도는 최고 국가기관간의 의견차이로 다툼이 발생한 경우 헌법해석을 통하여 분쟁을 해결함으로써 정치적 평화에 기여하고 정치적 통일을 확보하는 데 제도적 의의가 있었다. 그러나 의회와 정부가 다수당에 의해 통합되는 정당국가적 경향이 진전됨에 따라 의회의 정부에 대한 통제기능이 약화되고 권력의 통제 및 견제의 메커니즘이 여당과 야당의 구도로 변하게 되자, 권한쟁의심판제도는 정치과정에서 소수파가 다수파의 월권적 행위를 헌법적 원리에 의해 통제할 수 있는 장치로서의 기능도 갖게 되었다.

헌법재판소가 권한침해 확인결정을 하는 경우에 권한침해의 원인이 된 피청구인의 처분을 취소하거나 그 무효를 확인할 수 있다(헌법재판소법 제66조 제2항). 처분의 취소 또는 무효확인 결정은 권한질서를 회복하고 청구인의 권한을 회복시켜주는 '형성적 기능'을 갖는다. 권한침해 확인결정은 권한쟁의심판의 당사자 사이의 헌법적·법적 지위와 권한을 확정짓는 것이고, 처분의 취소 또는 무효확인 결정은 청구인의 권한에 영향을 미친 피청구인의 행위를 헌법재판소가 직접 소멸시키거나 효력이 없음을 확인함으로써 청구인의 권한을 회복시키는 것이다. 권한침해 확인결정은 처분의 취소 또는 무효확인 결정을 위한 필요적 전제이지만, 그 자체로 취소나 무효를 결정짓는 유일한 요건은

7) 김하열, "권한분쟁에 관한 헌법재판소와 법원의 관할", 헌법실무연구 제4권, 2003, 452면.

아니므로 헌법재판소는 권한침해의 확인에도 불구하고 권한침해의 원인이 된 피청구인의 처분을 취소하거나 무효로 확인하지 아니할 수 있으며, 청구인이 적극적으로 취소청구나 무효확인청구를 한 때에는 이를 기각할 수 있다.[8)]

헌법재판소는 권한쟁의심판에 관하여 "헌법재판소가 헌법해석을 통하여 국가기관간의 권한분쟁을 해결함으로써 국가기능의 원활한 수행을 도모하고 국가권력 간의 균형을 유지하여 헌법질서를 수호·유지하고자 하는 제도"라고 판시한 바 있다.[9)]

3. 권한쟁의심판제도의 특징

우리 헌법상 권한쟁의심판제도는 다음과 같은 특징을 갖는다.

첫째, 헌법재판소가 관장하는 권한쟁의심판에는 국가기관간의 권한쟁의뿐만 아니라, 상이한 법주체인 국가기관과 지방자치단체간 및 지방자치단체 상호간의 권한쟁의도 포함하고 있다.

둘째, 권한쟁의의 대상이 되는 법적 분쟁은 헌법상의 분쟁뿐 아니라 법률상의 분쟁도 포함된다(법 제61조 제2항). 따라서 헌법재판소의 권한쟁의심판권은 일반법원의 행정소송 관할권과 중복될 가능성이 있다. 법률상의 권한분쟁도 포함한다는 점에서 현행 헌법상 권한쟁의제도는 독일의 그것과 다르고 스페인이나 이탈리아의 권한쟁의제도와 유사하다고 할 수 있다. 스페인의 권한쟁의심판제도는 헌법뿐 아니라 법률에 정한 권한의 충돌에 대하여도 권한쟁의의 대상으로 하고 있으며, 이탈리아에서도 권한쟁의심판 결정의 심사기준이 되는 것은 헌법에 국한하지 않고 헌법을 집행하는 법률, 헌법에 따른 중요한 조직법률, 지역자치단체의 법규약에 대한 집행법률, 지역자치단체에 사무를 이양하는 국가의 위임법률 등도 포함된다.

셋째, 헌법재판소법은 '권한의 유무 및 범위에 관하여 다툼이 있을 때'(제61조 제1항) 및 '헌법 및 법률에 의하여 부여받은 권한이 침해되었을 때'(제61조

8) 헌재 2010. 11. 25. 2009헌라12.
9) 헌재 1997. 7. 16. 96헌라2, 판례집 9-2, 154, 163; 헌재 2020. 5. 27. 2019헌라4, 판례집 32-1하, 189, 192.

제2항) 권한쟁의 심판청구가 허용되는 것으로 규정하고 있지만, 객관소송에서 주장되는 권한침해는 소송을 위해 주관적인 것으로 의제된 권한이다. 권한쟁의심판에서의 '권한'(Kompetenz)이란 주관적 권리의무가 아니라 국가나 지방자치단체 등 공법인 또는 그 기관이 헌법 또는 법률에 의하여 부여되어 법적으로 유효한 행위를 할 수 있는 능력 또는 그 범위를 말한다. 여기서 '권한'은 한편에서 보면 적극적 권능으로서의 능력을 의미하나 그 반면을 보면 직무상 의무의 범위를 지칭하게 된다. 이러한 권한 내지 관할권은 권력분립적 견제와 균형을 도모하면서 국가의 기능질서를 확보하기 위해 각 국가기관에 분배된 독자적인 활동 및 결정영역을 의미하고, 이러한 분배는 객관적 법규범에 의해 이루어지게 된다. 따라서 권한쟁의는 이른바 객관소송으로서의 특징을 가지며, 이 특징은 권한쟁의의 심판청구요건이나 심판의 이익을 판단하는데 중요한 의미를 갖는다.

넷째, 헌법상 권한쟁의심판은 헌법재판소의 원칙적 관할로 하고 있다(헌법 제111조 제1항 제4호, 헌재법 제2조 제4호). 법원에 의한 일차적 권리구제를 요구하여 보충성 요건을 설정한 헌법소원제도와는 달리, 권한쟁의심판사항과 중첩될 여지가 많은 기관소송에 관하여, 헌법재판소의 관장사항으로 되는 소송을 기관소송사항에서 제외함으로써 권한쟁의에 관한 한 헌법재판소에 원칙적이고 포괄적인 관할권을 인정하고 있다(행정소송법 제3조 제4호).

제2절 권한쟁의심판의 종류와 당사자

1. 개 관

우리 헌법과 헌법재판소법상의 권한쟁의심판에는 **첫째**, 동일한 법 주체 내부의 기관 상호간의 권한쟁의가 있다. 여기에는 국가기관 상호간의 권한쟁의만이 포함된다. 지방자치단체 내의 기관 상호간의 권한쟁의는 행정소송법상의 기관소송(행정소송법 제3조 제4호)으로 규정되고 있다. **둘째**, 국가기관과 지방자치단체간의 권한쟁의가 있고, **셋째**, 상이한 지방자치단체간의 권한쟁의가 있다.

법인격이 인정되는 국가와 지방자치단체간, 또는 지방자치단체 상호간의 권한쟁의에서 각 주체가 권한쟁의의 당사자가 될 수 있다. 법인격의 주체는 당연히 소송에서의 당사자능력도 갖는 것이기 때문이다. 그러나 국가라는 동일한 법주체 내의 기관 상호간의 법적 분쟁에 있어서는 국가기관 자체가 법인격을 갖는 것은 아니지만 당사자능력을 인정받는다.

2. 국가기관 상호간의 권한쟁의

(1) 의의

헌법재판소법 제62조 제1항 제1호는 국가기관간의 권한쟁의를 "국회, 정부, 법원 및 중앙선거관리위원회 상호간의 권한쟁의"로 규정하고 있다. 이는 본래의 의미에서 '기관소송'에 해당하는 것이지만, 첫째, 국가기능을 상이한 기관에 분장시킴으로써 기능을 배분하고 발생할 수 있는 기관 간 부조화를 해소하여 국가행위의 통일성과 기능질서를 확보하는 측면과 둘째, 국가권력의 견제와 균형에 의해 기본권을 보장한다는 헌법상 권력분립원리를 실현하는 의미를 갖는다.

(2) 당사자능력 인정 여부

헌법재판소법 제62조 제1항 제1호는 권한쟁의의 당사자가 될 수 있는 국가기관으로서 "국회, 정부, 법원 및 중앙선거관리위원회"만을 규정하고 있다. 이 규정이 열거적인가, 예시적인가에 관하여 논란이 있었고, 헌법재판소는 "여기서 열거되지 아니한 기관이나 또는 열거된 국가기관 내의 각급기관은 비록 그들이 공권적 처분을 할 수 있는 지위에 있을지라도 권한쟁의심판의 대상이 되지 않는다고 볼 수밖에 없다."라고 판시하여 당사자능력의 범위를 엄격하게 한정한 바 있었다.[10)]

그러나 헌법재판소는 그 후 국회의원과 국회의장간의 권한쟁의심판 사건에서, 헌법재판소법 제62조 제1항 제1호를 한정적, 열거적인 조항이 아니라 '예시적인 조항'으로 해석하는 것이 헌법에 합치된다고 판시함으로써 종전의 입장을 변경하고 당사자의 범위를 크게 확대하였다.

헌법재판소는 "헌법 제111조 제1항 제4호 소정의 '국가기관'에 해당하는지 아닌지를 판별함에 있어서는 ① 그 국가기관이 헌법에 의하여 설치되고 헌법과 법률에 의하여 독자적인 권한을 부여받고 있는지 여부, ② 헌법에 의하여 설치된 국가기관 상호간의 권한쟁의를 해결할 수 있는 적당한 기관이나 방법이 있는지 여부 등을 종합적으로 고려하여" 판단해야 한다고 그 기준을 제시하고 있다.[11] 이에 의하면 국회나 정부와 같은 전체기관뿐 아니라 그 부분기관이라 할지라도 상대 당사자와의 관계에서 독자적인 지위를 인정해 줄 필요가 있는 경우에는 당사자능력이 인정될 수 있다. 다만, 보조기관에 불과하거나 독자적 지위가 인정될 수 없는 경우에는 당사자능력이 부인된다.

(3) 구체적인 당사자능력 인정 여부

위 헌법재판소 기준에 의하면, 국회의 경우 전체기관으로서의 '국회'뿐만 아니라, 국회의장[12] 및 국회부의장(헌법 제48조), 국회의원(헌법 제41조 제1항) 등이 독립한 헌법기관으로서 당사자능력을 가질 수 있다. 정부의 경우 전체로서의 정부뿐 아니라 대통령(헌법 제66조), 국무총리(헌법 제86조), 행정각부의 장(헌법 제94조) 등이 독립한 헌법기관으로서 당사자능력을 가질 수 있을 것이다.

① 각급 선거관리위원회: 헌법재판소는 '중앙선거관리위원회'뿐만 아니라 '각급 선거관리위원회'에도 당사자능력을 인정하였다. 헌법재판소법 제62조 제1항 제2호의 '정부'를 예시적인 것으로 보고 있으므로 위 규정에서 구체적으로 나열하고 있지 않은 기관이라 하더라도 지방자치단체의 자치권을 침해할

10) 헌재 1995. 2. 23. 90헌라1, 판례집 7-1, 140, 149.

11) 헌재 1997. 7. 16. 96헌라2, 판례집 9-2, 154, 163; 헌재 2020. 5. 27. 2019헌라4, 판례집 32-1하, 189; 헌재 2022. 12. 22. 2022헌라5.

12) 국회의원과 국회의장은 헌법 제111조 제1항 제4호 소정의 권한쟁의심판의 당사자가 될 수 있다(헌재 2000. 2. 24. 99헌라2, 1, 6).

가능성이 있는 국가기관은 권한쟁의 심판청구의 피청구인으로서 당사자능력이 인정된다고 할 것이다.13)

② 국가인권위원회: 권한쟁의심판은 국회의 입법행위 등을 포함하여 권한쟁의 상대방의 처분 또는 부작위가 헌법 또는 법률에 의하여 부여받은 청구인의 권한을 침해하였거나 침해할 현저한 위험이 있는 때 제기할 수 있는 것인데, 헌법상 국가에게 부여된 임무 또는 의무를 수행하고 그 독립성이 보장된 국가기관이라고 하더라도 오로지 법률에 설치근거를 둔 국가기관이라면 국회의 입법행위에 의하여 존폐 및 권한범위가 결정될 수 있으므로 이러한 국가기관은 '헌법에 의하여 설치되고 헌법과 법률에 의하여 독자적인 권한을 부여받은 국가기관'이라고 할 수 없다. 즉, 청구인이 수행하는 업무의 헌법적 중요성, 기관의 독립성 등을 고려한다고 하더라도, 국회가 제정한 국가인권위원회법에 의하여 비로소 설립된 청구인은 국회의 위 법률 개정행위에 의하여 존폐 및 권한범위 등이 좌우되므로 헌법 제111조 제1항 제4호 소정의 헌법에 의하여 설치된 국가기관에 해당한다고 할 수 없다. 결국, 권한쟁의심판의 당사자능력은 헌법에 의하여 설치된 국가기관에 한정하여 인정하는 것이 타당하므로, 법률에 의하여 설치된 청구인에게는 권한쟁의심판의 당사자능력이 인정되지 아니한다.14)

③ 감사원: 헌법재판소는 감사원의 당사자능력을 인정하는 전제하에 본안판단을 하였다.15)

④ 정당 및 교섭단체: 정당은 국민의 자발적 조직으로, 그 법적 성격은 일반적으로 사적·정치적 결사 내지는 법인격 없는 사단으로서 공권력의 행사주체로서 국가기관의 지위를 갖는다고 볼 수 없다. 정당이 국회 내에서 교섭단체를 구성하고 있다고 하더라도, 헌법은 권한쟁의심판청구의 당사자로서 국회의원들의 모임인 교섭단체에 대해서 규정하고 있지 않고, 교섭단체의 권한

13) 헌재 2008. 6. 26. 2005헌라7.

14) 헌재 2010. 10. 28. 2009헌라6.

15) 헌재 2008. 5. 29. 2005헌라3 ("감사원법은 지방자치단체의 위임사무나 자치사무의 구별 없이 합법성 감사뿐만 아니라 합목적성 감사도 허용하고 있는 것으로 보이므로, 감사원의 지방자치단체에 대한 이 사건 감사는 법률상 권한 없이 이루어진 것은 아니다.").

침해는 교섭단체에 속한 국회의원 개개인의 심의·표결권 등 권한 침해로 이어질 가능성이 높아 그 분쟁을 해결할 적당한 기관이나 방법이 없다고 할 수 없다. 따라서 정당은 헌법 제111조 제1항 제4호 및 헌법재판소법 제62조 제1항 제1호의 '국가기관'에 해당한다고 볼 수 없으므로, 권한쟁의심판의 당사자능력이 인정되지 아니한다.[16)]

⑤ 국회 상임위원회 위원장: 피청구인 법사위 위원장이 2022. 4. 27. 제395회 국회(임시회) 제4차 법사위 전체회의에서 이 사건 검찰청법 개정법률안과 이 사건 형사소송법 개정법률안을 각 가결선포한 행위(이하 '법사위 위원장의 가결선포행위'라 한다)가 청구인들의 법률안 심의·표결권을 침해하였는지 여부와 관련하여, 헌법재판소는 당사자능력을 인정한다는 전제하에 본안판단을 하였다.[17)]

⑥ 국회의 소위원회 및 소위원회 위원장: 헌법 제62조는 '국회의 소위원회'(이하 '소위원회'라 한다)를 명시하지 않고 있는 점, 국회법 제57조에 따르면 소위원회는 위원회의 의결에 따라 그 설치·폐지 및 권한이 결정될 뿐인 위원회의 부분기관에 불과한 점 등을 종합하면, 소위원회 및 그 위원장은 헌법에 의하여 설치된 국가기관에 해당한다고 볼 수 없다.[18)]

⑦ 국민: '국민'인 청구인은 그 자체로는 헌법에 의하여 설치되고 헌법과 법률에 의하여 독자적인 권한을 부여받은 기관이라고 할 수 없다. 즉, '국민'인 청구인은 권한쟁의심판의 당사자가 되는 '국가기관'이 아니다.[19)]

(4) 제3자 소송담당 인정 여부

'제3자 소송담당'이란 권리주체가 아닌 제3자가 자신의 이름으로 권리주체를 위하여 소송을 수행할 수 있는 권능이다.

국회의 구성원인 국회의원이 국회를 위하여 국회의 권한침해를 주장하는 권한쟁의심판을 청구할 수 있는지, 즉 권한쟁의심판에 있어서 이른바 '제3자

16) 헌재 2020. 5. 27. 2019헌라6등.
17) 헌재 2023. 3. 23. 2022헌라2.
18) 헌재 2020. 5. 27. 2019헌라4, 판례집 32-1하, 189.
19) 헌재 2017. 5. 25. 2016헌라2.

소송담당'이 허용되는지 여부와 관련하여, 헌법재판소는 "국회의 의사가 다수결에 의하여 결정되었음에도 다수결의 결과에 반대하는 소수의 국회의원에게 권한쟁의심판을 청구할 수 있게 하는 것은 다수결의 원리와 의회주의의 본질에 어긋날 뿐만 아니라, 국가기관이 기관 내부에서 민주적인 방법으로 토론과 대화에 의하여 기관의 의사를 결정하려는 노력 대신 모든 문제를 사법적 수단에 의해 해결하려는 방향으로 남용될 우려도 있으므로, 국가기관의 부분 기관이 자신의 이름으로 소속기관의 권한을 주장할 수 있는 '제3자 소송담당'을 명시적으로 허용하는 법률의 규정이 없는 현행법 체계하에서는 국회의 구성원인 국회의원이 국회의 조약에 대한 체결·비준 동의권의 침해를 주장하는 권한쟁의심판을 청구할 수 없다."고 판시하였다.[20]

반면, 독일의 경우, 권한쟁의심판에 있어서 제3자 소송담당을 인정하고 있다. 독일 연방헌법재판소법 제64조 제1항에 의하면, 부분기관이 소속된 기관을 위하여 권한쟁의심판을 청구할 수 있도록 명문 규정을 두고 있다. 그 결과 연방의회의 야당 교섭단체는 연방정부를 상대로 연방의회의 권한 침해를 이유로 권한쟁의를 청구할 수 있다. 그러나 독일 연방의회 의원은 독립한 헌법기관이기 때문에 자신의 헌법상 권한 침해를 주장하는 권한쟁의를 청구할 수 있지만, 연방의회의 권한 침해를 이유로 제3자 소송담당은 할 수 없다.[21]

3. 국가기관과 지방자치단체간의 권한쟁의

(1) 법규정

헌법은 권한쟁의의 한 종류로서 국가기관과 지방자치단체간의 권한쟁의를 들고 있는데, 이것은 상호 독립된 법인격체로서 국가와 지방자치단체간의 수직적 권력분립관계에서 헌법상 제도적으로 보장되는 지방자치권을 보호한다는 측면 이외에 통일적 국가사무 수행에 있어서 국가기관과 지방자치단체간의 권한의 분배에 관한 다툼을 조정하는 의미를 갖는다. 헌법재판소법 제62

---

20) 헌재 2007. 7. 26. 2005헌라8.

21) BVerfGE 90, 286 (342 ff.); 94, 351 (369); 99, 19 (29).

조 제1항 제2호는 국가기관과 지방자치단체간의 권한쟁의를 "가. 정부와 특별시·광역시·특별자치시·도 또는 특별자치도 간의 권한쟁의심판", "나. 정부와 시·군 또는 지방자치단체인 구(이하 "자치구"라 한다) 간의 권한쟁의심판"로 규정하고 있다.

(2) 당사자능력 인정 여부

헌법재판소법에 규정된 유형의 권한쟁의에서 일방 당사자가 되는 '국가기관'을 '정부'라고 규정하고 있다. 국가경찰위원회의 권한쟁의심판의 당사자능력 인정 여부와 관련하여, 헌법재판소는 "국회가 제정한 경찰법에 의하여 비로소 설립된 청구인은 국회의 경찰법 개정행위에 의하여 존폐 및 권한범위 등이 좌우되므로, 헌법 제111조 제1항 제4호 소정의 헌법에 의하여 설치된 국가기관에 해당한다고 할 수 없다. 국가경찰위원회 제도를 채택하느냐의 문제는 우리나라 치안여건의 실정이나 경찰권에 대한 민주적 통제의 필요성 등과 관련하여 입법정책적으로 결정되어야 할 사항이다. 정부조직법상 합의제 행정기관을 포함한 정부의 부분기관 사이의 권한에 관한 다툼은 정부조직법상의 상하 위계질서나 국무회의, 대통령에 의한 조정 등을 통하여 자체적으로 해결될 가능성이 있고 청구인의 경우도 정부 내의 상하관계에 의한 권한질서에 의하여 권한쟁의를 해결하는 것이 불가능하지 않다. 따라서 권한쟁의심판의 당사자능력은 헌법에 의하여 설치된 국가기관에 한정하여 인정하는 것이 타당하므로, 법률에 의하여 설치된 청구인에게는 권한쟁의심판의 당사자능력이 인정되지 아니한다."고 판시하였다.[22]

(3) 지방자치단체의 권한인지 여부

헌법재판소법 제61조 제1항에서는 "국가기관 상호간, 국가기관과 지방자치단체 간 및 지방자치단체 상호간에 권한의 유무 또는 범위에 관하여 다툼이 있을 때에는 해당 국가기관 또는 지방자치단체는 헌법재판소에 권한쟁의심판을 청구할 수 있다."고 규정하고 동조 제2항에서는 "제1항의 심판청구는 피청

22) 헌재 2022. 12. 22. 2022헌라5.

구인의 처분 또는 부작위(不作爲)가 헌법 또는 법률에 의하여 부여받은 청구인의 권한을 침해하였거나 침해할 현저한 위험이 있는 경우에만 할 수 있다."고 규정하고 있다.

지방자치단체인 청구인이 다른 지방자치단체나 국가기관인 피청구인을 상대로 권한쟁의심판을 청구하려면, ① 청구인과 피청구인 상호간에 권한의 유무 또는 범위에 관하여 다툼이 있어야 하고, ② 피청구인의 처분 또는 부작위가 헌법 또는 법률에 의하여 부여받은 청구인의 권한을 침해하였거나 침해할 현저한 위험이 있는 경우여야 한다.

4. 지방자치단체 상호간의 권한쟁의

(1) 의의

지방자치의 활성화는 지방자치단체간의 이해의 상충 또는 경쟁관계의 확대를 초래한다. 이에 따라 지방자치단체 상호간의 갈등과 분쟁이 증가하는 것은 불가피하다. 지방자치단체 상호간의 권한쟁의심판은 이러한 분쟁과 갈등을 사법적·유권적 판단을 통하여 해결하여 분쟁을 종식시킴으로써 지방자치의 원활한 실현을 도와주는 기능을 한다.

헌법재판소법 제62조 제1항 제3호는 지방자치단체 상호간의 권한쟁의심판으로 특별시·광역시·특별자치시·도 또는 특별자치도 상호간의 권한쟁의심판, 시·군 또는 자치구 상호간의 권한쟁의심판, 특별시·광역시·특별자치시·도 또는 특별자치도와 시·군 또는 자치구 간의 권한쟁의심판을 규정하고 있다. 이는 공권력을 담당·행사하는 공법인인 지방자치단체 상호간의 법적 분쟁으로서 각 지방자치단체간에 관할의 유무 및 범위에 관한 다툼이 헌법재판소에 의해 관장됨을 의미한다.

지방자치단체의 장은 원칙적으로 권한쟁의 심판청구의 당사자가 될 수 없다.[23] 다만, 지방자치단체의 장이 국가위임 사무에 대해 국가기관의 지위에서 처분을 행한 경우에는 권한쟁의 심판청구의 당사자가 될 수 있다.

---

23) 헌재 2006. 8. 31. 2003헌라1.

헌법재판소법 제62조 제2항에서는 “권한쟁의가 「지방교육자치에 관한 법률」 제2조에 따른 교육·학예에 관한 지방자치단체의 사무에 관한 것인 경우에는 교육감이 당사자가 된다.”고 규정하고 있지만, 그 의미는 교육감이 지방자치단체를 대표한다는 취지라고 할 것이다.

교육감과 해당 지방자치단체 사이의 내부적 분쟁과 관련한 권한쟁의심판 청구의 적법 여부와 관련하여, 헌법재판소는 “헌법 제111조 제1항 제4호는 지방자치단체 상호간의 권한쟁의에 관한 심판을 헌법재판소가 관장하도록 규정하고 있고, 지방자치단체 ‘상호간’의 권한쟁의심판에서 말하는 ‘상호간’이란 ‘서로 상이한 권리주체간’을 의미한다. 그런데 ‘지방교육자치에 관한 법률’은 교육감을 시·도의 교육·학예에 관한 사무의 ‘집행기관’으로 규정하고 있으므로, 교육감과 해당 지방자치단체 상호간의 권한쟁의심판은 ‘서로 상이한 권리주체간’의 권한쟁의심판청구로 볼 수 없다.”고 판시하였다.[24)]

(2) 지방자치단체 기관 상호간 권한쟁의의 인정 여부

지방자치단체의 의결기관과 지방자치단체의 집행기관 사이의 내부적 분쟁과 관련한 권한쟁의심판 청구의 적법 여부와 관련하여, 헌법재판소는 “헌법 제111조 제1항 제4호는 지방자치단체 상호간의 권한쟁의에 관한 심판을 헌법재판소가 관장하도록 규정하고 있고, 헌법재판소법 제62조 제1항 제3호는 이를 구체화하여 헌법재판소가 관장하는 지방자치단체 상호간의 권한쟁의심판을 ① 특별시·광역시·도 또는 특별자치도 상호간의 권한쟁의심판, ② 시·군 또는 자치구 상호간의 권한쟁의심판, ③ 특별시·광역시·도 또는 특별자치도와 시·군 또는 자치구간의 권한쟁의심판 등으로 규정하고 있다. 지방자치단체의 의결기관인 지방의회와 지방자치단체의 집행기관인 지방자치단체장 간의 내부적 분쟁은 지방자치단체 상호간의 권한쟁의심판의 범위에 속하지 아니하고, 달리 국가기관 상호간의 권한쟁의심판이나 국가기관과 지방자치단체 상호간의 권한쟁의심판에 해당한다고 볼 수도 없다.”고 판시하였다.[25)] 따

24) 헌재 2016. 6. 30. 2014헌라1, 판례집 28-1하, 436.
25) 헌재 2018. 7. 26. 2018헌라1.

라서 지방자치단체의 기관, 예를 들면, 지방자치단체의 장[26]이나 지방자치단체의 의결기관인 지방의회[27]는 권한쟁의심판의 당사자가 될 수 없다.

헌법재판소는 "헌법은 '국가기관'과는 달리 '지방자치단체'의 경우에는 그 종류를 법률로 정하도록 규정하고 있으며(헌법 제117조 제2항), 지방자치법은 지방자치단체의 종류를 특별시, 광역시, 특별자치시, 도, 특별자치도와 시, 군, 구로 정하고 있고(지방자치법 제2조 제1항), 헌법재판소법은 이를 감안하여 권한쟁의심판의 종류를 정하고 있다. 즉, 지방자치법은 헌법의 위임을 받아 지방자치단체의 종류를 규정하고 있으므로, 지방자치단체 상호간의 권한쟁의심판을 규정하는 헌법재판소법 제62조 제1항 제3호를 예시적으로 해석할 필요성 및 법적 근거가 없다."고 판시하였다.[28]

제 3 절 권한쟁의심판권의 범위

헌법재판소의 권한쟁의심판권의 범위를 확정함에 있어서는 특정 사안에 대해서 서로 자기에게 권한이 없다고 주장하는 소극적 권한쟁의를 인정할 것인지 여부와, 헌법재판소의 권한쟁의심판권과 법원의 행정재판권과의 관계를 어떻게 구분할 것인지가 문제된다.

1. 소극적 권한쟁의

권한쟁의에서 "권한의 유무나 그 범위에 대한 다툼"은 통상적으로 특정 사안에 대해서 서로 자기가 권한을 가진다고 주장하는 적극적 권한쟁의의 형

26) 헌재 2006. 8. 31. 2003헌라1 "권한쟁의 심판청구는 헌법과 법률에 의하여 권한을 부여받은 자가 그 권한의 침해를 다투는 헌법소송으로서 이러한 권한쟁의심판을 청구할 수 있는 자에 대하여는 헌법 제111조 제1항 제4호와 헌법재판소법 제62조 제1항 제3호가 정하고 있는바, 이에 의하면 지방자치단체의 장은 원칙적으로 권한쟁의 심판청구의 당사자가 될 수 없다."

27) 헌재 2010. 4. 29. 2009헌라11.

28) 헌재 2016. 6. 30. 2014헌라1.

태로 발생하는 것이 보통이지만, 특정 사안에 대해서 서로 자기에게 권한이 없다고 주장하는 소극적 권한쟁의의 형태로도 발생할 수 있다.

헌법 제111조 제1항 제4호는 권한쟁의심판을 헌법재판소의 관장사항으로 정하고, 헌법재판소법은 제61조 제1항에서 국가기관 또는 지방자치단체의 권한의 유무 또는 범위에 관하여 다툼이 있는 경우에 권한쟁의심판을 청구할 수 있도록 규정하고 있다. 그러나 헌법재판소법 제61조 제2항은 권한쟁의심판의 청구요건으로서 "피청구인의 처분 또는 부작위"가 "청구인의 권한"을 침해하거나 침해할 현저한 위험이 있어야 한다고 규정하고 있어서 소극적 권한쟁의가 이 요건을 충족하는지 여부와 관련하여 해석상 논란이 있을 수 있다.

적극설은 헌법 제111조 제1항 제4호의 취지는 모든 권한쟁의를 헌법재판소의 원칙적 관할로 규정하고 있으며, 헌법재판소법 제61조 제1항에서 정하고 있는 "권한의 유무 또는 범위에 관한 다툼"에는 소극적 권한쟁의도 당연히 포함되고, 소극적 권한쟁의를 인정하지 않을 경우 객관적 권한질서의 유지와 국가업무의 지속적 수행이라는 권한쟁의심판제도의 목적을 충분히 달성할 수 없다는 입장이다.

이에 반하여 소극설은 헌법 제111조 제1항 제4호는 소극적 권한쟁의를 반드시 인정하여야 할 근거가 될 수 없고 그 인정여부는 입법자에게 맡겨져 있으며, 헌법재판소법 제61조 제2항에서 청구인의 권한이 침해되었거나 침해될 현저한 위험성이 있을 것을 요구하고 있는데 소극적 권한쟁의는 이 요건을 충족할 수 없고, 현행 사법제도상 소극적 권한쟁의를 법적으로 해결할 길이 전혀 없는 것도 아니라는 입장이다.

(1) 인정필요성

소극적 권한쟁의에서는 당사자가 특정 사안에 대해서 서로 자신이 권한 내지 의무가 없음을 주장하며 특정 권한(직무)의 행사를 거부하게 되므로, 특정 사안에 대한 국가업무가 해태되거나 마비될 우려가 있고, 그것은 동시에 객관적 권한질서의 침해 내지 침해의 우려를 야기하게 된다. 또한 일반 사인이 제기한 민원에 대해서 관할이 있다고 생각되는 국가기관들이 서로 자기에게 권한이 없다고 미루며 민원을 해결하지 않는 경우에는 민원인을 위한 권리구제가 어려워지는 상황이 발생한다. 따라서 객관적 권한질서의 유지와 국가업무의 지속적 수행이라는 권한쟁의심판의 목적을 위해서 소극적 권한쟁의도 헌법소송의 한 형태로 인정할 필요가 있다. 입법례를 보면 독일에서는 소극적 권한쟁의가 인정되지 아니하나, 오스트리아와 스페인에서는 명문으로 이를 인정하고 있다.

(2) 요 건

권한쟁의가 객관소송의 특징을 갖는 것이라면 소극적 권한쟁의의 청구요건에 있어서도 그에 상응한 고려를 요한다. 헌법재판소법 제61조 제2항은 청구인의 권한의 침해 내지 그 우려를 청구요건으로 규정하고 있으나, 소극적 권한쟁의의 사건에서는 당사자인 국가기관이나 단체 등이 특정 사안에 대해서 서로 자신의 권한이 아니라고 다투는 것만으로 그 성격상 구체적 사건성이 인정될 수 있고, 따라서 심판청구의 요건을 충족하는 것이라고 보아야 한다.

실제에 있어서 대부분의 경우 소극적 권한쟁의는 인접한 법주체나 기관간의 지역적 관할권의 소재 여부나, 국가와 지방자치단체의 경우와 같이 지역관할 또는 기능적 역할이 중복되는 경우에 발생하므로 이 경우 관할의 소재는 양자택일 관계에 있는 것이 일반적이고, 그 중 일방의 직무수행의 거부는 타방에 대한 직무수행의 부담으로 나타나게 되기 때문에 일방의 부작위와 타방의 부담은 논리적 택일관계를 이루는 경우가 보통이다.

(3) 판 례

헌법재판소는 어업면허의 유효기간연장 불허가처분에 따른 손실보상금의 지급사무에 대한 권한이 청구인(포항시) 또는 피청구인(정부) 중 누구에게 속하는가를 확정해달라고 청구한 권한쟁의사건에서, 문제되는 다툼은 "유효기간연장의 불허가처분으로 인한 손실보상금 지급권한의 유무 및 범위 자체에 관한 청구인과 피청구인 사이의 직접적인 다툼이 아니라, 그 손실보상금 채무를 둘러싸고 어업권자와 청구인, 어업권자와 피청구인 사이의 단순한 채권채무관계의 분쟁에 불과한 것으로 보인다."라고 판시하여 심판청구를 각하한 바 있다.[29)]

한편, 시화공업단지내의 공공시설의 관리권자가 누구인지를 둘러싸고 시흥시가 청구한 사건에서, 시흥시는 시화공업단지내의 공공시설의 관리권자는 정부임을 전제로 정부가 공공시설을 관리하지 아니함으로 인하여 시흥시의 지방자치권(자치재정권)을 침해하였다고 주장하였다. 이에 대하여 헌법재판소는 정부가 아니라 청구인인 시흥시가 공공시설의 관리권자이므로 권한이 침해되지 않았으며, 설사 정부가 관리권자라 하더라도 청구인으로서는 공공시설을 관리하지 않으면 그 뿐이고, 정부의 부작위로 청구인의 권한이 침해될 여지가 없다고 하면서, 심판청구를 기각하였다.[30]

2. 지방자치법 제4조(현 지방자치법 제5조)의 대법원 소송과 헌법재판소의 권한쟁의심판권

(1) 행정소송과 권한쟁의심판의 구별

권한 분쟁은 공법적 성격을 가짐과 동시에 헌법적 성격을 갖는다는 점에서 헌법재판의 대상성과 법원에 의한 일반적 사법권의 대상성을 모두 갖는다. 헌법재판소나 대법원은 모두 행정안전부장관의 처분이 위법한지 여부를 판단할 수 있다. 헌법재판소의 권한쟁의심판은 처분의 취소를 확인할 수 있고, 지방자치법 제5조에 따른 소송에서도 행정안전부장관의 결정에 대해 취소판결을 내릴 수 있다.[31] 헌법재판소 결정의 반대의견에서도 지방자치법 제5조의 소송과 권한쟁의심판 가능성을 모두 인정하였다. 대법원과 헌법재판소의 관할이 중복되는 것은 아니라고 설명하고 있으나, 실질적으로 대법원과 헌법재판소의 관할이 중복될 경우, 양 기관 사이에 상이한 결론이 도출될 수 있다.

1) 학설

행정소송의 대상과 권한쟁의심판의 대상을 구별하여 법원 또는 헌법재판

29) 헌재 1998. 6. 25. 94헌라1, 판례집 10－1, 739.
30) 헌재 1998. 8. 27. 96헌라1, 판례집 10－2, 364.
31) 정남철, “공유수면 매립지 분쟁의 관할권 및 심사범위에 관한 법적 쟁점”, 행정판례연구 제26권 제1호, 2021, 183면.

소에 관할권 여부에 대하여 논의가 있다. 첫 번째 견해는 행정소송과 권한쟁의심판의 대상을 구별함에 있어서 행정소송은 동태적(動態的)인 구체적 사실관계의 분쟁 해결을 중시하는 반면, 권한쟁의심판은 법률관계에 있어서의 정태적(情態的)인 권한 획정을 중시한다는 견해이다.[32]

두 번째 견해는 권한 행사의 위법(違法)·부당(不當)에 관한 것은 행정소송의 대상이 되고 권한쟁의심판은 추상적 권한의 소재(所在) 또는 범위(範圍)에 대한 분쟁을 대상으로 삼는다는 견해가 있다.[33] 이에 따르면 권한쟁의심판에서는 그 권한이 개별 사안에서 적법 또는 위법하게 행사되었는가는 문제삼지 않게 된다.

세 번째 견해는 우리나라 헌법과 법률이 지방자치단체 상호간 권한 분쟁을 헌법재판소의 관할로 규정한 것은 지방자치단체 상호간 권한 분쟁을 권한쟁의심판의 대상에서 제외하거나 그 중 헌법적 관련을 갖는 분쟁에 한하여 이를 헌법재판소의 관할로 하고 그 밖의 경우에는 법원이 관장하도록 한 것이라는 견해이다.[34]

네 번째 견해는 제2공화국 헌법에서 '국가기관 간의 권한쟁의'만을 규정하였던 역사적 사실을 알고서도 헌법개정권자가 이에 더하여 '국가기관과 지방자치단체 간' 및 '지방자치단체 상호간'의 권한쟁의까지 헌법재판소의 관장사항으로 삼은 것은 지방자치단체의 독립성과 권한을 보장하고, 지방자치단체 상호 간의 법적 평화를 유지하는 것이 국가공동체 전체에 대하여 헌법적 중요성을 가지는 것으로 가치판단을 내린 것으로서, 지방자치단체 시대의 본격적 도래를 앞에 두고 지방자치단체를 둘러싼 권한법적 문제를 '헌법적 사안'으로 택하여 헌법재판소의 관장사항으로 맡긴 것이라는 견해가 있다.[35]

다섯 번째 견해는 권한쟁의심판은 1988년 헌법을 개정하면서 신설된 것

32) 김상태, "공유수면 매립지의 관할구역 결정과 사법적 분쟁해결제도", 행정법연구 제30호, 2011, 151면.
33) 박정훈, 행정소송의 구조와 기능, 박영사, 2006, 346면.
34) 홍준형, "지방자치분쟁의 사법적 해결", 공법학의 현대적 지평 (심천 계희열 박사 기념논문집), 박영사, 1995, 840면.
35) 김하열, 헌법실무연구 제4권, 2003, 442면; 최승원, "권한쟁의심판과 기관소송", 법학논집 제4권 제4호, 2000, 121면.

인데, 헌법개정권자가 헌법재판소를 만들면서 동일한 관할권을 법원에도 부여하려는 이중성을 의도한 것으로는 볼 수 없다. 이는 국가권력의 구성원리에도 배치되는 것이다. 헌법재판소법을 제정하면서 관할 중복문제를 해소하기 위해 행정소송법 제3조 제4호 단서를 규정하면서 권한쟁의심판 사항에 대해서는 기관소송의 대상에서 제외시켰다는 점이다. 이는 헌법재판소의 관장사항에 속하는 것은 법원의 관할에 속할 수 없게끔 하기 위한 것이다.[36)]

여섯 번째 견해는 국가기관 간, 국가기관과 지방자치단체간, 지방자치단체 상호간 권한의 유무나 행사에 관한 다툼이 행정법적 권한과 의무의 유무, 범위, 내용에 관한 것이기 때문에 법원에 관할권을 부여하는 것이 기능적으로 타당하다는 주장[37)] 역시 현실적으로 헌법상의 권한과 법률상의 권한 혹은 헌법적 문제와 행정법적 문제를 명백히 구분하는 것은 어렵다는 한계를 극복하지 못하고 있다. 이 때문에 입법론적으로 분쟁 당사자를 중심으로 구분하여 헌법상 권력분립원리와 직접적으로 관련되는 헌법적 문제가 확실한 국가기관 상호 간의 권한 다툼만을 헌법재판소의 권한쟁의심판의 대상으로 하고, 정부와 지방자치단체 간의 권한 다툼이나 지방자치단체 상호 간의 권한 다툼은 법원의 관할로 함이 바람직하다는 의견도 있다.[38)]

2) 소결

권한의 유무, 범위, 행사와 관련하여, 헌법재판소법 제61조 제1항의 권한의 유무 또는 범위에 관한 다툼을 '권한의 유무 및 행사에 관한 모든 다툼'을 포괄하는 것으로 이해할 수 있다. 일반적인 권한 분쟁은 추상적 권한의 획정이 문제되는 것이 아니라 일정한 권한을 가진 피청구인이 그 권한을 위헌·위법하게 행사함으로써 청구인의 권한을 침해하였다는 주장으로부터 시작한다.

---

36) 남복현, "기관소송과 권한쟁의심판의 관계", 공법연구 제47집 제3호, 2019. 2, 31면.

37) 안성경, "기관소송과 권한쟁의심판과의 관계 정립에 관한 연구", 헌법학연구 제14권 제3호, 2008, 515면.

38) 백윤기, "권한쟁의심판과 기관소송", 헌법문제와 재판, 재판자료 제76집, 1997, 369면; 박진영, "공유수면 매립지의 행정구역 귀속과 관련한 권한쟁의심판청구의 적법성 고찰", 헌법학연구 제24권 제4호, 2018, 218면; 최봉석, "지방자치관련 사법심사의 제도적 현황과 개혁과제", 공법연구 제32집 제5호, 2004, 780, 781면.

따라서 권한 행사의 적법성에 관한 다툼에 불과하다고 보아 권한쟁의심판의 대상에서 제외한다면 헌법상 권한쟁의심판권이 형해화되는 결과를 초래한다.[39]

3. 지방자치법 제5조 제8항과 권한쟁의심판권과의 경합

"헌법소송은 헌법을 적용함에 있어서 헌법의 내용 또는 헌법문제에 대하여 분쟁이 발생한 경우, 독립적 지위와 관할권을 가진 헌법기관이 헌법해석을 통하여 이를 유권적으로 해결하는 헌법의 인식·실현작용을 말한다." 반면 행정소송은 행정작용으로 인하여 위법하게 권익을 침해받은 자가 독립된 제3자인 법원에 제기하는 소송, 즉, 공법상의 분쟁에 대하여 공법의 해석·적용을 통하여 재판의 형식으로 행해지는 소송을 말한다.[40]

헌법재판소의 권한쟁의심판은 국가기관이나 지방자치단체의 권한 유무나 범위에 대한 포괄적 심사가 가능한데 반해, 대법원의 심사대상은 지방자치단체의 기관간 권한의 유무 또는 그 행사에 관한 다툼에 관한 것이 아니라, 행정안전부장관 결정의 위법 여부에 관한 것이다. 대법원은 매립지 관할에 대한 결정을 함에 있어 행정안전부장관이 재량권을 일탈하였거나 남용하였는지에 대해 심사할 뿐이다.[41] 지방자치법 제5조의 소송은 매립지나 지적공부의 등록누락 등의 분쟁에 대처하기 위한 입법적 조치이기는 하지만, 이 소송에서 다루는 대법원의 심사범위는 행정안전부장관의 결정에 위법이 있는지에 제한된다고 보아야 한다.[42] 실제 대법원은 새만금방조제의 매립지 사건에서 행정안전부장관의 결정이 계획재량적 성격을 가진다고 보았지만, 이러한 결정은 계획의 형성과 관련된 것이 아니라 매립지의 관할에 관할 것이다. 이를 형성의 자유(재량)라고 부르는 것은 적절하지 않다.[43]

---

39) 김하열, 헌법실무연구 제4권, 2003, 451－453면.

40) 박진영, 헌법학연구 제24권 제4호, 2018, 217면.

41) 정남철, "공유수면 매립지 분쟁의 관할권 및 심사범위에 관한 법적 쟁점", 행정판례연구 제26권 제1호, 2021, 179면.

42) 정남철, 행정판례연구 제26권 제1호, 2021, 188면.

43) 정남철, 행정판례연구 제26권 제1호, 2021, 187면("공유수면의 매립지 귀속결정은 창설적 효력이 아닌

4. 권한쟁의심판과 당사자소송(또는 민사소송)

지방자치단체가 특정 하천에서 발생한 오염물질을 급박하게 제거하면서 지출한 비용의 상환을 국가에게 요청하였으나 국가가 이 하천의 관리권한이 자신에게 없다고 주장하며 이를 지급하지 않는 경우에 지방자치단체는 공법상의 비용상환청구소송을 제기할 수 있다. 이 경우 법원은 선결문제로서 하천의 관리권한이 누구에게 존재하는지를 판단하게 된다. 그런데 위의 경우 지방자치단체는 특정 하천의 관리 권한이 국가에게 존재한다고 주장하며 권한쟁의심판을 청구하는 것도 예상할 수 있다. 이러한 이른바 소극적 권한쟁의를 인정한다면 당사자소송과의 중복이 발생할 수 있다. 이러한 점은 일반 민사소송의 경우에도 마찬가지이다. 다만 권한쟁의심판에 의해서는 권한의 유무나 범위에 대해서만 기속력을 얻을 수 있을 뿐 구체적인 비용상환의무의 존부나 액수는 행정소송에 의해서만 인정될 수 있고, 집행력을 얻기 위해서는 행정소송에 의해야 한다.

헌법재판소는 어업면허의 유효기간연장 불허가처분에 따른 손실보상금의 지급사무에 대한 권한이 청구인(지방자치단체) 또는 피청구인(국가) 중 누구에게 속하는가를 확정해달라는 심판청구사건에서 그 사건에서 문제되는 다툼은 "유효기간연장의 불허가처분으로 인한 손실보상금 지급권한의 존부 및 범위 자체에 관한 청구인과 피청구인 사이의 직접적인 다툼이 아니라, 그 손실보상금 채무를 둘러싸고 어업권자와 청구인, 어업권자와 피청구인 사이의 단순한 채권채무관계의 분쟁에 불과한 것으로 보인다."라고 판시하여 심판청구를 각하한 바 있다.[44]

확인적 성격을 가져야 지방자치제도의 본질과 부합하고 공유수면 매립과정에 관련 지방자치단체의 자발적인 협력을 이끌 수 있고 나아가 매립지 귀속 결정 때까지의 관할 공백을 막을 수 있게 된다.")

44) 헌재 1998. 6. 25. 94헌라1, 판례집 10-1, 739.

제4절 권한쟁의심판권의 적법요건

헌법재판소법 제61조 제1항에 의하면, "국가기관 상호간, 국가기관과 지방자치단체간 및 지방자치단체 상호간에 권한의 유무 또는 범위에 관하여 다툼이 있을 때에는 해당 국가기관 또는 지방자치단체는 헌법재판소에 권한쟁의심판을 청구할 수 있다."고 하고, 동조 제2항에서는 "권한쟁의심판청구는 피청구인의 처분 또는 부작위(不作爲)가 헌법 또는 법률에 의하여 부여받은 청구인의 권한을 침해하였거나 침해할 현저한 위험이 있는 경우에만 할 수 있다."고 규정하고 있다.

1. 당사자적격과 당사자능력

(1) 당사자적격

권한쟁의심판의 당사자적격은 구체적 사건에서 청구인과 피청구인이 될 수 있는 자격을 의미하며, 헌법과 법률에 의하여 부여받은 권한을 가진 자를 말한다. 헌법 제111조 제1항 제4호는 헌법재판소의 관장사항 중 하나로 "국가기관 상호간, 국가기관과 지방자치단체간 및 지방자치단체 상호간의 권한쟁의에 관한 심판"을 규정하고 있다.

지방자치단체의 당사자적격과 관련하여, 헌법재판소법 제62조 제1항 제3호에서는 "지방자치단체 상호간의 권한쟁의심판"이라 규정하고 있다. "가. 특별시·광역시·도 또는 특별자치도 상호간의 권한쟁의심판, 나. 시·군 또는 자치구 상호간의 권한쟁의심판, 다. 특별시·광역시·도 또는 특별자치도와 시·군 또는 자치구 간의 권한쟁의심판"이다. 헌법에서 지방자치단체간 권한쟁의심판을 규정한 것은 공권력을 담당·행사하는 공법인인 지방자치단체 상호간의 법적 분쟁으로서 각 지방자치단체 간에 관할의 유무 및 범위에 관한 다툼이 헌법재판소의 관장사항임을 명확히 한 것이다.

1) 청구인적격

권한쟁의심판에 있어서 청구인적격은 침해당하였다고 주장하는 헌법상 내지 법률상 권한과 적절한 관련성이 있는 자에게 인정된다.

청구인은 이 사건 법률조항에 의하여 … 자신의 관할구역으로 변경되었는데 피청구인의 이 사건 부작위 및 부과처분으로 위 토지들에 대한 청구인의 자치권한이 침해되었다고 주장하고 있다. 주장 자체에서 일응 청구인이 주장하는 피침해권한과 청구인이 무관하다고 볼 수 없으므로 청구인에게 심판의 청구인적격이 인정된다.[45]

2) 피청구인적격

권한쟁의심판의 피청구인적격은 권한을 침해하는 처분 또는 부작위를 행하여 법적 책임을 지게 되는 자에게 인정된다. 청구인이 권한침해를 야기하였다고 주장하는 이 사건 부작위 및 부과처분은 모두 피청구인의 이름과 책임으로 행해진 것이므로 피청구인에게는 심판의 피청구인적격이 인정된다.[46]

(2) 당사자능력

지방자치단체 기관의 당사자능력이 문제될 수 있다. 헌법재판소는 해당 지방자치단체 사이의 내부적 분쟁과 관련된 권한쟁의심판청구는 헌법 제111조 제1항 제4호 및 헌법재판소법 제62조 제1항 제3호의 지방자치단체 상호간의 권한쟁의심판에 해당한다고 볼 수 없다며 지방자치단체 기관의 당사자능력이 없다는 부정설[47] 입장에 있다.

2. 권한의 유무 또는 범위에 대한 다툼

권한쟁의심판에서 다툼의 대상이 되는 '권한'이란 헌법 또는 법률이 특정한 국가기관에 대하여 부여한 독자적인 권능을 의미한다. 권한의 귀속 주체라

---

45) 헌재 2006. 8. 31. 2004헌라2, 판례집 18-2, 356, 363.
46) 헌재 2006. 8. 31. 2004헌라2, 판례집 18-2, 356, 363.
47) 헌재 2006. 8. 31. 2003헌라1; 헌재 2010. 4. 29. 2009헌라1; 헌재 2016. 6. 30. 2014헌라1

도 주어진 권한을 마음대로 처분하거나 포기할 수 없으므로,[48] 국가기관 또는 지방자치단체가 권한쟁의심판을 통해 주장할 수 있는 권한은 일정한 한계 내에 제한된 범위를 가질 수밖에 없다. 따라서 국가기관 또는 지방자치단체의 모든 행위가 권한쟁의심판에서 의미하는 권한의 행사가 될 수는 없고, 헌법과 법률에 의해 그 국가기관 또는 지방자치단체에게 부여된 독자적인 권능을 행사하는 경우가 아니라면 국가기관 또는 지방자치단체의 행위가 제한을 받더라도 권한쟁의심판에서 말하는 권한의 침해가능성은 없는 것이다.[49] 또한 권한이 존재하는지 또는 그 권한 범위에 대한 다툼이 있을 때 권한쟁의가 허용되는 것으로 규정하고 있지만, 객관소송의 당사자적격을 인정하기 위해 주관적인 것으로 의제된 권한으로 해석된다.[50]

3. 피청구인의 '처분' 또는 '부작위'의 존재

헌법재판소법 제61조 제2항에 의하면, 권한쟁의심판 청구는 피청구인의 처분 또는 부작위(不作爲)가 헌법 또는 법률에 의하여 부여받은 청구인의 권한을 침해하였거나 침해할 현저한 위험이 있는 경우에만 할 수 있다. 즉, 헌법재판소법 제61조 제2항에 따라 권한쟁의심판을 청구하려면 피청구인의 처분 또는 부작위가 존재하여야 한다.

피청구인의 처분 또는 부작위는 청구인의 권리행사나 의무이행과 관련하여 취해진 피청구인의 행위를 말한다. 여기서 '처분'은 행정소송에 있어서 행정청의 처분보다 넓게 인정하고 있다. 즉, '처분'이란 입법영역에서 법률의 제정행위와 법률 그 자체, 행정영역에서 법규명령과 모든 개별적 행정행위를 포함하는 것으로 해석하고 있다.

여기서 '부작위'는 관련 국가기관이 특정한 행위를 해야 할 헌법상 또는 법률상 의무가 존재함에도 불구하고 이를 이행하지 않는 경우로서, 법적으로 문제되는 부작위로 한정한다.[51]

---

48) 허완중, 공법연구 제50집 제1호, 2021, 294면.
49) 헌재 2010. 7. 29. 2010헌라1.
50) 헌법재판실무제요 제2개정판, 398면.

(1) 처분의 개념

첫째, 여기서 '처분'이란 입법행위와 같은 법률의 제정과 관련된 권한의 존부 및 행사상의 다툼, 행정처분은 물론 행정입법과 같은 모든 행정작용 그리고 법원의 재판 및 사법행정작용 등을 포함하는 넓은 의미의 공권력 처분을 의미하는 것으로 보아야 할 것이다.[52] 또한 청구인의 권한에 부정적인 영향을 주어서 법적으로 문제되는 경우에는 사실행위나 내부적인 행위도 권한쟁의심판의 대상이 되는 처분에 해당한다.[53]

헌법재판소법 제61조 제2항에서 말하는 '처분'에는 개별적 행위뿐만 아니라 규범을 제정하는 행위도 포함되며, 입법영역에서는 법률의 제정행위 및 법률 자체를, 행정영역에서는 법규명령 및 모든 개별적인 행정적 행위를 포함한다.[54] 또한 '처분'은 행정청이 발하는 법규명령, 조례 및 규칙, 개별적 행정행위를 포함하는 개념이고 고시도 성질상 '처분'에 해당한다.[55]

둘째, 여기서 '처분'은 법적 중요성을 지닌 것에 한하므로, 청구인의 법적 지위에 구체적으로 영향을 미칠 가능성이 있는 행위이어야 한다.[56] 따라서 단순한 업무 협조 요청, 견해의 표명, 상호 협력 차원에서 조언·권고, 사회보장위원회가 내부적으로 의결한 행위[57]는 법적 구속력이 없으므로 권한쟁의심판의 대상이 되는 처분이라 할 수 없다.[58]

(2) 장래처분의 처분성 인정 여부

헌법재판소법 제61조 제1항에 의한 권한쟁의심판은 헌법재판소법 제61조 제2항에 의거하여 "피청구인의 처분 또는 부작위가 헌법 또는 법률에 의하여

51) 헌재 1998. 7. 14. 98헌라3, 판례집 10-2, 74, 80-81; 헌재 2000. 8. 31. 2004헌라2, 판례집 18-2, 356, 364; 헌재 2010. 11. 25. 2009헌라12, 판례집 22-2하, 320, 330.
52) 헌재 2006. 5. 25. 2005헌라4.
53) 헌재 2006. 3. 30. 2003헌라2, 공보 114, 523, 524.
54) 헌재 2006. 8. 31. 2004헌라2, 판례집 18-2, 356, 364.
55) 헌재 2001. 1. 18. 2000헌마149, 판례집 13-1, 178, 186(재판관 이영모의 보충의견).
56) 헌재 2006. 3. 30. 2005헌라1; 헌재 2005. 12. 22. 2004헌라3.
57) 헌재 2018. 7. 26. 2015헌라4.
58) 헌재 2006. 3. 30. 2005헌라1.

부여받은 청구인의 권한을 침해하였거나 침해할 현저한 위험이 있는 때"에 한하여 청구할 수 있다. 따라서 피청구인의 처분 또는 부작위가 존재하지 아니한 경우에는 권한다툼에 대한 구체적 사건의 성숙성이 아직 갖추어지지 않았으므로 권한쟁의심판청구는 원칙적으로 허용되지 않는다고 할 것이고, 피청구인의 장래처분에 의해서 청구인의 권한침해가 예상되는 경우에도 청구인은 원칙적으로 이러한 장래처분이 행사되기를 기다린 이후에 이에 대한 권한쟁의심판청구를 통해서 침해된 권한의 구제를 받을 수 있으므로, 피청구인의 장래처분을 대상으로 하는 심판청구 역시 원칙적으로 허용되지 아니한다.

그러나 피청구인의 장래처분이 확실하게 예정되어 있고, 피청구인의 장래처분에 의해서 청구인의 권한이 침해될 위험성이 있어서 청구인의 권한을 사전에 보호해 주어야 할 필요성이 매우 큰 예외적인 경우에는 피청구인의 장래처분에 대해서도 권한쟁의심판을 청구할 수 있다고 할 것이다. 왜냐하면 권한의 유무와 범위에 대한 다툼이 이미 발생한 경우에는 피청구인의 장래처분이 내려지기를 기다렸다가 권한쟁의심판을 청구하게 하는 것보다는 사전에 권한쟁의심판을 청구하여 권한쟁의심판을 통하여 권한다툼을 사전에 해결하는 것이 권한쟁의심판제도의 목적에 더 부합되기 때문이다. 그렇다면 피청구인의 장래처분도 위와 같은 예외적인 경우에는 헌법재판소법 제61조 제2항에서 규정하는 피청구인의 처분으로 인정된다고 할 것이다.[59)]

즉, 권한쟁의심판의 청구요건으로 피청구인의 처분 또는 부작위가 존재하지 아니하는 경우에는 이를 허용하지 않는 것이 원칙이라 할 것이나, 피청구인의 장래 처분이 확실하게 예정되어 있고, 피청구인의 장래 처분에 의해서 청구인의 권한이 침해될 위험성이 있어서 청구인의 권한을 사전에 보호해 주어야 할 필요성이 큰 예외적인 경우에는 피청구인의 장래처분에 대해서도 권한쟁의심판을 청구할 수 있다.[60)]

59) 헌재 2004. 9. 23. 2000헌라2, 판례집 16-2상, 404, 420-421; 헌재 2009. 7. 30. 2005헌라2, 판례집 21-2상, 116, 136-137; 헌재 2010. 6. 24. 2005헌라9등, 판례집 22-1하, 374, 398-390.

60) 헌재 2004. 9. 23. 2000헌라2, 판례집 16-2상, 404, 421.

(3) 부작위의 개념

피청구인의 '부작위'란 피청구인에게 헌법상 또는 법률상 유래하는 작위의무가 있음에도 불구하고 피청구인이 그러한 의무를 다하지 아니한 경우를 말한다.[61]

4. 청구인의 권한의 침해 또는 현저한 침해 위험 가능성

(1) 권한의 개념

권한쟁의심판을 청구하려면, 피청구인의 처분 또는 부작위로 인해 청구인의 권한이 침해되었거나 현저한 침해의 위험성이 존재해야 한다. 여기서 말하는 '권한'이란 국가기관이나 지방자치단체가 헌법 또는 법률에 의하여 부여받은 권한이다(헌재법 제61조 제2항). 직무상 권한에는 직무상 의무도 포함한다. "권한쟁의심판에서 다툼의 대상이 되는 권한이란 헌법 또는 법률이 특정한 국가기관에 대하여 부여한 독자적인 권능을 의미하므로, 국가기관의 모든 행위가 권한쟁의심판에서 의미하는 권한의 행사가 될 수는 없으며, 국가기관의 행위라 할지라도 헌법과 법률에 의해 그 국가기관에게 부여된 독자적인 권능을 행사하는 경우가 아닌 때에는 비록 그 행위가 제한을 받더라도 권한쟁의심판에서 말하는 권한이 침해될 가능성은 없다."[62]

권한쟁의심판에서의 '권한'이란 주관적 권리의무가 아니라 국가나 지방자치단체 등 공법인 또는 그 기관이 헌법 또는 법률에 의하여 부여되어 법적으로 유효한 행위를 할 수 있는 능력 또는 그 범위를 말한다.[63]

'기관위임사무'는 지방자치단체의 사무가 아니므로, 권한의 존부 및 범위 자체에 관한 다툼이라고 할 수 없다. 따라서 그 권한의 침해를 이유로 권한쟁

---

61) 헌재 1998. 7. 14. 98헌라3, 판례집 10-2, 74, 80-81; 헌재 2000. 8. 31. 2004헌라2, 판례집 18-2, 356, 364; 헌재 2010. 11. 25. 2009헌라12, 판례집 22-2하, 320; 헌재 2017. 12. 28. 2017헌라2, 판례집 29-2하, 276, 283.

62) 헌재 2010. 7. 29. 2010헌라1, 판례집 22-2상, 201.

63) 헌재 2010. 12. 28. 2009헌라2, 판례집 22-2하, 612, 619; 헌재 2011. 8. 30. 2011헌라1, 판례집 23-2상, 249, 267.

의심판을 청구할 수 없다.[64)]

법령상 지방자치단체의 장이 처리하도록 규정하고 있는 사무가 '자치사무'인지 '기관위임사무'에 해당하는지 여부를 판단함에 있어서는 그에 관한 법령의 규정 형식과 취지를 우선 고려하여야 할 것이지만 그 외에도 그 사무의 성질이 전국적으로 통일적 처리가 요구되는 사무인지 여부나 그에 관한 경비부담과 최종적인 책임귀속의 주체 등도 아울러 고려하여 판단하여야 할 것이다.[65)]

(2) 권한의 침해 또는 현저한 침해 위험

'권한의 침해'란 피청구인의 처분 또는 부작위로 인한 청구인의 권한 침해가 과거에 발생하였거나 현재까지 지속되는 경우를 의미하며, '현저한 침해의 위험성'이란 아직 침해라고는 할 수 없으나 침해될 개연성이 상당히 높은 상황을 의미한다.[66)]

권한쟁의심판은 피청구인의 처분 또는 부작위가 헌법 또는 법률에 의하여 부여받은 청구인의 권한을 침해하였거나 침해할 현저한 위험이 있는 때에 한하여 허용되는 것이므로, 피청구인의 처분 또는 부작위로 인하여 헌법 또는 법률에 의하여 부여받은 청구인의 권한이 침해될 개연성이 전혀 없는 경우에 권한쟁의심판청구는 부적법하다.[67)] 적법요건 단계에서의 권한 침해 요건은 청구인의 권한이 구체적으로 관련되어 침해 가능성이 있다고 인정되는 경우에 충족된다고 보고, 실제적으로 권한 침해가 존재하고 위헌 내지 위법한지 여부는 본안결정에서 판단하게 된다.[68)]

5. 청구기간

권한쟁의심판은 "권한쟁의의 사유가 있음을 안 날로부터 60일 이내에, 사

---

64) 헌재 2006. 3. 30. 2003헌라2, 공보 114, 523, 525; 헌재 2008. 3. 27. 2006헌라1, 판례집 20-1상, 332, 352; 헌재 2010. 12. 28. 2009헌라2, 판례집 22-2하, 612, 618.
65) 대법원 2001. 11. 27. 선고 2001추57 판결; 대법원 2004. 6. 11. 선고 2004추34 판결; 대법원 2006. 7. 28. 선고 2004다759 판결; 헌재 2009. 7. 30. 2005헌라2, 판례집 21-2상, 116, 133.
66) 헌재 2006. 5. 25. 2005헌라4
67) 헌재 2006. 3. 30. 2003헌라2
68) 헌재 2006. 5. 25. 2005헌라4; 헌재 2008. 5. 29. 2005헌라3

유가 있은 날로부터 180일 이내에 청구하여야 한다."[69] 여기서 "사유가 발생한 날"이라는 것은 당해 법령이 청구인의 기본권을 명백히 구체적으로 현실 침해하였거나 그 침해가 확실히 예상되는 등 실체적 제요건이 성숙하여 헌법 판단에 적합하게 된 때를 말한다는 것이다.[70]

처분의 경우 처분행위가 있는 때 권한 침해행위는 종료하고 그 위법상태가 계속될 수 있다. 반면, 부작위의 경우에는 부작위가 계속되는 한 권한 침해가 계속된다.[71] 따라서 부작위에 대한 권한쟁의심판은 그 부작위가 계속되는 한 기간의 제약없이 적법하게 청구할 수 있다.[72]

권한쟁의심판청구에 대한 청구취지 변경이 이루어진 경우 청구기간의 준수 여부는 헌법재판소법 제40조 제1항에 의하여 준용되는 민사소송법 제265조에 의하여 추가 또는 변경된 청구서가 제출된 시점을 기준으로 판단하여야 한다.[73]

청구기간은 불변기간이기 때문에(헌재법 제63조 제2항) 헌법재판소는 이를 늘이거나 줄일 수 없으나, 주소 또는 거소가 멀리 떨어져 있는 곳에 있는 사람을 위하여 부가기간을 정할 수 있다(헌재법 제40조, 민사소송법 제172조 제1항, 제2항). 청구인이 책임질 수 없는 사유로 말미암아 불변기간을 지킬 수 없는 경우에는 그 사유가 없어진 날부터 2주일 내에 게을리한 소송행위를 보완할 수 있다(헌재법 제40조, 민사소송법 제173조 제1항). 불변기간의 준수 여부는 헌법재판소의 직권 조사사항에 해당된다.

6. 권리보호의 이익과 헌법적 해명의 필요성

(1) 권리보호의 이익

권한쟁의심판은 비록 객관소송이라 하더라도 국가기관과 지방자치단체

69) 헌법재판소법 제63조 제1항
70) 헌재 1993. 11. 25. 92헌마87; 헌재 1996. 8. 29. 94헌마113.
71) 허완중, 헌법소송법, 박영사, 2019, 656면.
72) 헌재 1994. 12. 29. 89헌마2.
73) 헌재 1998. 5. 28. 96헌마151, 판례집 10-1, 695, 703; 헌재 2010. 12. 28. 2008헌라7등, 판례집 22-2하, 567, 577.

간의 권한쟁의로써 해결해야 할 구체적인 보호이익이 있어야 하고, 그 청구인에 대한 권한침해의 상태가 이미 종료된 경우에는 권리보호의 이익이 없으므로, 이에 관한 권한쟁의심판 청구는 부적법하다. 따라서 심판청구는 청구인에 대한 권한침해의 상태가 이미 종료된 경우에 해당하여 권리보호의 이익을 인정할 수 없다.[74]

(2) 헌법적 해명의 필요성

청구인에 대한 권한침해의 상태가 이미 종료하여 권리보호의 이익을 인정할 수 없다 하더라도, 같은 유형의 침해행위가 앞으로도 계속 반복될 위험이 있고, 헌법질서의 수호·유지를 위해 그에 대한 헌법적 해명이 긴요한 사항에 대해서는 심판청구의 이익을 인정할 수는 있다.[75]

7. 권한침해 확인결정의 기속력

헌법재판소의 권한쟁의심판의 결정은 모든 국가기관과 지방자치단체를 기속(헌법재판소법 제67조 제1항)한다. 이러한 기속력은 피청구인의 처분의 취소결정이나 무효확인결정 뿐만 아니라 권한침해의 확인결정에도 인정된다. 헌법재판소법은 헌법재판소가 피청구인이나 제3자에 대하여 적극적으로 의무를 부과하는 결정을 할 수 있는 권한을 부여하고 있지 않으며, 부작위에 대한 심판청구를 인용하는 결정을 한 때 피청구인에게 결정의 취지에 따른 처분의무가 있음을 규정(헌법재판소법 제66조 제2항 후단)하고 있다.

---

74) 헌재 2011. 8. 30. 2010헌라4, 판례집 23-2상, 240, 245.
75) 헌재 2003. 10. 30. 2002헌라1, 판례집 15-2하, 17, 29; 헌재 2011. 8. 30. 2010헌라4, 판례집 23-2상, 240, 245.

제 5 절 가처분

1. 의 의

헌법재판소법 제65조에 의하여, 헌법재판소는 권한쟁의심판의 청구를 받은 때에 직권 또는 청구인의 신청에 의하여 종국결정의 선고시까지 심판대상이 된 피청구기관의 처분의 효력을 정지하는 결정을 할 수 있다.

2. 요 건

헌법재판소가 권한쟁의심판의 청구를 받은 때에는 직권 또는 청구인의 신청에 의하여 종국결정의 선고시까지 심판대상이 된 피청구기관의 처분의 효력을 정지하는 결정을 할 수 있다(헌법재판소법 제65조). 가처분결정을 함에 있어서는 행정소송법과 민사소송법 소정의 가처분에 관계되는 규정이 준용된다(헌법재판소법 제40조). 권한쟁의심판에서의 가처분결정은 피청구기관의 처분 등이나 그 집행 또는 절차의 속행으로 인하여 생길 회복하기 어려운 손해를 예방할 필요가 있거나 기타 공공복리상의 중대한 사유가 있어야 하고, 그 처분의 효력을 정지시켜야 할 긴급한 필요가 있는 경우 등이 그 요건이 된다.

권한쟁의심판에서의 가처분결정은 본안심판이 부적법하거나 이유 없음이 명백하지 않고, 권한쟁의심판에서 문제된 피청구인의 처분 등이나 그 집행 또는 절차의 속행으로 인하여 생길 회복하기 어려운 손해를 예방할 필요와 그 효력을 정지시켜야 할 긴급한 필요가 있다. 가처분을 인용한 뒤 종국결정에서 청구가 기각되었을 때 발생하게 될 불이익과 가처분을 기각한 뒤 청구가 인용되었을 때 발생하게 될 불이익을 비교형량하여 후자의 불이익이 전자의 불이익보다 클 경우 가처분을 인용할 수 있다.[76]

헌법재판소가 직권 또는 청구인의 신청에 따라 심판대상이 된 피청구기

76) 헌재 1999. 3. 25. 98헌사98; 헌재 2022. 6. 3. 2022헌사448.

관의 처분의 효력을 정지하는 가처분신청은 본안사건이 부적법하거나 이유없음이 명백하지 않는한, 가처분을 인용한 뒤 종국결정에서 청구가 기각되었을 때 발생하게 될 불이익과 가처분을 기각한 뒤 청구가 인용되었을 때 발생하게 될 불이익에 대한 비교형량을 하는 것이 가장 중요한 요건이 될 수밖에 없고 이 비교형량의 결과 후자의 불이익이 전자의 불이익보다 큰 때에 한하여 가처분결정을 허용할 수 있는 것이다.[77]

헌법재판소는 성남시와 경기도 간 권한쟁의심판에서 피청구인 경기도지사의 처분의 효력을 정지하는 가처분결정을 내린 바 있다.[78]

제 6 절 종국결정

1. 심판정족수

헌법재판소는 권한쟁의심판 사건을 9인의 재판관으로 구성되는 재판부(헌재법 제22조 제1항)에서 재판관 7인 이상의 출석으로 심리하며(헌재법 제23조 제1항), 재판부는 종국심리에 관여한 재판관의 과반수의 찬성으로 권한쟁의심판 사건에 관한 결정을 한다(헌재법 제23조 제2항).

2. 결정의 내용 및 결정의 유형

헌법재판소는 심판의 대상이 된 국가기관 또는 지방자치단체의 권한의 유무 또는 범위에 관하여 판단하고(헌재법 제66조 제1항), 나아가 권한침해의 원인이 된 피청구인의 처분을 취소하거나 그 무효를 확인할 수 있고 헌법재판소가 부작위에 대한 심판청구를 인용하는 결정을 한 때에는 피청구인은 결정 취지에 따른 처분을 하여야 한다(헌재법 제66조 제2항).

77) 헌재 1999. 3. 25. 98헌사98, 판례집 11－1, 264, 270.
78) 헌재 1999. 3. 25. 98헌사98, 판례집 11－1, 264.

(1) 인용결정

청구인의 청구가 이유 있다고 인정할 경우, 인용결정을 한다. 헌법재판소법 제66조 제1항에서는 "헌법재판소는 심판의 대상이 된 국가기관 또는 지방자치단체의 권한의 유무 또는 범위에 관하여 판단한다."고 규정하고 있고, 헌법재판소법 제66조 제2항에서는 "헌법재판소는 권한침해의 원인이 된 피청구인의 처분을 취소하거나 그 무효를 확인할 수 있고, 헌법재판소가 부작위에 대한 심판청구를 인용하는 결정을 한 때에는 피청구인은 결정 취지에 따른 처분을 하여야 한다."고 규정하고 있다.

1) 권한의 유무 확인 결정 및 권한의 침해 확인 결정

헌법재판소법 제66조 제1항에 의해 헌법재판소는 심판의 대상이 된 국가기관 또는 지방자치단체의 권한의 유무 또는 범위에 관하여 판단한다. 여기서 헌법재판소는 관련된 헌법 또는 법률을 해석하여 관련 기관에 권한이 존재하는지 여부와 그 권한의 범위를 확정해야 한다. 이 부분은 권한쟁의심판에서 핵심을 이루는 소송물인 동시에 결정의 필수적 주문 부분을 이루게 된다. 이 부분 헌법재판소의 판단은 객관소송으로서의 특성 때문에 청구인의 청구취지에 구애됨이 없이 객관적 권한질서에 따라 다투어지고 있는 권한이 청구인과 피청구인 어디에 소재하는가를 판단하게 된다.

그러나 권한쟁의 심판사건에서는 주로, 일정한 권한사항의 소재가 청구인 또는 피청구인 중의 누구에게 귀속하는가에 관한 다툼이 아니라, 청구인 또는 피청구인이 가지는 권한 그 자체에 관하여는 다툼이 없고 단지 피청구인의 권한 행사가 헌법 또는 법률에 위반되기 때문에 청구인이 가지는 권한이 침해되었는지의 여부가 쟁점이 될 것이다. 이러한 경우 심판청구가 이유있는 것으로 인정된다면, 결정의 주문은 결국, '청구인에게는 헌법(또는 법률)에 의하여 부여받은 ○○권한이 있다'는 내용과 '청구인의 이러한 권한이 피청구인의 행위로 인하여 침해되었다'는 내용을 결합하여 "피청구인의 처분(또는 부작위)이 헌법(또는 법률)에 의하여 부여된 청구인의 ○○권한을 침해한 것이다"라는 형태로 표시하게 된다.

2) 권한의 범위 확인 결정

헌법재판소법 제61조 제1항은 “국가기관 상호간, 국가기관과 지방자치단체 간 및 지방자치단체 상호간에 권한의 유무 또는 범위에 관하여 다툼이 있을 때에는 당해 국가기관 또는 지방자치단체는 헌법재판소에 권한쟁의심판을 청구할 수 있다.”고 규정하고, 같은 조 제2항은 “제1항의 심판청구는 피청구인의 처분 또는 부작위가 헌법 또는 법률에 의하여 부여받은 청구인의 권한을 침해하였거나 침해할 현저한 위험이 있는 때에 한하여 이를 할 수 있다.”고 규정하고 있다. 따라서 권한쟁의심판을 청구하려면 당사자 능력 및 적격이 있어야 하고, 피청구인의 처분 또는 부작위가 존재하여야 하며, 이로 인한 권한의 침해 또는 현저한 침해위험의 가능성이 인정되어야 한다.

지방자치단체의 구역은 주민·자치권과 함께 지방자치단체의 구성요소로서 자치권을 행사할 수 있는 장소적 범위를 말하므로, 관할범위의 면에서 다른 지방자치단체와의 구별을 명확하게 해 준다. 지방자치단체는 자신의 관할구역 내에서 헌법 제117조 제1항과 지방자치법 제9조 및 기타 개별 법령에서 부여한 자치권한 내지 관할권한을 가진다.

지방자치단체가 관할하는 구역의 범위와 관련하여, 공유수면인 바다가 지방자치단체의 자치권한이 미치는 관할구역에 포함되는지 여부와 공유수면이 매립된 경우에 종전의 공유수면인 상태에서의 관할권한이 매립지에 대해서도 유지되는지 여부가 문제될 수 있다. 지방자치법 제4조 제1항에 규정된 지방자치단체의 구역에는 육지는 물론 바다도 포함되므로 공유수면에 대한 지방자치단체의 자치권한이 존재한다.[79)]

3) 처분의 취소 또는 무효확인, 부작위의 위헌확인 또는 위법확인

헌법재판소는 권한침해의 원인이 된 피청구인의 처분을 취소하는 결정 또는 처분의 무효를 확인하는 결정을 내릴 수 있다(헌재법 제66조 제2항). ‘권한

79) 헌재 2004. 9. 23. 2000헌라2, 판례집 16-2상, 404, 428; 헌재 2006. 8. 31. 2003헌라1, 판례집 18-2, 319, 330; 헌재 2010. 6. 24. 2005헌라9, 2007헌라1·2(병합), 374, 401.

의 유무 또는 범위'에 관하여는 헌법재판소법 제66조 제1항에 의하여 헌법재판소가 필요적으로 판단해야 하지만, 동조 제2항은 헌법재판소에게 재량을 부여하고 있으므로, 재판부의 재량에 따라 부가적으로 처분의 취소나 무효확인을 할 수 있다. 이러한 취소 또는 무효확인결정은 청구인의 청구 또는 헌법재판소의 직권으로 내릴 수 있다.

처분의 취소결정은 중대·명백하지 않은 침해, 즉, 중대하나 명백하지 않거나 명백하나 중대하지 않은 침해가 있는 경우에 내리게 된다. 처분의 취소 또는 무효확인결정을 할 경우에는 "피청구인의 처분을 취소한다." 또는 "피청구인의 처분이 무효임을 확인한다."라고 결정주문을 낸다.[80]

4) 부작위의 경우

부작위의 경우에는 아무런 처분이 이루어지지 않는 경우이거나 취소나 무효의 대상이 될 수 없고, 단지 위법 내지 위헌임을 확인하는 것이다. 따라서 "피청구인의 이 사건 부작위는 위법함을 확인한다."라고 판시한다.

부작위의 경우, 헌법재판소법 제66조 제1항에 따라 부작위의 '위헌 또는 위법을 확인하는 내용의 결정'을 한 때에는 피청구인은 결정취지에 따른 처분을 하여야 한다(헌재법 제66조 제2항).

(2) 각하결정

권한쟁의심판의 청구요건을 갖추지 못하면, 각하결정을 내린다. 권한쟁의심판의 당사자능력이나 당사자적격이 인정되지 않거나 헌법과 법률이 부여한 권한이 아니거나 권한의 침해 또는 침해의 위험이 없는 경우, 청구기간을 도과한 경우 등에는 각하결정을 하게 된다.

(3) 기각결정

권한쟁의심판에서 청구인의 청구가 이유 없다고 인정하는 경우, 기각결정을 내린다. 권한 침해가 없다고 판단하는 경우와 무효확인 청구에 대하여 무

---

80) 헌재 1999. 7. 22. 98헌라4, 판례집 11-2, 51, 61.

효사유가 없다고 보는 경우에 기각결정을 내린다. 또한 처분에 대한 취소사유가 없다고 보거나 부작위가 위헌·위법이 아니라고 판단할 때에도 기각결정을 내린다.

(4) 심판절차종료선언

권한쟁의심판 중에 청구인이 청구 취하를 한 경우에는 심판절차종료를 선언한다. 심판절차종료선언의 주문은 "이 사건 권한쟁의심판절차는 청구인의 심판청구의 취하로 ○○년○○월○○일 종료되었다"와 같이 표시한다.[81] 또한 권한쟁의심판을 청구하였다가 심판절차 계속 중 청구인이 사망한 경우, 국회의원의 법률안 심의·표결권은 성질상 일신전속적인 것으로 당사자가 사망한 경우 승계되거나 상속될 수 없어 그에 관련된 권한쟁의심판절차 또한 수계될 수 없으므로, 권한쟁의심판청구는 청구인의 사망과 동시에 그 심판절차가 종료된다.[82]

3. 결정의 효력

헌법재판소법 제67조는 결정의 효력에 관하여 제1항에서 "헌법재판소의 권한쟁의심판의 결정은 모든 국가기관과 지방자치단체를 기속한다."고 규정하여 기속력을 명문으로 부여하고 있다. 헌법소원의 경우 인용결정이 다른 국가기관에 대한 기속력을 가짐에 반하여(헌재법 제75조 제1항), 권한쟁의심판의 경우 모든 결정이 기속력을 가진다(권한에 관한 아무런 실체적 판단이 없는 각하결정의 경우에는 별다른 의미가 없다).

권한쟁의심판의 본안결정이 내려지면 그것이 인용결정이든 기각결정이

---

81) 헌재 2001. 5. 8. 2000헌라1, 판례집 13-1, 1218(헌법재판소법 제40조 제1항은 "헌법재판소의 심판절차에 관하여는 이 법에 특별한 규정이 있는 경우를 제외하고는 민사소송에 관한 법령의 규정을 준용한다. 이 경우 탄핵심판의 경우에는 형사소송에 관한 법령을, 권한쟁의심판 및 헌법소원심판의 경우에는 행정소송법을 함께 준용한다"고 규정하고, 같은 조 제2항은 "제1항 후단의 경우에 형사소송에 관한 법령 또는 행정소송법이 민사소송에 관한 법령과 저촉될 때에는 민사소송에 관한 법령은 준용하지 아니한다"고 규정하고 있다. 그런데 헌법재판소법이나 행정소송법에 권한쟁의심판청구의 취하와 이에 대한 피청구인의 동의나 그 효력에 관하여 특별한 규정이 없으므로, 소의 취하에 관한 민사소송법 제239조는 이 사건과 같은 권한쟁의심판절차에 준용된다고 보아야 한다).

82) 헌재 2010. 11. 25. 2009헌라12, 판례집 22-2하, 320.

든, 그것이 헌법재판소법 제66조 제1항에 의한 확인결정이든, 헌법재판소법 제66조 제2항에 의한 취소결정이든, 다른 국가기관은 이에 관한 헌법재판소의 판단에 저촉되는 다른 판단이나 행위를 할 수 없고, 헌법재판소 결정의 내용을 자신의 판단 및 조치의 기초로 삼아야 한다.

피청구인은 위헌·위법성이 확인된 행위를 반복하여서는 아니될 뿐만 아니라, 나아가 자신이 야기한 기존의 위헌·위법상태를 제거하여 합헌·합법적 상태를 회복할 의무를 부담한다. 부작위에 대한 인용결정의 경우 피청구인의 경우 피청구인은 결정취지에 따른 처분을 하여야 한다(헌재법 제66조 제2항).

헌법재판소가 국가기관 또는 지방자치단체의 처분을 취소하는 결정을 하더라도 그 처분의 상대방에 대하여 이미 생긴 효력에는 영향을 미치지 아니한다(헌재법 제67조 제2항). 이 조항은 처분의 유효성을 믿은 제3자의 법적 안정성 내지 법적 지위를 보호하기 위하여 처분의 상대방에 대한 관계에서는 취소결정의 소급효를 제한하기 위한 것이라 할 것이다. 즉 청구인, 피청구인, 제3자의 삼각관계가 형성된 경우에 청구인과 피청구인간의 권한분쟁으로 인하여 선의의 제3자에게 피해를 끼치게 할 수 없다는 고려를 반영한 것이다. 그렇기 때문에 처분의 상대방이 곧 청구인이어서 제3자의 법적 지위에 대한 영향이 있을 수 없는 경우에는 이 조항이 적용되지 않는다. 이 조항을 그와 같은 경우에도 적용하여 청구인에 대하여 이미 생긴 효력, 즉 청구인이 입고 있는 기존의 권한침해 상태를 구제하지 않는 것으로 풀이한다면 권한쟁의심판의 의의나 효용성이 크게 감소되기 때문이다.

헌법재판소법 제67조 제2항이 적용되는 경우에는 처분의 상대방에 대하여 이미 생긴 효력에 영향을 미치지 아니한다.

제 9 장

권리구제형 헌법소원심판

제 1 절 권리구제형 헌법소원의 의의와 법적 성격

1. 권리구제형 헌법소원의 의의

헌법 제111조 제1항 제5호에 따라 제정된 헌법재판소법은 제68조에서 2가지 유형의 헌법소원을 규정하고 있다. 그 중 헌법재판소법 제68조 제1항의 헌법소원심판은 공권력의 행사 또는 불행사로 인하여 헌법상 보장된 기본권을 침해당한 사람이 헌법재판소에 자신의 침해된 기본권을 구제받기 위하여 헌법소원심판을 청구하는 제도이다(권리구제형 헌법소원심판).

권리구제형 헌법소원(Verfassungsbeschwerde)이란 입법·행정·사법 등 모든 국가기관의 공권력 행사 또는 불행사로 인하여 헌법상 보장된 기본권을 직접 그리고 현실적으로 침해되었다고 주장하는 청구인이 헌법재판소에 청구하여 침해된 자신의 기본권에 대한 구제받는 헌법재판제도를 말한다.[1] 헌법재판소

---

1) 권영성, 헌법학원론, 법문사, 978면; 김철수, 헌법학개론, 박영사, 1145면; 허 영, 헌법이론과 헌법(하), 박영사, 395면.

법 제68조 제1항 본문은 “공권력의 행사 또는 불행사로 인하여 헌법상 보장된 기본권을 침해받은 자는 법원의 재판을 제외하고는 헌법재판소에 헌법소원심판을 청구할 수 있다.”고 규정하고 있으므로 원칙적으로 ‘법원의 재판’ 자체는 헌법소원심판의 대상이 되지 아니하고 다만 헌법재판소가 위헌으로 결정한 법령을 적용함으로써 국민의 기본권을 침해한 재판에 대하여만 헌법소원심판을 청구할 수 있는 것이다.[2]

2. 권리구제형 헌법소원의 법적 성격

권리구제형 헌법소원이란 헌법상 보장된 기본권이 공권력에 의하여 침해된 자에게 부여된 기본권 구제의 특별한 법적 수단이다. 헌법소원제도는 한편으로 개인의 주관적인 권리구제수단이며, 다른 한편으로 객관적인 헌법질서의 보장이라는 취지를 가지고 있다. 이러한 2가지 측면에서 헌법소원의 법적 성격에 대해 견해가 나누어져 있다.

(1) 주관적 권리보장설

헌법소원은 민중소송과 구별되며, **첫째**, 자기의 기본권이 침해된 경우에만 제소할 수 있다. **둘째**, 법문제에 대한 일반적인 설명이나 권고적인 의견을 구하는 헌법소원은 허용될 수 없다. **셋째**, 공권력의 행사로 볼 수 없는 행위는 헌법소원심판 청구의 대상이 되지 않는 점 등을 볼 때, 헌법소원은 공권력에 의하여 침해된 국민의 기본권을 구제하는 데 그 목적이 있다.

(2) 객관적 헌법질서보장설

첫째, 헌법재판의 주된 기능이 객관적인 헌법질서의 보장에 있으며 헌법소원은 헌법재판제도의 한 유형으로서 그 기능적 원리는 재판제도와 방향을 같이 한다. **둘째**, 심판비용이 원칙적으로 무상이며(헌재법 제37조),[3] 일반소송절차와는 달리 피고의 존재가 결여되어 있으며 직권에 의한 증거조사가 가능

2) 헌재 1997. 12. 24. 96헌마172등, 판례집 9-2, 842; 헌재 1998. 4. 30. 92헌마239, 판례집 10-1, 435, 441.
3) 헌법재판소법 제37조 제1항 “헌법재판소의 심판비용은 국가부담으로 한다.”

하다. **셋째**, 헌법소원을 인용할 경우에 침해된 기본권과 침해의 원인이 된 공권력 작용을 특정하여야 한다(헌재법 제75조 제2항). 이는 헌법소원심판이 객관적 헌법질서보장에 기여함을 나타내는 것이다. **넷째**, 인용결정이 갖는 일반적인 효력(헌재법 제75조 제1항)은 개별적인 다툼의 해결은 물론 그 밖의 모든 사건에 있어서의 법적 기준을 명백히 제공함으로써 헌법질서를 유지하려는 데 있다.

(3) 결 어

헌법소원심판의 법적 효과는 주관적 권리보장기능과 객관적 헌법질서보장기능의 두 범주를 포괄적으로 교차하고 있다고 할 수 있다. 따라서 헌법소원의 법적 성격에 대한 논의의 기준으로 개인의 주관적인 권리보장 또는 객관적인 헌법질서의 보장을 택일하는 평면적인 구별론은 그다지 실익이 없다. 오히려 헌법소원심판의 예심절차, 본안절차 및 결정의 효력 등 심판단계별 특성에 대한 체계적·전체적인 파악이 더 실질적인 논의가 될 것이다.

헌법소원제도는 공권력작용으로 인하여 헌법상의 권리를 침해받은 자가 그 권리를 구제받기 위하여 심판을 구하는 이른바 주관적 권리구제절차라는 점을 본질적 요소로 하고 있다.[4] 헌법소원의 가장 큰 의의는 주관적 쟁송의 형식을 빌어 법령의 위헌여부를 심사할 수 있는 객관적 헌법보장제도로서의 기능 수행에 있음에 비추어 볼 때, 헌법소원제도는 개인의 기본권보장에 역점을 두되 그것이 헌법질서의 보장에 기여할 수 있는 방향으로 운영해 나가야 할 것이다.

---

4) 헌재 1997. 12. 24. 96헌마172등, 판례집 9-2, 842, 855; 헌재 2006. 12. 28. 2004헌마229, 공보 123, 74, 76.

제2절 권리구제형 헌법소원심판의 적법요건

1. 청구인능력

청구인능력이란 헌법소원심판 청구 주체가 될 수 있는 능력을 말한다. 기본권의 주체가 될 수 있는 자, 즉 기본권능력이 있는 자만이 헌법소원을 청구할 수 있는 청구인이 될 수 있다. 누가 헌법소원을 청구할 수 있느냐의 문제는 구체적 사안에서 관련된 기본권들의 인적 기본권 구성요건(보호영역)에 의해 좌우된다.

(1) 자연인인 국민

대한민국 국적을 가진 모든 자연인은 기본권 주체가 되며, 따라서 대한민국 국적을 가진 모든 국민은 헌법소원을 청구할 수 있다.[5] 자연인의 공직선거입후보를 전제로 한 법률규정에 대한 '노동조합'이 헌법소원심판 청구를 할 수 있는지와 관련하여, 공직선거 후보자인 자연인에 관계되는 공직선거법 조항에 대하여, '노동조합'은 헌법소원심판의 적법요건을 갖추지 못하여 부적법 각하되었다.[6]

자연인은 원칙적으로 살아 있는 동안에 기본권주체가 된다. 즉, 기본권능력은 출생으로 발생하고 사망으로 소멸한다. 즉, 기본권의 주체가 될 수 있는 자만이 헌법소원을 청구할 수 있고, 이때 기본권의 주체가 될 수 있는 '자'라 함은 통상 '출생 후의 인간'을 가리키는 것이다.[7] 문제는 출생 이전에도 기본권능력을 가질 수 있는가 하는 점이다. 예를 들어, 태아나 배아(胚芽)가 헌법상 기본권 주체가 될 수 있는지가 문제된다.

생명권은 비록 헌법에 명문의 규정이 없다 하더라도 인간의 생존본능과 존재목적에 바탕을 둔 선험적이고 자연법적인 권리로서 헌법에 규정된 모든

5) 헌재 1994. 12. 29. 93헌마120, 판례집 6-2, 477, 480.
6) 헌재 2006. 2. 23. 2004헌마208, 공보 113, 362.
7) 헌재 2010. 5. 27. 2005헌마346, 판례집 22-1하, 275, 291.

기본권의 전제로서 기능하는 기본권 중의 기본권이다. 모든 인간은 헌법상 생명권의 주체가 되며, 형성 중의 생명인 '태아'에게도 생명에 대한 권리가 인정되어야 한다. 따라서 태아도 헌법상 생명권의 주체가 되며, 국가는 헌법 제10조에 따라 태아의 생명을 보호할 의무가 있다.[8)]

청구인의 사망(死亡)으로 헌법소원 청구인이 될 수 있는 능력도 소멸하는 것이 원칙이다. 따라서 헌법소원청구인이 사망하게 되면 기본권은 일반적으로 일신전속적(一身專屬的)이기 때문에 보통 헌법재판소에 계속된 헌법소원은 종료된다고 보아야 할 것이다.[9)] 그러나 재산권과 같이, 일신전속성이 상대적으로 약한 기본권의 경우에는 소원청구인의 사망 이후에도 그 상속인에 의한 헌법소원절차의 수계가 가능하다.[10)] 헌법재판소는 "수계할 당사자가 없거나 수계의사가 없는 경우에는 청구인의 사망에 의하여 헌법소원심판절차는 원칙적으로 종료된다고 할 것이고, 다만, 수계의사표시가 없는 경우에도 이미 결정을 할 수 있을 정도로 사건이 성숙되어 있고, 그 결정에 의하여 유죄판결의 흠이 제거될 수 있음이 명백한 경우 등 특별히 유죄판결을 받은 자의 이익을 위하여 결정의 필요성이 있다고 판단되는 때에 한하여 종국결정을 할 수 있다." 라고 판시하였다.[11)] 또한 "청구인 백▽▽는 2016. 9. 25. 사망하였으므로, 청구인 백▽▽의 이 사건 직사살수행위에 대한 심판청구가 인용된다고 하더라도 청구인 백▽▽의 권리구제에는 도움이 되지 않는다. 그러나 기본권 침해행위가 장차 반복될 위험이 있거나 그 심판대상에 대한 위헌 여부의 해명이 헌법질서의 수호·유지를 위하여 긴요한 사항이어서 헌법적으로 중요한 의미를 가지고 있는 경우에는 예외적으로 심판의 이익을 인정할 수 있다."고 판시하였다.[12)] 즉, 청구인의 사망으로 주관적 권리구제의 필요성은 없지만, 객관적인 헌법질서 보장의 측면에서 심판이익을 인정하고 있다.

8) 헌재 2008. 7. 31. 2004헌바81, 판례집 20-2상, 91, 92.
9) 헌재 1992. 11. 12. 90헌마33, 판례집 4, 782, 784.
10) 헌재 1993. 7. 29. 92헌마234, 판례집 5-2, 196, 201.
11) 헌재 1994. 12. 29. 90헌바13, 판례집 6-2, 351, 354; 헌재 1997. 1. 16. 89헌마240, 판례집 9-1, 45, 70.
12) 헌재 2020. 4. 23. 2015헌마1149, 판례집 32-1상, 376, 388.

(2) 외국인

기본권 보장규정인 헌법 제2장의 제목이 "국민의 권리와 의무"이고 헌법 제10조 내지 제39조에서 "모든 국민은 ……권리를 가진다."고 규정하고 있으므로 국민 또는 국민과 유사한 지위에 있는 외국인과 사법인만이 기본권의 주체라 할 것이다.[13] 그러나 "외국인에게 직장 선택의 자유에 대한 기본권 주체성을 인정한다는 것이 곧바로 이들에게 우리 국민과 동일한 수준의 직장 선택의 자유가 보장된다는 것을 의미하는 것은 아니라고 할 것이다."[14]

외국인의 기본권 주체성 여부는 기본권의 성질에 좌우되는데, 인간의 존엄과 가치 및 행복추구권 등과 같이 단순히 '국민의 권리'가 아닌 '인간의 권리'로 볼 수 있는 기본권에 대해서는 외국인도 기본권의 주체가 될 수 있다고 하여 인간의 권리에 대하여는 원칙적으로 외국인의 기본권 주체성을 인정하였다.[15] 즉, '인간의 권리'의 범위 내에 있는 기본권은 외국인에게 기본권 주체성을 인정할 수 있으나, '국민의 권리'의 범위 내에 있는 기본권은 외국인에게 기본권 주체성을 인정할 수 없다.

인간의 존엄과 가치, 행복추구권과 같은 '인간의 권리'로서의 성격을 갖는 기본권들이 외국인에게 인정된다.[16] 고용허가를 받아 우리 사회에서 정당한 노동인력으로서 지위를 부여받은 외국인들의 직장선택의 자유는 인간의 권리로서 보장되고,[17] 근로의 권리 중 인간의 존엄성 보장에 필요한 최소한의 근로조건을 요구할 수 있는 '일할 환경에 관한 권리' 역시 외국인에게 보장된다.[18] 신체의 자유, 주거의 자유, 변호인의 조력을 받을 권리, 재판청구권 등은 성질상 '인간의 권리'에 해당한다고 볼 수 있다.[19] 평등권도 인간의 권리로서 원칙적으로 외국인의 기본권 주체성을 인정할 수 있고, 다만, 참정권 등에

13) 헌재 1994. 12. 29. 93헌마120, 판례집 6-2, 477, 480.
14) 헌재 2011. 9. 29. 2009헌마351, 판례집 23-2상, 659, 669.
15) 헌재 2011. 9. 29. 2009헌마351, 판례집 23-2상, 659, 667.
16) 헌재 2001. 11. 29. 99헌마494.
17) 헌재 2011. 9. 29. 2007헌마1083등; 헌재 2011. 9. 29. 2009헌마351.
18) 헌재 2007. 8. 30. 2004헌마670; 헌재 2016. 3. 31. 2014헌마367.
19) 헌재 2012. 8. 23. 2008헌마430, 판례집 24-2상, 567, 574.

대한 성질상의 제한 및 상호주의에 따른 제한이 있을 수 있다.[20] 신체의 자유, 주거의 자유, 변호인의 조력을 받을 권리, 재판청구권 등은 성질상 인간의 권리에 해당한다고 볼 수 있다.[21]

직장 선택의 자유는 인간의 존엄과 가치 및 행복추구권과도 밀접한 관련을 가지는 만큼 단순히 국민의 권리가 아닌 인간의 권리로 보아야 할 것이므로 권리의 성질상 참정권, 사회권적 기본권, 입국의 자유 등과 같이 외국인의 기본권주체성을 전면적으로 부정할 수는 없고, 외국인도 제한적으로라도 직장 선택의 자유를 향유할 수 있다고 보아야 한다.[22]

(3) 태아 또는 배아

태아 또는 배아가 헌법상 기본권의 주체가 될 수 있는지가 문제된다.

1) 태아

태아의 기본권 주체성과 관련하여, "인간의 생명은 고귀하고, 이 세상에서 무엇과도 바꿀 수 없는 존엄한 인간 존재의 근원이다. 이러한 생명에 대한 권리, 즉 생명권은 비록 헌법에 명문의 규정이 없다 하더라도 인간의 생존본능과 존재목적에 바탕을 둔 선험적이고 자연법적인 권리로서 헌법에 규정된 모든 기본권의 전제로서 기능하는 기본권 중의 기본권이다. 모든 인간은 헌법상 생명권의 주체가 되며, 형성 중의 생명인 태아에게도 생명에 대한 권리가 인정되어야 한다. 따라서 태아도 헌법상 생명권의 주체가 되며, 국가는 헌법 제10조에 따라 태아의 생명을 보호할 의무가 있다."고 판시하였다.[23]

2) 배아

초기배아들에 해당하는 청구인 1, 2의 경우 헌법상 기본권 주체성을 인정할 수 있을 것인지에 대해 살피건대, 청구인 1, 2가 수정이 된 배아라는 점에

---

20) 헌재 2001. 11. 29. 99헌마494; 헌재 2021. 12. 23. 2020헌마395, 판례집 33-2, 912, 920.
21) 헌재 2012. 8. 23. 2008헌마430, 판례집 24-2상, 567, 574.
22) 헌재 2000. 8. 31. 97헌가12 판례집 12-2, 168, 183; 헌재 2011. 9. 29. 2007헌마1083등, 판례집 23-2상, 623, 639.
23) 헌재 2008. 7. 31. 2004헌바81, 판례집 20-2상, 91, 92.

서 형성 중인 생명의 첫걸음을 떼었다고 볼 여지가 있기는 하나 아직 모체에 착상되거나 원시선이 나타나지 않은 이상 현재의 자연과학적 인식 수준에서 독립된 인간과 배아 간의 개체적 연속성을 확정하기 어렵다고 봄이 일반적이라는 점, 배아의 경우 현재의 과학기술 수준에서 모태 속에서 수용될 때 비로소 독립적인 인간으로의 성장가능성을 기대할 수 있다는 점, 수정 후 착상 전의 배아가 인간으로 인식된다거나 그와 같이 취급하여야 할 필요성이 있다는 사회적 승인이 존재한다고 보기 어려운 점 등을 종합적으로 고려할 때, 초기 배아에 대한 국가의 보호필요성이 있음은 별론으로 하고, 청구인 1, 2의 기본권 주체성을 인정하기 어렵다.[24)]

(4) 사법인(私法人)과 권리능력 없는 단체

법인격이 있는 사법상의 사단·재단이나 권리능력 없는 단체는 성질상 기본권주체가 향유할 수 있는 범위에서 청구인능력이 있다.

1) 사법인

법인 아닌 사단·재단의 헌법소원심판청구능력에 대하여 "본래 자연인에게 적용되는 기본권규정이라도 언론·출판의 자유, 재산권의 보장 등과 같이 성질상 법인이 누릴 수 있는 기본권은 당연히 법인에게도 적용하여야 할 것이다. 따라서 법인도 사단법인·재단법인 또는 영리법인·비영리법인을 가리지 아니하고 위 한계 내에서는 헌법상 보장된 기본권이 침해되었음을 이유로 헌법소원심판을 청구할 수 있다. 또한 법인 아닌 사단·재단이라고 하더라도 대표자의 정함이 있고 독립된 사회적 조직체로서 활동하는 때에는 성질상 법인이 누릴 수 있는 기본권을 침해당하게 되면 그의 이름으로 헌법소원심판을 청구할 수 있다."고 판시하였다.[25)]

법인 등의 경제주체는 헌법 제14조에 의하여 보장되는 거주·이전의 자유의 주체로서 기업활동의 근거지인 본점이나 사무소를 어디에 둘 것인지, 어디

24) 헌재 2010. 5. 27. 2005헌마346, 판례집 22-1하, 275, 292.
25) 헌재 1991. 6. 3. 90헌마56, 판례집 3, 289, 295-296; 헌재 2006. 1. 26. 2005헌마424, 판례집 18-1상, 37, 45; 헌재 2011. 6. 30. 2009헌마595, 판례집 23-1하, 494, 500.

로 이전할 것인지 자유로이 결정할 수 있고, 한편 본점이나 사무소의 설치·이전은 통상적인 영업활동에 필수적으로 수반되는 것이므로 그 설치·이전의 자유는 헌법 제15조에 의하여 보장되는 직업의 자유의 내용에 포함되기도 한다.[26)]

또한 "법인도 법인의 목적과 사회적 기능에 비추어 볼 때 그 성질에 반하지 않는 범위 내에서 인격권의 한 내용인 사회적 신용이나 명예 등의 주체가 될 수 있고 법인이 이러한 사회적 신용이나 명예 유지 내지 법인격의 자유로운 발현을 위하여 의사결정이나 행동을 어떻게 할 것인지를 자율적으로 결정하는 것도 법인의 인격권의 한 내용을 이룬다고 할 것이다."[27)]

"공법상 재단법인인 방송문화진흥회가 최다출자자인 방송사업자로서 방송법 등 관련규정에 의하여 공법상의 의무를 부담하고 있지만, 상법에 의하여 설립된 주식회사로 설립목적은 언론의 자유의 핵심 영역인 방송사업이므로 이러한 업무 수행과 관련하여 당연히 기본권 주체가 될 수 있고, 그 운영을 광고수익에 전적으로 의존하고 있는 만큼 이를 위해 사경제 주체로서 활동하는 경우에도 기본권 주체가 될 수 있는바, 이 사건 심판청구는 청구인이 그 운영을 위한 영업활동의 일환으로 방송광고를 판매하는 지위에서 그 제한과 관련하여 이루어진 것이므로 그 기본권 주체성을 인정할 수 있다."[28)]

"법인도 성질상 법인이 누릴 수 있는 기본권의 주체가 되는데, 직업선택의 자유는 헌법상 법인에게도 인정되는 기본권이며,[29)] 또한 법인의 설립은 그 자체가 간접적인 직업선택의 한 방법이기도 하다."[30)]

2) 권리능력 없는 단체

"법인 아닌 사단·재단의 헌법소원심판청구능력에 대하여 "본래 자연인에게 적용되는 기본권규정이라도 언론·출판의 자유, 재산권의 보장 등과 같이

26) 헌재 2000. 12. 14. 98헌바104, 판례집 12-2, 387.
27) 헌재 2012. 8. 23. 2009헌가27, 판례집 24-2상, 355, 364.
28) 헌재 2013. 9. 26. 2012헌마271, 판례집 25-2하, 68, 78-79.
29) 헌재 1991. 6. 3. 90헌마56, 판례집 3, 289, 295; 1996. 3. 28. 94헌바42, 판례집 8-1, 199, 206-207.
30) 헌재 1996. 4. 25. 92헌바47, 판례집 8-1, 370, 379-380; 2000. 11. 30. 99헌마190 판례집 12-2, 325, 342-343; 헌재 2002. 9. 19. 2000헌바84, 판례집 14-2, 268, 277.

성질상 법인이 누릴 수 있는 기본권은 당연히 법인에게도 적용하여야 할 것으로 본다. 따라서 법인도 사단법인·재단법인 또는 영리법인·비영리법인을 가리지 아니하고 위 한계 내에서는 헌법상 보장된 기본권이 침해되었음을 이유로 헌법소원심판을 청구할 수 있다. 또한 법인 아닌 사단·재단이라고 하더라도 대표자의 정함이 있고 독립된 사회적 조직체로서 활동하는 때에는 성질상 법인이 누릴 수 있는 기본권을 침해당하게 되면 그의 이름으로 헌법소원심판을 청구할 수 있다."[31]

헌법재판소는 '사단법인 한국영화인협회'는 민법상의 비영리 사단법인으로서 성질상 법인이 누릴 수 있는 기본권에 관한 한 그 이름으로 헌법소원심판을 청구할 수 있다고 하였다.[32] 또한 '대한예수교장로회 총회신학연구원 이사회'는 장로회총회의 단순한 내부기구가 아니라 그와는 별개의 비법인 재단에 해당된다고 하여 헌법소원 청구능력을 인정하였다.[33]

그러나 독립된 별개의 단체가 아니라 단체 내부에 설치된 단순한 내부기구에 불과한 기관은 헌법소원심판 청구능력이 있다고 할 수 없다.[34] '한국영화인협회 감독위원회'는 영화인협회로부터 독립된 별개의 단체가 아니고, 영화인협회의 내부에 설치된 8개의 분과위원회 가운데 하나에 지나지 아니하며, 달리 단체로서의 실체를 갖추어 당사자능력이 인정되는 법인 아닌 사단으로 볼 자료가 없으므로 헌법소원심판절차의 청구능력이 있다고 할 수 없다고 하여, 단체의 부분기관에게는 청구인능력을 부인하였다.[35]

또한 "인천전문대학 기성회 이사회는 인천전문대학 기성회로부터 독립된 별개의 단체가 아니고, 인천전문대학 기성회 내부에 설치된 회의 기관 가운데 하나에 불과하다. 따라서 인천전문대학 기성회 이사회는 그 이름으로 헌법소원심판을 청구할 수 있는 헌법소원심판 청구능력이 있다고 할 수 없으므로 인

31) 헌재 1991. 6. 3. 90헌마56, 판례집 3, 289, 295－296; 헌재 2011. 6. 30. 2009헌마595, 판례집 23－1하, 494, 500; 헌재 2023. 9. 25. 2023헌마800, 1, 3.
32) 헌재 1991. 6. 3. 90헌마56, 판례집 3, 289, 296.
33) 헌재 2000. 3. 30. 99헌바14, 판례집 12－1, 325, 335.
34) 헌재 2010. 7. 29. 2009헌마149, 공보 166, 1477, 1479.
35) 헌재 1991. 6. 3. 90헌마56, 판례집 3, 289, 296.

천전문대학 기성회 이사회의 이 사건 헌법소원심판청구는 부적법하다."[36] 독립된 별개의 단체가 아니라 단체 내부에 설치된 단순한 내부기구에 불과한 기관은 헌법소원심판 청구능력이 있다고 할 수 없다.[37] 이 사건 기성회 이사회는 인천전문대학 기성회로부터 독립된 별개의 단체가 아니고, 인천전문대학 기성회 내부에 설치된 회의 기관 가운데 하나에 불과하며(인천전문대학 기성회 규약 제9조), 달리 단체로서의 실체를 갖추어 당사자 능력이 인정되는 권리능력 없는 사단으로 볼 자료도 없다. 따라서 단체 내부기관의 헌법소원심판 청구능력을 부인한 사례이다.

(5) 노동조합

'노동조합'은 법인 아닌 사단으로서 기본권능력이 인정되고, 특히 헌법 제33조가 정하는 바에 따라 기본권주체성이 인정되므로, 그 범위에서는 헌법소원을 청구할 수 있다.[38]

기획예산처장관의 2001년도 정부투자기관에 대한 예산편성공통지침의 통보행위가 헌법소원의 대상이 되는 공권력 행사에 해당하는지 여부만 판단하였다.[39] 이 사건에서 청구인은 노동조합이었고, 피청구인은 기획예산처장관이었다. 권리구제형 헌법소원에서 노동조합의 청구인능력을 인정하고 있다.

(6) 정당

권리능력 없는 사단의 일종인 '정당'에 대해 헌법소원 청구인능력을 인정하였다.[40] "청구인은 2004. 4. 20.자로 등록이 취소된 이후에도, 취소 전 사회

---

36) 헌재 2010. 7. 29. 2009헌마149, 공보 166, 1477.

37) 헌재 1991. 6. 3. 90헌마56, 판례집 3, 289, 289.

38) 헌재 1999. 11. 25. 95헌마154, 판례집 11-2, 555, 573.

39) 헌재 2002. 1. 31. 2001헌마228, 판례집 14-1, 78("정부의 그 투자기관에 대한 내부적 감독작용에 해당할 뿐이고 국민에 대하여 구체적으로 어떠한 권리를 설정하거나 의무를 명하는 법률적 규제작용으로서의 공권력작용에 해당한다고 볼 수 없다.").

40) 헌재 1991. 3. 11. 91헌마21, 판례집 3, 91, 98 (이 사건 청구인 중 민중당의 경우 헌법소원심판의 청구인 적격이 있는지에 관하여 보건대, 현행 지방의회의원선거법은 시·도의회의원선거에 있어서는 제31조에서 정당의 후보자 추천을 인정하고, 제41조에서 정당의 선거운동을 인정하고 있으며, 제45조에서는 정당의 선거사무장 등의 선임 및 해임을 규정하는 등 정당의 선거관여를 허용하고 있는데 민중당은 헌법상의 정당이므로 시·도의회의원선거에 있어서 정당은 직접적인 이해관계를 갖고 있다고 할 것이며, 따라서 자기(관련)성이 있다고 할 것이다).

당의 명칭을 사용하면서 대외적인 정치활동을 계속하고 있고, 대내외 조직 구성과 선거에 참여할 것을 전제로 하는 당헌과 대내적 최고의사결정기구로서 당대회와, 대표단 및 중앙위원회, 지역조직으로 시·도위원회를 두는 등 계속적인 조직을 구비하고 있고, 사회당의 대표인 신석준(2005년 4월 7차 당대회에서 다시 선출됨)은 '사회당 2004', '사회당 2005'라는 명칭으로 창당준비위원회 결성신고를 하였으나 각 그 활동기간 만료일까지 정당등록을 못하여 정당등록이 좌절된 사실 등에 비추어 보면, 사회당은 등록이 취소된 이후에도 '등록정당'에 준하는 '권리능력 없는 사단'으로서의 실질을 유지하고 있다고 볼 수 있으므로 이 사건 헌법소원의 청구인능력을 인정할 수 있다. 정당의 청구인능력은 정당법상의 등록요건을 구비함으로써 생기는 것이 아니고, 그 법적 성격이 권리능력 없는 사단이라는 점에서 인정되는 것이기 때문이다."[41]

권리능력 없는 사단의 일종인 '정당'도 성질상 누릴 수 있는 기본권을 침해당하게 되면 헌법소원 청구인능력이 인정될 수 있다.[42]

(7) 협동조합

축산업협동조합법상 축산업협동조합은 그 목적이나 설립, 관리면에서 자주적인 단체로서 공법인이라고 하기 보다는 사법인(私法人)이라고 할 것이다.[43] "지역별·업종별 축협"은 그 "존립목적" 및 "설립형식"에서의 자주성에 비추어 볼 때, 오로지 국가의 목적을 위하여 존재하고 국가에 의하여 설립되는 공법인이라기 보다는 사법인에 가깝다고 할 수밖에 없다.[44] 이 사건에서 협동조합은 헌법소원을 청구할 수 있다고 보았다.

기본권의 성질상 자연인에게만 인정되는 것이 아닌 한 청구인 협동조합도 기본권의 주체가 될 수 있고 기본권을 직접 침해당한 경우에는 청구인 협동조합의 이름으로 헌법소원심판을 청구할 수 있으나, 그 구성원이 기본권을

41) 헌재 2006. 3. 30. 2004헌마246, 판례집 18-1상, 402, 410.
42) 헌재 2023. 9. 25. 2023헌마800, 1, 3.
43) 헌재 1996. 4. 25. 92헌바47, 판례집 8-1, 370.
44) 헌재 1991. 3. 11. 90헌마28, 판례집 3, 63, 77; 헌재 1996. 4. 25. 92헌바47, 판례집 8-1, 370, 378-379; 헌재 2000. 6. 1. 99헌마553, 판례집 12-1, 686, 709.

침해당한 경우 청구인 협동조합이 그 구성원을 위하여 또는 구성원을 대신하여 헌법소원심판을 청구하는 것은 원칙적으로 허용되지 아니한다.[45]

(8) 공법인(公法人) 등

헌법재판소법 제68조 제1항이 "공권력의 행사 또는 불행사로 인하여 기본권을 침해받은 자는 헌법소원의 심판을 청구할 수 있다."고 규정한 것은 기본권 주체라야만 헌법소원을 청구할 수 있고, 기본권 주체가 아닌 자는 헌법소원을 청구할 수 없다는 것을 의미하는 것이다. 기본권의 보장에 관한 각 헌법규정의 해석상 국민(또는 국민과 유사한 지위에 있는 외국인과 사법인)만이 기본권의 주체라 할 것이다.

공권력의 행사자인 국가나 국가기관 또는 국가조직의 일부, 공법인이나 그 기관은 기본권의 '수범자'이지, 기본권의 주체가 아니고 기본권의 '소지자'가 아니며, 오히려 국민의 기본권을 보호 내지 실현해야 할 책임과 의무를 지니고 있는 지위에 있을 뿐이다.[46] 국가나 국가기관 또는 국가조직의 일부, 공법인이나 그 기관은 헌법소원청구인으로서의 적격이 없다.[47]

"재개발조합이 공법인의 지위에서 행정처분의 주체가 되는 경우에 있어서는, 위 조합은 재개발사업에 관한 국가의 기능을 대신하여 수행하는 공권력 행사자 내지 기본권 수범자의 지위에 있다. 따라서 재개발조합이 기본권의 수범자로 기능하면서 행정심판의 피청구인이 된 경우에 적용되는 심판대상조항의 위헌성을 다투는 이 사건에 있어, 재개발조합인 청구인은 기본권의 주체가 된다고 볼 수 없다."[48]

다만, "공법인이나 이에 준하는 지위를 가진 자라 하더라도 공무를 수행하거나 고권적 행위를 하는 경우가 아닌 사경제 주체로서 활동하는 경우나 조직법상 국가로부터 독립한 고유 업무를 수행하는 경우, 그리고 다른 공권력

45) 헌재 2019. 8. 29. 2018헌마297등; 헌재 2021. 2. 16. 2021헌마83, 1, 2.
46) 헌재 1994. 12. 29. 93헌마120, 판례집 6-2, 477, 480.
47) 헌재 1994. 12. 29. 93헌마120; 1995. 2. 23. 90헌마125; 1995. 9. 28. 92헌마23등; 1997. 12. 24. 96헌마365; 1998. 3. 26. 96헌마345, 판례집 10-1, 295; 헌재 2000. 11. 30. 99헌마190, 판례집 12-2, 325, 336.
48) 헌재 2022. 7. 21. 2019헌바543등, 공보 310, 1007.

주체와의 관계에서 지배복종관계가 성립되어 일반 사인처럼 그 지배하에 있는 경우 등에는 기본권 주체가 될 수 있다. 이러한 경우에는 이들이 기본권을 보호해야 하는 국가적 기능을 담당하고 있다고 볼 수 없기 때문이다."[49]

헌법재판소는 국회의 노동위원회,[50] 국회의원,[51] 공법인인 지방자치단체의 장[52]이나 지방자치단체 의결기관(서울특별시 의회)[53]은 기본권의 주체가 될 수 없다 하여 헌법소원의 청구인능력을 부정하였다.

또한 교육위원은 기본권의 주체가 아니라 공법인인 지방자치단체의 합의제기관인 교육위원회의 구성원으로서 공법상의 권한을 행사하는 공권력행사의 주체일 뿐이라고 하여 청구인능력을 부인하였고,[54] 농지개량조합에 대하여도 공익적 목적을 위하여 설립되어 활동하는 공법인이라고 봄이 상당하다고 하여 헌법소원의 청구인능력을 부인하였다.[55]

다만, 공권력의 주체라 할지라도 국·공립대학이나 공영방송국과 같이 국가에 대해 독립성을 가지고 있는 독자적인 기구로서 해당 기본권영역에서 개인들의 기본권실현에도 이바지하는 경우에는 예외적으로 기본권주체가 될 수 있으며, 따라서 헌법소원을 제기할 수 있다고 할 것이다. 헌법재판소도 영조물인 국립서울대학교에 대하여 학문의 자유 및 대학의 자치와 관련한 기본권 주체성을 인정한 바 있다.[56]

2. 공권력의 행사 또는 불행사가 있을 것

헌법재판소법 제68조 제1항 본문은 공권력의 행사 또는 불행사로 인하여 헌법상 보장된 기본권을 침해받은 자는 헌법재판소에 헌법소원심판을 청구할

---

49) 헌재 2014. 6. 26. 2013헌바122; 헌재 2022. 7. 21. 2019헌바543등; 헌재 2023. 3. 23. 2018헌바385, 공보 318, 672, 678.
50) 헌재 1994. 12. 29. 93헌마120, 판례집 6-2, 477, 480.
51) 헌재 1995. 2. 23. 90헌마125, 판례집 7-1, 238, 243.
52) 헌재 1997. 12. 24. 96헌마365.
53) 헌재 1998. 3. 26. 96헌마345, 판례집 10-1, 295, 300.
54) 헌재 1995. 9. 28. 92헌마23등, 판례집 7-2, 343, 352.
55) 헌재 2000. 11. 30. 99헌마190, 판례집 12-2, 325, 336-340.
56) 헌재 1992. 10. 1. 92헌마68등, 판례집 4, 659, 670.

수 있다고 규정하고 있으므로, 공권력의 행사 또는 불행사가 헌법소원을 청구하고자 하는 자의 법적 지위에 아무런 영향을 미치지 않는 경우라면 애당초 기본권침해의 가능성이나 위험성이 없으므로 그 공권력의 행사를 대상으로 헌법소원을 청구하는 것은 허용되지 아니한다.[57]

(1) 입법작용에 대한 헌법소원

1) 법률

가) 의의

헌법재판소법 제68조 제1항 본문에 규정된 '공권력'에는 입법권도 당연히 포함되므로 법률에 대한 헌법소원도 가능하다. 그러나 모든 법률이 헌법소원의 대상이 되는 것이 아니고 그 법률이 별도의 구체적 집행행위를 기다리지 아니하고 직접적으로, 그리고 현재적으로 헌법상 보장된 기본권을 침해하는 경우에 한정됨을 원칙으로 한다.[58] 다만, 법률의 개폐는 입법기관의 소관사항이므로 이를 요구하는 것은 헌법소원심판청구의 대상이 될 수 없다.[59]

나) 시행중인 유효한 법률

법률이 헌법소원의 대상이 되려면 현재 시행중인 유효한 것이어야 함이 원칙이나 법률이 일반적 효력을 발생하기 전이라도 이미 공포되어 있고, 청구인이 불이익을 입게 될 수 있음을 충분히 예측할 수 있는 경우에는 그 법률에 대하여 예외적으로 헌법소원을 제기할 수 있다.[60]

다) 폐지된 법률

헌법재판소 결정 선고 당시 이미 폐지된 법률조항에 대한 헌법소원사건에서 헌법재판소는, 폐지된 법률조항의 위헌여부에 관하여 아직 그 해명이 이루어진 바가 없고, 또한 그 법률조항이 청구인의 기본권을 침해하는 것으로

57) 헌재 1999. 5. 27. 97헌마368; 헌재 2019. 11. 28. 2017헌마1356; 헌재 2021. 2. 25. 2018헌마174, 공보 293, 435, 437.
58) 헌재 1990. 6. 25. 89헌마220, 판례집 2, 200, 203.
59) 헌재 1992. 6. 26. 89헌마132, 판례집 4, 387, 405.
60) 헌재 1994. 12. 29. 94헌마201, 판례집 6-2, 510, 523.

판단된다면, 신법조항이 그 법률조항과 유사한 내용을 규정하고 있어서 그 신법조항에 의하여 기본권이 침해될 것이 확실히 예상되므로, 당해 분쟁의 해결은 그 신법조항의 개정을 촉진하여 위헌적인 법률에 의한 기본권침해의 위험을 사전에 제거하는 등 헌법질서의 수호·유지를 위하여 긴요한 사항이어서 헌법적으로 그 해명이 중대한 의미를 지닌다고 할 것이므로, 결국 폐지된 그 법률조항에 대하여도 본안판단의 필요성이 인정된다고 하였다.[61]

2) 조약

헌법소원심판의 대상이 되는 것은 "공권력의 행사 또는 불행사"이다. 여기서 '공권력'이란 입법권·행정권·사법권을 행사하는 모든 국가기관·공공단체등의 고권적 작용이라고 할 수 있고, 이 사건 협정은 우리나라 정부가 일본정부와의 사이에서 어업에 관해 체결·공포한 조약(조약 제1477호)으로서 헌법 제6조 제1항에 의하여 국내법과 같은 효력을 가지므로, 그 체결행위는 고권적 행위로서 '공권력의 행사'에 해당한다.[62] 헌법 제6조 제1항에 의하여 국내법과 같은 효력을 가지는 조약의 체결행위는 고권적 행위로서 공권력의 행사에 해당하므로, 우리나라 정부가 일본 정부와의 사이에서 어업에 관해 체결·공포한 조약인 대한민국과일본국간의어업에관한협정(조약 제1447호)은 헌법소원심판의 대상이 된다.[63]

조약과 비구속적 합의를 구분함에 있어서는 합의의 명칭, 합의가 서면으로 이루어졌는지 여부, 국내법상 요구되는 절차를 거쳤는지 여부와 같은 형식적 측면 외에도 합의의 과정과 내용·표현에 비추어 법적 구속력을 부여하려는 당사자의 의도가 인정되는지 여부, 법적 효과를 부여할 수 있는 구체적인 권리·의무를 창설하는지 여부 등 실체적 측면을 종합적으로 고려하여야 한다. "비구속적 합의의 경우, 그로 인하여 국민의 법적 지위가 영향을 받지 않는다고 할 것이므로, 이를 대상으로 한 헌법소원 심판청구는 허용되지 않는다."[64]

---

61) 헌재 1995. 5. 25. 91헌마67, 판례집 7-1, 722, 735.
62) 헌재 2001. 3. 21. 99헌마139등.
63) 헌재 2001. 3. 21. 99헌마139등, 판례집 13-1, 676, 692.
64) 헌재 2019. 12. 27. 2016헌마253.

3) 긴급명령

대통령의 '긴급재정경제명령'은 국가긴급권의 일종으로서 고도의 정치적 결단에 의하여 발동되는 행위이고 그 결단을 존중하여야 할 필요성이 있는 행위라는 의미에서 이른바 통치행위에 속한다고 할 수 있으나, 통치행위를 포함하여 모든 국가작용은 국민의 기본권적 가치를 실현하기 위한 수단이라는 한계를 반드시 지켜야 하는 것이고, 헌법재판소는 헌법의 수호와 국민의 기본권 보장을 사명으로 하는 국가기관이므로 비록 고도의 정치적 결단에 의하여 행해지는 국가작용이라고 할지라도 그것이 국민의 기본권 침해와 직접 관련되는 경우에는 당연히 헌법재판소의 심판대상이 된다.[65]

4) 헌법의 개별조항(헌법규정)

형식적 의미의 법률에 해당하지 아니하는 헌법의 개별조항은 위헌심사의 대상이 될 수 없으므로 이를 대상으로 한 헌법소원심판청구는 부적법하다.[66] 기본권 침해의 가능성이 없이 단순히 일반 헌법규정이나 헌법원칙에 위반된다는 주장은 기본권침해에 대한 구제라는 헌법소원의 적법요건을 충족시키지 못하는 것으로서 받아들일 수 없다.[67]

5) 입법부작위에 대한 헌법소원

가) 유형

넓은 의미의 입법부작위에는 첫째, 입법자가 헌법상 입법의무가 있는 어떤 사항에 관하여 전혀 입법을 하지 아니함으로써 입법행위의 흠결이 있는 경우(즉, 입법권의 불행사)와 둘째, 입법자가 어떤 사항에 관하여 입법은 하였으나 그 입법의 내용·범위·절차 등이 당해 사항을 불완전·불충분 또는 불공정하게 규율함으로써 입법행위에 결함이 있는 경우(즉, 결함이 있는 입법권의 행사)가 있는데, 일반적으로 전자를 "진정입법부작위", 후자를 "부진정입법부작위"

---

65) 헌재 1996. 2. 29. 93헌마186.
66) 헌재 1998. 6. 25. 96헌마47.
67) 헌재 2006. 2. 23. 2005헌마268.

라고 부르고 있다.[68)]

헌법재판소는 어떠한 사항을 법규로 규율할 것인가의 여부는 특단의 사정이 없는 한 입법자의 정치적·경제적·사회적 고려하에서 정하여지는 입법정책의 문제이므로, 국민이 국회에 대하여 일정한 입법을 해달라는 청원을 함은 별론으로 하고 법률의 제정을 청구할 권리는 원칙적으로 인정될 수 없다고 하면서, 아울러 헌법재판소가 입법자의 지위에 갈음할 수는 없다는 헌법재판의 본질적 한계 등을 고려하여 진정입법부작위에 대한 헌법소원을 상당히 한정적으로만 인정하고 있다. 즉, 헌법에서 기본권보장을 위해 법령에 명시적인 입법위임을 하였음에도 입법자가 이를 방치하고 있거나 헌법해석상 특정인에게 구체적인 기본권이 생겨 이를 보장하기 위한 국가의 행위의무 내지 보호의무가 발생하였음이 명백함에도 입법자가 전혀 아무런 입법조치를 취하고 있지 않은 경우에만 헌법소원의 대상이 된다고 보고 있다.[69)]

나) 청구기간

공권력의 불행사로 인한 기본권침해는 그 불행사가 계속되는 한 기본권침해의 부작위가 계속된다. 그러므로 가령 입법권의 불행사, 즉 진정입법부작위에 대한 헌법소원심판은 그 불행사가 계속되는 한 기간의 제약없이 적법하게 청구할 수 있고, 이는 행정입법부작위의 경우에도 마찬가지이다.[70)]

그러나 부진정입법부작위, 즉 결함이 있는 입법권의 행사에 대하여 재판상 다툴 경우에는 입법부작위 위헌확인의 심판청구가 아니라 그 불완전한 입법규정 자체가 헌법위반이라는 적극적인 헌법소원을 제기하여야 할 것이고, 이 때에는 헌법재판소법 제69조 제1항 소정의 청구기간의 적용을 받는다.[71)]

다) 결정례

① 특별항고 결정의 기한제한에 관한 '법률조항의 부존재', 즉 입법부작위

68) 헌재 1996. 10. 31. 94헌마108, 판례집 8-2, 480, 489.

69) 헌재 1989. 3. 17. 88헌마1, 판례집 1, 9, 16.

70) 헌재 1994. 12. 29. 89헌마2, 판례집 6-2, 395, 408; 헌재 1998. 7. 16. 96헌마246, 판례집 10-2, 283, 298-299.

71) 헌재 1996. 10. 31. 94헌마204, 공보 18, 648.

의 위헌 여부를 심판대상으로 한 것인바, 헌법재판소법 제68조 제2항에 의한 헌법소원은 법률의 위헌성을 적극적으로 다투는 제도이므로 '법률의 부존재' 즉, 입법부작위를 다투는 것은 그 자체로 허용되지 아니한다. 따라서 이 사건 심판청구와 같이 입법부작위의 위헌 여부를 헌법재판소법 제68조 제2항에 의한 헌법소원으로 다투는 것은 허용되지 아니하므로 이 사건 심판청구는 부적법하다.[72]

② 청구인은 은행이 국고금, 지방재정수입금 등 지급이자비용이 없는 자금을 운용함으로써 순이익이 발생하는 경우 은행 고객(금융소비자)에게 이를 지급하도록 하는 입법이 마련되지 않은 부작위로 인하여 청구인의 재산권을 침해받았다고 주장한다. 그러나 청구인이 주장하는 바와 같은 입법의무는 헌법의 규정이나 해석상 도출된다고 볼 수 없으므로, 그 입법부작위는 헌법소원의 대상이 되는 공권력의 불행사에 해당하지 아니한다.[73]

③ 헌법 제41조 제3항은 국회의원선거에 있어 필수적인 요소라고 할 수 있는 선거구에 관하여 직접 법률로 정하도록 규정하고 있으므로, 피청구인에게는 국회의원의 선거구를 입법할 명시적인 헌법상 입법의무가 존재한다. 나아가 헌법이 국민주권의 실현 방법으로 대의민주주의를 채택하고 있고 선거구는 이를 구현하기 위한 기초가 된다는 점에 비추어 보면, 헌법 해석상으로도 피청구인에게 국회의원의 선거구를 입법할 의무가 인정된다. 따라서 헌법재판소가 입법개선시한을 정하여 헌법불합치결정을 하였음에도 국회가 입법개선시한까지 개선입법을 하지 아니하여 국회의원의 선거구에 관한 법률이 존재하지 아니하게 된 경우, 국회는 이를 입법하여야 할 헌법상 의무가 있다.[74]

④ '대한민국과 일본국 간의 재산 및 청구권에 관한 문제의 해결과 경제협력에 관한 협정'에 따라 대한민국이 일본으로부터 받은 돈을 강제동원 피해자의 유족에게 지급하는 내용의 법률을 제정하지 아니한 입법부작위(이하 '이

72) 헌재 2009. 5. 12. 2009헌바69, 공보 152, 1037, 1038.
73) 헌재 2021. 12. 7. 2021헌마1430, 1.
74) 헌재 2016. 4. 28. 2015헌마1177등, 판례집 28-1하, 141.

사건 입법부작위'라 한다)의 위헌확인을 구하는 헌법소원심판청구에 있어서, 청구권협정 당시 일본이 식민지배의 불법성을 인정하고 강제동원 피해에 대한 법적 배상을 포함시켰다고 단정하기 어려우며, 일본이 대한민국에 지급한 돈이 권리문제의 해결과 법적인 대가관계에 있다고 볼 수 있을지 불분명하다. 반면 입법자는 일본에 의한 강제동원 피해자들의 인간의 존엄과 가치를 회복시키고 이들과 그 유족을 지원하기 위하여 여러 입법을 제정·시행하여 위로금 등을 지급하였다. 그렇다면 헌법 전문, 제2조 제2항, 제10조 및 제30조 등의 해석으로부터 강제동원 피해자의 유족인 청구인들의 재산권 등 기본권을 보호하기 위하여 위와 같은 내용의 법률을 제정하여야 할 구체적인 입법의무가 도출된다고 보기도 어렵다. 따라서 청구인들의 심판청구는 헌법소원의 대상이 될 수 없는 진정입법부작위를 심판대상으로 한 것으로서 부적법하다.[75]

⑤ 청구인은 대한민국으로 귀환하기 전에 사망한 국군포로의 보수 기타 대우와 지원에 관하여는 아무런 입법조치가 이루어지고 있지 않다고 주장하나, 국군포로법은 제9조 제1항, 제11조 제1항, 제15조 제1항 등을 통하여 등록포로에 대해서는 보수와 위로지원금을 지급하고, 귀환하기 전에 사망한 국군포로에 관해서는 그 억류지출신 포로가족에게 지원금을 지급하도록 하고 있으므로, 청구인의 주장은 결국 등록포로에 대한 보수·지원에 관한 규정이나 억류지출신 포로가족에 대한 지원을 규정하고 있는 규정이 불완전, 불충분한 입법이라는 부진정입법부작위를 다투는 것이다. 부진정입법부작위를 다투기 위해서는 그 불완전한 법규 자체를 대상으로 한 헌법소원이 가능함은 별론으로 하고, 입법부작위로서 헌법소원의 대상으로 삼을 수는 없다.[76]

6) 행정입법

가) 법규명령에 대한 헌법소원

대통령령, 총리령, 부령 등 법규명령은 별도의 집행행위를 매개하지 않고 직접적으로 기본권을 침해하는 경우 헌법소원심판의 대상이 된다.

75) 헌재 2021. 3. 25. 2019헌마900, 판례집 33－1, 354.
76) 헌재 2018. 5. 31. 2016헌마626, 판례집 30－1하, 279.

행정입법(시행령)의 부작위에 대한 헌법소원은 공권력의 주체에게 헌법에서 유래하는 작위의무가 특별히 구체적으로 규정되어 이에 의거하여 기본권 주체가 행정행위를 청구할 수 있음에도 공권력의 주체가 그 의무를 해태하는 경우에 허용되고, 특히 행정명령의 제정 또는 개정의 지체가 위법으로 되어 그에 대한 법적 통제가 가능하기 위하여는 첫째, 행정청에게 시행명령을 제정(개정)할 법적 의무가 있어야 하고 둘째, 상당한 기간이 지났음에도 불구하고 셋째, 명령제정(개정)권이 행사되지 않아야 한다.[77]

위임법률인 소득세법 제104조의3 제1항 제2호 가목은 비사업용 토지에서 제외되는 임야의 범위를 대통령에게 위임한 것이므로 기획재정부장관의 행정입법이 당연히 전제된다고 볼 수 없고, 위 법률조항에 의해 위임된 입법의무는 대통령에 의해 이미 구체적으로 이행되었다고 할 것이어서 기획재정부장관이 그밖에 비사업용 토지에 제외되는 임야를 규정하지 아니하였다고 하여 법령의 공백상태를 야기한다고 볼 수도 없으므로, 기획재정부장관에게 청구인이 주장하는 것과 같은 입법을 하여야할 명시적인 입법의무는 존재하지 아니한다. 따라서 이 사건 헌법소원심판청구는 헌법소원의 대상이 될 수 없는 입법부작위를 심판대상으로 삼은 것으로 부적법하다.[78]

나) 행정규칙에 대한 헌법소원

(ㄱ) 원칙

지시, 예규, 훈령 등의 행정규칙은 행정내부사항을 규정하는 것으로 국민의 권리에 직접 효력을 미치는 대외적 구속력은 가지지 않는 것으로 보는 것이 다수의 견해이자 판례이다. 그러나 근래에는 행정규칙의 법규성을 일반적으로 부정할 것이 아니라 개개의 행정규칙의 성질을 개별적으로 검토하여 법규성을 갖는지 여부를 판단하는 것이 바람직하다는 견해가 유력하다.

이러한 행정규칙에 대하여 헌법소원의 대상이 될 수 있는가에 관하여 우리 대법원은 일정한 경우에 행정규칙의 법규성을 인정한 경우[79]도 있으나 아

77) 헌재 2010. 5. 4. 2010헌마249.
78) 헌재 2011. 2. 15. 2011헌마40, 공보 173, 337.
79) 대판 1987. 9. 29, 86누484.

직까지도 행정규칙은 법규성을 가지지 않는다고 보는 것이 다수의 견해이다. 헌법재판소도 "행정규칙은 일반적으로 행정조직 내부에서만 효력을 가지는 것이고 대외적인 구속력을 갖는 것이 아니어서 원칙적으로 헌법소원의 대상이 아니다."라고 판시하였다.[80]

그러나 행정규칙에 의해 기본권이 침해된 경우에는 법원에 의한 구제가 거의 불가능하므로 헌법소원에 의한 구제필요성이 더욱 필요한 실정이다.

㈁ 예외

행정규칙이 법령의 직접적 위임에 따라 수임행정기관이 그 법령을 시행하는데 필요한 구체적 사항을 정한 것이면, 그 제정형식은 비록 법규명령이 아닌 고시·훈령·예규 등과 같은 행정규칙이더라도 그것이 상위법령의 위임한계를 벗어나지 않는 한 상위법령과 결합하여 대외적인 구속력을 갖는 법규명령으로서 기능하게 된다고 보아야 할 것인바, 헌법소원의 청구인이 법령과 예규의 관계규정으로 말미암아 직접 기본권을 침해받았다면 이에 대하여 헌법소원을 청구할 수 있다.[81] 또한 재량권 행사의 준칙인 규칙이 그 정한 바에 따라 되풀이 시행되어 행정관행이 이룩되게 되면 평등의 원칙이나 신뢰보호의 원칙에 따라 행정기관은 그 상대방에 대한 관계에서 그 규칙에 따라야 할 자기구속을 당하게 되는 경우에는 대외적 구속력을 가지게 되는바, 이러한 경우에는 헌법소원의 대상이 될 수도 있다.[82]

검찰보존사무규칙은 비록 법무부령으로 되어 있으나, 위임근거가 없는 행정기관 내부의 사무처리준칙으로 행정규칙에 불과한 것일 뿐 법규적 효력을 가진 것이 아니므로, 헌법소원심판청구의 대상이 될 수 없다.[83]

㈂ 법령보충적 행정규칙

'법령보충적 행정규칙'과 관련하여, "행정규칙은 일반적으로 행정조직 내

80) 헌재 2008. 7. 22. 2008헌마496, 공보 142, 991.
81) 헌재 2000. 7. 20. 99헌마455, 판례집 12-2, 153, 159.
82) 헌재 2005. 5. 26. 2004헌마49, 판례집 17-1, 754, 761; 헌재 2007. 8. 30. 2004헌마670, 판례집 19-2, 297, 306-307; 헌재 2013. 5. 28. 2013헌마334, 1, 2.
83) 헌재 2008. 7. 22. 2008헌마496.

부에서만 효력을 가지는 것이나, 행정규칙이 법령의 규정에 의하여 행정관청에 법령의 구체적 내용을 보충할 권한을 부여한 경우 또는 법령의 직접적인 위임에 따라 수임행정기관이 법령의 위임한계를 벗어나지 아니하는 범위 내에서 그 법령을 시행하는데 필요한 구체적 사항을 정하는 경우[84] 등에 있어서는 행정규칙은 상위 법령과 결합하여 법규로서의 성질과 효력을 가지는 것이므로 직접적으로 대외적 구속력을 가지게 되는바, 이러한 경우에는 헌법소원의 대상이 될 수도 있다."[85] 즉, 위와 같이 대외적 구속력이 인정되는 행정규칙의 경우에는 국민의 권리와 의무에 대하여 직접적인 법률효과를 발생시켜 청구인의 법률관계 내지 법적 지위를 불리하게 변화시키는 것에 해당한다고 보아 헌법소원의 대상성도 인정된다.[86]

행정규칙은 원칙적으로 헌법소원의 대상이 될 수 없으나, 예외적으로 법령의 규정에 의하여 행정관청에 법령의 구체적 내용을 보충할 권한을 부여한 경우나, 재량권행사의 준칙으로서 그 정한 바에 따라 되풀이 시행되어 행정관행이 형성됨으로써 평등의 원칙이나 신뢰보호의 원칙에 따라 행정기관이 그 상대방에 대한 관계에서 그 규칙에 따라야 할 자기구속을 당하게 되는 경우에는 헌법소원의 대상이 될 수 있다.[87]

7) 조례

조례는 지방자치단체가 그 자치입법권에 근거하여 자주적으로 지방의회의 의결을 거쳐 제정한 법규이기 때문에 조례 자체로 인하여 직접 그리고 현재 자기의 기본권을 침해받은 자는 그 권리구제의 수단으로서 조례에 대한 헌법소원을 제기할 수 있다.[88] 다만, 이에 대하여 대법원은 조례가 집행행위의 개입없이 그 자체로서 직접 국민의 구체적인 권리의무나 법적 이익에 영향을 미치는 등의 법률상 효과를 발생하는 경우 그 조례는 항고소송의 대상이 되는

84) 헌재 2002. 7. 18. 2001헌마605, 판례집 14-2, 84, 93-94 등.
85) 헌재 1990. 9. 3. 90헌마13; 헌재 2004. 10. 28. 99헌바91; 헌재 2001. 5. 31. 99헌마413등.
86) 헌재 2004. 10. 28. 99헌바91.
87) 헌재 1990. 9. 3. 90헌마13; 헌재 2013. 8. 29. 2012헌마767; 헌재 2021. 11. 25. 2019헌마534.
88) 헌재 1995. 4. 20. 92헌마264등, 판례집 7-1, 564, 571.

행정처분에 해당한다고 판시하였다.[89)]

서울특별시 보도상 영업시설물 운영자 중 자산가액 2억 원 미만인 자로서 제소전화해조서를 제출한 자에 대하여만 1년의 범위 안에서 2회에 한하여 도로점용허가를 갱신하도록 한 구 '서울특별시 보도상영업시설물 관리 등에 관한 조례'는 도로법 제40조 제2항 및 제 도로법 시행령 제24조 제5항 제11호의 위임에 근거한 것으로 도로점용에 관한 청구인들의 법적 지위 및 권리 의무에 영향을 미치므로 행정기관 내부의 사무처리지침이 아닌 외부효를 갖는 조례로서 헌법소원심판의 대상이 되는 공권력 행사에 해당한다.[90)]

'옥외광고물 등 관리법'(이하 '법'이라 한다) 제4조 제2항, 법 시행령 제25조 제3항, '신행정수도 후속대책을 위한 연기·공주지역 행정중심복합도시 건설을 위한 특별법'(이하 '행복도시법'이라 한다) 제60조의2 제1항, 제3항에 비추어 보면, 이 사건 고시는 고시라는 명칭에도 불구하고 조례의 효력을 가지므로 심판대상조항들은 헌법소원의 대상이 되는 공권력 행사에 해당하며, 처분적 조례에 해당한다고 보기 어려울 뿐만 아니라 항고소송의 대상이 되는 행정처분에 해당하는지 여부 또한 불확실하므로 보충성의 예외에 해당한다. 이 사건 심판청구 후 이 사건 고시가 개정되어 청구인들이 심판대상조항들에 대하여 위헌결정을 구할 주관적 권리보호이익은 소멸되었으나, 그 위헌 여부에 관한 헌법적 해명은 중대한 의미를 지니고 있으므로 예외적으로 심판의 이익도 인정된다.[91)]

조례에 대한 헌법소원을 제기하는 경우 그 적법요건으로서 조례가 별도의 구체적인 집행행위를 기다리지 아니하고 직접 그리고 현재 자기의 기본권을 침해하는 것이어야 함을 요한다.[92)]

(2) 행정작용에 대한 헌법소원

행정작용에 의해 국민의 기본권이 침해된 경우에는 헌법소원은 인정된다.

89) 대법원 1996. 9. 20. 선고 95누8003 판결, 공1996하, 3210.
90) 헌재 2008. 12. 26. 2007헌마1387, 판례집 20－2하, 882.
91) 헌재 2016. 3. 31. 2014헌마794, 공보 234, 651, 652.
92) 헌재 1995. 4. 20. 92헌마264등; 헌재 2021. 1. 12. 2020헌마1675.

다만, 행정작용에 대한 헌법소원의 경우에는 먼저 사전적 권리구제절차를 거쳐야 하며, 대부분의 행정작용에 대해서는 통상적인 권리구제절차로서 행정소송이 인정된다.

1) 통치행위

통치행위는 고도의 정치성을 띤 행정작용이므로 이를 사법심사의 대상에서 제외한다는 것이 우리나라 통설과 판례이었다. 국가기관에는 광범위한 정치적 재량권이 부여되기 때문에 이에 대한 심사에는 한계가 있으며 정치적으로 민감한 영역에 사법부가 개입함으로써 야기될지도 모르는 정치적 상황을 우려한 '사법소극주의'의 일면이 있었다.

그러나 헌법재판소는 "대통령의 긴급재정경제명령은 국가긴급권의 일종으로서 고도의 정치적 결단에 의하여 발동되는 행위이고 그 결단을 존중하여야 할 필요성이 있는 행위라는 의미에서 이른바 통치행위에 속한다고 할 수 있으나, 통치행위를 포함하여 모든 국가작용은 국민의 기본권적 가치를 실현하기 위한 수단이라는 한계를 반드시 지켜야 하는 것이고, 헌법재판소는 헌법의 수호와 국민의 기본권 보장을 사명으로 하는 국가기관이므로 비록 고도의 정치적 결단에 의하여 행해지는 국가작용이라고 할지라도 그것이 국민의 기본권 침해와 직접 관련되는 경우에는 당연히 헌법재판소의 심판대상이 된다."고 판시하였다.[93]

2) 행정청의 처분

① 대법원은 검사임용거부처분취소 사건에서, 검사 지원자 중 한정된 수의 임용대상자에 대한 임용결정만을 하는 경우 임용대상에서 제외된 자에 대하여 임용거부의 소극적 의사표시를 한 것으로 보아야 하고, 이러한 검사임용거부처분은 항고소송의 대상이 된다고 판시하였다. 따라서 피청구인의 청구인에 대한 예비판사임용거부는 항고소송의 대상이 되는 행정처분에 해당된다고 판단된다. 결국 법원의 재판관할하에 있는 사건으로서 헌법소원의 대상이 아

93) 헌재 1996. 2. 29. 93헌마186.

니라 할 것이어서 부적법한 심판청구이다.[94)]

② 법원의 재판을 거쳐 확정된 행정처분(원행정처분)에 대한 헌법소원심판은 당해 행정처분을 심판의 대상으로 삼았던 법원의 재판이 예외적으로 헌법소원의 심판대상이 되어 그 재판 자체가 취소되는 경우에 한하여 청구할 수 있는 것이고, 법원의 재판이 취소될 수 없는 경우에는 당해 행정처분에 대한 헌법소원심판은 허용되지 않는다.[95)]

③ 행정처분이 헌법에 위반된다는 등의 이유로 그 취소를 구하는 행정소송을 제기하였으나 그 청구가 받아들여지지 아니하는 판결이 확정되어 법원의 소송절차에서는 더 이상 이를 다툴 수 없게 된 경우에, 당해 행정처분(이하 "원행정처분"이라 한다) 에 대한 헌법소원 심판청구를 받아들여 이를 취소하는 것은, 원행정처분을 심판의 대상으로 삼았던 법원의 재판이 예외적으로 헌법소원심판의 대상이 되어 그 재판 자체까지 취소되는 경우에 한하고, 이와는 달리 법원의 재판이 취소되지 아니하는 경우에는 확정판결의 기판력으로 인하여 원행정처분은 헌법소원심판의 대상이 되지 아니하므로, 법원의 재판에 대한 헌법소원심판을 청구하지 아니하고 원행정처분의 취소만 구하는 헌법소원 심판청구는 부적법하다.[96)]

④ 기소유예처분을 받은 피의자가 검사의 피의사실의 인정에 불복하고 자기의 무고함을 주장하여 헌법소원을 제기한 경우, 그 피의사실에 대한 공소시효가 완성된 때에는 헌법재판소가 이를 인용하여 그 처분을 취소하더라도 검사로서는 "공소권없음"의 처분을 할 것으로 보이나, 기소유예처분이 그 피의자에 대하여 피의사실을 인정하는 것과는 달리 "공소권없음"의 처분은 범죄혐의의 유무에 관한 실체적 판단을 하는 것이 아니고 단지 공소권이 없다는 형식적 판단을 하는 것으로서 기소유예처분 보다는 피의자에게 유리한 것이므로, 비록 그 범행에 관한 공소시효가 이미 완성되었다고 하더라도, 그 사실만으로 피의자가 제기한 헌법소원이 권리보호의 이익이 없다고 할 수 없다.[97)]

94) 헌재 2001. 12. 20. 2001헌마245.
95) 헌재 1999. 5. 27. 98헌마357.
96) 헌재 1999. 12. 23. 98헌마14.
97) 헌재 1997. 5. 29. 95헌마188.

⑤ 헌법재판소법 제68조 제1항의 헌법소원은 행정처분에 대하여도 청구할 수 있는 것이나, 그것이 법원의 재판을 거쳐 확정된 경우에는 당해 행정처분에 대한 법원의 재판이 헌법재판소가 위헌으로 결정한 법령을 적용하여 그 재판 자체가 취소되는 경우에 한하여 당해 행정처분에 대한 심판청구가 가능한 것이고, 이와 같은 법리는 검사의 형기종료일 지정처분에 대하여 법원의 이의신청절차를 거친 경우에도 마찬가지로 적용되는바, 당해 행정처분에 대한 재판이 헌법재판소가 위헌으로 결정한 법령을 적용한 경우가 아닌 이 사건 헌법소원 심판청구는 부적법하다.[98]

⑥ 불공정거래혐의에 대한 공정거래위원회의 무혐의처분은 혐의가 인정될 경우에 행하여지는 중지명령 등 시정조치에 대응하는 조치로서 헌법재판소법 제68조 제1항 소정의 '공권력의 행사'에 해당하고, 공정거래위원회의 자의적인 조사 또는 판단에 의하여 행하여진 무혐의처분은 헌법 제11조의 법 앞에서의 평등권을 침해하므로 헌법소원의 대상이 된다.[99]

공정거래위원회의 심사불개시결정은 공권력의 행사에 해당되며, 자의적인 경우 피해자인 신고인의 평등권을 침해할 수 있으므로 헌법소원의 대상이 된다.[100]

공정거래위원회의 무혐의 조치는 혐의가 인정될 경우에 행하여지는 시정조치에 대응되는 조치로서 공정거래위원회의 공권력 행사의 한 태양에 속하여 헌법재판소법 제68조 제1항 소정의 '공권력의 행사'에 해당하고, 따라서 공정거래위원회의 자의적인 조사 또는 판단에 의하여 결과된 무혐의 조치는 헌법 제11조의 법 앞에서의 평등권을 침해하게 되므로 헌법소원의 대상이 되며, 공정거래위원회의 심사불개시결정 및 심의절차종료결정 역시 공권력의 행사에 해당되고, 그것이 자의적일 경우 피해자(신고인)의 평등권을 침해할 수 있으므로, 헌법소원의 대상이 된다고 할 것이다.[101]

---

98) 헌재 2012. 5. 31. 2010헌아292.

99) 헌재 2002. 6. 27. 2001헌마381, 판례집 14-1, 679, 683-684; 헌재 2011. 11. 24. 2010헌마83, 판례집 23-2하, 494.

100) 헌재 2004. 3. 25. 2003헌마404, 판례집 16-1, 491.

101) 헌재 2004. 3. 25. 2003헌마404, 판례집 16-1, 491, 495; 헌재 2011. 9. 29. 2010헌마539; 헌재 2011.

⑦ 부패방지법(제40조)상의 국민감사청구제도는 일정한 요건을 갖춘 국민들이 감사청구를 한 경우에 감사원장으로 하여금 감사청구된 사항에 대하여 감사실시 여부를 결정하고 그 결과를 감사청구인에게 통보하도록 의무를 지운 것이므로(동법 제42조·제43조), 이러한 국민감사청구에 대한 기각결정은 공권력주체의 고권적 처분이라는 점에서 헌법소원의 대상이 될 수 있는 공권력 행사라고 보아야 할 것이다.[102]

⑧ 선거관리위원회법 제14조의2의 '경고'는 선거법 위반행위에 대한 제재적 조치의 하나로서 법률에 규정된 것이므로 피경고자는 이러한 경고를 준수하여야 할 의무가 있고, 피경고자가 경고를 불이행하는 경우 선거관리위원회 위원·직원에 의하여 관할 수사기관에 수사의뢰 또는 고발될 수 있으므로, 위 '경고'가 청구인의 법적 지위에 영향을 주지 않는다고는 할 수 없다.

중앙선거관리위원회 위원장이 중앙선거관리위원회 전체회의의 심의를 거쳐 대통령의 위법사실을 확인한 후 그 재발방지를 촉구하는 내용의 이 사건 조치를 청구인인 대통령에 대하여 직접 발령한 것이 단순한 권고적·비권력적 행위라든가 대통령인 청구인의 법적 지위에 불리한 효과를 주지 않았다고 보기는 어렵다.

청구인이 이 사건 조치를 따르지 않음으로써 형사적으로 처벌될 가능성은 없다고 하더라도, 이 사건 조치가 그 자체로 청구인에게 그러한 위축효과를 줄 수 있음은 명백하다고 볼 것이고, 나아가 이 사건 조치에 대하여 법원에서 소송으로 구제받기는 어렵다는 점에서 헌법기관인 피청구인이 청구인의 위 발언내용이 위법이라고 판단한 이 사건 조치는 최종적·유권적인 판단으로서 기본권 제한의 효과를 발생시킬 가능성이 높다고 할 것이다.[103]

⑨ 지적법 제38조 제2항에 의하면 토지소유자에게는 지적공부의 등록사항에 대한 정정신청의 권리가 부여되어 있고, 이에 대응하여 소관청은 소유자의 정정신청이 있으면 등록사항에 오류가 있는지를 조사한 다음 오류가 있을

12. 29. 2011헌마100, 공보 183, 236.

102) 헌재 2006. 2. 23. 2004헌마414, 판례집 18-1상, 248.

103) 헌재 2008. 1. 17. 2007헌마700, 판례집 20-1상, 139. 대통령이 선거중립의무 준수요청 조치가 기본권침해 가능성 있는 공권력의 행사인지 여부(적극).

경우에는 등록사항을 정정하여야 할 의무가 있는바, 피청구인의 반려행위는 지적관리업무를 담당하고 있는 행정청의 지위에서 청구인의 등록사항 정정신청을 확정적으로 거부하는 의사를 밝힌 것으로서 공권력의 행사인 거부처분이라 할 것이므로 헌법재판소법 제68조 제1항 소정의 "공권력의 행사"에 해당한다.[104)]

⑩ 청구인의 국가인권위원회에 대한 진정은 진정의 원인이 된 사실에 관하여 법원 및 헌법재판소의 재판이 종결된 경우에 해당하므로, 이에 대하여 국가인권위원회가 국가인권위원회법 제32조 제1항 제5호에 의하여 각하 결정을 한 것은 정당하며, 달리 피청구인의 각하결정이 헌법재판소가 관여할 만큼의 자의적 공권력의 행사라고 볼 자료가 없으므로 이로 말미암아 청구인의 헌법상 기본권이 침해되었다고 볼 수 없다.[105)]

국가인권위원회는 국가인권위원회법에 따라서 설립된 인권보호기구이자 독립된 국가기관으로서 공권력을 행사하는 주체에 해당하므로, 국가인권위원회의 진정 각하 또는 기각 결정은 헌법재판소법 제68조 제1항에서 규정하는 공권력의 행사로서 헌법소원심판의 대상이 된다.[106)]

3) 권력적 사실행위

'행정청의 사실행위'는 경고·권고·시사와 같은 정보제공 행위나 임의적 협력을 통하여 사실상의 효과를 발생시키고자 하는 단순한 행정지도와 같이 대외적 구속력이 없는 '비권력적 사실행위'와 행정청이 우월적 지위에서 일방적으로 강제하는 '권력적 사실행위'로 나뉘고, 그 중 권력적 사실행위는 헌법소원의 대상이 되는 공권력의 행사에 해당한다.

'권력적 사실행위'란 공권력의 행사 중, 행정청의 행정행위 기타 일정한 법적 효과의 발생을 목적으로 하는 법적 행위가 아니라, 직접적으로 일정한 사실상 결과의 발생만을 목적으로 하는 행정상의 사실행위를 말한다.[107)] 즉,

---

104) 헌재 1999. 6. 24. 97헌마315, 판례집 11-1, 802; 헌재 2004. 6. 24. 2003헌마723, 판례집 16-1, 804.
105) 헌재 2004. 4. 29. 2003헌마538, 판례집 16-1, 589.
106) 헌재 2008. 11. 27. 2006헌마440, 공보 146, 1803.
107) 헌재 1994. 5. 6. 89헌마35, 판례집 6-1, 462, 481; 헌재 2009. 10. 29. 2007헌마992, 판례집 21-2하,

행정청이 우월적 지위에서 일방적으로 강제하는 권력적 사실행위이다. "일반적으로 어떤 행정상 사실행위가 권력적 사실행위에 해당하는지 여부는, 당해 행정주체와 상대방과의 관계, 그 사실행위에 대한 상대방의 의사·관여정도·태도, 그 사실행위의 목적·경위, 법령에 의한 명령·강제수단의 발동 가부 등 그 행위가 행하여질 당시의 구체적 사정을 종합적으로 고려하여 개별적으로 판단하여야 할 것이다."[108]

① 헌법재판소는 "피청구인이 청구인들로 하여금 육군훈련소 내 종교행사에 참석하도록 한 이 사건 종교행사 참석조치는 피청구인이 우월적 지위에서 청구인들에게 일방적으로 강제한 행위로, 헌법소원심판의 대상이 되는 권력적 사실행위에 해당한다."고 판시하였다.[109]

② 한국인(청구인)과 결혼한 중국인 배우자(장○염)가 한국에 입국하기 위하여 결혼동거목적거주(F−2) 사증발급을 신청함에 있어 피청구인이 중국인 배우자와의 교제과정, 결혼하게 된 경위, 소개인과의 관계, 교제경비내역 등을 당해 한국인이 직접 기재한 서류를 제출할 것을 요구하는 조치(이하 '이 사건 결혼경위 등 기재요구행위'라 한다)는 "청구인의 처 장○염이 결혼동거목적거주 사증발급신청을 함에 있어 동 신청이 수리될 수 있는 요건으로서, 법령의 근거에 따라 청구인과 위 장○염에게 결혼경위, 소개인관계, 교제경비내역, 교제경위 등을 '초청사유서'와 '결혼동거사증신청 첨부서류'에 기재해야 하는 의무를 부과한 고권적 행위이고, 따라서 피청구인의 이와 같은 요구는 청구인과 위 장○염에 대하여 구속력을 갖는 권력적사실행위로서 헌법소원의 대상이 된다."[110]

③ 폐기물관련사업장에 대한 국가기관의 감사는 "피청구인이 폐기물관리법 제43조 제1항에 따라 폐기물의 적정 처리 여부 등을 확인하기 위한 목적으로 청구인들의 의사에 상관없이 일방적으로 행하는 사실적 업무행위이고, 청

288, 293−294.

108) 헌재 1994. 5. 6. 89헌마35, 판례집 6−1, 462, 485−486; 헌재 2002. 10. 31. 2002헌마369, 공보 74, 989, 991.

109) 헌재 2022. 11. 24. 2019헌마941.

110) 헌재 2005. 3. 31. 2003헌마87.

구인들이 이를 거부·방해하거나 기피하는 경우에는 과태료에 처해지는 점으로 볼 때 청구인들도 이를 수인해야 할 법적 의무가 있다. 그렇다면 이 사건 감사는 피청구인이 우월적 지위에서 일방적으로 강제하는 권력적 사실행위라 할 것이고 이는 헌법소원의 대상이 되는 헌법재판소법 제68조 제1항의 '공권력의 행사'에 해당된다."[111]

④ 피청구인이 청구인에게 변호인 참여신청서의 작성을 요구한 행위(이하 '이 사건 참여신청서요구행위'라 한다)는 청구인이 피의자의 변호인임을 밝혀 피의자신문에 참여할 수 있도록 하기 위한 검찰 내부 절차를 수행하는 과정에서 이루어진 '비권력적 사실행위'에 불과하므로, 헌법소원의 대상이 되는 공권력의 행사에 해당하지 않는다.[112]

⑤ 교도관들이 외부병원 진료 후 구치소 환소 과정에 있는 수형자에게 환소차 탑승을 위하여 병원 밖 주차장 의자에 앉아 있을 것을 지시한 행위(이하 '이 사건 지시행위'라 한다)는 청구인이 이미 외부병원 진료가 종료하여 더 이상 병원 안에 머무를 이유가 없었고, 청구인이 구치소 환소차에 탑승하기 위하여 주차장으로 이동하는 것은 자연스러운 일로서 그로 인한 새로운 기본권 침해행위가 있었다고 보기 어려운 점, 청구인도 외부병원 진료 후 환소차 탑승 과정에서 주차장으로 이동할 것을 당연히 예상할 수 있었던 점, 외부병원은 안팎에 일반인의 출입이 빈번하여 외부인과의 접촉가능성을 완벽하게 차단하는 것이 사실상 곤란한 점 등을 고려할 때, 이 사건 지시행위는 청구인의 신청에 의한 외부병원 진료에 이미 예정되어 있던 부수적 행위로서 단순한 '비권력적 사실행위'에 불과하다 할 것이므로 헌법소원의 대상이 되는 공권력 행사에 해당하지 아니한다.[113]

⑥ 마약류 관련 수형자에 대하여 마약류반응검사를 위하여 소변을 받아 제출하게 한 것은 형을 집행하는 우월적인 지위에서 외부와 격리된 채 형의 집행에 관한 지시, 명령을 복종하여야 할 관계에 있는 자에게 행해진 것으로

111) 헌재 2003. 12. 18. 2001헌마754.
112) 헌재 2017. 11. 30. 2016헌마503.
113) 헌재 2012. 10. 25. 2011헌마429.

서 그 목적 또한 교도소 내의 안전과 질서유지를 위하여 실시하였고, 일방적으로 강제하는 측면이 존재하며, 응하지 않을 경우 직접적인 징벌 등의 제재는 없다고 하여도 불리한 처우를 받을 수 있다는 심리적 압박이 존재하리라는 것을 충분이 예상할 수 있는 점에 비추어, 권력적 사실행위로서 헌법재판소법 제68조 제1항의 공권력의 행사에 해당한다.[114]

4) 행정계획 및 행정계획안

행정계획이란 행정에 관한 전문적·기술적 판단을 기초로 하여 특정한 행정목표를 달성하기 위하여 서로 관련되는 행정수단을 종합·조정함으로써 장래의 일정한 시점에 있어서 일정한 질서를 실현하기 위한 활동기준으로 설정된 것을 말한다.[115]

① 행정계획이 헌법소원의 대상이 되는 공권력의 행사에 해당할 것인지 여부는 일률적으로 말할 수 없고, 그 행정계획의 구체적인 성격을 고려하여 개별적으로 판단하여야 한다. 국민적 구속력을 갖는 행정계획은 공권력의 행사로 볼 수 있지만, 구속력을 갖지 않고 사실상의 준비행위나 사전 안내 또는 행정기관 내부의 지침에 지나지 않는 행정계획은 원칙적으로 헌법소원의 대상이 되는 공권력의 행사라 할 수 없다. 하지만 비구속적 행정계획안이나 행정지침이라도 국민의 기본권에 직접적으로 영향을 끼치고, 앞으로 법령의 뒷받침에 의하여 그대로 실시될 것이 틀림없을 것으로 예상될 수 있을 때에는, 공권력 행위로서 예외적으로 헌법소원의 대상이 된다.[116]

② 공공기관 지방이전에 따른 혁신도시 건설 및 지원에 관한 특별법에 따르면, 지방이전계획을 수립하는 주체는 이전공공기관의 장이고, 그 제출받은 계획을 검토·조정하여 국토해양부장관에게 제출하는 주체는 소관 행정기관의 장이며, 그에 따라 지역발전위원회의 심의를 거친 후 승인하는 주체가 국토해양부장관일 뿐이므로, 피청구인이 발표한 한국토지주택공사 이전방안(이하 '이 사건 이전방안'이라 한다)은 한국토지주택공사와 각 광역시·도, 관련 행정부처

114) 헌재 2006. 7. 27. 2005헌마277.
115) 대법원 1996. 11. 29. 선고 96누8567 판결, 공1997상, 210.
116) 헌재 2000. 6. 1. 99헌마538등; 헌재 2011. 12. 29. 2009헌마330등.

사이의 의견 조율 과정에서 행정청으로서의 내부 의사를 밝힌 행정계획안 정도에 불과하다. 한국토지주택공사의 지방이전계획은 지역발전위원회의 심의를 거쳐 피청구인의 최종 승인에 의하여 확정되는 것이며, 그 이전 단계에서 발표된 이 사건 이전방안이 국민의 권리의무 또는 법적지위에 어떠한 변동을 가져온다고 할 수 없다. 따라서 이 사건 이전방안은 헌법재판소법 제68조 제1항의 공권력의 행사에 해당한다고 할 수 없다.117)

③ 기획재정부장관이 2008. 8. 11.부터 2009. 3. 31.까지 사이에 6차에 걸쳐 공공기관 선진화 추진계획을 확정, 공표한 행위(이하 '이 사건 선진화 계획'이라 한다)은 그 법적 성격이 행정계획이라고 할 것인바, 국민의 기본권에 직접적인 영향을 미친다고 볼 수 없고, 장차 법령의 뒷받침에 의하여 그대로 실시될 것이 틀림없을 것으로 예상된다고 보기도 어려우므로, 헌법소원의 대상이 되는 공권력의 행사에 해당한다고 할 수 없다.118)

④ 2012년도와 2013년도 대학교육역량강화사업 기본계획은 대학교육역량강화 지원사업을 추진하기 위한 국가의 기본방침을 밝히고 국가가 제시한 일정 요건을 충족하여 높은 점수를 획득한 대학에 대하여 지원금을 배분하는 것을 내용으로 하는 행정계획일 뿐, 위 계획에 따를 의무를 부과하는 것은 아니다. 총장직선제를 개선하지 않을 경우 지원금을 받지 못하게 될 가능성이 있어 대학들이 이 계획에 구속될 여지가 있다 하더라도, 이는 사실상의 구속에 불과하고 이에 따를지 여부는 전적으로 대학의 자율에 맡겨져 있다. 더구나 총장직선제를 개선하려면 학칙이 변경되어야 하므로, 계획 자체만으로는 대학의 구성원인 청구인들의 법적 지위나 권리의무에 어떠한 영향도 미친다고 보기 어렵다. 따라서 2012년도와 2013년도 계획 부분은 헌법소원의 대상이 되는 공권력 행사에 해당하지 아니한다.119)

⑤ 건축물에 대한 규제는 '건축물로 인한 위험발생방지목적'의 건축법상의 규제와 '건축물과 도시기능의 유기적 관련 및 합리적인 토지이용관계의 확

117) 헌재 2014. 3. 27. 2011헌마291.
118) 헌재 2011. 12. 29. 2009헌마330등.
119) 헌재 2016. 10. 27. 2013헌마576.

보에 그 목적'이 있는 도시계획법상의 규제로 나눌 수 있는데, 도시설계의 법적 근거와 그 목적 등이 건축법에 규정되어 있다고 하더라도, 도시설계의 목적은 도시의 기능과 미관을 증진하는 것에 있다고 할 것이므로 도시설계에 의한 건축물에 대한 규제는 도시계획법상의 건축물에 대한 규제로서의 성격을 갖는다고 할 것이다. 따라서, 이러한 도시설계에 의한 건축물규제의 성격과 도시설계와 관련한 건축법규정에 비추어 보면, 도시설계는 도시계획구역의 일부분을 그 대상으로 하여 토지의 이용을 합리화하고, 도시의 기능 및 미관을 증진시키며 양호한 도시환경을 확보하기 위하여 수립하는 도시계획의 한 종류로서 도시설계지구 내의 모든 건축물에 대하여 구속력을 가지는 구속적 행정계획의 법적 성격을 갖는다고 할 것이다.[120)]

⑥ '코로나19 3차 확산에 대응한 맞춤형 피해지원 대책'은 비구속적 행정계획안에 불과하여 그 자체로 청구인의 기본권에 직접적으로 영향을 미친다고 볼 수 없고 장차 법령의 뒷받침에 의하여 그대로 실시될 것이 틀림없을 것으로 예상된다고 보기도 어려우므로, 이 부분에 대한 심판청구는 헌법소원의 대상이 되는 공권력의 행사에 대한 것으로 볼 수 없다.[121)]

5) 행정지도

행정지도는 원칙적으로 대외적 구속력이 없는 행정상의 사실행위로서 고권적 작용에 해당하지 않는다. 그러나 행정지도라 하더라도 상대방의 자유나 권리를 제한하는 효과를 갖는 등 규제적 성격을 가지고 그 상대방에 대하여 사실상의 강제력을 미치는 경우에는 헌법소원의 대상이 되는 공권력의 행사라고 봄이 상당하다.[122)]

피청구인 금융위원회위원장이 2019. 12. 16. 시중 은행을 상대로 투기지역·투기과열지구 내 초고가 아파트(시가 15억 원 초과)에 대한 주택구입용 주택담보대출을 2019. 12. 17.부터 금지한 조치(이하 '이 사건 조치'라 한다)는 비록 행정지도의 형식으로 이루어졌으나, 일정한 경우 주택담보대출을 금지하는 것을

120) 헌재 2003. 6. 26. 2002헌마402.
121) 헌재 2021. 2. 9. 2021헌마20.
122) 헌재 2011. 12. 29. 2009헌마330등.

내용으로 하므로 규제적 성격이 강하고, 부동산 가격 폭등을 억제할 정책적 필요성에 따라 추진되었으며, 그 준수 여부를 확인하기 위한 현장점검반 운영이 예정되어 있었다. 그러므로 이 사건 조치는 규제적·구속적 성격을 갖는 행정지도로서 헌법소원의 대상이 되는 공권력 행사에 해당된다.[123)]

6) 공고

① 피청구인(방위사업청장)이 행정5급 일반임기제공무원에 관한 경력경쟁채용시험에서 '변호사 자격 등록'을 응시자격요건으로 하는 것은 국가공무원 법령 등에 의하여 이미 구체적으로 확정된 것이 아니고, 피청구인이 그 응시자격요건으로 '변호사 자격 등록'을 요구한 부분(이하 '이 사건 공고'라 한다)를 함으로써 비로소 구체적으로 확정되므로, 이 사건 공고는 헌법소원의 대상이 되는 공권력의 행사에 해당한다.[124)]

② 피청구인의 "2019년도 제56회 변리사 국가자격시험 시행계획 공고(공고 제2018-151호)" 가운데 '2019년 제2차 시험과목 중 특허법과 상표법 과목에 실무형 문제를 각 1개씩 출제' 부분(이하 '이 사건 공고'라 한다)의 근거법령의 내용만으로는 변리사 제2차 시험에서 '실무형 문제'가 출제되는지 여부가 정해져 있다고 볼 수 없고, 이 사건 공고에 의하여 비로소 2019년 제56회 변리사 제2차 시험에 실무형 문제가 출제되는 것이 확정된다. 이 사건 공고는 법령의 내용을 구체적으로 보충하고 세부적인 사항을 확정함으로써 대외적 구속력을 가지므로, 헌법소원의 대상이 되는 공권력의 행사에 해당한다.[125)]

7) 결정·공표

정당등록 사무를 관장하는 피청구인(중앙선거관리위원회)이 그 사무에 관하여 정당법 제41조 제3항의 구체적인 해석·적용을 어떻게 할 것인지에 관하여 이루어진 내부적인 판단 및 그 공표행위에 불과한 이 사건 결정·공표는 청구인의 법적 지위에 어떠한 영향을 미친다고 보기 어려우므로, 헌법소원의 대

---

123) 헌재 2023. 3. 23. 2019헌마1399.
124) 헌재 2019. 8. 29. 2019헌마616, 판례집 31-2상, 242.
125) 헌재 2019. 5. 30. 2018헌마1208등, 판례집 31-1, 640.

상이 되는 '공권력의 행사'에 해당하지 않는다.[126]

8) 법원의 재판을 거쳐 확정된 원행정처분

행정행위에 대한 사법적 구제절차가 있는 경우에는 보충성의 원칙에 의하여 이를 거쳐야 하므로(헌재법 제68조 1항 단서), 행정심판이나 행정소송을 경유해야 한다. 이는 곧 법원의 재판에 대한 헌법소원의 문제로 귀결된다. 우리나라 헌법재판소법은 법원의 재판을 헌법소원의 대상에서 제외하고 있는데, 그러면 원행정처분을 대상으로 헌법소원을 제기할 수 있는지 문제된다.

헌법재판소는 "법원의 재판을 거쳐 확정된 행정처분(이하 '원행정처분'이라 한다)에 대한 헌법소원 심판청구는 헌법재판소법 제68조 제1항의 입법취지 등에 비추어 원칙적으로 허용되지 않지만, 원행정처분을 심판의 대상으로 삼았던 법원의 재판이 예외적으로 헌법소원심판의 대상이 되어 그 재판 자체가 취소되는 경우에는 예외적으로 원행정처분에 대하여도 헌법소원 심판청구가 허용된다. 그런데 이 사건 과세처분을 심판대상으로 삼았던 법원의 재판인 재심대상판결은 법률에 대한 위헌결정의 기속력에 반하는 재판에 해당하지 않는다. 따라서 이 사건 과세처분을 심판의 대상으로 삼았던 법원의 재판이 예외적으로 헌법소원의 대상이 되어 취소되는 경우에 해당하지 아니하므로, 원행정처분인 이 사건 과세처분에 대한 심판청구는 부적법하다."고 판시하였다.[127]

9) 행정청의 부작위

행정청의 부작위는 헌법재판소법 제68조 제1항에 의하여 헌법소원의 대상이 되나, <u>공권력의 주체에게 헌법에서 유래하는 작위의무가 특별히 구체적으로 규정되어</u>, 이에 의거하여 기본권의 주체가 행정행위를 청구할 수 있음에도 공권력의 주체가 그 의무를 해태하는 경우에 허용되므로, 기본권의 침해가 없는 행정청의 단순한 부작위는 헌법소원의 대상이 될 수 없다.[128] 여기서 말

---

126) 헌재 2021. 3. 25. 2020헌마94, 판례집 33-1, 371, 375.
127) 헌재 2022. 7. 21. 2013헌마496.
128) 헌재 1996. 11. 28. 92헌마237, 판례집 8-2, 600, 606.

하는 “공권력의 주체에게 헌법에서 유래하는 작위의무가 특별히 구체적으로 규정되어”가 의미하는 바는 **첫째**, 헌법상 명문으로 공권력 주체의 작위의무가 규정되어 있는 경우 **둘째**, 헌법의 해석상 공권력 주체의 작위의무가 도출되는 경우 **셋째**, 공권력 주체의 작위의무가 법령에 구체적으로 규정되어 있는 경우 등을 포괄하고 있는 것으로 볼 수 있다.[129]

헌법재판소가 헌법소원의 대상이 되는 행정권력의 부작위로 인정한 사례는 공정거래위원회가 독점규제및공정거래에관한법률위반의 탄원서를 접수하여 심의한 후 시정명령만을 발하고, 형사고발을 하지 아니한 사안[130]과 지방자치단체가 청구인으로부터 수차례에 걸쳐 문서 또는 구두로 임야조사서 및 토지조사부의 열람·복사신청이 있었음에도 이에 불응한 사실상의 부작위이다.[131] 그러나 후자는 현재 공공기관의 정보공개에 관한 법률의 시행으로 행정소송의 대상이 된다.

반면, 탈세사실을 고발, 제보한 자에 대하여 세무서장이 소송계속사실을 알리지 아니하고, 증인으로 신청하지 아니한 부작위,[132] 서울특별시 지방경찰청장이 제주도 폭동진압작전시 특별부대요원으로 파견근무한 공로로 대통령으로부터 공훈훈장을 하사받은 사실이 있다고 주장하는 청구인의 공훈사실을 확인·등재하지 아니한 부작위,[133] 국방부장관이 국가유공자의 유족이 보상금을 받도록 유가족등록이나 대리 등록하지 아니한 부작위,[134] 도시 저소득주민의 주거환경개선을 위한 임시조치법을 시행하면서 사인(私人)의 대지에 건축후퇴선을 적용한 결과 그 대지 일부가 사실상 도로로 사용되게 되었음에도 행정청이 보상을 하여 주지 아니한 부작위,[135] 군사법원 검찰관이 아니어서 사건송치의무가 없는 국방부 합동조사단장인 피청구인이 군인신분이 아닌 피고소인들에 대하여 관할권이 있는 검찰청에 사건송치를 하지 아니한 부작위[136]

129) 헌재 2004. 10. 28. 2003헌마898, 판례집 16-2하, 212, 219.
130) 헌재 1995. 7. 21. 94헌마136, 판례집 7-2, 169, 173.
131) 헌재 1989. 9. 4. 88헌마22, 판례집 1, 176, 185.
132) 헌재 1993. 2. 2. 93헌마2, 판례집 5-1, 4, 6.
133) 헌재 2000. 6. 29. 98헌마391, 공보 47, 592, 594.
134) 헌재 1998. 2. 27. 97헌가10등, 판례집 10-1, 15, 27.
135) 헌재 2001. 1. 18. 99헌마636, 판례집 13-1, 129, 137.

는 각각 그에 상응하는 작위의무가 인정되지 아니하므로 헌법소원의 대상이 되는 공권력의 행사라고 볼 수 없다.

① 헌법재판소는 부산광역시장이 청구인 소유의 임야에 관하여 고시된 도시계획결정을 취소하지 않는 공권력의 불행사에 대한 헌법소원[137] 및 재일한국인 피징용부상자들의 보상문제가 '대한민국과 일본국간의 재산 및 청구권에 관한 문제의 해결과 경제협력에 관한 협정'에 의해 타결된 것인지에 관한 한·일 양국정부의 분쟁을 해결하기 위한 방법으로서 우리나라 정부가 중재에 회부하지 아니한 행정권력의 부작위에 대한 헌법소원[138]에 대하여, 피청구인들에게 헌법에서 유래하는 구체적 작위의무가 있다거나, 청구인들이 공권력행사를 청구할 수 있는 권리가 있다고 볼 수 없다는 이유로 위와 같은 공권력의 불행사는 헌법소원의 대상이 될 수 없다고 하였다.

② 형집행정지결정의 취소결정을 한 검사에 대한 이의신청은 형사소송법 제489조에 의한 이의신청과는 달리 법률상의 근거에 의한 권리행사가 아니라 형의 집행기관인 검사의 직권발동을 촉구하는 사실상의 진정에 불과하므로 이를 방치하였다고 하여 그것이 곧 헌법소원심판의 대상이 되는 공권력의 불행사라고 보기는 어렵다.[139]

③ 피청구인의 거부처분이 있고 그 거부처분은 공권력의 행사임이 명백한 경우, 청구인으로서는 그 거부처분의 취소를 구하는 행정소송 또는 헌법소원심판을 청구하는 것으로 충분하고 이와 병행하여 국가기관의 공권력의 불행사를 이유로 부작위 위헌확인 심판청구를 하는 것은 허용되지 않는다.[140]

④ 공권력의 불행사로 인한 기본권침해는, 국가가 그 공권력을 행사하였더라면 사인(私人)에 의한 기본권의 침해상태가 제거될 수 있었음에도 불구하고 이를 행사하지 아니함으로써 사인에 의한 기본권의 침해상태가 계속되고 있음을 전제로 가능하다. 원칙적으로 현재 직접적으로 사인으로부터 기본권을

136) 헌재 2001. 2. 23. 2001헌마79, 공보 54, 257, 258.
137) 헌재 1999. 11. 25. 99헌마198, 공보 40, 936, 938.
138) 헌재 2000. 3. 30. 98헌마206, 판례집 12-1, 393, 403.
139) 헌재 1992. 7. 23. 90헌마212, 판례집 4, 515, 519.
140) 헌재 1993. 5. 10. 93헌마92, 판례집 5-1, 222, 225.

침해당하고 있는 자만이 헌법소원심판을 청구할 수 있다고 할 것이고 제3자는 특단의 사정이 없는 한 기본권침해에 직접 관련되었다고 볼 수 없다.[141)]

⑤ 헌법소원심판의 대상이 될 수 있는 공권력의 불행사는 국민의 권리, 의무에 대하여 직접적인 법률효과를 발생시키는 공권력의 행사를 하여야 할 헌법상 작위의무를 해태한 것이어야 하는바, 피청구인인 서울특별시 교육감이 초등학교 교감 승진대상자를 초등학교 교감 승진후보자명부에 등재하는 행위는 그 명부에 등재된 자에 대한 승진 여부를 결정하기 위한 행정청 내부의 준비과정에 불과하고, 그 자체가 어떠한 권리나 의무를 설정하거나 국민의 권리, 의무에 대하여 직접적인 법률효과를 발생시키는 행위라고 볼 수 없으므로, 그 불행사는 헌법소원의 대상이 되는 헌법재판소법 제68조 제1항 소정의 공권력의 불행사에 해당되지 아니한다.[142)]

⑥ '도시 및 주거환경정비법'에 따른 주택재건축정비사업조합은 관할 행정청의 감독 아래 주택재건축사업을 시행하는 공법인으로서 그 목적 범위 내에서 법령이 정하는 바에 따라 일정한 행정작용을 행하는 행정주체의 지위를 가지게 되나, 이 사건에서 문제되는 동법 제47조의 현금청산의무 불이행이란 행정주체로서의 공권력 불행사가 아니라 분양신청을 하지 아니한 자의 권리제한등기 없는 소유권 이전의무와 동시이행관계에 있는 사법상(私法上) 금전지급의무 불이행에 불과하여 헌법소원의 대상이 되는 공권력 불행사라고 볼 수 없다.[143)]

10) 행정청의 거부행위

국민의 신청에 대한 행정청의 거부행위가 헌법소원심판의 대상인 공권력의 행사가 되기 위해서는 국민이 행정청에 대하여 신청에 따른 행위를 해 줄 것을 요구할 수 있는 권리가 있어야 한다.[144)]

① 지적법 제38조 제2항에 의하여 토지소유자가 지적공부의 등록사항에

141) 헌재 1997. 3. 27. 94헌마277, 판례집 9-1, 404, 409.
142) 헌재 2009. 3. 17. 2009헌마108, 공보 150, 569.
143) 헌재 2011. 3. 29. 2011헌마128, 공보 174, 505.
144) 헌재 1999. 6. 24. 97헌마315, 판례집 11-1, 802, 816; 헌재 2000. 2. 24. 97헌마13등, 판례집 12-1, 252, 266.

대한 지목정정신청을 반려한 행정청의 처분,[145] 현행 국세기본법 제45조의2 경정청구제도 신설 전 과세표준신고서를 제출한 자 등에게 조리(條理)상 인정되는 경정청구를 거부한 것[146]은 모두 '공권력의 행사'에 해당하여 헌법소원의 대상이 된다.

② 헌법이나 도시계획법 어디에서도 행정청에 대하여 도시계획의 폐지를 신청하거나 도시계획결정으로 인한 보상을 청구할 수 있는 권리를 규정하고 있지 않으므로 행정청이 보상을 거부한 행위는 공권력행사에 해당한다고 볼 수 없다.[147]

③ 법원의 수사서류 열람·등사 허용 결정에도 불구하고 검사가 해당 수사서류의 등사를 거부한 경우 위와 같은 검사의 행위('등사 거부행위')에 관하여, 법원의 열람·등사 허용 결정에도 불구하고 수사서류의 등사를 거부하는 검사의 행위가 앞으로도 반복될 가능성이 있고, 이 사건과 동일한 쟁점에 대하여 헌법적 해명이 이루어진 바 없으므로, 설령 청구인들에 대한 권리보호이익이 소멸하였다고 하더라도 이 사건 심판청구의 이익은 여전히 존재한다.[148]

④ 헌법소원심판 청구 이후 수용자에 대한 교도소 이송절차 및 형의 집행이 종료된 경우, 수용기간 중에 이루어진 교도소장의 면담신청 거부행위와 관련하여, 헌법소원심판청구 이후에 청구인은 법무부장관의 이송지휘에 따라 정신질환 치료 수용기관인 진주교도소로 이송됨으로써 그 이송절차가 종료되었고 그 이후 형의 집행을 종료하여 출소한 사실이 인정되므로, 이송여부 문의를 위한 면담신청 거부행위의 취소를 구하는 헌법소원심판청구가 인용된다 하더라도 청구인의 주관적 권리구제에는 더 이상 도움이 되지 않을 것이고, 따라서 그 거부행위에 관한 청구인의 주관적인 권리보호이익은 이미 소멸되었다.[149]

⑤ 청구인은 2023. 6. 7. □□교도소 의료부장에게 목통증 등을 호소하며

---

145) 헌재 1999. 6. 24. 97헌마315, 판례집 11-1, 802, 816; 헌재 2001. 1. 18. 99헌마703, 판례집 13-1, 139, 144.
146) 헌재 2000. 2. 24. 97헌마13등, 판례집 12-1, 252, 266-272.
147) 헌재 1999. 10. 21. 98헌마407, 공보 39, 872, 874.
148) 헌재 2017. 12. 28. 2015헌마632, 판례집 29-2하, 417.
149) 헌재 2008. 7. 31. 2006헌마1030, 판례집 20-2상, 369.

○○대학교 병원에서 외부진료를 받기 위해 수도권 소재 교정시설로 이송을 하여 달라고 요구하였으나 □□교도소 의료부장이 이를 거부한 사건에서, 국민의 신청에 대한 행정청의 거부행위가 헌법소원심판의 대상인 공권력의 행사가 되기 위해서는 국민이 행정청에 대하여 신청에 따른 행위를 해 줄 것을 요구할 수 있는 권리가 있어야 한다. 법률에 수용자가 교정시설의 장 등을 상대로 특정 지역의 교도소로 이송을 해 줄 것을 요구할 수 있는 구체적 절차 등은 마련되어 있지 않다. 따라서 설령 □□교도소 의료부장이 청구인의 수도권 소재 교도소로 이송요구를 거부하였다고 하더라도 이를 헌법소원의 대상이 되는 공권력의 행사라고 보기 어려우므로, 이 사건 헌법소원심판청구는 부적법하다.[150)]

⑥ 청구인은 ○○구치소에 수용 중인 사람으로, ○○구치소 총무과 담당 직원에게 정보공개청구서를 접수하고, 접수증에 접수기관장 직인 날인을 요구하였으나, 위 직원이 이를 거부하였다고 주장하며, 이에 대한 청원서(이하 '이 사건 청원' 또는 '이 사건 청원서'라 한다)를 작성하여 2024. 11. 19. 피청구인에게 제출하였다. 행정안전부는 이 사건 청원을 ○○구치소로 이송하였다. 피청구인은 다시 청구인에 대하여 "'법무부장관 또는 지방교정청장' 중 수신처를 명확하게 하여 청원서를 제출할 것"을 서면으로 안내한 후 해당 청원서를 청구인에게 반환하였다. 이 사건 청원서 반환은 위 법령에 따른 단순한 사무집행으로서 사실행위에 불과할 뿐, 이로 인하여 청구인의 권리나 법적 지위에 직접 영향을 미친다고 볼 수 없다.[151)]

⑦ 퇴직급여를 산정함에 있어 공무원으로 임용받기 전의 교육 및 실무수습기간도 재직기간에 포함하여 계산하여 달라는 신청에 대한 공무원연금관리공단의 거부행위와 관련하여, 재직기간의 계산행위는 공무원연금관리공단이 장차 청구인에게 지급하여야 할 퇴직급여를 결정을 하기 위한 준비행위 또는 부수적 행위로 그 자체로는 직접 국민의 권리의무에 영향을 미치지 아니하는 행위로서 비권력적 사실행위에 불과한 것이므로, 청구인이 퇴직급여의 결정에

150) 헌재 2023. 7. 18. 2023헌마842, 1, 2.
151) 헌재 2025. 1. 21. 2024헌마1197, 1, 3.

관하여 행정소송을 제기하여 다툴 수 있음은 별론으로 하고, 그 결정에 필요한 준비행위 또는 부수적 행위에 불과한 재직기간의 계산을 제대로 하여 달라는 청구는 공무원연금관리공단에게 공권력의 행사를 구하는 것이 아니다. 따라서, 위와 같은 공무원연금관리공단의 거부행위는 헌법소원의 대상이 되는 공권력의 불행사라 할 수 없으므로, 그에 대한 헌법소원 심판청구는 부적법하다.[152)]

11) 행정기관 상호간의 내부적 의사결정

① 행정기관의 내부적 의사결정에 불과하여 직접 국민의 권리의무에 어떠한 영향을 미치지 않는 경우 헌법소원의 대상이 되는 행정관청의 처분으로 볼 수 없고, 결국 헌법소원심판의 대상이 되지 아니한다. 농림수산부장관이 원유공급부족에 따른 유가공업체 사이의 집유질서 문란행위를 단속하기 위하여 각 시도지사에게 보낸 "집유질서(集乳秩序) 확립을 위한 대책지시"는, 장관이 각 시·도지사에 대하여 행한 행정기관 내부의 행위로서 개개의 국민에 대하여는 직접 효력을 가지는 것이 아니므로 공권력의 행사에 해당하지 아니한다.[153)]

② 헌법재판소는 정부의 법률안 제출권행사는 공권력성을 갖추고 있으나, 제출된 법률안이 법률로서 확정되기 위하여서는 국회의 의결과 대통령의 공포절차를 거쳐야 하므로 법률안의 제출은 국가기관간의 내부적 행위에 불과하고 국민에 대하여 직접적인 법률효과를 발생시키는 행위가 아니라고 판시하였다.[154)]

③ 헌법재판소는 세무대학장이 인사위원회의 동의를 얻어 재무부장관에게 청구인의 재임용을 추천하였다가 청구인이 전국교직원노동조합 활동을 하고 그 탈퇴약속을 지키지 아니하였다고 하여 이를 일방적으로 철회하고 청구인의 재임용추천을 하지 아니한 '재임용추천거부행위'와 같은 총·학장의 임용제청이나 그 철회는 행정기관 상호간의 내부적인 의사결정과정일 뿐 행정소

152) 헌재 2004. 8. 26. 2003헌마916, 공보 96, 908.
153) 헌재 1994. 4. 28. 91헌마55, 판례집 6-1, 409, 413.
154) 헌재 1994. 8. 31. 92헌마174, 판례집 6-2, 249, 265.

송의 대상이 되는 행정처분이라고 볼 수 없다는 것이 대법원의 일관된 판례임을 확인한 뒤, 위와 같이 세무대학장이 청구인의 조교수 재임용추천을 하지 아니한 공권력 불행사가 헌법소원의 대상이 됨을 전제로 본안판단을 하였다.[155]

④ 기획재정부장관이 한 2016년도 정부 예산안 편성행위 중 4·16세월호참사 특별조사위원회에 대한 부분(이하 '이 사건 예산편성 행위'라 한다)과 관련하여, 이 사건 예산편성 행위는 헌법 제54조 제2항, 제89조 제4호, 국가재정법 제32조 및 제33조에 따른 것으로, 국무회의의 심의, 대통령의 승인 및 국회의 예산안 심의·확정을 위한 전 단계의 행위로서 국가기관 간의 내부적 행위에 불과하므로, 헌법소원의 대상이 되는 '공권력의 행사'에 해당하지 않는다.[156]

⑤ 대통령기록물 소관 기록관이 대통령기록물을 중앙기록물관리기관으로 이관하는 행위('이 사건 이관행위')는 '대통령기록물관리에 관한 법률'(이하 '대통령기록물법'이라 한다)에 따른 대통령기록물 관리업무 수행 기관의 변경행위로서, 법률이 정하는 권한분장에 따라 업무수행을 하기 위한 국가기관 사이의 내부적·절차적 행위에 불과하므로 헌법소원심판의 대상이 되는 공권력의 행사에 해당한다고 볼 수 없다.[157]

⑥ 기획예산처장관의 정부투자기관에 대한 2001년도 예산편성지침 통보행위는 각 정부투자기관의 출자자인 정부가 정부투자기업의 경영합리화와 정부출자의 효율적인 관리를 도모하기 위하여 예산편성에 관한 일반적 기준을 제시하여 출자자로서의 의견을 개진하는 것에 지나지 아니한다고 할 것이고, 이는 마치 주식회사인 일반 사기업의 주주가 그 경영진에 대하여 경영에 관한 일반적 지침을 제시하는 것과 방불하다고 할 것이므로, 성질상 정부의 그 투자기관에 대한 내부적 감독작용에 해당할 뿐이고 국민에 대하여 구체적으로 어떠한 권리를 설정하거나 의무를 명하는 법률적 규제작용으로서의 공권력작용에 해당한다고 볼 수 없다. 나아가 그 예산편성지침에 임금에 관한 부분이

155) 헌재 1993. 5. 13. 91헌마190, 판례집 5-1, 312, 318.
156) 헌재 2017. 5. 25. 2016헌마383, 공보 248, 564.
157) 헌재 2019. 12. 27. 2017헌마359등, 판례집 31-2하, 227.

포함되어 있다 하더라도 이는 사용자측이라고 할 수 있는 정부가 그 투자기관에 대하여 내부적 지시로서 임금에 관한 예산편성의 공통지침을 시달하여 임금협상에 관한 유도적 기준을 제시한 것이지, 단체교섭에 직접 개입하거나 이를 강제하는 것은 아니며, 설사 위 예산편성지침이 정부투자기관의 노동조합인 청구인들에 대하여도 간접적으로 어떤 영향을 미치게 된다 가정하더라도, 그것은 단체교섭의 일방 당사자인 사용자(정부)측의 내부적 행위에 지나지 아니하는 것이므로, 단체교섭의 상대방인 근로자(노동조합)측에서 이를 탓할 일이 되지 못할 뿐만 아니라, 그것을 가리켜 공권력의 행사라고 일컬을 수도 없을 것이다. 따라서 기획예산처장관의 이 사건 2001년도 정부투자기관예산편성지침 통보행위는 한국조폐공사노동조합 등 청구인들의 단체교섭권에 직접 영향을 미치는 공권력 행사에 해당한다고 할 수 없다.[158)]

12) 사법상(私法上)의 행위

행정기관의 행위라도 사법상의 행위는 헌법소원의 대상이 되지 아니한다. 따라서 공공용지의 취득 및 손실보상에 관한 특례법에 의한 토지 등의 협의취득에 따르는 보상금의 지급행위,[159)] 폐천부지의 교환행위[160)]는 헌법소원심판의 대상이 되는 공권력의 행사라고 볼 수 없다.

① 강북구청장이 한 "4·19혁명 국민문화제 2015 전국 대학생 토론대회" 공모는 민법상 우수현상광고 또는 이와 유사한 성격의 법률행위라고 봄이 상당하고, 이 사건 공고가 법률상 근거에 따른 법집행작용의 일환이라고 보기도 어려우며, 국민에게 어떠한 권리나 의무를 부여하는 것으로 볼 수 없는 점 등을 종합하면, 이 사건 공고는 사법상 법률행위에 불과하고 공권력 행사의 주체라는 우월적 지위에서 한 것으로서 헌법재판소법 제68조 제1항에 따른 헌법소원심판의 대상인 '공권력의 행사'라고 볼 수 없다.[161)]

---

158) 헌재 2002. 1. 31. 2001헌마228, 판례집 14-1, 78.

159) 헌재 1992. 11. 12. 90헌마160, 판례집 4, 787, 793; 헌재 1992. 12. 24. 90헌마182, 판례집 4, 942, 949; 헌재 1994. 2. 24. 93헌마213등, 판례집 6-1, 183, 189.

160) 헌재 1992. 11. 12. 90헌마160, 판례집 4, 787, 794.

161) 헌재 2015. 10. 21. 2015헌마214, 판례집 27-2하, 122.

② 보증채무 약정은 피청구인이 사경제 주체로서 사인과 대등한 지위에서 행한 사법상의 법률행위에 해당하고, 그에 따른 법률관계 역시 사법상의 법률관계에 불과하다. 따라서 피청구인의 이 사건 보증사고 지정행위 및 이에 따른 보증이행 등은 모두 사법상 행위에 해당하고, 이 사건 보증사고 지정행위에 대한 이 사건 심판청구는 헌법소원의 대상이 되는 공권력의 행사 또는 불행사에 해당하지 아니하는 사법상 행위를 대상으로 한 것이어서 부적법하다.[162)]

③ 공법인의 행위는 일반적으로 헌법소원의 대상이 될 수 있으나, 그 중 대외적 구속력을 갖지 않는 단순한 내부적 행위나 사법적(私法的)인 성질을 지니는 것은 헌법소원의 대상이 되는 공권력의 행사에 해당한다 할 수 없다.[163)]

서울교통공사의 사장이 직원을 임면하고, 서울교통공사 직원의 근무관계의 성질은 공법이 아닌 사법(私法) 관계에 해당한다.[164)] 이 사건 정관은 개정 이전에 비하여 일반직이 증원되어 있는 정원표로서, 서울교통공사에서 해당 직급에 해당하는 사람의 수에 대한 한계를 규정한다. 그렇지만, 법령이나 조례에 정원을 제한하는 규정이 있는 등의 특별한 사정이 있는 경우가 아닌 한, 정원표의 규정을 넘어서서 해당 직급에 채용이 되었다고 하더라도 정관에 규정된 정원표에 위반된다는 사유만으로 근로계약 자체를 무효로 하는 등 대외적으로 이 사건 정관의 구속력을 인정할 수는 없다. 이처럼 이 사건 정관은 사법(私法) 관계를 규정하고 있고, 서울교통공사 내부적 효력은 인정될 수 있으나 대외적인 구속력을 갖지 못하므로, 헌법소원의 대상이 되는 공권력 행사에 해당하지 아니한다.[165)]

④ 노동부장관이 한 2003. 6. 30.자 2002년도 건설업체 재해율 산정행위(이하 '노동부장관의 산정행위'라 한다)는 행정기관 내부에서 이루어지는 행위에 불과하고 노동부장관의 구체적인 통보행위가 있기 전까지는 외부에서 이를 알 수 있는 방법이 없으며 통보행위가 있어야 직접적인 기본권 제한의 문제가 발생하는 점, 청구인들의 이 사건 심판청구의 중요한 이유 중의 하나인 산정

162) 헌재 2024. 4. 26. 2024헌마363, 1, 2.
163) 헌재 2006. 11. 30. 2005헌마855.
164) 헌재 2006. 11. 30. 2005헌마855; 대법원 1989. 9. 12. 선고 89누2103 판결.
165) 헌재 2021. 2. 25. 2018헌마174, 공보 293, 435, 438.

행위와 통보행위의 결과로 받게 되는 환산재해율에 의한 구체적인 불이익의 타당성 여부는 그 불이익을 구체적으로 정한 관련규정의 위헌 여부를 통하여 판단하면 족한 점, 그리고 청구인들이 주장하는 산정행위의 위헌성은 위헌으로 의심되는 산업안전보건법 시행규칙의 산정기준을 적용하였다는 점에 있는 것이나, 그 산정기준 자체는 기본권침해 가능성이 없는 점 등을 고려하면 산정행위의 공권력 행사성이나 직접성을 인정하기 어렵다.[166]

13) 단순한 사실(事實)의 고지(告知)

행정자치부장관이 사법시험 제1차시험의 불합격처분을 직권으로 취소하면서 추가합격된 자에게 그가 부여받게 되는 사법시험 제2차 시험의 응시자격 범위를 통보하여 준 것은, 대법원판결에 따라 관련규정을 해석하고 이를 근거로 청구인들에게 위 1차시험의 불합격처분을 취소하고 추가 합격조치를 하였음과 추후 치루어질 제2차시험에 응시할 자격이 부여되었음을 알려준 단순한 사실의 고지에 불과하여 기본권을 침해하는 공권력의 행사로는 볼 수 없다.[167]

(3) 법원의 재판에 대한 헌법소원

법원의 재판을 헌법소원의 심판대상에 포함시킬 것인가는 헌법재판소법 제정당시부터 논란이 되었던 내용으로, 헌법소원의 심판대상에 대한 획정행위가 입법정책의 문제인가, 아니면 헌법소원이라는 제도의 본질적 속성(헌법소원이 국가기관의 모든 행위를 통제하는 목적으로 볼 경우)인가에 달려있다. 부정설, 긍정설, 절충설로 나뉜다.

1) 긍정설

법원의 재판에 대한 헌법소원을 인정할 것인가에 관하여 긍정설(헌법재판소법 제68조 제1항 위헌설)은 ① 헌법소원제도는 국민의 기본권 보장을 주목표로 하기 때문에 법원의 재판에 대한 헌법소원을 부정할 경우, 보충성의 원칙과 관련하여 헌법소원의 대상이 극히 제한될 수밖에 없어, 법원에 의해 침해

166) 헌재 2007. 5. 31. 2003헌마579, 판례집 19-1, 662, 664.
167) 헌재 1999. 11. 30. 99헌마625, 공보 40, 940, 941.

된 국민의 기본권을 보장할 방법이 없고, ② 헌법재판소법 제68조 1항은 헌법 제111조 제1항 제5호가 규정하는 헌법소원의 대상과 절차를 법률로써 정하도록 한 법률형성권의 한계를 넘어서는 것이라는 점, ③ 법원의 재판에 대한 헌법소원을 부정할 경우, 헌법 제27조 1항의 재판청구권을 합리적 이유없이 과도하게 제한하는 것이라는 점, ④ 헌법재판의 관장은 헌법심에 있고, 일반법원은 사실심과 법률심을 관장한다. 일반법원의 재판에 대하여 헌법소원을 통한 헌법적 통제를 금지시키는 것은 기능적 권력분립에 반하는 점을 든다.

2) 부정설

부정설(헌법재판소법 제68조 제1항 합헌설)은 ① 어떤 국가기관의 행위를 헌법소원의 대상으로 할 것인가는 헌법상 입법정책의 문제이지 헌법소원제도의 본질로부터 당연히 결론지워지는 것은 아니다. ② 법원의 재판을 헌법소원의 대상으로 할 경우 헌법재판의 국민들의 몰이해와 소송만능주의로 인해 남소현상으로 헌법재판소의 기능이 마비될 것이라는 점, ③ 법원의 재판을 헌법소원의 대상으로 하고 있는 나라는 독일 등 소수에 불과한데, 이는 독일의 역사적 경험으로부터 나온 것으로 나치스 당시의 사법질서에 대한 반성의 결과이다. ④ 재판의 3심제를 통하여 헌법적 판단을 받게 되고, 확정후에도 재심을 통해 구제를 받을 수 있는데도 헌법소원을 인정하게 되면 남용의 위험이 있고, 재판과정에서의 오판가능성은 불가피한 현상으로서 헌법재판소의 재판에 대한 헌법소원을 인정함으로써 그 위험성이 감소되지 않는 것이므로 그 인정 실익이 극히 적고, ⑤ 사법권은 대법원을 최고법원으로 하는 법원에 귀속되는데, 법원의 재판에 대한 헌법소원으로 인정한다면 헌법재판소가 사법권을 행사하는 결과가 되어 결국 대법원 상위에 제4의 재판기관을 인정하는 결과가 되어 헌법정신에 반하게 된다는 점을 든다.

3) 절충설

절충설은 우리의 사법현실과 기본권보장을 위한 헌법소원제도의 기능을 비교형량하여 부분적으로 법원의 재판을 포함시키자는 입장이다. 즉 순수한 사법작용인 민사·형사재판을 제외하고 행정재판만을 대상으로 하거나[168], 법원이 사법절차상의 기본권을 직접 침해하거나 위헌제청신청을 기각한 경우에 한하여 대상에 포함시키거나[169], 사법부의 판결과 헌법소원을 병렬적으로 인정하여 사법절차가 진행된 사건은 헌법소원으로 제기할 수 없고, 헌법소원으로 제기된 사건은 사법절차를 제기할 수 없도록 하자는 견해[170] 등이 있다.

4) 결 어

법원의 재판에 대한 헌법소원의 인정 여부는 입법정책의 문제라 할 수 있다. 평등권의 헌법 제11조, 재판청구권을 규정한 헌법 제27조가 국가기구에 관한 규정이라 할 수 있는 헌법 제107조나 헌법 제111조보다 우선하여야 한다. 따라서 헌법재판소법 제68조 제1항 후단이 기본권보장과 양립할 수 없기 때문에 위헌이라고 인정하기 위해서는 동 조항이 재판청구권 등 비례성 원칙에 반하여 과도하게 제한하고 있는 경우 인정되어야 한다.

헌법재판소는 "헌법재판소법 제68조 제1항 본문에 의하여 법원의 재판은 헌법소원심판의 대상으로 삼을 수 없다. 다만 헌법재판소가 위헌으로 결정한 법령을 적용함으로써 국민의 기본권을 침해한 재판에 대하여만 헌법재판소법 제68조 제1항에 의한 헌법소원심판을 청구할 수 있다."고 판시하였다.[171]

최근 정치권에서 "확정 판결"에 대해서만 재판소원을 허용하고, 가처분(효력 중지) 도입이나 헌법재판소 결정의 기속력을 인정할 필요가 있다는 법률 개정안이 상정되어 있다.

(4) 헌법재판소의 결정에 대한 헌법소원

헌법재판소는 국선대리인 선임신청을 기각한 헌법재판소 결정에 대하여 제기된 헌법소원사건에서 헌법재판소 결정은 헌법소원의 대상으로 삼을 수 없다고 하였다.[172] 이는 헌법재판소가 행한 결정은 자기기속성 때문에 이를

168) 안대희, "헌법재판소법 제정 거론사항", 법무자료 제95집, 법무부, 1988, 77면.
169) 최광률, "헌법재판소법의 입법방향", 법무자료 제95집, 법무부, 1988, 44면.
170) 안대희, 전게논문, 77면.
171) 헌재 1997. 12. 24. 96헌마172등, 판례집 9-2, 842; 헌재 2008. 11. 27. 2007헌마49, 판례집 20-2하, 413.

취소·변경할 수 없다고 할 것이며, 이는 법적 안정성을 위하여 불가피한 것이다.[173]

헌법재판소는 "헌법소원심판절차에서는 변론주의가 적용되지 아니하는 점, 헌법의 해석을 주된 임무로 하고 있는 헌법재판의 특성, 행정작용에 속하는 공권력작용을 대상으로 하는 권리구제형 헌법소원심판절차에서는 사전구제절차를 모두 거친 뒤에야 비로소 적법하게 헌법소원심판을 청구할 수 있다는 사정 등을 고려할 때, 민사소송법 제422조 제1항 제9호 소정의 판단유탈은 헌법재판소법 제68조 제1항에 의한 헌법소원심판절차 중 행정작용에 속하는 공권력작용을 대상으로 하는 권리구제형 헌법소원심판절차에서 선고된 헌법재판소의 결정에 대한 재심사유가 되지 않는다."고 판시하였다.[174] 즉, "법령에 관한 헌법재판소법 제68조 제1항의 헌법소원에 있어서도 그 인용결정은 일반적 기속력과 대세적·법규적 효력을 가지며, 위헌법률심판을 구하는 헌법소원에 대한 헌법재판소의 결정에 대하여는 재심을 허용하지 아니함으로써 얻을 수 있는 법적 안정성의 이익이 재심을 허용함으로써 얻을 수 있는 구체적 타당성의 이익보다 훨씬 높을 것으로 예상할 수 있으므로 헌법재판소의 이러한 결정에는 재심에 의한 불복방법이 그 성질상 허용될 수 없다."[175]

헌법재판소는 "헌법재판소법 제75조 제1항은, 헌법소원의 인용결정은 모든 국가기관과 지방자치단체를 기속한다고 규정하고 있다. 이 규정이 헌법소원의 피청구인(서울중앙지방검찰청 검사)에 대하여 가지는 뜻은 헌법소원의 인용결정이 있으면 피청구인은 모름지기 그 인용결정의 취지에 맞도록 공권력을 행사하여야 한다는 데에 있다. 따라서 검사의 불기소처분을 취소하는 헌법재판소의 결정이 있는 때에는 그 결정에 따라 불기소한 사건을 재기수사하는 검사로서는 헌법재판소가 그 결정의 주문 및 이유에서 밝힌 취지에 맞도록 성실히 수사하여 결정을 하여야 한다."고 판시하였다.[176]

---

172) 헌재 1989. 7. 10, 89헌마144.
173) 헌재 1989. 7. 24, 89헌마141.
174) 헌재 1995. 1. 20. 94헌아4.
175) 헌재 2006. 9. 26. 2006헌아37, 공보 120, 1297.
176) 헌재 2011. 3. 31. 2010헌마312.

(5) 사법(司法) 부작위

헌법재판소법 제68조 제1항의 '공권력의 행사 또는 불행사'에는 입법작용과 행정작용뿐만 아니라 사법작용도 포함된다. 헌법재판소는 "재판장의 변론지휘권의 부당한 행사를 그 대상으로 하는 헌법소원심판청구는, 결국 헌법소원청구의 대상에서 제외된 법원의 재판을 직접 그 대상으로 하여 헌법소원심판을 청구한 경우에 해당하므로 부적법하다."고 판시하였다.[177]

1) 판단의 유탈

공권력의 작용에 대한 권리구제형 헌법소원심판절차에 있어서 '헌법재판소의 결정에 영향을 미칠 중대한 사항에 관하여 판단을 유탈한 때'를 재심사유로 허용하는 것이 헌법재판의 성질에 반한다고 볼 수는 없으므로, 민사소송법 제422조 제1항 제9호를 준용하여 "판단유탈"도 재심사유로 허용되어야 한다. 따라서 종전에 이와 견해를 달리하여 행정작용에 속하는 공권력 작용을 대상으로 한 권리구제형 헌법소원에 있어서 판단유탈은 재심사유가 되지 아니한다는 취지의 의견[178]을 변경하기로 한다.[179]

2) 재판 지연

재판 지연이란 정당한 이유 없이 심리하지 않거나 선고하지 않고 시간을 끄는 행위를 말한다. 정치범이면서도 자신과 같이 선거범이 아닌 자는 공직선거법 조항의 적용을 받지 못하여 재판의 지연으로 인하여 피해를 보고 있다고 주장하며 헌법소원심판을 청구한 사건에서 헌법재판소는 "선거범이 아닌 자에 대한 형사재판에서도 그 재판기간에 대한 강행규정을 두지 않은 진정입법부작위의 위헌을 구하는 것으로 해석하더라도, 헌법이 일반 형사범에 대하여 재판기간의 강행규정을 두도록 명시적인 입법위임을 한 사실이 없고, 헌법의 해석상으로도 그러한 내용의 법령을 제정함으로써 청구인의 기본권을 보호하

177) 헌재 1992. 6. 26. 89헌마271, 판례집 4, 413, 419.
178) 헌재 1995. 1. 20. 93헌아1, 판례집 7-1, 113; 1998. 3. 26. 98헌아2, 판례집 10-1, 320.
179) 헌재 2001. 9. 27. 2001헌아3, 판례집 13-2, 457.

여야 할 국가의 행위의무 내지 보호의무가 발생하였음이 명백하다고 볼 수 없으므로, 청구인의 이 사건 심판청구는 헌법소원의 대상이 될 수 없는 입법부작위를 심판대상으로 삼고 있는 것으로서 역시 부적법하다."고 판시하였다.[180)]

또한 "재판기간에 대한 의무조항을 정하지 않은 입법부작위로 인해 신체의 자유 등 기본권이 침해되고 있다는 취지의 주장도 하고 있으나, 헌법상 청구인이 주장하는 바와 같은 입법을 하여야 할 명시적인 입법위임을 찾아볼 수 없을 뿐 아니라, 헌법해석상 청구인에게 구체적인 기본권이 생겨 이를 보장하기 위한 국가의 행위의무 내지 보호의무가 발생하였다고 보기도 어려우므로, 이 부분 심판청구도 부적법하다."고 판시하였다.[181)]

(6) 사단법인의 정관 조항

사단법인 부산광역시개인택시운송사업조합(이하 '이 사건 조합'이라 한다)은 여객자동차 운송사업자가 여객자동차 운송사업의 건전한 발전과 여객자동차 운송사업자의 지위 향상을 위하여 시·도지사의 인가를 받아 설립한 조합으로서(여객자동차법 제53조 제1항), 여객자동차 운송사업의 건전한 발전과 여객자동차 운송사업자의 공동 이익을 도모하는 사업 등을 행하는 법인이다(같은 법 제53조 제2항, 제55조). 이 사건 조합에 관해서는 여객자동차법에 규정된 사항 외에는 민법 중 사단법인에 관한 규정이 준용되고(같은 법 제53조 제8항), 여객자동차 운송사업자는 이 사건 조합 정관으로 정하는 바에 따라 이 사건 조합에 가입할 수 있으며(같은 법 제53조 제7항), 이 사건 조합의 조합원 자격 및 임원에 관한 사항은 정관으로 정해지고(같은 법 제54조 제1항), 이 사건 조합 임원의 지위와 관련하여 공무원으로 간주하는 규정이 없고, 이 사건 조합이 행한 결정에 대한 불복방법으로 행정심판에 의한 구제절차를 밟도록 하는 규정도 없다. 이러한 사정들을 종합해 보면, 이 사건 조합의 법적 성격은 민법상 사단법인에 준하는 것이라고 봄이 타당하다. 한편, 여객자동차법 제54조는 조합의

180) 헌재 2012. 1. 10. 2011헌마862, 1, 2-3.
181) 헌재 2014. 9. 29. 2014헌마787, 1, 1-2.

정관에 임원에 관한 사항이 포함되도록 정하고 있으나, 이사장의 자격에 관한 사항을 규율하는 공법적 규정은 존재하지 않는 것으로 보이는바, 이 사건 정관 조항이 정하고 있는 이사장의 자격에 관한 사항은 단순한 단체 내부의 사법관계에 속하는 것일 뿐이므로, 이 사건 정관 조항은 헌법소원의 대상이 되는 공권력의 행사에 해당하지 않는다고 봄이 타당하다.[182]

3. 청구인적격(법적 관련성)

권리구제형 헌법소원심판의 청구인적격과 관련하여 ① 자기관련성, ② 직접성, ③ 현재성을 갖추어야 한다.

(1) 기본권 침해의 자기관련성

1) 원칙

자기관련성은 공권력의 행사 또는 불행사에 의하여 청구인 자신이 기본권을 침해받고 있는가, 다른 사람이 침해받는가를 판단하는 개념이다. 자기관련성 요건은 헌법소원심판이 민중소송화되는 것을 방지하기 위한 것이다.[183]

헌법재판소는 법적인 이해관계가 있고, 공권력 행사 또는 불행사의 직접적인 상대방이어야 자기관련성을 인정하고 있다.[184] 간접적이거나 사실적인, 혹은 경제적인 이해관계만 있는 자는 자기관련성이 없다고 판시하고 있다.[185]

2) 제3자의 자기관련성

공권력 작용의 직접적인 상대방이 아닌 제3자라고 하더라도 공권력 작용이 그 제3자의 기본권을 직접적이고 법적으로 침해하고 있는 경우에는 그 제3자에게 자기관련성이 인정될 수 있다. 공권력 작용에 단지 간접적, 사실적 또는 경제적인 이해관계가 있을 뿐인 제3자의 경우에는 자기관련성이 인정되지

---

182) 헌재 2018. 5. 29. 2018헌마515, 1, 2-3.

183) 헌재 2006. 12. 28. 2004헌마229, 공보 123, 74, 76.

184) 헌재 1994. 6. 30, 92헌마61; 헌재 1991. 2. 2, 91헌마1; 헌재 1991. 3. 11, 90헌마28; 헌재 1991. 3. 11, 91헌마21; 헌재 2016. 11. 24. 2016헌마299, 판례집 28-2하, 340, 348.

185) 헌재 1993. 3. 11, 92헌마306; 헌재 1993. 3. 11, 91헌마233.

않는다.[186] 공권력의 작용이 제3자의 기본권을 직접적이고 법적으로 침해하는 경우에만 제3자에게 자기관련성을 인정할 수 있다.[187] 법률에 의한 기본권 침해의 경우에 있어 법규범의 직접적인 수범자가 아닌 제3자의 자기관련성을 인정할 수 있는지 여부는 ① 입법의 목적, ② 실질적인 규율대상, ③ 법규범에서의 제한이나 금지가 제3자에게 미치는 효과나 진지성의 정도 및 ④ 규범의 직접적인 수규자에 의한 헌법소원 제기의 기대가능성 등을 종합적으로 고려하여 판단하여야 한다.[188]

법률 또는 법률조항 자체가 헌법재판소법 제68조 제1항에 의한 헌법소원의 대상이 되기 위해서는 청구인이 그 법률 또는 법률조항에 의하여 구체적인 집행행위를 기다리지 아니하고 직접, 현재 그리고 자기의 기본권을 침해받아야 하는 것이 원칙이나 예외적으로 제3자에게도 자기관련성이 인정될 수 있는데, 어떠한 경우에 제3자의 자기관련성을 인정할 것인지는 법의 목적과 실질적인 규율의 대상, 법률 또는 법률조항의 제한이나 금지가 제3자에게 미치는 효과나 진지성의 정도 등을 종합적으로 고려하여 판단하여야 한다. 뉴스통신진흥에관한법률 제10조 등은 청구인 회사(뉴스통신사)와 서로 경업관계에 있는 연합뉴스사를 국가기간뉴스통신사로 지정하고 이에 대하여 재정지원 등 혜택을 부여함을 그 내용으로 하는바, 그 혜택의 범위에서 제외된 청구인 회사의 경우 영업활동이 부당하게 축소되므로 그러한 범위에서 기본권에 대하여 직접 법적인 제한을 받는 것으로 보아야 한다.[189]

---

① 공무원 개인을 법령의 적용대상으로 하고 있는 공무원 복무규정에 의하여 간접적·부수적으로 공무원단체의 활동이 제한될 때 그 단체의 자기관련성을 인정할 수 있는지 여부와 관련하여, 이 사건 심판대상조항들의 직접적인 수범자는 개별 공무원이고 청구인 공무원노동조합총연맹과 같은 공무원단체

---

186) 헌재 2006. 5. 25. 2004헌마744, 공보 116, 835, 837.
187) 헌재 1993. 3. 11. 91헌마233, 판례집 5-1, 104, 111.
188) 헌재 2002. 6. 27. 2001헌마122, 판례집 14-1, 671, 674; 헌재 2011. 10. 25. 2010헌마661; 헌재 2012. 5. 31. 2010헌마631, 공보 188, 1133; 헌재 2016. 10. 27. 2013헌마576, 판례집 28-2상, 691, 698; 헌재 2016. 11. 24. 2016헌마299, 판례집 28-2하, 340, 348.
189) 헌재 2005. 6. 30. 2003헌마841, 판례집 17-1, 996.

는 아니고, 가사 위 규정들로 인하여 위 공무원노동조합총연맹의 기본권이 제한되는 경우가 있다 하더라도 이는 공무원 개인의 기본권이 제한됨으로써 파생되는 간접적이고 부수적인 결과일 뿐이므로, 청구인 공무원노동조합총연맹의 심판청구는 자기관련성이 없어 부적법하다.[190]

② 한국감정평가협회의 회원인 감정평가사들이, 국토해양부장관의 위탁업무 수행기관으로 한국감정평가협회 외에 한국감정원을 추가로 지정하는 내용의 국토해양부고시 제2011－579호 및 일부 업무에 대하여는 수탁기관을 한국감정평가협회에서 한국감정원으로 변경하는 내용의 국토해양부고시 제2011－639호(이하 '이 사건 고시'라 한다)에 대하여 헌법소원심판을 청구할 자기관련성이 있는지 여부와 관련하여, 이 사건 고시의 직접적인 적용을 받는 자는 한국감정평가협회와 한국감정원이고, 위 협회의 회원에 불과한 청구인들은 이 사건 고시의 수규자가 아닌 제3자에 불과한바, 이 사건 고시는 공공기관인 한국감정원의 공직 기능을 강화하고 민간단체인 감정평가협회의 공적 업무수행으로 인한 문제점들을 시정하기 위한 것으로서 이 사건 고시로 인하여 청구인들이 협회로부터 위탁업무를 의뢰받아 수행할 가능성이 줄어든다고 하더라도 그러한 불이익은 협회의 위탁업무 변동으로 발생한 간접적이고 사실적인 불이익에 해당할 뿐, 법적인 불이익이라고 할 수 없으므로, 청구인들은 이 사건 고시로 인한 기본권 침해의 자기관련성이 인정되지 않아 이 사건 심판청구는 부적법하다.[191]

③ 국민건강보험법 부칙 제6조 및 제7조의 직접적인 수규자는 법인이나, 직장의료보험조합은 공법인으로서 기본권의 주체가 될 수 없을 뿐만 아니라, 법규정의 실질적인 규율대상이 수규자인 법인의 지위와 아울러 제3자인 청구인들(직장의료보험조합의 조합원들)의 법적 지위라고 볼 수 있으며, 법규정이 내포하는 불이익이 수규자의 범위를 넘어 제3자인 청구인들에게도 유사한 정도의 불이익을 가져온다는 의미에서 거의 동일한 효과를 가지고 있으므로, 법의 목적 및 실질적인 규율대상, 법규정에서의 제한이나 금지가 제3자에게 미치는

190) 헌재 2012. 5. 31. 2009헌마705등, 판례집 24－1하, 541.
191) 헌재 2013. 10. 24. 2011헌마871, 공보 205, 1540.

효과나 진지성의 정도, 규범의 수규자에 의한 헌법소원의 제기가능성 등을 종합적으로 고려하여 판단할 때, 청구인들의 자기관련성을 인정할 수 있다.[192)]

④ 음식물류 폐기물을 처리할 때의 고형물 배출기준을 정하고 있는 '폐기물관리법 시행규칙'의 수범자는 폐기물을 수집·운반·보관·처리하려는 자로, 음식물류 폐기물 처리기를 제조·판매하는 자는 이 사건 규칙조항의 직접적인 수범자가 아닌 제3자에 해당하며, 이 사건 규칙조항으로 인하여 더 이상 기존의 방식대로 음식물류 폐기물 처리기를 생산할 수 없게 된다거나 회사의 영업이익이 감소할 수 있다는 등의 사정은 법적인 불이익이 아닌 간접적, 사실적 또는 경제적 이해관계에 불과하다고 할 것이므로, 음식물류 폐기물 처리기를 제조·판매하는 사업자 또는 이를 제조·판매하는 회사의 대표이사 겸 주주인 청구인들의 자기관련성을 인정할 수 없다.[193)]

⑤ 정당으로 하여금 후보자 등록 후에는 등록된 후보자에 대한 추천을 취소 또는 변경할 수 없도록 규정하고 있는 법률조항은 정당원이나 국민 개인이 정당을 지지하고 정당을 통해 의사를 표현할 권리 자체를 제한하지는 않고 있으므로, 그 공권력의 행사에 대하여 간접적, 사실적인 이해관계가 있을 뿐인 제3자인 정당원 또는 국민 개인의 지위에서 제기한 심판청구는 자기관련성이 없어 부적법하다.[194)]

⑥ 청구인들은 자신들이 국민건강보험법상 직장가입자임을 전제로, 국민건강보험법 제33조 제2항, 국민건강보험법 제62조 제4항, 제5항, 제63조 제1항, 제64조 제1항, 제65조 제3항(이하 '이 사건 법률조항들')이 일반적으로 지역가입자들에 비하여 직장가입자들에게 더 많은 보험료를 부담시켜 자신들의 평등권과 재산권을 침해한다고 주장하고 있으므로, 청구인들의 주장 자체로 수혜집단에 속하는 지역가입자인 청구인들에 대해서는 이 사건 법률조항들에 대한 자기관련성을 부정함이 상당하고, 보험료 부담의무자인 가입자가 아니라 보험수급권자에 불과한 피부양자 역시 이 사건 법률조항들에 대한 자기관련

192) 헌재 2000. 6. 29. 99헌마289, 판례집 12-1, 913.
193) 헌재 2010. 5. 27. 2009헌마64, 판례집 22-1하, 339.
194) 헌재 2007. 10. 9. 2007헌마1032, 공보 133, 1083.

성이 없다.[195]

⑦ 댐건설및주변지역지원등에관한법률 제35조 제1항에 따라 사용료를 납부하여야 할 주체는 청구인과 같은 춘천시민이 아니라 소양취수장의 관리주체인 지방자치단체로서의 춘천시이므로, 설령 춘천시가 이 사건 법률조항으로 인하여 물사용료를 부담하게 됨으로써 재정이 악화되고, 그로 인하여 결과적으로 청구인과 같은 춘천시민의 재정부담이 가중된다 하더라도, 이는 간접적, 사실적 또는 경제적 불이익에 불과하다. 따라서 청구인의 이 사건 심판청구는 기본권침해의 자기관련성이 인정되지 않는다.[196]

⑧ 비변호사의 법률사무 취급을 금지하고 있는 변호사법 제109조 위반 범죄에 대한 검사의 불기소처분과 관련하여 고발인인 서울지방변호사회가 제기한 헌법소원의 적법 여부와 관련하여, 검사의 불기소처분에 대하여 기소처분을 구하는 취지에서 헌법소원을 제기할 수 있는 자는 원칙적으로 헌법상의 재판절차진술권의 주체인 형사피해자에 한하고, 따라서 범죄피해자가 아닌 고발인에게는 개인적 주관적 권리나 재판절차에서의 진술권 등의 기본권이 허용될 수 없으므로 검사가 자의적으로 불기소처분을 하였다고 하여 달리 특별한 사정이 없으면 자기관련성이 없다. 변호사법 제109조 위반 범죄로 인하여 변호사법에 의하여 부여된 '변호사의 품위를 보전하고, 변호사 사무의 개선과 발전의 도모'라는 청구인의 설립목적이 침해되고 그 목적 수행에 지장을 받는다고 하더라도, 고발인인 청구인이 위 범죄로 인하여 직접 기본권을 침해받고 있다고 평가할 수는 없어 고발인에 불과한 청구인을 변호사법 제109조 위반 범죄로 인해 기본권을 침해받게 되는 형사피해자라고 보기는 어려우므로 이 사건 심판청구는 자기관련성이 없어 부적법하다.[197]

⑨ 독학학위 취득시험과 같이 시험의 과정별로 응시자격이 정해진 경우 시험의 공고에 관하여 기본권침해의 자기관련성이 인정되기 위해서는 청구인에게 해당 과정별로 응시할 자격이 인정되어야 한다. 독학학위 취득시험은 교양과정

195) 헌재 2011. 8. 30. 2008헌마757, 판례집 23-2상, 450.
196) 헌재 2001. 1. 18. 99헌마548, 공보 53, 125.
197) 헌재 2009. 11. 26. 2007헌마1125, 판례집 21-2하, 695.

·전공기초과정·전공심화과정 인정시험인 1 내지 3과정 시험과 학위취득 종합시험인 4과정 시험으로 구분된다. 그 중 1 내지 3과정 시험의 경우 고등학교 졸업이나 이와 같은 수준의 학력이 인정된 사람이 언제든지 응시할 수 있는 반면, 학위취득 종합시험인 4과정 시험에 응시하기 위해서는 1 내지 3과정 시험에 합격하여야만 한다. 그런데 청구인은 1 내지 3과정 시험을 모두 합격하지 아니하여 4과정 시험에 응시할 자격이 없으므로, 이 사건 각 과정 시험 공고 중 4과정 시험 부분에 대해서는 기본권침해의 자기관련성이 인정되지 아니한다.[198)]

⑩ 정당등록제도는 정당과 그 외 정치적 결사를 구분하여 법적 관계를 명확하게 하는 취지의 제도이므로, 피청구인이 미래한국당의 중앙당 정당등록신청을 수리한 행위(이하 '이 사건 수리행위')로 인하여 미래한국당이 정당법상의 정당임을 법적으로 확인받는 것 외에 기존에 등록된 정당들에게 곧바로 어떠한 법적 불이익이 발생한다고 보기 어렵다. 청구인이 주장하는 선거에서의 불공정한 경쟁이나 정당보조금 등의 불이익은 공직선거법이나 정치자금법 등 별도의 법률 규정에 의하여 결정되는 것이므로, 설령 청구인이 그러한 불이익을 입었다고 하더라도 이는 이 사건 수리행위로 인한 간접적·사실적·경제적 불이익에 불과하다. 따라서 청구인은 이 사건 수리행위에 대하여 기본권침해의 자기관련성을 갖추었다고 보기 어렵다.[199)]

⑪ 일정 경력근무자에 대하여 법무사자격을 당연히 부여하는 내용의 법무사법 제4조 제1항 제1호는 신규 법무사의 수요를 충당하는 두 개의 공급원 즉, 하나는 경력공무원이고 다른 하나는 시험합격자라고 하는 두 개의 공급원을 규정하고 있으므로 이 두 개의 공급원은 어떤 형태와 어떤 정도에 의해서든 개념상 서로 상관관계를 가질 수밖에 없다. 따라서 경력공무원에 의한 신규 법무사의 충원이 중단된다면 시험합격자에 의한 충원의 기회는 개념상 늘어날 수밖에 없어서 청구인들의 법적 지위가 상대적으로 향상된다고 볼 여지가 있으므로, 청구인들은 이 사건 법률조항의 위헌 여부에 대하여 자기관련성을 갖는다.[200)]

---

198) 헌재 2022. 12. 22. 2021헌마271, 공보 315, 132.
199) 헌재 2023. 2. 23. 2020헌마275, 판례집 35-1상, 222.
200) 헌재 2001. 11. 29. 2000헌마84, 판례집 13-2, 750.

⑫ 지방자치단체인 피청구인들이 지방공무원법 제58조 제2항의 위임에 따라 '사실상 노무에 종사하는 공무원의 범위'를 정하는 조례를 제정하지 아니한 부작위(이하 '이 사건 부작위')에 의하여 청구인들의 기본권이 침해될 가능성이 존재하는지 여부와 청구인들이 이 사건 부작위에 대하여 자기관련성을 가지는지 여부와 관련하여, '공무원의 노동조합 설립 및 운영 등에 관한 법률'(이하 '공무원노조법'이라 한다)에 의하면, 지방공무원 중 기능직공무원과 고용직공무원은 모두 공무원노동조합에 가입할 수 있고, 단결권과 단체교섭권을 가진다. 그런데 만일 지방공무원법 제58조 제2항에 따라 제정된 조례가 기능직공무원을 '사실상 노무에 종사하는 공무원'의 범위에 포함시킨다면 기능직공무원들은 공무원노조법의 적용대상에서 제외되어 단결권과 단체교섭권은 물론 단체행동권까지 가질 수 있게 되는바, 해당 조례가 어떻게 제정되는지에 따라 기능직공무원인 청구인들이 향유할 수 있는 근로3권의 범위가 달라지게 된다. 따라서 이 사건 부작위에 의하여 청구인들의 기본권이 침해될 가능성이 있으며 아울러 청구인들은 이 사건 심판청구에 관한 자기관련성도 인정된다.[201)]

⑬ 동물약국 개설자가 수의사 또는 수산질병관리사(이하 '수의사 등')의 처방전 없이 판매할 수 없는 동물용의약품을 규정한 '처방대상 동물용의약품 지정에 관한 규정' 제3조(이하 '심판대상조항')는 '동물약국 개설자'를 그 직접적인 규율대상으로 하고 있으며, 동물보호자인 청구인들과 같은 동물용의약품 소비자는 직접적인 규율대상이 아닌 제3자에 불과하고, 동물보호자인 청구인들이 수의사 등의 처방전 없이 동물용의약품을 구매할 수 없게 되는 데 따르는 불편함이나 경제적 부담은 간접적·사실적·경제적인 것에 지나지 아니하므로, 동물보호자인 청구인들의 심판청구는 기본권 침해의 자기관련성이 인정되지 아니한다.[202)]

⑭ 2021학년도 대학입학전형기본사항 중 재외국민 특별전형 지원자격 가운데 학생의 부모의 해외체류요건 부분(이하 '이 사건 전형사항')으로 인한 학부모의 기본권침해의 자기관련성 인정 여부와 관련하여, 이 사건 전형사항으로

201) 헌재 2009. 7. 30. 2006헌마358, 판례집 21-2상, 292.
202) 헌재 2023. 6. 29. 2021헌마199, 판례집 35-1하, 222.

인해 재외국민 특별전형 지원을 제한받는 사람은 각 대학의 2021학년도 재외국민 특별전형 지원(예정)자이다. 학부모인 청구인의 부담은 간접적인 사실상의 불이익에 해당하므로, 이 사건 전형사항으로 인한 기본권침해의 자기관련성이 인정되지 않는다.[203)]

⑮ 사단법인 △△태권도협회(이하 '△△태권도협회'라 한다)의 회장 등을 업무상횡령, 업무방해로 고발한 △△태권도협회 구성원과 대의원에 대하여 헌법상 재판절차진술권 제한의 자기관련성을 인정할 수 있는지 여부와 관련하여, 보조금, 회비, 직원 급여를 업무상횡령한 행위에 관한 직접적인 보호법익의 주체는 △△태권도협회이다. △△태권도협회의 규약에 의하면 △△태권도협회의 재산에 대하여 구성원과 대의원인 청구인들에게 구체적인 재산상 권리나 이익이 인정된다고 보기 어렵다. 업무상 횡령 행위로 협회의 자금 운영이 부실해졌다 하더라도, 이는 구성원이나 대의원과의 관계에서 간접적·사실적·경제적 이해관계에 불과할 뿐 법률상 불이익이라고 볼 수는 없다. 상벌위원회를 개최한 적이 없음에도 개최한 것처럼 보고하여 문화체육관광부장관의 감독업무를 방해하고, 태권도경기의 대진표를 규정에 어긋나게 작성함으로써 △△체육회 회장의 경기관리업무를 방해한 행위에 관한 직접적인 보호법익의 주체는 문화체육관광부장관 및 △△체육회 회장이고, 위와 같은 각 업무방해로 인하여 청구인들이 구체적인 불이익을 입었다고 인정하기 어렵다. 따라서 이 사건 심판청구 중 업무상 횡령 및 업무방해에 관한 불기소처분의 취소를 구하는 부분에 관하여 청구인들은 헌법상 재판절차진술권의 주체인 형사피해자의 지위에 있지 않으므로, 자기관련성이 인정되지 않는다.[204)]

(2) 기본권 침해의 직접성(直接性)

1) 직접성의 의미

법률 또는 법률조항 자체가 헌법재판소법 제68조 제1항의 규정에 의한 헌법소원심판의 대상이 되기 위해서는 그 법률 또는 법률조항에 의하여 구체

203) 헌재 2020. 3. 26. 2019헌마212, 판례집 32-1상, 279.
204) 헌재 2021. 2. 25. 2019헌마864, 공보 293, 442.

적인 '집행행위'(Vollzugsakt)를 매개하지 않고 직접 기본권을 침해하는 것이어야 한다. 즉, 기본권 침해의 '직접성'이란 집행행위에 의하지 아니하고, 법률 그 자체에 의하여 자유의 제한, 의무의 부과, 권리 또는 법적 지위의 박탈이 생긴 경우를 말한다.[205)]

법령에 근거한 구체적인 집행행위가 '재량행위'인 경우에는 법령은 집행기관에게 기본권 침해의 가능성만 부여할 뿐, 법령 스스로가 기본권의 침해행위를 규정하고 행정청이 이에 따르도록 구속하는 것이 아니고, 이때의 기본권의 침해는 집행기관의 의사에 따른 집행행위, 즉 재량권의 행사에 의하여 비로소 이루어지고 현실화되므로 이러한 경우에는 법령에 의한 기본권 침해의 직접성이 인정되지 않는다.[206)]

2) 직접성 요건의 필요성

법령에 대한 헌법소원에 있어서 기본권 침해의 직접성을 요구하는 이유는 법령은 일반적으로 구체적인 집행행위를 매개로 하여 비로소 기본권을 침해하게 되므로 기본권의 침해를 받은 개인은 먼저 일반 쟁송의 방법으로 집행행위를 대상으로 하여 기본권침해에 대한 구제절차를 밟는 것이 헌법소원의 성격상 요청되기 때문이다.[207)] 따라서 법령에 근거한 집행행위가 존재한다면 국민은 우선 그 집행행위를 기다렸다가 집행행위를 대상으로 한 소송을 제기하여 구제절차를 밟는 것이 순서이다. 다만, 법령을 집행하는 행위가 존재하지 아니하고 바로 법령으로 말미암아 직접 기본권이 침해되는 예외적인 경우에만 직접 법률에 대하여 헌법소원을 제기할 수 있다.[208)] 즉, 법률에 대한 헌법소원심판에 있어 '기본권 침해의 직접성'을 요구하는 것은 일반적으로 당해

---

205) 헌재 1992. 11. 12. 91헌마192, 판례집 4, 813, 823; 헌재 1998. 2. 27. 97헌마101, 판례집 10−1, 199, 208−209; 헌재 1998. 7. 16. 96헌마268, 판례집 10−2, 312, 334; 헌재 2000. 6. 29. 99헌마289, 판례집 12−1, 913, 936; 헌재 2000. 11. 30, 2000헌마79, 판례집 제12권 2집, 361, 367; 헌법재판소 2003. 10. 30, 2003헌바11; 헌재 2004. 9. 23. 2003헌마19; 헌재 2005. 5. 26, 2004헌마671, 판례집 제17권 1집, 785, 788; 헌재 2009. 9. 24, 2008헌마11, 공보 제156호, 1809, 1812; 헌재 2011. 5. 26. 2010헌마365, 849; 헌재 2011. 10. 25, 2011헌마175, 공보 제181호, 1686, 1688; 헌재 2012. 2. 23, 2009헌마333, 공보 제185호, 473, 475.

206) 헌재 1998. 4. 30. 97헌마141; 헌재 2009. 3. 26. 2007헌마988등; 헌재 2019. 5. 28. 2019헌마465, 1, 3.

207) 헌재 1998. 4. 30. 97헌마141, 판례집 10−1, 503.

208) 헌재 1998. 4. 30. 97헌마141, 판례집 10−1, 496, 503; 헌법재판소 2003. 10. 30, 2003헌바11.

법률에서 예정한 구체적인 집행행위를 매개로 하여 그 법률이 비로소 국민 개인의 기본권에 영향을 미칠 수 있게 되므로 개개의 국민은 먼저 일반 쟁송의 방법으로 구체적인 집행행위를 대상으로 하여 그로 인한 기본권침해에 대한 구제절차를 밟는 것이 순서이고 이는 최후적·보충적인 기본권구제수단이라는 헌법소원심판의 본질로부터 당연히 요청되는 것이다.[209)]

3) 집행행위의 매개

법률에 대한 헌법소원의 직접성 요건에서 말하는 '집행행위'는 "아직 청구인의 권리관계를 변동시킬 수 있는 가능성만을 가진 법률에 근거하여 청구인의 법률관계에 구체적으로 영향을 주는 행위"라 할 수 있다.

가) 형식설 대(對) 실질설

집행행위란 넓은 의미로 법규범을 실현하는 행위를 말하는데, 이는 다시 법규범을 실현하는 집행기관의 '의사표시행위'(조세부과처분 등 행정처분이나 형사재판 등 판결)와 그와 같은 의사표시행위를 '현실적으로 강제하는 행위'(조세의 강제징수행위나 형집행)로 구분할 수 있다. 여기서 기본권 침해의 직접성 여부를 판단함에 있어 기준이 되는 것은 '의사표시행위'인 집행행위를 매개로 하고 있느냐를 기준으로 보는 견해가 '형식설' 또는 '집행행위매개설'이다.[210)]

그에 반해, 기본권 침해의 직접성 여부를 집행행위의 매개 여부가 아니라, 종래의 소송절차를 통하여 효과적인 권리구제를 받을 방법이 존재하느냐 여부로 판단하는 견해가 '실질설'이다. 실질설에 의하면, 의사표시행위로서의 집행행위는 없더라도 다른 권리구제절차가 마련되어 있는 경우에는 당해 법규범에 의한 기본권 침해의 직접성이 부정된다.[211)]

우리나라 헌법재판소는 "법률의 위헌확인을 구하는 헌법소원심판에서 그

---

209) 김현철, 「헌법소송법」, 전남대출판부, 2019, 394면; 헌재 1998. 4. 30. 97헌마141, 판례집 10-1, 496, 504; 헌재 2005. 5. 26, 2004헌마671, 판례집 제17권 1집, 785, 789-790; 헌재 2006. 4. 27. 2004헌마562, 판례집 18-1상, 574, 579. 헌법소원의 본질과 기능에 관하여는 C. Gusy, Die Verfassungs- beschwerde, in: Badura/Dreier (Hrsg.), Festschrift 50 Jahre Bundesverfassungs- gericht, Bd. 1, Tübingen 2001, S. 644-656.

210) 박일환, "법규범에 대한 헌법소원과 제소요건", 인권과 정의, 1991. 2, 45-46면.

211) 박일환, 인권과 정의, 1991. 2, 46면.

법률로 인한 청구인의 기본권침해를 중간에서 매개하는 집행행위가 존재하는 경우에는 원칙적으로 그 법률은 기본권 침해의 직접성이 인정되지 아니하여 그 심판청구는 부적법하게 된다."라고 판시하고 있다.[212] 즉, 우리 헌법재판소는 원칙적으로 기본권 침해를 직접적으로 유발하는 집행행위가 존재하는 경우에는 당해 법률의 기본권 침해의 직접성을 부정함으로써 '형식설'을 취하고 있다. 그러나 예외적으로 권리구제의 실효성 등을 사유로 실질적인 권리구제 수단의 존재 여부를 기준으로 판단하는 '실질설'을 가미하고 있다. 그에 반해 독일 연방헌법재판소는 "법률이 그 집행을 위해 법적으로 필수적으로 또는 사실상 행정실무적으로 집행기관의 의사가 반영된 별도의 집행행위를 필요로 함이 없이 헌법소원 청구인의 법적 지위를 제약하는 경우, 그 법률에 의해 직접적으로 청구인의 기본권이 관련되어 있다."고 판시하고 있다.[213]

헌법재판소 판례의 구체적인 사실관계를 살펴보면, "사회당은 정당법에 의하여 등록된 정당으로 활동하다 2004. 4. 15. 제17대 국회의원선거에 참여하여 30,180표(유효투표총수의 0.3%)를 득표하였고, 이에 따라 중앙선거관리위원회는 2004. 4. 20. 사회당에 대하여 구 정당법 제38조 제1항 제3호에 의하여 정당등록취소처분을 하였다. 이에 사회당의 등록 취소 전 그 정당의 대표였던 청구인은 2004. 7. 14. 구 정당법 제38조 제1항 제3호(등록의 취소), 제43조 제4항(유사명칭등 사용금지)에 의하여 청구인의 정당설립의 자유, 평등권, 결사의 자유 등을 침해받았다고 하여 그 위헌확인을 구하는 헌법소원심판을 청구하였다."[214]

이 판결에서 다수의견과 반대의견이 기본권 침해의 직접성 인정 여부에서 견해가 나뉘었다. 다수의견에 의하면, "이 사건 등록취소규정에 의하여 청구외 사회당이 소멸하여 그 결과 청구인 주장의 기본권이 침해되는 것이 아니라 위 규정 소정의 등록취소사유에 해당되는지 여부에 대한 중앙선거관리위원회의 심사 및 그에 이은 등록취소라는 집행행위에 의하여 비로소 정당이 소

212) 헌재 2006. 4. 27. 2004헌마562, 판례집 18-1상, 574, 579-580.

213) BVerfGE 1, 97 (102); 53, 1 (14); 68, 143 (150); 68, 193 (214f.); 68, 287 (300); 81, 70 (82); 101, 54 (74); 102, 197 (206f.); 110, 141 (152).

214) 헌재 2006. 4. 27. 2004헌마562, 판례집 18-1상, 574.

멸하게 된다. 그리고 중앙선거관리위원회의 이 사건 사회당에 대한 등록취소처분이 행정소송의 대상이 됨은 명백하다고 할 것이고 그 정당 등록취소처분의 취소소송절차에서의 위 규정에 의한 등록취소사유(예컨대 소정의 득표율에 미달되었는지 여부)에 대한 사실관계 확정과 더불어 얼마든지 위 규정에 대한 위헌 여부의 제청을 구할 수 있는 것이며 그 외 달리 그러한 절차경유가 곤란하거나 부당하다고 볼 사정 또는 그러한 절차의 경유가 실효성이 없다고 볼 사정은 찾아보기 어렵다. 따라서 이 사건 등록취소규정은 기본권 침해의 직접성이 없다."[215] 또한 "이 사건 명칭사용금지규정 자체에 의하여 바로 청구외 사회당이 그 정당명칭을 사용하지 못하게 되는 것이 아니라 중앙선거관리위원회의 등록취소규정에 의한 정당등록취소라는 집행행위가 있을 때 비로소 그 금지효과가 발생하므로 이 사건 명칭사용금지규정은 기본권 침해의 직접성이 없다."[216]고 하여 집행행위의 존재로 인하여 직접성을 부정하였다.

반면, 반대의견에 의하면, "이 사건 등록취소규정에의 해당 여부는 국회의원총선 거의 개표결과 및 그 투표수와 득표수의 단순한 산술적인 계산 결과에 대한 기계적인 검토에 불과하여 중앙선거관리위원회의 어떠한 실질적인 심사도 개입될 여지가 없으므로 이 사건 등록취소규정이 국민의 권리관계를 집행행위의 유무나 내용에 의해 좌우될 수 없을 정도로 확정하고 있다고 할 것이어서 권리침해의 직접성이 인정되고, 행정소송이 가능하다고 보아 그 절차의 경유를 요구하는 것은 우회적인 경로를 강요하는 것밖에 되지 않으며, 이 사건 등록취소규정에 대하여 이와 같은 이유에서 직접성을 인정하는 이상 정당등록취소를 요건으로 하고 있는 이 사건 명칭사용금지규정의 경우에도 같은 이유로 직접성을 인정할 수 있다."[217]고 하여 직접성의 예외에 해당한다고 판단하여 직접성을 인정하였다. 여기서 볼 수 있듯이 헌법재판소 판결에서도 형식설과 실질설이 융합되거나 대립하고 있는 실정이다.

위 사건의 등록취소규정은 중앙선거관리위원회의 실질적인 심사가 개입

215) 헌재 2006. 4. 27. 2004헌마562, 판례집 18-1상, 574, 574-575.
216) 헌재 2006. 4. 27. 2004헌마562, 판례집 18-1상, 574, 575.
217) 헌재 2006. 4. 27. 2004헌마562, 판례집 18-1상, 574, 575.

될 여지가 없고 위 사건 등록취소규정이 국민의 권리관계를 집행행위의 유무나 내용에 의해 좌우될 수 없을 정도로 확정하고 있는 상황이므로 등록취소규정의 기본권 침해의 직접성이 인정된다고 보는 반대의견이 타당해 보인다.[218] 생각건대, 위 사건에서와 같이 집행행위의 금지효과 발생을 기준으로 기본권 침해의 직접성 유무를 판단할 것이 아니라, 일반 쟁송의 방법으로 효과적인 권리구제를 받을 방법이 존재하느냐 여부 및 법률이 직접적으로 국민의 권리나 법적 지위에 영향을 미치느냐 여부로 직접성 유무를 판단하는 것이 바람직하다.

나) 집행행위가 매개된 경우 직접성을 부인하는 이유

법령에 대한 헌법소원에 있어서 '기본권침해의 직접성'을 판단하는 기준인 '집행행위'란 "청구인의 권리관계의 변동을 가져올 수 있는 법적 근거규정을 두고 있는 법률에 의하여 청구인의 법률관계를 구체적으로 변동시키는 행위"라고 할 수 있다.[219] 법률상 법률효과를 발생시키기 위한 요건으로서 별개의 집행행위를 예정하고 있지 않은 경우에만 그 법률의 직접성을 인정할 수 있다.[220]

법령에서 이미 집행행위의 매개를 예정하고 있는 경우 원칙적으로 직접성을 부인하는 이유는 구체적인 집행행위를 대상으로 하여 일반 쟁송의 방법으로 구제절차를 밟을 수 있고, 이 경우 집행행위의 근거가 되는 법령의 효력 여부가 문제되면 선결문제로서 심사할 수 있으므로 그 법령 자체를 굳이 보충적인 기본권구제수단인 헌법소원심판의 대상으로 삼을 필요가 없다는 것이다. 즉, 구체적인 집행행위가 존재하는 경우 그 집행행위를 대상으로 한 구제절차에서 문제된 해당 법률의 적용과 관련하여 전제된 사안의 사실적·법률적 관계를 심사하면서 해당 법률의 위헌여부심판의 필요성 등을 법원에서 판단할 필요가 있으므로 집행행위의 근거가 되는 법률을 직접 헌법소원심판의 대상

218) 같은 견해: 이종수, "정당의 자유", 「헌법재판 주요선례연구 2」, 헌법재판소 헌법재판연구원, 2012. 12, 33면.
219) 황도수, 「헌법재판실무연구」, 지구촌, 2003. 86면.
220) 황도수, 「헌법재판실무연구」, 지구촌, 2003. 86-87면.

으로 삼아서는 안 된다는 것이다.[221)]

택시운송사업자가 운송비용을 택시운수종사자에게 부담시킨 경우 국토교통부장관이 택시운송사업면허를 취소하는 등의 제재를 명할 수 있도록 정한 '택시운송사업의 발전에 관한 법률'(이하 '택시발전법') 제18조 제1항 제1호(이하 '이 사건 제재조항')에 대한 심판청구가 기본권 침해의 직접성을 충족하는지 여부와 관련하여, 이 사건 제재조항은 택시운송사업자가 이 사건 금지조항 각 호의 비용을 택시운수종사자에게 전가시킨 경우, 국토교통부장관으로 하여금 택시운송사업면허의 취소 또는 사업의 전부나 일부 정지 등을 명할 수 있도록 하고 있다. 그런데 위와 같은 불이익은 위 조항 자체에 의하여 발생하는 것이 아니라 국토교통부장관의 면허취소 처분, 사업정지 처분과 같은 구체적인 집행행위를 통하여 비로소 발생하는 것이므로, 위 조항에 대한 심판청구는 기본권침해의 직접성이 인정되지 아니하여 부적법하다.[222)]

다) 집행행위가 재량행위인 경우

헌법재판소는 "법령에 근거한 구체적인 집행행위가 재량행위인 경우에는 법령은 집행기관에게 기본권 침해의 가능성만을 부여할 뿐 법령 스스로가 기본권의 침해행위를 규정하고 행정청이 이에 따르도록 구속하는 것이 아니며, 기본권의 침해는 집행기관의 의사에 따른 집행행위, 즉 재량권의 행사에 의하여 비로소 이루어지고 현실화되므로, 이러한 경우에는 법령에 의한 기본권침해의 직접성이 인정될 여지가 없다."[223)]라고 판시하고 있다.

① 치료감호심의위원회로 하여금 보호감호의 집행 중 가출소되는 피보호감호자에 대하여 전자장치를 부착할 수 있도록 규정한 '특정 범죄자에 대한 위치추적 전자장치 부착 등에 관한 법률' 제23조 제1항 중 '가출소되는 피보호감호자' 부분('이 사건 법률조항')과 검사로 하여금 판결 선고 당시에 부착명령

---

221) 헌재 1992. 4. 14. 90헌마82, 판례집 4, 194, 202; 헌재 2006. 4. 27. 2004헌마562, 판례집 18-1상, 574, 579-580.

222) 헌재 2018. 6. 28. 2016헌마1153, 판례집 30-1하, 686.

223) 헌재 1998. 4. 30. 97헌마141, 판례집 10-1, 496, 503-504; 헌재 2005. 5. 26. 2002헌마356등, 공보 105, 696, 700; 헌재 2011. 5. 26. 2010헌마365, 849; 헌재 2012. 12. 4. 2012헌마918, 2; 헌재 2019. 4. 2. 2019헌마269, 1, 5; 헌재 2020. 9. 1. 2020헌마1048, 1, 2.

을 선고받지 않은 자에 대하여도 소급하여 부착명령을 청구할 수 있도록 규정한 '특정 범죄자에 대한 위치추적 전자장치 부착 등에 관한 법률' 부칙 제2조 제1항 중 '보호감호의 집행 종료일까지 6개월 이상이 남은 사람' 부분('이 사건 부칙조항')에 대한 헌법소원심판에서 직접성 요건을 부정하였다.

"이 사건 부칙조항에 관하여, 청구인이 주장하는 기본권침해의 법률효과는 검사가 법원에 부착명령을 청구하고 법원이 검사의 청구를 받아들여 부착명령을 함에 따라 비로소 발생하는 것이지, 검사의 출소예정자 등에 대한 전자장치 부착명령 청구의 근거가 된 이 사건 부칙조항 자체에 의한 것은 아니다. 또한 이 사건 부칙조항이 시행 자체로 국민에게 일정한 행위의무나 금지의무를 부과하는 것은 아니고, 피부착명령 청구자는 당해 부착명령 청구사건에서 부착명령 청구의 당부를 다툴 수 있으며, 법원의 부착명령에 대하여도 항고할 수 있으므로 직접성원칙의 예외에 해당한다고 볼 수도 없다. 따라서 이 사건 부칙조항을 대상으로 한 헌법소원심판청구는 직접성 요건을 갖추지 못하였다."[224]

위 사건에서 헌법소원심판에서 직접성 요건을 부정한 이유는 법률조항에 근거한 재량권의 행사에 의하여 비로소 기본권 침해가 이루어지고 현실화되어서가 아니다. 위 사건의 법률조항과 관련하여 치료감호심의위원회의 전자장치 부착결정에 대하여는 일반 행정쟁송의 방법(항고)을 통하여 구제받을 수 있으므로 집행행위를 대상으로 하는 구제절차가 없다고 할 수 없기 때문이라는 것이다.[225] 위 사건의 부칙조항과 관련하여서는 피부착명령 청구자는 당해 부착명령 청구사건에서 부착명령 청구의 당부를 다툴 수 있으며, 법원의 부착명령에 대하여도 항고할 수 있으므로 일반 행정쟁송의 방법을 통하여 집행행위를 대상으로 하는 구제절차가 있기 때문에 직접성을 부정하고 있다.[226]

위 판례를 분석하여 보면, 위 사건에서 집행행위가 재량행위인가 아니면 기속행위인가가 기본권 침해의 직접성 여부를 결정하는 중요한 기준으로 작

224) 헌재 2011. 5. 26. 2010헌마365, 공보 176, 846.
225) 헌재 2011. 5. 26. 2010헌마365, 공보 제176호, 846, 847.
226) 헌재 2011. 5. 26. 2010헌마365, 공보 제176호, 846, 847.

용한 것이 아니라, 집행행위가 실행되었는가와 그 집행행위를 대상으로 한 일반쟁송방법에 의한 구제절차가 존재하느냐 여부가 직접성 유무를 판단하는 기준으로 작용한 것이다.

② "국세청장은 특별소비세법시행령 제37조 제3항, 주세법시행령 제62조 제4항과 위 규정들에 근거한 국세청고시 제1997-2호(1997. 2. 5.)에 의하여 특별소비세법 및 주세법 관련규정상 납세증명표지의 첩부와 동일한 효력이 인정되는 납세병마개의 제조자로 A회사와 B회사만을 지정하였다. 이에 따라 납세병마개 제조자로 지정을 받지 못한 다른 병마개 제조업자들이 특정업체를 납세병마개 제조자로 지정토록 규정하고 있는 특별소비세법시행령 제37조 제3항, 주세법시행령 제62조 제4항 및 국세청고시 제1997-2호의 위헌확인을 구하는 헌법소원심판을 청구한 사건이다."[227]

헌법재판소의 결정이유를 살펴보면, "이 사건 조항들은 일방적으로 기본권을 제한하거나 의무를 부과하는 규정이 아니라 국세청장의 지정여부에 따라 혜택과 불이익의 가능성을 동시에 담고 있는 복효적 성격을 지닌다. 그러므로 만일 국세청장이 청구인을 납세병마개 제조자로 지정하였다면 청구인의 기본권이 침해될 여지가 없다는 점을 감안한다면, 청구인의 기본권침해는 이 사건 조항들에 의해서가 아니라 청구인을 배제하고 다른 경업자를 납세병마개 제조자로 지정한 국세청장의 지정행위에 의하여 비로소 발생하였음이 분명하다. 따라서 이 사건 조항들을 직접 심판대상으로 하는 이 사건 헌법소원은 직접성 요건을 갖추지 못하여 부적법하다."[228]고 판시하고 있다.

이 사건에서 직접성을 부정하는 중요한 논거로는 "국세청장의 지정행위의 근거규범인 이 사건 조항들이 단지 공익만을 추구할 뿐 청구인 개인의 이익을 보호하려는 것이 아니라는 이유로 청구인에게 취소소송을 제기할 법률상 이익을 부정한다고 하더라도, 국세청장의 지정행위는 행정청이 병마개 제조업자들 사이에 특혜에 따른 차별을 통하여 사경제 주체간의 경쟁조건에 영향을 미치고 이로써 기업의 경쟁의 자유를 제한하는 것임이 명백한 경우에는

227) 헌재 1998. 4. 30. 97헌마141, 판례집 10-1, 496.
228) 헌재 1998. 4. 30. 97헌마141, 판례집 10-1, 496, 505.

국세청장의 지정행위로 말미암아 기업의 경쟁의 자유를 제한받게 된 자들은 적어도 보충적으로 기본권에 의한 보호가 필요하다. 따라서 일반법규에서 경쟁자를 보호하는 규정을 별도로 두고 있지 않은 경우에도 기본권인 경쟁의 자유가 바로 행정청의 지정행위의 취소를 구할 법률상의 이익이 된다 할 것이다. 그러므로 청구인은 국세청장의 지정처분의 취소를 구하는 행정소송을 제기할 수 있고, 이러한 행정소송절차는 청구인이 침해되었다고 주장하는 기본권을 효율적으로 구제할 수 있는 권리구제절차라 할 것이다."[229]고 판시하고 있다.

위 사건에서 국세청장의 지정처분의 취소를 구하는 행정소송절차라는 일반쟁송방법이 존재하는 경우에는 기본권 침해의 직접성을 부정하고 있다. 이 사건에서도 헌법재판소는 집행행위가 재량행위인가 아니면 기속행위인가 여부 보다는, 법령에 의해 직접 기본권을 침해하는 것이 아니라 집행행위에 의해 비로소 기본권 침해가 발생하였음을 주장하고 있다. 이렇듯 직접성 판단의 기준으로는 집행행위가 재량행위인가 아니면 기속행위인가 보다는 행정소송절차라는 일반 쟁송방법으로 다툴 방법이 존재하는가 및 실제로 집행행위로 청구인의 권리의 제한이나 의무의 부과 등이 발생했는가가 중요하다.

③ 법률 또는 법률조항 자체가 헌법소원의 대상이 될 수 있으려면 그 법률 또는 법률조항에 의하여 구체적인 집행행위를 기다리지 아니하고 직접, 현재 자기의 기본권을 침해받아야 한다. 여기서 말하는 기본권침해의 직접성이란 집행행위에 의하지 아니하고 법률 그 자체에 의하여 자유의 제한, 의무의 부과, 권리 또는 법적 지위의 박탈이 생긴 경우를 말하므로, 당해 법률에 근거한 구체적인 집행행위를 통하여 비로소 기본권침해의 법률효과가 발생하는 경우에는 직접성이 없다. 과세관청의 부과처분에 의하여 조세채무가 확정되거나 납세의무자 스스로 조세채무 성립요건의 충족을 확정시키는 방식의 조세법령의 경우에는, 과세처분 또는 경정청구거부처분 등의 구체적인 집행행위를 통하여 비로소 기본권의 침해가 현실화되므로, 기본권침해의 직접성이 없다.[230]

229) 헌재 1998. 4. 30. 97헌마141, 판례집 10-1, 496, 507-508.
230) 헌재 2019. 4. 2. 2019헌마269, 1, 4.

④ 채무자 회생 및 파산에 관한 법률 제556조 제1항('심판대상조항')은 "법인에 대하여는 그 부채의 총액이 자산의 총액을 초과하는 때에도 파산선고를 할 수 있다."고 규정하고 있어 법인인 채무자의 파산선고 근거조항이 될 뿐이고, 파산선고는 파산신청권자의 신청에 따른 법원의 결정에 의하여 이루어지게 된다(채무자회생법 제294조 내지 제297조, 제305조). 더욱이 심판대상조항은 법인 부채의 총액이 자산의 총액을 초과하는 경우에도 필요적으로 파산선고를 하도록 한 것이 아니고 법원에 재량을 부여하고 있는바, 심판대상조항에 근거한 법원의 파산선고 결정은 '재량행위'에 해당한다. 따라서 심판대상조항에 의하여 자유의 제한, 의무의 부과, 권리 또는 법적 지위의 박탈이 생기는 것이 아니라 파산신청권자가 파산신청을 하고 법원에 의한 집행행위, 즉 파산선고를 하는 때에 비로소 심판대상조항에 의한 기본권침해의 법률효과가 발생하는 것이므로 직접성이 인정되지 아니한다.[231]

⑤ 수용자 교육교화 운영지침 제17조 제2항('이 사건 운영지침조항')은 "소장은 수용자가 주고받는 서신에 법 제92조에 정한 금지물품 외에도 우표 등이 동봉된 경우에는 수용자에게 교부 금지물품임을 고지한 후 발송인에게 반송하여야 하며"라고 규정하여 반송행위가 기속행위인 것 같이 보인다. 그러나 수용자 교육교화 운영지침은 수용자 교육교화 업무의 원활한 집행을 위하여 제정된 것으로(제1조) 수용자에 대한 교육교화 업무를 수행함에 있어 재량권 행사의 지침을 규정한 것에 불과한데다가 그 상위 법령인 형의 집행 및 수용자의 처우에 관한 법률 제43조 제3항 및 같은 법 시행령 제65조 제2항은 각 "소장은 수용자가 주고받는 서신에 법령에 따라 금지된 물품이 들어 있는지 확인할 수 있다.", "소장은 수용자에게 온 서신에 금지물품이 들어 있는지를 개봉하여 확인할 수 있다."라고 규정하여 서신 개봉 및 확인을 재량행위로 하고 있어 수용자의 모든 서신을 반드시 개봉하여 확인하여야 하는 것은 아니고 교도소장이 재량권을 행사하여 그 개봉여부를 결정하여 우표가 동봉된 것을 확인한 경우에 그 우표를 반송하게 된다. 그렇다면 이 사건 운영지침조항에

231) 헌재 2019. 7. 25. 2018헌마18, 1, 5.

의하여 청구인이 다투는 자유의 제한, 권리 또는 법적 지위의 박탈의 법적 효과가 생긴다고 하기보다는 이 사건 운영지침조항에 근거한 교도소장의 구체적인 집행행위에 의하여 비로소 청구인의 기본권 침해의 문제가 발생할 수 있는 것이므로, 이 사건 운영지침조항에 대한 심판청구 역시 헌법소원의 직접성 요건을 흠결하여 부적법하다.[232]

라) 법령규정에 그 구체화를 위한 하위규범의 시행을 예정하고 있는 경우

법령규정이 그 규정의 구체화를 위하여 하위규범의 시행을 예정하고 있는 경우에 직접성 요건에서 말하는 집행행위에 그 하위규범이 포함되는지 여부가 문제된다. 우리 헌법재판소는 "집행행위에는 입법행위도 포함되므로, 법령규정이 그 규정의 구체화를 위하여 하위규범의 시행을 예정하고 있는 경우에도 당해 법령규정의 직접성은 부인된다."고 판시하고 있다.[233]

그런데 법률규정이 하위규범에 그 규정의 구체화를 위하여 내용의 일부를 위임하는 경우에·그 법률규정의 기본권 침해의 직접성을 인정하는 경우가 있다.[234] 헌법재판소 판례에 의하면, "어떤 법률 규정이 하위 법령에 그 규정의 구체화를 위하여 내용의 일부를 위임하고 있는 경우라 하더라도 수권 조항과 시행령조항이 서로 불가분의 관계를 이루면서 전체적으로 하나의 규율 내용을 형성하고 있고, 수권 조항과 시행령조항을 서로 분리하여서는 규율 내용의 전체를 파악하기 어려운 경우에는 수권조항과 시행령조항 모두에 대해 불가분의 일체로서 기본권 침해의 직접성을 인정할 수 있다."[235]

① 근로기준법 제11조 제2항('이 사건 법률조항'이라 한다)은 근로기준법 중 상시 4명 이하의 근로자를 사용하는 사업장 등에 적용할 수 있는 일부 규정을 대통령령으로 정하도록 위임하고 있는바, 그 구체적인 내용은 이 사건 법률조

232) 헌재 2014. 7. 1. 2014헌마404, 1, 3.

233) 헌재 2008. 4. 24. 2004헌마440, 판례집 20-1상, 607, 612-613; 헌재 2011. 11. 24. 2009헌마415, 판례집 23-2하, 487, 491-492.

234) 신 평, 「헌법재판법」, 법문사, 2011, 681면 이하 참조.

235) 헌재 2002. 6. 27. 99헌마480, 판례집 14-1, 616, 625; 헌재 2008. 6. 26. 2005헌마506, 공보 141, 911, 913; 헌재 2009. 9. 24. 2007헌마949, 판례집 21-2상, 749, 756-757; 헌재 2012. 8. 23. 2010헌마328, 공보 제191호, 1646, 1649.

항의 위임을 받은 하위규범에 의해서 정해지게 되고, 그에 따라 기본권 침해 여부도 판단할 수 있게 되므로, 결국 이 사건 법률조항 자체에 의하여 직접 기본권이 침해된다고 볼 수 없다. 따라서 이 사건 심판청구는 기본권 침해의 직접성 요건을 갖추지 못하였다.236)

② 사용자가 이 사건 근로기준법 조항에 따라 단속적 근로자에 대하여 근로시간 등의 적용을 배제하려면 사전에 노동부장관의 승인을 받아야 하므로 근로기준법 제61조 제3호('이 사건 근로기준법 조항')은 법률 스스로 직접 기본권을 침해하는 것이 아니라 기본권 침해의 가능성만을 부여하고, 집행기관의 의사에 따른 구체적 집행행위, 즉 노동부장관의 승인에 의하여 비로소 현실화되므로 이 사건 근로기준법 조항에 대한 심판청구는 기본권침해의 직접성이 없다.237)

③ 식품표시광고법 제8조 제1항 제1호, 제8조 제2항은 부당한 표시의 적용범위 및 표시 또는 광고의 구체적인 내용과 그 밖의 필요한 사항을 대통령령에 위임하고 있고, 그 시행령이 아직 제정되지 아니한 상태이므로, 위 각 조항 자체가 직접 청구인이 다투고자 하는 기본권을 침해하는 것으로 볼 수 없다. 따라서 이 부분 심판청구는 청구인의 기본권침해에 대한 직접성을 갖추지 못하여 부적법하다.238)

④ 도시개발법 제4조 제6항은 도시개발구역의 지정권자가 환지방식의 도시개발사업에 대한 개발계획을 수립하기 위한 동의자 수의 산정방법, 동의절차 등의 구체적 내용을, 제7조 제2항은 도시개발구역 지정을 위한 공청회의 개최 대상 및 주민의 의견청취 방법 등의 구체적 내용을, 제11조 제10항은 도시개발구역의 지정 제안과 관련된 동의자 수의 산정방법, 동의절차 등의 구체적 내용을 각 대통령령으로 정하도록 규정하고 있는바, 위 법률조항들은 그 규정의 구체화를 위하여 하위규범의 시행을 예정하고 있는 경우로서 그 자체로는 직접 청구인들의 기본권을 침해하고 있지 아니하므로, 직접성 요건이 흠결되어 부적법하다.

236) 헌재 2014. 3. 25. 2014헌마171, 1, 2.
237) 헌재 2008. 5. 29. 2006헌마1291, 공보 140, 814.
238) 헌재 2018. 11. 6. 2018헌마1050, 1, 8.

4) 직접성 요건의 예외

우리나라 헌법재판소는 유권해석을 통해 직접성 요건의 예외[239]를 넓게 인정해 오고 있다. ① 집행행위가 예정되어 있는 경우라고 하더라도 "예외적으로 법령이 일의적이고 명백한 것이어서 집행기관이 심사와 재량의 여지없이 그 법령에 따라 일정한 집행행위를 하여야 하는 때",[240] ② "법규범의 내용이 집행행위 이전에 이미 국민의 권리관계를 직접 변동시키거나 국민의 법적 지위를 결정적으로 정하는 것이어서 국민의 권리관계가 집행행위의 유무나 내용에 의하여 좌우될 수 없을 정도로 확정된 상태의 경우", ③ 법령의 적용에 따른 구체적인 집행행위가 존재하는 경우라도 "그 집행행위를 대상으로 하는 구제절차가 없거나, 구제절차가 있다고 하더라도 권리구제의 기대가능성이 없고 다만 기본권 침해를 당한 청구인에게 불필요한 우회절차를 강요하는 것밖에 되지 않는 경우",[241] ④ "법령의 집행행위를 기다렸다가 그 집행행위에 대한 권리구제절차를 밟을 것을 국민에게 요구할 수 없는 경우[242]" 예외적으로 기본권 침해의 직접성을 인정하고 있다.[243]

우리나라 헌법재판소가 기본권 침해의 직접성의 예외를 넓게 인정하는 이유는 "무엇보다 국민의 기본권 보호에 있어서 공백을 방지하고 우회적인 경로를 통하지 않고 보다 근원적이고 직접적으로 기본권 보장수단을 제공하려는 데 있다."[244] 직접성 요건을 엄격하게 해석·적용하게 되면 '헌법재판소의 업무부담이 경감'[245]될 수는 있다. 반면에 직접성 요건의 예외를 넓게 인정하게 되면 헌법재판소가 본안판단을 해야 하는 사건수가 증가하므로 헌법재판소의 업무부담이 가중되게 된다. 중요한 것은 직접성 요건을 지나치게 엄격하

---

239) 직접성 요건의 예외에 관하여는 김현철, 「헌법소송법」, 전남대출판부, 2019, 410면 이하 참조.
240) 헌재 1995. 2. 23. 90헌마214; 헌재 2016. 9. 29. 2015헌마165, 판례집 28-2상, 521, 526.
241) 헌재 1992. 4. 14. 90헌마82; 헌재 2016. 9. 29. 2015헌마165, 판례집 28-2상, 521, 526.
242) 헌재 2008. 1. 29. 2008헌마6, 1, 3.
243) 헌재 2005. 5. 26. 2004헌마671, 판례집 17-1, 785, 789-790.
244) 헌재 2006. 4. 27. 2004헌마562, 판례집 18-1상, 574, 581. 재판관 송인준, 재판관 주선회, 재판관 조대현의 반대의견.
245) 헌법재판소의 업무부담경감에 대해서는 이부하, "헌법재판소의 업무부담경감", 「법조」 통권 605호, 2007. 2, 5면 이하 참조.

게 적용하게 되면 '국민의 재판받을 권리의 본질적인 부분을 침해'할 수 있기 때문에,[246] 국민의 기본권 보장을 위한 일반쟁송 등에 의한 해결수단, 행정적 구제·입법적 구제의 유무 등을 고려하여 직접성의 예외를 인정해야 할 것이다.[247]

가) 법령에 따라 일정한 집행행위를 하여야 하는 경우

법령에 집행행위가 예정되어 있는 경우라고 하더라도 "예외적으로 법령이 일의적이고 명백한 것이어서 집행기관이 심사와 재량의 여지없이 그 법령에 따라 일정한 집행행위를 하여야 하는 때"[248] 직접성의 예외가 인정된다.

① 공탁금의 이자에 관한 규칙에 대한 헌법소원

공탁공무원의 1990.12.7.자 회수인가처분이 개재되어 있다고 하더라도 대법원규칙(공탁금의 이자에 관한 규칙 제4조)[249]이 공탁공무원에게 심사와 재량의 여지를 주지 않은 채 공탁금에 대하여 연 1%의 이자를 붙이게 하고 1만원 미만의 단수에 대하여는 이자를 붙이지 않도록 일의적이고 명백하게 규정하고 있는 이상 이 사건 심판청구는 법령이 일의적이고 명백한 것이어서 집행기관이 심사와 재량의 여지없이 그 법령에 따라 일정한 집행행위를 하여야 하는 예외에 해당하여 직접성이 있다.[250]

② 조세특례제한법 시행령 부칙 제23조 제1항 위헌확인

법령에 대한 헌법소원에서 법규범이 집행행위를 예정하고 있더라도 그 법령이 일의적이고 명백한 것이어서 집행기관이 심사와 재량의 여지없이 그 법령에 따라 일정한 집행행위를 하여야 하는 경우에는 당해 법령의 직접성을 인정할 수 있다. 그런데 이와 같은 법리를 적용함에 있어서, 집행행위가 법령이 정한 요건이 충족될 경우 집행기관의 '재량'없이 이루어지는 기속행위라는

246) 헌재 2005. 5. 26. 2004헌마671, 판례집 17-1, 785, 790.
247) 김현철, 「헌법소송법」, 전남대출판부, 2023, 436면.
248) 헌재 1989. 3. 17. 선고, 88헌마1; 헌재 1995. 2. 23. 90헌마214, 판례집 7-1, 245, 254-255.
249) 공탁금의 이자에 관한 규칙(1991.2.13. 대법원규칙 제1155호로 삭제되기 전의 것) 제4조 (이자지급) 공탁금의 이자는 공탁금 1만원 미만의 단수에 대하여는 이를 부가하지 아니한다.
250) 헌재 1995. 2. 23. 90헌마214, 판례집 7-1, 245, 254.

것과 집행기관이 법령이 정한 요건의 충족 여부를 '심사'할 여지도 없이 일의적이라는 것은 구분되어야 한다. 즉, 집행행위가 조세의 부과처분 등과 같이 집행기관의 재량이 없는 기속행위라 하더라도 집행기관에게 적극적·소극적 과세요건의 충족 여부에 대한 심사가 예정되어 있는 경우에는 위 법리를 적용하더라도 당해 법령의 직접성을 인정할 수 없다. 결국 심판대상조항으로 인한 기본권 침해는 개개의 적극적·소극적 과세요건의 충족 여부를 심사한 결과에 따르는 해당 과세기간에 대한 과세처분 또는 경정거부처분 등의 구체적인 집행행위를 통하여 비로소 현실화되는 것이므로, 이 사건 심판청구는 기본권 침해의 직접성 요건을 갖추었다고 볼 수 없어 부적법하다.[251]

③ 병역법 제89조 위헌확인

병역법 제89조의2 제1호('심판대상조항')는 형벌조항으로서 검사의 기소와 법원의 재판을 통한 형벌의 부과라는 구체적 집행행위가 예정되어 있으므로, 원칙적으로 기본권 침해의 직접성을 인정할 수 없다. 그리고 집행기관인 검사 또는 법원은 심판대상조항에 따른 사실인정과 판단을 통하여 기소 또는 재판을 하여야 하므로, 심판대상조항은 집행기관이 심사와 재량의 여지없이 그 법령에 따라 일정한 집행행위를 하여야 하는 경우에 해당하지 않는다. 결국 심판대상조항은 기본권 침해의 직접성을 인정할 수 있는 예외적인 경우에도 해당하지 않는다.[252]

④ 형사소송법 제361조의3 위헌확인

항소이유서 제출기간 내에 항소이유서를 제출하지 아니한 경우 항소기각 결정을 하도록 규정한 형사소송법 제361조의4 제1항 본문(이하 '이 사건 결정조항')이 기본권 침해의 직접성 요건을 충족하고 있는지 여부와 관련하여, 이 사건 결정조항은 구체적인 소송사건에서 법원에 의해 해석·적용되는 재판규범으로서 법원의 재판이라는 구체적인 집행행위의 매개를 거쳐 비로소 특정인의 기본권에 영향을 미치게 되는 법규범이고, 집행기관이 심사와 재량의 여지

251) 헌재 2020. 9. 24. 2017헌마498, 판례집 32-2, 303.
252) 헌재 2019. 1. 15. 2019헌마24, 1.

없이 그 법률에 따라 일정한 집행행위를 하여야 하는 경우에도 해당하지 않으며, 즉시항고라는 구제절차도 존재하므로, 이 사건 결정조항에 대한 심판청구는 기본권 침해의 직접성이 없는 법률조항을 대상으로 한 것이다.[253)]

⑤ 의료법 제2조 등 위헌확인

의료법 제33조 제2항 단서가 의료인에게 '하나의' 의료기관만을 개설할 수 있도록 함으로써 의사 및 한의사의 복수의 면허를 가진 의료인이라고 하더라도, 양방 또는 한방 중 그 선택에 따라 어느 '하나의' 의료기관 이외에 다른 의료기관의 개설을 금지한다. 이는 의료기관 개설에 있어서 집행행위 이전에 미리 의료인의 법적 지위를 결정적으로 정하고 있을 뿐만 아니라, '하나를 초과하는' 의료기관을 개설하고자 할 경우 행정청에게 그 개설신고나 허가신청을 반려하거나 거부하도록 하여 행정청의 집행행위를 형식적인 것에 그치게 하고 있는 것이다. 따라서 이 사건 법률조항에 대하여는 집행행위가 예정되어 있음에도 예외적으로 기본권침해의 직접성을 인정할 수 있다.[254)]

⑥ 계호근무준칙 제298조 등 위헌확인

법무부 훈령인 계호근무준칙 제298조 제1호·제2호('이 사건 준칙조항')는 행정규칙이기는 하나 검사 조사실에서의 계구사용에 관한 재량권 행사의 준칙으로서 오랫동안 반복적으로 시행되어 그 내용이 관행으로 확립되었다 할 수 있는 것으로, 이 사건 준칙조항을 따라야 하는 검사조사실 계호근무자로서는 검사조사실에서 수용자가 조사를 받는 동안에는 그때그때 개별적으로 상관에게 요청하여 그 지시를 받아 계구사용의 해제 여부를 결정할 여유가 사실상 없기 때문에 일단은 재량의 여지없이 원칙적, 일률적으로 계구를 사용하여 수용자를 결박한 상태에서 계호해야 한다. 그렇다면 이 사건 준칙조항은 이와 같은 재량 없는 집행행위를 통하여 계호대상이 되는 수용자에게 직접적으로 계구사용으로 인한 기본권제한의 효력을 미치게 된다고 볼 수 있고 이러한 상황은 청구인의 경우에도 실제로 동일하게 발생하였다.[255)]

---

253) 헌재 2016. 9. 29. 2015헌마165, 판례집 28-2상, 521.
254) 헌재 2007. 12. 27. 2004헌마1021, 판례집 19-2, 795, 805.

나) 법규범의 내용이 이미 국민의 권리관계를 확정한 상태인 경우

"법규범이 집행행위를 예정하고 있더라도 법규범의 내용이 집행행위 이전에 이미 국민의 권리관계를 직접 변동시키거나 국민의 법적 지위를 결정적으로 정하는 것이어서 국민의 권리관계가 집행행위의 유무나 내용에 의하여 좌우될 수 없을 정도로 확정된 상태"[256]의 경우 직접성의 예외가 인정된다.

① 의료법 제2조 등 위헌확인

청구인들은 의사와 한의사의 복수면허를 모두 활용하여 환자들을 진료하는 가칭 '동서결합의'라는 독자적인 직업인으로 활동하거나 양의와 한의를 겸업할 수 있는 '동서결합병의원'을 개설할 계획이었다. 그런데 청구인들은 2004년 11월경 '동서결합병의원' 개설을 추진하다가 의료법 제33조 제2항 단서[257]에 의하면 '동서결합의'로 활동하거나 양의와 한의를 겸업할 수 있는 '동서결합병의원'의 개설이 금지되어 있다는 사실을 알게 되었다. 이에 청구인들은 2004. 12. 30. 구 의료법의 관련 조항들이 청구인들의 직업선택의 자유 및 평등권을 침해한다고 주장하면서 헌법소원심판을 청구하였다.[258]

이 사건 법률조항은 의료인에게 '하나의' 의료기관만을 개설할 수 있도록 함으로써 의사 및 한의사의 복수면허 의료인이라고 하더라도, 양방 또는 한방 중 그 선택에 따라 어느 '하나의' 의료기관 이외에 다른 의료기관의 개설을 금지한다. 이는 의료기관 개설에 있어서 <u>집행행위 이전에 미리 의료인의 법적 지위를 결정적으로 정하고 있을</u> 뿐만 아니라, '하나를 초과하는' 의료기관을 개설하고자 할 경우 행정청에게 그 개설신고나 허가신청을 반려하거나 거부하도록 하여 <u>행정청의 집행행위를 형식적인 것에 그치게 한다</u>. 따라서 이 사건 법률조항은 집행행위가 예정되어 있음에도 예외적으로 기본권침해의 직접성을 인정할 수 있다.[259]

---

255) 헌재 2005. 5. 26. 2004헌마49, 판례집 17-1, 754, 761.

256) 헌재 1997. 7. 16. 97헌마38, 판례집 9-2, 94, 104; 헌재 2003. 10. 30, 2003헌바11; 헌재 2004. 8. 26. 2003헌마337, 판례집 16-2상, 334, 343-344.

257) 의료법 제33조 제2항 단서의 "의료인은 하나의 의료기관만을 개설할 수 있으며" 부분.

258) 헌재 2007. 12. 27. 2004헌마1021, 판례집 19-2, 1, 6-7.

259) 헌재 2007. 12. 27. 2004헌마1021, 판례집 19-2, 1.

② 여객자동차운수사업법 시행규칙 제17조 위헌확인

개인택시운송사업면허의 양도·양수인가는 그 양도·양수에 대한 법률효과를 완성시키는 인가처분과 양도인이 가지고 있던 면허와 동일한 내용의 면허를 양수인에 대하여 부여하는 처분이 포함되어 있는 처분인바,[260] 이러한 개인택시운송사업면허처분은 관할관청이 지역의 수송수요와 수송력공급 수준을 고려하여 발급 여부를 결정할 수 있는 재량행위이다.[261]

그러나 관할관청의 이러한 재량은, 양도·양수인가신청자가 심판대상규정인 구 '여객자동차 운수사업법 시행규칙' 제17조 제9항 소정의 무사고 운전경력 요건을 충족한 경우에 인가를 하여줄 지 여부에 대한 재량일 뿐, 인가신청자가 이러한 무사고 운전경력 요건을 갖추지 못한 경우에는 관할관청은 재량의 여지없이 인가신청을 불허할 수밖에 없으므로, 이 사건 심판대상규정의 내용은 관할관청의 집행행위 이전에 이미 국민의 법적 지위를 결정적으로 정하는 것이라고 할 것이다. 결국 무사고 운전경력을 갖추지 못한 양도·양수인가 신청자는 이 사건 심판대상규정으로 인하여 관할관청의 집행행위의 유무 또는 내용에 관계없이 개인택시운송사업을 영위할 수 없으므로, 위 규정으로 인한 기본권침해의 직접성이 인정된다.[262]

③ 공무원보수규정 제8조 제2항 위헌확인

청구인은 하사 경력을 군무원 9급으로 인정받았고, 5년 6개월의 군복무경력을 당시 병역법에 의한 군의무복무기간인 3년에 한하여 인정받았으며, 국가기술자격법에 의한 자격증 등을 취득하지 못하였다는 이유로 서버운영 등의 분야에 종사한 경력을 호봉획정의 경력으로 인정받지 못하였다. 청구인의 초임호봉이 획정되기까지 임용권자의 초임호봉 획정처분이라는 집행행위가 예정되어 있으나, 이 사건 심판대상 중 '상당계급기준표 부분'은 하사의 상당계급을 9급으로 명시하고 있고, '군의무복무기간 부분'은 경력인정이 되는 군의무복무기간을 병역법에 의한 의무복무기간으로 한정하고 있으며, '전문·특수

---

260) 대법원 1994. 8. 23. 선고 94누4882 판결.
261) 구 여객자동차 운수사업법 제6조 제1항 제1호, 대법원 1996. 10. 11. 선고 96누6172 판결 참조.
262) 헌재 2008. 11. 27. 2006헌마688, 공보 제146호, 1806, 1808－1809.

경력 부분'은 국가기술자격법에 의한 자격증 또는 중앙인사위원회가 인정하는 개별법상의 자격(면허)증이나 박사학위를 취득한 경우에만 유사경력으로 인정하도록 확정적으로 정하고 있으므로 집행행위 이전에 이미 청구인의 권리관계를 직접 변동시키거나 청구인의 법적 지위를 결정적으로 정하는 것이어서, 이 사건 심판대상조항에 의한 기본권침해의 직접성이 인정된다.[263)]

④ 수산자원보호령 제17조 등 위헌확인

구 수산자원보호령(이하 '수산자원보호령') 제17조 제1항의 [별표 12] 중 '제5구의 잠수기어업 허가정수를 37건'으로 정한 부분(이하 '이 사건 시행령조항')이 별도의 집행행위의 매개 없이 직접 기본권을 제한하는지 여부와 관련하여, 법규범이 집행행위를 예정하고 있더라도 법규범의 내용이 집행행위 이전에 이미 국민의 권리관계를 직접 변동시키거나 국민의 법적 지위를 결정적으로 정하는 것이어서 국민의 권리관계가 집행행위의 유무나 내용에 의하여 좌우될 수 없을 정도로 확정된 상태라면 그 법규범의 권리침해의 직접성이 인정된다. 이 사건 시행령조항에 의하면 제5구의 잠수기어업 허가정수를 37건으로 규정함으로써 그 허가정수의 범위 안에서 어업허가를 받을 수 있을 뿐 이를 초과하여 어업허가를 받을 수 없는 제한을 받게 된다. 위와 같이 이 사건 시행령조항상의 허가정수에 따른 허가가 모두 이루어졌을 경우 더 이상의 어업허가는 불가능하므로, 이 사건 시행령조항에 의하여 잠수기어업을 영위할 수 없는 기본권 제한을 직접 받게 된다.[264)]

⑤ 사법시험법 시행규칙 제7조 제3항 제7호 위헌확인

이 사건에서 청구인이 행정법 과목의 제1문과 제2문의 답안지를 바꾸어 기재하였더라도 사법시험 불합격까지는 사법시험법 제11조 및 같은 법 시행령 제5조에 따른 사법시험 합격결정이라는 집행행위가 예정되어 있다. 그러나 사법시험 제2차 시험에 있어서 해당 문제번호의 답안지에 답안을 작성하지 아니한 자는 사법시험 제2차 시험에서 해당 문제번호의 답안지에 답안을 작성하

263) 헌재 2008. 12. 26. 2006헌마1192.
264) 헌재 2008. 6. 26. 2005헌마173, 판례집 20−1하, 378.

지 아니한 자에 대하여 그 과목을 영점처리하도록 규정하고 있는 '사법시험법 시행규칙'('이 사건 규칙')에 따라 영점처리를 받을 수밖에 없고, 이는 집행행위자에게 재량의 여지가 없는 기속적 규정이다. 한편 어느 과목이든 4할 이상을 득점하지 못하면 사법시험에 합격될 수 없으므로(같은 법 시행령 제5조 제2항), 이 사건 규칙에 따라 영점처리된 청구인은 사후 집행행위의 유무나 내용에 상관없이 불합격처분을 면할 수 없다. 결국 청구인의 권리관계는 합격결정이라는 구체적 집행행위 이전에 이미 이 사건 규칙에 의하여 일의적이고 명백하게 확정된 상태가 되었으므로, 이 사건 규칙으로 인한 권리침해의 직접성이 인정된다.[265)]

⑥ 국가유공자 등 예우 및 지원에 관한 법률 시행규칙 제8조의3 별표 4 위헌확인

국가유공자로 인정받기 위한 상이등급 기준 중 이명에 관하여 정한 '국가유공자 등 예우 및 지원에 관한 법률' 시행규칙 제8조의3 [별표 4] 신체부위별 상이등급 2. 귀, 코 및 입의 장애 가. 귀의 장애 3) 준용등급의 결정 중 나) 부분(이하 '이 사건 별표 중 이명 기준 부분'이라 한다) 및 구 '국가유공자 등 예우 및 지원에 관한 법률' 시행규칙 제8조의3 [별표 4] 신체부위별 상이등급 결정 2. 귀, 코 및 입의 장애 가. 귀의 장애 1) 청력의 측정 가) 중 전문 부분(이하 '이 사건 별표 중 6분법 부분'이라 하고, 이 부분과 이 사건 별표 중 이명 기준 부분을 묶어 '심판대상조항'이라 한다)이 청구인의 기본권을 직접 제한하는지 여부와 관련하여, 국가유공자로 인정받기 위한 상이등급 기준 중 이명에 관하여 정한 심판대상조항은 국가보훈처장의 상이등급 판정이라는 별도의 구체적인 집행행위를 예정하고 있으나, 상이등급 판정은 재량의 여지 없이 심판대상조항을 기계적으로 적용한 결과에 지나지 않으므로, 청구인의 지위는 심판대상조항에 의하여 이미 확정되었다. 따라서 심판대상조항은 청구인의 기본권을 직접 제한한다.[266)]

---

265) 헌재 2008. 10. 30. 2007헌마1281, 판례집 20-2상, 1187.
266) 헌재 2015. 6. 25. 2013헌마128, 판례집 27-1하, 553.

다) 집행행위를 대상으로 한 구제절차가 없거나 권리구제의 기대가능성이 없는 경우

법령의 적용에 따른 구체적인 집행행위가 존재하는 경우라도 그 집행행위를 대상으로 하는 구제절차가 없거나, 구제절차가 있다고 하더라도 권리구제의 기대가능성이 없고 다만 기본권 침해를 당한 청구인에게 불필요한 우회절차를 강요하는 것밖에 되지 않는 경우[267] 직접성의 예외가 인정된다.

① 교육공무원법 제24조 제4항 등 위헌확인

평의원회 또는 교수회는 해당 대학 교수 등을 구성원으로 하여 고등교육법시행령 제4조 제16호 및 각 소속 대학교의 학칙에 의하여 설치된 단체이다. 청구인들 소속의 대학 중 (A)대학교는 2008. 5., (B)대학교는 2005. 12., (C)대학교는 2005. 12., (D)교육대학교는 2005. 12., (E)대학교는 2006. 3., (F)대학교는 2006. 4., (G)대학교와 (H)대학교는 2006. 5., (I)대학교는 2006. 7., (J)대학교는 2006. 12., (K)대학교는 2007. 5., (L)대학교는 2006. 4., (M)교육대학교는 2006. 5.에 각 대학의 장 추천을 위한 선거가 실시되었거나 실시될 예정이다. 청구인들은 교육공무원법 제24조 등 심판대상 법률[268]이 헌법상 보장된 청구인들의

267) 헌재 1992. 4. 14. 90헌마82, 판례집 4, 194, 203; 헌재 1997. 8. 21. 96헌마48, 판례집 9−2, 295, 303; 헌재 1997. 10. 30. 97헌바37등, 판례집 9−2, 502.

268) 교육공무원법(2005. 5. 31. 법률 제7537호로 개정된 것) 제24조(대학의 장의 임용)
③ 제1항 본문의 규정에 의한 대학의 장의 임용추천을 위하여 대학에 대학의장임용추천위원회(이하 "위원회"라 한다)를 둔다.
④ 위원회는 해당 대학이 정하는 바에 따라 다음 각 호의 어느 하나의 방법에 의하여 대학의 장 후보자를 선정하여야 한다.
1. 위원회에서의 선정
2. 해당 대학 교원의 합의된 방식과 절차에 따른 선정
⑥ 제1항의 규정에도 불구하고 대학의 장 임기만료 후 3월 이내에 해당 대학이 대학의 장 후보자를 추천하지 아니하는 경우 해당 대학의 장은 교육인적자원부장관의 제청으로 대통령이 임용한다.
⑦ 위원회의 구성·운영 등에 관하여 필요한 사항은 대통령령으로 정하되, 위원의 일정비율 이상은 여성으로 한다.
제24조의2(선거운동의 제한)
④ 누구든지 대학의 장 후보자 선정 선거와 관련하여 다음 각 호의 방법 외의 행위를 할 수 없다.
1. 선전벽보의 부착
2. 선거공보의 배부
3. 소형인쇄물의 배부
4. 합동연설회 또는 공개토론회의 개최
5. 전화·컴퓨터 통신을 이용한 지지호소
제24조의3(대학의 장 후보자 추천을 위한 선거사무의 위탁) ① 대학의 장 후보자를 추천함에 있어서 제24조 제4항 제2호의 규정에 따라 해당 대학 교원의 합의된 방식과 절차에 따라 직접선거에 의하는

학문의 자유와 대학의 자치에서 유래되는 자치입법권 등을 침해하였다고 주장하며 그 위헌확인을 구하는 헌법재판소법 제68조 제1항의 헌법소원을 제기하였다.[269)]

청구인들 소속 대학에서는 총장 후보자 선출에 대하여 이미 직접선거의 방식을 채택하고 있고 그 선출방식에 대하여 대학별로 새로운 결정을 하라는 취지는 아니므로 직접선거와 관련된 조항들은 모두 직접성이 인정되며, 다만 교육공무원법 제24조 제6항의 경우에는 대통령이 대학의 장을 임용하는 구체적인 집행행위를 통해서 기본권이 제약되는 측면이 있으나 대학구성원들이 이를 직접 다툴 수 있는 방법이 명확하지 아니하고, 따라서 이는 구제절차가 없거나 권리구제의 기대가능성이 없는 경우로 보아 직접성을 인정할 수 있다.[270)]

② 산업재해보상보험법 부칙 제6조 위헌확인

청구인은 'OO가스' 사업장의 체적기사로 근무하던 중 2007. 2. 3.경 LPG(액화천연가스)를 공급하는 과정에서 가스통을 들다가 허리를 다치는 업무상 재해를 입고, 2007. 3. 8.과 2007. 11. 27. 등 2회에 걸쳐 요추 제4－5번 구간에 대한 수핵제거술 및 추궁절제술을 받았다. 청구인은 2007. 10. 4.경 추가로 근로복지공단에 척추고정술을 신청하였으나 불승인되었다가, 그 후 2008. 7. 1. 근로복지공단으로부터 척추고정술 승인을 받아 2008. 8. 13. 수술을 받고 2008. 10. 25.까지 통원 및 입원치료를 받았다. 한편 산업재해보상보험법('산재보험법')이 2007. 12. 14. 법률 제8694호로 전부 개정되어 2008. 7. 1.부터 시행되었고, 그에 따라 같은 법 시행령과 시행규칙이 전부 개정되면서 장해급여의 지급기준이 되는 장해등급 판정에 관한 세부기준이 변경되었다. 이에 청구인은, 산재보험법 부칙 제6조(장해급여에 관한 적용례)가 근로복지공단의 잘못으로 척추고정술 승인이 지연된 경우와 같은 예외적인 경우에도 일률적으로 개정된 산재보험법 규정을 적용하여 장해급여를 결정하는 것으로 규정함으로써,

---

경우 해당 대학은 선거관리에 관하여 그 소재지를 관할하는「선거관리위원회법」에 의한 구·시·군선거관리위원회(이하 "구·시·군선거관리위원회"라 한다)에 위탁하여야 한다.

269) 헌재 2006. 4. 27. 2005헌마1047 등, 판례집 18－1상, 601, 607－608.

270) 헌재 2006. 4. 27. 2005헌마1047 등, 판례집 18－1상, 601, 614.

청구인의 재산권, 평등권 및 행복추구권을 침해하였다는 이유로, 2009. 1. 23. 위 부칙 제6조의 위헌 확인을 구하는 이 사건 헌법소원심판을 청구하였다.[271]

헌법재판소는 “부진정 입법부작위를 다투는 형태의 헌법소원심판 청구의 경우에도 해당 법률 또는 법령 조항 자체를 심판의 대상으로 삼는 것이므로 원칙적으로 법령소원에 있어서 요구되는 기본권침해의 직접성 요건을 갖추어야 한다.”[272]고 판시하였다.

장해등급 판정이나 보험급여와 관련된 근로복지공단의 결정 등에 불복하는 자는 심사청구 및 재심사 청구를 할 수 있으며(산재보험법 제103조 내지 제106조), 재심사 청구에 대한 재결은 행정심판에 대한 재결로 보게 되므로(산재보험법 제111조 제2항), 재심사 청구에 불복하는 경우 행정소송으로 급여와 관련된 근로복지공단의 결정 등의 취소나 재결 자체의 취소를 구할 수 있다. 이 사건에서, 청구인이 위와 같은 권리구제절차를 경유하는 것이 곤란하다고 보기 어려울 뿐만 아니라, 이러한 절차를 거치게 하는 것이 청구인에게 불필요한 우회절차를 강요하는 것이거나 실효성이 없다고 볼 만한 사정도 없으므로, 이 사건의 경우 ‘구제절차가 없거나 구제절차에 의한 권리구제의 기대가능성이 없는 경우’에 해당한다고 볼 수 없다.

청구인은 이 사건 부칙조항에 이 사건 경과규정을 두지 않은 부진정 입법부작위로 인하여 장해급여청구권 등이 침해되었다고 주장하고 있는바, 이 사건 경과규정이 흠결된 이 사건 부칙조항이 직접 청구인의 법적 지위나 권리관계에 영향을 미치기 위해서는 먼저 이 사건 경과규정의 전제인 ‘근로복지공단의 과실 등에 의해 척추고정술 승인이 지연됨으로써 청구인의 귀책사유 없이 치유가 종결된 시점이 개정법 시행 이후로 부당하게 늦추어졌다.’라는 예외적 사정이 존재하여야 하는데, 그 예외적 사정의 유무에 관한 판단은 집행기관이나 법원에 의한 사실관계 확정 및 가치판단 등을 통하여 비로소 이루어질 수밖에 없다. 이처럼 집행기관의 집행행위 또는 법원의 판단이 이 사건 부칙조항에 대한 적용보다 반드시 선행되어야 하므로, 이 사건 부칙조항이 그 집행

271) 헌재 2010. 7. 29. 2009헌마51, 판례집 22-2상, 443, 445-446.
272) 헌재 2010. 7. 29. 2009헌마51, 판례집 22-2상, 443.

행위 등의 유무나 내용과 무관하게 청구인의 기본권을 직접 침해한다고 보기 어렵다.[273)]

③ 검사징계법 제5조 제2항 제2호 등 위헌확인

청구인은 2019. 7. 25.부터 2021. 3. 4.까지 검찰총장의 직에 있었다. 법무부장관은 청구인이 검찰총장으로 재직 중이던 2020. 11. 24. 청구인에 대하여 검사징계위원회(이하 '징계위원회'라 한다)에 징계를 청구하였다. 이에 청구인은 법무부장관이 징계위원회의 위원 중 검사 2명과 변호사, 법학교수 및 학식과 경험이 풍부한 사람 각 1명을 각각 지명 및 위촉하도록 규정한 검사징계법 제5조 제2항 제2호, 제3호가 검찰총장인 검사의 징계에 적용되는 한 공무담임권 등을 침해한다고 주장하면서, 2020. 12. 4. 이 사건 헌법소원심판을 청구하였다.

이후 징계위원회는 2020. 12. 16. 2개월의 정직을 의결하였고, 대통령은 법무부장관의 제청으로 2020. 12. 17. 청구인에 대하여 2개월의 정직 처분(이하 '이 사건 징계처분'이라 한다)을 하였다. 청구인은 2020. 12. 17. 이 사건 징계처분에 대하여 취소소송을 제기함과 동시에(서울행정법원 2020구합88541) 집행정지 신청을 하였다(서울행정법원 2020아13601). 2020. 12. 24. 이 사건 징계처분의 효력을 위 취소소송의 1심 판결선고일로부터 30일이 되는 날까지 정지하는 결정이 있었고, 위 결정은 확정되었다. 청구인은 2021. 3. 4. 검찰총장의 직에서 사임하였다.

해임, 면직, 정직 등의 징계처분은 항고소송의 대상이 되며, 청구인은 2020. 12. 17. 이 사건 징계처분에 대해 취소소송을 제기하여 이 사건 결정선고일 현재까지 계속 중이다. 따라서 집행행위에 대한 구제절차가 없거나 그 구제절차에서는 권리구제의 기대가능성이 없어 청구인에게 불필요한 우회절차를 강요하는 경우라고 보기도 어렵다.[274)]

④ 의료사고 피해구제 및 의료분쟁 조정 등에 관한 법률 제47조 제2항 등 위헌확인

청구인들은 의료법에 따른 면허를 받아 의료기관을 개설하여 운영하는

273) 헌재 2010. 7. 29. 2009헌마51, 판례집 22-2상, 443, 451.
274) 헌재 2021. 6. 24. 2020헌마1614.

보건의료기관개설자들이다. 청구인들은, 보건의료기관개설자가 의료사고 피해자에 대한 손해배상금 대불에 필요한 비용을 부담하도록 하면서 그 금액과 납부방법 및 관리 등에 관하여 필요한 사항은 대통령령으로 정하도록 하고, 이 경우 보건의료기관개설자가 부담하는 비용은 국민건강보험공단이 요양기관에 지급하여야 할 요양급여비용의 일부를 한국의료분쟁조정중재원(이하 '조정중재원'이라 한다)이 지급받는 방법으로 징수할 수 있도록 한 '의료사고 피해구제 및 의료분쟁 조정 등에 관한 법률' 제47조 제2항과 제4항으로 인하여 청구인들의 재산권, 평등권 등이 침해되었다고 주장하며, 2012. 7. 6. 이 사건 헌법소원 심판을 청구하였다.

의료사고 피해자에 대한 손해배상금의 대불에 필요한 비용의 부담과 부과·납부에 관한 '의료사고 피해구제 및 의료분쟁 조정 등에 관한 법률' 제47조 제2항 및 제4항(이하 '심판대상조항들')에 의하면, 개별 보건의료기관개설자인 청구인들이 구체적인 액수의 손해배상금 대불비용을 납부할 의무를 지는 것은 한국의료분쟁조정중재원장의 부과·징수행위에 의한 것이고, 그러한 집행행위 이전에 심판대상조항들에 의하여 청구인들의 권리관계가 직접 변동되거나 확정된다고 할 수 없으며, 집행행위에 대한 구제절차가 없거나 그 구제절차에서 권리구제의 기대가능성이 없는 경우라고 볼 수 없으므로, 심판대상조항들로 인한 청구인들의 기본권침해의 직접성이 인정되지 아니한다.[275)]

라) 법령의 집행행위를 기다렸다가 그에 대한 권리구제절차를 밟을 것을 국민에게 요구할 수 없는 경우

법령의 집행행위를 기다렸다가 그 집행행위에 대한 권리구제절차를 밟을 것을 국민에게 요구할 수 없는 경우에도 예외적으로 기본권 침해의 직접성이 인정될 수 있다. 예컨대, 형법상의 법률조항은 엄밀한 의미에서 법률 그 자체에 의하여 국민의 신체의 자유를 제한하는 것이 아니라 넓은 의미의 재량행위(법관의 양형)의 하나인 형법조항의 적용행위라는 구체적인 집행행위를 통하여 비로소 국민의 기본권이 제한되는 것이지만, 국민에게 그 합헌성이 의심되는

275) 헌재 2014. 3. 27. 2012헌마606, 공보 210, 651.

형법조항에 대하여 위반행위를 우선 범하고 그 적용·집행행위인 법원의 판결을 기다려 헌법소원심판을 청구할 것을 요구할 수는 없다. 따라서 이러한 경우에는 예외적으로 집행행위가 재량행위임에도 불구하고 법령에 의한 기본권 침해의 직접성을 인정할 수 있다.[276)]

① 국가보안법 제19조 위헌확인

청구인들은 1995. 11. 15. 국가보안법 제8조를 위반하였다는 등의 혐의로 국가안전기획부에 각 구속되어 수사를 받으면서 국가보안법 제19조 제1항에 따라 구속기간이 1회 연장되었고, 서울지방검찰청에 송치된 후 국가보안법 제19조 제2항에 따라 각 2회의 구속기간이 연장되어 수사를 받았다. 그 후 청구인들은 1996. 1. 4. 국가보안법 제7조 및 집회및시위에관한법률을 위반하였다는 이유로 서울지방법원에 기소되었다. 이에 청구인들은 국가보안법 제19조가 구속기간에 관하여 국가보안법위반 피의자를 합리적 이유없이 차별하고 있다고 주장하면서 국가보안법 제19조에 대한 위헌결정 내지 '구속영장발부시 피의사실이 국가보안법 제8조에 해당한다 하여도 수사한 뒤 피의사실이 같은 조에 해당하지 않음이 밝혀지거나 구속기간의 연장이 같은 조에 해당하는 피의사실을 수사하기 위한 것이 아닌 경우나 공소제기시 같은 조에 해당하는 공소사실이 없을 경우, 국가보안법 제19조에 의하여 구속기간을 연장할 수 있다고 해석하는 한 국가보안법 제19조는 헌법에 위반된다'는 결정을 구하여 1996. 2. 3. 헌법재판소에 헌법소원심판을 청구하였다.[277)]

국가보안법 제19조에 따른 수사기관의 구속기간연장허가신청에 대한 지방법원판사의 허가결정에 대하여는 형사소송법상 항고, 준항고, 즉시항고 등의 불복방법이 마련되어 있지 아니하다. 즉 구속기간연장을 허가하는 지방법원판사는 "독립된 재판기관"(강학상 수임판사)으로서 "수소법원"에 해당되지 아니하여 형사소송법 제402조에 의한 항고의 대상도 되지 아니하고, "재판장 또는 수명법관"에도 해당되지 아니하여 형사소송법 제416조에 의한 준항고의 대

---

276) 헌재 1996. 2. 29. 94헌마213, 판례집 8-1, 147, 154; 헌재 1998. 4. 30. 97헌마141, 판례집 10-1, 496, 504; 헌재 2005. 5. 26, 2004헌마671, 판례집 제17권 1집, 785, 789-790.

277) 헌재 1997. 8. 21. 96헌마48, 판례집 9-2, 295, 299-300.

상도 되지 아니하며, 또한 구속기간의 연장허가는 형사소송법 제403조 제2항이 정하는 "판결전의 소송절차"에 있어서의 구금에 관한 결정에도 해당되지 아니하여 위 규정에 의한 항고도 할 수 없다. 나아가서 형사소송법 제214조의2가 규정하고 있는 구속적부심사의 경우를 보더라도 구속적부심사의 대상에 여기에서 문제로 되고 있는 "수사를 계속함에 상당한 이유가 있는지의 여부"도 포함되는 것인지, 이론과 실무상의 관행이 확립되어 있지 아니한 상황 아래에서 사전적인 권리구제절차로서 구속적부심사를 반드시 거쳐 오는 것을 기대할 수 없으며, 더욱이 구속기간의 연장은 10일 이내라고 하는 단기간에 걸쳐서 행해지는 것인데, 그럼에도 불구하고 국가보안법 제19조의 규정의 위헌성을 다투기 위하여는 먼저 구속적부심사의 청구를 하고 그 과정에서 위 법률조항의 위헌성 여부를 다투어 위헌여부심판의 제청신청을 하고 그 제청신청이 기각된 경우에는 다시 헌법재판소법 제68조 제2항의 규정에 따라 헌법소원심판을 청구하도록 하는 것은, 이러한 절차가 10일이라고 하는 단기간 내에 모두 이루어지리라고 예상하기 어려운 상황에서 청구인들로 하여금 이러한 절차를 거친 후에 헌법소원심판을 청구하도록 하는 것은 권리구제의 기대가능성이 없는 불필요한 우회절차를 요구하는 것밖에 되지 아니한다. 따라서 국가보안법 제19조는 다른 구제절차를 거칠 것 없이 직접 헌법소원심판청구의 대상으로 삼을 수 있는 법률이라 할 것이다.[278)]

② 춘천시 개인택시운송사업 면허사무 처리규정 제6조 제1호 위헌확인

청구인은 1998.경부터 춘천시에서 택시를 운전한 자로서, 1998.경부터 2003.경까지 춘천시 관내 택시 회사에서 근무하였고, 2003.경 회사를 옮겨 계속 근무중이다. 청구인은 개인택시운송사업 면허를 발급하기 위한 우선순위 중 1순위를 '10년 이상 무사고 운전자로 관내 택시회사에서 7년 이상 근속한 자'로 상향 조정한 춘천시 개인택시운송사업 면허사무 처리규정 제6조 제1호 〔별표 1〕, 노동조합 업무 전담자 등의 운전 경력 산입에 관한 위 규정 제8조 제1항 제2호, 개인택시 신규 면허시 면허신청자의 경력가산 적용기준에 관한

278) 헌재 1997. 8. 21. 96헌마48, 판례집 9-2, 295, 304-305.

위 규정 제9조의2 제1항 제1호, 제4호, 제5호 등이 자신의 평등권을 침해한다고 주장하면서, 이 사건 헌법소원심판을 청구하였다.

이 사건 청구인으로서는 관할관청의 개인택시운송사업면허 제외처분을 기다려 행정심판 및 행정소송을 제기할 수 있고, 그 소송절차에서 이 사건 규정들과 같은 지방자치단체의 사무처리규정에 대하여도 그 적법 여부를 다툴 수 있을 것이므로,집행행위를 대상으로 하는 구제절차가 없거나 구제절차가 있다고 하더라도 권리구제의 기대가능성이 없고 청구인에게 불필요한 우회절차를 강요하는 것 밖에 되지 않는 경우라고 볼 수 없다. 이 사건 규정들이 형벌이나 행정벌에 관련되어 있어 집행행위를 기다렸다가 그 집행행위에 대한 권리구제절차를 밟을 것을 국민에게 요구할 수 없는 경우라고도 볼 수 없다.[279)]

③ 통신자료 취득행위 위헌확인 등

전기통신사업법 제83조 제3항 중 '검사 또는 수사관서의 장(군 수사기관의 장을 포함한다), 정보수사기관의 장의 수사, 형의 집행 또는 국가안전보장에 대한 위해 방지를 위한 정보수집을 위한 통신자료 제공요청'에 관한 부분(이하 '이 사건 법률조항'이라 한다)은 수사기관 등의 전기통신사업자에 대한 통신자료 제공요청이라는 행위를 예정하고 있어, 수사기관 등의 통신자료 제공요청만으로는 이용자에 대한 기본권 제한의 효과가 발생하지 아니하며 공권력주체가 아닌 사인인 전기통신사업자가 수사기관 등의 제공요청에 응하여 수사기관 등에게 이용자의 통신자료를 제공한 시점에 비로소 이용자의 기본권이 제한된다. 즉, 이 사건 법률조항으로 인한 기본권 제한이 구체적으로 발생함에 있어서는 공권력 주체가 아닌 사인인 전기통신사업자의 임의적인 통신자료 제공이 필수적인 요건이 된다. 그런데 이 사건 통신자료 취득행위에 대한 직접적인 불복수단이 존재하는지 여부가 불분명하다. 더욱이 이용자는 수사기관 등의 통신자료 제공요청의 직접적인 상대방이 아니어서 다른 절차를 통해 권리구제를 받지 못할 가능성이 크다. 또한 청구인들은 수사기관 등이 영장 없

279) 헌재 2008. 1. 29. 2008헌마6, 1, 2-3.

이 전기통신사업자에게 통신자료 제공요청을 할 수 있도록 하면서 사후통지 절차마저 마련하고 있지 아니한 것의 위헌성을 주장하고 있는데, 이 사건 법률조항은 최소한 영장주의 및 적법절차 원칙 위반 등과 관련하여서는 법률 그 자체에 의하여 청구인들의 법적 지위에 영향을 미친다고 볼 수 있다. 따라서 이 사건 법률조항은 기본권침해의 직접성이 인정된다.[280)]

5) 직접성 요건과 보충성 요건의 관계

헌법소원의 보충성이란 다른 법률에 구제절차가 있는 경우에는 그러한 구제절차를 모두 거친 후에 헌법소원심판을 청구해야 한다는 것이다.[281)] 즉, "헌법재판소법 제68조 제1항[282)] 후단의 뜻은 헌법소원이 그 본질상 헌법상 보장된 기본권 침해에 대한 예비적이고 보충적인 구제수단이므로 공권력 작용으로 말미암아 기본권의 침해가 있는 경우에는 먼저 다른 법률이 정한 절차에 따라 침해된 기본권의 구제를 받기 위한 모든 수단을 다하였음에도 그 구제를 받지 못한 경우에 비로소 헌법소원심판을 청구할 수 있다는 것을 밝힌 것이다."[283)]

헌법재판소가 제시하는 직접성을 요구하는 이유는 다음과 같다. 법령에 근거한 집행행위가 필수적으로 예정되어 있다면, 먼저 이러한 예정된 집행행위를 기다렸다가 집행행위를 대상으로 한 소송제기 및 경우에 따라서는 그 집행행위의 취소소송을 제기하는 등 다른 일반적인 쟁송의 방법으로 집행행위를 대상으로 하여 일반적인 구제절차를 밟는 것을 요구하는 것이다. 법령을 집행하는 행위가 존재하지 않고 바로 법령으로 말미암아 직접 기본권이 침해되는 경우에만 직접 법률에 대하여 헌법소원을 제기할 수 있다.[284)] 이러한 직접성에 대한 이해는 헌법소원의 보충성 요건 또는 보충성 원칙에 기반하고 있다.

---

280) 헌재 2022. 7. 21. 2016헌마388등, 판례집 34-2, 122, 136.

281) 보충성 원칙에 대한 자세한 것은 H. Posser, Die Subsidiarität der Verfassungsbeschwerde, Berlin 1993 참조.

282) 헌법재판소법 제68조 제1항은 "공권력의 행사 또는 불행사로 인하여 헌법상 보장된 기본권을 침해받은 자는 법원의 재판을 제외하고는 헌법재판소에 헌법소원심판을 청구할 수 있다. 다만, 다른 법률에 구제절차가 있는 경우에는 그 절차를 모두 거친 후가 아니면 청구할 수 없다."라고 규정하고 있다.

283) 헌재 1993. 12. 23. 92헌마247, 판례집 5-2, 682.

284) 헌재 1998. 4. 30. 97헌마141; 헌재 2003. 10. 30, 2003헌바11.

법령소원에 있어서 법령에 구체적인 집행행위가 존재하지만, 직접성 원칙의 예외에 해당하지 않는 경우에는 그 집행행위에 대하여 일반적인 권리구제절차를 밟아야 한다. 즉, 법령에 대한 헌법소원에 있어서 집행행위에 대한 권리구제절차가 존재하여 법령에 대한 기본권 침해의 직접성이 인정되지 않는 경우에는 보충성 원칙을 충족하지 못하게 된다. 이처럼 직접성 원칙과 보충성 원칙은 밀접한 관계에 있다.

직접성 원칙과 보충성 원칙은 헌법소원의 적법요건상 그리고 헌법소송에서 요구되는 헌법재판소의 업무부담 경감 취지상 불가분의 관계에 있지만, 동일한 개념은 아니다. 예를 들어, 법령소원에서 법령에 대한 권리구제절차를 밟을 수 있는 다른 사전구제절차가 없는 경우, 보충성 원칙의 예외에 해당하게 된다. 반면, 법령소원의 경우, 법령에 집행행위가 존재하는 경우에는 원칙적으로 법령에 대해 직접 헌법소원심판을 청구할 수 없고 집행행위를 대상으로 한 일반적 권리구제절차를 밟아야 한다. 이 경우 법령에 대한 기본권 침해의 직접성이 부정된다.[285]

보충성 원칙은 일반법원에 의한 일반적인 권리구제절차와 헌법재판소에 의한 최종적인 헌법소원심판이라는 양 기관의 업무 분담을 고려한 법제도이다. 반면, 직접성 원칙은 법령상 집행행위가 존재하는 경우에 일반법원이 그 집행행위에 대한 소송업무를 하고, 집행행위가 존재하지 않는 경우에는 헌법재판소가 법령에 대한 기본권 침해를 판단하게 하겠다는 취지다.[286] 또한 직접성 원칙은 헌법재판소의 해석에 의하여 법령에 집행행위가 규정되어 있는 경우에 이에 대한 권리구제절차를 밟는 것을 요구할 것인지 여부, 법령의 어느 범위까지 헌법소원심판 대상으로 허용할 것인지의 문제임에 반해, 보충성 원칙은 법제도상 다른 법률에 권리구제절차를 거치도록 함으로써 헌법소원심판이 최종적인 구제수단이 되게 함으로써 헌법재판소의 업무부담을 경감하기 위한 제도이다. 결국 직접성 원칙은 헌법소송상 헌법재판소의 '해석'에 의한

285) 이부하, "헌법소원심판에 있어서 기본권 침해의 직접성 요건", 법학논고 제41집, 2013. 2, 472면.

286) 성기용, "헌법소원의 직접성 요건 – 헌법재판소 판례의 변천을 중심으로 –", 헌법재판연구 제8권 제1호, 2021. 6, 10면; 공진성, "형벌규정에 대한 헌법소원심판청구의 직접성에 관한 연구", 법학논총 제41권 제1호, 2021. 2, 5면.

것임에 반해, 보충성 원칙은 헌법재판소법상 '법제도'에서 의한 것이라 할 수 있다.[287]

(3) 기본권 침해의 현재성(現在性)

> 청구인은 지난 제17대 대통령선거 부재자투표를 하였고, 제18대 국회의원선거에서는 부재자투표를 하고자 하였으나 사전투표의 불이익을 피하려고 부득이 선거일에 주민등록지의 투표소에 직접 가 투표하였다는 것이므로 앞으로 다가올 선거에서도 부재자투표를 할 가능성은 충분히 있으며, 부재자투표 여부가 확정되는 선거인명부 작성기간은 선거일에 매우 근접해 있어, 선거인명부 작성기간 중에 부재자신고를 한 경우에만 부재자투표 절차에 관해 헌법소원심판을 청구할 수 있다고 한다면, 그 헌법소원에 대해 헌법재판소가 결정을 하기 이전에 부재자투표 절차가 모두 종료될 것이 확실시된다. 그러므로 청구인이 비록 장래의 선거에 관해 아직 부재자투표 여부가 확정되지 않았다 하더라도 주기적으로 반복되는 선거의 특성과 기본권 구제의 실효성 측면을 고려할 때, 기본권 침해의 현재성을 갖춘 것으로 보아야 할 것이다.[288]

기본권 침해의 현재성이란 그 법률이 청구인의 기본권을 명백히 구체적으로 현실 침해하였거나 침해가 확실히 예상되는 경우를 의미한다.[289] 헌법소원심판 청구인은 공권력 작용과 현재 관련이 있어야 하며, 청구인이 장차 언젠가는 특정 법률의 규정으로 인하여 권리침해를 받을 우려가 있다 하더라도 그러한 권리침해의 우려는 단순히 장래 잠재적으로 나타날 수도 있는 것에 불과하여 권리침해의 현재성을 구비하였다고 할 수 없다.[290] 다만, 기본권침해가 장래에 발생하더라도 그 침해가 틀림없을 것으로 현재 확실히 예측된다면 기본권구제의 실효성을 위하여 침해의 현재성이 인정된다.[291]

287) 윤수정, "헌법소원의 직접성 요건에 관한 고찰", 유럽헌법연구 제40호, 2022. 12, 390면.
288) 헌재 2010. 4. 29. 2008헌마438, 판례집 22-1하, 110.
289) 헌재 2000. 11. 30. 2000헌마79등, 판례집 12-2, 361, 367.
290) 헌재 1989. 7. 21. 89헌마12, 판례집 1, 128, 130; 헌재 2009. 11. 26. 2008헌마691, 판례집 21-2하, 668, 671; 헌재 2020. 9. 24. 2018헌마739등.
291) 헌재 1996. 8. 29. 95헌마108, 판례집 8-2, 167; 1995. 2. 23. 91헌마204, 판례집 7-1, 267; 1992. 10. 1.

1) 현재성이 인정된 사례

① "청구인은 지난 제17대 대통령선거 부재자투표를 하였고, 제18대 국회의원선거에서는 부재자투표를 하고자 하였으나 사전투표의 불이익을 피하려고 부득이 선거일에 주민등록지의 투표소에 직접 가 투표하였다는 것이므로 앞으로 다가올 선거에서도 부재자투표를 할 가능성은 충분히 있으며, 부재자투표 여부가 확정되는 선거인명부 작성기간은 선거일에 매우 근접해 있어, 선거인명부 작성기간 중에 부재자신고를 한 경우에만 부재자투표 절차에 관해 헌법소원심판을 청구할 수 있다고 한다면, 그 헌법소원에 대해 헌법재판소가 결정을 하기 이전에 부재자투표 절차가 모두 종료될 것이 확실시된다. 그러므로 청구인이 비록 장래의 선거에 관해 아직 부재자투표 여부가 확정되지 않았다 하더라도 주기적으로 반복되는 선거의 특성과 기본권 구제의 실효성 측면을 고려할 때, 기본권 침해의 현재성을 갖춘 것으로 보아야 할 것이다."[292)]

② "이 사건 심판청구 당시 심판대상조항들(폴리염화비닐관을안전·품질표시대상공산품으로 규정한 '품질경영 및 공산품안전관리법 시행규칙' 제2조 제3항 별표 3, 하·배수용 폴리염화비닐관 및 이음관에 대하여 안전기준을 적용하도록 규정한 '안전·품질표시대상공산품(폴리염화비닐관)의 안전기준' 부속서 8 제2부 1. 본문, 6개월의 유예기간을 두고 있는 '품질경영 및 공산품안전관리법 시행규칙' 부칙 제1조)은 공포는 되었으나 그 시행 전이었으므로 청구인이 심판대상조항들로 인한 기본권침해를 현실적으로 받았던 것은 아니나, 가까운 장래에 심판대상조항들이 시행되면 청구인의 직업수행의 자유 등 기본권이 침해되리라는 것이 확실히 예상되므로 예외적으로 기본권침해의 현재성이 인정된다."[293)]

③ "지방공사 직원의 지방의회의원 겸직을 금지하고 있는 지방자치법 제33조 제1항 5호 중 "지방공사의 직원" 부분은 청구인과 같은 지방공사의 직원이 지방의회의원직에 입후보할지 여부를 고려함에 있어 다른 집행행위를 요함이 없이

92헌마68등, 판례집 4, 659, 669; 1994. 12. 29. 94헌마201, 판례집 6-2, 510; 헌재 2007. 5. 31. 2003헌마422, 판례집 19-1, 629, 642.

292) 헌재 2010. 4. 29. 2008헌마438

293) 헌재 2015. 3. 26. 2014헌마372

직접적으로 제한하는 규정이므로 직접성을 인정할 수 있고, 이 사건 심판청구 당시 위 지방선거가 임박해 있었기 때문에 현재성도 인정된다."[294)]

④ "청구인은 이 사건 법률조항 및 이 사건 시행령조항에 따라 주민등록증 발급신청서를 제출하여야 하는데, 이 사건 규칙조항(구 주민등록법 시행규칙 제8조)은 청구인이 발급신청서를 제출할 경우 시장·군수·구청장으로 하여금 이를 관할 경찰서의 지구대장 또는 파출소장에게 송부하도록 예정하고 있으므로, 이 사건 규칙조항에 의한 기본권 침해 또한 이 사건 법률조항 및 이 사건 시행령조항과 마찬가지로 청구인이 주민등록증 발급신청서를 제출할 의무를 부담하게 된 때 발생한다. 이 사건 규칙조항에 대한 심판청구는 기본권침해의 자기관련성 및 현재성이 인정되어 적법하다."[295)]

⑤ "이 사건 청구인들(중등학교 교육공무원인 지방선거 선거권자들)의 선거운동은 당해 후보자의 등록이 끝난 때부터 선거일 전일까지에 한하여 이를 할 수 있는바, 현행 헌법소원절차에 미루어 후보자등록신청개시일보다 약 8개월 전에 청구한 이 사건 심판청구는 현재성의 요건도 갖춘 것으로 보아야 한다."[296)]

⑥ 구 국가공무원법 부분, 국민고충처리위원회의 설치 및 운영에 관한 법률 부분, 공익사업을 위한 토지 등의 취득 및 보상에 관한 법률 부분, 구 지방자치법 부분, 구 산업재해보상보험법 부분, 구 환경분쟁조정법 부분('이 사건 제1법률')은 군법무관들을 해당 위원의 자격에서 원천적으로 배제하고 있는데, 군법무관들도 각종 위원회의 위원직을 수행할 수 있는 법률적 소양과 나름대로의 경험을 지니고 있는 점, 군법무관도 판사·검사·변호사와 동일한 시험을 통해 선발되었고 그 업무도 유사한 점, 대부분의 위원직이 해당 기관의 선정에 의하여 결정되고 여하한 신청권도 인정되지 않는 점, 청구인들에게 입법청원 외에 이 사건 제1법률을 다툴 수 있는 다른 법적 구제수단도 없는 점, 군법무관으로 근무한 기간과 판사·검사·변호사로 근무한 기간의 합산 문제가 개입될 수 있는 점 등을 고려할 때, 이 사건에서는 장래 청구인들의 권리 침해가

294) 헌재 2004. 12. 16. 2002헌마333등
295) 헌재 2024. 4. 25. 2020헌마542
296) 헌재 2004. 3. 25. 2001헌마710

능성이 현재로서 확실히 예상된다고 보아 청구인들에게 '현재성'을 인정함이 상당하다.[297)]

2) 현재성이 부정된 사례

① "공무원연금법 제51조는 "공무원이 공무상 질병 또는 부상으로 인하여 폐질상태로 되어 퇴직한 때 또는 퇴직 후에 그 질병 또는 부상으로 인하여 폐질상태로 된 때" 장해연금 또는 장해보상금을 지급한다고 규정하고 있는바, 아직 재직 중인 청구인의 경우 위 법조항으로 인해 그 기본권이 현재 침해당한다거나 장래 확실히 침해가 예측되는 것으로 보기는 어렵다. 따라서 이 사건 심판청구에서 구체적인 기본권침해가 존재하는 때는 현실적으로 퇴직 후 수급절차를 종료한 때로 보아야 하기 때문에 이 사건 심판청구는 현재성을 결여하여 부적법하다."[298)]

② "개발행위허가 제한지역에 소재하는 토지를 구입하여 주택을 지을 예정인 청구인의 경우에는 신도시 주변지역에 대하여 개발행위허가를 제한하는 건설교통부고시로 인하여 자신의 기본권이 구체적으로 침해당하였다거나 또는 침해가 확실히 예상된다고 할 수 없고, 장차 기본권침해를 받을 우려가 있다고 하더라도 이는 잠재적인 것에 불과하다고 할 것이어서, 청구인의 헌법소원심판청구는 보충성의 요건뿐만 아니라 자기관련성과 현재성을 갖추지 못하여 부적법하다."[299)]

③ "집회 및 시위에 관한 법률 제6조 제1항 등이 청구인에게 적용되어 기본권이 침해될 가능성이 소명되지 않았으며, 청구인이 장차 이 사건 법률조항들의 규제내용에 해당하는 사유로 인하여 권리침해를 받을 가능성이 있다고 하더라도, 그러한 권리침해의 우려는 단순히 장래 잠재적으로 나타날 수도 있는 것에 불과한 것이어서 기본권침해의 자기관련성, 현재성이 인정되지 않는다."[300)]

297) 헌재 2007. 5. 31. 2003헌마422, 판례집 19-1, 629, 642.
298) 헌재 2009. 11. 26. 2008헌마691.
299) 헌재 2008. 12. 26. 2007헌마862
300) 헌재 2006. 12. 28. 2004헌마229

④ "청구인들은 이 사건 명령·규칙상의 공무원으로 특별채용되기 위하여 준비나 지원을 한 사실이 없으므로, 이로 인한 권리침해의 우려는 단순히 장래 잠재적으로 나타날 수도 있는 미래에 대한 것에 불과하고, 그 침해가 틀림없을 것으로 현재 확실히 예측되지도 않으므로 기본권침해의 현재성이 인정되지 않는다."[301]

⑤ "변호사시험의 응시기간과 응시횟수를 법학전문대학원의 석사학위를 취득한 달의 말일 또는 취득예정기간 내 시행된 시험일부터 5년 내에 5회로 제한한 변호사시험법 제7조 제1항(이하 '이 사건 한도조항'이라 한다)을 대상으로, 법학전문대학원 졸업자로서 아직 변호사시험 응시가 가능한 청구인들이 제기한 심판청구가 기본권침해의 현재성 요건을 갖추었는지 여부와 관련하여, 변호사시험에 응시할 기회가 남아있는 청구인들에게는 이 사건 한도조항에 따른 기본권제한이 현실화되지 아니하였으므로, 위 청구인들의 이 부분 심판청구는 현재성 요건을 갖추지 못하여 부적법하다."[302]

⑥ "한국농어촌공사가 농지소유자로부터 처분대상농지에 대한 매수청구를 받은 경우「부동산 가격공시에 관한 법률」에 따른 공시지가(해당 토지의 공시지가가 없으면 같은 법 제8조에 따라 산정한 개별 토지 가격을 말한다)를 기준으로 해당 농지를 매수할 수 있고, 이 경우 인근 지역의 실제 거래 가격이 공시지가보다 낮으면 실제 거래 가격을 기준으로 매수할 수 있다고 규정한 농지법 제11조 제3항(이하 '매수가격 기준조항'이라 한다)은 시장·군수·구청장의 농지처분명령과 그에 따른 농지매수청구가 있는 경우에 비로소 적용될 수 있다. 그런데 청구인은 시장·군수·구청장으로부터 그 소유 농지의 처분명령을 받은 적이 없고, 따라서 농지의 매수청구를 한 사실도 없다. 매수가격 기준조항에 관하여서는 기본권 침해의 현재성을 인정할 수 없으므로 이 부분 심판청구는 부적법하다."[303]

⑦ "정비사업조합이 설립되기 위해서는 도시정비법이 정하는 토지 등 소

301) 헌재 2007. 5. 31. 2003헌마422
302) 헌재 2020. 9. 24. 2018헌마739등
303) 헌재 2020. 5. 27. 2018헌마362

유자의 일정 비율 이상의 동의와 시장·군수의 조합설립인가를 필요로 하므로, 그 이전인 추진위원회 단계에서는 세입자에 대한 주거이전비 보상의무의 발생이 확실히 예견된다고 할 수 없다. 따라서 정비사업조합의 설립을 위한 추진위원회와 그 위원장에 해당하는 청구인들의 심판청구는 기본권침해의 현재성이 없으므로 부적법하다."[304]

⑧ "시장·군수·구청장(이하 '시장 등'이라 한다)은 사전변경신고조항에 따라 신고된 임대료가 민간임대주택법 제44조 제2항에 따른 증액 비율을 초과하여 증액되었거나 해당 지역의 경제적 사정 변동 등으로 조정될 필요가 있다고 인정하는 경우에는(이하 '조정권고사유'라 한다) 임대료를 조정하도록 권고(이하 '조정권고'라 한다)할 수 있다고 규정하는 민간임대주택법 제46조 제3항(이하 '조정권고조항'이라 한다)으로 인한 기본권 침해는 조정권고사유가 있는 청구인들의 임대료 신고를, 재신고조항으로 인한 기본권 침해는 위와 같은 임대료 신고, 시장 등의 조정권고 등을 각각 거쳐야 비로소 현실화된다. 이 사건 기록상 그러한 사정은 발견되지 아니하므로, 청구인들이 위 조항들로 말미암아 기본권 침해를 받을 우려가 있다고 하더라도 그런 우려는 단순히 장래 잠재적으로 나타날 수 있는 것에 불과하여 기본권 침해의 현재성을 인정할 수 없다."[305]

⑨ "현재로서는 청구인들이 재건축부담금의 징수 등과 관련하여 벌칙과 과태료를 규정한 이 사건 법률 제23조와 제24조에 규정된 위반행위를 하여 형사처벌 내지 과태료 처분을 받을지 여부가 불분명하므로 위 조항들로 인한 기본권침해가 현재 구체적으로 예상된다고 할 수 없고, 장차 청구인들에게 위 조항들에서 정한 사유가 발생할 경우 기본권침해를 받을 우려가 있다고 하더라도 이는 잠재적인 것에 불과하다고 할 것이어서 위 조항들에 대한 심판청구는 기본권침해의 자기관련성과 현재성을 갖추지 못하였다."[306]

304) 헌재 2012. 7. 26. 2010헌마7등
305) 헌재 2019. 7. 25. 2018헌마349
306) 헌재 2008. 3. 27. 2006헌마770

4. 보충성 원칙

헌법소원심판에 있어서 '보충성'이란 기존의 권리구제수단을 모두 사용한 후에 '최후의 구제수단'으로 헌법소원심판을 청구하라는 의미이다. 우리나라 헌법재판소법에 의하면, 다른 법률에 의한 구제절차가 있는 경우에는 그 구제절차를 모두 거치지 않으면 헌법소원심판청구를 할 수 없다고 규정하고 있다. 이를 '보충성 원칙'이라 한다. 즉, 보충성 원칙이란 헌법소원은 최종적인 권리구제수단이므로 다른 법률이 정한 구제절차를 모두 거친 후에도 구제되지 않는 경우에만 헌법소원심판을 청구할 수 있다는 원칙이다.

(1) 원칙

헌법재판소법 제68조 제1항 후단에는 "다른 법률에 구제절차가 있는 경우에는 그 절차를 모두 거친 후가 아니면 청구할 수 없다."고 규정하여 헌법소원심판의 보충성(補充性)을 규정하고 있다. 이는 헌법소송법적으로 2가지 의미를 담고 있다. **첫째**, 헌법소원심판을 청구하기 전에 가능한 모든 권리구제수단을 동원하여 충실한 기본권 구제를 받으라는 의미이다(헌법재판소의 업무부담 경감). **둘째**, 본래적 의미에서 헌법소원심판은 기존의 기본권 구제절차의 사각지대를 메워주는 최후적·보충적 구제수단이므로 다른 법률에 구제절차를 거치지 않고 처음부터 청구해서는 안된다는 의미이다.

공권력 행사 또는 불행사로 말미암아 기본권 침해가 있는 경우, 먼저 다른 법률이 정한 구제절차에 따라 사전에 통상적인 권리구제절차를 거쳤음에도 불구하고 기본권 구제를 받지 못한 경우에 비로소 헌법소원심판을 청구할 수 있다는 의미이다. 이는 헌법재판소의 업무부담 경감의 취지가 있다.[307)]

307) 정강찬, "기본권구제수단으로서의 법령소원에 있어서 보충성원칙의 재검토", 헌법학연구 제13권 제4호, 2007. 12, 97면.

308) 헌재 2006. 2. 23. 2004헌마414, 판례집 18-1상, 248.

청구부패방지법(제40조)상의 국민감사청구제도는 일정한 요건을 갖춘 국민들이 감사청구를 한 경우에 감사원장으로 하여금 감사청구된 사항에 대하여 감사실시 여부를 결정하고 그 결과를 감사청구인에게 통보하도록 의무를 지운 것이므로(동법 제42조·제43조), 이러한 국민감사청구에 대한 기각결정은 공권력주체의 고권적 처분이라는 점에서 헌법소원의 대상이 될 수 있는 공권력행사라고 보아야 할 것이다.
감사원장의 국민감사청구 기각결정의 처분성 인정 여부에 대하여 대법원판례는 물론 하급심판례도 아직 없으며 부패방지법상 구체적인 구제절차가 마련되어 있는 것도 아니므로, 청구인들이 행정소송을 거치지 않았다고 하여 보충성 요건에 어긋난다고 볼 수는 없다.[308]

(2) 다른 법률에 구제절차

권리구제형 헌법소원심판에서는 보충성 원칙을 요구하고 있다. 헌법재판소법 제68조 제1항 단서에 의하면, "다른 법률에 구제절차가 있는 경우에는 그 절차를 모두 거친 후에 청구할 수 있다."고 규정되어 있다. 헌법재판소는 보충성 원칙에서 말하는 '다른 법률에 의한 구제절차를 모두 거친 후'라고 함은 '다른 법률에 의한 '적법한' 구제절차를 거친 경우를 말한다.'고 계속하여 판시하고 있다.[309]

"다른 법률에 의한 구제절차"란 ① 법률상 적법한 사전 구제절차를 말하며, ② 간접적·사후적·보충적 권리구제수단은 해당되지 않고, ③ 불충분하고 우회적인 제도는 이에 해당되지 않는다.

1) 간접적·사후적·보충적 권리구제수단은 해당되지 않음

청구인은 이 사건 심판대상인 1992. 8. 16. 자 양도소득세등 부과처분을 받고 1992. 12. 23.부터 1993. 7. 30.까지 4회에 걸쳐 위 양도소득세의 일부로

309) 헌재 1994. 12. 29. 93헌마70, 판례집 6-2, 460, 465; 헌재 1998. 2. 5. 97헌마324, 공보 26, 205, 206; 헌재 2000. 12. 29. 2000헌마797, 공보 52, 51, 52; 헌재 2007. 5. 31. 2006헌마1131, 판례집 19-1, 774, 775; 헌재 2010. 9. 30. 2008헌마628, 판례집 22-2상, 718, 725.

금 70,000,000원을 납부한 후 국세기본법에 의한 구제절차인 심사청구는 하지 않고 1994. 2. 24. 감사원에 위 양도소득세등 부과처분에 대한 심사청구를 하여 같은 1994. 4. 14. 감사원으로부터 심사 청구를 각하한다는 결정을 받고 이에 대한 행정소송을 제기하지 아니한 채 1994. 4. 25. 대한민국을 상대로 위 양도소득세등 부과처분이 무효임을 이유로 이미 납부한 금 70,000,000원의 반환을 구하는 부당이득금반환청구의 소를 제기하였으나 제1심에서 청구기각의 판결이 선고되었다. 청구인이 감사원에 한 심사청구는 부적법 각하되었으므로 그것만으로는 적법한 구제절차를 거친 것으로 볼 수 없고, 또 청구인이 대한민국을 상대로 제기한 위 민사소송은 피청구인의 공권력행사인 이 사건 양도소득세등 부과처분이나 세금징수의 결과로 생긴 효과를 원상회복시키려는 사후적·보충적 권리구제수단일 뿐 국세기본법이나 감사원법에 의한 구제절차와 같이 이 사건 부과처분이나 그 세금징수 자체를 직접 대상으로 하여 그 잘못을 다투는 권리구제절차에 해당하지 아니하므로 청구인이 위와 같이 민사소송을 거친 것만으로는 헌법재판소법 제68조 제1항 단서에서 말하는 "다른 법률에 의한 구제절차"를 거쳤다고 할 수 없다.[310)]

여기서 다른 법률에 의한 '적법한' 구제절차는 손해배상청구, 손실보상청구, 형사고소, 진정 등 간접적이거나 사후적·보충적 권리구제수단을 의미하지 않고,[311)] 직접적으로 공권력의 행사 또는 불행사를 대상으로 하여 그 효력을 다툴 수 있는 구제절차를 의미한다.[312)]

2) 법률상 사전 구제절차는 해당됨

청구인은 서울지방법원 남부지원에 99가소236194 손해배상(기)과 2000가소69420 중간확인의 소를 제기하였는데, 2000. 5. 16. 위 법원은 그 이유를 적시하지 아니한 채 확인 부분은 각하하고, 나머지 부분은 기각한다는 판결을

---

310) 헌재 1996. 12. 26. 95헌마257

311) 김주환, "권리구제형 헌법소원심판의 논증 – 심판청구의 적법성 판단을 중심으로 –", 헌법학연구 제12권 제1호, 2006. 3, 540면; 헌재 2011. 12. 27. 2011헌마791, 1, 2; 헌재 2015. 5. 26. 2015헌마455, 1, 2; 헌재 2021. 1. 28. 2019헌마468, 1, 5.

312) 헌재 2010. 6. 24. 2008헌마716, 판례집 22–1하, 588, 592; 헌재 2022. 1. 27. 2016헌마364, 판례집 34–1, 36, 43.

하였다. 청구인은 2000. 6. 20. 서울지방법원 남부지원장에게 위 판결의 이유를 공개하라는 청구를 하였고, 위 지원장은 같은 달 29. 소액사건은 소액사건심판법에 따라 판결이유의 기재를 생략할 수 있고, 청구인이 공개하라는 내용은 '공공기관의 정보공개에 관한 법률'(이하 '정보공개법'이라 한다) 소정의 공개대상이 되지 않는다는 회신을 하였다. 청구인은 같은 달 30. 법원행정처 감사관실에 다시 판결이유를 공개하라는 청구를 하여 같은 해 7. 6. 위와 동일한 내용의 회신을 받았다.

청구인은 2000. 8. 9. 같은 이유를 들어 정보공개법에 따른 이의 신청을 하였으나 서울지방법원 정보공개심의회에서 이를 기각하자 법원행정처 행정심판위원회에 행정심판을 청구하였고, 위 행정심판위원회는 2000. 11. 6. 이 청구를 기각하였다. 이에 청구인은 2000. 12. 20. 민사소송법 제210조 제1항 단서와 소액사건심판법 제11조의2 제3항 및 판결이유공개거부처분이 청구인의 기본권을 침해한다고 주장하면서 헌법재판소법 제68조 제1항에 의한 이 사건 헌법소원심판을 청구하였다.[313)]

헌법재판소는 "청구인은 2000. 6. 20. 위 판결의 이유를 공개하라는 정보공개 청구를 하여 같은 달 29. 위 지원장으로부터 공개거부처분을 받고, 이에 대한 이의 신청절차를 거쳐 법원행정처 행정심판위원회에 행정심판을 제기하여 기각결정을 받은 사실은 있으나 이에 대한 행정소송절차를 경유하지는 아니한 채 이 사건 헌법소원심판을 청구하였다. 따라서 이는 사전 구제절차를 모두 거치지 아니한 헌법소원심판청구로서 부적법하다."고 판시하였다.[314)]

3) 불충분하고 우회적인 제도는 해당되지 않음

헌법재판소법 제68조 제1항 단서의 다른 법률에 의한 구제절차란 헌법소원의 목적물인 공권력의 행사 또는 불행사를 직접 대상으로 하여 그 효력을 다툴 수 있는 절차를 의미하는 것이지 최종목적을 달성하기 위하여 취할 수 있는 모든 우회적인 구제절차를 의미하는 것이 아니다.[315)]

---

313) 헌재 2000. 12. 29. 2000헌마797, 공보 52, 51.
314) 헌재 2000. 12. 29. 2000헌마797, 공보 52, 52.
315) 헌재 2000. 2. 24. 97헌마13등, 판례집 12－1, 252, 253.

① 청구인은 특정범죄 가중처벌 등에 관한 법률 위반(절도)죄로 징역 3년을 선고받고 춘천교도소에 수용되어 있던 자로 형의 집행을 종료하고 2005. 2. 24. 출소하였다. 청구인은 같은 수용거실에 수용되어 있던 재소자와의 갈등을 이유로 교도소 측에 다른 방으로 옮겨줄 것을 수차례 요청하였으나 원하는 조치가 이루어지지 않고 있던 중, 2004. 11. 19.경 운동시간 후 자신의 방에 들어가기를 거부하였다. 이에 교정공무원 정○태가 청구인의 허리를 잡고 강제로 들어가게 하려고 하자 그의 안면부를 청구인의 팔꿈치로 가격하여 위 피해자의 혀 부위에 상해를 입혔다. 청구인은 교정공무원에게 상해를 입히고 공무의 집행을 방해하였다는 이유로 위 교도소 징벌위원회의 의결에 따라 피청구인으로부터 2004. 12. 2. 금치 30일의 징벌을 부과받고 위와 같이 출소하기 전에 그 집행을 마쳤다. 청구인은 2005. 3. 25. 위 징벌처분과 행형법 제6조 제1항이 청구인의 평등권을 침해하는 등 헌법에 위반된다는 이유로 헌법소원심판청구를 하였다.[316)]

헌법재판소는 "행형법에 따른 청원제도는 그 처리기관이나 절차 및 효력 면에서 권리구제절차로서는 불충분하고 우회적인 제도이므로 헌법소원에 앞서 반드시 거쳐야 하는 사전구제절차라고 할 수는 없다."고 판시하였다.[317)] "진정에 대한 피청구인의 각하 및 기각결정은 법률상 신청권이 있는 피해자인 진정인의 권리행사에 중대한 지장을 초래하는 것으로서 항고소송의 대상이 되는 행정처분에 해당하므로, 그에 대한 다툼은 우선 행정심판이나 행정소송에 의하여야 할 것이다. 이 사건 심판청구는 행정심판이나 행정소송 등의 사전 구제절차를 모두 거친 후 제기된 것이 아니므로 보충성 요건을 충족하지 못하였다."[318)]

② 구속적부심사건 피의자의 변호인이 수사기록 중 고소장과 피의자신문조서의 열람·등사를 신청하자 해당 경찰서장이 정보비공개결정을 하였고, 이에 위 변호인이 행정소송을 제기하지 않고 위 정보비공개결정의 위헌확인을

316) 헌재 2005. 6. 30. 2005헌마321, 1－2.
317) 헌재 2003. 12. 18. 2001헌마163, 판례집 15－2, 562, 572; 헌재 2005. 6. 30. 2005헌마321, 1, 3.
318) 헌재 2015. 3. 26. 2013헌마214등, 판례집 27－1상, 302, 310.

구하는 헌법소원을 제기한 경우 헌법소원의 제기요건인 보충성의 원칙을 충족하는지 여부가 문제되었다.

헌법재판소법 제68조 제1항 단서가 헌법소원심판청구를 함에 있어 다른 법률에 구제절차가 있는 경우에는 그 절차를 모두 거친 후가 아니면 이를 청구할 수 없다고 규정하고 있지만, 청구인이 신청한 고소장과 피의자신문조서에 대한 열람은 기소전(起訴前)의 절차인 구속적부심사에서 피구속자를 변호하기 위하여 필요한 것인데, 그 열람불허를 구제받기 위하여 행정소송을 제기하더라도 그 심판에 소요되는 통상의 기간에 비추어 볼 때 이에 의한 구제가 기소전에 이루어질 가능성이 거의 없고 오히려 기소된 후에 이르러 권리보호이익의 흠결을 이유로 행정소송이 각하될 것이 분명한 만큼, 청구인에게 이러한 구제절차의 이행을 요구하는 것은 불필요한 우회절차를 강요하는 셈이 되어 부당하다. 그러므로 이 헌법소원은 비록 구제절차를 거치지 아니하고 직접 제기한 것이긴 하지만 이를 적법한 것으로 보아 허용하기로 한다.[319)]

(3) 다른 법률에 구제절차의 예

1) 검사 또는 군검찰관의 불기소처분에 대한 헌법소원의 경우

형사소송법 제260조 제1항에 의하면, 고소권자로서 고소를 한 자는 검사로부터 공소를 제기하지 아니한다는 통지를 받은 때에는 그 검사 소속의 지방검찰청 소재지를 관할하는 고등법원에 그 당부에 관한 재정을 신청할 수 있고, 형사소송법 부칙 제5조 제1항에 의하면, 위 재정신청[320)]에 관한 규정은 2008. 1. 1. 이후 최초로 불기소처분된 사건에 대하여 적용하되, 위 법 시행 당시 고등검찰청 또는 대검찰청에 항고 또는 재항고가 계속중인 사건에 대하여도 적용된다.

형사소송법 시행 당시인 2008. 1. 1. 대검찰청에 재항고가 계속중이어서 같은 법 부칙 제5조에 의하여 재정신청에 관한 형사소송법 제260조 제1항이 적용되므로, 청구인으로서는 위 불기소처분에 대하여 관할 고등법원에 **재정신청**을 하여 그 당부를 다툴 수 있다 할 것인데 청구인은 그와 같은 구제절차를

319) 헌재 2003. 3. 27. 2000헌마474, 판례집 15-1, 282, 287.

320) 검사가 고소·고발 사건에 대해 불기소 결정을 내렸을 때, 그 결정에 불복하는 고소

모두 거치지 아니한 채 이 사건 헌법소원심판을 청구한 것이다.[321)]

2) 기타 행정권의 작용에 대한 헌법소원의 경우

① 청구인이 교통유발부담금 부과처분에 대하여 행정소송을 제기한다 하더라도 위 대법원판례로 보아 행정소송절차에서 이를 구제 받을 기대가능성이 없는 경우라 판단하는 경우라도, 객관적으로 실효성이 없을 것임이 확실히 예견되는 경우가 아니므로 부과처분을 직접 대상으로 하여 그 효력을 다툴 수 있는 행정소송을 거친 후에 헌법소원을 제기하여야 한다. 이 사건 심판청구는 헌법재판소법 제68조 제1항 단서에 정한 구제절차를 거치지 아니한 청구로서 부적법하다.[322)]

② 현행범인으로 체포되어 경찰서 유치장에 구금되어 체포된 때로부터 48시간이 경과하기 전에 석방된 자가 청구한 헌법소원심판과 관련하여, 체포에 대하여는 헌법과 형사소송법이 정한 체포적부심사라는 구제절차가 존재함에도 불구하고, 체포적부심사절차를 거치지 않고 제기된 헌법소원심판청구는 법률이 정한 구제절차를 거치지 않고 제기된 것으로서 보충성의 원칙에 반하여 부적법하다. 한편 헌법과 형사소송법이 정하고 있는 체포적부심사절차의 존재를 몰랐다는 점은 보충성의 예외로 인정될 만큼 정당한 이유 있는 착오라고 볼 수 없으며, 헌법과 형사소송법이 규정하고 있는 체포적부심사의 입법목적, 청구권자의 범위, 처리기관, 처리절차 및 석방결정의 효력 등을 고려하여 볼 때, 자신이 부당하게 현행범인으로 체포되었다거나 더 이상 구금의 필요가 없음에도 계속 구금되고 있다고 생각하는 피의자에게 있어서 체포적부심사절차는 가장 강력하고 실효성있는 권리구제수단으로서 피의자에게 **체포적부심사절차**를 이행하도록 하는 것이 그 절차로 권리가 구제될 가능성이 거의 없거나 대단히 우회적인 절차를 요구하는 것밖에 되지 않는 경우에 해당한다고 볼 수 없다.[323)]

③ 청구인은 공무원연금관리공단 이사장이 2006. 2. 20. 청구인에게 "공무

321) 헌재 2008. 7. 8. 2008헌마479.
322) 헌재 1996. 2. 29. 93헌마293.
323) 헌재 2010. 9. 30. 2008헌마628.

원연금법 제55조 제1항, 제47조 제1항에 의하여 장해연금의 지급을 정지한다."는 내용의 통보서를 발송하였으므로 그 무렵 위 통고서를 수령하여 공무원연금법 제55조 제1항 중 같은 법 제47조 제1항 준용 부분에 '제47조의 규정을 준용 한다' 부분(이하 '이 사건 법률조항'이라 한다)에 의해 장해연금 수급자가 공무원으로 임용된 때에는 그 재직기간 중 해당 연금 전부의 지급이 정지된다는 사실을 알았을 것이므로 그로부터 90일이 지난 2006. 7. 5. 제기된 이 사건 심판청구는 청구기간을 도과한 것으로서 부적법하다.

청구인은 공무원연금급여재심위원회에 공무원연금관리공단 이사장의 장해급여 지급정지 처분의 취소를 구하는 심사를 청구하여 2006. 6. 21. 기각 결정을 받은 후 30일 이내에 헌법소원심판을 청구하였으므로 청구기간을 준수하였다고 주장하나, 법률 자체로 인하여 기본권의 침해를 받은 경우에는 그 법률 자체의 효력을 직접 다투는 것을 소송물로 하여 일반 법원에 소송을 제기하는 길이 없어, 법률에 대한 헌법소원심판은 다른 법률에 구제절차가 있는 경우가 아니다.[324]

④ 동일 사건에 대한 수인의 고소권자 중 일부 고소권자가 고소한 사건에 대한 불기소처분에 대하여 항고, 재정신청 등 구제절차가 진행 중인 상황에서 고소를 하지 아니한 고소권자가 사전구제절차 없이 헌법소원심판을 청구할 수 있는지 여부와 관련하여, 일부 고소권자가 사망한 피해자의 지위를 승계하여 고소를 하고 검사의 불기소처분에 대하여 항고와 재정신청 등의 구제절차가 진행 중이라면 이는 고소하지 아니한 나머지 고소권자에 대하여 구제절차가 진행 중인 것으로 볼 수 있으므로, 청구인의 외조모, 외삼촌, 어머니가 사망한 피해자의 지위를 승계하여 고소권자로서 피의자들을 고소하고, 검사의 불기소처분에 대하여 재정신청을 하여 그 절차가 진행 중인 상황에서 미성년자인 청구인의 어머니가 법정대리인으로서 이 사건 헌법소원심판을 청구한 경우, 청구인으로서는 위 불기소처분에 대한 구제절차를 아직 거치지 않은 상황에 있다고 봄이 상당하므로, 이 사건 심판청구는 보충성 요건을 흠결하였다.[325]

---

324) 헌재 2008. 3. 27. 2006헌마1041.
325) 헌재 2020. 2. 27. 2019헌마987.

⑤ 택지초과소유부담금 부과처분에 대하여는 택지소유상한에 관한 법률 제37조에 따른 행정심판 및 행정소송법에 따른 절차를 거친 후 헌법소원심판 청구를 하여야 할 것이나, 이 사건의 경우 청구인은 이러한 구제절차(救濟節次)를 거친 바 없고, 일건 기록을 살펴보아도 청구인이 그의 불이익으로 돌릴 수 없는 정당한 이유 있는 착오(錯誤)로 구제절차를 밟지 않은 경우 또는 위 구제절차로 권리가 구제될 가능성이 거의 없거나 권리구제절차가 허용되는지 여부가 객관적으로 불확실하여 위 구제절차이행의 기대가능성(期待可能性)이 없는 경우라고 인정할 수도 없어 이 사건 청구는 부적법하다.[326)]

3) 사법행정작용에 대한 헌법소원의 경우

① 청구인은 피청구인(대전지방법원 천안지원 집행관)이 2021. 6. 17. 청구인에 대하여 강제집행을 하면서 강제집행 대상 목적물이 아닌 청구인의 물건에 대해서도 강제집행을 하는 불법을 저질렀다고 주장하면서, 2021. 9. 23. 위 강제집행의 취소를 구하는 이 사건 헌법소원심판을 청구하였다. 청구인은 강제집행하는 집행관의 집행처분, 그 밖에 집행관이 지킬 집행절차에 대하여 이의가 있는 경우에는 민사집행법 제16조 소정의 집행에 관한 이의신청을 한 후 집행법원의 재판을 거쳐야 하는바, 기록상 청구인이 그와 같은 절차를 거쳤다는 자료가 없으므로, 이 사건 심판청구는 보충성 요건을 흠결하였다.[327)]

② (구) 민사소송법 제209조는 법원사무관 등의 처분에 대한 이의는 그 법원사무관 등의 소속법원이 결정으로 재판한다고 규정하고 있으므로, 접수담당자의 소속법원에 접수처분에 대한 이의신청의 구제절차를 거치지 아니한 채 제기한 헌법소원심판청구는 부적법하다.[328)]

(4) 다른 법률의 구제절차에 해당하지 않는 경우

① 헌법재판소법 제68조 제1항 단서에서 말하는 다른 법률에 정한 '권리구제절차'는 공권력의 행사 또는 불행사를 직접 대상으로 하여 그 효력을 다

326) 헌재 1995. 1. 20. 94헌마27.
327) 헌재 2021. 10. 12. 2021헌마1198.
328) 헌재 1991. 11. 25. 89헌마235.

툴 수 있는 권리구제절차를 의미하는 것이지, 사후적·보충적 구제수단인 손해배상청구나 손실보상청구 또는 형사고소 등은 이에 해당하지 않는다.[329)]

② 행형법에 따른 청원제도는 그 처리기관이나 절차 및 효력 면에서 권리구제절차로서는 불충분하고 우회적인 제도이므로 헌법소원에 앞서 반드시 거쳐야 하는 사전구제절차라고 할 수 없다.[330)]

(5) 보충성 원칙의 예외

1) 2가지 예외

'보충성 원칙'이란 공권력 행사 또는 불행사로 말미암아 기본권의 침해를 받은 자가 다른 법률이 정한 구제절차를 모두 거친 후에 헌법소원심판을 청구할 수 있다는 원칙이다. 그러나 사전(事前) 구제절차를 거치도록 한 것이 가혹하거나 무의미한 경우, 헌법재판소는 보충성 원칙의 예외로 인정하여 신속하고 실효적인 기본권 구제의 길을 열어주고 있다.[331)]

보충성 원칙과 보충성 원칙의 예외 간에는 비교형량 절차가 요구된다. 즉, 다른 법률이 정한 구제절차를 모두 거친 후에 헌법소원심판을 청구할 수 있다는 보충성 원칙의 취지 보다 실효적인 기본권 구제의 필요성이 더욱 큰 경우, 보충성 원칙의 예외를 인정할 수 있다.

헌법재판소 결정에 의하면, 헌법소원에서 보충성 원칙의 예외로는 **첫째**, 청구인의 불이익으로 돌릴 수 없는 정당한 이유가 있는 착오로 전심절차를 밟지 않은 경우, **둘째**, 법률상 구제절차가 없는 경우, **셋째**, 다른 법률에 규정된 구제절차가 있으나 그 구제절차로 권리가 구제될 가능성이 없거나 또는 권리구제절차의 허용 여부가 객관적으로 불확실하여 전심절차 이행의 기대가능성이 없는 경우이다.[332)] 이러한 경우 다른 법률에 정한 구제절차를 거치지 않고 헌법소원심판을 청구할 수 있다. '법률상 구제절차가 없는 경우'란 법령 자체

---

329) 헌재 1989. 4. 17. 88헌마3, 판례집 1, 31, 35; 헌재 2011. 12. 27. 2011헌마791, 1, 2; 헌재 2015. 5. 26. 2015헌마455, 1, 2.

330) 헌재 2003. 12. 18. 2001헌마163, 판례집 15－2, 562, 572; 헌재 2005. 6. 30. 2005헌마321, 1, 3; 헌재 2006. 7. 27. 2005헌마277, 판례집 18－2, 280, 285; 헌재 2012. 3. 29. 2010헌마475, 판례집 24－1상, 615, 621.

331) 헌재 2021. 1. 28. 2019헌마468, 1, 5.

332) 헌재 2000. 2. 24. 99헌마96, 공보 43, 279, 281; 헌재 2021. 1. 28. 2019헌마468, 1, 5.

에 의한 직접적인 기본권 침해가 문제될 때에 그 법령 자체의 효력을 직접 다투는 것을 소송물로 하여 일반법원에 소송을 제기하는 길이 없다고 보아 바로 헌법소원심판을 청구할 수 있다.[333)]

2) 구제절차의 실효성

헌법재판소 다수의견에서는 "다른 법률에 정하여진 권리구제절차가 있기는 하나 그 절차에서 권리구제의 실효성을 기대할 수 없어 헌법재판소법 제68조 제1항 소정의 헌법소원 사건에서 요구되는 이른바 '보충성의 원칙'의 적용을 배제할 예외적인 사유가 있다고 하기 위해서는, 그 구제절차가 당해 사건에 관하여 객관적으로 실효성이 없을 것임이 확실히 예견되는 경우라야 할 것이다."라고 설시하고 있다.[334)] 즉, 헌법재판소의 다수의견에서는 보충성 원칙의 예외를 인정하기 위해서 "그 구제절차가 당해 사건에서 <u>객관적으로 실효성이 없을 것임이 확실히 예견되는 경우</u>"라고 보았다.

이에 반해, 변정수 재판관의 반대의견에서는 "헌법재판소법 제68조 제1항 단서 소정의 '구제절차'란 그 절차에 의하여 권리구제가 가능할 수 있는 실질적 구제절차를 말하는 것이지 구제가능성을 기대할 수 없는 명목상의 형식적 구제절차를 말하는 것이 아니고, 그 절차에서 구제가 가능하느냐의 여부는 법률상의 문제이기보다는 사실상의 문제로서 결국 이는 상식적이며 보편적인 기준에 따라 역사적 배경과 시대상황 및 국민정서 등을 고려하여 판단하여야 하며, 상식적으로 권리구제에 대하여 기대가능성이 매우 희박한 절차를 거치도록 강요하는 것은 옳지 못하며 효율적인 권리구제를 내용으로 하는 법치주의의 이념에도 반한다 할 것이다."라고 의견을 제시하였다. 변 재판관은 여기서 '구제절차'란 '사실상 권리구제(실질적 구제절차)' 여부를 기준으로 삼고 있다.[335)]

---

333) 헌재 1989. 3. 17. 88헌마1; 헌재 1996. 10. 4. 94헌마68등, 공보 18, 590; 헌재 2003. 9. 25. 2003헌마73, 1, 6; 헌재 2004. 11. 25. 2003헌마439, 판례집 16-2하, 425, 430; 헌재 2012. 5. 31. 2011헌마241; 헌재 2021. 1. 28. 2019헌마468, 1, 5.

334) 헌재 1993. 12. 23. 92헌마247, 판례집 5-2, 682, 683; 헌재 1996. 2. 29. 93헌마293, 1, 7.

335) 헌재 1993. 12. 23. 92헌마247, 판례집 5-2, 682, 686. (재판관 변정수의 반대의견)

보충성 원칙의 예외를 인정하기 위한 '구제절차의 실효성'과 관련하여, 헌법재판소 다수의견에서는 법률상의 문제로 보아 구제절차가 당해 사건에서 객관적으로 실효성이 없을 것을 요구하는 반면, 반대의견에서는 사실상 구제절차(실질적 구제절차)가 없는 경우라고 말한다. 사견(私見)으로는 구제절차를 객관적인 법률상 구제절차로 한정하면, 보충성 원칙의 예외를 넓게 인정하게 되어 기본권 보장의 범위를 확장할 수 있게 된다.

(6) 보충성 원칙의 예외 사례

1) 정당한 이유가 있는 착오로 전심절차를 밟지 않은 경우

가) 불기소처분취소

청구인은 유○칠, 안○현, 윤○섭을 사기 혐의로 고소하였다. 피청구인(서울북부지방검찰청 검사)은 위 고소사건을 수사한 후 유○칠을 기소하고, 안○현, 윤○섭에 대하여는 '혐의없음'의 불기소처분(이하 '이 사건 불기소처분' 이라 한다)을 하였는데, 청구인은 항고·재항고를 거쳐 2013. 11. 25. 헌법소원심판을 청구하였다.[336)]

청구인이 법률전문가가 아니어서 뒤늦게 재정신청을 할 수 있음을 알게 되었다는 사정만으로는, 청구인의 불이익으로 돌릴 수 없는 <u>정당한 이유가 있는 착오로 전심절차를 밟지 않은 경우</u>에 해당한다고 볼 수 없으므로 보충성의 예외에 해당하지 아니한다.[337)]

나) 등사신청거부처분취소

청구인은 부산지방법원 97가합16117호 사망진단서진부확인소송의 진행 중 청구외 김○도 등의 진술이 필요하게 되자, 동인 등이 조사된 부산고등검찰청 98불항844호 사건 수사기록에서 위 김○도 등의 진술내용을 확보하기 위해 재판부에 위 부산고등검찰청 98불항844호 수사기록에 대한 서증조사를 신청하였고, 재판부는 그 신청을 받아들여 위 수사기록에 대한 서증조사를 한

---

336) 헌재 2013. 12. 10. 2013헌마798, 1, 1－2.
337) 헌재 2013. 12. 10. 2013헌마798, 1, 3.

후 청구인에게 위 수사기록 중 필요한 부분을 서증으로 재판부에 제출하도록 하였다. 청구인은 부산고등검찰청에서 위 수사기록의 기록목록에 의하여 필요한 부분의 열람·등사를 신청하였으며, 피청구인(부산고등검찰청 검사)은 같은 날 위 김○도에 대한 피의자신문조서 등 4개의 문서에 대하여는 수사기밀보호 및 관련자의 인권보호를 이유로 이를 거부하였다. 이에 청구인은 피청구인의 기록등사거부처분이 신속하고도 공정한 재판을 받을 권리 등 청구인의 헌법상 보장된 기본권을 침해하였다는 이유로 헌법소원심판을 청구하였다.[338]

수사기록 등사신청거부처분의 경우에는 관련 법규정상 그 행정처분성이 명백히 인정되므로 권리구제절차가 허용되는지 여부가 객관적으로 불확실한 경우에 해당하지 아니할 뿐만 아니라 전심절차로 권리가 구제될 가능성이 없다거나 보충성의 원칙의 예외를 인정할 만한 정당한 이유있는 착오로 전심절차를 밟지 않은 경우라 볼 수 없다. 따라서 청구인이 피청구인의 위 거부처분에 대하여 행정소송 등의 구제절차를 거치지 아니하고 제기한 헌법소원심판 청구는 부적법하다.[339]

다) 택지소유상한에관한법률 등 위헌확인

청구인은 부산 사하구 및 서구에 소재한 택지 총 12,280평방미터를 1979. 6. 이전부터 소유하고 있었는데 1993. 8.경 부산 서구청으로부터 1993. 10. 31.까지 위 택지에 대한 택지소유부담금으로 137,722,025원을 납부할 것을 통지받았던 바, 청구인이 이에 응하지 않자 부산 서구청은 1993. 11. 18. 위 택지에 대한 택지초과소유부담금 및 가산금 합계 144,608,120원을 납부독촉하였고, 다시 같은해 12. 15. 위 택지에 대한 택지초과소유부담금 및 가산금 합계 147,362,560원을 납부독촉하면서 재산압류조치 예고를 하였다. 청구인은 부산 서구청의 위 1993. 11. 18.자 및 같은해 12. 15.자의 납부독촉 및 재산압류조치 예고행위로 인하여 헌법 제23조의 사유재산권을 침해받았다는 이유로 1994. 2. 25. 헌법소원을 제기하였다.[340]

338) 헌재 2000. 2. 24. 99헌마96, 공보 43, 279−280.
339) 헌재 2000. 2. 24. 99헌마96, 공보 43, 279.
340) 헌재 1995. 1. 20. 94헌마27, 공보 9, 41.

택지초과소유부담금 부과처분에 대하여는 택지소유상한에관한법률 제37조에 따른 행정심판 및 행정소송법에 따른 절차를 거친 후 헌법소원심판청구를 하여야 할 것이나, 이 사건의 경우 청구인은 이러한 구제절차를 거친 바 없고, 일건 기록을 살펴보아도 청구인이 그의 불이익으로 돌릴 수 없는 정당한 이유 있는 착오로 구제절차를 밟지 않은 경우 또는 위 구제절차로 권리가 구제될 가능성이 거의 없거나 권리구제절차의 허용 여부가 객관적으로 불확실하여 위 구제절차이행의 기대가능성이 없는 경우라고 인정할 수도 없어 이 사건 청구는 부적법하다.[341)]

라) 2004년도 경기도 제1회 공개경쟁임용시험 제3차시험

경기도 인사위원회는 2004년도 경기도 지방공무원임용시험 시행계획을 공고하였다. 선발예정인원은 제1회 공개경쟁임용시험이 831명, 제1회 제한경쟁특별임용시험이 144명으로서 합계 975명이었다. 위 각 임용시험의 응시자격은 응시자가 지방공무원법 제31조의 결격사유에 해당하지 않을 것 및 기타 법령에 의하여 응시자격이 정지당한 자가 아닐 것이었고, 시험에 있어 가산특전으로서 자격증소지자에 대한 가산점 부여 이외에도 국가유공자등예우및지원에관한법률 제29조 등에 의한 취업보호대상자 등에 대하여 과락에 관계없이 필기시험의 각 과목별 득점에 각 과목별 만점의 10%를 가산하도록 되어 있었다. 청구인은 위 제1회 공개경쟁임용시험의 세무직렬(류) 9급에 응시하여 1·2차 필기시험에는 합격하였으나 2004. 6. 23 및 6. 24. 양일간 실시된 3차 면접시험은 통과하지 못하여 같은 해 7. 10. 불합격처분이 내려졌다. 청구인은 위 시험 시행계획 공고상의 응시자격을 갖추고 있을 뿐 아니라 그의 아버지인 윤○구가 국가유공자인 전상군경이어서 취업보호대상자에 해당하였다. 이에 청구인은 피청구인이 취업보호대상자인 청구인에 대하여 한 위 불합격처분이 국가유공자 등의 유가족이 헌법 제32조 제6항에 따라 국가로부터 우선적으로 근로기회를 부여받을 권리를 침해하여 위헌이라고 주장하며 2004. 8. 9. 헌법소원을 제기하였다.[342)]

---

341) 헌재 1995. 1. 20. 94헌마27, 공보 9, 40.

피청구인의 위 불합격처분은 공권력 행사의 결과로서 행정쟁송의 대상이 되는 처분에 해당한다고 볼 수 있는데, 청구인이 이 사건 헌법소원 제기에 앞서 위 불합격처분의 취소를 구하는 행정소송을 제기하는 등의 사전구제절차를 거쳤다고 인정할 만한 아무런 자료가 없고, 그 밖에 청구인이 그의 불이익으로 돌릴 수 없는 정당한 이유가 있는 착오로 전심절차를 밟지 않았다거나 또는 전심절차로 권리가 구제될 가능성이 거의 없는 등 보충성의 예외가 인정되는 경우에 해당한다고 보기도 어렵다.[343)]

2) 권리구제의 기대가능성이 없는 경우

가) 서울특별시 서울광장통행저지행위 위헌확인

서울특별시민인 청구인들은 서울광장을 가로질러 통행하려다가 서울광장을 둘러싸고 있는 경찰버스들에 의해 만들어진 차벽에 의하여 통행하지 못하자 피청구인(경찰청장)의 통행제지행위가 청구인들의 기본권을 침해한다고 주장하면서 헌법소원심판청구를 하였다.[344)]

헌법재판소는 "서울광장을 경찰버스들로 둘러싸 청구인등의 서울광장 통행을 제지한 행위('통행제지행위')는 직접 상대방의 신체 또는 재산에 실력을 가하여 행정상 필요한 상태를 실현하는 '행정상 즉시강제'로서 '권력적 사실행위'[345)]에 해당하므로, 행정쟁송의 대상이 된다. 그러나 통행 제지가 된 다음날 피청구인(경찰청장)이 서울광장을 둘러싸고 있던 경찰버스들을 철수시키고 통행제지행위를 중지하였기 때문에, 청구인들의 행정쟁송 제기에도 불구하고 소의 이익이 부정될 가능성이 높아 행정쟁송 절차에 의한 <u>권리구제의 가능성이 거의 없다</u>고 보여진다. 이러한 경우, 사전구제절차를 거치도록 요구하는 것은 불필요한 우회절차를 거치도록 강요하는 셈이 되고, 청구인들이 행정쟁송 절차를 거치지 않고 바로 이 사건 심판청구를 제기하였다고 하더라도 이는 보충

342) 헌재 2004. 8. 31. 2004헌마636, 1, 1－2.
343) 헌재 2004. 8. 31. 2004헌마636, 1, 2－3.
344) 헌재 2011. 6. 30. 2009헌마406, 판례집 23－1하, 457, 462.
345) 사실행위에 관련 보충성의 예외에 관하여는 이노홍, "헌법소원의 대상으로서 공권력의 행사와 행정청의 행위", 세계헌법연구 제17권 제2호, 2011. 8, 510면.

성의 예외로서 허용된다."고 판시하였다.346)

위 결정의 요지를 살펴보면, 통행제지행위는 행정상의 즉시강제로서 권력적 사실행위에 해당하고, 이는 행정쟁송의 대상이 된다는 것이다. 그러나 행정쟁송을 제기하더라도 차벽을 철수하면 소의 이익이 없어진다는 것이다. 이러한 경우 보충성의 예외로서 다른 법률에 정한 구제절차가 있으나 그 구제절차를 거치는 것이 권리구제의 기대가능성이 없는 경우로 본 것이다.

나) 민원서류 반려 위헌확인

청구인 전국○○산업노동조합은 ○○합섬HK지회가 소속된 산업별 노동조합이고, 청구인 전국○○산업노동조합 ○○합섬HK지회(이하 '○○합섬HK지회'라고 한다)는 ○○합섬 노동자 500여명으로 구성된 지회로서 이 사건 집회 신고를 한 주체이며, 청구인 이○훈은 위 HK지회의 지회장이고, 청구인 최○조는 위 지회의 회원이다. 청구인 ○○합섬HK지회는 피청구인 서울남대문경찰서장에게 서울 중구 ○○로2가 150에 위치한 ○○본관건물과 ○○생명빌딩 사이의 인도에서 옥외집회를 개최하겠다는 취지의 집회신고서를 접수한 후 접수증을 교부받았다(접수번호 제1442호). 그런데 피청구인은 위 옥외집회가 ○○생명인사지원실이 같은 일시에 제출한 옥외집회신고서(접수번호 제1443호)상의 옥외집회와 집회 시간 및 장소가 경합되어 상호방해 및 충돌우려가 있다는 이유에서, ○○합섬HK지회와 ○○생명인사지원실이 제출한 두 신고서 모두에 대해 반려하는 조치를 취하였고, 이러한 조치는 동일한 경위로 별지 목록 기재와 같이 총 9회에 걸쳐 이루어졌다. 이에 청구인들은 위 반려행위들이 청구인들의 행복추구권, 평등권 및 집회·결사의 자유를 침해한다는 이유로 헌법소원심판을 청구하였다.347)

헌법재판소는 "청구인들 중 일부는 '이 사건 반려행위'(옥외집회신고서 반려행위)의 일부에 대해 서울행정법원에 그 처분무효취소소송을 제기하면서 집행정지신청도 함께 제기하였으나, 서울행정법원은 집시법상 이미 접수된 옥외집

---

346) 헌재 2011. 6. 30. 2009헌마406, 판례집 23-1하, 457, 465-466.

347) 헌재 2008. 5. 29. 2007헌마712, 305, 311.

회신고서를 반려할 수 있는 법적 근거가 없을 뿐만 아니라, 옥외집회신고서 반려행위를 집시법 제8조 제2항 소정의 '금지통고'로도 볼 수 없어 행정처분이 아니라는 이유로 집행정지신청을 각하하였다. 이에 처분무효취소소송을 제기하였던 청구인들은 이와 같은 방법으로는 권리구제를 받을 수 없다고 보아 위 취소소송을 취하하고, 헌법소원심판청구한 것이다. 이 사건 반려행위에 대하여는 법원에서의 권리구제절차 허용 여부가 객관적으로 불확실하다 할 것이므로 이 사건 심판청구는 보충성의 예외에 해당하는 심판청구로서 적법하다." 고 판시하였다.[348)]

위 결정의 요지는 옥외집회신고서 반려행위에 대하여 법원의 권리구제절차의 허용 여부가 불확실하고 권리구제의 기대가능성이 없는 경우에 해당한다는 취지이다.

다) 옥외광고물 표시제한 특정구역 지정고시 위헌확인

행정중심복합도시건설청장('행복도시건설청장')은 청구인들(옥외광고물을 표시·설치하고, 각자 영업하여 온 사람들)에게 '옥외광고물 표시제한 특정구역 지정고시'에 위배되는 옥외광고물을 정비하기 바라며, 이를 이행하지 않으면 이행강제금 등을 부과할 예정이라는 내용의 사전안내 공문을 발송하였고, 청구인들은 그 안내문을 수령하였다. 그러자 청구인들은 이 사건 지정고시가 옥외광고물의 표시·설치를 매우 제한적으로 허용하고 있어 청구인들의 기본권을 침해한다며 헌법소원심판을 청구하였다.[349)]

헌법재판소는 "'옥외광고물 등 관리법' 제4조 제2항, 법 시행령 제25조 제3항, '신행정수도 후속대책을 위한 연기·공주지역 행정중심복합도시 건설을 위한 특별법' 제60조의2 제1항, 제3항에 비추어 보면, 이 사건 지정고시는 고시라는 명칭에도 불구하고 조례의 효력(조례의 효력을 가지는 고시)을 가지므로 심판대상조항들은 헌법소원의 대상이 되는 공권력 행사에 해당하며, 처분적 조례에 해당한다고 보기 어렵고 항고소송의 대상이 되는 행정처분에 해당하

348) 헌재 2008. 5. 29. 2007헌마712, 305, 314.
349) 헌재 2016. 3. 31. 2014헌마794, 공보 234, 651, 653.

는지 여부도 불확실하므로 보충성의 예외에 해당한다."고 판시하였다.[350)]

위 결정의 요지를 살펴보면, '옥외광고물 표시제한 특정구역 지정고시'(이 사건 고시)는 해당 지방자치단체의 조례로 본다고 규정하고 있다. 이 사건 고시는 조례의 효력을 가지는 고시로서 조례가 일반적·추상적인 규정의 성격을 가지거나 항고소송의 대상이 되는 행정처분인지 여부가 불확실한 경우에는 청구인들에게 항고소송에 의한 권리구제절차를 거치도록 요구하거나 기대할 수 없으므로 보충성의 예외에 해당한다는 것이다.

라) 웹사이트 차단 위헌확인

방송통신위원회는 주식회사 ○○ 등 7개 정보통신서비스제공자 및 방송통신심의위원회에 대하여, 기존의 차단대상 및 방송통신심의위원회가 향후 접속차단 시정요구를 하는 웹사이트에 대하여 2019. 2. 11.부터는 기존의 인터넷주소(Uniform Resource Locator, 이하 'URL'이라 한다) 차단 방식뿐만 아니라 '서버이름 표시'('SNI') 차단 방식도 함께 적용하여 차단하도록 해달라는 취지를 기재한 협조요청 공문을 발송하였다. 방송통신심의위원회는 2019. 2. 11. 주식회사 ○○ 외 9개 정보통신서비스제공자 등에게, '방송통신위원회의 설치 및 운영에 관한 법률'(이하 '방통위법'이라 한다) 제21조 제3호, 제4호 및 같은 법 시행령 제8조에 근거하여, '정보통신망 이용촉진 및 정보보호 등에 관한 법'('정보통신망법') 제44조의7에 따른 불법정보 및 청소년에게 유해한 정보 등 심의가 필요하다고 인정되는 정보('불법정보 등')에 해당하는 895개 웹사이트에 대하여 이용자들의 접속을 차단하도록 하는 시정요구를 하였다.[351)]

헌법재판소는 "접속차단의 시정요구를 공권력의 행사라고 보는 이상 이는 항고소송의 대상에 해당하는 행정처분에 해당한다. 그러나 청구인들과 같이 단순히 정보통신망을 통하여 정보통신서비스를 제공받는 이용자에 대해 법원이 피청구인이 정보통신서비스제공자 등에 대하여 한 시정요구처분의 취소를 구할 원고적격을 부정하기도 하는 등, 청구인들이 이 사건 시정요구에

350) 헌재 2016. 3. 31. 2014헌마794, 공보 234, 651, 652.
351) 헌재 2023. 10. 26. 2019헌마158등, 판례집 35-2, 571, 573-574.

대하여 행정소송으로 다툴 수 있는지 여부가 불확실하고, 다른 구제절차가 없으므로, 이 사건 심판청구는 보충성의 요건을 갖추었다."고 판시하였다.[352)]

위 결정의 요지는 접속차단의 시정요구에 대하여 행정소송으로 다툴 수 있는지 여부가 불확실하고 다른 법률에 정한 구제절차가 허용되는지 여부가 객관적으로 불확실하므로 보충성의 예외에 해당한다는 것이다.

5. 권리보호이익이 있을 것

(1) 주관적 권리보호이익

헌법소원심판은 청구인의 침해된 기본권의 구제를 목적으로 하는 제도이므로, 이 제도의 목적상 침해된 권리의 보호이익이 없는 경우에는 그 헌법소원심판은 원칙적으로 부적법하다.[353)] 즉, 구체적·주관적 권리보호이익이 있어야 헌법소원심판을 청구할 수 있다.

권리보호이익은, 국가적·공익적 입장에서는 무익한 소송제도의 이용을 통제하는 원리이고, 당사자의 입장에서는 소송제도를 이용할 정당한 이익 또는 필요성을 말하는 것으로, '이익 없으면 소 없다'라는 법언이 지적하듯이 소송제도에 필연적으로 내재하는 요청이다. 따라서 권리보호이익이라는 헌법소원심판의 적법요건은 헌법재판소법 제40조 제1항에 의하여 준용되는 민사소송법 내지 행정소송법 규정들에 대한 해석상 인정되는 일반적인 소송원리이지 헌법재판소법 제68조 제1항 소정의 '기본권의 침해를 받은'이라는 부분의 해석에서 직접 도출되는 것은 아니다.[354)]

헌법소원제도는 주로 국민의 기본권침해를 구제하기 위한 제도이므로 그 제도의 목적에 비추어 권리보호이익이 있는 경우에만 이를 청구할 수 있다. 권리보호이익은 헌법재판소의 결정 당시에도 존재해야 하며, 헌법소원심판청구 당시 권리보호이익이 인정되더라도 심판계속 중에 사실관계 또는 법률관

352) 헌재 2023. 10. 26. 2019헌마158등, 판례집 35-2, 571, 577.
353) 헌재 2006. 1. 26. 2003헌마743, 공보 112, 236, 237.
354) 헌재 2001. 9. 27. 2001헌마152, 판례집 13-2, 447.

계의 변동으로 말미암아 청구인이 주장하는 기본권의 침해가 종료된 경우에는 원칙적으로 권리보호이익이 없으므로 헌법소원이 부적법하다.[355] 예를 들어, 헌법소원심판이 청구되어 계속중인 법률이 개정되었고, 청구인이 개정 법률에 의해 권리를 인정받을 수 있게 되었다면, 심판계속중 청구인이 심판을 통하여 달성하고자 하는 주관적인 목적을 위 법률개정을 통하여 달성할 수 있게 되었으므로, 권리보호이익이 상실되어 부적법하게 된다.[356]

그러나 헌법소원은 주관적 권리구제뿐 아니라 객관적인 헌법질서보장의 기능도 겸하고 있으므로, 청구인의 주관적인 권리구제에는 별 도움이 안되는 경우라도, 법률조항에 의한 기본권 침해행위가 앞으로도 반복될 위험이 있거나 그 법률조항에 대한 위헌여부의 판단이 헌법질서의 유지·수호를 위하여 긴요한 사항이어서 헌법적으로 그 해명이 중대한 의미를 지니고 있는 때에는 예외적으로 심판청구의 이익이 인정될 수 있다.[357]

헌법소원 후 위 법률조항이 개정되었으나, 위 법률조항의 위헌 여부에 관하여는 아직 그 해명이 이루어진 바 없고, 개정된 조항에도 위 법률조항과 유사한 내용이 규정되어 있어 동종의 기본권 침해의 위험이 상존하며, 위 법률조항의 위헌 여부는 궁극적으로 개정된 조항의 재개정 여부에 영향을 미칠 수 있는바, 위 법률조항의 위헌 여부에 관한 헌법적 해명은 중대한 의미를 지니고 있다고 할 것이므로, 권리보호이익을 인정할 수 있다.[358]

(2) 공소시효와 권리보호이익

기소유예처분을 받은 피의자가 이에 불복하여 헌법소원을 제기하였으나 그 처분의 대상이 된 범죄의 공소시효가 완성된 경우 그 헌법소원이 권리보호이익이 있는지 여부와 관련하여, 기소유예처분을 받은 피의자가 검사의 피의사실 인정에 불복하고 자기의 무고함을 주장하여 헌법소원을 제기한 경우 그

355) 헌재 2007. 11. 29. 2005헌마499; 헌재 2006. 11. 30. 2004헌마662.

356) 헌재 2002. 2. 28. 2001헌마207; 헌재 2005. 9. 29. 2004헌마323; 헌재 2009. 6. 25. 2007헌마178; 헌재 2011. 12. 29. 2011헌마88; 헌재 2009. 4. 30. 2007헌마1279.

357) 헌재 1992. 1. 28. 91헌마111, 판례집 4, 51, 56−57; 1997. 3. 27. 92헌마273, 판례집 9−1, 337, 342 등; 헌재 1997. 11. 27. 94헌마60, 판례집 9−2, 675, 688 등; 헌재 2008. 4. 24. 2005헌마914, 공보 139, 621, 625.

358) 헌재 2003. 5. 15. 2001헌마565, 판례집 15−1, 568.

피의사실에 대한 공소시효가 완성된 때에는, 헌법재판소가 이를 인용하여 그 처분을 취소하더라도 검사로서는 "공소권없음"의 처분을 할 것으로 보이나, 기소유예처분이 그 피의자에 대하여 피의사실을 인정하는 것과는 달리 "공소권없음"의 처분은 범죄혐의의 유무에 관한 실체적 판단을 하는 것이 아니고 단지 공소권이 없다는 형식적 판단을 하는 것으로서 기소유예처분보다는 피의자에게 유리한 것이므로, 비록 그 범행에 관한 공소시효가 이미 완성되었다고 하더라도, 그 사실만으로 피의자가 제기한 헌법소원이 권리보호이익이 있다.[359)]

(3) 사정변경으로 권리보호이익이 없어진 경우

1) 의의

헌법소원이 비록 적법하게 제기되었더라도 권리보호이익은 헌법재판소의 결정 당시에도 존재해야 한다. 그러므로 헌법소원심판청구 당시 권리보호이익이 인정되더라도 심판계속중에 사실관계 또는 법률관계의 변동으로 말미암아 청구인이 주장하는 기본권의 침해가 종료된 경우에는 원칙적으로 권리보호이익이 없으므로 헌법소원이 부적법한 것으로 된다.[360)]

2) 법령의 개정

청구인들이 이 사건 헌법소원심판을 청구한 후 구 소득세법 제160조의5 제1항은 2007. 12. 31., 제3항은 2008. 12. 28.에 각 일부 개정되었으므로 이 사건 심판청구에 대한 주관적 권리보호이익이 소멸된 것이 아닌지 검토할 필요가 있다. 이 사건 심판청구에 대한 주관적 권리보호이익이 소멸되었다고 보는 경우에도 이 사건 법률조항들에 대한 헌법적 해명이 아직까지 이루어진 바가 없고, 이 사건 법률조항들의 위헌 여부는 추가되거나 개정된 내용의 향후 개정 여부에도 영향을 미칠 수 있어, 이 사건 법률조항들의 위헌 여부에 관한 헌법적 해명이 중대한 의미를 지니고 있다.[361)]

---

359) 헌재 2012. 7. 26. 2011헌마214, 공보 190, 1470.

360) 헌재 1997. 3. 27. 93헌마251, 판례집 9-1, 366, 370.

361) 헌재 2010. 3. 25. 2007헌마1191, 판례집 22-1상, 506, 513.

3) 처분행위의 변경

이 사건 헌법소원심판청구의 요지는 청구인이 이 사건 심판청구시까지 여러 차례에 걸쳐 국가보훈처 공적심사위원회의 서훈심사기준을 공개할 것을 요구하였음에도 피청구인인 국가보훈처장이 이를 거부함으로써 청구인의 "알 권리"를 침해하였다는 것인바, 이 사건 심판청구후에 피청구인이 구두설명과 민원회신을 통하여 공적심사위원회가 내부적 심사기준으로 삼고 있는 독립유공자에 대한 공적심사의 구체적 기준을 청구인에게 모두 알려준 이상 청구인이 주장하는 기본권의 침해가 종료됨으로써 청구인이 이 사건 헌법소원을 통하여 달성하고자 하는 주관적 목적은 이미 달성되었으므로 그 침해의 원인이 된 공권력의 행사(청구인 주장의 거부처분)를 취소할 실익이 없어졌다고 할 것이므로, 권리보호의 이익이 없다.[362]

청구인은 2006. 2. 15. 부터 2007. 3. 3. 까지 ○○교도소에 수감되어 있던 중, 2006. 2. 경 위 교도소에서 건전지를 사용하는 면도기를 구입하여 5개월가량 사용하다가 작동하지 않게 되자, 그 피해의 구제를 위하여 한국소비자보호원에 구 소비자보호법 제39조 제1항에 의한 피해구제를 청구하였다. 한국소비자보호원에서는 구 소비자보호법 제28조 제2항 제1호의 규정을 들어 위 청구를 거부하였다. ○○교도소는 법무부 훈령 제460호에 따라 청구인의 면도기를 새 면도기로 교환하여 주었다. 따라서 청구인으로서는 면도기의 하자에 대한 원상회복을 받았고, 소비자로서 입은 피해를 구제받았다고 할 수 있다. 따라서 청구인이 헌법소원을 통하여 달성하고자 하는 주관적인 목적은 이미 달성되었다고 할 것이므로 이 사건 헌법소원심판청구는 권리보호이익이 인정되지 않는다.[363]

(4) 헌법적 해명이 중대한 의미를 지니는 경우

헌법재판은 객관적 헌법질서의 보장 기능도 겸하고 있으므로 심판 계속

362) 헌재 1997. 4. 24. 92헌마47, 판례집 9-1, 449.
363) 헌재 2007. 5. 31. 2006헌마1141, 공보 128, 677, 678.

중 발생한 사정변경으로 인하여 주관적인 권리보호이익이 소멸된 경우라도 그러한 기본권 침해행위가 장차 반복될 위험이 있거나 당해 분쟁의 해결이 헌법질서의 유지·수호를 위하여 긴요한 사항이어서 헌법적으로 그 해명이 중대한 의미를 지니고 있는 때에는 예외적으로 심판청구의 이익을 인정할 수 있다.[364] 여기서 말하는 '반복적 침해의 위험성'이란 단순히 추상적이거나 이론적인 가능성이 아니라 구체적인 것이어야 한다.[365]

① 미결수용자의 서신에 대한 검열이나 지연발송 및 지연교부행위는 헌법상 보장된 통신의 자유나 비밀을 침해받지 아니할 권리 및 변호인의 조력을 받을 권리와의 관계에서 그 위헌 여부가 해명되어야 할 중요한 문제이고, 그러한 검열행위는 행형법의 규정에 따라 앞으로도 계속될 것으로 보이며 검열 후 서신의 발송지연·교부지연행위 등의 위헌 여부에 대하여도 논란의 여지가 있으므로, 이 사건 심판청구는 헌법질서의 수호·유지를 위하여 긴요한 사항으로서 그 해명이 중대한 의미를 지니고 있고 동종행위의 반복위험성도 있어 심판청구의 이익이 있다고 할 것이다.[366]

② 미결수용자들에 대한 침해행위는 이미 종료되어 이 사건 심판대상행위에 대하여 위헌확인을 하더라도 미결수용자들에 대한 권리구제는 불가능한 상태이어서 주관적 권리보호의 이익은 소멸되었다고 할 것이다. 그러나 전국의 다수 유치장 화장실의 구조와 사용실태가 이 사건에서의 그것과 유사하여 미결수용자들에 대한 이 사건 심판대상행위와 동종의 조치로 인한 기본권침해행위는 여러 사람에 대하여, 그리고 반복하여 일어날 위험이 있다고 보여지므로, 심판청구의 이익이 인정된다.[367]

③ 각종 수용시설 내에서 질서유지 및 수용자의 보호를 위한 금속수갑 및 가죽수갑의 사용은 행형법상 허용되고 있으므로 계구사용행위와 같은 종류의 조치는 많은 수용자들에게 계속하여 반복될 가능성이 크고 청구인의 경우에

364) 헌재 2005. 10. 27. 2005헌마126; 헌재 2012. 12. 27. 2011헌마351; 헌재 2016. 9. 6. 2016헌마693; 헌재 2019. 12. 31. 2019헌마1366; 헌재 2020. 1. 21. 2019헌마1424.

365) 헌재 1994. 7. 29. 91헌마137; 헌재 1996. 11. 28. 92헌마108, 판례집 8-2, 588, 596.

366) 헌재 1995. 7. 21. 92헌마144, 판례집 7-2, 94, 103.

367) 헌재 2001. 7. 19. 2000헌마546, 판례집 13-2, 103.

도 계속하여 구금되어 있으므로 앞으로 다시 계구사용이 행해질 가능성이 있다. 그리고 이미 수용시설 내에 구금되어 기본권이 제한되고 있는 수용자들에게 계구의 사용으로 신체의 자유 등 기본권을 부가적으로 제한하는 것은 기본적 처우와 관련된 매우 중요한 문제로서 그 한계에 대한 헌법적 해명은 헌법질서 수호를 위하여 중대한 의미를 가지므로 이 사건 계구사용행위에 대한 헌법소원심판청구는 심판의 이익이 인정된다.[368)]

④ 수사기관은 이 사건 지침에 근거하여 피의자 옆에 앉으려는 변호인에게 이를 허용하지 아니하고 피의자의 후방에 착석하여야 한다는 요구를 할 가능성을 배제할 수 없으므로, 이러한 후방착석요구행위는 앞으로 반복될 위험성이 있다. 이 사건 후방착석요구행위는 수사기관이 변호인에 대하여 행한 '피의자신문 시 후방착석요구행위'의 경위, 조사받는 피의자 및 참고인의 수, 조사하는 장소의 구조 등 구체적 사정이 고려되어 위헌 여부에 대한 판단이 달라질 수 있다. 그러나 수사기관이 변호인에 대하여 행한 '피의자신문 시 후방착석요구행위'의 헌법적 한계를 확정짓고 그에 대한 합헌적 기준을 제시하는 문제는, 단순히 개별행위에 대한 위법 여부의 문제를 넘어 변호인의 피의자신문참여에 관한 권리에 대한 헌법적 성격과 그 범위를 확인하고 이를 제한하는 행위의 헌법적 한계를 확정짓는 것이므로 헌법적 해명이 필요한 문제이다.[369)]

⑤ 이 사건 혼합살수행위로 인한 청구인들의 기본권 침해상황은 이미 종료되었다. 그러나 '경찰관 직무집행법'과 이 사건 대통령령 및 규칙은 살수차를 경찰장비의 하나로 규정하면서 불법집회나 시위 현장에서 사용할 수 있도록 규정하고 있고, 이 사건 지침은 살수 방법으로 최루액을 혼합하여 살수할 수 있다고 규정하고 있다. 이러한 규정에 따르면 각종 집회나 시위 현장에서 혼합살수행위가 반복될 가능성이 있다. 최루액 혼합살수행위는 사람의 생명이나 신체에 위험을 초래할 수 있는 중대한 법익 침해가 예견되는 공권력 행사다. 그런데 헌법재판소가 최루액 혼합살수행위가 헌법에 합치하는지 여부에 대한 해명을 한 바 없으므로, 이 사건 혼합살수행위에 대하여는 심판의 이익

368) 헌재 2003. 12. 18. 2001헌마163, 판례집 15-2하, 562, 563.
369) 헌재 2017. 11. 30. 2016헌마503, 판례집 29-2하, 224, 231-232.

이 인정된다.[370]

⑥ 이 사건 법률조항은 예비후보자인 청구인이 질병을 사유로 선거운동을 할 수 없어 예비후보자를 사퇴하는 경우까지 예비후보자 기탁금을 반환하지 않고 국가에 귀속시키도록 하고 있다. 이 사건의 경우 질병으로 인하여 예비후보자를 사퇴한 때에 그 기탁금을 반환받을 수 없는 상황은 앞으로도 계속될 것이어서 청구인이 주장하는 기본권 침해 행위가 반복될 것임이 충분히 예상되는 등 동종의 기본권침해 위험이 상존하고 있다고 볼 수 있기에 이 사건 법률조항의 위헌 여부의 해명은 헌법적으로 중요한 의미가 있다. 결국 청구인의 주관적 권리보호이익은 소멸하였다고 하여도 심판을 해야 할 필요와 이익은 인정된다.[371]

⑦ 이 사건 법률조항이 규정하고 있는 당원경력 표시금지는 청구인을 포함하여 앞으로 교육감선거에 출마할 후보자들에게 반복되어 적용될 위험이 있는 데다가, 헌법이 보장하고 있는 선거운동의 자유 내지는 정치적 표현의 자유 등과의 관계에서 그 위헌 여부가 다투어지고 있어 그 분쟁의 해결이 헌법질서의 유지·수호를 위하여 긴요한 사항에 해당하므로, 이 사건 법률조항의 위헌 여부에 대한 판단은 헌법적으로 그 해명이 중대한 의미를 지닌다 할 것이다.[372]

제 3 절 헌법소원심판의 실질적 요건

1. 헌법상 보장된 기본권

권리구제형 헌법소원심판을 청구하기 위해서는 청구인의 헌법상 보장된 기본권이 침해되어야 한다.

370) 헌재 2018. 5. 31. 2015헌마476, 판례집 30-1하, 183, 190.
371) 헌재 2013. 11. 28. 2012헌마568, 판례집 25-2하, 570, 576.
372) 헌재 2011. 12. 29. 2010헌마285, 판례집 23-2하, 862, 867.

(1) 의의

헌법재판소법 제68조 제1항에 의한 헌법소원심판이므로 '헌법상 보장된 기본권 침해'가 문제되어야 한다.373) 헌법소원심판을 청구할 수 있기 위해서는 청구인들의 '헌법상 보장된 기본권'이 침해되어야 하며 여기서 헌법상 보장된 기본권은 그 최소한의 의미로서 '헌법에 의하여 직접 보장된 개인의 주관적 공권'으로 파악할 수 있다.374)

헌법소원에 의해 보호받는 기본권의 범위는 '기본권 보호영역'에 의해 정해지게 된다.

(2) 기본권성이 인정(認定)된 영역

1) 영토권

헌법 제3조는 "대한민국의 영토는 한반도와 그 부속도서로 한다."고 규정하여 대한민국의 주권이 미치는 공간적 범위를 명백히 선언하고 있다. 이 같은 영토조항은 우리나라의 공간적인 존립기반을 선언하는 것인바, 영토변경은 우리나라의 공간적인 존립기반에 변동을 가져오고, 또한 국가의 법질서에도 변화를 가져옴으로써, 필연적으로 국민의 주관적 기본권에도 영향을 미치지 않을 수 없다. 이러한 관점에서 살펴본다면, 국민의 개별적 기본권이 아니라 할지라도 기본권 보장의 실질화를 위하여서는, 영토조항만을 근거로 하여 독자적으로는 헌법소원을 청구할 수 없다 할지라도, 모든 국가권능의 정당성의 근원인 국민의 기본권 침해에 대한 권리구제를 위하여 그 전제조건으로서 영토에 관한 권리를, 이를테면 '영토권'이라 구성하여 이를 헌법소원의 대상인 기본권의 하나로 간주하는 것은 가능하다.375)

---

373) 헌재 2007. 6. 28. 2004헌마643, 판례집 19-1, 843, 850.

374) 헌재 2001. 3. 21. 99헌마139, 판례집 13-1, 676, 691-692; 헌재 2004. 12. 16. 2002헌마579, 판례집 16-2하, 568, 575.

375) 헌재 2001. 3. 21. 99헌마139, 판례집 13-1, 676, 677; 헌재 2008. 11. 27. 2008헌마517, 판례집 20-2하, 509, 516-517.

2) 정당설립의 자유

정당설립의 자유는 국민 개인, 정당 그리고 '권리능력 없는 사단'의 실체를 가지고 있는 등록취소된 정당에게도 인정되는 '기본권'이다.[376]

정당설립의 자유는 비록 헌법 제8조 제1항 전단에 규정되어 있지만, 국민 개인과 정당의 '기본권'이라 할 수 있고, 당연히 이를 근거로 하여 헌법소원심판을 청구할 수 있다. 정당법상 정당등록요건을 다투는 정당(청구인)이 청구한 사건에서도 헌법 제21조 제1항 결사의 자유의 특별규정으로서, 헌법 제8조 제1항 전단의 '정당설립의 자유'가 침해 여부가 문제되는 기본권이라고 할 것이다.[377]

헌법 제8조 제1항 전단은 단지 정당설립의 자유만을 명시적으로 규정하고 있지만, 정당의 설립만이 보장될 뿐 설립된 정당이 언제든지 해산될 수 있거나 정당의 활동이 임의로 제한될 수 있다면 정당설립의 자유는 사실상 아무런 의미가 없게 되므로, 정당설립의 자유는 당연히 정당존속의 자유와 정당활동의 자유를 포함하는 것이다. 한편, 정당의 명칭은 그 정당의 정책과 정치적 신념을 나타내는 대표적인 표지에 해당하므로, 정당설립의 자유는 자신들이 원하는 명칭을 사용하여 정당을 설립하거나 정당활동을 할 자유도 포함한다.[378]

3) 부모의 분묘를 가꾸고 봉제사를 하고자 하는 권리

분묘기지권이란 타인의 토지에 분묘를 설치한 자가 있는 경우에 그 자가 그 분묘를 소유하기 위하여 분묘의 기지부분인 토지를 사용할 수 있는 권리로서 지상권의 성질을 갖는 일종의 물권인바, 이 사건 토지는 청구인 소유이었으므로 분묘기지권이 성립할 여지가 없고, 공익사업으로 인해 토지를 협의매도한 경우 일반적으로 해당 토지에 설치된 분묘를 계속 유지할 것으로 기대할 수는 없으므로 이 사건 토지의 소유자가 달라졌다고 해도 마찬가지이다. 따라서 분묘기지권이 침해된다는 청구인의 주장은 이유없고, 달리 이 사건 분묘의 이전과 관련하여 재산권이 제한된다고 볼 만한 사정도 없다.

---

376) 헌재 2006. 3. 30. 2004헌마246.
377) 헌재 2006. 3. 30. 2004헌마246, 판례집 18-1상, 402, 403.
378) 헌재 2014. 1. 28. 2012헌마431등, 판례집 26-1상, 155, 161.

한편, 이 사건 분묘는 구 법 제17조가 적용되지 아니하여 그 설치기간에 제한이 없으나 이를 이장하여 새로 설치하는 분묘는 새로운 분묘로 취급되어 이 사건 부칙 조항에 의해 구 법 제17조의 설치기간 제한을 받게 되는바, 이로써 청구인은 부모의 분묘를 가꾸고 봉제사를 하고자 하는 권리를 제한당한다고 할 수 있다. 청구인은 이러한 권리가 헌법 제34조의 사회보장권이라고 하나 이는 헌법 제10조의 행복추구권의 한 내용으로 봄이 타당하다.[379)]

4) 변호인의 조력을 받을 권리

변호인의 조력을 받을 권리란 국가권력의 일방적인 형벌권 행사에 대항하여 자신에게 부여된 헌법상·소송법상 권리를 효율적이고 독립적으로 행사하기 위하여 변호인의 도움을 얻을 피의자 및 피고인의 권리를 말한다.[380)] '변호인의 조력'은 '변호인의 충분한 조력'을 의미하는 것인바, 신체구속을 당한 사람에 대하여 변호인의 충분한 조력을 받게 하기 위하여는 무엇보다도 신체구속을 당한 사람이 변호인과 충분한 상담을 할 수 있도록 해 주어야만 할 것이므로 변호인의 조력을 받을 권리의 필수적 내용은 신체구속을 당한 사람과 변호인과의 접견교통이다.[381)]

우리 헌법은 변호인의 조력을 받을 권리가 불구속 피의자·피고인 모두에게 포괄적으로 인정되는지 여부에 관하여 명시적으로 규율하고 있지는 않지만, 불구속 피의자의 경우에도 변호인의 조력을 받을 권리는 우리 헌법에 나타난 법치국가원리, 적법절차원칙에서 인정되는 당연한 내용이고, 헌법 제12조 제4항도 이를 전제로 특히 신체구속을 당한 사람에 대하여 변호인의 조력을 받을 권리의 중요성을 강조하기 위하여 별도로 명시하고 있다. 피의자·피고인의 구속 여부를 불문하고 조언과 상담을 통하여 이루어지는 변호인의 조력자로서의 역할은 변호인선임권과 마찬가지로 변호인의 조력을 받을 권리의 내용 중 가장 핵심적인 것이고, 변호인과 상담하고 조언을 구할 권리는 변호인의 조력을 받을 권리의 내용 중 구체적인 입법형성이 필요한 다른 절차적

379) 헌재 2009. 9. 24. 2007헌마872, 판례집 21-2상, 738, 744.
380) 헌재 2004. 9. 23. 2000헌마138, 판례집 16-2상, 543, 555.
381) 헌재 2009. 10. 29. 2007헌마992, 판례집 21-2하, 288, 295.

권리의 필수적인 전제요건으로서 변호인의 조력을 받을 권리 그 자체에서 막바로 도출되는 것이다.[382)]

헌법은 제12조 제4항에서 "누구든지 체포 또는 구속을 당한 때에는 즉시 변호인의 조력을 받을 권리를 가진다. 다만, 형사피고인이 스스로 변호인을 구할 수 없을 때에는 법률이 정하는 바에 의하여 국가가 변호인을 붙인다."고 규정하고, 제12조 제5항 제1문에서 "누구든지 체포 또는 구속의 이유와 변호인의 조력을 받을 권리가 있음을 고지받지 아니하고는 체포 또는 구속을 당하지 아니한다."고 하여 변호인의 조력을 받을 권리를 헌법상 기본권으로 명시하고 있다. 이러한 변호인의 조력을 받을 권리에는 변호인을 선임하고, 변호인과 접견하며, 변호인의 조언과 상담을 받고, 변호인을 통해 방어권 행사에 필요한 사항들을 준비하고 행사하는 것 등이 모두 포함된다.[383)]

변호인의 조력을 받을 권리를 보장하는 목적은 피의자 또는 피고인의 방어권 행사를 보장하기 위한 것이므로, 미결수용자 또는 변호인이 원하는 특정한 시점에 접견이 이루어지지 못하였다 하더라도 그것만으로 곧바로 변호인의 조력을 받을 권리가 침해되었다고 단정할 수는 없는 것이고, 변호인의 조력을 받을 권리가 침해되었다고 하기 위해서는 접견이 불허된 특정한 시점을 전후한 수사 또는 재판의 진행 경과에 비추어 보아, 그 시점에 접견이 불허됨으로써 피의자 또는 피고인의 방어권 행사에 어느 정도는 불이익이 초래되었다고 인정할 수 있어야만 하며, 그 시점을 전후한 변호인 접견의 상황이나 수사 또는 재판의 진행 과정에 비추어 미결수용자가 방어권을 행사하기 위해 변호인의 조력을 받을 기회가 충분히 보장되었다고 인정될 수 있는 경우에는, 비록 미결수용자 또는 그 상대방인 변호인이 원하는 특정 시점에는 접견이 이루어지지 못하였다 하더라도 변호인의 조력을 받을 권리가 침해되었다고 할 수 없다.[384)]

382) 헌재 2004. 9. 23. 2000헌마138, 판례집 16-2상, 543, 544.
383) 헌재 2011. 5. 26. 2009헌마341, 판례집 23-1하, 201, 207.
384) 헌재 2011. 5. 26. 2009헌마341, 판례집 23-1하, 201, 202.

5) 교수의 국립대학총장 후보자 선정에 참여할 권리

전통적으로 대학자치는 학문활동을 수행하는 교수들로 구성된 교수회가 누려오는 것이었고, 현행법상 국립대학의 장 임명권은 대통령에게 있으나, 1990년대 이후 국립대학에서 총장 후보자에 대한 직접선거방식이 도입된 이래 거의 대부분 대학 구성원들이 추천하는 후보자 중에서 대학의 장을 임명하여 옴으로써 대통령이 대학총장을 임명함에 있어 대학교원들의 의사를 존중하여 온 점을 고려하면, 청구인들에게 대학총장 후보자 선출에 참여할 권리가 있고 이 권리는 대학의 자치의 본질적인 내용에 포함된다고 할 것이므로 결국 헌법상의 기본권으로 인정할 수 있다.[385]

6) 부모가 태아의 성별 정보에 대한 접근을 방해받지 않을 권리

장래 태어날 아기가 여아인지 남아인지는 임부나 그 가족에게 중요한 태아의 인격 정보이고, 태아의 부모가 이를 미리 알고자 하는 것은 본능적이고 자연스러운 욕구라 할 수 있다. 따라서 부모가 태아의 성별을 비롯하여 태아에 대한 모든 정보에 접근을 방해받지 않을 권리는 부모로서 당연히 누리는 천부적이고 본질적인 권리에 해당한다.

헌법 제10조로부터 도출되는 일반적 인격권에는 각 개인이 그 삶을 사적으로 형성할 수 있는 자율영역에 대한 보장이 포함되어 있음을 감안할 때, 장래 가족의 구성원이 될 태아의 성별 정보에 대한 접근을 국가로부터 방해받지 않을 부모의 권리는 이와 같은 일반적 인격권에 의하여 보호된다고 보아야 할 것이다.[386]

7) 연명치료 중단에 관한 자기결정권

'연명치료 중단, 즉 생명단축에 관한 자기결정'은 '생명권 보호'의 헌법적 가치와 충돌하므로 '연명치료 중단에 관한 자기결정권'의 인정 여부가 문제되는 '죽음에 임박한 환자'란 '의학적으로 환자가 의식의 회복가능성이 없고 생

385) 헌재 2006. 4. 27. 2005헌마1047등, 판례집 18-1상, 601, 602.
386) 헌재 2024. 2. 28. 2022헌마356등, 판례집 36-1상, 233, 239.

명과 관련된 중요한 생체기능의 상실을 회복할 수 없으며 환자의 신체상태에 비추어 짧은 시간 내에 사망에 이를 수 있음이 명백한 경우', 즉 '회복 불가능한 사망의 단계'에 이른 경우를 의미한다 할 것이다. 이와 같이 '죽음에 임박한 환자'는 전적으로 기계적인 장치에 의존하여 연명할 수밖에 없고, 전혀 회복가능성이 없는 상태에서 결국 신체의 다른 기능까지 상실되어 기계적인 장치에 의하여서도 연명할 수 없는 상태에 이르기를 기다리고 있을 뿐이므로, '죽음에 임박한 환자'에 대한 연명치료는 의학적인 의미에서 치료의 목적을 상실한 신체침해 행위가 계속적으로 이루어지는 것이라 할 수 있고, 죽음의 과정이 시작되는 것을 막는 것이 아니라 자연적으로는 이미 시작된 죽음의 과정에서의 종기를 인위적으로 연장시키는 것으로 볼 수 있어, 비록 연명치료 중단에 관한 결정 및 그 실행이 환자의 생명단축을 초래한다 하더라도 이를 생명에 대한 임의적 처분으로서 자살이라고 평가할 수 없고, 오히려 인위적인 신체침해 행위에서 벗어나서 자신의 생명을 자연적인 상태에 맡기고자 하는 것으로서 인간의 존엄과 가치에 부합한다 할 것이다. 그렇다면 환자가 장차 죽음에 임박한 상태에 이를 경우에 대비하여 미리 의료인 등에게 연명치료 거부 또는 중단에 관한 의사를 밝히는 등의 방법으로 죽음에 임박한 상태에서 인간으로서의 존엄과 가치를 지키기 위하여 연명치료의 거부 또는 중단을 결정할 수 있다 할 것이고, 위 결정은 헌법상 기본권인 자기결정권의 한 내용으로서 보장된다 할 것이다.[387]

8) 출생등록될 권리

태어난 즉시 '출생등록될 권리'는 '출생 후 아동이 보호를 받을 수 있을 최대한 빠른 시점'에 아동의 출생과 관련된 기본적인 정보를 국가가 관리할 수 있도록 등록할 권리로서, 아동이 사람으로서 인격을 자유로이 발현하고, 부모와 가족 등의 보호하에 건강한 성장과 발달을 할 수 있도록 최소한의 보호장치를 마련하도록 요구할 수 있는 권리이다. 이는 헌법에 명시되지 아니한 독자적 기본권으로서, 자유로운 인격실현을 보장하는 자유권적 성격과 아동의

387) 헌재 2009. 11. 26. 2008헌마385, 판례집 21-2하, 647, 648-649.

건강한 성장과 발달을 보장하는 사회적 기본권의 성격을 함께 지닌다.[388)]

헌법에 열거되지 아니한 기본권을 새롭게 인정하려면, ① 그 필요성이 특별히 인정되고, ② 그 권리내용(보호영역)이 비교적 명확하여 구체적 기본권으로서의 실체 즉, 권리내용을 규범 상대방에게 요구할 힘이 있고, ③ 그 실현이 방해되는 경우 재판에 의하여 그 실현을 보장받을 수 있는 구체적 권리로서의 실질에 부합하여야 할 것이다.[389)]

(3) 기본권성이 부정(否定)된 영역

1) 논리적이고 정제된 법률의 적용을 받을 권리

'논리적이고 정제된 법률의 적용을 받을 권리'란 논리적이지 않고 정제되지 아니한 법률조항의 적용 배제를 요구할 수 있는 권리를 의미하는 것인바, 이러한 기본권을 인정할 특별한 필요성이 있다고 할 수 없을 뿐만 아니라, 어떠한 법률조항이 논리적이지 않고 정제되지 않았다고 할 것인지 판정할 기준도 불명확하여 이러한 권리가 명확한 보호영역을 갖는 구체적 권리로서의 실질을 갖는다고 보기도 어려우므로 이를 헌법상 보장되는 기본권이라고 할 수 없다.[390)]

2) 상고심재판을 받을 권리

헌법과 법률이 정하는 법관에 의하여 법률에 의한 재판을 받을 권리는 모든 사건에 대하여 대법원을 구성하는 법관에 의한 균등한 재판을 받을 권리를 의미한다거나 또는 상고심재판을 받을 권리를 의미하는 것이라고 할 수 없고, 심급제도를 어떻게 조화롭게 설정하느냐의 문제는 원칙적으로 입법자의 형성의 자유에 속하는 사항이다.[391)]

헌법이 대법원을 최고법원으로 규정하고 있다 하더라도 대법원이 곧바로

---

388) 헌재 2023. 3. 23. 2021헌마975, 판례집 35－1상, 838.

389) 헌재 2009. 5. 28. 2007헌마369, 판례집 21－1하, 769, 775; 헌재 2011. 8. 30. 2008헌마477, 공보 179, 1311, 1314.

390) 헌재 2009. 5. 28. 2007헌마369, 판례집 21－1하, 769, 775; 헌재 2011. 8. 30. 2008헌마477, 공보 179, 1311.

391) 헌재 1998. 2. 27. 96헌마92, 공보 26, 257.

모든 사건을 상고심으로서 관할하여야 한다는 결론이 당연히 도출되는 것은 아니고, '헌법과 법률이 정하는 법관에 의하여 법률에 의한 재판을 받을 권리'가 사건의 경중을 가리지 않고 모든 사건에 대하여 대법원을 구성하는 법관에 의한 균등한 재판을 받을 권리를 의미한다거나 또는 상고심재판을 받을 권리를 의미하는 것이라고 할 수 없으며, 심급제도는 사법에 의한 권리보호에 관하여 한정된 법발견자원(法發見資源)의 합리적인 분배의 문제인 동시에 재판의 적정과 신속이라는 서로 상반되는 두 가지의 요청을 어떻게 조화시키느냐의 문제로 돌아가므로, 이는 원칙적으로 입법자의 형성의 자유에 속하는 사항이라 할 것이다.[392]

3) 재심청구권

헌법 제27조 제1항이 보장하고 있는 재판청구권은 헌법이 특별히 달리 규정하고 있지 않는 한 법관에 의하여 사실적 측면과 법률적 측면의 한 차례의 심리검토의 기회는 적어도 보장되어야 함을 그 핵심적 내용으로 한다. 상소심에서 심판을 받을 권리를 헌법상 명문화한 규정이 없고 상소문제가 일반 법률에 맡겨진 우리 법제하에서 재판청구권에 모든 사건에 대해 상소심 절차에 의한 재판을 받을 권리까지도 당연히 포함된다고 할 수는 없고, 마찬가지로 재심청구권 역시 헌법 제27조에서 규정한 재판을 받을 권리에 당연히 포함된다고 할 수 없으며, 어떤 사유를 재심사유로 정하여 재심을 허용할 것인가는 입법자가 확정판결에 대한 법적 안정성, 재판의 신속·적정성, 법원의 업무부담 등을 고려하여 결정하여야 할 입법정책의 문제이다.[393]

4) 주민투표권

우리 헌법은 간접적인 참정권으로 선거권(헌법 제24조), 공무담임권(헌법 제25조)을, 직접적인 참정권으로 국민투표권(헌법 제72조, 제130조)을 규정하고

392) 헌재 2005. 9. 29. 2005헌마567, 공보 108, 1060; 헌재 2010. 12. 28. 2009헌바410, 공보 171, 172, 174; 헌재 2012. 3. 29. 2010헌마693, 공보 186, 722, 724.

393) 헌재 1996. 3. 28. 93헌바27, 판례집 8-1, 179, 187; 헌재 2004. 12. 16. 2003헌바105, 판례집 16-2하, 505, 512-513; 헌재 2008. 9. 25. 2007헌바23, 판례집 20-2상, 496, 507.

있을 뿐 주민투표권을 기본권으로 규정한 바가 없고 지방자치를 제도적으로 보장하고 있으나 제117조, 제118조에서 제도적으로 보장하고 있는 지방자치단체의 자치의 내용도 자치단체의 설치와 존속 그리고 그 자치기능 및 자치사무로서 지방자치단체의 자치권의 본질적 사항에 관한 것이므로 주민투표권을 헌법상 보장되는 기본권이라고 하거나 헌법 제37조 제1항의 "헌법에 열거되지 아니한 권리"의 하나로 보기 어렵다.[394] 지방자치법은 주민에게 주민투표권, 조례의 제정 및 개폐청구권, 감사청구권 등을 부여하고 있으나 이러한 제도는 어디까지나 입법에 의하여 채택된 것일 뿐 헌법에 의하여 이러한 제도의 도입이 보장되고 있는 것은 아니다. 그렇다면 주민투표권은 법률이 보장하는 권리일 뿐이지 헌법이 보장하는 기본권 또는 헌법상 제도적으로 보장되는 주관적 공권으로 볼 수 없다.[395]

주민투표권의 일반적 성격을 보더라도 이는 법률이 보장하는 참정권이라고 할 수 있을지언정 헌법이 보장하는 참정권이라고 할 수는 없다.[396]

5) 주민소환권

주민소환제 자체는 지방자치의 본질적 내용이라고 할 수 없으므로 이를 보장하지 않는 것이 위헌이라거나 어떤 특정한 내용의 주민소환제를 반드시 보장해야 한다는 헌법적인 요구가 있다고 볼 수 없으므로,[397] 주민소환제 및 그에 부수하여 법률상 창설되는 주민소환권이 지방자치의 본질적 내용에 해당하여 반드시 헌법적인 보장이 요구되는 제도라고 할 수도 없다.[398]

6) 평화적 생존권

평화적 생존권이란 이름으로 주장하고 있는 평화란 헌법의 이념 내지 목적으로서 추상적인 개념에 지나지 아니하고, 평화적 생존권은 이를 헌법에 열

---

394) 헌재 2005. 12. 22. 2004헌마530, 공보 111, 154.
395) 헌재 2007. 6. 28. 2004헌마643, 판례집 19-1, 843, 850.
396) 헌재 2001. 6. 28. 2000헌마735, 판례집 13-1, 1431, 1439-1440헌재 2005. 10. 4. 2005헌마848, 공보 109, 1083; 헌재 2008. 12. 26. 2005헌마1158, 판례집 20-2하, 714, 721.
397) 헌재 2009. 3. 26. 2007헌마843, 판례집 21-1상, 651, 667-669.
398) 헌재 2011. 12. 29. 2010헌바368, 판례집 23-2하, 658, 669.

거되지 아니한 기본권으로서 특별히 새롭게 인정할 필요성이 있다거나 그 권리내용이 비교적 명확하여 구체적 권리로서의 실질에 부합한다고 보기 어려워 헌법상 보장된 기본권이라고 할 수 없다.[399)]

7) 통일에 대한 기본권

헌법상의 여러 통일관련 조항들은 국가의 통일의무를 선언한 것이기는 하지만, 그로부터 국민 개개인의 통일에 대한 기본권, 특히 국가기관에 대하여 통일과 관련된 구체적인 행동을 요구하거나 일정한 행동을 할 수 있는 권리가 도출된다고 볼 수 없다.[400)]

8) 지방자치권

지방자치권은 지방자치단체 자체에 부여된 것으로서 헌법에 의하여 보장된 개인의 주관적 공권으로 볼 수 없고 이로써 그 구성원인 주민에게 달리 어떠한 기본권적인 권리가 보장되는 것으로 볼 수도 없다.[401)]

9) 납세자의 권리

납세자의 권리에 대하여 보건대, 헌법상 조세의 효율성과 타당한 사용에 대한 감시는 국회의 주요책무이자 권한으로 규정되어 있어(헌법 제54조, 제61조) 재정지출의 효율성 또는 타당성과 관련된 문제에 대한 국민의 관여는 선거를 통한 간접적이고 보충적인 것에 한정되며, 재정지출의 합리성과 타당성 판단은 재정분야의 전문성을 필요로 하는 정책판단의 영역으로서 사법적으로 심사하는 데에 어려움이 있을 수 있다. 게다가 재정지출에 대한 국민의 직접적 감시권을 기본권으로 인정하게 되면 재정지출을 수반하는 정부의 모든 행위를 개별 국민이 헌법소원으로 다툴 수 있게 되는 문제가 발생할 수 있다. 청구인이 주장하는 납세의무자로서 청구인의 재산권이란 결국 재정사용의 합법성과 타당성을 감시하는 납세자의 권리에 다름아닌 바, 이와 같은 권리를 헌

399) 헌재 2009. 5. 28. 2007헌마369, 판례집 21-1하, 769; 헌재 2010. 11. 25. 2009헌마147, 판례집 22-2하, 480, 488; 헌재 2023. 3. 21. 2023헌마332, 1, 2.
400) 헌재 2000. 7. 20. 98헌바63, 판례집 12-2, 52, 53.
401) 헌재 2006. 8. 31. 2006헌마266, 공보 119, 1259, 1262.

법상 보장된 기본권으로 볼 수 없으므로 그에 대한 침해의 가능성 역시 인정될 수 없다.[402)]

10) 육아휴직신청권

헌법 제36조 제1항이 국가에게 자녀 양육을 지원할 의무를 부과하고 있고, 이 사건 법률조항이 규정하고 있는 육아휴직제도의 헌법적 근거를 위 헌법 조항에서 찾을 수 있다 하더라도, 그것만으로는 개인에게 국가에 대하여 육아휴직제도의 전면적 시행과 같은 적극적 급부를 요구할 수 있는 청구권을 부여하고 있다거나 국가에게 그에 관한 입법의무를 지우고 있다고는 할 수 없다. 즉, 육아휴직신청권은 헌법 제36조 제1항 등으로부터 개인에게 직접 주어지는 헌법적 차원의 권리라고 볼 수는 없고, 입법자가 입법의 목적, 수혜자의 상황, 국가예산, 전체적인 사회보장수준, 국민정서 등 여러 요소를 고려하여 제정하는 입법에 적용요건, 적용대상, 기간 등 구체적인 사항이 규정될 때 비로소 형성되는 법률상의 권리에 불과하다 할 것이다.[403)]

육아휴직 급여수급권자에 대한 보호와 육아휴직 급여를 둘러싼 법률관계를 안정시킨다는 이익을 어떻게 조화시킬 것인가의 문제로서, 원칙적으로 입법자의 재량사항에 속한다.[404)]

11) 국민참여재판을 받을 권리

우리 헌법상 헌법과 법률이 정한 법관에 의한 재판을 받을 권리라 함은 직업법관에 의한 재판을 주된 내용으로 하는 것이므로, '국민참여재판을 받을 권리'는 헌법 제27조 제1항에서 규정한 재판을 받을 권리의 보호범위에 속한다고 볼 수 없다.[405)]

---

402) 헌재 2005. 11. 24. 2005헌마579등, 판례집 17-2, 481, 522; 헌재 2006. 3. 30. 2005헌마598, 판례집 18-1상, 439, 447; 헌재 2007. 12. 31. 2007헌마1446, 공보 135, 122, 124; 헌재 2008. 11. 27. 2008헌마517, 판례집 20-2하, 509, 517.

403) 헌재 2008. 10. 30. 2005헌마1156, 판례집 20-2상, 1007, 1018-1019.

404) 헌재 2012. 5. 31. 2011헌바102; 헌재 2022. 10. 27. 2020헌바368; 헌재 2023. 2. 23. 2018헌바240, 판례집 35-1상, 57, 63.

405) 헌재 2002. 2. 28. 2001헌가18; 헌재 2009. 11. 26. 2008헌바12; 헌재 2014. 1. 28. 2012헌바298; 헌재 2015. 7. 30. 2014헌바447, 판례집 27-2상, 270, 274.

12) 형사소송법상 소송비용 보상청구권

형사소송법상 규정하고 있는 '소송비용'의 보상은 형사사법절차에 내재된 위험에 의해 발생되는 손해를 국가가 보상한다는 취지에서 비롯된 것이다. 그러나 구금되었음을 전제로 하는 헌법 제28조의 형사보상청구권과는 달리 소송비용의 보상을 청구할 수 있는 권리는 헌법적 차원의 권리라고 볼 수는 없고, 입법자가 입법의 목적, 국가의 경제적·사회적·정책적 사정들을 참작하여 제정하는 법률에 적용요건, 적용대상, 범위 등 구체적인 사항이 규정될 때 비로소 형성되는 법률상의 권리에 불과하다.[406)]

비용보상청구 제도는 피고인이 지출한 소송비용을 국가의 귀책사유 여부를 따지지 않고 손쉽게 보상받을 수 있도록 국가가 배려하여 마련한 제도이다. 그 보상 대상이 되는 피해는 형사절차에서 피고인이 지출한 변호사비용과 여비 등 소송비용이므로 그 피해의 성격이 간접적·부수적이라 할 수 있다. 보호되는 범위도 손해의 전부가 아니라 실제 지출한 소송비용 중 법률로 정한 일부에 국한된다. 특히, 비용보상청구권은 헌법 차원이나 기본권 보호 차원에서 당연히 보호되어 온 것이 아니라 국가의 정치적·경제적 여건이 나아지고 그에 따라 사법제도 수준이 향상됨에 따라 입법자가 국민의 권리구제 범위를 확장하면서 형성되는 권리이다.[407)]

2. 기본권 침해 또는 침해 가능성

헌법재판소법 제68조 제1항에서는 "공권력의 행사 또는 불행사로 인하여 헌법상 보장된 기본권을 침해받은 자는 … 헌법재판소에 헌법소원심판을 청구할 수 있다."고 규정하고 있다.

헌법재판소법 제68조 제1항에 의한 헌법소원심판을 청구하기 위해서는 '공권력의 행사 또는 불행사로 인한 기본권침해의 가능성'이 있어야 한다. 따라서 헌법소원의 심판대상인 "공권력의 행사"는 국민의 권리와 의무에 대하여

406) 헌재 2012. 3. 29. 2011헌바19, 공보 186, 648, 650.
407) 헌재 2015. 4. 30. 2014헌바408등, 판례집 27-1하, 1, 7.

직접적인 법률효과를 발생시켜야 하고 청구인의 법적 지위를 그에게 불리하게 변화시키기에 적합해야 한다. 공권력의 행사가 법률효과를 발생시키지 않는다면 청구인에게 어떠한 부담이 가해졌다고 평가할 수 없고, 따라서 청구인은 기본권의 침해를 주장할 수 없다.[408]

헌법소원심판을 청구하기 위해서는 청구인의 기본권이 침해받을 가능성이 존재해야 한다. "헌법재판소법 제68조 제1항의 '헌법상 보장된 기본권을 침해받은 자'라는 것은 '헌법상 보장된 기본권을 침해받았다고 주장하는 자'로 해석하여야 하며 소원청구인은 자신의 기본권에 대한 공권력주체의 제한행위가 위헌적인 것임을 어느 정도 구체적으로 주장하여야 한다. 그러므로 소원청구인이 기본권침해의 가능성을 확인할 수 있을 정도의 구체적 주장을 하지 않고 막연한 주장만을 하는 경우에는 그 소원청구는 부적법한 것이 될 것이다."[409]

"통일정신, 국민주권원리 등은 우리나라 헌법의 연혁적·이념적 기초로서 헌법이나 법률해석에서의 해석기준으로 작용한다고 할 수 있지만 그에 기하여 곧바로 국민의 개별적 기본권성을 도출해내기는 어려우며, 헌법전문에 기재된 대한민국 임시정부의 법통을 계승하는 부분에 위배된다는 점이 청구인들의 법적 지위에 현실적이고 구체적인 영향을 미친다고 볼 수도 없다."[410]

제 4 절 헌법소원심판의 절차적 요건

1. 심판청구의 형식(서면주의)

헌법소원심판의 청구는 서면으로 하고, 심판청구서에는 청구인 및 대리인, 침해된 권리, 침해의 원인이 된 공권력의 행사 또는 불행사, 청구이유, 기타 필요한 사항 등을 기재하여야 한다(헌법재판소법 제71조 제1항).

408) 헌재 2002. 3. 28. 2001헌마271, 공보 67, 322.
409) 헌재 2005. 2. 3. 2003헌마544등, 판례집 17－1, 133, 142.
410) 헌재 2008. 11. 27. 2008헌마517, 판례집 20－2하, 509.

2. 대리인소송의 원칙(변호사 강제주의)

헌법소원심판절차에 있어서 당사자는 변호사를 선임해야 하고(헌법재판소법 제25조 3항), 변호사를 선임할 자력이 없을 때에는 국선대리인을 신청할 수 있다(헌법재판소법 제70조 제1항). 또한 헌법재판소가 공익상 필요하다고 인정할 때에는 국선대리인을 선임할 수 있다. 선정된 국선대리인은 선정된 날부터 60일 이내에 제71조에 규정된 사항을 적은 심판청구서를 헌법재판소에 제출하여야 한다. 다만, 그 심판청구가 명백히 부적법하거나 이유 없는 경우 또는 권리의 남용이라고 인정되는 경우에는 국선대리인을 선정하지 아니할 수 있다. 변호사 강제주의에 대해서는 헌법재판소는 합헌결정을 내렸다.[411]

변호사 강제주의(헌법소원심판에 있어 반드시 변호사를 대리인으로 선임하도록 규정하고 있는 헌법재판소법 제25조 제3항)는 법률지식이 불충분한 당사자의 기본권 침해에 대한 구제를 보장하고, 당사자를 설득하여 승소의 가망이 없는 헌법재판의 청구를 자제시키며, 헌법재판에서의 주장과 자료를 정리, 개발하고 객관화하는 기능을 수행함으로써, 재판소와 관계 당사자 모두가 시간, 노력, 비용을 절감하여 헌법재판의 질적 향상을 가져온다. 이 사건 법률조항에 의하여 국민의 경제적 부담과 재판청구권을 혼자서는 행사할 수 없다는 제약은 개인의 사적 이익에 대한 제한임에 반하여, 변호사가 헌법재판에서 수행하는 기능들은 모두 국가와 사회의 공공복리에 기여하는 것이고, 양자를 비교할 때 변호사의 강제를 통하여 얻게 되는 공공의 복리는 그로 인하여 제한되는 개인의 사익에 비하여 훨씬 크다고 할 것이다.[412]

411) 헌재 1990. 9. 3, 89헌마120·212(병합).
412) 헌재 2010. 3. 25. 2008헌마439, 판례집 22-1상, 524.

3. 청구기간

(1) 헌법재판소법상 청구기간

권리구제형 헌법소원의 심판은 기본권침해의 사유가 있음을 안 날로부터 90일, 그 사유가 있은 날로부터 1년 이내에 청구하여야 한다. 다만, 다른 법률에 의한 구제절차를 거친 경우에는 최종결정을 통지받은 날로부터 30일 이내에 청구하여야 한다(헌법재판소법 제69조 제1항). 기본권침해의 사유가 있음을 안 날로부터 90일이 지났거나 또는 그 사유가 있은 날로부터 1년이 지났으면 그 심판청구는 부적법하다.

여기서 그 사유가 '있은 날'은 당해 법령이 청구인의 기본권을 명백히 구체적이고 현실적으로 침해하였거나 그 침해가 확실히 예상되는 등 실체적 제 요건이 성숙하여 헌법판단에 적합하게 된 때를 말한다.[413] 그 사유가 '있음을 안 날'이란 공권력 행사에 의한 기본권침해의 사실관계를 특정할 수 있을 정도로 현실적으로 인식하여 심판청구가 가능해진 경우를 뜻하지, 법률적으로 평가하여 그 위헌성 때문에 헌법소원의 대상이 됨을 안 날을 뜻하는 것은 아니다.[414]

헌법재판소법 제69조 제1항에 의하여 법령에 대한 헌법소원의 청구기간의 기산점인 '법령에 해당하는 사유가 발생한 날'이란 법령의 규율을 구체적이고 현실적으로 적용 받게 된 최초의 날을 의미하는 것으로 보는 것이 상당하다. 즉, 일단 '법령에 해당하는 사유가 발생'하면 그 때로부터 당해 법령에 대한 헌법소원의 청구기간의 진행이 개시되며, 그 이후에 새로이 '법령에 해당하는 사유가 발생'한다고 하여서 일단 개시된 청구기간의 진행이 정지되고 새로운 청구기간의 진행이 개시된다고 볼 수는 없다.[415]

법령에 대한 헌법소원의 청구기간과 관련하여, 헌법재판소법 제69조 제1

413) 헌재 1992. 6. 9. 92헌마105, 판례집 4, 290; 헌재 1996. 3. 28. 93헌마198, 판례집 8-1, 241, 250-251; 헌재 2006. 12. 28. 2006헌마226, 공보 123, 82, 84.
414) 헌재 1993. 11. 25. 89헌마36; 헌재 1996. 10. 16. 96헌마322, 1.
415) 헌재 2004. 11. 25. 2004헌마178, 판례집 16-2하, 438.

항은, 같은 법 제68조 제1항의 헌법소원심판은 그 사유가 있음을 안 날로부터 90일 이내에, 그 사유가 있은 날로부터 1년 이내에 청구하여야 한다고 규정하고 있다. 이에 따라 법령에 대한 헌법소원은 그 법령의 시행과 동시에 기본권의 침해를 받게 되는 경우에는 법령이 시행된 사실을 안 날로부터 90일, 법령이 시행된 날로부터 1년 이내에 청구하여야 하고, 법령이 시행된 뒤에 비로소 법령에 해당되는 사유가 발생하여 기본권의 침해를 받게 되는 경우에는 그 사유가 발생하였음을 안 날로부터 90일, 그 사유가 발생한 날로부터 1년 이내에 청구하여야 한다.[416] 그리고 위 '90일'의 기간과 '1년'의 기간은 모두 준수하여야 적법한 청구가 되는 것이고 그 중 어느 하나라도 경과하면 부적법한 청구가 된다.[417]

(2) 청구기간 경과시 '정당한 사유'

청구기간 경과시에도 예외적으로 헌법소원 청구를 인정하는데, 행정소송법 제20조 제2항 단서를 준용(헌법재판소법 제40조 제1항)하여, 정당한 사유가 있는 때에는 예외를 인정한다.[418] 헌법재판소법 제68조 제1항의 헌법소원 중 권리구제형 헌법소원심판이 비록 청구기간을 경과하여서 한 것이라 하더라도 정당한 사유가 있는 경우에는 이를 허용하는 것이 헌법소원제도의 취지와 헌법재판소법 제40조에 의하여 준용되는 행정소송법 제20조 제2항 단서에 부합하는 해석이다.[419] 여기서 '정당한 사유'라 함은 청구기간 도과의 원인 등 여러 가지 사정을 종합하여 지연된 심판청구를 허용하는 것이 사회통념상으로 보아 상당한 경우를 뜻하는 것이다. 민사소송법 제160조(불변기간)의 "당사자가 그 책임을 질 수 없는 사유"나 행정심판법 제18조 제2항 소정의 "천재, 지변, 전쟁, 사변 그밖에 불가항력적인 사유"보다는 넓은 개념이라고 할 것이므로, 일반적으로 천재 기타 피할 수 없는 사정과 같은 객관적 불능의 사유와 이

416) 헌재 2004. 4. 29. 2004헌마93, 공보 92, 554, 556; 헌재 2004. 5. 27. 2003헌마639, 공보 93, 618, 620.
417) 헌재 2004. 4. 29. 2004헌마93, 공보 92, 554, 556-557; 헌재 2008. 3. 27. 2005헌마138, 판례집 20-1상, 390, 393.
418) 헌재 1993. 7 29, 89헌마31 (국제그룹 해체사건).
419) 헌재 1993. 7. 29. 89헌마31, 판례집 5-2, 87, 111 참조.

에 준할 수 있는 사유뿐만 아니라 일반적 주의를 다하여도 그 기간을 준수할 수 없는 사유를 포함한다고 할 것이다.[420] 그러나 민법상 시효중단사유는 헌법소원심판 청구기간의 산정에 유추적용될 수 없다.[421]

(3) 유예기간과 청구기간 기산점

"유예기간을 경과하기 전까지 청구인들은 이 사건 보호자동승조항에 의한 보호자동승의무를 부담하지 않는다. 이 사건 보호자동승조항이 구체적이고 현실적으로 청구인들에게 적용된 것은 유예기간을 경과한 때부터라 할 것이므로, 이때부터 청구기간을 기산함이 상당하다. 종래 이와 견해를 달리하여, 법령의 시행일 이후 일정한 유예기간을 둔 경우 이에 대한 헌법소원심판 청구기간의 기산점을 법령의 시행일이라고 판시한 우리 재판소 결정들은, 이 결정의 취지와 저촉되는 범위 안에서 변경한다."고 판시하였다. 즉, 유예기간을 두고 있는 법령의 경우, 헌법소원심판의 청구기간 기산점을 그 법령의 시행일이 아니라 '유예기간 경과일'이라고 보았다.[422]

(4) 법령조항의 일부 개정과 청구기간 기산점

법령에 대한 헌법소원은 법령시행과 동시에 기본권의 침해를 받게 되는 경우에는 그 법령이 시행된 사실을 안 날로부터 90일 이내에, 법령이 시행된 날로부터 1년 이내에 헌법소원을 청구하여야 하고, 법령이 시행된 뒤에 비로소 그 법령에 해당되는 사유가 발생하여 기본권의 침해를 받게 되는 경우에는 그 사유가 발생하였음을 안 날로부터 90일 이내에, 그 사유가 발생한 날로부터 1년 이내에 헌법소원을 청구하여야 한다.[423] 이 경우에 심판대상조항이 그 자구만 수정되었을 뿐 이전 조항과 비교하여 실질적인 내용에 변화가 없어 청구인이 기본권을 침해당하고 있다고 주장하는 내용에 전혀 영향을 주지 않는다면, 법령조항이 일부 개정되었다고 하더라도 청구기간의 기산은 이전의 법

420) 헌재 2001. 12. 20. 2001헌마39, 공보 64, 79.
421) 헌재 1995. 1. 20, 94헌아4.
422) 헌재 2020. 4. 23. 2017헌마479, 판례집 32-1상, 452.
423) 헌재 2003. 9. 25. 2001헌마93등.

령을 기준으로 한다.[424)]

여기서 청구기간 산정의 기산점이 되는 '법령에 해당하는 사유가 발생한 날'이란 '법령의 규율을 구체적이고 현실적으로 적용받게 된 날'을 가리킨다 할 것이고, 법령에 해당하는 사유가 계속적으로 발생하는 경우에는 법령의 규율을 구체적이고 현실적으로 적용받게 된 최초의 날을 의미한다.[425)]

(5) 청구취지의 변경과 청구기간 기산점

헌법재판소법 제40조 제1항 및 민사소송법 제265조에 의하여 그 청구취지를 변경한 청구서가 제출된 시점을 기준으로 새로 기산한다.

"청구인이 최초에 2016. 12. 21. 국선대리인선임신청을 할 당시에는 이 사건 기소유예처분의 취소만을 구하였으나, 선임된 국선대리인은 2017. 2. 23. 이 사건 헌법소원심판청구서를 제출하면서 청구취지에 심판대상조항의 위헌확인을 포함하였다. 따라서 이 시점에서 청구취지 변경이 이루어졌다고 할 것이다. 국선대리인이 헌법소원심판청구를 한 경우 청구기간은 심판청구일이 아니라 국선대리인의 선임신청이 있는 날을 기준으로 정하는 것이지만(헌법재판소법 제70조 제1항 후문), 헌법소원심판청구에 대한 청구취지 변경이 이루어진 경우 청구기간의 준수 여부는 헌법재판소법 제40조 제1항 및 민사소송법 제265조에 의하여 변경된 청구서가 제출된 시점을 기준으로 판단하여야 하므로(헌재 2013. 9. 26. 2011헌마398), 심판대상조항에 대하여 <u>청구기간을 판단하는 기준일은 국선대리인이 심판청구서를 제출한 2017. 2. 23.이 된다</u>."[426)]

4. 공탁금

헌법소원의 남소를 방지하기 위해서 헌법재판소는 심판청구인에 대하여 헌법재판소 규칙으로 공탁금의 납부를 명할 수 있다(헌법재판소법 제37조 제2항).

헌법재판소법 제37조 제1항은 심판비용의 국가부담 원칙을, 같은 조 제2

424) 헌재 2016. 11. 24. 2015헌마1191등; 헌재 2019. 8. 29. 2018헌마608.
425) 헌재 2004. 4. 29. 2003헌마484; 헌재 2004. 11. 25. 2004헌마178.
426) 헌재 2018. 5. 31. 2017헌마167, 공보 260, 940, 942.

항, 제3항은 헌법소원심판의 청구인에 대한 공탁금 납부와 국고 귀속을, 같은 법 제25조 제3항은 각종 심판절차에서 사인의 변호사강제주의를, 같은 법 제70조는 헌법소원심판절차에서 자력이 부족한 청구인에 대한 국선대리인 제도를 각 규정하고 있다.

헌법재판의 심판비용을 국가가 부담하는 것은 헌법재판이 헌법을 보호하고, 권력을 통제하며, 기본권을 보호하는 등의 기능을 하는 객관적 소송이기 때문인데, 국가가 부담하는 심판비용에 변호사보수와 같이 청구인 등이 소송수행을 위하여 스스로 지출하는 비용인 당사자비용도 포함된다고 볼 경우에는 헌법재판청구권의 남용을 초래하여 헌법재판소의 운영에 따른 비용을 증가시키고 다른 국민이 헌법재판소를 이용할 기회를 침해할 수 있으며 헌법재판소법에 국선대리인 제도를 함께 규정할 필요도 없었을 것이므로, 국가가 부담하는 심판비용에는 재판수수료와 헌법재판소가 심판 등을 위하여 지출하는 비용인 재판비용만 포함되고, 여기에 변호사강제주의에 따른 변호사보수 등의 당사자비용은 포함되지 아니한다.[427]

제 5 절 헌법소원심판의 심리

1. 서면심리주의

헌법소원심판은 서면심리에 의한다. 다만, 재판부는 필요하다고 인정하는 경우에는 변론을 열어 당사자·이해관계인 기타 참고인의 진술을 들을 수 있다(헌법재판소법 제30조 제2항).

427) 헌재 2015. 5. 28. 2012헌사496, 판례집 27-1하, 393, 396.

2. 종국결정

(1) 개요

헌법재판소 전원재판부가 심리를 마친 후에는 종국결정을 한다. 헌법재판소법 제68조 제1항의 헌법소원인 '권리구제형 헌법소원'의 종국결정에는 종국심리에 관여한 재판관의 과반수의 찬성으로 결정한다. 다만, 다음 각 1의 어느 하나에 해당하는 경우에는 재판관 6명 이상의 찬성이 있어야 한다. ① 법률의 위헌결정, 탄핵의 결정, 정당해산의 결정 또는 헌법소원에 관한 인용결정(認容決定)을 하는 경우, ② 종전에 헌법재판소가 판시한 헌법 또는 법률의 해석 적용에 관한 의견을 변경하는 경우이다(헌재법 제23조 제2항). 즉, 인용결정을 하는 경우와 종전에 헌법재판소가 판시한 헌법 또는 법률의 해석·적용에 관한 의견을 변경하는 경우에는 재판관 6명 이상의 찬성이 있어야 한다.

(2) 결정유형

종국결정에는 ① 심판청구가 부적법한 경우에 하는 **각하결정**, ② 심판청구가 이유없는 경우에 하는 **기각결정**, ③ 심판청구가 이유있는 경우에 하는 **인용결정**, ④ **심판절차종료선언** 등 4가지가 있다.

(3) 각하결정

각하결정은 헌법소원의 형식적절차적 요건에 흠결이 있는 경우, 즉 심판청구가 부적법한 경우에 내리는 결정형식이다. 각하결정은 ① 청구인능력이 인정되지 않거나, ② 공권력의 행사 또는 불행사로 인정되지 않거나, ③ 침해되었다고 주장하는 기본권이 헌법상 인정되지 않거나, ④ 기본권 침해의 자기관련성·직접성·현재성이 인정되지 않거나, ⑤ 보충성 요건을 충족하지 못하거나, ⑥ 권리보호이익이 없거나, ⑦ 청구기간을 도과하여 청구하였거나, ⑧ 변호사를 선임하지 않은 경우에 내린다.

(4) 기각결정

기각결정은 헌법소원심판청구가 "이유 없다"고 판단되는 경우에 내리는 결정유형이다. 즉, 공권력의 행사 또는 불행사로 말미암아 헌법상 보장된 청구인의 기본권 침해가 인정되지 않고 청구인의 주상을 배척하는 경우에 내리는 결정형식이다. 일반적으로 주문은 "이 사건 심판청구를 기각한다."라고 한다.

(5) 인용결정

1) 의의

헌법재판소는 기본권침해의 원인이 된 공권력의 행사를 취소하거나 그 불행사가 위헌임을 확인할 수 있다. 헌법재판소법 제68조 제1항에 따른 헌법소원을 인용할 때에는 인용결정서의 주문에 침해된 기본권과 침해의 원인이 된 공권력의 행사 또는 불행사를 특정하여야 한다(헌재법 제75조 제2항). 그러나 법령소원에서 인용결정을 하는 경우에는 주문에 침해된 기본권을 표시하지 않는다. 그 이유는 "헌법재판소법 제75조 제2항의 규정에 따라 주문에 침해된 기본권을 표시하지 않는 이유는, 법률에 대한 헌법소원은 청구인의 침해된 기본권 구제의 면도 있으나 객관적인 헌법질서의 확립이라는 성질이 더 부각되어야 할 것이고, 동 규정의 취지가 같은 조 제3항 내지 제5항과의 관계에서 볼 때 입법권, 즉 법률에 의한 기본권침해의 경우에 부합하는 규정이라고 보여지지 않고, 오히려 같은 조 제6항이 헌법소원을 인용하여 법률의 위헌을 선고할 경우에는 같은 법 제45조, 제47조의 규정을 준용하도록 하고 있어서 구태여 주문에 침해된 기본권을 표시할 필요까지는 없다고 해석되기 때문이다."[428]

2) 유형

① 공권력 행사의 취소 결정·공권력 불행사의 위헌확인 결정

헌법재판소는 기본권침해의 원인이 된 공권력의 행사를 취소하거나 그

---

428) 헌재 1991. 3. 11. 91헌마21, 판례집 3, 91, 115-116.

불행사가 위헌임을 확인할 수 있다(헌재법 제75조 제3항).

② 처분의무 (헌재법 제75조 제4항)

헌법재판소가 공권력의 불행사에 대한 헌법소원을 인용하는 결정을 한 때에는 피청구인은 결정취지에 따라 새로운 처분을 하여야 한다.

③ 법률의 위헌신고 (헌재법 제75조 제5항)

헌법재판소는 공권력의 행사 또는 불행사가 위헌인 법률 또는 법률의 조항에 기인한 것이라고 인정될 때에는 인용결정에서 당해 법률 또는 법률의 조항이 위헌임을 선고할 수 있다.

④ 위헌소원의 인용결정 (헌재법 제75조 제6항)

헌법소원을 인용하는 경우에는 위헌결정을 하고 국가기관을 기속한다.

3) 인용결정의 효력

① 기속력

헌법소원의 인용결정은 모든 국가기관과 지방자치단체를 기속한다(헌재법 제75조 제1항). 헌법재판소가 공권력의 불행사에 대한 헌법소원을 인용하는 결정을 한 때에는 피청구인은 결정취지에 따라 새로운 처분을 해야 한다(헌재법 제75조 제4항).

② 재판에 대한 재심청구

헌법소원이 인용된 경우에 당해 헌법소원과 관련된 소송사건이 이미 확정된 때에는 당사자는 재심을 청구할 수 있다. 재심에 있어 형사사건에 대하여는 형사소송법의 규정을, 그외의 사건에 대하여는 민사소송법의 규정을 준용한다.

(2) 심판절차종료선언

헌법소원의 심판절차 중 청구인이 사망하여 수계할 당사자가 없거나 수계의사가 없는 경우, 심판청구의 취하 등으로 심판절차의 종료를 명확히 확인하는 의미에서 하는 결정이다.

1) 청구인의 사망

청구인은 이 사건 헌법소원심판이 계속중에 사망한 사실이 인정되므로, 특별한 사정이 없는 한 청구인의 사망에 따라 본건 범죄의 피해자는 망인의 재산상속인이라 할 것이고, 망인의 재산상속인이 되었다는 사정이 없는 제3자에게는 자기관련성이 인정되지 아니하므로 그에 의한 수계신청은 허용될 수 없다. 가사, 제3자가 단체로서의 실체를 갖춘 종중의 새로운 대표자의 지위에서 수계신청을 한 것으로 보더라도, 종중이나 새로운 대표자를 이 사건 범죄의 피해자라고 볼 수 없는 이상, 망인이 생전에 소속한 단체의 새로운 대표자에 불과한 자는 간접적 또는 사실적 이해관계가 있다고 할 수 있을지는 몰라도 법적으로 직접적인 이해관계에 있다고 할 수 없어 자기관련성이 인정될 수 없으므로 수계신청은 허용될 수 없고, 이 사건 헌법소원은 청구인의 사망으로 말미암아 그 심판절차가 종료되었다.[429]

청구인 조○행은 이 사건 심판청구 이후인 2013. 1. 9. 사망한 사실이 인정되므로 위 청구인에 대한 심판절차는 청구인의 사망과 동시에 종료되었다.[430]

2) 심판청구의 취하

헌법재판소법 제40조 제1항은 "헌법재판소의 심판절차에 관하여는 이 법에 특별한 규정이 있는 경우를 제외하고는 헌법재판의 성질에 반하지 아니하는 한도 내에서 민사소송에 관한 법령의 규정을 준용한다. 이 경우 탄핵심판의 경우에는 형사소송에 관한 법령을, 권한쟁의심판 및 헌법소원심판의 경우에는 행정소송법을 함께 준용한다."고 규정하고, 같은 조 제2항은 "제1항 후단의 경우에 형사소송에 관한 법령 또는 행정소송법이 민사소송에 관한 법령과 저촉될 때에는 민사소송에 관한 법령은 준용하지 아니한다."고 규정하고 있다. 그런데 헌법재판소법이나 행정소송법에 헌법소원심판청구의 취하와 이에 대한 피청구인의 동의나 그 효력에 관하여 특별한 규정이 없으므로, 소의 취하

---

429) 헌재 2010. 6. 24. 2007헌마1256, 판례집 22-1하, 560.
430) 헌재 2015. 4. 30. 2012헌마38, 판례집 27-1하, 12.

에 관한 민사소송법 제266조는 이 사건과 같은 헌법소원심판절차에 준용된다고 보아야 한다.[431)]

"이 사건 헌법소원심판청구가 취하될 당시, 이 사건에 관한 헌법재판소의 최종 평결결과는 재판관 전원의 일치된 의견으로, 법 제75조 제7항에 대한 이 사건 심판청구에 관하여는 '법 제75조 제7항은 법 제68조 제2항의 헌법소원이 인용된 경우에 한정위헌결정이 포함되지 않는다고 해석하는 한도 내에서 헌법에 위반된다'는 한정위헌결정을 선언하고, 헌법재판소의 한정위헌결정의 효력을 부인하여 청구인의 재심청구를 기각한 이 사건 대법원판결을 취소하면서, 법 제68조 제1항 본문에 대한 심판청구는 각하한다는 것이었다."[432)] 이 사건에서 심판청구의 취하로 인하여 심판절차가 종료되었음을 선언하였다.

3. 헌법소원심판의 비용과 공탁금의 국고귀속

(1) 심판비용

헌법재판소의 심판비용은 국가부담으로 한다. 다만, 당사자의 신청에 의한 증거조사의 비용은 헌법재판소규칙이 정하는 바에 따라 그 신청인에게 부담시킬 수 있다(헌재법 제37조 제1항).

(2) 공탁금의 국고귀속

헌법재판소는 헌법소원심판의 청구인에 대하여 헌법재판소규칙으로 정하는 공탁금의 납부를 명할 수 있다(헌재법 제37조 제2항).

헌법재판소는 ① 헌법소원의 심판청구를 각하할 경우, ② 헌법소원의 심판청구를 기각하는 경우에 그 심판청구가 권리의 남용이라고 인정되는 경우에는 헌법재판소규칙이 정하는 바에 따라 공탁금의 전부 또는 일부의 국고귀속을 명할 수 있다(헌재법 제37조 제3항).

---

431) 헌재 2005. 2. 15. 2004헌마911, 공보 103, 544.
432) 헌재 2003. 2. 11. 2001헌마386, 판례집 15-1, 443.

제 6 절 가처분

1. 가처분의 허용여부

(1) 문제제기

헌법재판소는 2000년 12월 8일 사법시험령 제4조 제3항 효력정지 가처분 신청(헌재 2000. 12. 8. 2000헌사471)에서 "헌법재판소법은 명문의 규정을 두고 있지는 않으나, 같은 법 제68조 제1항 헌법소원심판절차에서도 가처분의 필요성이 있을 수 있고 또 이를 허용하지 아니할 상당한 이유를 찾아볼 수 없으므로, 가처분이 허용된다."[433)]

"가처분의 요건은 헌법소원심판에서 다투어지는 '공권력 행사 또는 불행사'의 현상을 그대로 유지시킴으로 인하여 생길 회복하기 어려운 손해를 예방할 필요가 있어야 한다는 것과 그 효력을 정지시켜야 할 긴급한 필요가 있어야 한다는 것 등이 된다. 따라서 본안심판이 부적법하거나 이유없음이 명백하지 않는 한, 위와 같은 가처분의 요건을 갖춘 것으로 인정되면, 가처분을 인용한 뒤 종국결정에서 청구가 기각되었을 때 발생하게 될 불이익과 가처분을 기각한 뒤 청구가 인용되었을 때 발생하게 될 불이익을 비교형량하여 후자가 전자보다 큰 경우에, 가처분을 인용할 수 있다."고 판시하였다.

또한 "헌법재판소법 제40조 제1항에 따라 준용되는 행정소송법 제23조 제2항의 집행정지규정과 민사소송법 제714조의 가처분규정에 비추어 볼 때, 이와 같은 가처분결정은 헌법소원심판에서 다투어지는 '공권력 행사 또는 불행사'의 현상을 그대로 유지시킴으로 인하여 생길 회복하기 어려운 손해를 예방할 필요가 있어야 하고 그 효력을 정지시켜야 할 긴급한 필요가 있어야 한다는 것 등이 그 요건이 된다 할 것이므로, 본안심판이 부적법하거나 이유없음이 명백하지 않는 한, 위와 같은 가처분의 요건을 갖춘 것으로 인정되고, 이

433) 헌재 2000. 12. 8. 2000헌사471.

에 덧붙여 가처분을 인용한 뒤 종국결정에서 청구가 기각되었을 때 발생하게 될 불이익과 가처분을 기각한 뒤 청구가 인용되었을 때 발생하게 될 불이익에 대한 비교형량을 하여 후자의 불이익이 전자의 불이익보다 크다면 가처분을 인용할 수 있는 것이다."라고 설명하고 있다.[434]

(2) 허용된다는 견해

첫째, 본안판단이 내려지기까지 사실이 완성되면 회복하기 어려운 결과가 되므로 소송당사자에게 회복하기 어려운 불이익의 발생을 방지하고 헌법질서의 보장을 위하여 일반소송절차보다 헌법소원심판절차에서 더 필요하다.

둘째, 가처분제도의 헌법적 근거로는 사법과 행정의 법과 법률의 기속성을 파생원칙으로 하는 '법치국가원리'에서 간접적으로 구할 수 있다.

(3) 불허된다는 견해

첫째, 민사소송법상 가처분은 당사자의 대립을 전제로 한 공격·방어에 기초하여 재판을 한다는 점에서 대립당사자구조를 전제로 한다. 그러므로 가처분의 긴급성과 잠정성에 의한 채무자의 희생을 구제하기 위하여 채무자가 이의를 하면 법원은 변론을 거쳐 종국판결로 가려야 한다. 이처럼 가처분은 대립당사자구조와 변론권 보장이 중요한 요소가 된다.

이러한 관점에서 헌법재판소법상 대립당사자구조와 구두변론의 원칙을 취하는 정당해산심판과 권한쟁의심판에서만 가처분을 할 수 있는 규정을 둔 것은 당연한 것이다.

둘째, 헌법소원심판에서도 가처분을 할 수 있다고 한다면, 가처분이의와 취소를 허용하여야 하는데, 헌법재판소의 가처분 인용에 대하여 가처분이의와 취소신청의 상대방을 특정화될 수 없다는 문제점이 발생한다.

434) 헌재 2000. 12. 8. 2000헌사471.

2. 가처분의 요건

헌법재판소법에 가처분의 요건을 규정하고 있지 않다. 그러나 가처분도 본안판단과 마찬가지로 '형식적 요건'과 '실질적 요건'으로 나누어 심사한다.

(1) 형식적 요건

1) 신청권자

가처분 신청을 하는 청구인은 청구인능력과 청구인적격을 가지고 있어야 한다. 현재 계속중이거나 장래 계속될 본안심판의 당사자는 가처분심판의 신청권자가 될 수 있다.

신청권자의 신청에 의한 것 이외에도 헌법재판소의 직권에 의한 가처분도 인정할 수 있다.

2) 본안심판과의 관계

가처분 신청이 적법하기 위해서는 헌법재판소가 본안심판에 대한 관할권을 가지고 있어야 한다. 본안심판이 부적법하거나 이유없음이 명백하지 않는 한, 가처분의 요건을 갖춘 것으로 인정된다.

3) 권리보호이익

가처분신청인에게 가처분을 인정할 만한 권리보호의 이익이 갖추어져야 한다.

4) 신청기간

헌법재판소의 종국결정의 선고가 있기 전일 것이어야 한다.

(2) 실체적 요건

가처분결정은 헌법소원심판에서 다투어지는 '공권력 행사 또는 불행사'의 현상을 그대로 유지시킴으로 인하여 생길 회복하기 어려운 손해를 예방할 필요가 있어야 하고 그 효력을 정지시켜야 할 긴급한 필요가 있어야 한다는 것 등이 그 요건이 된다.[435]

1) 회복하기 어려운 중대한 손해의 예방(Abwehr schwerer Nachteile)

가처분이 인용되기 위해서는 우선 기존의 상태를 그대로 유지하는 경우 회복하기 어려운 손해가 발생하거나 또는 회복 가능하지만 중대한 손해가 발생할 우려가 있어야 한다.

2) 긴급성

가처분에서는 기존의 법률관계의 효력 등을 긴급하게 정지시킬 필요가 있어야 한다. 가처분에서 요구되는 긴급성은 가처분으로 규율하고자 하는 현상의 발생이 시간적으로 매우 근접하여 가처분조치를 지체할 수 없음을 뜻한다.

3) 필요

가처분을 인용하기 위해서는 가처분을 인용한 뒤 본안에서 청구가 기각되었을 때 발생하게 될 불이익과 가처분을 기각한 뒤 청구가 인용되었을 때 발생하게 될 불이익에 대한 비교형량 하여 후자의 불이익이 전자의 불이익보다 커야 한다.[436] 이익형량을 함에 있어서 본안청구의 승소가능성이 있느냐는 원칙적으로 고려의 대상이 되지 아니하나 패소가능성은 고려하여 본안심판이 명백히 이유 없는 경우에는 가처분신청이 부적법하다고 할 것이다.

435) 헌재 2000. 12. 8. 2000헌사471, 판례집 12-2, 381, 385.
436) 헌재 1999. 3. 25. 98헌사98, 판례집 11-1, 264, 270- 271.

제 10 장

규범통제형 헌법소원심판

제 1 절 개 관

헌법재판소법 제111조 제1항 제5호에서는 헌법재판소는 '법률이 정하는 헌법소원에 관한 심판'을 관장한다고 규정하고 있다. 이를 헌법재판소에서는 헌법재판소법 제68조 제1항의 헌법소원과 헌법재판소법 제68조 제2항의 헌법소원으로 정하고 있다.

헌법재판소법 제68조 제1항 본문은 "공권력의 행사 또는 불행사로 인하여 헌법상 보장된 기본권을 침해받은 자는 법원의 재판을 제외하고는 헌법재판소에 헌법소원심판을 청구할 수 있다."고 규정하고 있다. 헌법재판소법 제68조 제1항에 규정된 헌법소원을 '권리구제형 헌법소원'이라 한다. 반면, 헌법재판소법 제68조 제2항은 "제41조 제1항의 규정에 의한 법률의 위헌여부심판의 제청신청이 기각된 때에는 그 신청을 한 당사자는 헌법재판소에 헌법소원심판을 청구할 수 있다."고 규정하고, 헌법재판소법 제41조 제1항은 "법률이 헌법에 위반되는 여부가 재판의 전제가 된 때에는 당해 사건을 담당하는 법원은 직권 또는 당사자의 신청에 의한 결정으로 헌법재판소에 위헌 여부의 심판을 제청한다."고 규정하고 있다. 즉, 헌법재판소법 제68조 제2항에 의한 헌법소원은 헌법재판소법 제41조 제1항의 규정에 의한 위헌여부심판의 제청신청을 법원이 각하 또는 기각한 경우에만 당사자가 직접 헌법재판소에 헌법소원의 형태로 심판청구를 할 수 있는 것이다.[1] 헌법재판소법 제68조 제2항에 규정된 헌법소원을 '규범통제형 헌법소원'(위헌심사형 헌법소원)이라 한다.

하나의 심판청구로 헌법재판소법 제68조 제1항에 의한 헌법소원심판청구와 헌법재판소법 제68조 제2항에 의한 헌법소원심판청구를 병합하여 제기할 수 있는지 여부에 관하여 헌법소원이 청구되었다. 이에 대하여 헌법재판소는 "① 헌법재판소법 제68조 제1항에 의한 헌법소원과 헌법재판소법 제68조 제2항에 의한 헌법소원은 비록 그 요건과 대상은 다르다고 하더라도 헌법재판소라는 동일한 기관에서 재판을 받고, 개인에 의한 심판청구라는 헌법소원의 측면에서는 그 성질이 동일한 점, ② 헌법재판소 판례 중에는 헌법재판소법 제68조 제2항의 헌법소원 절차에서 청구변경의 방법으로 예비적 청구를 헌법재판소법 제68조 제2항에 의한 청구에서 위 법 제68조 제1항에 의한 청구로 변경하는 것을 허용한 예,[2] 법원에 위헌법률심판제청신청을 한 적이 없는 청구인의 헌법소원심판청구를 헌법재판소법 제68조 제1항에 의한 헌법소원심판청구로 본 예,[3] 헌법재판소법 제68조 제1항에 의한 헌법소원심판청구와 위 법 제68조 제2항에 의한 헌법소원심판청구를 병합하여 심판한 예[4]가 있는 점, ③ 헌법재판소가 헌법재판소 사건의 접수에 관한 규칙에 의하여 헌법재판소법 제68조 제1항의 헌법소원사건의 사건부호를 '헌마'로, 헌법재판소법 제68조 제2항의 헌법소원사건의 사건부호를 '헌바'로 달리 부여하고 있지만, 이는 편의적인 것에 불과한 점, ④ 만약 이를 허용하지 않을 경우 당사자는 관련청구소송을 하나는 헌법재판소법 제68조 제1항에 의한 헌법소원으로, 다른 하나는 헌법재판소법 제68조 제2항에 의한 헌법소원으로 제기하여야 하는데 이는 소

1) 헌재 1994. 4. 28. 89헌마221, 판례집 6-1, 239.
2) 헌재 2007. 10. 25. 2005헌바68, 공보 133, 1088, 1090.
3) 헌재 2007. 11. 29. 2005헌바12, 공보 134, 1289, 1307.
4) 헌재 2003. 10. 30. 2001헌마700, 2003헌바11(병합), 판례집 15-2하, 137.

송경제에 반하는 점 등을 살펴볼 때, 하나의 헌법소원으로 헌법재판소법 제68조 제1항에 의한 청구와 헌법재판소법 제68조 제2항에 의한 청구를 함께 병합하여 제기함이 가능하다."고 판시하였다.[5)]

제2절 법적 성격 및 청구절차

1. 규범통제형 헌법소원의 법적 성격

헌법재판소법 제68조 제2항에 의한 헌법소원심판은 세계 여러 국가에서 유래를 찾아볼 수 없는 우리나라 고유한 헌법재판절차이다.[6)]

헌법재판소법 제68조 제2항은 "제41조 제1항의 규정에 의한 법률의 위헌여부심판의 제청신청이 기각된 때에는 그 신청을 한 당사자는 헌법재판소에 헌법소원심판을 청구할 수 있다."고 규정하고, 헌법재판소법 제41조 제1항은 "법률이 헌법에 위반되는 여부가 재판의 전제가 된 때에는 당해 사건을 담당하는 법원은 직권 또는 당사자의 신청에 의한 결정으로 헌법재판소에 위헌 여부의 심판을 제청한다."고 규정하고 있다. 따라서 당해 법원에서 해당 법률조항의 위헌 여부 심판의 제청신청에 대하여 기각결정된 경우, 당사자가 직접 해당 법률조항에 대한 헌법소원심판을 청구하는 것이다.

헌법재판소법 제68조 제2항에 의한 헌법소원심판은 심판청구서의 기재사항이나 헌법소원을 인용하는 경우에 대하여 위헌법률심판에 관한 규정을 준용하도록 하는 헌법재판소법 규정에 비추어(제71조 제2항, 제75조 제6항 등) 위헌법소원의 대상은 '법원의 기각결정'이 아니라 '법률'이며, 심판절차의 실질은 헌법소원심판이 아니라 구체적 규범통제(위헌법률심판)로 보아야 한다.[7)]

5) 헌재 2010. 3. 25. 2007헌마933, 판례집 22-1상, 496, 502.

6) 한수웅, "헌법재판소법 제68조 제2항의 헌법소원심판의 법적 성격 및 법원의 '제청신청 기각결정'의 의미" 법학논문집 제42집 제3호, 2018. 12, 76면.

7) 황우려, 헌법재판의 운영/토론, 헌법재판의 이론과 실제, 헌법재판자료 제3집, 1990, 549면; 김철수,

헌법재판소법 제68조 제2항에 의한 헌법소원은 위헌법률심판의 제청신청이 법원에 의하여 기각된 경우, 제청신청을 한 당사자가 청구하는 '규범통제형 헌법소원'이다. 헌법재판소법 제68조 제2항의 헌법소원은 법률이 헌법에 위반되는지 여부가 재판의 전제가 된 경우 위헌심판 제청신청을 하여 그 신청이 기각된 때에만 청구할 수 있다. 즉, 규범통제형 헌법소원의 대상은 '법률'이며, 심판청구가 적법하기 위해서는 법률의 위헌 여부가 재판의 전제가 되는 경우여야 한다.[8)]

2. 위헌법률심판 제청신청의 기각결정

(1) 원칙

헌법재판소법 제68조 제2항에 의한 헌법소원(규범통제형 헌법소원)은 헌법재판소법 제41조 제1항에 의한 위헌여부심판의 제청신청을 법원이 각하 또는 기각한 경우에 당사자가 직접 헌법재판소에 헌법소원의 형태로 심판청구를 할 수 있다. 따라서 당해 법원이 위헌제청신청 대상 법률조항에 대해 기각결정을 한 바가 없었던 법률조항에 대한 심판청구는 부적법하다.[9)]

(2) 예외

헌법재판소법 제68조 제2항의 헌법소원은 법률의 위헌여부심판의 제청신청을 하여 그 신청이 기각된 때에만 청구할 수 있는 것이므로, 청구인이 특정 법률조항에 대한 위헌여부심판의 제청신청을 하지 않았고 따라서 법원의 기각결정도 없었다면 비록 헌법소원심판청구에 이르러 위헌이라고 주장하는 법률조항에 대한 헌법소원은 원칙적으로 심판청구요건을 갖추지 못하여 부적법한 것이나, 예외적으로 위헌제청신청을 기각 또는 각하한 법원이 위 조항을

헌법소원제도의 개선방향, 헌법재판연구 제1권, 1990, 541면.

8) 헌재 2001. 2. 22. 99헌바87등, 공보 54, 196.

9) 헌재 1994. 4. 28. 89헌마221; 헌재 1997. 11. 27. 96헌바12, 판례집 9-2, 607, 618; 헌재 1998. 9. 30. 97헌바38, 판례집 10-2, 530; 헌재 2001. 9. 27. 2000헌바13, 판례집 13-2, 316, 320; 헌재 2010. 6. 24. 2007헌바101등, 판례집 22-1하, 417, 428; 헌재 2015. 8. 12. 2015헌바242; 헌재 2016. 2. 25. 2015헌바257, 판례집 28-1상, 175.

실질적으로 판단하였거나 위 조항이 명시적으로 위헌제청신청을 한 조항과 필연적 연관관계를 맺고 있어서 법원이 위 조항을 묵시적으로나마 위헌제청신청으로 판단을 하였을 경우에는 헌법재판소법 제68조 제2항의 헌법소원으로서 적법한 것이다.[10]

헌법재판소법 제68조 제2항의 규정에 의한 헌법소원심판청구는 법률이 헌법에 위반되는 여부가 재판의 전제가 되는 때에 당사자가 위헌제청신청을 하였음에도 불구하고 법원이 이를 배척하였을 경우에 법원의 제청에 갈음하여 당사자가 직접 헌법재판소에 헌법소원의 형태로서 심판청구를 하는 것이므로, 그 심판의 대상은 재판의 전제가 되는 법률이며, 법원의 위헌제청신청 기각결정 등의 재판 자체는 될 수 없다.[11] 헌법재판소법 제68조 제2항에 의한 헌법소원심판의 청구는 법률에 대한 위헌여부심판의 제청신청이 기각된 날로부터 14일 이내에 제기하여야 하는데(헌법재판소법 제69조 제2항), 이 때 기각된 날이라는 것은 특단의 사정이 없는 한 제청신청에 대한 기각결정을 송달받은 날을 의미한다.[12]

3. 심판청구서 기재사항

헌법재판소법 제68조 제2항에 의한 헌법소원심판을 청구하기 위해서는 심판청구서를 부본 3부와 함께 헌법재판소에 제출하여야 한다. 심판청구서에는 헌법재판소법 제71조 제2항과 제43조의 규정에 따라 다음 사항을 기재해야 한다.

① 청구인 및 대리인의 표시
② 사건 및 당사자의 표시
③ 위헌이라고 해석되는 법률 또는 법률의 조항

10) 헌재 2001. 1. 18. 2000헌바29, 판례집 13-1, 111, 114; 헌재 2001. 2. 22. 99헌바93, 판례집 13-1, 274, 280-281; 헌재 2005. 2. 24. 2004헌바24, 공보 102, 393, 394; 헌재 2016. 3. 31. 2013헌바372, 판례집 28-1상, 366, 375.
11) 헌재 2002. 6. 27. 2001헌바100등, 공보 70, 556.
12) 헌재 1992. 1. 28. 90헌바59, 판례집 4, 36; 헌재 1999. 9. 16. 92헌바9, 판례집 11-2, 262.

④ 위헌이라고 해석되는 이유
⑤ 그 밖에 필요한 사항

제5호에 '그 밖에 필요한 사항'으로는 위헌제청신청서, 제청신청에 대한 법원의 기각결정, 기타 당해사건의 관계문서(소장, 공소장 등)가 있다. 헌법재판소 심판 규칙 제68조 제2항에는 법률이나 법률조항의 위헌 여부가 재판의 전제가 되는 이유(5호)와 청구기간의 준수에 관한 사항(6호)도 기재하여야 한다.

제 3 절 심판대상

헌법재판소법 제68조 제2항의 헌법소원은 법률의 위헌 여부 심판의 제청신청이 기각된 때에 그 신청을 한 당사자는 헌법재판소에 헌법소원심판을 청구할 수 있다. 따라서 심판대상은 원칙적으로 '형식적 의미의 법률'이다.

1. 법 률

헌법재판소법 제68조 제2항에 의한 헌법소원심판의 대상으로서의 '법률'은 형식적 의미의 법률 및 그와 동일한 효력을 가진 명령이다.

(1) '유효'한 법률

심판의 대상이 되는 법률은 이미 공포된 것이어야 하고 원칙적으로 위헌심판당시를 기준으로 유효한 법률이어야 함이 원칙이다.[13] 따라서 헌법재판소법 제68조 제2항에 의한 헌법소원심판청구는 그 심판의 대상이 재판의 전제가 되는 '법률'이지 대통령령이나 부령 또는 행정규칙 등의 하위법규는 심판의 대상이 될 수 없다.[14]

---

13) 헌재 1989. 12. 18. 89헌마32등, 판례집 1, 343, 347; 헌재 1994. 6. 30. 92헌가18, 판례집 6-1, 557, 563; 헌재 1996. 4. 25. 92헌바47, 판례집 8-1, 370, 377.

(2) 폐지된 법률

폐지된 법률이라고 할지라도 그 위헌 여부가 재판의 전제가 된다면 헌법소원의 대상이 된다.[15] 심판의 대상이 되는 법규는 심판 당시 유효한 것이어야 함이 원칙이지만, 위헌제청신청 기각결정에 따른 헌법소원심판은 실질상 헌법소원심판이라기보다는 위헌법률심판이라 할 것이므로 폐지된 법률이라고 할지라도 그 위헌 여부가 재판의 전제가 된다면 심판청구의 이익이 인정된다.[16]

1945. 8. 9. 이후 성립된 거래를 전부 무효로 한 재조선미국육군사령부군정청 법령 제2호 제4조는 '구법령 정리에 관한 특별조치법'에 따라 폐지된 조항이지만 계쟁 토지가 귀속재산인지 여부와 관련하여 현재까지도 여전히 유효한 재판규범으로서 적용되고 있고 그 위헌 여부가 당해사건의 재판의 전제가 되어 있으므로 헌법소원의 대상이 된다.[17]

2. 입법부작위

넓은 의미의 입법부작위에는, 입법자가 헌법상 입법의무가 있는 어떤 사항에 관하여 전혀 입법을 하지 아니함으로써 입법행위의 흠결이 있는 경우(입법권의 불행사)와 입법자가 어떤 사항에 관하여 입법은 하였으나 그 입법의 내용·범위·절차 등이 당해 사항을 불완전, 불충분 또는 불공정하게 규율함으로써 입법행위에 결함이 있는 경우(결함이 있는 입법권의 행사)가 있는데, 일반적으로 전자(前者)를 '진정입법부작위', 후자(後者)를 '부진정입법부작위'라고 부른다.[18]

---

14) 헌재 1992. 10. 31. 92헌바42, 판례집 4, 708, 710; 헌재 1998. 10. 15. 96헌바77, 판례집 10-2, 573, 580; 헌재 1999. 1. 28. 97헌바90, 판례집 11-1, 19, 27; 헌재 2001. 2. 22. 99헌바87등, 공보 54, 196, 197; 헌재 2011. 11. 24. 2011헌바18, 판례집 23-2하, 410, 425; 헌재 2010. 5. 27. 2008헌바110, 판례집 22-1하, 232, 239.

15) 헌재 1989. 12. 18. 89헌마32등, 판례집 1, 343, 347; 헌재 1994. 6. 30. 92헌가18, 판례집 6-1, 557, 563.

16) 헌재 1996. 4. 25. 92헌바47, 판례집 8-1, 370.

17) 헌재 2021. 1. 28. 2018헌바88, 판례집 33-1, 20.

18) 헌재 2008. 10. 30. 2006헌바80; 헌재 2024. 5. 30. 2021헌바297, 1, 5.

(1) 진정입법부작위

헌법재판소의 견해에 의하면, 헌법재판소법 제68조 제2항에 의한 헌법소원은 '법률'의 위헌성을 적극적으로 다투는 제도이므로 '법률의 부존재' 즉, 입법부작위를 다투는 것은 그 자체로 허용되지 않는다.[19)]

헌법재판소법 제68조 제2항의 규정에 따른 헌법소원은 '법률'의 위헌성을 적극적으로 다투는 제도이므로 '법률의 부존재' 즉, 입법부작위를 다투는 것은 그 자체로 허용되지 아니한다. 따라서, 청구인이 구 조세감면규제법 제67조의 7 및 제67조의8에 증여세가 면제되는 농지 등의 가액은 구 상속세법 제4조 제1항에 의하여 상속세 과세가액에 가산하는 증여재산가액에 이를 포함시키지 아니한다는 내용의 조세감면규제법 제57조 제4항과 제58조 제3항과 같은 규정을 두지 아니한 것이 위헌이라고 주장하면서 그 입법부작위를 다투는 심판청구는 부적법하다.[20)]

청구인은 제242조, 제260조, 제262조를 포함한 형사소송법 조항들이 재정신청 사건의 재판에서 검사의 피의자신문조서 제출을 강제하고 이를 위반한 검사를 처벌하는 규정을 두지 않은 것이 위헌이라고 주장하고 있는바, 청구인이 주장하는 내용의 입법부작위는 청구인이 구체적으로 지적한 조항들을 포함하여 형사소송법 조항들의 불완전 또는 불충분한 규율의 문제라기보다는 입법의 부존재에 해당하는 것으로 보는 것이 타당하므로, 이 사건 심판청구는 헌법재판소법 제68조 제2항에 의한 헌법소원에서는 허용되지 않는 입법부작위를 다투는 것이어서 부적법하다.[21)]

(2) 부진정입법부작위

입법자가 어떤 사항에 관하여 입법은 하였으나 그 입법의 내용·범위·절차 등이 당해 사항을 불완전, 불충분 또는 불공정하게 규율함으로써 입법행위에 결함이 있는 경우(즉, 결함이 있는 입법권의 행사)를 '부진정입법부작위'라 한

19) 헌재 2009. 5. 12. 2009헌바69.
20) 헌재 2000. 1. 27. 98헌바12, 공보 42, 136, 140.
21) 헌재 2011. 5. 26. 2010헌바202, 공보 176, 819, 820.

다.[22] 이 경우 그 법률이 당해 사건의 재판의 전제가 된다는 것을 요건으로 한다.

① 청구인은 특례법 전체 및 민사소송법 제451조에 대하여 헌법소원심판을 청구하고 있다. 청구인의 주장취지는 '특례법 제4조 제1항 제3호 및 제5호에 해당하여 심리불속행 사유가 되지 아니함에도 불구하고 대법원이 심리불속행 사유에 해당한다고 판단하여 상고를 기각한 경우'에는 마땅히 이를 재심사유로 삼을 수 있어야 함에도 불구하고 특례법 및 민사소송법 제451조에서 이러한 경우를 재심사유로 명시적으로 규정하지 아니한 것이 헌법에 위반된다는 것이므로, 이는 입법의 불완전, 불충분을 다투는 '부진정입법부작위'에 대한 헌법소원에 해당한다.[23]

② 새마을금고법상 '선거범죄를 범하여' 징역형 또는 100만 원 이상의 벌금형을 선고받은 사람에 대하여 임원의 자격을 제한하도록 규정하면서도, 이 사건 법률조항이 선거범죄와 다른 죄의 경합범인 경우에 분리 선고하도록 하는 규정을 두지 않음으로써 불완전, 불충분 또는 불공정한 입법을 한 것임을 다투고 있으므로 '부진정입법부작위'를 다투는 헌법소원에 해당한다.[24]

③ 사업자가 집단에너지의 사용자들에 대하여 공사비부담금을 부과할 수 있도록 규정하면서 그에 상응하여 사용자들의 집단에너지 공급시설에 대한 소유권이나 주주권을 규정하지 않고 있는 집단에너지사업법 제18조의 부담금이 일방적 금전지급의무만을 의미하고 부담금을 납부한 사용자들의 열공급시설에 대한 소유권이나 주주권을 인정하지 않는 것은 사용자들의 재산권을 침해한다는 것인바, 결국 위 조항이 부담금의 납부를 규정하면서 사용자들의 열공급시설에 대한 소유권이나 주주권을 규정하지 않은 입법상의 흠결, 즉 부진정입법부작위를 문제삼고 있는 것이라 할 수 있다. 만약 헌법재판소에서 청구인들의 주장을 받아들여 법 제18조가 부담금의 납부를 정하면서 사용자들의 열공급시설에 대한 소유권이나 주주권을 규정하지 않은 부진정입법부작위로

22) 헌재 1996. 10. 31. 94헌마108, 판례집 8-2, 480, 489.
23) 헌재 2004. 12. 16. 2003헌바105, 판례집 16-2하, 505, 509.
24) 헌재 2014. 9. 25. 2013헌바208, 판례집 26-2상, 505.

인하여 청구인들의 헌법상 보장된 기본권이 침해된 것으로 판단하는 경우에는 주식상장 및 처분금지가처분 사건인 당해사건의 재판의 주문이나 이유가 달라질 수 있으므로 위 법률조항의 위헌 여부는 당해사건에 있어서 그 재판의 전제가 된다고 보아야 할 것이다.[25)]

3. 헌법의 개별규정

헌법재판소는 헌법의 개별규정이 헌법재판소법 제68조 제2항에 의한 헌법소원심판의 대상이 되는지 여부에 대하여 판단하면서, 헌법 제111조 제1항 제1호 및 헌법재판소법 제41조 제1항은 위헌법률심판의 대상에 관하여, 헌법 제111조 제1항 제5호 및 헌법재판소법 제68조 제2항, 제41조 제1항은 헌법소원심판의 대상에 관하여 그것이 법률임을 명문으로 규정하고 있으며, 여기서 위헌심사의 대상이 되는 법률이 국회의 의결을 거친 이른바 형식적 의미의 법률을 의미하는 것에 아무런 의문이 있을 수 없으므로, 헌법의 개별규정 자체는 헌법소원에 의한 위헌심사의 대상이 아닐 뿐만 아니라, 헌법은 전문과 각 개별조항이 서로 밀접한 관련을 맺으면서 하나의 통일된 가치체계를 이루고 있는 것으로서 이념적·논리적으로는 규범 상호간의 우열을 인정할 수 있다 하더라도, 그러한 규범 상호간의 우열이 헌법의 어느 특정규정이 다른 규정의 효력을 전면적으로 부인할 수 있을 정도의 개별적 헌법규정 간에 효력상의 차등을 의미하는 것이라고는 볼 수 없으므로, 이 점에서도 헌법의 개별규정에 대한 위헌심사는 허용될 수 없다고 하였다.[26)]

4. 관습법

① 호주가 사망한 경우 딸에게 분재청구권을 인정하지 아니한 구 관습법(이하 '이 사건 관습법')이 헌법재판소법 제68조 제2항에 의한 헌법소원심판의

---

25) 헌재 2003. 5. 15. 2001헌바90, 판례집 15－1, 520, 528.

26) 헌재 1995. 12. 28. 95헌바3, 판례집 7－2, 841, 845－848; 헌재 2001. 2. 22. 2000헌바38, 판례집 13－1, 289, 294.

대상이 되는지 여부와 관련하여, 이 사건 관습법은 민법 시행 이전에 상속을 규율하는 법률이 없는 상황에서 재산상속에 관하여 적용된 규범으로서 비록 형식적 의미의 법률은 아니지만 실질적으로는 법률과 같은 효력을 갖는 것이므로 헌법소원심판의 대상이 된다.[27)]

② 민법(1958. 2. 22. 법률 제471호로 제정된 것) 시행 이전의 "여호주가 사망하거나 출가하여 호주상속이 없이 절가된 경우, 유산은 그 절가된 가(家)의 가족이 승계하고 가족이 없을 때는 출가녀(出家女)가 승계한다."는 구 관습법은 민법 시행 이전에 상속 등을 규율하는 법률이 없는 상황에서 절가된 가(家)의 재산분배에 관하여 적용된 규범으로서, 비록 형식적 의미의 법률은 아니지만 실질적으로는 법률과 같은 효력을 갖는다. 그렇다면 법률과 같은 효력을 가지는 이 사건 관습법도 헌법소원심판의 대상이 되고, 단지 형식적 의미의 법률이 아니라는 이유로 그 예외가 될 수는 없다.[28)]

③ 분묘기지권에 관한 관습법 중 "타인 소유의 토지에 소유자의 승낙 없이 분묘를 설치한 경우에는 20년간 평온·공연하게 그 분묘의 기지를 점유하면 지상권과 유사한 관습상의 물권인 분묘기지권을 시효로 취득하고, 이를 등기 없이 제3자에게 대항할 수 있다."는 부분 및 "분묘기지권의 존속기간에 관하여 당사자 사이에 약정이 있는 등 특별한 사정이 없는 경우에는 권리자가 분묘의 수호와 봉사를 계속하는 한 그 분묘가 존속하고 있는 동안은 분묘기지권은 존속한다."는 부분('이 사건 관습법'이라 한다)이 헌법소원심판의 대상에 해당하는지 여부가 문제되었다. 헌법재판소는 "헌법 제111조 제1항 제1호, 제5호 및 헌법재판소법 제41조 제1항, 제68조 제2항은 위헌심판의 대상을 '법률'이라고 규정하고 있는데, 여기서 '법률'이라고 함은 국회의 의결을 거친 형식적 의미의 법률뿐만 아니라 법률과 같은 효력을 갖는 조약 등도 포함되므로, 법률과 같은 효력을 가지는 이 사건 관습법도 헌법소원심판의 대상이 되고, 단지 형식적 의미의 법률이 아니라는 이유로 그 예외가 될 수는 없다."고 판시하였다.[29)]

27) 헌재 2013. 2. 28. 2009헌바129, 판례집 25-1, 15.
28) 헌재 2016. 4. 28. 2013헌바396등, 판례집 28-1상, 603.
29) 헌재 2020. 10. 29. 2017헌바208, 판례집 32-2, 374.

5. 조 례

지방자치단체의 조례가 헌법재판소법 제68조 제2항에 의한 헌법소원의 대상이 될 수 있는지 여부와 관련하여, 헌법재판소는 "헌법재판소법 제68조 제2항은 "제41조 제1항의 규정에 의한 법률의 위헌여부심판의 제청신청이 기각된 때에는 그 신청을 한 당사자는 헌법재판소에 헌법소원심판을 청구할 수 있다"라고 규정하고 있다." 또한 "헌법재판소법 제68조 제2항에 의한 헌법소원의 대상은 당해 사건의 재판의 전제가 되는 '법률'인 것이므로 지방자치단체의 조례는 그 대상이 될 수 없다."고 판시하였다.[30)]

헌법재판소법 제68조 제2항의 헌법소원심판청구는 법률이 헌법에 위반되는지 여부가 재판의 전제가 되는 때에 당사자가 위헌제청신청을 하였음에도 불구하고 법원이 이를 배척하였을 경우에 법원의 제청에 갈음하여 당사자가 직접 헌법재판소에 헌법소원의 형태로써 심판청구를 하는 것이므로, 그 심판의 대상은 재판의 전제가 되는 형식적 의미의 법률 및 그와 동일한 효력을 가진 명령이고 대통령령, 부령, 규칙 또는 조례 등을 대상으로 한 헌법재판소법 제68조 제2항의 헌법소원심판청구는 부적법하다.[31)]

6. 시행령(대통령령)·시행규칙

법률의 시행령과 시행규칙에 대하여 헌법재판소법 제68조 제2항 소정의 헌법소원심판청구를 할 수 있는지 여부와 관련하여, 헌법재판소는 "헌법재판소법 제68조 제2항의 규정에 의한 헌법소원심판청구는 법률이 헌법에 위반되는 여부가 재판의 전제가 되는 때에 당사자가 위헌제청신청을 하였음에도 불구하고 법원이 이를 배척하였을 경우에 법원의 제청에 갈음하여 당사자가 직접 헌법재판소에 헌법소원의 형태로서 심판청구를 하는 것이므로 그 심판의 대상은 재판의 전제가 되는 법률인 것이지 대통령령이나 시행규칙은 될 수 없다."고 판시하였다.[32)]

30) 헌재 1998. 10. 15. 96헌바77.
31) 헌재 2017. 6. 27. 2017헌바250, 1, 3.

제4절 재판의 전제성

1. '재판'의 전제성

재판의 전제성에서 말하는 '재판'이란 원칙적으로 그 형식 여하와 본안에 관한 재판이거나 소송절차에 관한 것이거나를 불문하고, '판결'과 '결정' 그리고 '명령'이 여기에 포함되며, 심급을 종국적으로 종결시키는 '종국재판'뿐만 아니라 '중간재판'도 이에 포함되고, 법률이 위헌으로 심판되는지 여부가 법원이 앞으로 진행될 소송절차와 관련한 중요한 문제점을 선행결정하여야 하는지 여부의 판단에 영향을 주는 경우에도 재판의 전제성이 있다.[33]

2. 재판의 전제성의 요건

헌법재판소법 제68조 제2항의 헌법소원에 있어서는 법원에 계속된 구체적 사건에 적용할 법률의 위헌 여부가 재판의 전제가 되어 있어야 하고, 이 경우에 재판의 전제가 된다고 함은, **첫째**, 구체적인 사건이 법원에 계속 중이어야 하고, **둘째**, 위헌 여부가 문제되는 법률이 당해 사건의 재판과 관련하여 적용되는 것이어야 하며, **셋째**, 그 법률이 헌법에 위반되는지의 여부에 따라 당해 사건을 담당한 법원이 다른 내용의 재판을 하게 되는 경우를 말한다.[34]

여기서 다른 내용의 재판을 하게 되는 경우라 함은 ㉠ 원칙적으로 법원이 심리중인 당해 사건의 재판의 결론이나 주문에 어떠한 영향을 주는 경우뿐만 아니라, ㉡ 제청된 법률의 위헌여부가 비록 주문 자체에는 영향을 주지 않는다고 하더라도 재판의 결론을 이끌어 내는 이유를 달리하는데 관계되어 있거

32) 헌재 1998. 6. 25. 95헌바24, 판례집 10-1, 756, 757; 헌재 2001. 4. 26. 99헌바108등, 판례집 13-1, 904; 헌재 2019. 9. 26. 2018헌바337, 판례집 31-2상, 309.

33) 헌재 1994. 2. 24. 91헌가3, 판례집 6-1, 21, 30; 헌재 2011. 12. 29. 2010헌바459, 판례집 23-2하, 708, 711.

34) 헌재 1992. 12. 24. 92헌가8, 판례집 4, 853, 864-865; 헌재 1994. 2. 24. 91헌가3, 판례집 6-1, 21, 30; 헌재 2000. 10. 25. 2000헌바32, 판례집 12-2, 264-272, 270; 헌재 2007. 1. 17. 2005헌바86, 판례집 19-1, 54, 61.

나 ㉢ 재판의 내용과 효력에 관한 법률적 의미가 달라지는 경우도 포함한다고 할 것이다.[35]

(1) 구체적인 사건이 법원에 계속 중일 것

헌법재판소법 제68조 제2항의 헌법소원에 있어서는 법원에 계속된 구체적 사건에 적용할 법률의 위헌여부가 재판의 전제로 되어 있어야 한다.[36]

재판의 전제성이 충족되려면 위헌제청신청을 할 때 구체적 사건이 법원에 계속되어야 하고, 나아가 구체적인 사건이 법원에 계속중일 것이라는 요건은 당해 사건이 법원에 '적법'하게 계속될 것을 요하기 때문에, 만일 당해 사건이 부적법한 것이어서 법률의 위헌 여부를 따져 볼 필요조차 없이 각하를 면할 수 없는 것일 때에는 위헌여부심판의 제청신청은 적법요건인 재판의 전제성을 흠결한 것으로서 각하될 수밖에 없고 이러한 경우에는 헌법재판소법 제68조 제2항에 의한 헌법소원심판을 청구할 수 없다.[37]

① 청구인이 당해 사건의 소를 취하한다는 내용의 화해가 성립되어 당해 소송사건이 종결되었다면, 구체적인 소송사건이 법원에 계속 중인 경우라 할 수 없다. 이 경우, 1심 법원에서 적용된 법률조항이 위헌인지 여부는 당해 소송사건과의 관계에서 재판의 전제가 되지 않는다.[38] 구체적인 소송사건이 법원에 '적법하게' 계속되어 있을 것을 요한다. 당해 소송사건이 처음부터 원고적격의 흠결 또는 제소기간 경과 등으로 부적법한 경우나 당해 소송사건이 소취하 또는 취하 간주된 경우에는 재판의 전제성이 부정된다.[39]

② 청구인이 건물철거와 토지인도 등을 구하는 청구만 한 상태에서, 상해를 원인으로 한 손해배상청구에 필요한 신체감정을 위하여 피고측에 그 감정비용의 예납을 명해 달라고 법원에 신청한 경우, 민사소송에서 소송비용의 예

35) 헌재 1992. 12. 24. 92헌가8, 판례집 4, 853, 864-865; 헌재 1994. 2. 24. 91헌가3, 판례집 6-1, 21, 30; 헌재 2000. 10. 25. 2000헌바32, 판례집 12-2, 264-272, 270; 헌재 2007. 1. 17. 2005헌바86, 판례집 19-1, 54, 61.

36) 헌재 1998. 7. 16. 96헌바56, 판례집 10-2, 206, 215.

37) 헌재 2009. 6. 9. 2009헌바94, 공보 153, 1241.

38) 헌재 2012. 2. 23. 2009헌바222, 1, 4.

39) 김현철, 판례 헌법소송법, 2019, 165면.

납명령이나 증거채부결정에 대해서는 불복신청이 허용되지 아니하므로, 소송비용의 예납명령절차나 신체감정절차를 당해 사건으로 볼 수는 없고, 상해를 원인으로 한 손해배상청구 소송절차를 당해 사건으로 볼 수밖에 없다. 따라서 상해를 원인으로 한 손해배상청구를 하지 않은 이상 당해 사건이 법원에 계속 중이라고 볼 수 없으므로, 소송비용의 예납에 관한 민사소송법 제116조의 위헌 여부는 재판의 전제가 되지 않는다.[40)]

위 사건에서 법제도상 민사소송에서 소송비용의 예납명령에 대한 불복신청이 허용되지 않는다는 이유로 소송비용의 예납명령절차가 당해 사건이 아니고, 상해를 원인으로 한 손해배상청구 소송절차를 당해 사건으로 보아 법원에 계속 중이 아니라는 논증을 하기 보다는 그 법률조항이 당해 소송사건의 재판에 적용되지 않는 경우라고 보는 것이 적절해 보인다.

(2) 위헌 여부가 문제되는 법률이 당해 사건의 재판과 관련하여 적용되는 것일 것

1) 직접 적용되는 법률

① 형사소송법 제5조, 제6조, 제9조, 제10조는, 여러 개의 관련사건이 여러 법원에 계속되어 있다거나 사물관할을 달리하여 합의부와 단독판사에게 각각 계속되어 있는 때에 관한 것으로서, 관할의 병합심리의 문제일 뿐 이 사안에서 문제되는 변론의 병합, 분리에 관한 것이 아니어서 당해 사건의 재판에 적용되는 법률이라고 할 수 없으므로, 이 부분 심판청구 부분은 재판의 전제성이 없어서 모두 부적법하다.[41)]

② 청구인들은 당해사건에는 신탁업법 제17조의10만이 적용된다는 전제에서, 위 법률조항이 위탁자 및 수익자의 열람청구권을 지나치게 제한한다는 이유로 이 사건 헌법소원심판을 청구하였는데 반하여, 대법원은 당해사건에 신탁법 제34조 제1항을 적용하여 판단하였다. 그렇다면 위 법률조항의 위헌 여부는 당해사건 법원의 재판에 직접 적용되거나 관련되는 것이 아니어서 재

40) 헌재 2017. 5. 25. 2015헌바349, 공보 제248호, 523.
41) 헌재 2011. 3. 31. 2009헌바351, 판례집 23-1상, 347.

판의 전제성이 없다.[42)]

③ 당사자의 소멸시효 항변이 제기되지 아니한 당해 소송사건에서 관세환급청구권의 소멸시효기간을 2년으로 규정한 구 관세법(2000. 12. 29. 법률 제6305호로 전부 개정되고, 2005. 7. 13. 법률 제7581호로 개정되기 전의 것) 제22조 제2항(이하 '이 사건 법률조항'이라 한다)과 관계없이 청구인의 관세환급청구가 기각된 이상, 관세환급청구권의 소멸시효를 규정한 이 사건 법률조항이 당해 민사재판에 적용될 여지는 전혀 없다 할 것이므로, 이 사건 법률조항은 당해 사건의 재판과 관련하여 적용되는 법률조항이라고 보기 어렵다.[43)]

④ 구 국세징수법 제47조 제2항은 부동산등에 대한 압류는 압류의 등기 또는 등록을 한 후에 발생한 체납액에 대하여도 효력이 미친다는 내용임에 반하여, 당해사건의 법원은 압류등기 후에 압류부동산을 양수한 소유자에게 압류처분의 취소를 구할 당사자적격이 있는지에 관한 법리 및 압류해제, 결손처분에 관한 법리를 통하여 당해사건을 판단하였고, 그러한 당해사건법원의 판단은 그대로 대법원에 의하여 최종적으로 확정되었는 바, 그렇다면 위 법률조항의 위헌여부는 당해사건법원의 재판에 직접 적용되거나 관련되는 것이 아니어서 그 재판의 전제성이 없다.[44)]

⑤ 청구인은 당해 사건이 상속회복청구의 소에 해당하여 제척기간을 규정한 민법 제999조 제2항이 적용된다는 전제에서, 위 법률조항이 진정한 상속인의 상속회복청구권을 지나치게 제한한다는 이유로 이 사건 헌법소원심판을 청구하였는 데 반하여, 대법원은 당해 사건을 상속회복청구의 소가 아니라 명의신탁등기의 말소를 구하는 것에 갈음하여 진정한 등기명의의 회복을 구하는 소라고 판단하였다. 그렇다면, 위 법률조항의 위헌 여부는 당해 사건 법원의 재판에 직접 적용되거나 관련되는 것이 아니어서 재판의 전제성이 없다.[45)]

⑥ 도시 및 주거환경정비법 제38조, 제40조, 공익사업을 위한 토지 등의 취득 및 보상에 관한 법률 제70조 제1항, 제75조 제1항은 수용재결 및 그에 따

42) 헌재 2008. 11. 27. 2006헌바48, 판례집 20-2하, 220.
43) 헌재 2009. 3. 26. 2006헌바57, 판례집 21-1상, 372.
44) 헌재 2001. 11. 29. 2000헌바49, 판례집 13-2, 639.
45) 헌재 2009. 4. 30. 2007헌바122, 판례집 21-1하, 170.

른 보상과 관련하여 적용되는 규정일 뿐, 관리처분계획의 인가·고시를 원인으로 도시정비법 제49조 제6항에 근거하여 건물의 명도를 구하는 당해 사건에 적용되는 규정이라 할 수 없으므로 이 사건 심판 청구는 재판의 전제성을 갖추지 못하였다.[46)]

⑦ 고용보험법상의 근로자는 임금을 목적으로 사업이나 사업장에 근로를 제공하는 자 또는 이에 준해서 사용자와의 자발적인 사용종속의 근로관계를 기초로 임금을 지급받고 그 대가로 자신의 근로를 제공하는 자를 의미한다. 그런데 현역병은 병역의무를 이행하기 위하여 군복무를 하는 자로서 국가와 현역병 사이에 자발적인 사용종속의 근로관계가 존재한다고 볼 수 없고, 현역병이 받는 보수는 병역의무이행에 따른 보상적 성격을 가지는 것이며, 현역병의 법적 지위 및 처우는 근로기준법이 아닌 병역법·군인사법 등과 같은 군인 관련 법령의 규율에 따라 정해지는 것이므로 현역병은 고용보험법상의 근로자로 볼 수 없다. 따라서 고용보험법상의 근로자를 적용대상으로 하는 고용보험법 제10조 제3호는 근로자가 아닌 현역병이 고용보험수급자격불인정처분의 취소를 구하는 당해 사건의 재판에 적용될 여지가 없어 당해 사건의 재판의 전제가 되지 않는다.[47)]

⑧ 사립학교법 제25조 제2항은 임시이사의 선임사유 해소 노력에 관하여, 사립학교법 제25조의3 제2항은 임시이사가 선임된 학교법인의 사학분쟁조정위원회에 대한 정상화 추진실적 보고에 관하여 규정하고 있으므로, 정식이사 선임처분의 취소를 구하는 당해 사건에 적용되지 않고, 사립학교법(2005. 12. 29. 법률 제7802호) 부칙 제1조 본문은 당해 사건에 적용되는 법률조항의 시행일에 관하여는 규율하고 있지 아니하므로, 위 조항들은 재판의 전제성이 인정되지 않는다.[48)]

2) 예외: 간접 적용되는 법률

헌법재판소는 제청 또는 청구된 법률조항이 법원의 당해사건의 재판에

---

46) 헌재 2009. 10. 29. 2008헌바143, 공보 157, 1986, 1987.
47) 헌재 2012. 12. 27. 2010헌바406, 판례집 24－2하, 346.
48) 헌재 2013. 11. 28. 2009헌바206등, 판례집 25－2하, 352.

직접 적용되지는 않더라도 그 위헌 여부에 따라 당해사건의 재판에 직접 적용되는 법률조항의 위헌 여부가 결정되거나, 당해사건 재판의 결과가 좌우되는 경우 등과 같이 양 규범 사이에 내적 관련이 있는 경우에는 간접 적용되는 법률규정에 대하여도 재판의 전제성을 인정할 수 있다고 판시하고 있다.[49]

심판청구된 법률조항이 당해 사건 재판에 직접 적용되지 않더라도 그 위헌 여부에 따라 당해사건 재판에 직접 적용되는 법률조항의 위헌 여부가 결정되거나, 당해 사건 재판의 결과가 좌우되는 경우 또는 당해사건의 재판에 직접 적용되는 규범의 의미가 달라짐으로써 재판에 영향을 미치는 경우 등에는 간접 적용되는 법률조항에 대하여도 재판의 전제성을 인정할 수 있다.[50]

① 치료감호에 대한 재판과 피고사건에 대한 재판은 별개의 재판이지만, 양자는 서로 긴밀하게 연관되어 있으므로, 피고사건을 선고할 때 치료감호사건에 대하여도 고려를 할 수밖에 없다. 따라서 이 사건 법률조항들은 당해사건에서 재판의 전제성이 인정된다.[51]

② 법률조항이 당해 사건의 재판에 간접 적용되더라도, 그 위헌여부에 따라 당해 사건의 재판에 직접 적용되는 법률조항의 위헌여부가 결정되거나, 당해 재판의 결과가 좌우되는 경우 등 양 규범 사이에 내적 관련이 인정된다면 재판의 전제성을 인정할 수 있다. 심판대상조항은 거래소가 상장규정에 증권의 상장폐지기준 및 상장폐지에 관한 사항을 포함하도록 한 근거조항이고, 당해 사건의 소송물인 상장폐지결정의 직접적인 근거조항은 아니나 간접적으로 적용되는 근거조항이다. 거래소의 상장규정은 투자자보호 및 시장건전성 유지라는 '자본시장과 금융투자업에 관한 법률'의 목적에 벗어나지 않도록 유의해야 하므로, 심판대상조항의 위헌 여부에 따라 상장폐지결정이 무효가 될 수 있으므로, 심판대상조항은 당해사건과 관련하여 재판의 전제성 요건을 충족한다.[52]

---

49) 헌재 2001. 10. 25. 2000헌바5, 공보 62, 1035, 1037; 헌재 2002. 3. 28. 2001헌바18, 공보 67, 293, 296; 헌재 2002. 11. 28. 2000헌바70, 판례집 14-2, 626, 631.

50) 헌재 2002. 10. 31. 2002헌바29, 공보 74, 960, 964; 헌재 2011. 10. 25. 2010헌바476, 판례집 23-2하, 18, 23.

51) 헌재 2021. 1. 28. 2019헌가24, 2019헌바404(병합), 판례집 33-1, 1.

52) 헌재 2021. 5. 27. 2019헌바332, 판례집 33-1, 555.

③ 병역종류조항이 양심적 병역거부자에 대한 대체복무제를 포함하고 있지 않다는 이유로 위헌으로 결정된다면, 양심적 병역거부자가 현역입영 또는 소집 통지서를 받은 후 3일 내에 입영하지 아니하거나 소집에 불응하더라도 대체복무의 기회를 부여받지 않는 한 당해 형사사건을 담당하는 법원이 무죄를 선고할 가능성이 있으므로, 병역종류조항의 위헌 여부에 따라 당해사건 재판의 결과가 달라질 수 있다. 따라서 병역종류조항은 재판의 전제성이 인정된다.[53)]

④ 정치자금에 관한 법률 제3조 제8호는 비록 당해사건에서 공소가 제기된 법률조항은 아니지만, '후원회에 관한 정의규정'으로서 정치자금을 주거나 받을 수 있는 주체를 정하고 있는 규정이므로 이 조항의 위헌여부에 따라 당해사건의 재판에 직접 적용되는 규범(법 제30조 제1항)의 의미가 달라짐으로써 재판에 영향을 미치는 경우에 해당하므로 재판의 전제성이 있다.[54)]

⑤ 당해 사건의 재판에 직접 적용되는 법률조항은 개인회생절차 개시신청의 기각사유로 '개인회생절차에 의함이 채권자 일반의 이익에 적합하지 아니한 때'를 정하고 있는 법 제595조 제6호인데, 대법원은 개인회생절차 개시 여부에 관한 당해 사건에 '고의로 가한 불법행위로 인한 손해배상채무'를 면책대상에서 제외하는 '채무자 회생 및 파산에 관한 법률' 제625조 제2항 제4호('이 사건 법률조항')에 해당하여 면책의 대상이 되지 않는 채무가 있는 경우에도 법 제595조 제6호에 해당될 수 있는 것으로 해석하였다. 이 사건 법률조항은 당해 사건의 재판에 간접적으로 적용되고, 당해 사건에 직접 적용되는 법률조항인 법 제595조 제6호와 내적 관련이 있으므로, 재판의 전제성을 인정할 수 있다.[55)]

⑥ 청구인은 사기죄로 기소되어 서울지방법원에 재판계속중이고, 심판대상법조항이 위 당해사건의 재판에 간접적으로 적용되고 있으며, 심판대상법조항의 위헌여부에 따라 당해사건을 담당하는 법원이 다른 내용의 재판을 하게 되는 사실이 인정되므로, 이 사건 심판청구는 재판의 전제성 요건을 갖춘 것이다.[56)]

---

53) 헌재 2018. 6. 28. 2011헌바379등, 판례집 30-1하, 370, 405.
54) 헌재 2001. 10. 25. 2000헌바5, 판례집 13-2, 469.
55) 헌재 2011. 10. 25. 2009헌바234, 판례집 23-2상, 774.
56) 헌재 2000. 1. 27. 99헌바23, 판례집 12-1, 62.

(3) 그 법률이 헌법에 위반되는지의 여부에 따라 당해 사건을 담당한 법원이 다른 내용의 재판을 하게 되는 경우일 것

1) 법원이 심리중인 당해 사건의 재판의 결론이나 주문에 영향을 주는 경우

① 제청법원과 청구인은, 심판대상조항에서 치료감호 청구권자를 검사로 한정하고 법원의 직권에 의한 치료감호선고를 규정하지 않은 것이 위헌이라고 주장하는바, 이는 소위 부진정입법부작위의 경우에 해당하고, 이러한 경우 그 법률조항에 대하여 위헌 또는 헌법불합치결정이 선고되고 그 결정의 취지에 따라 당해 법률조항이 개정된다면 당해사건의 결과에 영향을 미칠 가능성도 인정된다.[57] 만약 이 사건 법률조항들이 개정되어 피고인의 청구에 의하여 또는 법원의 직권에 의하여 당해 형사재판 중에 치료감호가 선고될 수 있다면, 하나의 재판절차에서 형사유무죄에 대한 판단과 치료감호 인용 여부에 대한 판단이 함께 이루어질 것이고, 이는 당해사건 재판의 주문이 달라지거나 적어도 그 내용과 효력에 관한 법률적 의미가 달라지는 것으로 볼 수 있을 것이다.[58]

② 민사소송법 제431조('이 사건 법률조항')는 "화해(和解)의 합의가 없는 경우"와 같이 중대한 하자를 재심사유에서 제외하여 불완전, 불충분하게 규정함으로써(이른바 부진정 입법부작위) 청구인의 헌법상 보장된 기본권을 침해한 것으로 판단하는 경우에는 당해사건의 재판의 주문이나 이유가 달라질 것이므로 이 사건 법률조항의 위헌 여부는 당해사건에 있어서 그 재판의 전제가 된다고 보아야 한다.[59]

③ 청구인은 당해사건 법원이 청구인의 증거신청을 받아들이지 않았기 때문에 자신이 원하는 전부승소판결이 아닌 일부승소판결이 내려진 것이라고 주장하는 사안에서, 유일한 증거가 아닌 한 당사자가 신청한 증거로서 법원이 필요하지 아니하다고 인정한 것은 조사하지 아니할 수 있다고 규정한 구 민사소송법 제263조(이하 "이 사건 법률조항"이라 한다)와 관련하여, 당해사건은 손해

---

57) 헌재 2003. 12. 18. 2002헌바14; 헌재 2011. 6. 30. 2009헌바430.
58) 헌재 2021. 1. 28. 2019헌가24, 2019헌바404(병합), 판례집 33-1, 1, 7.
59) 헌재 1996. 3. 28. 93헌바27, 판례집 8-1, 179.

배상 청구소송이고 당해사건 법원은 피고 조○재의 불법행위를 인정한 후에 원고(청구인) 일부승소의 판결을 선고하였다. 그리고 이러한 사실인정을 함에 있어서 서증 등의 증거조사를 하였고 청구인이 신청한 피고본인신문 등의 증거조사신청은 이를 배척한 것으로 보이는바, 그 근거로 이 사건 법률조항이 적용되었다고 할 수 있다. 또한, 이 사건 법률조항이 위헌으로 결정되어 당해사건의 재심사건에서 청구인이 신청한 증거를 모두 받아들이게 된다면 손해배상의 인용금액이 인상되는 등 재판의 주문이 달라질 가능성을 배제할 수 없다. 따라서 재판의 전제성을 인정할 수 있다.[60]

2) 재판의 내용과 효력에 관한 법률적 의미가 달라지는 경우

① 당해 사건에서 쟁송기간이 경과한 행정처분의 무효확인을 구하는 경우에 그 행정처분의 근거법률이 위헌임을 다투는 헌법소원심판청구와 관련하여, 법률이 헌법에 위반된다는 사정은 헌법재판소의 위헌결정이 있기 전에는 객관적으로 명백한 것이라고 할 수 없어 특별한 사정이 없는 한 이러한 하자는 행정처분의 취소사유에 해당할 뿐 당연무효사유는 아니라고 할 것이고, 쟁송기간이 경과한 관리처분계획의 무효확인을 구하는 행정소송이 당해사건인 이 사건 심판청구에서, 관리처분계획의 근거 규정인 '도시 및 주거환경정비법' 제47조 제1호(이하 '이 사건 법률조항'이라 한다)에 대하여 위헌결정이 내려진다고 하여도 당해 법원이 이 사건 관리처분계획을 당연무효로 볼 특별한 사정이 없는 이상 이 사건 법률조항의 위헌 여부에 따라 당해사건 재판의 주문이 달라지거나 재판의 내용과 효력에 관한 법률적 의미가 달라진다고 볼 수 없으므로, 이 사건 심판청구는 재판의 전제성을 갖추지 못하였다.[61]

② 구 공익사업법 제45조 제1항(심판대상조항)은 수용재결의 효과를 규율한 법률조항로서, 심판대상조항의 위헌 여부를 다투는 것은 결국 당해사건의 선결문제가 되는 수용재결의 효력을 다투는 것과 마찬가지 결과가 된다. 따라서 위 선례의 취지는 이 사건에서 그대로 타당하고, 심판대상조항의 위헌 여

60) 헌재 2004. 9. 23. 2002헌바46, 판례집 16-2상, 490.
61) 헌재 2010. 9. 30. 2009헌바101, 판례집 22-2상, 651.

부에 따라 이 사건 수용재결의 효력을 선결문제로 하는 당해소송의 주문이 달라지거나 재판의 내용과 효력에 관한 법률적 의미가 달라지는 것은 아니므로 재판의 전제성이 인정되지 아니한다.[62)]

③ 이 사건의 경우 만일 구 하천법 제12조 단서(이하 '이 단서조항')에 대하여 위헌결정을 선고하더라도 동 위헌결정에 의하여 구 하천법 시행령 제8조의2 및 건설부고시가 함께 무효가 되어 국가 앞으로 이루어진 소유권보존등기가 원인무효로 인한 등기로 돌아가는지 여부는 별론으로 하고, 당해 소송사건의 주문에 영향을 미치지 못하는 것은 물론, 그로 인하여 재판의 내용과 효력에 관한 법률적 의미가 달라진다고도 볼 수 없다. 왜냐하면 당해사건은 이 사건 토지들이 국유화되었음을 전제로 한 손실보상청구이므로, 이 단서조항에 대한 위헌결정이 선고되어 당해사건의 재심절차가 개시되더라도 청구인들의 청구는 그 주장 자체에서 이유없어 기각될 것이기 때문이다(당해사건은 서울특별시를 상대로 한 손실보상청구사건이므로 청구인들은 위 재심절차에서 국가를 상대로 하는 소송으로 "청구의 변경"도 할 수 없다). 따라서, 이 사건 심판청구는 이 단서조항의 위헌여부에 따라 당해사건의 주문이 달라지거나 재판의 내용과 효력에 관한 법률적 의미가 달라지는 경우에 해당된다고 할 수 없으므로 재판의 전제성 요건을 갖추지 못하여 부적법하다.[63)]

④ '특수임무수행자 보상에 관한 법률'(이하 '법'이라 한다) 제2조 제1항 제2호 중 '대통령령이 정하는 기간' 부분은 특수임무수행자로 인정되기 위한 요건 중 '활동시기'에 관한 것이고, 청구인은 다른 요건인 '군 첩보부대 소속'을 충족하지 못하므로, 청구인이 '특수임무수행자'에 해당하지 않는다는 결론에는 변함이 없다. 따라서 법 제2조 제1항 제2호 중 '대통령령이 정하는 기간' 부분의 위헌 여부에 따라 당해 사건의 주문이 달라지거나 재판의 내용과 효력에 관한 법률적 의미가 달라진다고는 할 수 없으므로, 이 부분 심판청구는 재판의 전제성을 갖추지 못하여 부적법하다.[64)]

---

62) 헌재 2016. 11. 24. 2015헌바207, 공보 242, 1876.
63) 헌재 1998. 7. 16. 96헌바56, 판례집 10-2, 206.
64) 헌재 2011. 7. 28. 2009헌바158, 판례집 23-2상, 26.

⑤ 이 사건의 당해사건은 청구인이 서울특별시 등을 상대로 하여 손해배상을 청구한 사건인데, 도시개발사업에 있어 토지 수용에 필요한 토지 취득 또는 소유자의 동의 요건에 관하여 규정하고 있는 구 도시개발법 제21조 제1항 단서 및 도시개발사업의 시행으로 인한 수용에 관하여 공익사업법을 준용토록 하고 있는 같은 조 제2항은 모두 청구인이 주장하는 불법행위와는 아무런 관련이 없는 규정이고, 청구인이 주장하는 불법행위로 인한 손해배상의무의 존부는 당해사건에서의 사실인정에 달린 문제이며, 이 사건 심판대상 조항은 당해사건의 판단에 적용될 여지가 없어, 이 사건 심판대상 조항의 위헌 여부에 따라 당해사건 재판의 주문이 달라지거나 재판의 내용과 효력에 관한 법률적 의미가 달라지는 경우에 해당한다고 할 수 없다.[65]

⑥ 공직선거 당선자의 배우자인 청구인이 공선법상의 매수 및 이해유도죄로 기소된 경우 당해 사건 법원은 청구인의 행위가 공선법 제230조 제1항 제4호에 해당하는지 여부를 심리하여 청구인의 유·무죄를 판단할 뿐이다. 따라서 공직선거 당선자의 배우자가 일정한 선거범죄의 유죄판결을 선고받는 경우 당선이 무효가 되도록 규정한 공선법 제265조 본문 중 '배우자' 부분이 위헌이라고 하여도 당해 사건에서 법원이 청구인에 대하여 다른 판단을 할 수는 없으며 청구인에 대한 관계에서 당해 사건 재판의 내용과 효력에 관한 법률적 의미가 달라지는 것도 아니다. 그렇다면 위 공선법 조항 부분에 대한 심판청구는 재판의 전제성이 없어 부적법하다.[66]

⑦ 헌법소원사건에 있어서는 당해사건에서 청구인에게 유리한 판결이 확정된 이상 심판대상 법률조항의 위헌 여부에 따라 재판의 주문이 달라지는 경우에 해당하지 않고, 당해사건에서 그 위헌 여부가 결정되지 아니한 채 다른 이유로 재판이 종결되었다 하여 그 재판의 법적효력이 불명확한 상태로 남아 있는 것이 아니어서 그 위헌 여부에 따라 재판의 내용과 효력에 관한 법률적 의미가 달라지는 경우에도 해당하지 않으므로, 결국 이 심판청구는 결정 당시 재판의 전제성이 없어 부적법하다.[67]

---

65) 헌재 2012. 5. 31. 2011헌바170, 공보 188, 1059.
66) 헌재 2005. 7. 21. 2005헌바21, 판례집 17-2, 67, 68.

⑧ 도시개발법 제31조(심판대상조항)은 기본행위인 환지계획에 영향을 미칠 뿐이므로, 그 위헌 여부에 따라 당해 사건 법원이 보충행위인 시장의 환지계획인가처분에 관하여 다른 내용의 재판을 할 가능성이 없다. 다음으로 당해 사건에서 조합의 환지예정지지정처분을 취소하는, 청구인에게 유리한 판결이 확정되었고, 이에 위 처분 또한 처분시에 소급하여 효력을 상실하였다. 그렇다면 심판대상조항의 위헌 여부에 따라 조합의 환지예정지지정처분에 대한 당해 사건 재판의 주문이나 그 내용과 효력에 관한 법률적 의미가 달라지지 아니한다. 따라서 심판대상조항은 당해 사건 재판의 전제성이 인정되지 아니한다.[68]

⑨ 당해 사건 법원은 고소권자가 아니어서 재정신청이 부적법하고, 또한 검사의 불기소처분이 정당하므로 재정신청이 이유 없다고 판단하여, 청구인의 재정신청을 기각하였다. 형사소송법 제227조, 제228조는 재정신청이 부적법하다는 판단에 적용되기는 하나, 이 조항들이 위헌으로 선언된다고 하더라도 검사의 불기소처분이 정당하여 재정신청이 기각되어야 한다는 당해 사건 재판의 결론에는 변함이 없고 재판의 내용과 효력에 관한 법률적 의미가 달라지지 않으므로, 재판의 전제성이 인정되지 않는다.[69]

⑩ 이 사건 법률조항이 직접적으로 청구인에 대한 형사처벌의 근거가 되는 조항은 아니다. 그러나 이 사건 법률조항은 '이 법에 규정된 죄(이하에서 '선거범'이라 한다)'를 범함으로 인하여 일정한 형량 이상으로 처벌받는 자에 대해 일정기간 공무담임등을 제한함을 내용으로 하고 있으며, 선거범과 다른 죄가 형법 제37조 전단의 경합범일 때 그 형을 어떻게 선고할 것인지에 대하여는 따로 규정하지 아니하였다. 이는 법원이 위 경합범을 재판할 경우에 그 판결주문을 어떻게 정할 것인지 여부와 관련되어 있는 문제라고 할 것이다. 즉, 이 사건 법률조항의 위헌여부에 따라서 법원이 단지 형법상의 경합범 처리의 일반 원칙에 따라 형을 선고하든지, 선거범위반의 점에 대한 형량을 분명히 할 필요성을 인정하여 판결을 선고할 때 주문에서 선거범위반의 점에 대한 형을

67) 헌재 2001. 6. 28. 2000헌바61, 공보 58, 664.
68) 헌재 2021. 3. 25. 2020헌바93, 공보 294, 510.
69) 헌재 2021. 2. 25. 2019헌바53, 공보 293, 403.

따로 표시하든지, 아니면 이유에서 선거범에 해당하는 형을 특정하여 줄 것인지 등이 정하여질 것이다. 이 중 어느 방법에 의할 것인지 여부에 따라 청구인에 대한 형사재판의 방법과 그 판결주문의 내용이 달라질 수 있다고 할 것이고, 나아가 이 사건 법률조항의 위헌 여부에 따라 청구인의 공무담임의 제한에 관한 이 사건 판결의 법률적 의미도 달라진다. 따라서 이 사건 법률조항은 당해 사건에 있어서 재판의 전제성을 가진다.[70)]

3. 재심사건의 경우 재판의 전제성

① 재심의 청구를 받은 법원은 재심의 심판에 들어가기 전에 먼저 재심의 청구가 이유 있는지 여부를 가려 이를 기각하거나 재심개시의 결정을 하여야 하고, 재심개시의 결정이 확정된 뒤에 비로소 재심대상인 사건에 대하여 다시 심판을 하게 되는 등 형사소송법은 재심의 절차를 '재심의 청구에 대한 심판'과 '본안사건에 대한 심판'이라는 두 단계 절차로 구별하고 있다. 그러므로 당해 재심사건에서 아직 재심개시결정이 확정된 바 없는 이 사건의 경우 심판청구가 적법하기 위해서는 이 사건 법률조항의 위헌 여부가 '본안사건에 대한 심판'에 앞서 '재심의 청구에 대한 심판'의 전제가 되어야 하는데, '재심의 청구에 대한 심판'은 원판결에 형사소송법 제420조 각 호, 헌법재판소법 제47조 제3항 소정의 재심사유가 있는지 여부만을 우선 심리하여 재판할 뿐이어서, 원판결에 적용된 법률조항일 뿐 '재심의 청구에 대한 심판'에 적용되는 법률조항이라고 할 수 없는 이 사건 법률조항에 대해서는 재판의 전제성이 인정되지 않는다.[71)]

② 특례법 제4조 제1항 제1호, 제2호는 '재심청구 자체의 적법 여부에 대한 재판'에 적용되는 법률조항이 아니라 '본안 사건에 대한 재판'에 적용될 법률조항이다. 그런데 당해 법원은 '상고이유가 상고심절차에 관한 특례법 소정의 심리불속행 사유에 해당한다고 보아 더 나아가 심리를 하지 아니하고 상고를 기각한 경우에는 상고이유에 관한 판단유탈이 있을 수 없다.'고 판단하여

70) 헌재 2004. 2. 26. 2002헌바90, 판례집 16-1, 253, 261.
71) 헌재 2011. 2. 24. 2010헌바98, 판례집 23-1상, 136.

재심청구를 기각하였고, 이와 같이 당해 사건에서 재심사유가 인정되지 아니하여 본안 판단에 나아갈 수 없는 이상 위 법률조항들은 당해 사건의 본안 재판에 적용될 여지가 없으므로, 이 부분 심판청구는 재판의 전제성이 없다.[72]

③ 확정된 유죄판결에서 처벌의 근거가 된 법률조항은 '재심의 청구에 대한 심판', 즉 재심의 개시 여부를 결정하는 재판에서는 재판의 전제성이 인정되지 않고, 재심의 개시결정 이후의 '본안사건에 대한 심판'에 있어서만 재판의 전제성이 인정됨이 원칙이다. 다만 재심대상사건의 재판절차에서 그 처벌조항의 위헌성을 다툴 수 없는 규범적 장애가 있는 특수한 상황인 경우에는 예외적으로 재판의 전제성이 인정된다. 구 '집회 및 시위에 관한 법률' 제3조 제1항 제4호(심판대상조항)는 확정된 유죄판결에서 처벌의 근거가 된 법률조항이고, 당해사건 법원은 재심사유가 존재하지 아니한다는 이유로 재심청구 기각결정에 대한 즉시항고를 기각하였으므로, 원칙적으로 재판의 전제성이 인정되지 아니한다.[73]

제5절 청구기간, 변호사강제주의, 종국결정

1. 청구기간

헌법재판소법 제68조 제2항의 규정에 의한 헌법소원심판은 위헌법률심판의 제청신청을 기각하는 결정을 통지받은 날부터 30일 이내에 청구하여야 한다(헌재법 제69조 제2항). 헌법소원심판을 청구하려는 자가 변호사를 대리인으로 선임할 자력(資力)이 없는 경우에는 헌법재판소에 국선대리인을 선임하여 줄 것을 신청할 수 있다. 이 경우 헌법재판소법 제69조에 따른 청구기간은 국선대리인의 선임신청이 있는 날을 기준으로 정한다(헌재법 제70조 제1항). 헌법

72) 헌재 2011. 4. 28. 2009헌바169, 판례집 23-1하, 39.
73) 헌재 2018. 3. 29. 2016헌바99, 판례집 30-1상, 381.

재판소가 국선대리인을 선정하지 아니한다는 결정을 한 때에는 신청인이 선임신청을 한 날부터 그 통지를 받은 날까지의 기간은 헌법재판소법 제69조의 청구기간에 산입하지 아니한다(헌재법 제70조 제4항). 기간의 말일이 토요일 또는 공휴일에 해당하는 때에는 기간은 그 익일로 만료한다.

헌법소원심판에 대한 청구의 변경이 있는 경우 그 청구기간의 준수 여부는 헌법재판소법 제40조 제1항 및 민사소송법 제265조에 의하여 변경된 청구서가 제출된 시점을 기준으로 판단하여야 한다.[74]

헌법재판소법 제40조 제1항에 의하여 준용되는 민사소송법 제159조 및 제160조에 의하면, 법이 불변기간이라고 규정한 경우에만 이른바 소송행위의 추완이 가능하다고 할 것인데, 헌법재판소법 제69조 제2항의 청구기간은 불변기간이라고 규정하는 법규정이 없어서 그 기간의 준수에 대하여 소송행위의 추완이 허용되지 않는다.[75]

헌법재판소법 제68조 제2항에 의한 헌법소원심판의 경우는 같은 법 제69조 제2항에서 "위헌법률심판의 제청신청을 기각하는 결정을 통지받은 날부터 30일 이내에 청구하여야 한다."고 규정하고 있다. 이와 같이 헌법재판소법이 청구기간제도를 둔 것은 소정의 청구기간 후에는 문제의 공권력작용을 더 이상 다툴 수 없도록 함으로써 권리관계를 신속히 확정하여 법적 안정성을 확보하기 위함이다. 그런데 헌법재판소법 제68조 제2항에 의한 헌법소원심판이 법원의 위헌제청신청기각에 대한 불복이라는 성격을 가지고 있는 측면을 고려할 때, 당사자는 이미 위헌제청신청 당시 위헌판단을 구하려는 의사가 있는 것이므로, 위헌제청신청이 기각된 후 같은 법 제68조 제2항에 의한 헌법소원심판을 청구할 것인지를 결정하기 위하여, 별도의 긴 숙려기간을 필요로 한다고 볼 수 없고, 헌법소원심판을 준비하기 위한 시간이 걸리는 것도 아니며, 아울러 그 청구기간은 같은 법 제68조 제1항에 의한 헌법소원심판에 대한 청구기간과 같이 절차를 개시하는 제소기간의 한정이라기보다는, 각종 소송에서의 상소제기기간과 같이 소송의 종결에 관한 불복신청기간에 유사한 것이라고

74) 헌재 2007. 10. 25. 2005헌바68, 판례집 19-2, 447, 449.
75) 헌재 2001. 4. 26. 99헌바96, 공보 56, 447.

할 것인데, 그 기간은 "위헌제청신청의 기각결정을 통지받은 날부터 30일 이내"로, 일반적인 불복절차인 형사소송, 민사소송 및 행정소송에서의 상소제기 기간에 비하여 결코 단기라고 할 수도 없다.[76]

2. 변호사강제주의

헌법소원심판에 있어서 당사자인 사인(私人)은 변호사를 대리인으로 선임하지 않으면 심판청구를 하거나 심판수행을 하지 못한다(헌재법 제25조 제3항).

헌법재판소의 각종 심판청구나 심판수행은 변호사의 자격이 없는 한 변호사를 대리인으로 선임하여 하여야 하고, 변호사의 자격이 없는 청구인의 헌법소원심판청구나 청구이유의 주장은 변호사인 대리인이 추인한 경우에만 헌법소원심판의 대상으로 되며, 이러한 취지는 청구인의 대리인이 헌법재판소에 의하여 선임된 국선대리인인 경우에도 마찬가지이므로, 헌법소원심판에서는 국선대리인이 주장한 사유에 대해서만 심판한다.[77]

3. 종국결정

(1) 개요

헌법재판소법 제68조 제2항의 헌법소원인 '규범통제형 헌법소원'의 종국결정에는 ① 심판청구가 부적법한 경우에 하는 '각하'결정, ② 심판청구가 이유없는 경우에 하는 '합헌'결정, ③ 심판청구가 이유있는 경우에 하는 '위헌'결정, ④ '심판절차종료선언'의 4가지가 있다.

각하결정의 경우, "이 사건 위헌여부심판제청을 각하한다", "……에 대한 위헌여부심판제청을 각하한다" 등으로 표시한다. 합헌결정의 경우에는 "……은 헌법에 위반되지 아니한다"라는 형식으로, 위헌결정의 경우에는 "……은 헌법에 위반된다"라는 형식으로 표시한다. 헌법불합치결정의 경우에는 헌법에

---

76) 헌재 2003. 2. 27. 2001헌마461, 공보 78, 256, 257.
77) 헌재 2009. 12. 29. 2008헌바64, 공보 159, 74, 75.

합치되지 않는 조항의 효력상실 여부나 시기, 또는 적용중지 여부에 따라 구체적 표시방법에 차이가 있다.

(2) 합헌결정

헌법재판소는 당해사건은 다르지만 헌법재판소에서 이미 합헌결정을 선고받은 같은 당사자(청구인)가 같은 법률조항에 대하여 재차 같은 유형(헌재법 제68조 제2항)의 헌법소원을 청구한 사례에서 다시 합헌결정을 하였다.[78]

(3) 인용결정(위헌결정)

1) 인용결정의 효력

헌법재판소법 제75조 제6항에 의하면, 헌법재판소법 제68조 제2항에 따른 헌법소원을 인용하는 경우에는 헌법재판소법 제45조("헌법재판소는 제청된 법률 또는 법률조항의 위헌 여부만을 결정한다. 다만, 법률조항의 위헌결정으로 인하여 해당 법률 전부를 시행할 수 없다고 인정될 때에는 그 전부에 대하여 위헌결정을 할 수 있다.") 및 헌법재판소법 제47조("법률의 위헌결정은 법원과 그 밖의 국가기관 및 지방자치단체를 기속(羈束)한다.")를 준용한다.

헌법재판소법 제75조 제7항에 의하면, 헌법재판소법 제68조 제2항에 따른 헌법소원이 인용된 경우에 해당 헌법소원과 관련된 소송사건이 이미 확정된 때에는 당사자는 재심을 청구할 수 있다. 재심대상 판결에는 헌법재판소법 제75조 제7항이 정한 '헌법소원이 인용된 경우'라는 재심사유가 있다 할 것이고, 또한 당해 사건에 대하여는 헌법불합치 결정에 따른 개선 입법의 소급효가 당연히 미치는 것이므로, 재심대상 판결에서 위헌으로 선언된 법률조항이 적용된 부분에는 현행 개정 법률조항들이 당연히 소급 적용되어야 할 것이다.[79]

대법원 판례에 의하면, 헌법재판소법 제75조 제7항의 취지는 당사자의 위헌법률심판 제청신청을 법원이 기각하여 그 신청을 한 당사자가 헌법소원심

78) 헌재 2001. 6. 28. 2000헌바48, 공보 58, 658, 660.
79) 대법원 2006. 3. 9. 선고 2003재다262 판결.

판을 청구한 경우에 그 헌법소원심판절차 중에도 법원에 계속 중인 당해 소송사건의 재판은 정지되지 아니한 채 확정될 수 있으므로, 그 헌법소원이 인용된 경우에 그에 앞서 이미 확정된 당해사건의 구제를 위한 불복수단을 마련해 주고자 함에 있는 것이다. '해당 헌법소원과 관련된 소송사건'이란 해당 헌법소원의 전제가 된 당해 소송사건만을 가리키는 것으로 보고 있다.[80]

2) 헌법소원 인용결정에 따른 재심

헌법재판소법 제75조 제7항에는 "제68조 제2항에 따른 헌법소원이 인용된 경우에 해당 헌법소원과 관련된 소송사건이 이미 확정된 때에는 당사자는 재심을 청구할 수 있다."고 규정하고 있다.

"헌법재판소법 제68조 제2항의 헌법소원이 인용된 경우에, 당해사건의 당사자뿐만 아니라 헌법소원을 제기한 바는 없으나 위헌선언된 법률조항의 적용을 받았던 다른 사건의 당사자도 이미 확정된 관련사건의 재심을 구할 수 있다는 것으로 해석하지 않으면 위헌"이라며 주장한 헌법소원 사건에서 "재심은 확정판결에 대한 특별한 불복방법이고, 확정판결에 대한 법적 안정성의 요청은 미확정판결에 대한 그것보다 훨씬 크다고 할 것이므로 재심을 청구할 권리가 헌법 제27조에서 규정한 재판을 받을 권리에 당연히 포함된다고 할 수 없고, 심판대상법조항에 의한 재심청구의 혜택은 일정한 적법요건하에 헌법재판소법 제68조 제2항에 의한 헌법소원을 청구하여 인용된 자에게는 누구에게나 일반적으로 인정되는 것이고, 헌법소원청구의 기회가 규범적으로 균등하게 보장되어 있기 때문에, 심판대상법조항이 헌법재판소법 제68조 제2항에 의한 헌법소원을 청구하여 인용결정을 받지 않은 사람에게는 재심의 기회를 부여하지 않는다고 하여 청구인의 재판청구권을 침해하였다고는 볼 수 없다."는 합헌결정을 하였다.[81]

"헌법재판소법 제47조 제2항과 제75조 제6항은 위헌으로 결정된 법률 또는 법률조항은 원칙적으로 그 결정이 있는 날로부터 효력을 상실하도록 규정

80) 대법원 1992. 5. 12. 선고 91누7101 판결.
81) 헌재 2000. 6. 29. 99헌바66, 판례집 12-1, 848-849.

하고 있는바, 법규범에 대한 헌법재판소의 위헌결정은 소송 당사자나 국가기관 이외의 일반 사인에게도 그 효력이 미치고, 일반 국민은 헌법재판소가 위헌으로 선언한 법규범이 적용되지 않는 것을 수인해야 한다."[82] 또한 위헌으로 결정된 법률 또는 법률조항에 근거한 유죄의 확정판결에 대하여는 재심을 청구할 수 있다.

(4) 변형결정

헌법재판소는 법률의 위헌여부를 심사함에 있어서 심판대상인 법률의 위헌성이 인정됨에도 불구하고 헌법합치적 해석의 필요 또는 입법자의 형성권에 대한 존중, 법적 공백으로 인한 혼란의 방지 등을 이유로, 법률에 대한 단순위헌선언을 피하고 그 한정된 의미영역 또는 적용영역이 위헌임을 선언하거나 법률이 헌법에 합치하지 않음을 선언하는 결정을 하고 있다. 이러한 결정유형을 강학상 이른바 '변형결정'이라 한다. 단순위헌결정 이외의 위헌결정의 유형을 한정합헌·한정위헌결정 및 헌법불합치결정으로 나누어 살펴보기로 한다.

1) 한정합헌·한정위헌결정

가) 법적 성격 및 헌법적 근거

한정합헌·한정위헌결정이란, 심판의 대상이 된 법률(조항)의 문언이 다의적으로 해석가능한 경우 특정한 내용으로 해석·적용되는 한 합헌 또는 위헌이라는 주문의 결정으로서 법질서에서 법문을 제거하는 방법을 통해서가 아니라 위헌적인 해석방법을 배제함으로써 위헌성을 제거한다는 의미에서 질적(質的)인 일부위헌결정이다.[83]

어떤 법률의 개념이 다의적이고 그 어의의 테두리 안에서 여러 가지 해석이 가능할 때는 헌법을 그 최고법규로 하는 통일적인 법질서의 형성을 위하여 헌법에 합치되는 해석, 즉 합헌적인 해석을 택하여야 하며, 이러한 방법으로 위헌적인 결과가 될 해석을 배제하면서 합헌적인 면은 살려야 한다는 것이 합

---

82) 헌재 2012. 12. 27. 2012헌바60, 판례집 24-2하, 529.
83) 헌재 1992. 2. 25. 89헌가104, 판례집 4, 64, 99; 헌재 1994. 4. 28. 92헌가3, 판례집 6-1, 203, 221-222.

헌적 법률해석의 원리이다.[84)]

'사법기능을 담당하는 기관은 가능하면 입법권을 존중하여 입법자가 제정한 규범이 존속하고 효력이 유지될 수 있도록 해석해야 한다'는 합헌적 법률해석의 산물이 바로 한정합헌·한정위헌결정이며, 합헌적 법률해석은 민주주의와 권력분립원칙의 관점에서 입법자의 입법형성권에 대한 존중의 표현이다. 헌법합치적 법률해석과 이에 따른 주문례는 헌법재판제도가 정착된 여러 나라에서 일반적으로 널리 활용되고 있다.

법률의 위헌여부가 심판의 대상이 된 경우, 헌법재판소는 법률의 문언·의미·목적 등을 살펴 한편으로 보면 합헌으로, 다른 한편으로 보면 위헌으로 판단될 수 있는 등 다의적인 해석가능성이 있을 때, 일반적인 해석작용이 용인되는 범위 내에서 종국적으로 어느 쪽이 가장 헌법에 합치되는가를 가려, 한정축소적 해석을 통하여 합헌적인 일정한 범위 내의 의미내용을 확정하여 이것이 그 법률의 본래적인 의미이며 그 의미 범위 내에 있어서는 합헌이라고 결정할 수도 있고(한정합헌결정), 또 하나의 방법으로는 위와 같은 합헌적인 한정축소적 해석의 영역 밖에 있는 경우에까지 법률의 적용범위를 넓히는 것은 위헌이라는 취지로 법률의 문언 자체는 그대로 둔 채 위헌의 범위를 정하여 한정위헌결정을 선고할 수도 있다.[85)]

그러므로 한정위헌결정과 한정합헌결정은 주문의 형식에 있어서는 명백히 구별되나 주문선택에 있어서 구체적으로 어떤 형식을 취할 것인지는 사안에 따라 결정할 문제이다.

헌법재판소는 한정합헌결정과 한정위헌결정을 실질적으로 동일한 것으로 이해하고 있으나, 이에 대하여 위 2가지 결정유형을 구조적으로 다른 것으로 파악할 수 있다. 한정합헌결정은 합헌으로 해석되는 의미 이외의 나머지 부분은 모두 위헌이 된다는 것을 확정하는 결정유형인 반면, 한정위헌결정의 경우 헌법재판소가 헌법에 위반되는 것으로 해석되는 모든 경우에 대하여 판단하는 것이 아니라 단지 당해 사건에 있어서의 법률의 적용과 관련하여 위헌으로

84) 헌재 1990. 4. 2. 89헌가113, 판례집 2, 49, 62.
85) 헌재 1997. 12. 24. 96헌마172등, 판례집 9-2, 842, 861.

확정할 수 있는 범위 내에서 판단하는 것으로서 위헌으로 해석되는 부분 이외의 나머지 부분에 대하여는 위헌성여부에 관한 구체적 판단을 유보한 것이다.

나) 합헌적 법률해석의 한계 및 법원의 법령해석권과의 관계

입법형성권에 대한 존중은 합헌적 법률해석의 헌법적 근거이자 동시에 한계이다. 헌법재판소는 합헌적 법률해석을 통하여 입법자의 원래 의사를 왜곡·변형하거나 대체해서는 아니되므로, 법률을 해석함에 있어서 문의적 한계와 법목적적 한계를 넘지 않도록 유의해야 한다. 헌법재판소가 입법권에 대한 존중이라는 이름 아래 무리한 법률해석을 통하여 문제되는 법률의 효력을 유지시킨다면, 오히려 입법자의 입법권이 제한될 위험이 있다. 이러한 경우에는 차라리 법률을 단순위헌으로 선언하여 그 규율대상을 입법자로 하여금 새로이 입법하도록 되돌려 주는 것이 오히려 헌법적으로 바람직하다. 헌법재판소는 이미 초기의 결정에서 합헌적 법률해석의 헌법적 한계를 인식하여, 사회보험법 제5조에 대한 위헌법률심판사건에서는 "법률은 원칙적으로 가능한 범위 안에서 합헌적으로 해석함이 마땅하나 그 해석은 법의 문구와 목적에 따른 한계가 있다. …… 따라서 위 법 제5조 제1항의 요건에 해당하는 경우에는 법원으로 하여금 감호청구와 이유유무 즉, 재범의 위험성의 유무를 불문하고 반드시 감호의 선고를 하도록 강제한 것임이 위 법률조항의 문의임은 물론 입법권자의 의지임을 알 수 있으므로, 위 조항에 대한 합헌적 해석은 문의의 한계를 벗어난 것이라 할 것이다."고 판시함으로써 심판대상인 법률조항을 합헌적으로 해석할 수 있는 가능성을 부인하고 단순위헌결정을 한 바 있다.[86]

한편, 헌법은 법원에 사법권을 위임함으로써 일차적이고 원칙적인 법률해석권한을 부여하고 있다. 그러나 헌법재판소의 관할인 규범통제가 법률의 해석을 전제로 하기 때문에, 헌법재판소가 법률의 위헌여부를 판단하기 위하여 우선 심판대상인 법률의 의미내용을 밝히는 작업인 법률해석은 불가피하다. 그러므로 법원의 법률해석과 헌법재판소의 법률해석 사이에 불일치와 충돌이 생길 수 있다. 이러한 경우 헌법재판소가 법원의 위헌적 법률해석을 배척한다

86) 헌재 1989. 7. 14. 88헌가5등, 판례집 1, 69, 86-87.

면, 이는 법률에 대한 위헌심사권을 행사한다는 관점에서 정당화된다.

법원의 법령해석권은 적용하려는 법령의 합헌성을 전제로 하므로, 결국 법원의 해석권은 '법령에 대한 헌법재판소의 위헌성심사'에 의하여 유보된 의미의 해석권한이라 할 것이다. 한편, 법률해석에 있어서 입법자의 객관적인 의사가 불분명하고, 법률이 규율하고자 하는 현실상황에 비추어 법원에 의하여 종래 형성되어온 법률해석이 상당한 타당성이 있다고 판단되는 경우에는, 헌법재판소는 가능하면 법원의 견해를 존중하는 것이 바람직하다.

합헌적 법률해석은 헌법재판소의 독점적인 권한이 아니라 모든 법원의 권한이자 의무이다. 따라서 법원은 헌법재판소에 위헌제청을 하기 전에 위헌의 의심이 있는 법률을 합헌적으로 해석하여 법률의 위헌성이 제거될 수 있는가를 우선 살펴야 하며, 합헌적 해석을 통하여 법원이 법률을 적용하려는 시도에도 불구하고 위헌의 의심이 해소되지 않는 경우에 비로소 법원은 위헌제청을 해야 한다. 그러나 헌법재판소가 법률의 위헌여부에 관한 결정권을 갖고 있으므로, 합헌적인 법률해석에 관한 최종적인 결정권 또한 헌법재판소에 귀속된다.

다) 결정례

한정합헌 결정의 예로, "구 지방세법 제31조 제2항 제3호 단서 중 '당해 재산에 대하여 부과되는 지방세'라는 부분은 그 안에 당해 재산과 관련하여 부과되는 강학상의 수득세, 소비세 및 유통세까지도 모두 포함하거나 또는 그 일부가 포함되는 것으로 이를 넓게 해석하는 한, 조세법률주의의 이념인 국민의 경제생활에 관한 예측가능성의 보장을 허물고 기본권 제한입법의 한계와 재산권보장에 관한 헌법규정에도 위배될 것이나, 이를 당해 재산의 소유 그 자체에 담세력을 인정하여 부과하는 <u>강학상의 재산세에 한하여 적용되는 것으로 좁게 해석하는 한 헌법에 위반되지 아니한다</u>."[87)]

"교통사고를 일으킨 운전자에게 신고의무를 부담시키고 있는 도로교통법 제50조 제2항, 제111조 제3호는, 피해자의 구호 및 교통질서의 회복을 위한 조

87) 헌재 2000. 7. 20. 98헌바91, 판례집 12-2, 86.

치가 필요한 범위내에서 교통사고의 객관적 내용만을 신고하도록 한 것으로 해석하고, 형사책임과 관련되는 사항에는 적용되지 아니하는 것으로 해석하는 한 헌법에 위반되지 아니한다."[88]

"국가보안법 제7조 제5항은 각 그 소정행위에 의하면 국가의 존립·안전이나 자유민주적 기본질서에 실질적 해악을 줄 명백한 위험성이 있는 경우에만 처벌되는 것으로 축소해석하는 한 헌법에 위배되지 아니한다."[89]

한정위헌결정의 예로, ① "정기간행물의등록등에관한법률 제7조 제1항은 제9호 소정의 제6조 제3항 제1호 및 제2호의 규정에 의한 해당시설을 자기소유이어야 하는 것으로 해석하는 한 헌법에 위반된다."[90] ② "구 소득세법 제23조 제4항 단서, 제45조 제1항 제1호 단서는 실지거래가액에 의할 경우를 그 실지거래가액에 의한 세액이 그 본문의 기준시가에 의한 세액을 초과하는 경우까지를 포함하여 대통령령에 위임한 것으로 해석하는 한 헌법에 위반된다."[91] ③ "헌법재판소법 제68조 제1항 본문의 '법원의 재판'에 헌법재판소가 위헌으로 결정한 법령을 적용함으로써 국민의 기본권을 침해한 재판도 포함되는 것으로 해석하는 한도 내에서, 헌법재판소법 제68조 제1항은 헌법에 위반된다."[92] ④ "구 국세기본법 제41조는 사업양수인으로 하여금 양수한 재산의 가액을 초과하여 제2차 납세의무를 지게 하는 범위 내에서 헌법에 위반된다."[93] ⑤ "국세기본법 제39조 제1항 제2호 '가목' 중 주주에 관한 부분은 '당해 법인의 발행주식총액의 100분의 51 이상의 주식에 관한 권리를 실질적으로 행사하는 자' 이외의 과점주주에 대하여 제2차 납세의무를 부담하게 하는 범위 내에서 헌법에 위반된다."[94]는 결정 등이 있다.

---

88) 헌재 1990. 8. 27. 89헌가118, 판례집 2, 222.
89) 헌재 1990. 6. 25. 90헌가11, 판례집 2, 165.
90) 헌재 1992. 6. 26. 90헌가23, 판례집 4, 300, 302.
91) 헌재 1995. 11. 30. 94헌바40등, 판례집 7-2, 616, 622.
92) 헌재 1997. 12. 24. 96헌마172등, 판례집 9-2, 842, 848.
93) 헌재 1997. 11. 27. 95헌바38, 판례집 9-2, 591, 592-593.
94) 헌재 1998. 5. 28. 97헌가13, 판례집 10-1, 570, 573.

2) 헌법불합치결정

헌법불합치결정은 헌법재판소법 제47조 제1항에 정한 '위헌결정'의 일종으로서 심판대상이 된 법률조항이 위헌이라 할지라도 입법자의 형성권을 존중하여 그 법률조항에 대하여 단순위헌결정을 선고하지 아니하고 헌법에 합치하지 아니한다는 선언에 그치는 결정의 주문형식이다. 헌법불합치결정은 원칙적으로 법률의 위헌성을 확인하되 그 형식적 존속을 유지시키면서, 입법자에게 법률의 위헌성을 제거할 의무를 부과하고 입법자의 입법개선이 있기까지 국가기관으로 하여금 위헌적 법률의 적용을 중지시킴으로써 개선된 신법의 적용을 명하는 효력을 갖는다.

법률이 헌법과 합치되지 아니한다고 선언된 경우 그와 같은 헌법불합치상태는 하루빨리 법개정을 통하여 제거되어야 할 것이며, 불합치상태를 제거하기 위한 여러 가지 가능한 방법 중 어느 것을 선택할 것인가는 입법권자의 재량에 속한다.[95)]

가) 헌법불합치결정을 하는 경우

법률이 헌법에 위반되는 경우, 헌법의 최고규범성을 보장하기 위하여 그 법률은 원칙적으로 위헌으로 선언되어야 하나, 헌법불합치결정을 정당화하는 헌법적 사유가 있는 경우는 예외적으로 위헌결정을 피하고 법률의 위헌성만을 확인하는 헌법불합치결정을 할 수 있다.

첫째, 수혜적 법률의 경우 자유권에 대한 침해의 문제는 발생하지 않고 단지 평등권의 위반 여부만이 문제되는데, 이러한 수혜적 법률이 평등원칙에 위반되는 경우가 불합치결정을 하는 대표적인 사유에 속한다.

예컨대 일정한 범위의 수혜자에게 혜택을 부여하는 법률이 수혜대상으로부터 청구인을 배제한 것이 평등원칙에 위반된다는 주장으로 법률에 대한 헌법소원이 제기된 경우, 이러한 수혜적 규정에 대해 위헌선언을 한다면 이미 존재하는 혜택마저도 상실시키는 결과를 초래하므로, 헌법재판소는 법률규정

95) 헌재 1997. 3. 27. 95헌가14등, 판례집 9-1, 193, 206.

이 평등원칙에 위반하여 위헌임을 확인하는 의미에서 불합치결정을 하고 입법자에게 그 위헌성을 제거할 의무를 지우는 것이다.

수혜적 법률이 평등권에 위반된다고 판단되는 경우 그것이 어떠한 방법으로 치유되어야 하는가에 관하여는 헌법에 규정되어 있지 않고, 그 위헌적 상태를 제거하여 평등원칙에 합치되는 상태를 실현할 수 있는 여러 가지 선택 가능성(수혜적 법률에 의하여 부여된 혜택의 박탈, 수혜대상의 확대 또는 수혜대상범위의 재확정 등)이 있을 수 있으며, 그 중 무엇을 선택하는가는 입법자에게 맡겨진 과제이다. 그러한 경우에 헌법재판소가 평등원칙에 위반되었음을 이유로 단순위헌결정을 한다면, 위헌적 상태가 제거되기는 하지만 입법자의 의사와 관계없이 특정한 법적 상태를 일방적으로 형성하는 결과가 되고, 결국 입법자의 형성권을 침해하게 된다.

헌법재판소는 수혜적 법률에 있어서 법률이 규정하는 혜택 그 자체가 위헌이 아니라 단지 다른 법익과의 교량과정에서 혜택의 범위가 문제되는 경우, 만일 헌법재판소가 단순위헌결정을 한다면 현재 존재하는 혜택을 전부 제거하게 되므로, 수혜적 법률에서의 혜택의 범위를 다시 결정해야 하는 경우 헌법불합치결정이 정당화된다고 판시한 바 있다.[96)]

둘째, 위헌결정을 통하여 법률조항을 법질서에서 제거하는 것이 법적 공백이나 혼란을 초래할 우려가 있는 경우에는 예외적으로 위헌조항의 잠정적 적용을 명하는 헌법불합치결정을 할 수 있다.

자유권을 침해하는 위헌적 법률의 경우 헌법재판소가 위헌결정을 통하여 자유권에 대한 침해를 제거함으로써 합헌성이 회복될 수 있으므로, 이 경우에는 수혜적 법률이 평등원칙에 위반되는 경우와는 달리, 헌법재판소가 결정을 내리는 과정에서 고려해야 할 입법자의 형성권이 원칙적으로 존재하지 않는다. 이러한 의미에서 자유권을 침해하는 위헌적 법률에 대하여 불합치결정을 하는 것은 원칙적으로 정당화되지 않는다.

그러나 위헌결정으로 인한 위헌법률의 제거가 법적 공백이나 혼란을 초

---

96) 헌재 1997. 8. 21. 94헌바19등, 판례집 9-2, 243, 263.

래할 우려가 있기 때문에 위헌법률의 잠정적인 적용이 요구되는 경우, 즉 위헌법률을 잠정적으로 적용하는 위헌적인 상태와 위헌결정으로 인하여 발생하는 법적 공백의 합헌적인 상태를 비교하여 볼 때, 예외적으로 일정 기간 위헌적인 상태를 감수하는 것이 법적 안정성의 관점에서 헌법질서 유지에 보다 가깝다고 판단되는 경우, 헌법재판소는 법적 안정성의 관점에서 법치국가적으로 용인하기 어려운 법적 공백과 그로 인한 혼란을 방지하기 위하여 입법자가 합헌적인 방향으로 법률을 개선할 때까지 일정기간 동안 위헌적인 법규정을 존속케 하고 또한 잠정적으로 적용하게 할 필요가 있다.[97]

예컨대, 도시계획을 시행하기 위해서는 계획구역 내의 토지소유자에게 행위제한을 부과하는 법규정이 반드시 필요한데, 헌법재판소가 위헌결정을 통하여 당장 법률의 효력을 소멸시킨다면, 토지재산권의 행사를 제한하는 근거규범이 존재하지 않게 됨으로써 도시계획이라는 중요한 지방자치단체 행정 수행이 수권규범의 결여로 말미암아 불가능하게 된다. 도시계획은 국가와 지방자치단체의 중요한 행정으로서 잠시도 중단되어서는 안되기 때문에, 헌법재판소는 이 사건 법률조항을 입법개선시까지 잠정적으로 적용한다고 판시하였다.[98]

셋째, 자유권을 침해하는 위헌적 법률에 대해서는 위헌결정을 하는 것이 원칙이나, 심판대상인 법률조항의 합헌부분과 위헌부분의 경계가 불분명하여 헌법재판소의 단순위헌결정으로는 이에 적절하게 구분하여 대처하기가 어렵고, 다른 한편으로는 권력분립의 원칙과 민주주의원칙의 관점에서 입법자에게 위헌적인 상태를 제거할 수 있는 여러 가지의 가능성을 인정할 수 있다고 판단하는 경우, 헌법재판소는 자유권이 침해되었음에도 불구하고 예외적으로 입법자의 형성권을 존중하여 헌법불합치결정을 하고 있다.

헌법재판소는 세법규정과 같이 법률이 국민에게 일정한 부담을 부과하는 것 그 자체는 합헌이나 그 부담의 정도가 과중하여 위헌적 요소를 지니고 있는 경우에, 단순위헌결정의 형태로는 위헌부분과 합헌부분의 경계를 설정하는 것이 불가능하다고 판단하고 한편으로는 위헌결정의 경우에 발생하는 문제,

97) 헌재 1999. 10. 21. 97헌바26, 판례집 11-2, 383, 417; 헌재 1999. 5. 27. 98헌바70, 판례집 11-1, 633, 647.
98) 헌재 1999. 10. 21. 97헌바26, 판례집 11-2, 383, 418.

즉 기납세자와 미납세자간의 형평의 문제와 세수의 손실이 국가재정에 미칠 영향 등을 고려하여 헌법불합치결정을 한 바 있다.[99]

나) 개정 이전의 구법조항에 대하여 불합치결정을 선고한 경우

헌법재판소는 개정 이전의 구법조항에 대하여 일부 결정에서 헌법불합치 결정을 한 바 있다. 그 예로는, 헌법재판소는 구 소득세법 제60조에 대한 헌법소원에서 위 조항에 대하여 단순위헌결정을 하는 경우 양도소득세를 부과할 수 없게 되어 조세수입을 감소시키고 국가재정에 영향을 주게 되며 양도소득세를 납부한 납세의무자들과의 사이에 형평에 어긋나는 결과를 초래한다는 이유로 헌법불합치결정을 하면서, 위헌조항이 이미 합헌적으로 개정되어 시행되고 있다는 법적 상황을 감안하여 결정이유에서 개정법률을 적용할 것을 밝히는 결정을 하였고,[100] 구 상속세법 제9조 제1항에 대한 위헌소원에서는 위헌결정의 경우 발생하는 조세수입의 감소, 이미 상속세를 납부한 납세자와의 형평 문제 등을 이유로 심판대상조항에 대하여 불합치결정을 선고하면서 입법자의 개정시까지 위 조항의 계속 적용을 명한 바 있으며,[101] 구 고엽제후유의증환자 지원에 관한 법률 제8조 제1항에 대한 헌법소원에서는 위헌결정을 하는 경우 일정한 범위의 수혜자마저도 이 사건 법률조항의 적용을 받지 못하게 된다는 이유로 위 조항 제2호에 대하여 불합치결정을 하면서 위 규정부분을 입법자가 개정할 때까지 계속 적용할 것을 명하였다.[102]

다) 효력

① 위헌법률의 형식적 존속과 입법자의 입법개선의무

위헌결정의 경우 위헌적 법률은 그 효력을 바로 상실하게 되는 반면, 불합치결정의 경우 위헌적 법률은 형식적이나마 계속 존속하게 된다. 위헌적인 법률임에도 그 형식적 존재를 유지시키는 이유는 헌법재판소가 위헌결정을

99) 헌재 1989. 9. 8. 88헌가6, 판례집 1, 199; 헌재 1991. 3. 11. 91헌마21, 판례집 3, 91; 헌재 1993. 3. 11. 88헌마5, 판례집 5-1, 59; 헌재 1994. 7. 29. 92헌바49등, 판례집 6-2, 64.

100) 헌재 1995. 11. 30. 91헌바1등, 판례집 7-2, 562, 569, 595.

101) 헌재 2001. 6. 28. 99헌바54, 판례집 13-1, 1271, 1300-1301.

102) 헌재 2001. 6. 28. 99헌마516, 판례집 13-1, 1393, 1397, 1412.

통하여 위헌적 법률을 제거함으로써 스스로 합헌적 상태를 실현할 수 없고, 권력분립원칙과 민주주의원칙에 비추어 위헌적 상태의 제거는 입법자가 맡아서 해야 하는 일이기 때문이다. 이러한 의미에서 불합치결정은 위헌적 상태를 조속한 시일 내에 제거해야 할 입법자의 입법개선의무를 수반하게되며, 따라서 입법자에 대한 입법촉구결정을 포함하게 된다.

② 위헌법률의 원칙적 적용금지와 절차의 중지

헌법불합치결정은 법률의 위헌성을 확인하는 결정으로서 위헌결정의 일종이므로, 헌법불합치결정이 선언된 법률조항은 그 적용이 금지된다. 위헌법률의 적용금지는 법치국가적 요청의 당연한 귀결로서, 헌법재판소가 어떠한 결정유형으로 법률의 위헌성을 확인하였든 간에 모든 국가기관은 위헌법률의 적용과 집행을 통하여 스스로 위헌적 국가행위를 해서는 아니된다. 그러므로 불합치결정의 경우에도 위헌법률은 적용되어서는 아니되며, 이러한 적용금지는 당연히 법적용기관에 계류중인 절차의 중지라는 형태로 나타난다. 따라서 헌법불합치결정이 있는 경우 행정관청과 법원은 원칙적으로 그들에게 계류된 절차를 개선입법이 있을 때까지 중지하여야 한다.[103)]

이로써 입법자가 입법개선을 통하여 위헌적인 상태를 제거할 때까지 법원의 결정이 보류되어야 하며, 법원은 법률의 개정을 기다려 그에 의해 판단함으로써 당사자가 개정법률의 결과에 따른 혜택을 받을 수 있도록 기회를 열어놓아야 한다. 법률에 대한 헌법소원의 청구인은 불합치결정으로 말미암아 구법이 아닌 신법의 적용을 받음으로써 법적 지위의 향상을 부여받을 수 있는 가능성이 열리게 된다.

위헌결정의 경우 헌법재판소가 최종적이고 확정적인 판단근거를 제공함으로써 법원은 헌법재판소의 결정에 따라 재판을 하게 되지만, 불합치결정에 있어서는 헌법재판소가 위헌적 상태의 제거에 관한 최종적인 결정을 입법자에게 미루고 있으므로, 법원은 입법자의 최종 결정을 기다려 그에 따라 판단을 해야 하는 것이다.

---

103) 헌재 1994. 7. 29. 92헌바49등, 판례집 6-2, 64, 120.

③ 개정법률의 소급적용

불합치결정은 위헌결정의 일종이므로, 헌법재판소가 불합치결정을 하는 경우에도 그 결정의 소급효가 인정되는 범위는 위헌결정의 경우와 같다. 헌법재판소의 불합치결정은 입법자의 개선입법을 통해서 비로소 그 실질적 내용과 효력을 갖게 되므로, 불합치결정의 소급효력은 개선입법의 소급효력을 의미한다. 헌법재판소가 위헌결정의 형식으로 직접 위헌규범에 대하여 최종적 결정을 내렸다면 소급효가 자동으로 나타나나, 불합치결정에 있어서는 헌법재판소가 최종결정을 포기하고 위헌적 상태의 제거를 입법자에게 일임하므로, 입법자가 헌법재판소를 대신하여 합헌적 상태를 소급하여 회복시키는 것이다.

따라서 개정된 법률이 소급적용되는 범위는 위헌결정에서 소급효가 인정되는 범위와 같다. 헌법재판소가 헌법불합치라는 결정주문을 선택하여 위헌적 요소가 있는 조항들을 합헌적으로 개정 혹은 폐지하는 임무를 입법자의 형성재량에 맡긴 경우에는, 이 결정의 효력이 소급적으로 미치게 되는 모든 사건이나 앞으로 이 사건 법률조항을 적용하여 행할 부과처분에 대하여는 법리상 이 결정 이후 입법자에 의하여 위헌성이 제거된 새로운 법률조항을 적용하여야 한다.[104] 입법자는 원칙적으로 개선입법의 제정시 불합치결정의 소급효가 미치는 범위를 고려하여 이에 부합하는 내용의 경과규정을 두어야 한다.

④ 위헌법률의 예외적 잠정적용

위헌결정을 통하여 법률조항을 법질서에서 제거하는 것이 법적 공백이나 혼란을 초래할 우려가 있는 경우, 이러한 법적 공백상태는 헌법과 더욱 합치하지 않는 상황을 초래할 수 있다. 이러한 경우 헌법재판소는 종래의 법적 상태보다 더욱 헌법질서에서 멀어지는 법적 상태의 발생을 방지하기 위하여, 불합치결정의 시점과 개정법률의 발효시점 사이의 기간 동안 위헌법률의 잠정적인 적용을 예외적으로 명할 수 있다.[105] 이러한 경우에는 헌법재판소는 결정주문에서 위헌법률인 구법을 잠정적으로 적용하도록 명시하게 된다.

104) 헌재 2000. 1. 27. 96헌바95등, 판례집 12-1, 16, 39.

105) 헌재 1995. 9. 28. 92헌가11등, 판례집 7-2, 264, 285; 헌재 2000. 8. 31. 97헌가12, 판례집 12-2, 167, 186.

(5) 심판절차종료선언

헌법재판소법 제68조 제2항의 헌법소원에서 심판절차종료선언을 한 경우는 다음과 같다.

① “당재판소의 사실조회에 대한 1994.10.27.자 법무부장관의 회신에 의하면 청구인은 이 사건 헌법소원심판절차가 계속중인 1990.12.4. 사형집행에 의하여 사망한 사실이 인정된다. 청구인이 이 사건 헌법소원심판을 청구할 당시의 전제되는 재판이었던 대법원 90도319호 사건은 앞서 본 바와 같이 1990.4.24. 상고기각판결에 의하여 종료되었지만, 헌법소원이 인용되는 경우 헌법재판소법 제75조 제7항에 의하여 유죄의 확정판결에 대하여 재심을 청구할 수 있으므로 같은 법 제40조 민사소송법 제211조 제1항에 따라 청구인의 사망 후에 재심을 청구할 수 있는 자는 이 사건 헌법소원심판절차를 수계할 수 있지만, 수계할 당사자가 없거나 수계의사가 없는 경우에는 청구인의 사망에 의하여 헌법소원심판절차는 원칙적으로 종료된다고 할 것이고, 다만 수계의사표시가 없는 경우에도 이미 결정을 할 수 있을 정도로 사건이 성숙되어 있고 그 결정에 의하여 유죄판결의 흠이 제거될 수 있음이 명백한 경우 등 특별히 유죄판결을 받은 자의 이익을 위하여 결정의 필요성이 있다고 판단되는 때에 한하여 종국결정을 할 수 있다고 할 것이다. 그런데 이 사건 헌법소원심판절차에서는 청구인이 사망한지 4년이나 지났는데도 수계신청이 없을 뿐만 아니라 특별히 종국결정을 할 필요성이 있는 경우에 해당한다고 보이지도 아니한다. 그러므로 이 사건 헌법소원은 청구인의 사망으로 말미암아 그 심판절차가 종료되었다고 할 것이다.”[106)]

② “청구인은 이 사건 심판절차가 계속 중이던 2024. 5. 24. 사망하였다. 당해 사건 법원은 청구인이 사망함에 따라 2024. 5. 28. 공소기각 결정을 하였고, 이 결정은 확정되었다. 따라서 심판대상조항의 위헌 여부에 따라 당해 사건의 내용이나 결과가 달라질 수 없게 되었다. 또한, 청구인의 상속인 등이 이

---

106) 헌재 1994. 12. 29. 90헌바13, 판례집 6-2, 351, 353-354.

사건 심판결과에 따라 어떤 법적 이익을 얻을 수 있는 것이 아니므로 이 사건 심판절차는 수계될 성질의 것도 아니다. 따라서 이 사건 심판절차는 청구인의 사망으로 종료되었다. 그렇다면 절차관계의 종료를 명백히 확인하는 의미에서 심판절차 종료를 선언하기로 한다."[107]

제6절 본안판단에서 헌법원칙의 적용

1. 비례성 원칙(과잉금지원칙)

(1) 마약류 관리에 관한 법률 제58조 제1항 제5호 위헌소원

1) 심판대상 조문: 마약류 관리에 관한 법률 제58조(벌칙) ① 다음 각 호의 1에 해당하는 자는 무기 또는 5년 이상의 징역에 처한다.

5. 제3조 제8호의 규정에 위반하여 대마를 수입 또는 수출한 자나 수입 또는 수출할 목적으로 대마를 소지·소유한 자

2) 결정요지: 마약류를 제조·유통시키는 행위는 마약류의 해를 널리 확산시키는 행위이기 때문에 개인적인 사용행위보다 무겁게 처벌하도록 규정하고 있는바, 대마의 유통행위 중에서도 수출입 행위는 마약류를 국경을 넘어 국제적으로 확산시키는 것이고 마약류의 국내 공급·유통을 더욱 증가시킬 가능성도 크기 때문에 대마의 단순 매매보다 가벌성이 더 크다고 할 수 있다. 특히 인터넷을 통한 마약류 수입은 국내에서 외국의 인터넷사이트로 주문하고 국제소포로 배달받는 방법으로 손쉽게 이루어지는 반면 단속이 어려워 더욱 확산되는 추세에 있기 때문에 단속과 처벌을 강화할 필요가 있다.

또한 어느 범죄에 대한 법정형이 그 범죄의 죄질 및 이에 따른 행위자의 책임에 비하여 지나치게 가혹한 것이어서 현저히 형벌체계상의 균형을 잃고

107) 헌재 2024. 6. 27. 2024헌바91, 1, 2.

있다거나 그 범죄에 대한 형벌 본래의 목적과 기능을 달성함에 있어 필요한 정도를 일탈하였다는 등 헌법상의 평등의 원칙 및 비례의 원칙 등에 명백히 위배되는 경우가 아닌 한, 쉽사리 헌법에 위반된다고 단정하여서는 아니된다.

따라서 이 사건 법률조항이 대마 수입행위를 대마 매매보다 무겁게 처벌하도록 규정한 것은 합리적 근거 없이 행동의 자유를 침해하거나, 마약류 처벌에 관한 형벌체계상의 균형을 잃었다거나, 헌법상 비례의 원칙에 어긋난다고 보기 어렵다.[108)]

3) **평가**: 어떤 행위에 대한 단속과 처벌 강화의 필요성이 있다고 하더라도 특정 법률조항이 비례의 원칙에 위반되는지 여부는 다른 헌법적 문제이다. 대마 수입행위를 대마 매매보다 무겁게 처벌하도록 규정한 법률이 합리적 근거가 없다는 것이 비례의 원칙 위반의 근거는 되지 못한다.

(2) 공직선거법 제250조 제2항 위헌소원

1) **심판대상 조문**: 공직선거법 제250조(허위사실공표죄)

① 생략

② 당선되지 못하게 할 목적으로 연설·방송·신문·통신·잡지·벽보·선전문서 기타의 방법으로 후보자에게 불리하도록 후보자, 그의 배우자 또는 직계존·비속이나 형제자매에 관하여 허위의 사실을 공표하거나 공표하게 한 자와 허위의 사실을 게재한 선전문서를 배포할 목적으로 소지한 자는 7년 이하의 징역 또는 500만 원 이상 3천만 원 이하의 벌금에 처한다.

2) **결정요지**: 이 사건 법률조항은 흑색선전과 혼탁선거를 방지하고 선거의 자유와 공정을 확보하기 위한 것으로서, 이러한 입법목적과 허위사실 유포행위로 인해 상대 후보자가 입게 될 정신적인 고통, 범죄 동기에 대한 높은 비난가능성, 향후 허위사실을 유포하는 행위를 근절하기 위한 형사정책적 고려 등을 종합해 볼 때, 이 사건 법률조항은 비례의 원칙에 위반되지 않는다.[109)]

---

108) 헌재 2007. 5. 31. 2005헌바108, 공보 128, 574.
109) 헌재 2009. 9. 24. 2008헌바168, 판례집 21-2상, 617.

3) 평가: 공직선거법 제250조 제2항은 주관적 요건으로서 '당선되지 못하게 할 목적'을 요구하고 있고 '선거운동'의 일환으로서 행해진 경우만을 처벌대상으로 하고 있다. 통상 선거운동으로서 방송에서 후보자나 그 측근에 대하여 허위사실을 공표하는 것은 죄질이 무겁다 할 것이고, 그러한 행위가 '당선이 되지 못하게 할 목적' 아래 행하여진 점을 감안하면, 공직선거법 제250조 제2항이 일률적으로 당선무효에 해당하는 형을 선고할 수 있도록 한 것이 책임원칙을 벗어난 과중한 것이라 볼 수 없다.

더욱이 공직선거법 제250조 제2항에 해당하는 경우라도 여러 가지의 법률상 감경사유나 작량감경 사유가 경합되는 때에는 법관은 100만 원 미만의 벌금형을 선고하거나 양형의 조건을 참작하여 형의 선고를 유예할 수도 있으므로, 이로써 법관의 양형결정권이나 판단권 또는 법관에 의한 재판을 받을 권리가 침해된다 할 수 없고, 법을 위반한 피고인으로서 당선무효에 해당하는 형의 선고를 피할 수 있는 길이 없는 것도 아니다.

(3) 관세법 제282조 제2항 등 위헌소원

1) 심판대상 조문: 관세법 제282조(몰수·추징) ① 생략

② 제269조 제2항 및 제3항 또는 제274조 제1항 제1호의 경우에는 범인이 소유 또는 점유하는 그 물품을 몰수한다.

③ 제1항 및 제2항의 규정에 의하여 몰수할 물품의 전부 또는 일부를 몰수할 수 없는 때에는 그 몰수할 수 없는 물품의 범칙 당시의 국내도매가격에 상당한 금액을 범인으로부터 추징한다.

2) 결정요지: 수출입의 신고는 통관절차의 핵심적인 요소로서 수출입신고가 이루어지지 않을 경우 해당 물품의 국내반입 또는 해외반출을 파악할 수 없고 통관절차의 진행도 불가능하므로, 이를 해태하는 경우 일반 행정법규상의 단순한 신고 미이행 등과 같은 질서벌이 아닌 형사범으로 다루며, 밀수의 규모가 클 때에는 특정범죄로 가중처벌까지 하는 사유가 된다. 이러한 수출입신고의 중요성과 관세법상 몰수·추징의 징벌적 성질 및 관세법의 입법목적

등을 종합하여 볼 때, 신고를 하지 아니하고 수입한 관세범을 무신고 수입죄로 처벌하고 그 대상 물품을 필요적으로 몰수·추징하도록 할 필요가 있다.

만약 몰수·추징형을 부가하지 아니하고 가산세나 가산금만 추가 징수하는 데 그치거나 몰수·추징형을 부가하더라도 그것이 임의적이라면 관세법의 입법목적 자체를 달성하기 어려워질 수 있고, 더욱이 추징가액을 '범칙 당시의 국내도매가격에 상당한 금액'으로 한정함으로써 합리적인 범위 내의 가액만이 추징되는 점을 감안하면, '피해의 최소성 원칙'에 위배된다고 할 수 없으며, 필요적 몰수·추징에 의해 제한되는 재산권 등의 사익이 그것을 통해 달성하고자 하는 질서유지 또는 공공복리라는 공익보다 더 크다고 할 수 없으므로, 무신고 수입의 대상 물품에 대한 필요적 몰수·추징은 헌법상의 비례의 원칙에 위배되지 아니한다.[110]

3) **평가**: 헌법재판소는 몰수·추징형을 부가하지 아니하면 관세법의 입법목적 자체를 달성하기 어려워질 수 있다는 이유로 비례의 원칙에 위배되지 않는다고 판시했다. 침해의 최소성은 그 수단이 입법목적 달성이 불가피하기 때문에 그 수단이 필요하다는 것을 입증하는데 초점이 있는 것이 아니라, 법률에 규정된 수단과 대안수단 간의 비교를 통해 법률에 규정되어 있는 수단이 다른 대안수단보다 덜 기본권 제한적임을 입증해야 한다.

(4) 국토의 계획 및 이용에 관한 법률 제29조 등 위헌소원

1) **심판대상 조문**: 구 국토의 계획 및 이용에 관한 법률 제48조(도시계획시설결정의 실효)

① 도시계획시설결정이 고시된 도시계획시설에 대하여 그 고시일부터 20년이 경과될 때까지 당해 시설의 설치에 관한 도시계획시설사업이 시행되지 아니하는 경우 그 도시계획시설결정은 그 고시일부터 <u>20년</u>이 되는 날의 다음날에 그 효력을 상실한다.

2) **결정요지**: 도시계획의 종합적·장기적 성격을 고려할 때, 도시계획시설

110) 헌재 2010. 7. 29. 2008헌바145, 판례집 22-2상, 316.

결정의 실효기간을 고시일로부터 20년으로 설정한 것은 적절하다고 할 것이고, 달리 다른 완화된 방법으로 도시계획의 위와 같은 목적을 달성할 수 있다고도 볼 수 없다. 나아가 도시계획시설결정이 있더라도 도시계획시설부지를 종래의 용도대로 계속 사용할 수 있거나 법적으로 허용된 이용방법이 아직 남아 있는 경우에는 이용의 제한이 장기간에 이르더라도 이는 수인하여야 하는 사회적 제약의 범주 내에 있는 점 및 도시계획시설결정으로 인하여 종래 용도대로 사용할 수 없거나 실질적으로 사용수익을 전혀 할 수 없는 경우에는 매수청구제도에 의하여 적절한 보상조치가 취하여지는 점 등을 감안하면, 이 사건 실효조항으로 인한 재산권의 제한이 도시의 건전한 발전을 도모하고자 하는 공익보다 크다고 할 수 없다. 결국 이 사건 실효조항은 피해의 최소성과 법익균형성을 갖추었다고 할 것이므로 비례의 원칙에 위반하여 청구인의 재산권을 침해한다고 볼 수 없다.[111)]

3) 평가: 헌법재판소는 도시계획시설결정의 실효기간을 고시일로부터 20년으로 설정한 것은 적절하다고 보았고, 달리 다른 완화된 방법으로 도시계획의 위와 같은 목적을 달성할 수 있다고도 볼 수 없다고 판단했다. 여기서 '다른 완화된 방법'으로 실효기간을 더 길게 연장하는 방안을 고려할 수 있다. 예를 들어, 실효기간을 고시일로부터 30년으로 설정한 것은 더 완화된 수단이 될 수 있다. 기본권 제한이 덜한 다른 수단에 대한 검토를 해태하는 듯한 인상을 준다.

2. 명확성 원칙

(1) 법관징계법 제2조 제2호 등 위헌소원

1) 심판대상 조문: 구 법관징계법 제2조(징계사유) 법관에 대한 징계사유는 다음 각 호와 같다.

1. 생략
2. 법관이 그 품위를 손상하거나 법원의 위신을 실추시킨 경우

---

111) 헌재 2009. 7. 30. 2007헌바110, 판례집 21-2상, 197, 216.

구 법관징계법 제27조(불복절차) ① 피청구인이 징계처분에 대하여 불복하고자 하는 경우에는 징계처분이 있음을 안 날부터 14일 이내에 전심절차를 경유하지 아니하고 대법원에 징계처분의 취소를 청구하여야 한다.
② 대법원은 제1항의 취소청구사건을 단심으로 재판한다.

2) 결정요지: 입법취지, 용어의 사전적 의미, 유사 사례에서의 법원의 법률해석 등을 종합하여 보면, 구 법관징계법 제2조 제2호의 '법관이 그 품위를 손상하거나 법원의 위신을 실추시킨 경우'란 '법관이 주권자인 국민으로부터 수임받은 사법권을 행사함에 손색이 없는 인품에 어울리지 않는 행위를 하거나 법원의 위엄을 훼손하는 행위를 함으로써 법원 및 법관에 대한 국민의 신뢰를 떨어뜨릴 우려가 있는 경우'로 해석할 수 있고, 위 법률조항의 수범자인 평균적인 법관은 구체적으로 어떠한 행위가 여기에 해당하는지를 충분히 예측할 수 있으므로, 구 법관징계법 제2조 제2호는 명확성 원칙에 위배되지 아니한다.[112)]

3) 평가: 2009헌바34 결정은 법관에 대한 징계사유로 '법관이 그 품위를 손상하거나 법원의 위신을 실추시킨 경우'를 규정한 구 법관징계법을 청구인이 위반하였다고 하여 제기된 사건이다. 청구인은 판사로서 법원 내부는 물론 외부 언론기관에까지 의견표명을 하여 구 법관징계법에 저촉되었다. 일반 법관이 특정 행위를 구 법관징계법에서 규정하고 있는 '품위를 손상'하거나 법원의 '위신을 실추'시킨 경우에 해당하는지 여부는 법관징계위원회의 결정에 좌우된다. 이 사건에서 법관징계위원회 결정 이전에 법관의 의견표명이 품위 손상이나 위신 실추에 해당하는지를 법률 조문에서 명확히 예견할 수 없으므로, '품위를 손상'하거나 법원의 '위신을 실추'라는 법조문은 명확성 원칙에 위반된다고 볼 수 있다.

112) 헌재 2012. 2. 23. 2009헌바34, 판례집 24-1상, 80.

(2) 구 관세법 제179조 제2항 제1호 등 위헌소원

1) 심판대상 조문: 구 관세법 제137조(수출·수입 또는 반송의 신고) ① 물품을 수출·수입(수출자유지역에의 반입을 포함한다) 또는 반송하고자 할 때에는 당해 물품의 품명·규격·수량 및 가격 기타 대통령령이 정하는 사항을 세관장에게 신고하여야 한다.

②~⑤ 생략

구 관세법 제179조(밀수출입죄) ① 생략

② 다음 각 호의 1에 해당하는 자는 5년 이하의 징역 또는 관세액의 10배와 물품원가 중 높은 금액이하에 상당하는 벌금에 처한다.

1. 제137조 제1항 및 제2항 또는 제138조의2 제1항의 규정에 의한 신고를 하지 아니하고 물품을 수입한 자

2) 결정요지: 남북교류법은, 교역당사자의 남북 간 물품 이동(단순히 제3국을 경유하는 경우를 포함한다)의 경우에만 적용되는 것이고 단순경유지가 아닌, 북한 이외의 제3국으로부터 우리나라에 도착된 물품에는 관세법 등이 적용되므로 남북교류법이 관세법상의 수입의 개념에 영향을 미치지 아니한다. 따라서 이 사건 법률조항들은 법률조항 자체에 불명확성을 의심할 여지가 보이지 아니하므로 형벌법규의 명확성 원칙에 위반되지 아니한다.[113)]

3) 평가: 2004헌바68 결정에서 관세법상 '수입'과 관련하여, 수입의 대상 물품이 그 제조국 또는 가공국이 외국이어야 하는 것으로 볼 여지가 많음에도, 이 사건의 경우 관세법의 '수입'이라는 용어가 명확한지 여부보다는 청구인이 북한산 문화재를 중국에서 비교적 저가로 구입한 다음 이를 밀수입한 행위에 초점을 둔 것 같다. 헌법재판소도 '남북교류협력에 관한 법률'상의 '교역'을 남북 간의 물품의 반출·반입으로, '반출·반입'을 매매 등을 원인으로 하는 남북 간의 물품의 이동으로 해석해야 할 정도로 법조문의 명확성을 판단하기 어려운 법문

113) 헌재 2006. 7. 27. 2004헌바68, 판례집 18-2, 80.

을 두고 관세법상 '수입'이라는 법문이 예측가능성을 지녔다고 볼 수 있을지 의문이다. 또한 헌법 제3조의 영토조항에 의하면, 북한은 우리나라임에도 불구하고, 법원이 북한 문화재를 구 관세법 제179조 제2항 제1호, 제137조 제1항, 제2조 제1항에 해당하는 '외국물품'으로 본 것은 체계정당성에 위반되는 것이다.

헌법재판소의 견해에 의거하면, 조세법 분야의 법규정은 명확성 원칙의 정도가 강화됨에도 불구하고, 2004헌바68 결정의 관세법상 '수입'이라는 법문을 판단함에 있어서 헌법재판소는 명확성의 정도를 완화시켜 임의적으로 해석하고 있다.

(3) 의료법 제89조 등 위헌소원

1) 심판대상 조문: 구 의료법 제17조(진단서 등) ① 의료업에 종사하고 직접 진찰하거나 검안(檢案)한 의사[이하 이 항에서는 검안서에 한하여 검시(檢屍)업무를 담당하는 국가기관에 종사하는 의사를 포함한다], 치과의사, 한의사가 아니면 진단서·검안서·증명서 또는 처방전[의사나 치과의사가 「전자서명법」에 따른 전자서명이 기재된 전자문서 형태로 작성한 처방전(이하 "전자처방전"이라 한다)을 포함한다]을 작성하여 환자(환자가 사망한 경우에는 배우자, 직계존비속 또는 배우자의 직계존속을 말한다) 또는 「형사소송법」 제222조 제1항에 따라 검시(檢屍)를 하는 지방검찰청검사(검안서에 한한다)에게 교부하거나 발송(전자처방전에 한한다)하지 못한다. 다만, 진료 중이던 환자가 최종 진료 시부터 48시간 이내에 사망한 경우에는 다시 진료하지 아니하더라도 진단서나 증명서를 내줄 수 있으며, 환자 또는 사망자를 직접 진찰하거나 검안한 의사·치과의사 또는 한의사가 부득이한 사유로 진단서·검안서 또는 증명서를 내줄 수 없으면 같은 의료기관에 종사하는 다른 의사·치과의사 또는 한의사가 환자의 진료기록부 등에 따라 내줄 수 있다.

> 구 의료법 제89조(벌칙) 제15조 제1항, 제17조 제1항·제2항(제1항 단서 후단과 제2항 단서는 제외한다), 제56조 제1항부터 제4항까지, 제57조 제1항을 위반한 자는 1년 이하의 징역이나 500만 원 이하의 벌금에 처한다.

2) **결정요지**: '직접'의 사전적 의미, 이 사건 법률조항의 입법연혁, 의료법 관련 규정들을 종합적으로 고려하면, 이 사건 법률조항에서 말하는 '직접 진찰한'은 의료인이 '대면하여 진료를 한'으로 해석되는 외에는 달리 해석의 여지가 없고, 결국 이 사건 법률조항은 의료인의 '대면진료 의무'와 '진단서 등의 발급주체' 양자를 모두 규율하고 있다. 또한, 이 사건 법률조항은 일반 국민을 대상으로 하지 않고 의료인을 수범자로 한정하고 있는바, 통상적인 법감정과 직업의식을 지닌 의료인이라면 이 사건 법률조항이 규율하는 내용이 대면진료를 한 경우가 아니면 진단서 등을 작성하여 교부할 수 없고 이를 위반한 경우 형사처벌을 받게 된다는 것임을 인식하고 이를 의료행위의 기준으로 삼을 수 있으며, 또한 이 사건 법률조항의 내용은 이를 위반한 행위에 대한 형사소송에서 법관의 통상적인 해석·적용에 의하여 보완될 수 있으므로, 법 집행당국의 자의적인 집행의 가능성 또한 예상되지 않는다. 따라서 이 사건 법률조항은 명확성원칙에 위배된다고 할 수 없다.[114]

3) **평가**: 2010헌바83 결정에서 법정의견은 의료법상 '직접 진찰한'을 의료인이 '대면하여 진료를 한'으로 해석하고 있다. 의료법을 처음 보는 일반인이 대면진료와 원격진료를 구분하여 전자는 직접 진찰한 경우이고, 후자는 직접 진찰한 경우가 아니라고 판단할 수 있는지 의문이 든다. 이 의료법 조항이 진찰의 방식을 제한하고 있다고 억지로 해석하기 보다는 진단서 등의 발급주체를 기준으로 해석하는 것이 타당한 해석으로 보인다. 진정으로 '직접 진찰한'을 '대면하여 진료한'으로 하고자 하였다면, 명확성 원칙에 입각하여 입법자는 '대면으로 진료한'으로 규정하였을 것이다.

(4) 구 도로교통법 제60조 제1항 등 위헌소원

1) **심판대상 조문**: 구 도로교통법 제60조(갓길 통행금지 등) ① 자동차의 운전자는 고속도로등에서 자동차의 고장 등 부득이한 사정이 있는 경우를 제외하고는 행정자치부령으로 정하는 차로에 따라 통행하여야 하며, 갓길(「도로법」

114) 헌재 2012. 3. 29. 2010헌바83, 판례집 24-1상, 392.

에 따른 길어깨를 말한다)로 통행하여서는 아니 된다. 다만, 긴급자동차와 고속도로등의 보수·유지 등의 작업을 하는 자동차를 운전하는 경우에는 그러하지 아니하다.

2) **결정요지**: '부득이'의 사전적 의미는 '마지못하여 하는 수 없이'로, 자동차가 고속도로 등을 통행하는 중에는 다양한 상황이 발생할 수 있으므로, 법률에 구체적이고 일의적인 기준이 제시될 경우 갓길 통행이 불가피한 예외적인 사정이 포섭되지 않는 등으로 인하여 오히려 비상상황에서 적절한 대처를 할 수 없게 될 가능성을 배제하기 어렵다.

결국 금지조항이 규정한 '부득이한 사정'이란 사회통념상 차로로의 통행을 기대하기 어려운 특별한 사정을 의미한다고 해석된다. 건전한 상식과 통상적인 법감정을 가진 수범자는 금지조항이 규정한 부득이한 사정이 어떠한 것인지 충분히 알 수 있고, 법관의 보충적인 해석을 통하여 그 의미가 확정될 수 있다. 그러므로 금지조항 중 '부득이한 사정' 부분은 죄형법정주의의 명확성원칙에 위배되지 않는다.[115]

3) **평가**: '부득이한 사정'이란 불가피한 예외적인 사정이라고 해석할 수 있다. 그런데 이에 해당하는 예외적인 사정은 건전한 상식과 통상적인 법감정을 가진 일반인이 구체적으로 무엇인지 예견하기 어렵다. 예외적인 사정에 관하여 미리 법률에 열거하여 규정하는 것이 필요하다.

3. 포괄위임금지원칙

(1) 중소기업제품 구매촉진 및 판로지원에 관한 법률 제8조의2 제1항 제2호 위헌소원

1) **심판대상 조문**: 구 중소기업제품 구매촉진 및 판로지원에 관한 법률 제8조의2 (중소기업자간 경쟁입찰 참여제한 등) ① 공공기관의 장은 중소기업자간 경쟁입찰의 공정한 경쟁을 위하여 다음 각 호의 어느 하나에 해당하는 중

115) 헌재 2021. 8. 31. 2020헌바100, 공보 299, 1068.

소기업을 영위하는 자의 참여를 제한하여야 한다.

2. 대기업과 같은 종류의 사업을 영위하고 그 대기업과 대통령령으로 정하는 지배 또는 종속의 관계에 있는 기업들의 집단에 포함되는 중소기업

2) 결정요지: 일반적으로 기업 간의 지배·종속 관계는 해당 기업의 소유 또는 경영에 영향력을 미칠 수 있는지를 기준으로 판단할 수 있다. 따라서 대통령령에 규정될 '지배 또는 종속의 관계'에는, 예컨대 대기업이 일정비율 이상의 지분을 소유하거나, 임원을 겸임하거나, 사업 또는 거래활동을 위임받아 수행하거나, 일정금액 이상의 채권채무관계를 갖는 등 물적·인적·사업적·경제적 지배력이 인정되는 경우가 규정될 것임을 충분히 예측할 수 있다.[116)]

3) 평가: 2014헌바419 결정에서 청구인은 대기업과 대통령령으로 정하는 지배 또는 종속의 관계에 있는 기업들의 집단에 포함되는 중소기업에 대하여 중소기업자 간 경쟁입찰 참여를 제한하도록 한 「중소기업제품 구매촉진 및 판로지원에 관한 법률」(이하 '판로지원법'이라 함) 제8조의2 제1항 제2호에 해당하는 중소기업을 영위하는 자이다. 판로지원법에서 참여제한 규율대상자는 '대기업의 위장 중소기업' 내지 '대기업으로부터 분할된 중소기업'이다. 이 사건에서 헌법재판소는 '중소기업을 영위하는 자'를 예측가능성의 주체로 삼고 있다. 헌법재판소 결정에서 수차례 강조해 온 예측가능성의 주체인 '누구라도'는 '중소기업을 영위하는 자'가 아니며, 누구나 판로지원법을 보고 동법 시행령에 경쟁입찰 참여제한의 대상이 되는 중소기업에 해당한다고 예측할 수는 없는 것이다.

(2) 근로기준법 제11조 제2항 위헌소원

1) 심판대상 조문: 근로기준법 제11조(적용 범위) ② 상시 4명 이하의 근로자를 사용하는 사업 또는 사업장에 대하여는 대통령령으로 정하는 바에 따라 이 법의 일부 규정을 적용할 수 있다.

---

116) 헌재 2016. 12. 29. 2014헌바419, 판례집 28-2하, 362.

2) 결정요지: 비록 심판대상조항이 근로기준법의 어떤 규정을 4인 이하 사업장에 적용할지에 관한 기준을 명시적으로 두고 있지 않은 것은 사실이나, 근로기준법이 제정된 이래로 근로기준법의 법규범성을 실질적으로 관철하기 위하여 5인 이상 사업장까지 근로기준법 전부 적용 사업장의 범위를 확대하고, 종전에는 근로기준법을 전혀 적용하지 않던 4인 이하 사업장에 대하여 근로기준법을 일부나마 적용하는 것으로 범위를 점차 확대해 나간 근로기준법 시행령의 연혁 및 심판대상조항의 입법취지와 근로기준법 조항의 적용 여부를 둘러싼 근로자보호의 필요성과 사용자의 법 준수능력 간의 조화 등을 종합적으로 고려하면, 심판대상조항은 사용자의 부담이 그다지 문제되지 않으면서 동시에 근로자의 보호필요성의 측면에서 우선적으로 적용될 수 있는 근로기준법의 범위를 선별하여 적용할 것을 대통령령에 위임한 것으로 볼 수 있고, 그러한 근로기준법 조항들이 일부적용 대상 사업장에 적용되리라 예측할 수 있다.[117)]

3) 평가: 2013헌바112 결정에서 심판대상조항은 「근로기준법」 조항 중 어떤 규정이 4인 이하 사업장에 적용될지에 관한 기준이 전혀 제시되지 않고 있다. 헌법재판소는 「근로기준법 시행령」의 연혁과 「근로기준법」 조항의 입법취지 등을 종합적으로 고려하라고 한다. 이러한 종합적 고려는 헌법재판소의 역할이지, 헌법소원심판 청구인의 역할로 보기 어렵다. 포괄위임금지원칙에서 요구한대로 「근로기준법」 조항에 규율 내용 및 범위의 기본사항이 규정되어 있지 않는데 어떻게 「근로기준법 시행령」에 규정될 내용을 예측할 수 있겠는가?

(3) 구 도로교통법 제15조 제3항 위헌소원

1) 심판대상 조문: 도로교통법 제15조(전용차로의 설치) ③ 제2항에 따라 전용차로로 통행할 수 있는 차가 아니면 전용차로로 통행하여서는 아니 된다. 다만, 긴급자동차가 그 본래의 긴급한 용도로 운행되고 있는 경우 등 대통령령으로 정하는 경우에는 그러하지 아니하다.

---

117) 헌재 2019. 4. 11. 2013헌바112, 판례집 31-1, 378.

2) **결정요지**: 긴급자동차 등이 그 본래 목적을 위해 도로를 통행하는 경우에는 예외적으로 전용차로 통행을 허용하면서 구체적으로 어떠한 경우에 예외적으로 전용차로로 통행할 수 있는지를 대통령령에서 정하도록 위임하는 「도로교통법」 제15조 제3항 단서는 통행 제한의 완화를 규율대상으로 한다. 그런데 전용차로의 설치, 전용차로의 종류, 전용차로통행차의 종류 등 전용차로 제도 운영에 관한 제반 사항은 교통체계, 도로 현황, 교통수요 및 인프라와 이에 대한 사회적·정책적 고려에 따라 탄력적으로 대응할 필요가 있으므로, 어떠한 경우에 전용차로통행차가 아닌 차도 예외적으로 전용차로 통행을 허용할 것인지를 대통령령으로 정하도록 위임할 필요성이 인정되고, 전용차로의 설치 목적, 법문에 규정하고 있는 예외 사유의 취지를 종합하여 볼 때 대통령령으로 규정될 내용을 충분히 예측할 수 있다. 따라서 전용차로 통행금지의 예외적 허용범위를 대통령령으로 정하도록 위임하고 있더라도 이것이 포괄위임금지원칙에 위반된다고 볼 수는 없다.[118]

3) **평가**: 2017헌바465 결정에서 「도로교통법」 제15조(전용차로의 설치) 제3항에서는 "제2항에 따라 전용차로로 통행할 수 있는 차가 아니면 전용차로로 통행하여서는 아니된다. 다만, 긴급자동차가 그 본래의 긴급한 용도로 운행되고 있는 경우 등 대통령령으로 정하는 경우에는 그러하지 아니하다."고 규정하고 있다. 이에 따라 「도로교통법 시행령」 제10조에서는 전용차로 통행금지의 예외사유로서, 긴급자동차가 그 본래의 긴급한 용도로 운행되고 있는 경우(제1호), 전용차로통행차의 통행에 장해를 주지 아니하는 범위에서 택시가 승객을 태우거나 내려주기 위하여 일시 통행하는 경우(이 경우 택시 운전자는 승객이 타거나 내린 즉시 전용차로를 벗어나야 한다. 제2호), 도로의 파손, 공사, 그 밖의 부득이한 장애로 인하여 전용차로가 아니면 통행할 수 없는 경우(제3호)를 열거하고 있다. 헌법재판소는 "전문적이고 기술적인 사항들을 규율하는 경우, 변화하는 상황에 즉각적인 대응이나 탄력적인 규율이 필요한 경우 위임의 필

118) 헌재 2018. 11. 29. 2017헌바465, 판례집 30-2, 618.

요성이 커진다고 볼 수 있다."는 논거를 든다.[119] 이러한 주장에 의하면, '국회'는 변화하는 상황에 즉각적인 대응이나 탄력적인 규율을 할 수 없는 국가기관이며, 행정입법을 하는 '행정부'는 변화하는 상황에 즉각적인 대응이나 탄력적인 규율을 제대로 할 수 있는 국가기관이라는 취지이다. 또한 일반 운전자가 '긴급자동차가 그 본래의 긴급한 용도로 운행되고 있는 경우 등'에 동법 시행령에서 열거하고 있는 3가지를 능히 예측할 수 있겠는가? 만약 일반 자동차로 가족의 긴급한 병원 이송을 위해 전용차로로 운행하면 「도로교통법」 제15조 제3항 단서에 해당할 수 있을 것인가?

(4) 산업재해보상보험법 제6조 단서 위헌소원

1) **심판대상 조문**: 산업재해보상보험법 제6조(적용범위) 이 법은 근로자를 사용하는 모든 사업 또는 사업장(이하 "사업"이라 한다)에 적용한다. 다만, 위험률·규모 및 장소 등을 고려하여 대통령령으로 정하는 사업에 대하여는 이 법을 적용하지 아니한다.

2) **결정요지**: 산재보험법 적용대상사업의 사업주는 가입강제에 따라 적지 않은 보험비용을 부담하여야 할 뿐 아니라 보험과 관련하여 법이 정하는 각종 의무를 이행하여야 하고 일정한 위반사유에 대해서는 과태료의 제재를 받기도 한다. 그런데 업종이나 사업규모에 따라 재해 발생의 위험성이 극히 낮아 굳이 산재보험의 활용이 불필요한 사업의 사업주 또는 비용부담능력이 미약한 영세사업주에게는 보험료가 적지 않은 부담으로 작용하므로, 위와 같은 사업에 대해서는 산재보험을 적용하지 않는 것이 현실적으로 불가피하다. 따라서 누구라도 심판대상조항으로부터 대통령령에 산재보험의 강제적용에 따른 부담을 감당하기 어렵거나 그 부담으로 인하여 사업수행에 적지 않은 지장을 받을 수 있는 소규모 사업 또는 낮은 재해발생률로 인하여 산재보험에 따른 부담에 비하여 효과가 미약하다고 볼 수 있는 사업이 산재보험 적용제외사업으로 규정될 것이라고 충분히 예측할 수 있다.[120]

119) 헌재 2016. 7. 28. 2014헌바158등, 판례집 28-2상, 21, 28; 헌재 2018. 11. 29. 2017헌바465, 판례집 30-2, 618, 625.

3) 평가: 2016헌바466 결정에서 일정 범위의 사업을 「산업재해보상보험법」의 적용대상에서 제외하면서 그 적용제외사업을 대통령령으로 정하도록 규정한 「산업재해보상보험법」이 포괄위임금지원칙에 위배되는지 여부가 문제되었다. 헌법재판소는 “산재보험 적용제외사업의 범위는 법률에서 자세히 규정하기보다는 전문적·기술적 능력을 갖춘 행정부가 사회경제적 상황의 변동에 따라 탄력적으로 대응할 수 있도록 하위법령에 위임할 필요성이 인정된다.”는 것이다.[121]

이 사건에서 헌법재판소처럼 ‘사회경제적 상황의 변동에 따라 탄력적으로 대응’하기 위해 법률로 정하는 것은 입법기술적으로 매우 곤란하므로 하위법령에 위임할 필요성이 있다고 논증하기 보다는 「산업재해보상보험법」에 적용을 받지 않는 적용제외사업에 해당하기 때문에 그 법규범의 성격이 ‘기본권 제한적 성격’이라는데 초점을 두어 논증함이 타당해 보인다. 헌법재판소는 위임의 구체성·명확성의 요구 정도가 규제대상의 종류와 성격에 따라서 달라진다고 보고 있다. 즉, 일반적인 급부행정법규의 경우보다 조세법규나 처벌법규 등 국민의 기본권을 제한하거나 침해할 소지가 있는 법규범에서는 구체성·명확성의 요구가 강화되어 그 위임의 요건과 범위가 더 엄격하게 제한적으로 규정되어야 한다는 것이다.[122] 이러한 기본권 제한적·침해적 성격의 법률에서 위임할 경우 구체성·명확성의 요구가 강화되는데, 당해 법률에 규율 내용 및 범위의 기본사항을 구체적으로 규정하지 않고 대통령령에 위임하는 것은 예측가능성을 확보하지 못한 것이므로, 포괄위임금지원칙에 위배된다고 볼 수 있다.

4. 평등원칙

(1) 국가유공자 등 예우 및 지원에 관한 법률 제4조 제1항 제6호 등 위헌소원

1) 심판대상 조문: 국가유공자 등 예우 및 지원에 관한 법률 제4조 (적용

120) 헌재 2018. 1. 25. 2016헌바466, 판례집 30-1상, 102.

121) 헌재 2018. 1. 25. 2016헌바466, 판례집 30-1상, 102, 106.

122) 헌재 2015. 11. 26. 2012헌바403, 판례집 27-2하, 161, 171; 헌재 2016. 3. 31. 2014헌가2 등, 판례집 28-1상, 324, 330; 헌재 2016. 4. 28. 2015헌바123, 판례집 28-1하, 14, 22; 헌재 2016. 12. 29. 2016헌바263, 판례집 28-2하, 629, 641.

대상 국가유공자) ① 다음 각 호의 어느 하나에 해당하는 국가유공자, 그 유족 또는 가족(다른 법률에서 이 법에 규정된 예우 등을 받도록 규정된 사람을 포함한다)은 이 법에 따른 예우를 받는다.

1.~5. 생략

6. 공상군경(公傷軍警): 군인이나 경찰·소방 공무원으로서 국가의 수호·안전보장 또는 국민의 생명·재산 보호와 직접적인 관련이 있는 직무수행이나 교육훈련 중 상이(질병을 포함한다)를 입고 전역하거나 퇴직한 사람으로서 그 상이정도가 국가보훈처장이 실시하는 신체검사에서 상이등급으로 판정된 사람

7.~18. 생략

② 제1항 제3호부터 제6호까지, 제14호 및 제15호에 따른 국가유공자의 요건에 해당되는지에 대한 구체적인 기준과 범위는 다음 각 호의 사항 등을 종합적으로 고려하여 대통령령으로 정한다.

1. 전투 또는 이에 준하는 직무수행의 범위
2. 직무수행이나 교육훈련과 국가의 수호·안전보장 또는 국민의 생명·재산 보호와의 관련 정도
3. 사망하거나 상이(질병을 포함한다)를 입게 된 경위 및 본인 과실의 유무와 정도

③~⑥ 생략

국가유공자 등 예우 및 지원에 관한 법률 시행령 제3조 (국가유공자 요건의 기준과 범위) ① 법 제4조 제2항에 따른 국가유공자 요건에 관한 기준과 범위는 다음 각 호와 같다.

1.~3. 생략

4. 법 제4조 제1항 제6호 및 제15호에 해당하는 사람: 별표 1 제2호의 2-1부터 2-8까지의 어느 하나에 해당하는 상이자

2) **결정요지**: 군인이나 경찰·소방 공무원이 직무수행이나 교육훈련 중 상이를 입었다 하더라도, '국가의 수호·안전보장 또는 국민의 생명·재산 보

호와 직접적인 관련이 있는 직무수행이나 교육훈련 중 상이를 입은 자'와 '그렇지 아니한 자'는 국민으로부터 존경과 예우를 받아야 할 희생・공헌의 정도나 그에 대한 국민감정 등에 있어 큰 차이가 있으므로, '국가의 수호・안전보장 또는 국민의 생명・재산 보호와 직접적인 관련이 없는 직무수행이나 교육훈련 중 상이를 입은 자'를 국가유공자에서 배제하는 것이 현저히 불합리하다고 볼 수 없다.[123]

3) 평가: 비교집단의 설정과 관련하여 헌법재판소는 국가유공자법 제4조 제1항 제6호의 '공상군경'과 보훈보상대상자 지원에 관한 법률 제2조 제1항 제2호의 '재해부상군경'을 비교하고 있다. 공상군경과 재해부상군경은 본질적으로 해당 지위가 다른 신분이기에 다르게 취급해야 할 상황이다. 따라서 양자를 비교집단으로 설정하기 어렵다.

2016헌바263 결정에서 '군인이나 경찰・소방 공무원'은 헌법 제11조의 사회적 신분에 해당될 수 있다. 통설에 의하면, 헌법 제11조 제1항 2문의 '성별・종교 또는 사회적 신분'에서 '사회적 신분'을 '선천적 신분'뿐만 아니라, '후천적 신분'까지 포함하는 것으로 해석하므로 사실상 사회적 신분에 해당되지 않는 것이 없게 된다.[124] 이 사건에서 '군인이나 경찰・소방 공무원'은 후천적 사회적 신분에 해당하며, 이는 헌법에서 특별히 평등을 요구하고 있는 경우이므로 '엄격한 심사기준'(비례성 원칙)을 적용해야 함에도 불구하고 '완화된 심사기준'(자의금지원칙)을 적용했다.

(2) 고엽제후유의증 등 환자지원 및 단체설립에 관한 법률 제2조 제1호 등 위헌소원

1) 심판대상 조문: 고엽제후유의증 등 환자지원 및 단체설립에 관한 법률 제2조(정의) 이 법에서 사용하는 용어의 뜻은 다음과 같다.

1. "고엽제"란 월남전 또는 대한민국 비무장지대 남방한계선의 인접지역으로서 국방부령으로 정하는 지역(이하 "남방한계선 인접지역"이라 한다)에

---

123) 헌재 2016. 12. 29. 2016헌바263, 판례집 28-2하, 629, 630.

124) 임지봉, 헌법 제11조, 헌법주석서 Ⅰ, 법제처, 2010, 422면.

서 나뭇잎 등을 제거하기 위하여 사용된 제초제로서 다이옥신이 들어 있는 것을 말한다.

고엽제후유의증 등 환자지원 및 단체설립에 관한 법률 제2조(정의) 이 법에서 사용하는 용어의 뜻은 다음과 같다.
2. "고엽제후유증환자"란 다음 각 목의 어느 하나에 해당하는 자를 말한다.
나. 1967년 10월 9일부터 1972년 1월 31일 사이에 남방한계선 인접지역에서 병역법, 군인사법 또는 군무원인사법에 따른 군인이나 군무원으로서 복무하였거나 고엽제 살포업무에 참가하고 전역·퇴직한 자(이하 "남방한계선 인접지역에서 복무하고 전역한 자등"이라 한다)로서 제5조 제1항 각 호의 어느 하나에 해당하는 질병을 얻은 자

2) 결정요지: 이 사건 기간조항은 고엽제후유증환자로 인정받을 수 있는 복무 기간의 종기를 1972년 1월 31일로 정하여 그 전과 후에 남방한계선 인접지역에서 군인 등으로 복무한 후 고엽제법에서 정한 질병을 얻은 자를 다르게 취급하고 있으나, 고엽제의 유해성과 독성 잔류 기간, 남방한계선 인접지역 복무 군인에 대한 보호의 필요성, 다른 나라의 인정기간 등을 고려하면, 이를 합리적 이유 없는 차별에 해당한다고 볼 수 없다. 따라서 이 사건 기간조항은 평등권을 침해하지 아니한다.[125)]

3) 평가: 법률에서 고엽제후유증환자로 인정받을 수 있는 복무 기간의 종기를 1972년 1월 31일로 정하여 그 전과 후에 남방한계선 인접지역에서 군인 등으로 복무한 후 고엽제법에서 정한 질병을 얻은 자를 다르게 취급하고 있다. 동일한 사실관계에 동일한 법률이 적용되는 상황인데, 일정 시기를 기준으로 그 전후의 사람 간에 차별하는 법률조항은 합리적 이유 있는 차별적 수단으로 보기 어렵다.

또한 이 사건은 고엽제후유증환자에 대한 보상 여부의 문제이기 때문에 법률에 의한 차별적 취급으로 인하여 고엽제후유증환자의 재산권에 대한 중

125) 헌재 2021. 12. 23. 2019헌바376, 공보 303, 116.

대한 제한을 초래하게 되는 경우이므로 엄격한 심사기준(비례의 원칙)을 심사기준으로 삼아야 했다.

(3) 근로기준법 제35조 제3호 위헌소원

1) 심판대상 조문: 근로기준법 제35조 (예고해고의 적용 예외) 제26조는 다음 각 호의 어느 하나에 해당하는 근로자에게는 적용하지 아니한다.

1.~2. 생략

3. 월급근로자로서 6개월이 되지 못한 자

4.~5. 생략

2) 결정요지: 해고예고제도는 근로조건의 핵심적 부분인 해고와 관련된 사항일 뿐만 아니라, 근로자가 갑자기 직장을 잃어 생활이 곤란해지는 것을 막는 데 목적이 있으므로 근로자의 인간 존엄성을 보장하기 위한 최소한의 근로조건으로서 근로의 권리의 내용에 포함된다. 해고예고제도의 입법 취지와 근로기준법 제26조 단서에서 규정하고 있는 해고예고 적용배제사유를 종합하여 보면, 원칙적으로 해고예고 적용배제사유로 허용될 수 있는 경우는 근로계약의 성질상 근로관계 계속에 대한 근로자의 기대가능성이 적은 경우로 한정되어야 한다.

"월급근로자로서 6월이 되지 못한 자"는 대체로 기간의 정함이 없는 근로계약을 한 자들로서 근로관계의 계속성에 대한 기대가 크다고 할 것이므로, 이들에 대한 해고 역시 예기치 못한 돌발적 해고에 해당한다. 따라서 6개월 미만 근무한 월급근로자 또한 전직을 위한 시간적 여유를 갖거나 실직으로 인한 경제적 곤란으로부터 보호받아야 할 필요성이 있다. 그럼에도 불구하고 합리적 이유 없이 "월급근로자로서 6개월이 되지 못한자"를 해고예고제도의 적용대상에서 제외한 이 사건 법률조항은 근무기간이 6개월 미만인 월급근로자의 근로의 권리를 침해하고, 평등원칙에도 위배된다.[126)]

3) 평가: 2014헌바3 결정에서 월급근로자는 '사회적 신분'으로서 헌법이

---

126) 헌재 2015. 12. 23. 2014헌바3, 판례집 27-2하, 553.

스스로 차별의 근거로 삼아서는 안 되는 기준을 제시하는 즉, 헌법에서 특별히 평등을 요구하고 있는 경우에 해당되므로, '엄격한 심사기준'(비례성 원칙)을 적용해야 했다. 또한 청구인의 '근로의 권리'에 대한 중대한 제한을 초래하게 되는 경우에 해당되므로, '엄격한 심사기준'(비례성 원칙)을 적용했어야 했다. 그럼에도 불구하고 헌법재판소는 '완화된 심사기준'을 채택하여 적용하고 있지만, 어떠한 이유에서 '완화된 심사기준'을 채택했는지에 대한 설명이 없다.

5. 법률유보원칙

(1) 전기사업법 제16조 제1항 위헌제청

1) 심판대상 조문: 전기사업법 제16조(전기의 공급약관) ①전기판매사업자는 대통령령으로 정하는 바에 따라 전기요금과 그 밖의 공급조건에 관한 약관(이하 '기본공급약관'이라 한다)을 작성하여 산업통상자원부장관의 인가를 받아야 한다. 이를 변경하려는 경우에도 또한 같다.

2) 결정요지: 전기요금의 결정에는 전기를 공급하기 위하여 실제 소요된 비용과 투입된 자산에 대한 적정 보수, 전기사업의 기업성과 공익성을 조화시킬 수 있는 유인들, 산업구조나 경제상황 등이 종합적으로 고려되어야 하는바, 전기요금의 산정이나 부과에 필요한 세부적인 기준을 정하는 것은 전문적이고 정책적인 판단을 요할 뿐 아니라 기술의 발전이나 환경의 변화에 즉각적으로 대응할 필요가 있다. 전기요금의 결정에 관한 내용을 반드시 입법자가 스스로 규율해야 하는 부분이라고 보기 어려우므로, 심판대상조항은 의회유보원칙에 위반되지 아니한다.[127]

3) 평가: 첫째, 전기 공급과 같이 공공서비스 제공 영역에서 상충하는 이익간의 정당한 조정은 국회가 제정하는 법률에 의해 직접 규율할 필요성이 크다. 둘째, 필수소비재인 전기의 보편적 공급의 기본요소인 전기요금의 산정에 관하여 전기공급약관의 인가기준의 핵심적인 사항에 대해서 아무런 언급을

127) 헌재 2021. 4. 29. 2017헌가25, 판례집 33-1, 378.

하고 있지 않고, 전기사업법 시행령에서도 전기요금의 산정기준이나 요금체계 등에 관하여 구체적 규정을 두고 있지 않다. 이에 따라 누진요금 체계와 같은 주요한 산정방식에 관한 사항은 산업통상자원부장관이 고시한 전기요금산정기준 및 한국전력공사가 작성하여 산업통상자원부장관의 인가를 받은 공급약관에서 정해지게 되었다. 공공서비스 제공에 관한 국가의 보장책임이 의회의 의사결정이 아니라 전적으로 행정적 의사결정에 맡겨지게 되는 결과를 초래한 것이다. 셋째, 독점적으로 전기를 공급하고 있는 한국전력공사의 자본금 중 100분의 51 이상을 정부가 출자하고 있는 점과 일상생활을 영위하는 데에 있어 전기의 사용이 필수적이고 전기요금은 그러한 전기 사용에 대한 대가인 점 등을 이유로, 한국전력공사가 전기사용자와 체결한 전기공급계약에 따라 전기를 공급하고 전기요금을 부과하고 있더라도 이에 대해서는 사적 자치의 원칙이 제한되고, 전기요금에 관한 본질적인 사항은 국민의 대표인 입법자가 정하여야 한다. 따라서 전기사업법 제16조 제1항은 의회유보원칙에 위반된다고 판단된다.

(2) 산지관리법 제29조 제3항 위헌소원

1) 심판대상 조문: 산지관리법 제29조(채석단지의 지정 · 해제)

①~② 생략

③ 제1항에 따른 채석단지의 세부지정기준은 대통령령으로 정한다.

2) 결정요지: 산지관리법 제1조, 제29조 제1항, 제4항 등 관련조항을 종합해 보면, 입법자는 채석단지 지정제도를 법률에 규정함에 있어 석재 채취를 통한 개발이익의 추구와 인근 주민의 환경권 등 기본권 사이에 충돌이 발생할 수 있다는 점을 충분히 인식하면서 이를 조화롭게 해결하여야 한다는 가치결정을 내리고 있으며, 개발이익만을 우선적으로 추구하여 인근주민의 환경권을 배제하고 있지는 않다. 따라서 심판대상조항은 입법자가 본질적 사항을 직접 결정하여야 한다는 법률유보원칙에 위배되지 아니한다.[128)]

---

128) 헌재 2016. 3. 31. 2015헌바201, 판례집 28-1상, 425.

3) 평가: 채석단지를 지정하는 과정에서 인근 주민의 환경권 등을 고려하는 방법은 다양하게 있을 수 있고, 그 방법으로 어떤 방법을 택할 것인지, 예컨대 직권으로 채석단지가 인근 주민의 생활환경에 미치는 영향을 판단할 것인지, 인근 주민의 동의를 요구할 것인지, 환경영향평가로 대체할 것인지 등은 세부적·절차적 사항으로서, 입법자가 반드시 스스로 결정하여야 하는 본질적 사항이라기보다는 행정입법이 충분히 규율할 수 있는 영역이라 볼 수 있다. 산지관리법 제29조 제3항은 규율대상의 측면뿐만 아니라 규율밀도의 측면에서도 법률유보원칙에 위반된다고 볼 수 없다.

(3) 민사집행법 제104조 제3항 위헌소원

1) 심판대상 조문: 제104조(매각기일과 매각결정기일 등의 지정)

①~② 생략

③ 제2항의 통지는 집행기록에 표시된 이해관계인의 주소에 대법원규칙이 정하는 방법으로 발송할 수 있다.

2) 결정요지: 심판대상조항은 매각기일과 매각결정기일의 통지를 발송송달하도록 하면서 송달장소를 집행기록상의 주소로 직접 규정하고 다만 발송송달의 구체적인 방법만을 대법원규칙에 위임하고 있다. 심판대상조항에 의한 기본권 제한은 위 통지의 발송 시 송달의 효력을 인정하기 때문에 발생하는 것이므로, 구체적인 발송의 방법은 입법자가 법률로써 스스로 규율하여야 할 본질적인 사항으로 보기 어렵다. 따라서 심판대상조항은 법률유보원칙에 위반되지 아니한다.[129)]

3) 평가: 민사집행법 제104조 제3항이 위임하고 있는 등기우편 등 구체적인 발송의 방법이 어떠한지는 심판대상조항에 의한 등기부상 권리자의 재판청구권 제한에 있어서 입법자가 법률로써 스스로 규율하여야 할 본질적인 사항으로 보기 어렵다. 민사집행법 제104조 제3항은 법률유보원칙에 위배되지

129) 헌재 2021. 4. 29. 2017헌바390, 공보 295, 561.

않는다고 볼 수 있다.

(4) 도시 및 주거환경정비법 제2조 제11호 나목 등 위헌소원

1) 심판대상 조문: 구 도시 및 주거환경정비법 제28조(사업시행인가)

①~④ 생략

⑤ 사업시행자(시장·군수 또는 주택공사 등을 제외한다)는 사업시행인가를 신청(인가받은 내용을 변경하거나 정비사업을 중지 또는 폐지하고자 하는 경우를 포함한다)하기 전에 미리 정관 등이 정하는 바에 따라 토지등소유자(주택재건축사업인 경우에는 조합원을 말하며, 이하 이 항에서 같다)의 동의를 얻어야 한다. 다만, 사업시행자가 지정개발자인 경우에는 정비구역 안의 토지면적 50퍼센트 이상 토지소유자의 동의와 토지등소유자 과반수의 동의를 각각 얻어야 한다.

2) 결정요지: 토지등소유자가 도시환경정비사업을 시행하는 경우 사업시행인가 신청시 필요한 토지등소유자의 동의는, 개발사업의 주체 및 정비구역 내 토지등소유자를 상대로 수용권을 행사하고 각종 행정처분을 발할 수 있는 행정주체로서의 지위를 가지는 사업시행자를 지정하는 문제로서, 그 동의요건을 정하는 것은 국민의 권리와 의무의 형성에 관한 기본적이고 본질적인 사항이므로 국회가 스스로 행하여야 하는 사항에 속하는 것임에도 불구하고, 사업시행인가 신청에 필요한 동의정족수를 토지등소유자가 자치적으로 정하여 운영하는 규약에 정하도록 한 것은 법률유보원칙에 위반된다.[130]

3) 평가: 구 도시 및 주거환경정비법 제28조의 동의요건조항이 토지등소유자 사업시행방식에 대하여 동의정족수를 법률에 규정하지 않고 자치규약에 정하도록 한 것은 국민의 권리와 의무에 관한 중요하고 본질적인 사항이므로 입법자가 스스로 결정하여야 할 사항이라 할 수 있다. 따라서 법률유보원칙에 위반된다고 할 것이다.

130) 헌재 2012. 4. 24. 2010헌바1, 판례집 24-1하, 38, 39.

6. 신뢰보호원칙

(1) 대도시권 광역교통 관리에 관한 특별법 제11조 제1항 제4호 등 위헌소원

1) 심판대상 조문: 대도시권 광역교통 관리에 관한 특별법 제11조(광역교통시설 부담금의 부과 대상)

① 광역교통시행계획이 수립·고시된 대도시권에서 다음 각 호의 어느 하나에 해당하는 사업을 시행하는 자는 광역교통시설 등의 건설 및 개량을 위한 광역교통시설 부담금(이하 "부담금"이라 한다)을 내야 한다.

1. 「택지개발촉진법」에 따른 택지개발사업
2. 「도시개발법」에 따른 도시개발사업
3. 「주택법」에 따른 대지조성사업 및 법률 제6916호 주택건설촉진법개정법률 부칙 제9조에 따라 종전의 규정에 따르도록 한 아파트지구개발사업
4. 「주택법」에 따른 주택건설사업(다른 법령에 따라 사업 승인이 의제되는 협의를 거친 경우를 포함한다)
5. 「도시 및 주거환경정비법」에 따른 주택재개발사업, 주택재건축사업 및 도시환경정비사업. 다만, 도시환경정비사업의 경우에는 20세대 이상의 공동주택을 건설하는 경우만 해당한다.
6. 「건축법」 제11조에 따른 건축허가를 받아 주택 외의 시설과 20세대 이상의 주택을 동일 건축물로 건축하는 사업
7. 그 밖에 제1호부터 제6호까지의 사업과 유사한 사업으로서 대통령령으로 정하는 사업

2) 결정요지: 신뢰보호원칙이 적용되기 위해서는 헌법적으로 보호되는 신뢰이익이 존재하여야 하는데, 청구인의 경우 개정 전 광역교통법을 신뢰하고 외부로 현실화된 어떠한 행위가 있었다고 볼 수 없으므로 신뢰보호원칙이 문제될 여지가 없다. 가사 대지 매수행위를 청구인의 행위로 본다 하더라도, 심판대상조항과 같은 내용으로 광역교통법이 개정되기 전 대지를 매수함으로써 부담금이 면제될 것이라고 기대한 신뢰는 단지 법률이 부여한 기회를 활용한

것으로서 사적 위험부담의 범위에 속하고, 청구인이 기대한 부담금 면제의 혜택은 장래에 폐지되는 방향으로 개정될 수 있으리라는 것을 충분히 예측할 수 있다고 보아야 하므로 그 보호가치가 크다고 볼 수 없는 반면, 심판대상조항은 부담금 일실이라는 문제를 해결하기 위해 이루어진 법 개정의 결과로서 공익의 가치가 크다고 할 것이다. 따라서 심판대상조항은 신뢰보호원칙에 위배된다고 볼 수 없다.[131]

3) 평가: 헌법재판소는 대지를 매수함으로써 부담금이 면제될 것이라고 기대한 신뢰가 단지 법률이 부여한 기회를 활용한 것으로서 사적 위험부담의 범위에 속한다고 판시하였다. 신뢰가 단지 법률이 부여한 기회를 활용한 것인지 아니면 법령에 따른 개인의 행위가 국가에 의하여 일정방향으로 유인된 신뢰의 행사인지 여부의 판단기준이 모호하다.

(2) 아동·청소년의 성보호에 관한 법률 부칙 제5조 위헌소원

1) 심판대상 조문: 아동·청소년의 성보호에 관한 법률 부칙 제1조, 제4조 제1항 제3호 나목, 제2항

제1조(시행일) 이 법은 공포 후 6개월이 경과한 날부터 시행한다.

제4조(종전의 규정에 따라 성범죄를 범하고 확정판결을 받은 사람의 취업제한 기간에 관한 특례) ① 법률 제7801호 청소년의 성보호에 관한 법률 일부개정법률 제28조제1항, 법률 제8634호 청소년의 성보호에 관한 법률 전부개정법률 제42조제1항, 법률 제9765호 아동·청소년의 성보호에 관한 법률 전부개정법률 제44조제1항, 법률 제10260호 아동·청소년의 성보호에 관한 법률 일부개정법률 제44조제1항, 법률 제11287호 아동·청소년의 성보호에 관한 법률 일부개정법률 제44조제1항 또는 법률 제11572호 아동·청소년의 성보호에 관한 법률 전부개정법률 제56조제1항, 법률 제14236호 아동·청소년의 성보호에 관한 법률 일부개정법률 제56조제1항(이하 "종전의 규정"이라 한다)에 따라 취업제한을 받는 사람(이하 이 조에서 "취업제한대상자"라 한다)의 취업제한 기간은 종

131) 헌재 2018. 12. 27. 2017헌바215, 판례집 30-2, 696, 705.

전의 규정에도 불구하고 다음 각 호의 구분에 따른 기간으로 한다. 다만, 종전의 규정을 적용하는 것이 성범죄를 범하고 확정판결을 받은 사람에게 유리한 경우에는 종전의 규정에 따른다.

3. 법률 제9765호 아동·청소년의 성보호에 관한 법률 전부개정법률 제44조제1항, 법률 제10260호 아동·청소년의 성보호에 관한 법률 일부개정법률 제44조제1항, 법률 제11287호 아동·청소년의 성보호에 관한 법률 일부개정법률 제44조제1항, 법률 제11572호 아동·청소년의 성보호에 관한 법률 전부개정법률 제56조제1항, 법률 제14236호 아동·청소년의 성보호에 관한 법률 일부개정법률 제56조제1항에 따라 취업제한 등을 받는 사람

가. 3년 초과의 징역 또는 금고형이나 치료감호를 선고받아 그 형이 확정된 사람: 그 형 또는 치료감호의 전부 또는 일부의 집행을 종료하거나 집행이 유예·면제된 날부터 5년

나. 3년 이하의 징역 또는 금고형이나 치료감호를 선고받아 그 형이 확정된 사람: 그 형 또는 치료감호의 전부 또는 일부의 집행을 종료하거나 집행이 유예·면제된 날부터 3년

다. 벌금형을 선고받아 그 형이 확정된 사람: 그 형이 확정된 날부터 1년

② 이 법 시행 후 취업제한대상자 또는 그 법정대리인은 제1심판결을 한 법원에 제1항에 따른 취업제한 기간이 현저히 부당하거나 취업제한을 하여서는 아니 되는 특별한 사정이 있음을 이유로 제1항에 따른 취업제한 기간의 변경 또는 취업제한의 면제를 신청할 수 있다.

2) 결정요지: 성인대상 성범죄자에게 일률적으로 10년 동안 의료기관에의 취업제한을 하도록 한 조항에 대한 헌법재판소의 2016. 3. 31. 2013헌마585등 위헌결정에 따르더라도 재범의 위험성 및 필요성에 상응하는 취업제한 기간을 정하여 부과하는 의료기관 취업제한이 가능함은 예상할 수 있었다고 보아야 하고, 취업제한은 장래의 위험을 방지하기 위한 것으로서, 향후 성인대상 성범죄자에게 의료기관 취업제한이 없을 것이라는 기대는 정당한 신뢰 또는 헌법상 보호가치 있는 신뢰로 보기 어렵다. 이 사건 부칙조항의 입법취지는

헌법재판소의 위헌결정으로 발생한 법적 공백을 메우고, 아동·청소년을 성범죄로부터 보호하며, 아동·청소년 및 그 보호자가 의료기관을 믿고 이용할 수 있도록 하는 것이므로, 그 공익적 가치가 크다. 헌법재판소의 위헌결정 뒤 법원이 취업제한 기간을 정하도록 하는 법률안을 정부가 입법예고하는 등의 절차를 거쳐 국회에서 이 사건 부칙조항의 입법이 이루어졌고, 개정법 시행 후 취업제한대상자나 그 법정대리인이 제1심판결을 한 법원에 취업제한기간의 변경이나 취업제한의 면제를 신청할 수 있도록 불이익을 최소화하고 있는 사정을 종합하면 이 사건 부칙조항은 신뢰보호원칙에 위배되지 아니한다.[132]

3) **평가**: 위 사건은 헌법상 금지되는 진정소급입법에 해당하지 않는다는 전제하에 아동·청소년의 성보호에 관한 법률 부칙 조항에 대한 신뢰보호원칙 위반 여부를 판단하고 있다. 헌법재판소는 향후 성인대상 성범죄자에게 의료기관 취업제한이 없을 것이라는 기대는 정당한 신뢰 또는 헌법상 보호가치 있는 신뢰로 보기 어렵다고 판단했다. 반대로 성인대상 성범죄자에게 의료기관 취업이 가능할 것이라는 기대는 왜 신뢰할 수 없는지에 대해 반문해 본다. 법에 대한 정당한 신뢰 또는 헌법상 보호가치 있는 신뢰로 인정될 수 있는 경우가 어떠한 경우인지 헌법재판소는 제시할 필요가 있다.

(3) 구 병역법 제71조 제1항 단서 위헌소원

1) **심판대상 조문**: 구 병역법 제71조(입영의무등의 감면) ① 징병검사·현역병입영 또는 공익근무요원소집의무는 31세부터 면제되며, 면제된 사람은 제2국민역에 편입한다. 다만, 다음 각호의 1에 해당하는 사람은 36세부터 면제된다.

1.~3. 생략

4. 제58조 제3항의 규정에 의한 의무·법무·군종사관후보생의 병적에서 제적된 사람

5.~8. 생략

② 생략

132) 헌재 2023. 5. 25. 2020헌바45, 공보 320, 919, 920.

2) **결정요지**: 일반적으로 법률은 현실상황의 변화나 입법정책의 변경 등으로 언제라도 개정될 수 있는 것이다. 특히, 이 사건 법률조항은 직접적인 병력형성에 관한 영역으로서, 입법자가 급변하는 정세에 따라 탄력적으로 그 징집대상자의 범위를 결정함으로써 적정한 군사력을 유지하여야 하는 강력한 공익상 필요가 있기 때문에, 이에 관한 입법자의 입법형성권의 범위가 매우 넓다. 따라서 국민들은 이러한 영역에 관한 법률이 제반 사정에 따라 언제든지 변경될 수 있다는 것을 충분히 예측할 수 있다고 보아야 한다. 입법자가 여러 차례 병역법을 개정하면서 이해관계자들의 기존 법질서에 대한 신뢰보호 필요성의 차이에 따라서 구체적인 징집대상자의 범위 등을 결정하는 것은 합리적 근거에 기초한 것이다.[133)]

3) **평가**: 2002헌바45 결정에서는 병역법이 개정되어 징집면제연령을 31세에서 36세로 갑자기 상향조정하였다면, 기존에 이러한 법률조항을 신뢰한 사람에 대한 경과규정을 두어야 함에도 이 병역법에는 이러한 경과규정을 전혀 두지 않고 있음에도 불구하고, 이를 두고 단지 법률이 부여한 기회를 활용한 것으로서 사적 위험부담의 범위에 속하는 것이라고 설명하고 있다. 국민이 현행 법률에 규정된 내용을 신뢰하여 계속적으로 행동하였고 새로운 법률에서 갑자기 부담적 내용으로 개정된 것을 두고, 헌법재판소는 사적 위험부담에 속하는 것이라고 단정짓는 것에 대해 아무런 설명이나 근거가 없다.

(4) 조세특례제한법 부칙 제1조 위헌소원

1) **심판대상 조문**: 조세특례제한법 부칙 제2조(일반적 적용례)

①~② 생략

③ 이 법 중 양도소득세 및 증권거래세에 관한 개정규정은 이 법 시행 후 최초로 양도하는 분부터 적용한다.

④~⑧ 생략

133) 헌재 2002. 11. 28. 2002헌바45, 판례집 14－2, 704, 713.

2) 결정요지: 농지의 양도와 관련하여서는 대토감면제도와 더불어 장기간의 자경행위가 이루어진 농지에 대한 양도소득세를 감면해 주는 자경농지감면제도가 운영되고 있다. 그런데 자경농지감면의 경우, 주거지역 등에 편입된 농지의 양도소득세 감면 범위를 축소하는 규정을 신설하면서 당시 이미 주거지역 등에 편입된 농지에 대해서는 종전 규정을 적용한다는 경과규정을 두었다고 하더라도, 자경농지감면과 대토감면의 차이점, 농지 양도소득세제의 잦은 개편을 고려하면, 기존의 대토감면 혜택에 대한 신뢰는 헌법상 보호 가치가 크다고 할 수 없다. 반면, 시세차익을 노린 장래 대토 수요의 억제, 주거지역 등에 편입된 이후 발생한 개발이익에 대한 과세를 통해 얻게 되는 조세형평 및 응능부담의 실현이라는 공익은 중대하다. 따라서 이 사건 법률조항은 신뢰보호원칙에 위반되지 아니한다.[134]

3) 평가: 2012헌바424 결정에서 조세특례제한법 부칙 제2조 제3항에서는 "양도소득세 및 증권거래세에 관한 개정규정은 이 법 시행 후 최초로 양도하는 분부터 적용한다."고 규정하고 있다. 헌법재판소는 신뢰이익의 존재와 관련하여 "조세우대조치의 범위를 축소하기 위해서는 반드시 경과규정을 두어야 하는 것도 아니다."라고 말하고 있다. 조세우대조치의 범위 축소는 침익적 행위이기 때문에 이에 대하여는 반드시 경과규정을 두어야 하는 것이다. 더욱이 구 조세특례제한법 부칙 제28조는 위 법 시행 당시 이미 주거지역 등에 편입된 농지에 대하여는 종전 규정을 적용한다는 경과규정을 두었었다. 조세특례제한법 부칙에서 적절한 경과규정을 두지 않은 것은 신뢰보호원칙을 위반하여 위헌성이 있다고 보아야 한다.

---

134) 헌재 2014. 2. 27. 2012헌바424, 판례집 26-1상, 229, 230.

참고문헌

강승식, "헌법국가에서의 최종적 헌법해석권", 공법연구 제33집 제3호, 2005. 5.

공진성, "헌법재판 합의방식의 개선방안", 헌법학연구 제17권 제2호, 2011. 6.

공진성, "형벌규정에 대한 헌법소원심판청구의 직접성에 관한 연구", 법학논총 제41권 제1호, 2021. 2.

권영성, "헌법재판의 현황과 과제", 인권과 정의, 1992. 2.

권영성, 헌법학원론, 법문사, 2010.

김명수, "소수자보호와 차별금지법", 홍익법학 제15권 제3호, 2014. 9.

김민준, "헌법재판에서의 가처분의 실질 및 형성력의 문제", 법학연구 제66권 제1호, 2025. 2.

김상겸, "법과 정치관계에 있어서 헌법재판", 공법학연구 창간호, 1999.

김상태, "공유수면 매립지의 관할구역 결정과 사법적 분쟁해결제도", 행정법연구 제30호, 2011.

김종서, "민주주의적 관점에서 본 헌법재판제도 – 미국의 논의를 중심으로 –", 민주법학 제54호, 2014. 3.

김주환, "권리구제형 헌법소원심판의 논증 – 심판청구의 적법성 판단을 중심으로 –", 헌법학연구 제12권 제1호, 2006. 3.

김진욱, "대통령 탄핵사유에 대한 소고", 법학논총 제44집, 2019. 5.

김철수, 「헌법학개론」, 박영사, 2010.

김철수, 헌법소원제도의 개선방향, 헌법재판연구 제1권, 1990.

김하열, "권한분쟁에 관한 헌법재판소와 법원의 관할", 헌법실무연구 제4권, 2003.

김하열, "탄핵심판에 관한 연구", 고려대학교 박사학위논문, 2005. 12.

김하열, 헌법소송법, 박영사, 2023.

김하열, 헌법실무연구 제4권, 2003.

김현철 외, "헌법소송의 특수성과 다른 소송법령 준용의 범위 및 한계에 관한 검토", 정책개발연구 제11권, 헌법재판소, 2019.

김현철, "헌법재판과 법률해석", 법학논총 제30집 제2호, 2010. 8.

김현철, 「헌법소송법」, 전남대출판부, 2023.

김효전, "헌법재판소의 헌법상 지위와 권한", 고시계, 1987. 12.
남복현, "기관소송과 권한쟁의심판의 관계", 공법연구 제47집 제3호, 2019. 2.
남복현, "헌법불합치결정의 원인별 유형화에 따른 결정주문의 사례검토", 한양법학 제29집, 2010. 2.
남복현, "헌법재판소법 제40조에 따른 준용", 국가법연구 제16권 제2호, 2020.
명재진, "바이마르 헌법과 국사재판", 홍익법학 제17권 제2호, 2016. 6.
박경철, "헌법재판소법 제68조 제2항의 헌법소원제도에 관한 헌법적 검토", 강원법학 제45권, 2015. 6.
박승호, "위헌법률심판에서의 재판의 전제성", 안암법학, 제3집, 1995.
박일환, "법규범에 대한 헌법소원과 제소요건", 인권과 정의, 1991. 2.
박일환, 인권과 정의, 1991. 2.
박정원, "법의 목적론적 해석과 소수자보호의 법리 전개 – 국제법의 관점에서 –", 법학논총 제40권 제3호, 2016. 9.
박정원, "소수자보호의 이상과 현실", 법과 정책연구 제7권 제2호, 2007. 12.
박정훈, 행정소송의 구조와 기능, 박영사, 2006.
박진영, "공유수면 매립지의 행정구역 귀속과 관련한 권한쟁의심판청구의 적법성 고찰", 헌법학연구 제24권 제4호, 2018.
박진영, 헌법학연구 제24권 제4호, 2018.
박진우, "탄핵제도에 관한 입법론적 연구", 공법연구 제38집 제1호 제2권, 2009. 10.
방승주, "사회통합과 헌법재판", 저스티스 제134–2호, 2013. 2.
백윤기, "권한쟁의심판과 기관소송", 헌법문제와 재판, 재판자료 제76집, 1997.
성기용, "헌법소원의 직접성 요건 – 헌법재판소 판례의 변천을 중심으로 –", 헌법재판연구 제8권 제1호, 2021. 6.
성낙인, 「헌법학」, 법문사, 2011.
성중탁, 헌법재판법 강의, 경북대학교 출판부, 2023.
송석윤, "1870/71년 독일통일과 연방제헌법", 법사학연구 제41호, 2010. 4.
신 평, 「헌법재판법」, 법문사, 2011.
신우철, "헌정사연구(抄) – 건국헌법에서 현행헌법까지", 영남법학 제9권 제1호, 2002. 12.
안대희, "헌법재판소법 제정 거론사항", 법무자료 제95집, 법무부, 1988.
안성경, "기관소송과 권한쟁의심판과의 관계 정립에 관한 연구", 헌법학연구 제14권 제3호, 2008.
양천수, "현대 사회에서 '처분불가능성'의 새로운 논증 가능성", 법학논총 제25권 제3호, 2013. 2.
윤수정, "헌법소원의 직접성 요건에 관한 고찰", 유럽헌법연구 제40호, 2022. 12.

윤정인·김선택, "헌법재판소는 민주주의의 수호자인가", 공법학연구 제16권 제1호, 2015. 2.
이노홍, "헌법소원의 대상으로서 공권력의 행사와 행정청의 행위", 세계헌법연구 제17권 제2호, 2011. 8.
이부하, "권력분립에서 기능법설에 대한 평가", 헌법학연구 제12권 제1호, 2006. 3.
이부하, "권력분립원리의 재고찰", 법학논고 제55집, 2016. 8.
이부하, "비례성원칙과 과소보호금지원칙",「헌법학연구」제13권 제2호, 2007. 6.
이부하, "사회통합과 헌법", 세계헌법연구 제16권 제3호, 2010. 8.
이부하, "원칙이론에 의한 헌법재판적 형량 – 알렉시(Alexy) 교수의 원칙이론에 대한 비판을 겸하여 –", 법학논고 제46집, 2014. 5.
이부하, "위헌법률심판제청시 이유제시의무", 공법연구 제34집 제3호, 2006. 2.
이부하, "재판의 전제성에 관한 헌법재판소 결정에 대한 헌법적 고찰", 영남법학 제55호, 2022. 12.
이부하, "헌법 제107조 1항에 있어서 재판의 전제성의 존재요건", 공법연구 제33집 제1호, 2004. 11.
이부하, "헌법소원심판에 있어서 기본권 침해의 직접성 요건", 법학논고 제41집, 2013. 2.
이부하, "헌법재판소의 업무부담경감",「법조」통권 605호, 2007. 2.
이부하, "헌법재판에 있어서 사법적 자제", 공법연구 제33집 제3호, 2005. 5.
이부하,「인권보장을 위한 비교헌법론」, 법영사, 2014,.
이부하,「헌법학원론」, 신론사, 2008.
이승우, "대통령 노무현에 대한 탄핵심판결정의 평석", 헌법판례연구 제6권, 박영사, 2004.
이승우,「국가구조론」, 두남, 2008.
이우영, "대의제민주주의에서 소수자 보호의 헌법적 의의와 구조", 서울대학교 법학 제46권 제3호, 2007. 9.
이종수, "정당의 자유",「헌법재판 주요선례연구 2」, 헌법재판소 헌법재판연구원, 2012. 12.
이준일, "국가인권위원회의 구성과 운영 및 인권위원의 자격", 인권연구 제7권 제1호, 2024. 6.
이준일, "헌법과 소수자 보호", 안암법학 제43호, 2014. 1.
임지봉, 헌법 제11조, 헌법주석서 Ⅰ, 법제처, 2010.
장영수,「헌법학」, 홍문사, 2008.
전학선, "프랑스에서 헌법재판소의 헌법에 대한 위헌심사", 토지공법연구 제54집, 2011. 8.
전학선, "프랑스에서의 헌법의 수호", 헌법학연구 제14권 제3호, 2008. 9.
정강찬, "기본권구제수단으로서의 법령소원에 있어서 보충성원칙의 재검토", 헌법학연구 제13권 제4호, 2007. 12.

정남철, “공유수면 매립지 분쟁의 관할권 및 심사범위에 관한 법적 쟁점”, 행정판례연구 제26권 제1호, 2021.
정연주, “헌법재판소의 법관탄핵 각하결정에 대한 비판적 고찰”, 헌법재판연구 제9권 제1호, 2022. 6.
정영화, “대통령 탄핵, ‘중대한’ 법위반”, 미국헌법연구 제27권 제3호, 2016. 12.
정종섭, 「헌법소송법」, 박영사, 2010.
정종섭, 헌법학원론, 박영사, 2022.
조성규, “지방자치권의 보장과 권한쟁의심판”, 지방자치법연구 통권 제68호, 2020.
조수혜, “헌법재판에서의 가처분에 대한 비교법적 연구”, 미국헌법연구 제23권 제3호, 2012.
조한상, “헌법상 민주주의의 실현구조”, 법학논총 제32집 제1호, 2012. 4.
최광률, “위헌법률심판의 제청절차”, 법조, 1989. 7.
최광률, “헌법재판소법의 입법방향”, 법무자료 제95집, 법무부, 1988.
최봉석, “지방자치관련 사법심사의 제도적 현황과 개혁과제”, 공법연구 제32집 제5호, 2004.
최승원, “권한쟁의심판과 기관소송”, 법학논집 제4권 제4호, 2000.
최인화, “대통령 탄핵심판제도의 문제점과 개선방안”, 서강법률논총 제7권 제1호, 2018. 2.
표명환, “입법통제에 있어서 헌법재판의 기능적 한계”, 유럽헌법연구 제32호, 2020. 4.
표명환, “현행법상의 탄핵관련 규정의 몇 가지 문제점과 개선 입법방향”, 법제연구 제54호, 2018. 6.
한수웅, “헌법재판소법 제68조 제2항의 헌법소원심판의 법적 성격 및 법원의 ‘제청신청 기각결정’의 의미” 법학논문집 제42집 제3호, 2018. 12.
한수웅, 「헌법학」, 법문사, 2011.
허 영, 「한국헌법론」, 박영사, 2023.
허완중, “한국헌법에 따른 헌법재판소법 제47조 제2항의 해석”, 「공법연구」 제37집 제4호, 2009. 6.
허완중, “헌법재판소는 권한쟁의심판의 당사자가 될 수 있는가?”, 공법연구 제50집 제1호, 2021.
허완중, 헌법소송법, 박영사, 2019.
홍준형, “지방자치분쟁의 사법적 해결”, 공법학의 현대적 지평 (심천 계희열 박사 기념논문집), 박영사, 1995.
황도수, 「헌법재판실무연구」, 지구촌, 2003.
황우려, 헌법재판의 운영/토론, 헌법재판의 이론과 실제, 헌법재판자료 제3집, 1990.

찾아보기

[저자 약력]

이 부 하(李 富 夏)

[약 력]

독일 쾰른대학교 법학박사 (Dr. iur)
변호사시험 출제위원, 입법고시 출제위원
한국공법학회/한국법정책학회 부회장 역임
한국비교공법학회 부회장
영남대학교 법학전문대학원 교수 (헌법학)

[주요 저서]

인권보장을 위한 비교헌법론, 「법영사」, 2014
한국의 경제질서와 재산권, 「영남대학교 출판부」, 2015
민주적 선거를 위한 선거제도 개편, 「피앤씨미디어」, 2015
헌법재판에서 헌법원칙의 구체화, 「피앤씨미디어」, 2023
재난과 위험으로부터 국민의 안전 보호, 「피앤씨미디어」, 2024

[주요 논문]

비례성원칙과 과소보호금지원칙, 「헌법학연구」, 2007
법적 안정성의 의미에서 명확성의 원칙, 「세계헌법연구」, 2014
위험사회에서 국민의 안전보호의무를 지는 보장국가의 역할, 「서울대학교 법학」, 2015
인류세 도래와 법학의 대응, 「저스티스」, 2023
디지털 시대 정보중개자에 대한 법적 규제, 「경제규제와 법」, 2024
독일과 한국 헌법재판소의 기후결정에 관한 고찰, 「저스티스」, 2024 등 180여 편

헌법소송법

초판발행 2025년 7월 20일
지은이 이부하
펴낸이 박노일
총괄기획 최준규
편 집 이상민
펴낸곳 pnc publishing and culture 피앤씨미디어
경기도 고양시 일산동구 강송로 153 310-1501
등록 제396-2012-000203호
전 화 070)7550-3758 팩 스 02)6280-3758
홈페이지 www.pncmedia.co.kr 이메일 pnc@pncmedia.co.kr
ISBN 979-11-7401-014-8 93360

정 가 30,000원